"老艺术家口述历史"丛书

上海音像资料馆　组编
丛书总主编　乐建强　沈小榆
丛书执行主编　李丹青

我的话剧生涯

李丹青　主编

上海大学出版社

图书在版编目(CIP)数据

我的话剧生涯/李丹青主编.—上海：上海大学出版社，2020.8

（老艺术家口述历史/乐建强，沈小榆总主编）

ISBN 978-7-5671-3904-6

Ⅰ.①我… Ⅱ.①李… Ⅲ.①话剧演员-访问记-中国-现代 Ⅳ.①K825.78

中国版本图书馆CIP数据核字（2020）第111833号

本书由上海文化发展基金会图书出版专项基金、上大社·锦珂优秀图书出版基金资助出版

责任编辑　陈　强
封面设计　柯国富
技术编辑　金　鑫　钱宇珅

"老艺术家口述历史"丛书
我的话剧生涯
上海音像资料馆　组编
李丹青　主编
上海大学出版社出版发行
（上海市上大路99号　邮政编码200444）
（http://www.shupress.cn）发行热线021-66135112）
出版人　戴骏豪

*

南京展望文化发展有限公司排版
江阴金马印刷有限公司印刷　各地新华书店经销
开本710mm×1000mm　1/16　印张39.75　字数515千
2020年8月第1版　2020年8月第1次印刷
ISBN 978-7-5671-3904-6/K·216　定价　98.00元

版权所有　侵权必究
如发现本书有印装质量问题请与印刷厂质量科联系
联系电话：0510-86626877

丛书编委会

总 主 编

乐建强　沈小榆

执行主编

李丹青

撰　　稿

李丹青　陈家彦　陈姿彤　田　虹
陈　娅　柴亦文　马玉娟

丛书总序

致敬前辈　继往开来

　　岁月如梭，位居长江入海口的上海，以其优越的地理位置，经过无数生活在这片土地上的人民的勤奋耕耘，历经沧桑巨变，从昔日一个小小的渔村发展成为如今的国际化大都市。东西方文化在此交汇，不同国家、不同民族、不同地区、不同流派的文化在此交融碰撞，从而形成了海纳百川、兼容并蓄、别具一格、创新精致的海派文化。

　　在上海城市文化艺术的发展历程中，除了本土的沪剧之外，京剧、昆曲、粤剧、甬剧、锡剧、扬剧、绍剧、越剧、淮剧、花鼓戏等地方戏剧，评弹、相声、大鼓、单弦、山东快书等曲艺形式，以及杂技、木偶、皮影戏等多种演出门类，相继进入上海，它们有的走街串巷，有的登堂入室，有的在民间迁移流转，有的在茶楼戏院进行表演，更有的直接进入了正规剧院，可谓百花齐放，各显风采。

　　尤其是新中国成立以来，上海的文化艺术事业飞速发展，发生了与时代相适应的深刻变革。十一届三中全会召开之后，改革春风吹遍神州大地，上海的文化艺术事业也迈开了新的步伐。各大文艺院团不断探索、积极完善人才培养体系，广大文艺工作者积极深入生活，创作、编排了一大批反映改革发展、富有时代精神的新作品，极大地丰富了人民群众的文化艺术生活。在此期间,涌现出了话剧《陈毅市长》《商鞅》《秦王李世民》《中国梦》;昆剧《蔡文姬》《司马相如》《游园惊梦》;京剧《曹操与杨修》《贞观盛世》《廉吏于成龙》《盘丝洞》;越剧《三月春潮》《深宫怨》;沪剧《明月照母心》《清风歌》;淮剧《金龙与蜉蝣》《西楚霸王》;木偶剧《哪吒神遇钛星人》《皮影趣事》;杂技《大跳板》《牌技》等一大批优秀作品,门类涵盖各个剧种,内容涉及古今中外,既弘扬了主旋律、突出了正能量,又呈现出多样化的表演风格与艺术风采。

大多数普通观众往往只能看到艺术家们在舞台上的精彩演出,但对舞台之下他们的艺术生涯并不了解。在这些艺术家的成长过程中,他们付出的汗水与泪水,在艺术创作过程中的辛酸与喜悦,他们的感悟与收获,对自己从事了一辈子的事业的热爱与迷恋,他们的信念与坚持,这些正是培养老艺术家们毕生艺术成就的土壤,给予他们艺术创作源源不断的营养。

一则则舞台背后的故事,既绘就了一位位老艺术家的人生轨迹,也将整合为包含各艺术门类创作者心路历程的全景式画卷。而我们口述历史工作的意义也正在于此——一方面,通过对亲历者和当事人口述历史的记录,将为正史增加鲜活的细节和不同角度的观照;另一方面,通过收集老艺术家回忆中的吉光片羽,勾连起他们的艺术人生,再将其传递给更多的读者。而读者们将会随着老艺术家们的讲述,回到那往昔岁月,感受他们曾经的喜怒哀乐,了解那些教科书里学不到的历史。

他们是随着新中国成长起来的一批优秀艺术家,见证了祖国飞速发展的沧桑巨变;他们来自不同院团的多种岗位,个个都是业内翘楚,都是我们的老师前辈,由他们谈创作、谈经验,通过发自切身的情感传递,更显生动具体;他们经历过剧种的兴衰沉浮,对整个艺坛有着深刻的认识与思考。通过此套丛书的字里行间,我们能够感受到他们每个人对艺术的执着与热爱、智慧和涵养,让我们受益良多。

习近平总书记在全国文艺工作座谈会上指出:"中华民族有着强大的文化创造力。每到重大历史关头,文化都能感国运之变化、立时代之潮头、发时代之先声,为亿万人民、为伟大祖国鼓与呼。中华文化既坚守本根又不断与时俱进,使中华民族保持了坚定的民族自信和强大的修复能力,培育了共同的情感和价值、共同的理想和精神。"在过去,上海老艺术家们创作了一大批"立时代之潮头、发时代之先声"的优秀舞台作品,教育和鼓舞了一批又一批青年为建设祖国而奋勇前进。如今,接力棒交到了新一代年轻人的手中,希望青年文艺工作者们能够继承和发扬老一辈文艺工作者的精神,创作出更多"不辜负时代召唤、不辜负人民期待"的文艺精品,向优质文化的高峰不断迈进!

上海市文联副主席
上海电视艺术家协会主席

二〇二〇年四月十日

目 录

我走过了
　　——娄际成口述 / 001

戏剧工作者不该忘记自己的使命
　　——张先衡口述 / 044

我做了我自己喜欢的事情
　　——王公序口述 / 069

再苦再累，也是我所选的职业
　　——童正维口述 / 086

我爱的是心中的角色
　　——陈奇口述 / 108

好的话剧不会没人看的
　　——景衡口述 / 140

让更多的人了解我们舞美
　　——杜时象口述 / 156

效果工作是一项艺术创作
　　——卢珂口述 / 169

要坚持我们的现实主义
　　——陈加林口述 / 188

我没想做大导演，我就喜欢玩……
　　——杜冶秋口述 / 204

小谢要谦虚，不要骄傲
　　——谢德辉口述 / 237

从"非常大总统"到文化把关人
　　——孙滨口述 / 263

我最痛苦的记忆就是我的画丢失了
　　——周本义口述 / 285

做喜欢做的事，为自己寻找一份快乐
　　——刘玉口述 / 307

传世之作是要经过历史沉淀的
　　——陈明正口述 / 333

要进步你就得变革
　　——金长烈口述 / 371

我活下来不容易
　　——李祥春口述 / 390

自然真实的表演、真情的流露是我的出发点
　　——马邻口述 / 410

从来舞台无儿戏，观众心底有刀尺
　　——张名煜口述 / 424

遇到了好导演，我是幸运的
　　——严翔口述 / 456

逐梦前行，岁月难忘
　　——任广智口述 / 483

熊院长把我整哭了，但是我确实长进了
　　——向能春口述 / 515

话剧的宝藏挖不完
　　——郑毓芝口述 / 548

干了大半辈子戏剧表演，酸甜苦辣
　　——许守钦口述 / 574

寻求真实之路——我的艺术之路
　　——俞洛生口述 / 593

后记：留下一扇记忆的窗户 / 621

我走过了
——娄际成口述

娄际成,1934年出生,北京人,国家一级演员。1956年毕业于上海戏剧学院表演系。话剧代表作有:《战斗的青春》《桃花扇》《闯江湖》《年青的一代》《孙中山与宋庆龄》《莫扎特之死》《西哈诺》《安东尼与克里奥佩特拉》《悲悼》《商鞅》《老式喜剧》《榆树下的欲望》《无人生还》《十二个人》等。

1982年获得上海首届戏剧表演奖,1996年获中国话剧金狮奖,1997年获首届佐临话剧艺术奖男配角奖、宝钢高雅艺术奖表演奖并因演出《商鞅》中的公子虔获得白玉兰戏剧表演艺术配角奖,2007年获白玉兰戏剧表演奖配角奖,2010年获中国话剧金狮奖荣誉奖,2011年获上海文艺家荣誉奖,2013年获白玉兰戏剧表演奖主角奖、佐临话剧艺术表演奖艺术成就奖,2014年获上海文艺家荣誉奖,2016年获白玉兰特殊贡献奖。

采访人:您能介绍一下您的家庭背景及父母的职业吗?

娄际成:在我之前,我家里没有一个是从事文艺的,我家里是搞商业的，说得具体一点，就是服务性行业。我的爷爷，最早从河北农村到城市来当小伙计、当学徒，然后做着做着几家人合伙搞了一个浴室，逐渐发展起来了，可以说弄得很不错了。我爷爷喜欢看京戏，我小的时候经常带着我去看京戏，我的回忆中就是看完了京戏，然后爷爷带我去洗澡，我就在澡堂子里头学花脸、学武生、学小丑。人们都会说让我来唱一段，我说我不唱，为什么不唱呢？不打板不好听，要有板，我的前辈们就经常拿这个当笑话说。我是爷爷带着我看京戏，慢慢培养出来的。还有一个原因，就是我有个（堂房）爷爷，都是姓娄的，他是京剧演员，京剧界的老人都知道，叫娄振奎，唱花脸的。他不是科班出身，他是下海的，年轻的时候天生嗓子特别好，他经常带着我到剧场的后台，因此我对京剧从小有印象，看过许多名家的戏。

新中国成立后，学校的文艺活动开展得比较活跃，我也是个积极分子，什么合唱队、舞蹈队、腰鼓队，这些活动我都喜欢参加。我从11岁开始练武，我姥爷给我请了一个武术教师，我下课后晚上就在那儿练武术，所以有武术的底子。还有一点，就是看人家演话剧。我上的中学是汇文中学，是一所教会学校，学校的文艺活动比较多，有的老大哥们去演话剧，慢慢地他们就带我一块儿去参加了一些活动。后来我们就自己组织了一个话剧队，我们有一个辅导员是中国青年艺术剧院的，他是上海老剧专毕业的，他把我介绍到青年艺术剧院去参加考试。考我的是谁呢？是孙维世[①]。孙维世给我出了小品，说你妈妈来了，你就很激动地跑到窗户那儿去，大声地喊妈妈。那时候不懂什么小品，就是一个直接的反应。另外还给她耍了一套双匕首，因为我平时练武术，闪转腾挪、翻跟头，什么都在里头。她看完之后跟我说，你的基本功比他们舞蹈队的基本功都好。后来我就留在中国青年艺术剧院了。

[①] 孙维世（1921—1968），孙炳文女儿，周恩来养女，新中国戏剧奠基人、新中国三大导演之一。

采访人： 那时你高中毕业了？

娄际成： 高中毕业了。1952年高校院系调整，每个人可以填三个志愿，反正我有一项志愿是戏剧，结果一发榜，分配我去中央戏剧学院华东分院（上海戏剧学院前身）。当时的中央戏剧学院还没招本科生，都是文工团在那儿进修、学习。我当时还犹豫，我说怎么到中央戏剧学院华东分院了？中国青年艺术剧院又留我，怎么办呢？我又找了孙维世，孙维世说了一句话，我印象很深，她说你喜欢干这行，你就要从头学起。这么着我就到了上海。

采访人： 您第一次上台的经历您能谈谈吗？

娄际成： 虽然我在业余话剧队上过舞台，但是进了学校之后，一当众表演我就紧张了。紧张到什么程度？我口水都没有了，是干的，舌头都拉不开了。第一次上台演的这个片段叫《春风吹到诺敏河》，是写合作化的一个戏，让我演支部书记。服装是干部服，戴一个圆顶的帽子，一个干部的形象，这是入学后第一次上舞台，在四川路横浜桥老剧专四楼的一个小剧场，那是第一次。

采访人： 那时候您几岁？ 18、19岁？

娄际成： 19岁。演一个中年人，脸上化点皱纹。田稼老师对我的评价就是这个人声音好台词好，但是表演紧张。我们班在学校里本来被评为不可救药了，什么原因呢？因为生源很杂，有的适合当演员，有的不适合当演员，教的老师也很杂，有从美国留学回来的，有的是上海剧专的老师，有的是从山东大学合并过来的，也没有统一的教学大纲。一年级第一学期教表演基本训练，第二学期还是表演基本训练。到了二年级说表演训练还没有合格，还要再做基本训练。基本训练就是练注意力集中、想象、感觉，还有判断，就是一个元素一个元素地教。结果弄得我们都不知道怎么演戏了，一会儿这个不对，一会儿那个不对，这样弄下来所有人都说这个班不行。到了快上三年级了，朱端钧先生说他来带这个班，他要挽救这个班。他给我们排了一个片段，是《龙须沟》的第一幕，这个片段排完了之后一演，整个班的面貌大为改观，朱先生把我们这个班挽救了，学校对我们刮目相看了。所以我们对朱端钧先生的印象很深，是他挽救了我们这个班，不是我们这批人没有才能，而是当时教学方法比较乱，有天性的东西也表现不出来。第二个戏是《心防》，到了三年级发展成大戏，这个戏是朱端钧先生建议排的，是夏衍的作品。作品写抗日战争时期在租界里的一批文艺工作者要建立心理的防线，组织和动员爱国志士和文艺工作者团结起来一致抗日的这么一个戏，这个戏后来公演了。我记得有一天演完之后朱先生到后台来，脸上带着一点微笑，走到我面前说，你今天演得很好。就这么一句话，天啊，我就好像得了一个大奖似的，因为他讲话非常精辟，都是经过深思熟虑的，所以他讲话是很有分量的，别人带着羡慕的眼光看着我。但是我好长时间都不知道自己好在什么地方。后来慢慢懂了，就是放松了，进入规定情景了，忘了自己在演戏了，感情出来了，但是当时不知道。在三年级的时候还有一件事，苏联专家列普科夫斯卡娅来了，她既是列宁格勒（今圣彼得堡）戏剧学院的教授又是导演，她是来执教师资进修班的。但实际上她的工作不仅仅是执教师资进修班，各个班级的课她都去看，大家也都希望给她看，让她指导。只要她上课，我们没有课的都会去听，当时上海的文艺团体的人也都来旁听。真正的斯坦尼体系来了，亲自讲授这个体系和最新的教学方法，所以大家都来听她的课。我回想我在学校最大的收获就是有这两位好老师，一个是朱端钧先生，一个是列普科夫斯卡娅。她讲课总是谈"行动"，当时翻译叫动作。我们开始很模糊，什么叫动作？后来慢慢地悟到，觉得动作很重要，好像是这个体系的核心，但我当时对此只是一种模糊的概念。

我们的毕业剧目《一路平安》是列普科夫斯卡娅推荐的剧本，写的是一批毕业生即将走入社会，是一群青年人的戏，非常适合毕业生演，这个戏给我们班争了很大的荣光。为了排这个戏，我们完全按照她的方法，先做小品，做完小品给她看。有一次我做了一个小品，是讲我和女友去旅游，当时搭了一个三角形的积木，我从上头滑下来，两个人玩得很开心。这个小品演完了之后，苏联专家高兴得不得了，说你现在尝到表演的甜头了吧？给你5分！这是我在苏联专家手里得的5分的表演！我坐在那儿心里很不平静，她说你们看，他现在的心里还在激动着。这是我印象最深的。

在《一路平安》中饰阿尔卡基

《一路平安》公演时，文艺界的人都来看了，因为是苏联专家建议的剧本，又亲自进行过指导，还是朱端钧先生排的，当时挺轰动的。

采访人： 后来您留校了？

娄际成： 毕业之后留校当老师，为此我还闹情绪。对于表演，我好像从三年级才开始明白一些，因为是苏联专家教的，朱先生指导的，我才感觉到心里有点数，但是还没有演戏的经验，你让我去教书，我教什么呀？我自己心里都觉得是空的，自己没经验就给人指导，那不是误人子弟吗？我去找朱先生，我说我不愿当老师，我还是先演戏，等演戏有经验了，自己对表演搞懂了我再来教学生，这样我觉得心里也踏实。我还有一个情绪，就是看到同学们都分到各地去当演员了，留在上海的就我和魏淑娴，还有张应湘，另有两个分配到上海儿童艺术剧院的。朱先生跟我说领导会考虑的，让我要安心工作。后来才知道，他已经有建立实验话剧团的设想了。

采访人： 您可以介绍一下朱端钧先生怎么会有这个想法的吗？

娄际成： 朱先生的想法我估计是跟熊佛西院长一起商量的，熊佛西先生当时是市人大的委员，每次开会的时候都有提案，就是要建立实验话剧团，这是我后来知道的。我留校之后一边教书，还一边进修，在师资进修班的时候消息来了,要成立实验话剧团了。那时候57届已经毕业了,也留了几个人,因此开了一次会,告诉我们成立实验话剧团,我们是第一批。听说在此之前上海剧专也建立过一个剧团,后来解散了。这个提案当中有这么一个说法,理工学校有实验室,我们戏剧学院的实验室就是实验剧团。老师带着课题去演戏,演戏回来教学生,这样不但有理论上的探讨,还有表演实践,这是他的一个设想。筹建过程中我们第一步做的是什么呢?除了自己演一些片段,然后就是深入生活,到最艰苦的地方去锻炼。那个时候带队的是伍黎同志,伍黎同志给我们印象最深的就是他是一个喜剧性的人物,他个子很矮、很小,但是非常热情,语言非常犀利,在戏剧学院的舞台上他一个人讲话,就像现在的清口似的,全场大笑,我们都叫他伍黎大哥。

后来真正建立上海戏剧学院实验话剧团是在1959年。1957年筹建,1958年实际上已经演出了。熊佛西先生给我们排的第一个戏是老舍的《全家福》,第二个戏《大雷雨》也是熊先生排的。《大雷雨》这个戏非常轰动,当时演出的剧场是延安路陕西路口的儿童剧场,那时演员也要装台的,所以我们很早去了,看到剧场门口排了好长的队。然后我问门口传达室的人他们排队干什么,他告诉我,这些人是排队买票的。我还没明白,我说买什么票?他说就是买你们演的《大雷雨》的票呀。我心里感觉到非常新奇,我们《大雷雨》演出有这么多人排队买票,还是通宵排队呀?我激动得不得了,马上告诉我们团里的演员,我说我们的《大雷雨》有好多人排队买票,都排到延安路拐弯过去了。当时印象非常深刻,观众是冲这个戏,50年代这批观众都是很有文学修养的,他们知道《大雷雨》,知道奥斯特洛夫斯基的《大雷雨》是黑暗王国的一线光明,是文学史上非常有名的一个作品。他们不是冲演员,因为我们都是年轻人,也没有名气,他们是冲这个剧本来的。

采访人: 最早的实验剧团有哪些演员?

娄际成: 施锡来、魏薇、吴娱、魏淑娴、王复民、陈祖烈、王公序、张希真、王永序、郑毓芝、陈茂林、张鸿鑫，后来王永序做了我们支部书记，大概就是这批人。

采访人： 当时影响比较大的剧目有《大雷雨》《战斗的青春》《桃花扇》《年青的一代》，你在这些戏当中都担任了非常重要的角色，而且有的角色有很大的突破，可以谈谈吗？

娄际成： 开始的时候不是由我演《战斗的青春》里的李铁，因为李铁是非常憨厚的、比较粗犷的这么一个形象，筹备这个戏的时候是打算让杨在葆演李铁的。后来要改剧本，朱端钧先生就提出让我演李铁，他可能比较相信我的创作能力吧，从《心防》到《一路平安》再到《大雷雨》，反正他大概看好我。我把《战斗的青春》这部小说不知看了多少遍，因为李大江跟李铁两个人物合并成一个人物了，我把这两个人的性格特点在本子上记下来，想象他会是怎么样一个人，当时的指导思想就是怎么创造人物鲜明的性格。还有一点，当时表演的指导思想就是你只要体验了，你就能够表达出来，就相信这个，我就自己在那儿体验。但是实践告诉我，有时你的体验传达不到观众那儿去，所以我就产生了要寻找体现手段的想法，这个李铁就是我寻找体现手段的一个尝试。怎么展示李铁的性格，他的刚强、憨厚、执着、勇猛，我怎么表现？这个表现手段到现在人们看了都是不会忘的。比方一出场我就想怎么能够体现这个人的火性，焦晃演区委书记胡文玉，是主张隐蔽、撤退的，李铁主张冲上去阻击日军，让县大队撤离，但是我们的力量非常小，这样会有重大的牺牲，为此这两个人就发生了争执，谁也不服谁。一开场我就哗地冲出来，一边说着一边就把腰带缠在腰里，枪背上，准备要召集自己的部队采取行动了。冲出门来之后，这时候我就寻找表现手段了，我利用这个一丈长、枣红色的腰带，缠腰之前一甩，哗一下，然后再缠腰，最后背枪走。这个出场甩腰带的动作一下子就把人物性格带出来了，在生活的基础上加以艺术的夸张。最后开打的时候我从两米高的平台上翻跟头下来，我从小练武嘛，所以我敢在

在《战斗的青春》中饰李铁

两米高的地方翻台幔下来,下来之后持双枪。还有,就是把日本武士刀往台上一戳,那个刀还在颤动,像这样一些非常强烈的艺术手段我都用上了。所以当时有很多评论,说娄际成在声音语言、形体等方面表现力非常强,人物性格非常有特色,《战斗的青春》可以算我的成名之作。

采访人:人物鲜活了。

娄际成:对,鲜活了,光是去表现不行,还要表演一些内在的东西,真情实感。也就是说没有体验、体现相结合的表演是不行的,你这些东西都得跟内在的东西结合起来,它就成为一种非常活的东西了。

采访人:接下来又让您演《桃花扇》里的明末文人杨文聪,这个弯子绕得太大了。

娄际成:就是呀,这个过程我真是下了功夫。第一次做小品,朱端钧先生看完我的小品,按照平时的习惯,朱先生就开始说话点评了。我这个小品一演完,朱先生就笑了,他说:"娄际成,你还是李铁呀。"就这么一句话,令我很意外,因为我觉得朱先生是喜欢我的,我也有自信,你叫我演杨文聪,我觉得我有自信能够演好。结果第一个小品做完了之后说我还是李铁啊,这对我打击很大,心里咯噔一下。然后他就开始细说了,分析剧本。我当时情绪非常不好,等于自己被否定了。朱先生很耐心,把我叫到他家里去跟我说戏,还让我多看一看杨文聪的传记,从生活里培养琴棋书画这种情趣,要我在生活里接近这个人物,说"这是你从没有遇到过的一个角色，你内、外部都要性格化"。这句话我记了一辈子，内、外部都要性格化。接下来怎么办？老老实实地看传记，看《桃花扇》原本，琢磨角色的生活，然后看形象资料。形象资料有些什么东西呢？都是古代的一些图片，当时哪有现在这么多资料，点开了百度、谷歌都可以查得到。当时没有呀，都是要到图书馆去找、去翻。然后自己养兰花，学着画画，都是为了体验这种文人的感觉，成天像着了魔一样。杨文聪这个人物是游戏人间的，潇洒飘逸的，但是潇洒飘逸怎么演出来呢？除了从性情上陶冶自己，还要在形体上找。我当时二十出头，又爱锻炼，身体很

在《桃花扇》中饰杨文聪

壮，我老是挺胸。但是现在我要含胸，稍微地提一点肩，走起路来不要像年轻人那样很有力量的，要非常稳，要走得非常轻，形体上找这种感觉。就是这样一点一滴地积累，找到杨文聪站立的状态，走路的状态，包括自己的手势，都要非常柔的，总而言之，从内到外我下了不少功夫。后来有一次又做小品，朱端钧先生表扬我了，说我"现在好了，连走路的样子都变了"。所以演戏创造人物，要从内到外，或者从外到内来找到人物的感觉，要改变自己的形体状态，自己生活习惯的东西要改造掉。这个角色给我上了一次一生受益的课："内、外部都要性格化。"

采访人：华东会演是演的哪一部？

娄际成：我们演的是《年青的一代》。

采访人：当时是四家单位联合组团演出的：上海青年话剧团，上海电影制片厂演员剧团，上海人民艺术剧院，还有上海戏剧学院，对吗？

娄际成：对。在这台戏之前上海有好几台《年青的一代》。最初是上海戏剧学院的教师演的，剧本是陈耘老师创作的，当时作为教师的创作和表演实践搞的。结果演出后效果非常好，整个上海都知道了，这个戏因为跟当时的时代气氛以及人们的理想追求有关，拨动了时代的心弦，也拨动了年轻人的心弦，所以我们青年话剧团演了，上海人艺演了，上影演员剧团演了，观众越来越多，全国各地都到上海来要剧本，全国各地都在演。

采访人：《年青的一代》是当年上海创作的一个非常大的成果。

娄际成：对，可以说代表了那个时代。有因为看了我们的戏而报

在《年青的一代》中饰肖继业（左），焦晃饰林育生（右）

名到新疆去的人,有志青年志在四方嘛。所以华东会演拿《年青的一代》参演最有代表性了。但是上海要演成什么样子呢?市领导决定集中上海的全部力量搞一台《年青的一代》,请朱端钧先生来导演。朱先生到北京去看了所有北京演出的《年青的一代》,也访问了地质学院搞勘探的一些老师和学生,跟他们进行了座谈。他回来之后说,我们要搞一台《年青的一代》,集中上海比较优秀的力量,演员不限一个单位,可以有戏剧学院的,有上海人艺的,青年话剧团的,上影演员剧团的。最后定了演爸爸妈妈的是上影演员剧团的老演员张伐和蒋天流,戏剧学院最初演兰兰的是曹雷,肖继业跟林育生让我和焦晃演,演林倩如的是上海人艺的周谅量,戏剧学院的有演小李子的卢若萍、演奶奶的魏淑娴。戏剧学院的三人,青年话剧团的两人,上影演员剧团的两人,上海人艺的一人,就这么组合起来了。最后,我们的《年青的一代》,山东省话剧团的《丰收之后》,在华东会演中被评为最佳。之前我在青年话剧团演的是林育生,杨在葆演肖继业,现在朱端钧先生让我演肖继业,我从林育生又转到肖继业。我演肖继业肯定跟演林育生要有所不同,不同在哪里呢?这里头有几个排练的故事。一个故事就是我去体验找矿。因为60年代初航空航天用的矿石我们没有呀,人家卡我们,苏联专家撤走了,我们自己的技术人员还跟不上,仪器也非常落后。我想象自己就是在找这种矿,一旦发现有矿,那不得了呀。肖继业为什么到上海来呢,是因为他勘探到一种矿石,想请上海的科学机构鉴定是不是这种矿,这是第一个原因。第二个原因是他腿不好,因为爬山找矿,腿有毛病,要进行检查。第三个原因,就是来找林育生。因为林育生从勘探队请病假一去不回,队里让其来看看他到底是什么病,尽量动员他回队,一共三个任务。我处理找矿,发现有矿的时候我就设想这是航空航天用的矿,我们终于有这个东西了,就是这样一种感情你体验吧。在拿到检测报告之后,在排练的时候我止不住这种激动的心情,我大喊起来,就好像我在这边山头,告诉那边山头我的战友们,我找到矿了。我是怀着这种激情,忘记自己是在弄堂里了。我在排练的时候,"哇,有矿了"这么一喊,排练场的同事们眼泪都掉下来了。我是体验到这种感情的时候才能够激发出这样一种呼喊的感觉。

采访人: 肖继业肯定既不是李铁,也不是杨文聪,他的气质跟你本人也是有区别的。

娄际成: 对,朱先生告诉我,肖继业应该是武秀才,他有一个特点,他有诗人的情怀,朱先生对人物的琢磨和提示非常到位。

采访人: 他的点拨非常准确。

娄际成: 非常准确。我就是抓住他这个话,武秀才,怎么武,怎么秀才? 诗人的豪情。因此在说一些"我们矿里头可有意思了,整天过什么样的生活",我是带着一种诗人的情怀在说这些台词,有一种浪漫色彩。这样有内在的激情,又有一种对旷野生活的美好的想象,是浪漫主义的东西,不是干巴巴的说辞,这又是角色的一个特点。当然,我形体上要粗犷一点,不能够花里胡哨的,是整天在跋山涉水那样的一种感觉。因此我的服装设计也是设计成穿着一个厚重的皮鞋,蓝裤子,蓝外衣,卷着袖子,背着背包,在形体上找这种感觉。

采访人: 朱先生对你非常器重,因为李铁和肖继业最初定的都不是你,后来都换成你演了。

娄际成: 所以我说朱先生真的看好我。另外他不是教你怎么演,你这个地方调度这么过来,那么过去,他不是这样子的,他是启发你去想,启发你去创作,点拨你,只要有一点东西是这个人物的,他就点你一下,让你顺着这个方向或者把这个因素扩大,他是这样类型的导演。有一次苏乐慈①告诉我,她说我们那时候听朱先生的点拨,简直是当宝贝去悟的,可是后来的学生呢,朱先生还是这样点拨他们,但是他们嫌烦,不听,走了。后来我教学生的时候就是三个

---

① 苏乐慈:著名话剧《于无声处》的导演。

字：法、练、悟，老师教的是方法，你要去练，光练不行，关键是要悟，你要变成自己的东西，你不去悟，再好的老师也没用。

采访人：从戏剧学院实验剧团到1965年，这段时期可以说是上海青年话剧团的青春时代，也是非常精彩的时光，您对青年话剧团的这段历史如何评价？

娄际成：青年话剧团为什么有影响？是因为它的前身实验话剧团的影响。实验话剧团实际上只存在了两年多的时间，这两年多里排演了一系列剧目，我们这批人在观众中造成了一些影响，也给领导留下了印象，所以后来才要单独建立一个话剧团，叫青年话剧团。实验话剧团从1957年筹建，1958年开始演戏，1958、1959年，实际上两年多的时间，1959年10月就成立实验话剧团了。这个时期我们演了大概有十个戏，这十个戏可以说是非常有影响的，比如说老舍的《全家福》，奥斯特洛夫斯基的《大雷雨》，田汉的《关汉卿》《桃花扇》，创作剧目《战斗的青春》《最后一幕》《无事生非》，还有一个《樱桃园》。《樱桃园》虽然影响不大，但是毕竟是契诃夫的名剧，我们实践过，演出过，内行人看到过，因此也算一个剧目，还有就是《吝啬鬼》和《甲午海战》。

采访人：你对青年话剧团的整体水平和表演风格怎么看？

娄际成：从实验话剧团到青年话剧团成立，这几年时间我们演了一系列的剧目，展示了一个共同的特点，即这个剧团的风格已经出来了。比如说，这批人都是戏剧学院历届的毕业生，表演的基础都是一样的，都是斯坦尼体系的，有共同语言，也就是说方法一致，表演起来整体水平整齐，这是第一点。还有一点，我们年轻，年轻意味着什么？意味着精力，意味着创造力。大家刚刚进入一个剧团，都想展示自己的才能，都想创新，有一种创造热情，创造热情带来的是创造活力，对手戏旗鼓相当才好看，到现场的时候都是真刀真枪的，真实的交流，所以就变成有激情的东西。还有，这些戏都是老师给我们排戏，我们四年学完了之后老师还带着你，带有培养研究生的性质。因此我们的水平在排演过程中又进一步提高了，一个戏接一个戏不断地演出，演出风格就形成了。我们说青年话剧团的一个特点就是主角有戏，配角有戏，重要角色有戏，小角色有戏，连群众也有戏，这是一个整体的，这种整体感在其他的剧团里是不常见的。一个小角色他也要创造，要来展示自己，我认为青年话剧团的戏就是七嘴八舌，整体展现，有这么一个好的传统。我们在艺术创造上有很多矛盾，有很多争执，争得面红耳赤。因为大家都是毕业生，都是年轻人，火气很壮的人，都有想法，都有活力。但是在争论的过程中相互渗透了，我虽然不同意你的意见，但是最后想想你说的某些地方还有道理，慢慢就吸收了，所以是相互促进，相互激发的。你不同意我的，那我就给你看看我能这样演，你演得很好，这段戏很强，我就要想怎样才能跟你旗鼓相当。所以青年话剧团的戏是我们在相互较量的过程中慢慢形成的。

　　本来实验话剧团搞得很好的，风格也建立了，系列剧目也已经有了，为什么会突然转成青年话剧团呢？这里面有几个原因。因为我们在学院里是边演戏边教学，所以演员跟教师有一些流动，有的领导就认为我们演戏会影响教学。为什么影响教学呢？因为我们一个戏排好了，要上演了，要制作了，制作间说没空，有教学剧目或毕业剧目要公演，没空给你们做。那么，我们只能等在那儿，偶尔一次可以，但我们是经常要跟观众见面的，你老是给我们制造困难，那么大家就有意见了，于是就给领导提意见。当时的院领导说这是学院，以教学为主，不能让剧团演戏影响了教学。当初熊院长建立剧团的时候是把我们当做实验室的，现在把实验室和教学这两者对立起来了，院领导没有把实验剧团和教学看成是一个整体，而是分裂的，完全把熊院长的指导思想搞变质了。那么大家就把这意见反映上去了，这是一个方面。那几年我们的戏确实在观众中造成了很大的影响，有很多青年话剧团的观众是喜欢看我们的戏的，因为它有它自己的特点，充满了活力，有青年的气息，他们希望这个剧团能够经常演戏，这是第二个原因。第三个原因，由于当时市委宣传部有一个规划,希望把上海的一些青年艺术家独立出来,建立青年话剧团、青年京昆剧团、青年越剧团,青年京昆剧团后来成立了,但是青年越剧团没成立。就是这三个因素,最后使青年话剧团独立出来了。

上海青年话剧团是1963年1月正式成立的,成立后开始演什么戏呢?《红色宣传员》《我是一个兵》《刘胡兰》《豹子湾的战斗》,还有《千万不要忘记》《年青的一代》,但只有《年青的一代》在当时引起了轰动。其他的剧目没有什么经典的东西,还是靠老的《无事生非》《吝啬鬼》在演。所以成立青年话剧团之后,我感到剧团剧目建设上成问题了。

采访人:1966年,"文化大革命"开始了,作为一个有强烈表演愿望的演员,你当时是什么状况?

娄际成:"文化大革命"开始后,贴我的第一张大字报,说我是资产阶级反动学术权威朱端钧的孝子贤孙。一贴大字报,这个人基本上就等着挨批了,就这么一个状态了。然后你得表态,你得揭发朱端钧,我揭不出来,我怎么揭呢?然后去想,就这么一种苦恼状态。什么重业务轻政治,"白专"道路,个人奋斗,名利思想。还说我是戏霸,我心里不服呀。你说我戏霸,不是说我演了别人就不能演了,从没有这样,角色都是老师给的,田稼老师让你演,朱端钧先生让你演,罗毅之导演要你演,我能够说这个主角我演,别人不能演? 没有这样的事情,所以心里头非常委屈,但是又不敢说。说我个人奋斗,我不奋斗,我是干吗的? 我是演员,我当然要创造角色。名利思想,那个时候没名没利,话剧向来不搞明星制的,都是靠观众当中一个戏一个戏演出来的,所以我心里是不服的。

最后把我们发配到干校去锻炼,这时上海儿艺有一个戏叫《钢铁洪流》,要找演员,就把我借出来了。这是一个独幕剧,因为基础还可以,又把它发展成大戏了。戏里我演一个老工人,我就是想创造鲜明性格,我设计的人物戴一顶鸭舌帽,一个饭单,出来的时候一抖,就是这样一个形象。最后批我丑化工人阶级形象,我说生活里风趣、幽默的老工人不也有吗?反正怎么弄都不对,怎么弄都是挨批,还上纲上线把我挂到文艺黑线上了。那时候尹凤兰(原青年话剧团支部书记)人还是蛮好的,劝我说算了,你回青年话剧团吧。

回青年话剧团后就参加小分队演出,有跳舞,打快板,这我都行。还有演一些什么非洲人民起来反抗殖民压迫的小节目,我演一个打鼓的非洲人,我非洲鼓打得很好。后来出了个事故,我们到部队去慰问解放军,在一个庙里演出,四周都有柱子。我用的长矛很长,我跟李祥春按照戏曲的路子对打。就在这个过程中,因为地方小,我这个枪长,周围坐的都是战士,所以我犹豫了一下,节奏慢了,李祥春已经偏到那边去了,一枪正好把他眼睛扎上了,眼睛的血当场就出来了。在这点上我始终感到对不起李祥春,虽然我不是故意的,但是我毕竟伤了他,我心里头非常内疚。他回到上海去治疗,医生说一个泪管断了,要接一个泪管,要用金的,我说我出钱吧,可是他又不要,这事我始终觉得对不起人家。

到"文革"后期,我们排了《盛大的节日》,描写"文革"时期所谓"一月风暴"的。在"文革"时期青年话剧团跟上海人艺合并成了上海话剧团,青年话剧团变成上海话剧团的三队,所以,我们已经有过一次合并了,可能是合并之后便于上面指挥吧。《盛大的节日》中我演主角,革命的急先锋。我现在回忆起这段历史,简直是瞎折腾,是一种摧残。我们在"文革"中正是三十多岁,"文革"结束我才四十出头。这十年,虽然我还有点实践,还在演戏,但是那算什么戏呀?就这样,十年过去了。"四人帮"被粉碎之后,恢复了青年话剧团的建制,这个时候田稼老师当团长了。

采访人: 1976年到1986年,是中国特定的新戏剧十年,在此期间青年话剧团也排了不少戏,比如《东进!东进!》《闯江湖》《逃犯》《我为什么死了》《吝啬鬼》《母亲的歌》《欧洲纪事》《孙中山与宋庆龄》《傻子进行曲》等,你也在这些戏中扮演了很多很重要的角色。

娄际成: 是的。恢复青年话剧团建制之后,80年代我觉得应该好好地总结一下,80年代太丰富了,也太复杂了。你刚才说到这些剧目,也可以说80年代的青话经典剧目多、创作剧目多、探索剧目多、得奖剧目多。这个时期还有一个特点,就是导演不再是青年话剧团或者筹建时期的那些老师们了,这个时候导演艺术多姿多彩,有老的,像田稼、胡伟民、伍黎,还有一些外面请来的中青年导演,像王晓鹰、娄迺鸣,都来团里排戏了,其中最重要的是胡伟民,胡伟民在后面可以用一个专门的话题来谈。

采访人: 你在这些剧目当中扮演的角色,古今中外,三教九流,什么人都有。对于一个演员来讲演这些剧很过瘾,你对这些角色分别做了哪些处理?

娄际成: 有一条规律,就是要创造独特的性格、鲜明的人物。比如《东进!东进!》,戏中的主角是陈毅,我演的就是这个角色,他的特点就是左右逢源,夹缝里求生存,他是这样一个人物。但是演的时候你怎么体现,他的思想规律是什么,每次排完戏之后田稼老师总是要大家谈谈。按说应该是说主角陈毅怎么样,结果不谈陈毅,而是谈我,对我的处理不满意。说这个戏我不能那样演,应该是这样,他应该是这样一个人物,七嘴八舌,甚至还有人说我抢戏。我很苦恼,当时心里有点不痛快,后来我就跟田稼老师说,这个戏我创作上很不愉快。田稼老师有句话我印象很深,他说,别人的意见你可以听,一个复杂的人物,每个人都会有自己的理解,每个人都会找到自己解释的方法。第二点,你认为你能接受的你就接受,你不能接受的就按照你的演。他这么说我就心定下来了,我照我的演,演出效果还是很好的,我用速度节奏和体现手法把这个人物独特化。陈毅这个角色是在夹缝里求生存,我开始的理解是消极的,后来进一步理解为我是利用陈毅和国民党的敌对派之间的矛盾，我就主动了，利用他们之间的矛盾找到突破口，所以我在表演上很积极，让你们两个去斗，就显得更加精明、更加高明了。张名煜演一个非常莽撞的、非常粗犷的、五大三粗的将军，我就告诉他，我说我们要从夹缝里求生存。我这个手势我琢磨很久，"夹缝里求生存"，"生存"二字说完之后手指头还抖一抖，演到这儿观众笑了，看出了这个人狡猾呀。

1985年排《西哈诺》（大鼻子情圣），这是伍黎同志提出来的，而且要我演。我当时非常兴奋，因为知道这个角色需要非常好的语言技巧、声音技巧、形体技巧，解放前有人演过，解放后就没人演过了。这个角色从演技来讲，要一边击剑一边朗诵诗，诗朗诵完把对方刺倒，一开场就是这样，也是大段台词，这个要看演技的，内外部演技。还有你说话的时候模仿各种口气，不同的口气，最后一场的死是悲喜剧，我没演过悲喜剧，这些都是课题。

采访人：您为了这个角色特意学了踢踏舞，是不是？

娄际成：对，我把踢踏舞加了一点。因为是展示演员演技的，又是喜剧，最后死的时候又是一种悲喜剧的演法，这里有很多课题。当然我无论如何是非常愿意接受这样的挑战的，而且我也自信自己能完成这样的创作。现在讲起来比较遗憾的是击剑，按说应该击得很漂亮，因为

在《西哈诺》中饰西哈诺

西哈诺是击剑高手。但是请击剑教练是要付钱的,剧团没多少钱,制作、服装就用掉了,当时请不起击剑教练,怎么办呢?就自己编了一下,由于我们的击剑功夫不到家,只能是碰剑,啪啪啪啪,不是击剑。击剑是非常有技巧的,我们只能商量好一、二、三,上面,下面,左面,右面,所以击剑不漂亮。击剑要是漂亮,戏就更好看一点了。

采访人:您在《闯江湖》当中塑造的张乐天也是一个很光彩的人物,可能调动了你很多演员的素养。

娄际成:《闯江湖》这个戏演完之后,作者吴祖光就说了,"没想到娄际成还真有两下子"。为什么?这又要说到我的功底了,武术出身,腰腿功夫还在。那时候我40岁了,这个戏是1979年演的,《东进!东进!》演完之后就是这个戏了。我还有一个经历可能是别人没有的,就是我在小剧团里待过。那是1958年,我们筹建青年话剧团的时候先要深入到最艰苦的地方去体验生活,我们到了安徽蚌埠的曹老集,是一个铁路线边上的小村庄,生活非常艰苦,在那儿锻炼。第一锻炼饿,第二锻炼累,再锻炼苦。饿的滋味很难受,吃两个小馒头、一碗米汤就是我们一顿中午饭。累,夜里抬粪,柳条筐已经很重了,然后是冰冻的河泥搁在里头,死重死重,连弹性都没有,要走很远很远的路送到地头,半夜里通宵干。苦是生活上的苦。我们住的是牛棚,一个季节下来地底下都返潮,牛棚的这边是我们人住,另一边是牛住,夜里头牛撒尿,哗哗的声音都能把我们吵醒,当时就是这样一种生活。就是在这期间,蚌埠有一个剧团要排一个现代戏,知道我们戏剧学院的毕业生来了,想请我们去导戏。伍黎同志带队,让我跟吴娱还有蒲连青三个人去。我们在那儿大概待了一个月时间,我是整天地看他们练功、生活。后台就是他们生活起居的地方,抱孩子、烧饭都在后台,早上天不亮就有人在舞台上练功了。那个小剧团的生活我是亲身经历过的,我看到了他们的生活。《闯江湖》里的戏班子就是这样的,甚至比这个还要苦,我有亲身体会,这是一个生活基础。此外,戏曲的那套东西我还比较熟，戏里有一段是走八字来回窜，一边走八字，一边唱，这样的戏。我把走矮步都用上了，戏剧学院包场看这个戏的时候，到了我走矮步，戏剧学院的观众给我热烈鼓掌，因为这是戏曲的东西，什么上马、马鞭、小丑的动作我都能行。吴祖光说我真有两下子就是说的这些东西。还有更重要的是悲剧，但是性格是喜的，喜剧的人物，戏中人物是一个小丑演员，老是插科打诨，调皮捣蛋，但是他生活是苦的，因为作者就是这样写的，这也更加衬托了他们悲剧的命运。田稼老师的导演非常细致，他把每一个段落都划好，每个段落的命名是什么都确定好，这个命名实际上就把这个段落的主题思想给拎出来了。当然田稼老师也在指导我，因为我前一个时期的表演设计的痕迹比较重，既然田稼老师信任我，让我演这个喜剧角色，我就应该尽力把它演好。喜剧有很多特点，我那时候正在下功夫研究喜剧，包括喜剧的理论，一些喜剧的电影，包括卓别林的都拿来看，找到他们的这种感觉。喜剧表演"喜"在什么地方，为什么有的人演起来就很喜，演得非常沉重不行，要轻松，似真非真，就到这个份上。我也是慢慢在尝试，这个戏排的时间很长，因此我琢磨的时间也比较长。这些东西我都是作为一个新课题在研究。田稼老师为什么让我演这样的喜剧呢？后来我明白了，这个角色不完全是逗乐，他有他内心的痛苦，内心的痛苦他不说，他是用一种插科打诨的手段来化解自己，让别人快乐，实际上也是在解脱自己。他是这样一种心理，所以他不单单是一个喜剧演员，他这里头有内心活动的。

　　1982年，上海市文化局与市外办组织了一个和美国友好城市交流的活动，属于半官方半民间的性质。组成了一个话剧观摩小组，导演有罗毅之，编剧是上海戏剧学院戏文系的任何老师，演员是我，再加一个翻译大概去一个月。接待方是美国艺术剧院，我们到美国剧院考察剧院的教学，以及它的演出，包括它的体制。其实它给我们安排的不只是在旧金山，纽约、华盛顿，包括靠近墨西哥边境的城市圣地亚哥也去了，美方为我们安排了一个路线。我们到处看戏,这对我来讲是大开眼界。1982年,我们刚刚改革开放,有的戏让我们开眼了,舞台的运用,空间处理,各种各样的,百老汇、外百老汇的戏我们都看了。有一个戏我们看上了,就是《莫扎特之死》,是在一个老剧院演出的。看完之后我就跟罗毅之说,这个戏我们可以搬回去呀,这个戏太好了。回来之后我们就把这个《莫扎特之死》让上海艺术研究所的蔡学渊(上戏表演系55届毕业)翻译了,1984年上演。这个戏比北京人艺演的《上帝的宠儿》早一年,但是《上帝的宠儿》名声大。

在《闯江湖》中饰张乐天

采访人: 题材是一个吗?

娄际成: 是同一个戏,只是翻译的剧名不同。我觉得这个戏是我改革开放之后遇到的表演新课题,这个戏不像我们以前演的在一个规定情景里头,从头到尾说故事,每场有一个事件,它不是这样的,它是跳来跳去的。我演的萨里埃利这个角色在他临死前是一个老态龙钟的形象,他回忆自己当时跟莫扎特共事的时候是另一个形象,这是主要的。有的时候他是在戏里与另一个角色交流对话,有的时候他以角色的身份向观众表述,有的时候以演员的身份跟观众交流,三个身份跳来跳去。自杀前一会儿说是自己害了莫扎特,心中有愧,上帝为什么不公平?要自杀;一会儿又跳到他那个时候怎么怎么样,马上跳到很多年前第一次跟莫扎特见面是怎么样的;还不时跟观众再开一个玩笑,是以演员的身份跟观众开个玩笑,比方说,"现在休息十分钟,我要上个厕所"。

采访人：很有特色，结构也很有意思。

娄际成：上海人艺黄佐临院长来看戏，看完戏之后还请我到他家里去跟我说这个戏，他还抄了一段语录，用毛笔亲笔写的语录送给我了，可见他对这个戏的关心。这个戏我觉得应该说对演员是一个新的课题。

在《莫扎特之死》中饰萨里埃利

采访人：表演方法不一样。

娄际成：表演方法不一样了，但是我得适应呀。因此我感觉到，学了斯坦尼斯拉夫斯基现实主义的表演体系，那么什么样的表演要求我都能达到。因为我会合理地把这个人物贯穿起来，我会跳出跳进。所以有的人对斯坦尼表演体系感觉有点过时了，实际上是不对的。

采访人：那个年代您还塑造了《孙中山与宋庆龄》里面的孙中山形象，您是怎么做到不同于其他的角色的？

娄际成：这里有一个插曲，孙中山本来不是我演的，是请孙道临来演孙中山的，让我演另外一个角色，大概是让我演廖仲恺。但是由于孙道临要参加国际电影节，来不了，那么伍黎导演就让我演，我自己都吃惊，我说你看我的脸哪个地方像孙中山？孙中山眉头比较高，广东人嘛，眉弓比较高，另外颧骨比较圆而饱满，这是脸部的特点。我说我没这个基础呀，不行不行。伍黎导演说没有回旋的余地了，就是你了。那么我说先给我试妆，如果试妆有点孙中山的意思，那我就敢演了。第一次试妆从下午吃完晚饭大概五六点钟，一直试到夜里十二点、凌晨一点钟。我就坐那儿，戏剧学院的化妆师王辅世老师，还有我们团的化妆师赵家华两个人一起给我化妆，在我脸上加了不少东西，过了一阵子又说不行，都拿掉重新试。原来是用加法，后来用减法，基本上像了，没话讲了，那我就演吧。既然到这步了，只好下功夫，看《孙中山全集》，然后找孙中山身边工作过的人了解情况。上海有一位姓田的老先生，找他来讲孙中山的一些特点和习惯，然后又跑到广东中山去参观孙中山故居，看他的录像。看录像给我启发很大，孙中山讲话的时候，我看他基本上没有什么手势，都是手背在身后，要不就是垂在两边，讲话激动的时候上身微微摆动，基本上没有什么太多的手势，这是他的外部特征。你看资料里有的时候人们叫他"孙大炮"，我想他不是一般人所谓的直筒子，他的"大炮"表现在哪儿呢？在于对革命、对未来的一种冲动，我认为这是内在激情，再加上他外部的东西，基本上不大动，也没有什么手势，因此我觉得我要放弃过去找一些体现手段的那些演法，要用内向表演方法，就是靠语言、靠感觉来演孙中山。这样一来我的话剧表演进入一个新的阶段，我原来是体验的，后来寻找体现样式，寻找体现手段，追求内外部结合，到现在这个阶段，我把外部体现的东西拿掉，靠内在的思考判断或者内在的激情、内在的冲动来演孙中山，这是1981年。这里头还有一个原因，"文革"时期我在上影拍《火红的年代》的时候，看了一些参考片，有一部片子好像是莫斯科艺术剧院原版的《钦差大臣》，都是老演员演的。第二部戏是英国著名演员劳伦斯·奥利维尔演的《王子复仇记》(《哈姆雷特》),那时候还没公演,都是内部参考片。这两个片子一放,前面莫斯科艺术剧院的《钦差大臣》,那是我们追求的斯坦尼体系的范本,而《王子复仇记》是欧美派的表演,看完之后对我触动很大。莫斯科艺术剧院的表演显得持重,显得有设计,有痕迹,而奥利维尔的表演是那么自如,那么轻松,那么美。我心中有一种感觉,就是我们过去学的表演方法太过于认真,在体现手法上过于持重,过于要演明白。而欧美对表演的处理也是有的,但不是这么持重,是轻松愉快的表演,这个对我有启发,我再也不那么持重地表演了,我感觉自己进入了新的领域。以前我寻找体现手段,现在我不寻找体现了,但是它是经过了寻找体现这一段磨炼之后的、不是故意去寻找体现手段的一种体现了,那么就显得自如了,不是故意去雕琢了。所以我在总结自己表演的时候,我把饰演孙中山作为新阶段的一个开始,一种新的领悟。比如孙中山病逝前的一场戏,舞台上就是一张床,那边是观众,这边是宋庆龄坐在我的床边,我躺在床上没办法动,完全得靠感觉了。段祺瑞等人怎么不接

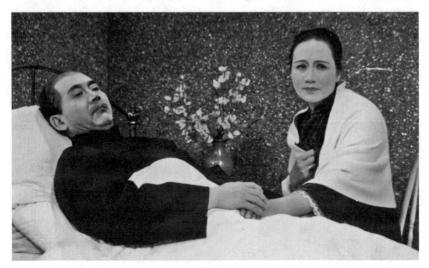

在《孙中山与宋庆龄》中饰孙中山

受这些条件,火呀,心里的激动和愤怒是带着病的那种状态,无力状态下的一种愤怒。写遗嘱的时候他是非常平静的。第一份遗嘱给自己的妻子宋庆龄,完全是平静的,这种平静反而是感人的;第二份遗嘱就是"余致力国民革命凡四十年,革命尚未成功,同志尚需努力"那段著名遗嘱。这两段表演都在病床上,完全靠语言、气息,就是这种感觉,但是这场演得最好。所以那位田老先生最后上到舞台上握住我的手说:"你这个孙中山我信得过。"

采访人:您每演一个重要角色都会有新的总结,在《安东尼与克莉奥佩特拉》中你是演罗马三位执政者之一。那个角色您觉得怎样呢?

娄际成:那是在1986年,第一届莎士比亚戏剧节,全国各地的剧团都来上海看戏或者是参加演出。因为莎士比亚的戏太多,分成两个会场演,上海一个会场,北京一个会场。这个戏剧节办得非常隆重,演完之后有一个会议的简报,有一篇是复旦大学外语系陆谷孙教授写的,他说:"所有的莎剧演出当中,青年话剧团的这台演出语言最好,娄际成把恺撒的性格揭示得非常恰如其分。"这是他的评论,我当时还不知道,胡伟民跟我说莎士比亚专家陆谷孙表扬我了。1984年第一次排这个戏的时候,恺撒这个角色是安排李家耀和我的,为什么要安排两个人呢?因为本来是要我演的,但是我被借到人艺去演《莫扎特之死》了,但是胡伟民还要把我名字挂上。到了1986年,我已经接了团里的领导工作了,我没空,就推掉了,但是李家耀去排越剧《血手印》来不了,我就跟团委会打招呼,是出于这种情况我不得不演。这个时候离演出时间已经比较接近,别人都是复排,而且我还有一些行政工作,我就说这一个礼拜的行政事务不要找我,让我就集中精力创作这个角色,工作的事让张先衡或者办公室主任帮忙去料理,我真正集中精力排戏就这一个礼拜时间。但是我抓到了这个角色的远景,因为这个角色就是后来的恺撒大帝,他使得罗马帝国出现经济繁荣、和平稳定的盛况,可见这个人的作为。他是三执政之一,他有没有这样的雄心？我就抓住了他的远景是恺撒大帝，所以我觉得他在群雄争霸当中，气势上要压倒一切，因为觉得将来的这个世界肯定是自己的。所以在语言节奏的变化上，他是自信的、铿锵有力、干净利落、决断的语言。莎士比亚专家怎么解释这个戏？克莉奥佩特拉跟安东尼是有情的世界，到恺撒那儿是无情的世界，他是无情的，是冷酷的。我心想这样一弄的话，我不是成了反面人物了吗？我心里想，这些专家这样解释是客观解释，但是我不能把恺撒演成冷酷无情的人，我觉得他有感情，但是善于控制感情。比方说安东尼死了的那段，一大段独白，他本能地有一种失去了竞争对手之后的孤独感。他觉得安东尼确实是个英雄，在以前的战争中立过很多功劳，他又怀念他，我觉得恺撒要варе悲痛，不能冷。

采访人： 能否谈谈《动物园的故事》①这个戏。

娄际成： 是我去美国考察之前的事，是在1980年。当国门一打开的时候，那时候出了《外国文艺》《外国戏剧》之类的杂志，这些杂志出来我就订了。我看到有荒诞剧，就想知道什么是荒诞剧，荒诞剧怎么演法。后来又看到杂志里有一个荒诞剧的剧本，叫《动物园的故事》，看完似乎有点理解，但是也不是真正理解，反正跟我们演的那些戏不一样。正好这个时候上海戏剧学院来了一个美国留学生，她在研究中国的洪深。这个美国留学生中文名字叫贝白谨，其实她是来了解中国戏剧的，她是京剧团也跑，昆剧团也跑，话剧团也跑，青话也来，人艺也去，我们这儿排戏的时候她也会过来看，来多了之后大家就交谈起来了。我就有一个问题问她，我说什么叫荒诞剧呀？她就跟我简单地解释了一下，我说还是不懂。我说你能不能用课余时间，找一个剧本给我们排一排，我们自己演出来自己看看，你再一边解说一下荒诞剧，行

---

① 作者爱德华·富兰克林·阿尔比（1928—），美国著名荒诞派剧作家，代表作《谁害怕弗吉尼亚·沃尔夫？》。

不行？她说好呀，然后她推荐了《动物园的故事》和《玻璃动物园》两个剧本。我说《动物园的故事》不用翻译了，在《外国文艺》上有现成的剧本，她大概在国外排过这个戏，有过实践的。因为是业余活动，总得有点名义，我就找到剧协，我说我们有这么一项活动，能不能借剧协的名义把它排出来，你们也看一看，作为学术研究，当时剧协领导很支持，我们就弄起来了。排完了之后，第一场演出在我们青年话剧团排练厅，排练的过程中外面就有些传闻了，戏剧学院的师生感兴趣的就到这儿来看演出了。演完了之后，大家也就不了了之了，也没有开座谈会，好像剧团对这个戏不太感兴趣。后来戏剧学院来邀请我们演出，可能是有人建议了，但是学校党委要求先给他们看看剧本。党委看了这个剧本之后说，能不能把剧本改一改？里头这些脏词拿掉一些，比方说什么生殖器、月经纸这些东西拿掉一点。我当时就说，这是学术探讨，他们原来的剧本就是这样的，又不是公开对观众，我们是内部演出，你要想想它为什么用这些词，也许这就是它的特点呢？它说的那么脏，可能是荒诞剧的一种手法，我说最好不动。最后党委也同意了，同意是同意了，但是观看的人受限制了，只给戏剧学院的老师看，学生不让进剧场。这就闹了笑话了，你越不让看，学生越想看，演出前已经在小剧场外面三一群五一伙的在那儿等着，就想进来。老师一个一个被放进去了，那天把门的严格执行党委决定，学生一律不许进。好了，等我

《动物园的故事》剧照

们开始演出了，李家耀一个人坐在长椅上，我刚一出场，就听到剧场里"哗"地乱了，我一下子愣住了，出什么事了？一看是学生冲进来了，冲进来之后两边的过道、楼上都满了，有空位子就抢着坐好，没有位子的就站在墙边，但很快就安静下来。哎哟，这反而给了我一种创作的力量，他们这么要看呀，那我要好好演，不能辜负他们，然后我们就开始演了。演到最后是我演的那个角色自杀，最后用一句非常轻的话，就是气声说话，一直到没有声音，长时间停顿，结束。观众热烈鼓掌，那场演出效果最好。后来，刊登在《江苏戏剧》上的一篇评论就是评我们这台演出的，幸好被资料室的人发现了，把它留下来了，成为这个戏在上海演出的唯一的一篇评论文章。

采访人：这个戏后来结局如何？有没有公演？

娄际成：这个戏影响出去了，剧协组织了一场内部观摩，在戏校的剧场演出，请来的人有大学的，各个文艺团体的。我们几个人从青年话剧团弄来一部三轮车，把灯光、道具装上，骑着到那儿装台演出。演完之后贝白谨介绍荒诞剧，还有简单的座谈，这事我们觉得就结束了。但是，随后不断地有大学邀请我们去演出，有复旦、同济等，他们看了演出之后，觉得这是一种新的戏剧形式，很有启发。其实看完了就会知道，荒诞剧并不荒诞，它对社会本质的揭露非常深刻。这样一来各地都邀请我们去演出，但是这时上面发话了，说不要再演了。我说这样吧，我们既然排了，就搞一个录像留下来作为资料，表明我们有过这么一个实践。正在录像时，团部派人来通知，说文化局不让录了，我当时就火了，我说录像留下来怕什么？将来可以留下来批判嘛。但是上头已经作了决定，不可改变了。所以这可能是全国第一台荒诞剧，我们当时也没有想去抢这个先，只是想探索，而且我们不是行政上安排的，是自愿组合的民间的研究活动。

采访人：您有很多戏剧的理想，有的时候剧团这个舞台不一定能满足您演戏的欲望，所以您跟焦晃一起策划了《悲悼》的演出，这个您可以介绍一下吗？

娄际成：关于80年代，我觉得我有很多话要讲。奥尼尔戏剧节的时候，胡伟民在青年话剧团导的是《大神布朗》。1986年我辞去团长职务之后，我们不以青年话剧团的项目去筹划这个戏。我和焦晃两个人骑着自行车从真如一直骑到复旦大学，去跟复旦大学校长谢希德谈这件事情，希望复旦大学在资金、人力上给我们支持，包括翻译，他们都很支持。当时给了两万块钱，我们就先动起来了。后来戏排得差不多了，可制作没钱了，怎么办呢？我跟焦晃商量，我说我们把媒体都请来，演一遍给他们看，他们觉得有价值的，麻烦他们帮我们去拉点赞助，因为我们演员对社会上的融资、集资不太内行，而且也没这个精力。

原来《悲悼》的剧本是三部曲，现在要把它并成一个戏，还不能超过三个小时，分八场戏演完。八个演员，主要的戏都在，其中只有一个演员兼演两个角色。我跟焦晃相互导，就是他的戏我排，我的戏他排。在筹备阶段要去找演员，上海的年轻演员找不到，没有适合的。我说我改剧本，焦晃到北京去找演员，等他回来我的剧本应该已经改好了。后来他带了两个女演员回来，就算把演员班子和剧本都准备齐了。我们把媒体的记者都请来了，演给他们看。演完之后他们都觉得这样的戏不演太可惜了，我说请大家想想办法，哪里还能帮忙弄到一点资金，我们也希望把这戏演下去。

采访人：后来投资怎么落实的？

娄际成：除了复旦大学的两万元，《劳动报》出了两万元，还有康华公司出了两万元，六万块钱落实了，总算把它演下来了。

采访人：六万元就可以制作好？

娄际成：六万元在当时还是可以的，我们请《文汇报》的记者唐斯复担任制作人，经费用起来精打细算。比如说制作找到儿艺，儿艺制景人员是有薪金的，一般体制内是没有薪金的，但是我们这儿有薪金，每

在《悲悼》中饰曼诺将军

个人都有,规定多少天完成。因为有报酬,所以他们做起来非常带劲。李汝兰的设计,一个孤零零的白色别墅,几棵大树,用树墩子做的长条椅,还有两个内景,变化非常快,这个设计很有味道,而且景做得很精致。第一轮演出在长江剧场,上座非常好,歌剧院的王树元①看完后激动地上来跟我们握手,说这个戏太好了,好久没有看到这样的戏了。因为我们的演法就是写实的体验派,讲究真情实感,因为写实的戏有写实的特长,能够把人带进去,然后让人思考。最后一场一个一个角色都死了,剩下孤零零的维尼,她穿着一身黑衣服,然后叫乔奇扮演的老仆人把窗全都钉死,维尼背对观众慢慢走进这幢大楼,这就像走进坟墓一样,再也不见这个世界了。

采访人:很震撼。

娄际成:很震撼。演完这个戏之后胡伟民给了我们一个任务,说美国的奥尼尔剧团要来演《休伊》,要和我们一起同台演出一个礼拜。胡伟民非常聪明,他的构思是不要去碰他们那个时代的人,我们演绎成我们的30年代,把戏的背景改成上海20世纪30年代的生活。焦晃演值班的,我就演史密斯,这个戏全是我的台词,焦晃只是坐在这儿"嗯,哦,啊,嗯"。这是我跟焦晃合作以来他最憋屈的一个角色,焦晃演戏是要过瘾的,这个戏没让他过瘾。我穿着长袍,戴着瓜皮帽,就是30年代

---

① 王树元:京剧样板戏《杜鹃山》的作者。

一个小旅馆里的这么一段戏。同台演出是美国奥尼尔剧团，专门演奥尼尔戏的，我们跟他同台不能输呀。

采访人：他们也是演《休伊》？

娄际成：都演一个戏，等于打擂台。怎么办？商谈下来是我们先演，他们后演。演出是在戏剧学院，排练就一个礼拜，差不多都是我的台词。因为这么多台词，又只有一个礼拜的排练时间，又是跟美国奥尼尔剧团同台演同一个戏，我心里很紧张。但是演出的时候，我一走出侧幕，整个人就放松了，这大概就是我多年演戏的经验。随后我就凭着自己的感觉跟着戏走了，因为我对舞台太熟了，结果演出效果很好，戏剧学院的学生给我们热情鼓掌。等到奥尼尔剧团演的时候，可能因为他们说英语，观众听不大懂，所以演出效果并不好。我们演的时候奥尼尔剧团的人一直在侧幕看我们演出，我们演完进侧幕，他们给我们鼓掌，一种友好的表示吧。这个戏大概是我以青话名义演的最后一个戏，这是1988年，也是跟胡伟民合作的最后一个戏。

采访人：80年代青年话剧团迎来了它的第二个辉煌期，是与导演胡伟民来到了青年话剧团有关，他是怎么来到剧团的？

娄际成："文革"后，朱端钧先生想到戏剧学院的教学需要有好的老师，也需要有实践经验的老师来教学生，所以他倡议搞了一个表演师资进修班，想把全国各地有成就的上戏毕业生招回来，经过两年的回炉，然后把这些艺术家留在学校搞教学，这是朱先生的希望。胡伟民就是朱端钧先生点名要进来的，当时胡伟民在扬州。在这个班里学习的人，有的结束之后就回自己原单位了，有的则留在了上海。这个时候我们团就把胡伟民争取过来了，具体过程我不太清楚。

采访人：胡伟民的艺术之路是不是比较坎坷？

娄际成：他是上戏52届表演系毕业的，他毕业我进校。因此他是我们班年轻的助教，也是老大哥了，那时候我就跟他认识了。一直到我们排演毕业剧目《一路平安》,他也一直跟着朱先生。1957年,搞"大鸣大放",当时胡伟民是有发言的,这个我有印象。可能他提的问题比较尖锐吧,之后就见不到他了,很多年都没有消息,后来才听说去北大荒了,然后又到了扬州。因为我跟他在学校里接触过,他也当过我的老师,我觉得他是一个有才华的人,朱端钧先生也很欣赏他,可以说他是朱端钧先生的得意弟子。

采访人:他到青年话剧团以后排了哪些话剧?

娄际成:我记得应该有12个戏,第一个戏《神州风雷》,是揭露"四人帮"的戏。这个戏由青年话剧团上演后,让人看到了一种新的面貌、新的气息,因为其处理手法跟别人不一样,有一种现代的气息,与以前的那些演出不一样了。第二个戏是《再见吧,巴黎》,我觉得这是对上海戏剧界影响比较大的一个戏,具体细节我就不多说了,他带来了很多新的观念,包括舞台布景、调度、导演的构思、人物的处理,这些方面都是一种新的手法。还有《秦王李世民》,一个古代的戏,现代戏你可以搞一些现代化的东西,但是古代的戏怎么搞现代化呢?他也能给你一种新的气息,他想到了用人来演兵马俑这个创意,很新颖。舞台设计李汝兰弄的条幕,就是弄十几条布条,在舞台上起起落落形成不同的组合,给人很多想象的空间。还有一个,他把舞台一直延伸到观众席的最前沿,这种手法以前也没有用过的。像这样一些手法,我们看了不得不佩服他。

《红房间、白房间、黑房间》是我当团长的时候抓的一个剧目,是马中骏、秦培春两个作者写的。为了这个剧目很费周折,这个剧本很有现代意识,又有写实的因素在里头。本来想请林兆华来导的,林兆华说他要看剧本然后才能决定,他在我们青话待了一个礼拜,看完之后他说这个戏他不能搞。林兆华不搞,胡伟民说,那就他来吧。我总感觉胡伟民对这个戏怎么处理心中早就有数了,他给我谈了一个构思,我一下子就觉得,哎呀,真是不得了,他真的是有才华。我们俩从话剧团骑着自行车回田林,他在路上就跟我说这个戏第一幕开始的时候是写实的,写实到自然主义的程度,然后逐渐地提炼,一层一层地提炼,一直到那些小道具等琐碎的东西统统没有了,就剩一个一个景,一个框架了,再提炼,连框架也没有了,只剩平台了,最后是完全诗意的,抽象的,服装什么的都一起改变,最后提炼到穿红袍,穿喇叭裤,他就是这么一个设想。我心里想,才华啊,他怎么会是这么一个构思呢?这个戏我觉得是我所见到的他导的戏当中导演构思、艺术处理最有才华的一部。排完了之后要演出了,领导审查后,差点枪毙了,后来出于同情心才不得不同意我们演出。为什么说局里出于同情心呢?因为任命我担任团长后,第一个戏《天才与疯子》不让公演,第二个戏《傻子进行曲》不让演,这个《红房间、白房间、黑房间》又不让演,你让我工作怎么做?局里不得不同意演出,但是演出不准宣传。好吧,你既然让我们演了,那我们就自己组织观众,所以演出科的几位同志真是辛苦,下基层宣传,组织票务,就是在这样的情况下连演了十几二十场。

采访人: 当时好像有个戏剧节,不许这个戏参加,有这个事吧?

娄际成: 对,圈内的一些专家学者有争论,正是因为有争论,所以人们都要看一看到底为什么不让演,反而引起了观众的关注。按规定如果想要参加上海戏剧节,就要听专家的意见和评论,专家评论的排名我们是第九名,是入围的。但是真正宣布名单是组委会宣布的,把我们拉掉了。我说你们不是说听专家意见吗?你们尊重专家意见吗?现在专家评下来我们排名第九,为什么把我们拉掉?为此在文艺界引起了一些波澜,正好外地的同行来看戏,听说有这么一个有争议的戏,都想看看。当时文化局的领导跟我说你能不能给这些外地的同行演一场?我说当然可以。当时我们正在演《傻子进行曲》,演完了当夜拆台,连夜装《红房间、白房间、黑房间》的台,第二天上午《红房间、白房间、黑房间》对光,晚上演出。演完一场再倒回来,连夜拆景,装《傻子进行曲》，两个晚上通宵，干劲相当足。演完之后，外地同行说，好像没什么值得禁演的东西嘛，就是有些现代意识的东西，还有些灰色的、有些粗俗的话，这戏写的是马路工人嘛，不可能弄得文绉绉的。胡伟民排的这个戏，我认为是非常有才华的，但是经历过这样一些波折。还有一点，他每个戏都在寻找一种不同的表现语言，写实的、写意的、抽象的，甚至是荒诞的，这些因素也就是他所说的"东张西望"，把世界各种戏剧风格、流派的东西拿来为我所用，他吸收了很多这样的东西。我觉得他的每个戏都有他独特的构思。此外，他的人生坎坷经历使他对人性有很深的感悟，在这个时候集中焕发出来了，所以我觉得青年话剧团第二次辉煌中，是胡伟民找到了青年话剧团，青年话剧团也找到了胡伟民。这12个戏奠定了他创新的、现代意识的戏剧，这是属于青年话剧团的，青年话剧团没有他，我觉得色彩没有了，独特性没有了。

我觉得胡伟民导戏还有一个特点，就是他有一个整体构思，当演员接受了他的导演框架之后，你在这里头可以自由地发挥。再有就是，除了演员与他的导演构思发生抵触的地方，他会启发演员，跟演员做交流，但是一般情况下他会让演员自我发挥，他很懂得演员。所以他把大的构思、大的框架、速度节奏弄完了之后，他就放手让演员去创造，因为他知道青年话剧团的演员都是有经验的，都是戏剧学院出来的，不会把戏弄偏弄走样的，所以他敢放手。

采访人：就像放风筝一样。

娄际成：他排戏非常轻松，不是整天愁眉苦脸的，也不会要求演员一定要怎么样，但是东西出来就是不一样，所以说才华啊，他真是有才华。

《母亲的歌》给我们演员表演上提出了很多课题，第一次与观众这么近，而且前后左右都让观众看到，这个表演我们是下了功夫的。因为在舞台上演惯了，很容易有做作的东西，《母亲的歌》要找到一种生活的分寸感，有些人不适应，这个是观念上的。因为有的演员认为只有表演了才是有表演力的，现在要把演戏的感觉拿掉，向生活化靠近，甚至比生活的分寸还要小，找这个分寸感花了很长的时间。这也是我们在表演观念上的一个转变，他这样一个构想给我们的表演带来了更深入的探讨。

采访人：一个新的课题。

娄际成：真是新的课题。1982年秋天，北京的林兆华演出了《绝对信号》，所以一北一南，其实它是开创了中国小剧场的先河的，是很有意义的。

采访人：1985年5月，你担任了青年话剧团的团长，但是一年半之后又辞去了团长的职务。这是什么原因呢？

娄际成：80年代是青年话剧团走向何方的一个很重要的阶段。1982年，由于对艺术上的一些追求，大家首次提出要建立艺委会。首届艺委会的组成是通过民意调查，然后大家推荐，最后选出来的九个人，这是首届青年话剧团的艺委会，我被大家推荐参加了艺委会，而且被推选为艺委会主任，副主任是胡伟民。这九个人都是对艺术有追求的，但是有一个问题，我就从这个艺委会谈起。

1982年6月11日，团领导主持全团大会，经过推荐性投票，产生首届由九个人组成的艺委会，6月13日，团领导召集艺委会进行第一次会议，15、16日，连续开了两次会。因为感觉到负有责任了，所以大家这个时候的发言不是瞎扯了，都是写好提纲再发言的，大家的发言非常踊跃，都希望把青年话剧团搞好。经过了几次讨论之后，打算形成文字，并且要施锡来起草。当时起草的东西包括哪些内容呢？这不是我一个人的意思，是我们集中了九个人的意志所写出来的。艺委会的性质、任务，艺委会的职责，艺术人员的职责，艺委会的工作守则等，我们这些人要按照守则办事的，不能随便，有责任在里面，包括端正风气，相互团结。工作条例规定，艺委会委员任期两年，当时有具体的工作计划，是打印的。打印完了之后，我们根据会上的讨论，我有一个发言，题目就是"办什么样的剧团要统一认识"。

采访人： 在您的设想当中青年话剧团应该办成怎样的剧团？

娄际成： 我心中的青年话剧团，就是熊佛西先生设想的那种实验话剧团，暂且用这个名字，因为还没想到更准确的名字。田稼老师建立青年话剧团的时候提出了一个《建院撮要》，那个时候他受命到青年话剧团来，要把青年话剧团建成一个青年艺术剧院，还有就是我心中的剧场艺术的剧团。青年话剧团走来的道路是比较复杂的、坎坷的，从1957年筹建，1958年开始由熊佛西先生执导《全家福》《大雷雨》，基本就定了剧目的调子了，就是要演国内外的优秀经典剧目。在筹备期间，我们实际上是一个草台班子，是锻炼演员的。从1958年开始才走入剧场艺术，但是从1960年开始，就走战斗文工团的道路了，虽然在60年代初还有一些经典剧目的演出，但是也要配合政治，搞小分队下基层去演出了。到了"文革"时期，那完全就是走战斗文工团道路了。粉碎"四人帮"之后恢复青年话剧团建制，田稼老师任团长，又恢复了青年话剧团原来的一些设想，就是剧场艺术。但是这个时候政治环境不允许，田稼老师干得也不痛快，所以团长他也不当了，又回戏剧学院去了。但是对于剧团的构想，通过1982年的美国之行，我是有些自己的想法的。

采访人： 在美国有没有考察他们的国家剧院、商业剧院的建制和管理？

娄际成： 我们问过他们的情况。他们的戏剧，哪怕像美国艺术剧院也都是有赞助的，他们是有国家或者基金支持的。还有一些是私营的剧团，规模很小，但是搞得也很活跃。无论大场子、小场子、室内的、室外的都有很多观众。我们看到最小的剧场，只能坐十几个人，比我们青年话剧团的排练厅还小，但是每个剧场都有观众。当然百老汇的那些经典演出能买到票也是不容易的，要事先订好的。他们的观众喜欢剧院，也有欣赏水平，文化氛围非常好。艺术是相通的，我有一次在座谈会上发言的时候谈到话剧表演的一些弊病，有的演员老想在观众面前显摆自己，我说好的表演应该是为人物去表演，为对手表演。美国艺术剧院的总导演听到这句话给我鼓掌，说太对了，太对了，我们剧院也有这样的表演，就是明目张胆地给观众直接表演，你说得太对了。所以我感觉到我们国内的表演跟国际上没有差别。我在美国还演了一个片段，是与美国艺术剧院座谈完了之后对方要我表演，因为就我一个演员嘛，我当然是有所准备的。我当初跟罗毅之打好招呼，我说如果让我表演的话，我有节目，你放心。他问什么节目，我说保密。我选的是《放下你的鞭子》中卖艺老汉开场子的一段，很有中国特色，形体上比较多，也有大段独白。一开场子我就拿一把刀舞起来，一边舞一边说，说自己的经历，之后又说自己对日本侵略中国的愤怒。这时有的观众起身了，我一看场子要散掉了，我就连连施展我的功夫，施展拳脚、翻跟头、打飞脚，最后跳起来一个抢背落地，单腿跪在地上，眼里含着泪花说，大家帮帮场子呀。

采访人：您当时多大年纪了？

娄际成：四十五六岁了。演完之后他们剧院的人全体起立给我鼓掌。我开始以为这只是礼貌性的鼓掌，然后我说谢谢，他们一再鼓掌，掌声超过了我的预想，经久不停，这就不仅仅是礼貌性的了。

采访人：一般话剧演员没有这样的身手。

娄际成：这是我从小的基本功，还有我表演的这些东西他们没见过。这次为什么让我出去呢？估计是文化局的领导想让我出去开开眼界，然后回来担任团里的领导工作。但是从我看到的青年话剧团现状，我大概空了两个月没有接，当时剧团领导是缺位的。我为什么不接呢？我说这样一个团怎么接呀，能弄得起来吗？也有人跟我说，你接吧，不然青年话剧团怎么办？那么我就跟局里的领导提出我的设想，我当时提了几个方案，主要是关于剧团建设的一些想法。民主办团，科学办团，然后建立剧团的风格和艺术特点，更新认识，调整对话剧艺术的一些观念。话剧实行演出季,最后有一个大致的工作计划,半年整顿,两年过渡,三年建立国内第一流的剧院,你让我搞,我就这样想。但是在领导那里打了回票,基本上不能动,维持现状。但是维持过程中我还想尝试,在演员队实行聘任制,但是说到底当时的领导也是在那儿维持,没有长远的规划。

采访人: 您在任期间排了哪些戏?

娄际成: 在这一年半的时间里大概有八个戏:《天才与疯子》《傻子进行曲》《红房间、白房间、黑房间》《安东尼与克莉奥佩特拉》《放鸽子的少女》《二十岁的夏天》《爱的构思》。还有一个,应该是在我手里定的剧目,就是《生不带来死不带去》。当时我跟美国艺术剧院是有联系的,我还有一个打算,想要出国演出。出国演出,首先剧目得达到一定的质量,另外出国演出,谁出去谁不出去,这些人事的关系错综复杂。当时有两个剧目可选,一个是《欲望号街车》,一个是《生不带来死不带去》。《欲望号街车》当然也是非常好的戏,但是我觉得适合青年话剧团的是《生不带来死不带去》。为什么?因为青年话剧团的演员大小角色都能演好,青年话剧团的特点就是整齐,并不是一两个主要演员演得比较好,其他人的档次马上拉开了,它不是这样,它是整体好。我想这个戏人数比较多,每一个角色都有戏。剧目确定后,我把美国导演乔伊接过来。但是乔伊来之前我已经提出辞职了,不过我还是把事情跟继任者交接好了,欢迎会我就不参加了,因为我的任务完成了。乔伊想让我演这个戏的主角,跟我谈了四次。袁国英是副导演,她问我为什么不接,这个戏多好呀。那个时候我不能接,我要一接,马上就会有舆论出来了,所以我坚决不演,在这个时候再好的戏我也不能接。

采访人: 为什么辞职?对青年话剧团失望了?

娄际成: 可以说是失望了,也可以说爱得越深,心里越痛苦,如果让我去结束青年话剧团,我这后半辈子恐怕没办法生活了,所以我还是早点走吧。因为当时我接这个团长,是带着大家对青年话剧团改革的一些愿望,对艺术追求的愿望来接这个工作的。但是体制不能动,还有很多的障碍,慢慢地把我的这些设想给绞杀了。所以青年话剧团最后是自己把自己给搅掉了。

如果从实验话剧团筹建开始算起,一直到1995年青年话剧团结束,我做过一个统计,排演了大概120台剧目,其中有近50台剧目我都参加了。

采访人: 青年话剧团的演员每个人都很有才华,但是缺少凝聚力。

娄际成: 所以这就牵涉到体制上的问题了,都是优秀的人,人才过于集中,好不好?好的,但是你要能够运作呀。

采访人: 80年代是中国改革开放一个深入发展的时期,对这段历史时期的青年话剧团您是如何看待的?

娄际成: 青年话剧团到了80年代,我们有一个说法,是青年话剧团的第二次辉煌期,确实也是这样子的。第一次辉煌的时候是50年代末、60年代上半叶,剧团在观众心里有些影响。到了80年代,大家对于创作有了更多的期待和冲动,大家都想展示自己的理想、追求或才能,所以大家都非常投入。我自己总结了一下,一是经典剧目多,二是创作剧目多,三是探索剧目多。经典剧目十几个,莫里哀的,莎士比亚的,萨特的都是国外的比较好的一些剧目。创作剧目方面,青年话剧团的编剧接二连三地创作了一些好的剧目,比如程浦林的《再见吧,巴黎》《人生》,殷惟慧的《毋忘我》《母亲的歌》,王公序的《博士的诺曼蒂克》,耿可贵的《第二次握手》《孙中山与宋庆龄》。外面的创作剧目,比如说颜海平的《秦王李世民》,真是繁花似锦。另外,青年话剧团出身的一些演员,比如李家耀、杜冶秋、向能春、袁国英也都能做导演了。此外还有胡伟民导演,以及一些外请的青年导演王晓鹰、娄乃鸣、谷亦安。因此导演的面貌也是多姿多彩。所谓辉煌,最主要的就是青年话剧团有一系列的剧目出现了,1982年上海首届戏剧节,青年话剧团有五台剧目参加。当时剧团多少人呢？一百多人，一百多人有五台大戏参加会演。中国戏剧家协会的人来上海看戏，看了之后跟我说，你们青年话剧团真是人才济济，一百多人的剧团五台大戏，每台都有好演员在那儿撑着，我们在别的地方没有见过。

但是有一点我要说，青年话剧团内部是有很多矛盾，但是既然参加了剧组排练演出，大家都是相互合作、相互激发、相互配合的，这点是青年话剧团的基本品质，也就是说矛盾是有的，但是演起戏来还是一家人，还是一个体系的。因为有一个基本的规范，大家都是为了完成这个戏，保证这个戏的质量，所以这又是青年话剧团的一个特点。我曾经写过一篇文章，文章里我编了一个顺口溜："大小角色，热情不减。'方法'科学，认真体验。讲究'行动'，寻找'体现'。七嘴八舌，各抒己见。追求真实，追求特点。暗下'私功'，不搞一般。眼界较高，出手不凡。五花八门，整体呈现。"我觉得这是青年话剧团的特点，别看它乱，演起戏来大家都是对艺术负责的。我和焦晃搞的《悲悼》，完全脱离了青年话剧团，是社会集资，优化组合的，但是人家看了之后还是认为是青年话剧团的作品。包括我们演出的那个《安东尼与克莉奥佩特拉》，人家还认为是青年话剧团的老演员在惜别舞台，因为看到焦晃、娄际成还在台上，人们的印象还是这样。青年话剧团在观众里有一个基本的认定，就是你这是青年话剧团的东西，虽然我们离开青年话剧团十多年了，从1995年合并之后已经过去很多

在《商鞅》中饰公子虔

年了。

两个院团合并之后有个过渡期，存在两个制作体：一个是人艺制作体，一个是青话制作体。我最后一个以青话制作体排演的话剧是《商鞅》，这个戏里很多青年话剧团的老演员都参加了，如张先衡、张名煜、杜冶秋等。这个戏影响很大，我因为演了公子虔这个角色获得了白玉兰戏剧表演艺术配角奖。

采访人：回顾自己的人生和艺术创作，您有哪些欢乐和遗憾？

娄际成：演好一个角色，自己下了功夫，得到导演的肯定，得到同剧组的肯定，演出的时候得到观众的欢迎，得到专家的肯定，这就我是最快乐的时候，这就是创作的幸福感。但是也有很多时候是不痛快的，比如不愿意演的戏，但是为了完成任务不得不演。当然，即便内心不愿意，我们也还是会按照艺术创作的规律和自己的责任心，尽量给予人物一些艺术加工去完善他，尽量让观众看得过去。但是如果拿到经典作品，那是很有满足感的，我们追求的是这种艺术的审美价值和人生价值。

采访人：您对当下的青年演员有哪些建议？

娄际成：我跟青年演员合作过好几个戏，退休之后我演话剧已经演了十几个了，青年导演、演员都有很好的素质，都是戏剧学院毕业的，条件也比较好，演起戏来比较轻松。但是我觉得他们应该在人物的个性上多下功夫，要追求有个性的人物，在人物的经历、职业特点、内在的人物思维逻辑上多下功夫。另外一点是演技，演戏是要有演技的，你说这段台词，你要说得快一点，他快不起来，这个地方要很强烈，他强烈不起来，你说要强烈到一百度，他强烈到六十度就不上去了。演员年轻的时候就要在演戏的过程中训练演技，演戏不是你说一二三就一二三了，要把自己心里和形体都投进去的，把纸面上的文字变成活的东西是要靠演技的。你演技功夫不够，就很难适应今后的演出，你创造的角色的可塑性就比较差。我自认为我的可塑性还是可以的，我可以演刚强勇猛的、潇洒飘逸的风流名士我也可以演，小丑演员我也可以塑造，领袖人物孙中山我也可以塑造。我自己体会下来就是演员要有演技，要有塑造人物的内外在技巧，当然，演技离不开你对人生的感悟，对生活的观察，我非得找到这个人物独特的地方，不然我不松手，创造人物就是要去寻找这些独特的东西。所以，对生活深入的、细微的观察能够获得塑造人物的一些资料，这也是非常重要的。我很希望青年演员在一个新的历史阶段能够达到一个新的高度，现在他们离这个高度还有很大的距离，这就不能不检讨我们现在的创作方法了。现在确实很难有这样的机会去做这样的追求，但是你没有这样的追求是不行的。我有时候跟青年演员说，眼高手低本来是贬义词，但是我的解释是，眼高就是要看高标准，最好的演员，最好的表演，国际上那种表演，鉴赏水平不能低，低了，你的水平就上不去，因为你目标定得就比较低，所以一定要眼高。但是自己着手工作的时候就要从最基本的开始，手低是从零开始，我是这样体会的。

采访人：对话剧现状您有何看法？您满意吗？

娄际成：我们这些人演了一辈子话剧，心里总有一种追求，自己曾经追求过或者达到过。现在再看，因为感觉到时代不同了，人们的追求和欣赏水平也不同了，我觉得现在的话剧要想振兴也不是短时间内所能达到的，恐怕要经过一段时间的反思才能够实现。我原来认为我们所达到的高点应该成为下一代的起点，现在看来不是这样子，还得从头开始，这就是下一代的任务了。按照我的想法，一个剧院应该有它独特的风格面貌、艺术面貌，就像人一样的，你没有个性，艺术没有个性，你的存在就没有艺术价值。上海的话剧还算是活跃的，但是缺少艺术个性、艺术追求，在艺术建设上还有很长的路要走。

采访人：您认为上海这样一个国际大都市，它的话剧应该具有怎样的品格？

娄际成：要保留剧院的艺术面貌，需要有一批人具有共同的追求或者一种继承,才能够延续下来。上海有这种风格,但是没人去培育,没人去认识。为了生存,能赚钱,能养活自己,票房能有多少收入,能一个戏一个戏地演,这就算不错了。但是艺术建设、艺术个性我觉得没有达到这个层次,特别对于上海这样一个国际大都市,必须有自己的艺术面貌,除了京戏、昆曲、越剧、沪剧外,中国话剧也有一百多年历史了,上海是中国话剧的发源啊。谁能够把上海的话剧面貌再重新提起来,去追求中国的、上海的现代化、民族化的艺术话剧体系?恐怕要经过很长时间的努力。上海话剧是一个很重要的阵地,靠几个人的力量是不行的,要有一个整体的氛围,需要有一批人去努力,这些宏伟的计划应该由年轻人去考虑。

(采访:李丹青　整理:李丹青)

戏剧工作者不该忘记自己的使命
——张先衡口述

张先衡,1936年出生于上海。国家一级演员。1959年毕业于上海戏剧学院表演系。话剧代表作有:《无事生非》《大神布朗》《背叛》《苍天在上》《年青的一代》《于无声处》等。电影作品有:《梨园传奇》《雨后》《乱世郎中》《子夜》等。电视剧作品有:《红色康乃馨》《至高利益》《流逝的岁月》《抉择》《大染坊》《战北平》等。导演作品有:《国家生意经》《紧要一步》《新世界你好》《上海一家人》(执行导演)。曾任话剧《商鞅》的监制、艺术总监兼制作人,《浮士德》策划。曾获得话剧研究会演员金狮奖、上海白玉兰戏剧表演艺术主角奖、电视牡丹奖杰出演员奖。

采访人: 感谢张老师接受我们的采访,我们从您的家庭背景开始谈起吧。

张先衡: 我出生在上海,我祖籍是江苏的江浦,现在江浦已经划到南京市的一个区了,过去到北京坐火车轮渡的渡口对面叫江浦县,这个地方我没去过,我父亲去没去过我都搞不清楚。我爷爷是清朝的海关官员,帽子上也有小翎子的,但是级别较低。后来我父亲也在海关工作,过去海关的工作是流动的,不让你老待在一个地方,兴许也是为了防腐吧,所以就经常调动。

采访人: 海关待遇应该还是不错的吧?

张先衡: 海关当时算是金饭碗,但我们家孩子多,我是第八个,实际上我们家第一个念完大学的是我,上面几个哥哥,大哥念了两年大学就退学了,因为要养家。他们基本上是高中毕业就工作了,不过解放前能够读到高中毕业就已经很厉害了,古文、英文都不错的。我们是大家庭,当时爷爷奶奶还健在,我父亲有两个弟弟,其中一个叔叔在抗战期间跟政府到后方去了,但是婶婶和三个孩子留下来了,主要靠我父亲抚养,小叔叔还在念书。虽然海关的工资很高,但是养活这么一大家老老小小近二十口人也是够累的。听我母亲说,我出生后一满月,父亲就接到调令到山东威海去了,我们家一部分的哥哥姐姐跟过去了,一部分留在上海,因为爷爷还在这儿,父亲每个月会寄钱回来。我因为刚出生,所以就跟着妈妈过去了,在那儿念了幼儿园,念完了之后,父亲又调到了天津,我在天津的山东公学念到三年级,之后我父亲又调回了上海。

我在威海卫路的民智小学念到小学毕业,中学在致远中学念的,这个中学对我影响比较大。因为这个中学的校长高宗靖,他的艺名叫夏风,是搞过话剧的,他收容了很多戏剧界暂时没有着落的、或者一时没有合适工作的人去当教师。我听说在我们学校待过的有汪曾祺、林彬,还有一个很有名的诗人叫唐祈也在学校教过我,所以学生业余生活中就有话剧这一项。

采访人: 这些人教话剧表演?

张先衡: 没有,就是上课,当英文老师,当语文老师。我曾在学校的"同乐会"上演过契诃夫的《求婚》《破旧的别墅》,寒假的时候排过一个《表》，但是《表》没有上演，因为它是一个大戏了。这样就培养出我们对演戏的一种兴趣，感觉很喜欢。我念到初二，也就是1949年，上海解放了。

采访人：上海解放您有印象吗？

张先衡：有。一解放，大家敲锣打鼓，游行，扭秧歌，联欢活动很多，说实话念书有点念不下去了。满街贴的都是招生告示，各个文工团、各种各样的招生，我们几个喜欢搞这些活动的就去考了。但是我知道家里不会让我走远的。有一天，突然看到淮海中路1893号华东文工二团在招生，主要是话剧，工作地点在上海，是地方性的文工团，我们几个同学就去了，我那时候14岁都不到。报名处问我多大了？我说16岁，虚岁16。然后给了我一张准考证就进去考了，好几个同学一起考的，考取的就两个，我侥幸考取了。

采访人：考什么还有印象吗？

张先衡：高重实、陈家松、吕复等一些老同志坐那儿。然后问我多大了？16岁，我开始胡说了。你为什么要考我们文工团？我喜欢演话剧。你会演什么？我会走路。你走给我看看。然后我就自说自话了，小学生走路是这样蹦蹦跳跳的，中学生走路是这样夹着书包的，大学生走路是这样趾高气扬的，比画了一下，他们都乐了。我是1949年底的时候考的，过了一个月不到就送了一个通知来说录取了，让我1950年2月1日去报到。但是1950年1月的时候，龚伯安骑车到我家，让我早一点报到，现在团里有一个任务，要做一个广播剧，里面有一个小男孩的角色正好没有人，所以就让我提前去报到，就这样，我开始走上了话剧道路。

采访人：您考文工团家里同意吗？

张先衡：嗯，这里头有个故事，开始我父亲是不同意的。第一，他对共产党没有很深刻的认识。我是年轻人比较容易接受，觉得共产党比国民党好，不像国民党那么乱。大人考虑问题比较多，他要考虑将来怎么样，万一去得不对怎么办，所以我父亲开始是不答应的。我家隔壁就住着我的叔祖父，他家很有钱，叔祖母是广东大户人家的女儿，结果偏偏他的两个孩子抗战的时候都失踪了，其实我们知道是投奔共产党去了，等到一解放他们就都回来了。

有一天放学，我家弄堂门口两个人拿着枪在站岗，我堂叔回来了，听说他那时候是旅长了。还有一个堂姑参加了新安旅行团，就是上海歌剧院的前身，我爸爸在我爷爷这边是老大，我这个姑妈要见大哥，我父亲就去了，问她在哪里工作，她说是在新安旅行团工作，我父亲以为是旅行社什么的，她解释说新安旅行团就是文工团，她一说文工团我父亲就想起我刚刚考了文工团，马上问文工团是怎么回事。她说文工团这个地方能锻炼人，做宣传工作是不可缺少的，因为是自家妹妹说的，我爸爸就比较放心了，这样我就进了文工团。

1950年1月份我参加了第一个广播剧，演的第一个话剧是《思想问题》，是一个正儿八经的话剧，也是解放后很有影响的一个戏，写知识分子思想改造的。我饰演一个学员，"吃饭咯"，敲敲饭碗什么的，我那么小也只能跑跑龙套。等到了夏天的时候文工团就建成了上海人民艺术剧院了。学苏联，改成艺术剧院。当时上海人民艺术剧院有四个部门：一个是创作工厂，专门写剧本的；一个是演员剧团；一个是演员培养学馆，是由黄佐临、丹妮、罗毅之、孙浩然几位负责的；还有一个是舞美工场。当时我和几个团里最小的学员到学馆去学习，是带职过去学习。在那里也学到不少东西，请的老师都很好，叶以群、耿庸讲文艺理论，音乐欣赏请的是陈歌辛，都是很有名的，因为是黄佐临院长找的人。学了大概一年半，我们一边上课，一边参加剧团的一些演出。我第一次演的一个角色，是河南花园口决堤时国民党军官的勤务兵小山东，他逃到解放区后控诉国民党怎么残害老百姓。那时候黄佐临先生把程之等很多上影厂的演员请来演出，叫我演程之的勤务兵。第一次对词的时候我一句也不敢开口，轮到我说台词了憋在那儿不敢说话，怯场。很难想象我怎么敢跟他们一起演戏，黄院长就鼓励我、启发我。后来我说我的台词用山东话说好吗，黄院长说那你说两句我听听，我就说了，然后他说可以，你就说山东话吧。这个戏给我印象很深。

我是在1955年离开上海人艺考到上海戏剧学院的，为什么考上戏呢？是因为我们团里有一个跟我年龄差不多的女演员，她是1954年考到中央戏剧学院的，暑假回来给我们做了一个汇报，我一听就傻了，她怎么去了一年懂了那么多东西？因为苏联专家列斯里到中戏给他们讲课，这一熏陶一学习，回来讲话水平都不一样了，我心想最好也有机会去学学。不久有消息说上海戏剧学院也要来苏联专家，后来果然来了。当时我们这帮年轻人都想去，高重实团长没派我去，而是派了别人去，我就去找他抱怨。他说年轻人都走光了，万一要有个年轻角色谁来演？当时出过一些小册子，介绍苏联的那些名演员，每本我们都会买来看，契尔卡索夫、邦达尔丘克等等，所有的册子看下来都有一条，他们都是进过戏剧学院的。当时我想，我如果不系统地学习是很难在戏剧方面有出息的，这次又有苏联专家来上海，机会难得，所以我天天缠着高重实，后来高重实实在受不了我了，就说你去吧，然后我就去考了，一考就考上了。进了戏剧学院，就决定了我在艺术道路上，把基本的路子定下来了。

采访人：上海戏剧学院当时还有很多专家在。

张先衡：熊（佛西）院长、朱端钧、顾仲彝，都是很有本事的老师，还有苏联专家。那时候是由苏联专家列普科夫斯卡娅给我们上课，很多剧团的导演都来听，我们的小品汇报他们也来看。专家上完课，学校教研组马上就开会讨论她今天为什么这么说，因为当时虽然知道斯坦尼体系，但是对如何去实践并不是太有经验，只是根据中国的传统、中国的理解在做而已，现在看到苏联专家这么讲了，老师们也会去研究，去讨论。这一点我觉得很幸运，因为苏联专家上课不仅是在表演上教你，她是把她的美学观念，舞台上什么是可以的什么是不可以的，都在无形当中灌输给你了，所以她给我们打了非常坚实的基础。列普科夫斯卡娅教了我们两年，她还带了一个进修班，就是马科（上海京剧导演，代表作《曹操与杨修》）、胡思庆（上海人艺导演）他们，演了两个戏，《决裂》和《无事生非》。这两个戏又叫我们班参加跑龙套，因为参加排练就要听她讲，她教给我们很多东西，她对我的艺术道路起了很大的作用。

1996年我有机会去访问俄罗斯，但是我们的老师列普科夫斯卡娅已经不在了，我到圣彼得堡找到了她的墓，献了花，是戏剧学院的沙金老师陪我一块去的。沙金老师当年是苏联专家的翻译，这也算了了我的一个心愿。

采访人：当时您的班主任是谁？

张先衡：胡导老师。胡导老师那时候也就40多岁，正当年的时候。其他还有王琪、陈加林、陈明正、张可老师等等。我刚进校的时候很紧张，因为我念书只念到初二，然后工作了五年，虽然也看了很多书，也听了一些课，现在一下子成了大学生，感觉跳得太猛了。那时候文化课也要考的，写作、政治、文艺理论都是要考的，所以我进上戏之后还是很认真努力的，尽量把功课完成好，一年念下来竟然所有的功课都是5分（满分），表演、政治、音乐欣赏，我全部是5分。这样我就受到学校的注意了，学校还让我参加了青岛大学生夏令营，回来以后因为高年级同学快毕业了，学生会要改选，就让我当了学生会副主席。后来发生了"反右"，我晚了一年毕业，当时给我的处分是"戴帽子"到工厂去劳动考察一年。

采访人：具体原因是什么呢？

张先衡：实际上年轻人还是太幼稚。号召我们提意见，而且所有报纸都鼓励、动员大家提意见，帮助党整风。其实我干吗要反党？共产党对我很好，培养我上大学，还给我25块钱一个月的调干生助学金，一半交伙食费一半零用，很好了。"反右"第一阶段结束的时候，党委找我谈过话，明确告诉我不是右派，而是资产阶级思想、民主思想比较严重，以后自己好好注意。后来气氛就变了，我们去北京演《无事生非》，要进怀仁堂的时候，突然通知我说你不要进去了，我精神上受到了比较大的打击。最后打了一个以我为首的反党小集团。

后来我就到工厂去劳动了，那个时候人还是很单纯的，错了就改呗，我在工厂拼命劳动，我的腰椎间盘突出的毛病就是从那儿落下来的。工厂的人觉得你是学生，去装配车间做做简单的工作吧，我说不行，我要求到最累最苦的地方去改造，结果就把我派到高温的压机车间，后来把腰弄坏了。一年过去了，学校把我忘了，也不来叫我，我也不敢响。后来厂里领导说，你时间到了，说好一年的怎么到现在还不接你回去，你去跟他们讲啊。

采访人：超了多少个月？

张先衡：超过四个月了。我说我去讲合适吗，后来还是厂里打电话给学校的。

采访人：厂里对你还不错。

张先衡：厂里对我很好。我那个时候连调干生助学金都停掉了，等于我自己掏钱去劳动改造，15块钱生活费是我家里的兄姐每个月轮流寄给我的，也不敢多寄，如果寄多了，这边反映过去人家会觉得他们立场有问题。所以他们商量后就寄15块钱，轮流寄。我那时候是干重体力劳动，每顿就是一个青菜半斤米饭。那些工人师傅非常好，他们觉得我干那么重的活儿就吃青菜肯定是不行的，他们就你给我一块肉，他给我一块肉。当时厂领导没有把我的事儿跟下面工人讲，只说是一个大学生来下放劳动。有工人问我，你不念书整天劳动算怎么回事？我又不好说实情。临走给我开了一个鉴定会，就像欢送会一样，很多工人说我们希望在舞台上还能见到你，希望你回去好好学习，说了一些鼓励的话。回校以后59届已经分配完了，那时候分配是由文化部拨名额下来的。学校让我跟60届再念一年，明年跟他们一起分配。回来之后一两个月就摘帽了，估计因为工厂那边对我鉴定还是很不错的，而且我也确实很努力。

采访人：等于是跨了两个年级。

张先衡：对。后来1979年落实政策，我的文凭还是改成1959年毕业。他们问我有什么要求，我说我有一个要求，补发一个共青团团徽给我，因为1957年正好是新民主主义青年团改为共青团，还在学校草地上开了一个大会，我还傻乎乎地想去参加，他们说你就算了。这件事儿我记得很清楚，所以我希望补一个共青团团徽给我。虽然那个时候我已经44岁了，我们支部挺好，真的就补给我了，同事们还起哄让我补交团费。"反右"这个事情对我的生活和艺术道路都带来了很大的影响，开始自己是不觉得的，年轻人的想法很简单，就好像我在家里闯祸把碗打碎了，下次注意就过去了，但是政治不是这样的。其实任何事情都是两面的，你的处境不好，实际上在某种程度上也锻炼了你。朱教务长人非常好，他是很人性化的人，有一次他把我叫去排戏。他问我，"听说他们都叫你百代公司？"我说"他们叫我百搭公司"。"好啊，一个剧团就是要有一个百搭，不然剧团怎么办，遇到突发情况怎么应付？"实际上他是鼓励我不要为这些事有什么委屈。当阶级斗争不那么尖锐的时期，不搞运动的时候，我可能会演稍微重一点的角色，但是只要一搞运动，马上就会有人提出领导重用有问题的人，所以当领导的也有顾忌。

我已经去世的爱人对我鼓励很大，我产生想离开这个行业的想法就是战高温那一次，是林彪下"一号命令"的那一年（1969年）。我实在觉得整个环境、气氛太压抑，我更多的考虑是还有孩子，如果我早点去工厂也许将来还会好一点，一个有过历史问题的工人，也比在文艺单位待着的要好一点。另外当时也没有戏演，再耗在这儿实在没有意思，但是我爱人让我一定要坚持下去，否则我真的可能改行了。

采访人：毕业之后基本上都是演配角？

张先衡：我刚毕业的时候演过主角，随着政治形势的尖锐化，人们的脑子里阶级斗争的弦就绷起来了。谁派我重一点的戏，下一回搞运动被贴大字报肯定就是他了。其实有些事是很可笑的，比如说排《刘胡兰》，我演一个叛徒，这个总没有问题吧？结果戏排不下去了，因为剧本有问题，当时我谈了我的想法，结果导演关尔佳听了就觉得我的意见很好，让我把它改改，我就写了一个通宵，后来就按照我改的排了。等到"文化大革命"，贴我大字报，说我美化叛徒。我写的是叛徒的观点，他就是为了钱才去做叛徒的嘛，这个角色最后是被我军一枪打死的，死的时候怀里的钱都撒出来了，人为财死，鸟为食亡，我不知道我怎么美化叛徒了。但是不管怎么说，我们这一代人，不管政治上出现什么状况，不管是什么处境，对话剧事业还是非常当回事的，还是很认真的，至少我原来所在的青年话剧团是这样的。

采访人：有一种使命感？

张先衡：对，我在退休以前有一个思想，这部话剧我不搞谁搞呢？但是当我退休了以后发现，你不搞总有人会搞。我记得退休以前有一次接受采访，记者问我话剧还有多少年才能起来？我说至少十年，那是1996年，后来到2006年之前就起来了。

采访人："文革"后您排的剧目多吗？

张先衡：我是1979年落实政策的。这个时候胡伟民来了，他排了很多戏。粉碎"四人帮"之后话剧有一个阶段发展得非常好，也是因为大家很久没看话剧了，终于又有机会看了。除了过去演过的《无事生非》《吝啬鬼》这些经典剧目之外，也出了一些新创作的剧目，比如说《再见了，巴黎》《母亲的歌》，影响也是很大的。我为什么提到胡伟民呢？因为他跟我合作得比较多，他的戏里出现了很多新的元素，无论是舞美还是新的导演处理手法都出现了。说实话，一开始我们是有一些抵触的，因为演传统的戏演惯了。第一次排《再见了，巴黎》，我就说你

在《再见了，巴黎》中饰顾莹

让我们怎么演？舞台上一个平台，有一个坡，有点高低，然后弄了一棵造型非常怪的小树，天幕上一个大月亮，这就是松潘草原了。我们很不接受，觉得这个戏无法演，但是慢慢适应了之后，我们也就接受了。

采访人：表演形式上有很大的变化吗？

张先衡：我觉得从表演上来说，不管是什么流派，表演的原理是不变的，如果剧本我看不懂我是不演的，荒诞戏剧的基础还是真实的。胡伟民给我们排的戏，比如说那个《红房间、白房间、黑房间》，我就觉得它的布景从具象到抽象，越来越虚，像这些东西的表现形式都有它的讲究、有它的道理的，也开始被观众接受了。那个时候整个社会都在引进国外的一些理念，包括文学领域。当时他对上海乃至于对全国的戏剧推进和发展是功不可没的，实际上当代南方话剧的代表人物他应该算一个。

采访人：胡伟民导演的《大神布朗》给人印象深刻，能谈谈排戏的情况吗？

张先衡：这个戏也算是胡伟民一个重头戏。胡伟民在戏剧观念上

在《大神布朗》中饰布朗

有很多可取的地方。《大神布朗》这个剧本，你要看原作的话其实很难排，因为大神布朗是戴面具的，有一定的象征意义，人格具有两重性，开始觉得很难排。胡伟民比较注意观众的审美情趣和接受能力，观众能够接受的就保留，所以演出效果很好。他在戏剧的处理上，在戏剧的发展、开拓上是做得很好的。他给我们排戏是这样的，在案头工作阶段，他把他的设想谈了，我们有什么问题，有什么疑问他都解答了。然后在排练的过程当中他只把握大的方向，提一些要求，我们就试着做，他认可了就过了。艺术创作探讨的风气很浓，包括我们跟导演也是要争论的，他也会听你的意见，这种创作氛围比较好。他去世的时候，家属提出让生前好友讲话，希望我来讲。我提到，胡伟民的离去给我们剧团的戏剧创作留下了难以填补的空白。我说的是心里话，事实证明，胡伟民去世以后青话在艺术上还是很受影响的，并不是演员没有了，而是缺乏一个领头的。胡伟民是有艺术见地的，有追求的，他可以领着我们干。他在上海戏剧界的作用是不应该被抹杀的，北京搞了一个《绝对信号》是个创举，但同时上海也搞了《母亲的歌》。

《母亲的歌》改变了剧场形式。胡伟民把我们的排练厅变成一个剧场，座位都铺到台上去了，当中那一圈是演区，这个也是新的手法，我们是全方位的表演。北京在戏剧方面是有传统的，我也是很崇拜北京人艺的老演员的，但是后来我又慢慢感觉到，北方的戏剧表演风格和南方是不同的，这个也很正常，两个流派各有各的长处，南方的表演比较强调生活化，比较靠近生活。另外演外国戏，以青年话剧团为代表是比较出彩的，因为我们这批人是系统地受过芭蕾和代表性训练的，在台上举止等各方面比较洋气，所以青年话剧团后来解散掉非常可惜，虽然这个群体有它的问题，但是在艺术上我们是比较默契和成熟的。实际上

在《母亲的歌》中饰司雷

青年话剧团的演员大部分都是戏剧学院毕业的，但是我们演戏的风格其实并不一样，每个人都不同，每个人在实践的过程中，自己摸索了一套自己的表演风格。前不久演《钦差大臣》，焦晃还在跟我说，你演戏怎么一到要放出来的时候你就缩回去了呢？你把它放出来啊。我说这个是我的工作习惯。焦晃的习惯是全部撒开来，到顶点了然后再收回来。每个人对演戏的想法不同，我认为这个也不能说谁对谁错，焦晃提出我表演的问题我可以考虑，但是完全演得跟焦晃一样，那我就是焦晃了。大家在实践当中自己摸索了一套自己适应的表演方法，但是基因是戏剧学院的基础，这是一致的，所以青年话剧团的表演不会非常出格，不搭调的表演在青年话剧团是比较难存活的。因为我们比较民主，如果你的表演格格不入的话，所有人一起说是会把你说到没有信心演下去的，所以表演上不搭调的情况是不存在的。

还有一点，我记得在60年代初，广东省话剧团有一个很有名的女演员叫潘予，也是很能演戏的。她那时候是团长，有事到了我们团来，每天早上没有人叫集合，我们都是自觉地在花园里面喊嗓子、练功。我看她站在花园洋房那里看我们，我不知道她看什么，就走过去了。她说

在《钦差大臣》中饰市长

我真羡慕你们,现在全国有几个剧团可以做到你们这样,我们的演员哪怕是吹哨子集合都不起来,你们可以自己集合,真是让人敬佩。青年话剧团是有它不争气的地方,但是无论如何,我们在艺术创作上,我觉得是有非常值得留恋和非常多的可取之处的。

采访人: 你要是不练很可能就会被比下去,所以大家都很努力。

张先衡: 作为演员必须这样。我演《再见了,巴黎》,那时候也有四十多岁了,有些发福了,觉得自己没有红卫兵的感觉,身材哪像一个大学生呢?那一段时间我坚持练功,礼拜天都会骑着自行车到单位练功,一个月内减了20斤体重。其实并没有人逼着你,也不是想通过这个获得荣誉和地位,我觉得当演员就必须这样。

采访人: 还是使命感。

张先衡: 对。前两天我给年轻人排戏,我说我最大的缺点就是责任心太强,你们觉得无所谓的事,我看着就不行,这个是多年来形成的。那时候也没什么待遇,工资60块钱一个月,从大学毕业第二年开始,一拿就是20年。那时候有食堂,一人打一碗吃完就算了。哪怕借去拍电影也没有什么收入,电影厂借你每个月付你工资的400%给单位,工资不满100块钱的按100块钱算。外地的戏出差补贴每天8毛钱,一个电影要拍半年,8毛钱的出差补贴一个月就是24块钱,相当于快半个月的工资了,单位里提成5%,大概是一个月自己拿到20块钱,这样加起来觉得很好了。

我落实政策以后,在台上露脸的机会也多了,人家说这个演员演戏不错,就来找我了。我先拍的是上海电视台的六集电视剧《流逝的岁月》,那时候拍6集已经不得了了,算是连续剧了。后来桑弧导演要拍《子夜》,要我去演一个工头,拍完《子夜》,又接着拍了峨眉电影制片厂的《梨园传奇》。

拍完《梨园传奇》回来,演了《母亲的歌》,文化部的副部长丁峤来看了《母亲的歌》,看完演出把我们整个剧组叫去锦江饭店,让我们带头搞一个体制改革,成立一个演出队,但是后来由于种种原因最后也没有弄成。不过那一段时间团里话剧创作还是比较活跃的,演出的剧目

在电影《梨园传奇》中饰易胆大

也很多，团里拿奖的人也很多，每一届戏剧节都会有几个剧目获奖。我演过耿可贵写的《第二次握手》，程浦林写的《再见了，巴黎》。

我平时一般不到文化局的，有一天团里突然打电话说文化局找我，我就去了。领导跟我谈，说现在要调整青话的领导班子，你是不是出来工作？我说我不干，我这么多年都是这样一个状况，怎么去当领导？然后局里每个礼拜都约我谈话。

采访人：做你思想工作？

张先衡：对，就是做工作，这个礼拜不同意就下个礼拜再找你谈，没完没了地谈。后来文化局党委副书记跟我说，老张，我们很对不起你，像你这样的同志早该出来工作了。我一听这话不对了，我再拒绝就好像我有什么想法了。但是我知道这个工作不好做，我就跟他们说我不是党员，我建议由党员当团长，我当副团长协助团长工作，最后他们同意了。副团长的工作我大概干了一年半，我就给局里打了辞职报告，因为我觉得自己还是演我的戏算了。正好团里《天才与疯子》这个戏在演，是我在抓这个戏。当时我报过一个改革方案，先核算这个戏的成本投入是多少，当剧组把成本赚回来以后，剧组可以跟团里利润分成。我开始报的是剧组拿45%，团里拿55%，按这个比例测算下来如果演到100场，每场平均给你5块钱，那是很大一部分了。最后局里批下来是剧组拿35%，团里拿65%，反正总比过去有了一个改变。我辞职报告递上去后，领导说行，你想辞职就先把100场演掉，都知道那时候很难演100场的。我说你说话算吗？他说当然算。我就带这个组在上海演，演完之后沿着江苏的南通、如皋、海安，一路在苏北那一带演，一直演到海门回来。后来在金山石化总厂举行100场演出的仪式，其实已经超过100场了，局里没办法，只好同意我辞职了。

辞职后我就基本在外面拍电视了，偶尔来团里有事找我做我也做，这样过了大概有七八年时间吧。后来局里找过我一次，问我胡伟民当团长行不行？我说当然可以，本来业务上他就很强，干脆行政和业务统一起来不是很好吗？可就在这个时候胡伟民去世了。

采访人：是1989年吗？

张先衡：对。他走的时候我在武汉拍戏，开追悼会时我回来了。追悼会一完，局长孙滨就说你慢点走，我们一块吃个饭。他找我谈的意思是让我再出来干，我说真的不行，我都辞职了再回来干算什么呢？让我一个非党员干合适吗？最后他们用了一个激将法："你在青话待了一辈子，还有最后三年就退了，你不能看着青话垮了吧！"我心一软答应下来了。其实我连状况都没了解一下，结果我一上手，马上面临体制改革，要精减人，团里经济状况也不好，还欠了债。后来局里和团里协商，把人员编制限定在一个范围，但是从剧团长远发展来看，我还不能一次要满限额，因为总得有新人进来吧，起码得留几个名额进新人，我就写了一个改革方案上去。关于改革这个问题我要重点讲一讲。当时我给局里的改革方案是所有的一级演员、一级编剧、一级导演、一级舞美全部留下来，不要让他们提前退休。而当时的政策是女的48岁、男的52岁就可以退了。但是很多人面临这样一个状况，不提前退就要拿折扣工资。那个时候又不知道后来工资会那么涨，过去工资是多少年才调一次，调的时候还不一定有你，名额也很少。如果你现在走，可以拿全工资走，将来到了国家规定的退休年龄，还享受原来的待遇，但是你要留下来工资就要打折扣，说得难听点这是逼着人家退。我就问局里，这样做的意图是什么？他们说为了改革的需要，为了大家好，需要的时候还可以再聘回来。我说走了的人会很伤心的，还会回来吗？我是想把所有的人都留下来，没有工作我也给全工资，哪怕剧组安排一个老演员去指导年轻人，安排一个老编剧去帮助年轻编剧，这也是工作。这些老同志是青年话剧团的骨干，全部都走光了，剧团还有什么人？留我一个人有什么用？后来分管我们的领导说，你这是感情用事，你这叫改革方案吗？重写。意思就是这个方案不能用。于是一大批老同志在我手里退了，当然有些是在以前退的。我记得很清楚，我看了张名煜写的一个申请退休报告,每个人都要写自愿申请退休报告。张名煜的报告写得像小说一样,"森林里有各种动物,大家很开心地在一起玩。有一天小白兔跟骆驼(张名煜的外号)说,我们到另一个地方去吧,听说那个地方很美很美,有吃的有喝的。骆驼说,你们去吧,我走不动了"。下面就是"我自愿提出提前退休",签字:张名煜。看了这份报告太让人心酸了。我把张名煜的申请给支部书记看了,支部书记去局里汇报了。局里特地发了一个文给我们,让我们做好老演员提前退休的思想工作,这个环节必须加强认真落实,等等。

采访人: 都是在年富力强的时候退休了。

张先衡: 对,都是最能干的时候。按理说演员实行60岁退休是不对的。我到俄罗斯访问的时候,他们院长已经70多岁了还在演莎士比亚的戏。演员有能力就演,演不动了就不演,这是一个自然规律,它又不是公务员,你想想,52岁到60岁这八年是话剧演员最好的时候。

采访人: 这无形中中断了他们的艺术生命。

张先衡: 对,非要限定人员编制,那怎么办呢?你报上去的方案他说我感情用事,要我重写,这就摆明了必须把人员解决掉,不解决也可以,那就逼着人家拿打折工资。所以我一上任就宣布上岗工资一律七折,如果一年下来情况不好还可能拿六折,再不好我就辞职,说明我没有这个能力。所以第一年基本上没怎么排戏,我的全部精力都放在挣钱上了。

采访人: 钱从哪来呢?

张先衡: 没钱这个剧团就死掉了,那时候财政是差额拨款,文化局拨的经费包括工资和办公费什么的,全在里面。我想了半天也就是街面的房子还值些钱。经过一番周折,最后谈下来一年95万元把房子租出去了,外加签单工作餐,算下来总共100多万元。每个月有房租打进来剧团就算维持住了,现在有钱了,大家也苦了一年了,所以班子决定:第一,工资全部不打折了;第二,补发的工资全部按照国家规定发给大家。就在这个时候,文化局又找我了,根据市委决定,撤二建一,上海人艺、青年话剧团都撤掉,合起来成立上海话剧艺术中心,问我有什么意见。我就笑了,我说你已经把决定告诉我了我还能有什么意见?于是又有人说我没能保住青年话剧团,这是我能保得了的吗?

按我的年龄应该是1996年退休的,但是拖到了1999年底我才退,局领导让我先不要退,再工作一段时间,留在话剧中心负责剧目。因为那时候我搞了《商鞅》,领导觉得我抓剧目还可以。

当团长的第一年我作述职报告,分管我们的副局长就说,青年话剧团钱是有了,但是剧目没抓。第二次是在话剧中心述职,《商鞅》也排出来了,《苍天在上》也都演了,影响蛮好的。述职完了领导又朝我笑,我说我知道你想说什么,觉得我像艺术总监而不像个副总经理,对不对?

采访人:关于《商鞅》,咱们先从剧本说起,剧本是南京的吧?

张先衡:剧本是前线话剧团的姚远写的,他原来是前线话剧团的团长,也是创作员,专门写剧本,兼任团长。他写了《商鞅》之后,当时前线话剧团已经排了,导演是汪遵熹。因为姚远是赵耀民的师哥,也是陈白尘[①]的研究生,赵耀民看过这个剧本,也蛮喜欢的,就拿到青年话剧团的艺术室来了,我听说过,但是我没看过。后来我当团长了就把这个剧本找出来看了,看完之后我很激动,这个剧本确实好,人的精神力量、人格力量极强。我曾经向局里报过这个戏,说实话,当时排这个戏时机并不合适,一是没钱,二是人物众多,所以这个事就搁下了。等话剧中心成立以后,有一天开总经理会,话剧中心的总经理杨绍林手里拿了个剧本,说是宣传部方全林部长推荐的一个历史剧。我问写

---

① 陈白尘(1908—1994),中国作家、编剧,江苏淮阴人。1930年参加左翼戏剧家联盟,代表作有《乱世男女》《结婚进行曲》《岁寒图》《升官图》等。

什么的,他说叫《商鞅》,我说给我吧。因为那时候中心有制作经费,而且人也多了。筹备要先请导演,我觉得陈薪伊比较符合我设想的路子,就定她了。陈薪伊一开始叫我演商鞅,我说我不是不能演,但是我觉得最好用一个年轻有实力的演员来演,而且戏里那么多的大臣的角色,正好借机把青话的一批老演员请回来辅佐年轻演员,我想应该会有效果的。当时在北京和陈薪伊还有舞美设计黄海威一起谈设计方案,我让上海发一个尹铸胜的照片过来让陈薪伊看看是否合适,结果传过来的照片黑黑的看不清脸,下面一行字倒看得很清楚。"尹铸胜问是不是让我参加商鞅?如果是他坚决不演。"陈薪伊问我为什么推荐他,我说我觉得他演戏有激情,有爆发力,演商鞅必须有激情。我从北京一回来就去找尹铸胜,我说铸子你个傻蛋,你剧本没看就一口回绝了,你知道这是什么戏吗?我说算了,你喜欢拍戏挣钱你就去吧,这个戏跟你没关系了,我故意将他。他说你把剧本给我看一下,我看完明天告诉你。第二天他跟我说他要演,我说来不及了,已经晚了,现在定我演了。他说那他演B组,他要把我演下去。我说你真想演吗?他说真想演。最后就决定让他演商鞅,然后把青年话剧团的几个老演员请

在《商鞅》中饰景监

回来，这么多的角色让他们自己挑。最后就剩景监这个角色没人选，陈薪伊就说那就你来演吧。我说好，我演。

就在我们已经要开始排的时候，上面找我谈话了，问我决定排《商鞅》了？我说是的。你是不是暂缓？我说为什么？你说出理由。他说这个戏是蛮好的，很有震撼力，但是现在演不大合适吧？我说现在演为什么不合适？你总要说个理由。他说这个戏看了之后给人感觉改革者没有好下场。我说你认为古今中外的改革者有好下场的吗？如果改革者都有好下场，那么就不存在改革了，因为人人都是改革者了。改革者之所以伟大就在于尽管前途变幻莫测，甚至很危险，但是他敢闯，这才叫改革者。改革者连这点勇气都没有怎么改革？后来上面让我请专家论证，我说请谁？他们问你认为谁合适？我说，徐俊西可以吗？杜宣可以吗？领导同意了。我就连夜让人送本子到他们家里，并跟他们通了电话，请他们尽快看完给出意见。杜宣的态度很明确，这是一个好戏，可以排。徐俊西说为了慎重起见，他请复旦大学历史研究所的一个副主任看过了，他认为是符合史实的，所以他也同意。我把专家的意见跟文化局领导说了，他们又让我直接请示宣传部。为了急于排这个戏我也没办法了，我说好，既然本子是方部长推荐的，那我就找他，第二天我就去了，我把事情的前前后后说了一遍。方部长想了想说，那就边排边改吧。他很负责，把有些过于敏感的台词画了出来，他说我相信你们会顾全大局处理好的。他说话了也就没有人反对了。我先把导演、编剧找来，我说我是艺术总监，也是这个戏的监制，艺术创作上我绝对不干预你们，但是有些事情，比如剧本的删改，最后的拍板权必须在我。然后就开始排了。

我们最后定在云峰剧场上演。我问陈薪伊装台多长时间？她说最好给我十天。我们一般装台两天就不得了了，哪有装台要十天的？因为装台剧场也要收钱的。她说至少也得一个礼拜，我说好，那就给你一个礼拜。一般没有剧团肯出这么多钱装台的。因为《商鞅》舞美比较复杂，要做很多尝试，台上要下雨还要火烧什么的，我觉得在艺术创作上能支持的尽量支持，至少让她试过。她觉得不能用自己会拿掉的，尽管我觉得台上下雨是不现实的，因为演员的头套、衣服会浇个透湿，如果感冒了还演不演？这都是问题。

快要公演了，最后一次彩排，我跟陈薪伊坐在台下看。一开幕就像宽银幕，后面是兵马俑、底幕，底幕是拿锡纸粘的，灯光一打上去给你无限的想象，效果好极了。我当时看了心里一震。因为我在北京跟舞美设计谈景的时候，舞美设计问我有什么要求，我说我们没别的要求，就是幕一打开要给我一震的感觉，我要恢复舞台艺术综合性的魅力，一定要让人感觉到话剧的魅力是这么强大，导演、表演、人物、灯光、布景各方面都要震撼。局里的领导来看完了，也没多说什么，但是我看得出他们心里也是很震撼的，第一次看《商鞅》的人不可能不被震撼到。

《商鞅》到北京去演出，朱镕基同志看完后充分肯定了这个戏。之后黄菊同志和上海的领导也都来看了，《商鞅》就算站住了。

其实《商鞅》的成功不可能是某一个人的功劳，也不是谁独具慧眼想抓就抓出来的。因为客观上存在着这样一个好剧本，除了姚远的水准，还要有社会环境，要有一个把戏剧当成自己神圣使命的创作群体，所以《商鞅》也是一个时代的产物。

采访人： 各方面原因造就的。

张先衡： 你不具备任何一方面原因可能就搞不成。要是演出公司经理周凯不肯投50万元我也就排不成，或者降低质量，我也不可能花七天时间去装台合成，最多只能用三天合成，三天合成可能就很草率了。

后来《商鞅》拿了精品奖，话剧中心给我打电话说要给我奖金，我说有一个人一定要发给他奖金，那人就是周凯。这个戏投入了100万元，实际上花了80万元，最后我退了10万元给周凯，周凯很感动，因为一般情况下投过来的钱做了账他就管不着了,多了就是我们的了,这是流行的做法。但我觉得不可以这样,人家纯粹是支持你们排好戏,再去赚人家这个钱未免太黑良心了。

采访人:其实你退休了也没闲着,也在演话剧。

张先衡:我在外面拍电视剧多一些,既然退休了,别人找我拍戏那就拍吧。拍戏的时候有个编剧说我的眼睛是男演员中最好的眼睛。这让我想起了胡伟民要我演周恩来的事,我就跟他说,你是不是对我有点过于信任了?你觉得我哪一部分像周恩来?我这张脸绝对没有周恩来的痕迹,眉毛、眼睛这段的距离都是问题。他说他就是觉得我肯定会把周恩来演好。当时条件真是很苦,也没资料,我跟团里提出能不能租一点周恩来的纪录片让我看看?团里说哪有这个经费,你自己找找画报吧。我就真的找画报看,晚上一遍遍听录音,那时候都兴学他讲苏北口音的普通话。当时我的妻子还在世,不过已经生病了,为了不影响她休息,我就跑到厕所里,在昏暗的灯光下琢磨角色。我跟胡伟民说,我就演晚年病重的周恩来的状态吧,他也同意了,最后演出来居然也被承认了。你想想青年话剧团化妆师丁松山给我粘眼睛,每天要花很长的时间,拿乳胶画一层,像捏饺子皮似的捏一捏粘住了,再画一层,捏一捏粘住,愣要把我的眼睛粘成一个方的形状。粘好了以后我的眼睛根本闭不起来,一直瞪着,所以累得够呛。但是演员的幸福就在这儿,他可以体验不同人物的生活,这是一般人很难做到的。

采访人:看您的回忆文章,《交公粮》是您建立表演自信的开始,能谈谈自己表演风格的形成过程吗?

张先衡:说实话,我在排戏过程中跟导演搞僵的时候很少,因为演员的能力就在于你能够完成导演交给你的任务,当然导演的要求如果不对你可以跟他讨论,但是他如果坚持说你必须从这走到那儿,如果你走不过去那是你无能了,因为表演本身就是在假定的环境中行

一年级小品《送公粮》

动。关于我的表演风格，早期有人开玩笑说我是自然主义表演大师，意思就是我演戏太生活，不太有舞台程式的感觉，程式感比较差。也可能我是在这个基础上走过来的，所以到了现在反而对了，现在程式化表演的东西已经逐步被摒弃了，上海的话剧越来越往生活化上靠拢。但是现在年轻演员演戏也有问题，就是在台上说什么听不清，我们是在演话剧，不是拍电视剧，演话剧必须让每个观众听见你的台词，要不然你就白演了。

采访人：生活化不是"水"。

张先衡：是的，你哪怕轻声地说你也得让别人听见你说的是什么。现在很多年轻演员都有这个问题。

采访人：能否给青年演员提一些建议，尤其是表演方面的。

张先衡：我们这代人的戏剧观念跟现在年轻人的是有一定距离的，他们喜欢的东西我看不明白，不明白为什么要这样处理？当然，导演有权力按照自己的戏剧理念去处理，你只能去证实，不能说我资格老一点就说你这个处理不对。但是这种距离是客观存在的。

采访人：是什么原因造成的？

张先衡：我去年参加了年轻人搞的一个戏，他们是社会上组织的。这个戏全是年轻人，就我一个老的，他们一定要我来演一个老板，我说好，那就支持你们一下吧，我就去跟他们排戏了。这个过程完全是一种全新的感受，导演开始分析人物，张三这个人物是什么什么，说了没两句，就说张三整个一个天蝎座。大家就说对对对，他就是天蝎座，太对了。

采访人：然后您是什么反应？

张先衡：我就想天蝎座是什么东西？天蝎座是什么意思？再换一个人物讨论，又讲这个人物是什么星座，就这样分析人物的。后来陈奇和刘玉去看了这个戏，刘玉说我蛮佩服你的，你居然能跟他们打成一片。我对戏里的一句台词"尽管我对女人的判断经常是出位和劈腿的"搞不懂。按我的理解，是不是女人很容易出位和劈腿？劈腿就是女孩子越轨的行为。结果他们说不是的，是说我的看法劈腿。我说看法怎么也能劈腿呢？他们说就是这样，我们现在就这样讲话的。所以将来的戏剧发展会是什么样子我真的说不出。但是我认为不可能是我们脑子里所谓传统的那些东西，这个肯定要变的，因为时代在往前走。

采访人：但是本质的东西不能丢吧。

张先衡：对，我说你们再花哨，再怎么引人发笑，但是有一点，你演戏至少要真诚，不能像开玩笑那么演，这是不允许的，这一点我是必须坚持的。

采访人：关于上海话剧的风格，您怎么看？现在话剧好像比较流行娱乐化。

张先衡：话剧哪怕传统一点，哪怕落后一点，这也是一种风格，就怕什么也不是，就怕你又想赶时髦的，又要追求这个那个的，反而成了四不像。为什么我们搞《钦差大臣》还是偏向老式一点呢？因为这个戏终究描写的是俄罗斯历史上的人物，都演成现代人也不对。我认为传统和娱乐两方面都会有，不要一听说人家搞娱乐就疾恶如仇，恨不得把人家赶尽杀绝，一个是不现实，一个也不对，没必要这样做，人当然是需要娱乐的。但是作为戏剧工作者，始终不应该忘记自己的使命是什么，就是要推动人们在思想上，在情操上，在道德上有更高层次的追求，这才是戏剧的使命，如果把这个也扔了，认为戏剧就是娱乐，那绝对是不对的。在这点上，可能很多年轻人觉得我们有些老古板，有些教条，但是我相信随着时间的推移，他们会明白戏剧仍应有这样的使命。

采访人： 您觉得自己的艺术人生有什么成就和遗憾的地方吗？

张先衡： 我这一辈子不能说做了多少事情，但是能做的我基本上都努力地去做了。所以从这个角度来说也谈不上什么遗憾，因为人总是有遗憾的，你不可能把自己想追求的东西全部做完，这是做不完的。你努力地去做过了，这就是一种满足。人都是有限的，你必须看到这点。我这个人是处女座的，我现在也学会谈星座了，可能有点强迫症，一件事情只要我想做了我会尽可能地去做好，这样我会心安一些，这也是我的一种习惯。

所谓成就感不成就感，我觉得一个人尽自己全力去做了，并且把事情做成了，这就是一种成就。我对于成就和遗憾的理解也就是这样了，而且随着年龄的增长，渐渐觉得人生本来是怎样你就让它怎样吧。我们年轻的时候也有很多的事不懂，也犯了很多错，人生是一个过程，有的时候我回想起来，如果我当初那样的话我会怎么怎么样，其实不会的，人就是这样一步一步地走成今天自己这个样子的。

（采访：李丹青　整理：李丹青）

我做了我自己喜欢的事情

——王公序口述

王公序，1935年出生于上海南汇。国家一级导演。1947年考入上海育才学校（后更名为行知艺术学校）戏剧组。1952年入中央戏剧学院华东分院附中。1957年毕业于上海戏剧学院表演系，并成为该院实验话剧团演员，后该团更名为上海青年话剧团。历任演员、编剧、导演。1984年调入深圳电视台电视剧制作中心任编剧、导演。1996年退休。主要话剧作品有：《千万不要忘记》《无事生非》。编剧作品有：《博士的罗曼蒂克》。集体创作有：《战船台》《盛大的节日》。导演作品有：《救救她》。主要电视剧作品有：《四个四十岁的女人》《红气球，蓝气球》《陈观玉》《泥腿子大亨》《大追捕》等。

王公序： 我先倒叙几句，1996年我是以深圳电视台电视剧部导演的身份退休的，在这之前的1984年，我是通过招聘到深圳电视台工作的。

我为什么会从话剧转到电视这个行当呢？我是1957年上海戏剧

学院表演系毕业的，但是我的个子比较小，属于小小生，像我这样的条件演《雷雨》里的周冲，还有《年青的一代》里的小李子比较合适，演浓眉大眼的工农兵是不可能了。所以我在戏剧学院读书的时候就有导演梦，产生这种想法还有一个契机，因为我小时候拍过电影，是在张骏祥导演的《翠岗红旗》中，我演个小地主。1948年冬天到1949年，我还拍了《三毛流浪记》，我演一个小瘪三，是三毛的朋友。我从小就接触了电影，那时候拍电影的都是大导演，《三毛流浪记》是赵明和严恭导的，赵明解放后是北京电影学院的副院长，《翠岗红旗》的导演是张骏祥，张骏祥后来拍了《白求恩》，他是留学美国的导演。他们的工作作风非常严谨，比如《翠岗红旗》，我是跟着去外景地的，拍的是黑白片，为了能够拍好蓝天白云，我们演员早上五六点起来化妆等，等到中午十一二点没希望了又返回驻地。张骏祥导演就是在这种情况下，几个月地等呀等，等到蓝天白云合适了我们才拍。那时候的电影拍起来是非常认真的，包括演员张伐、于蓝、白穆、陈天国、汪漪，这些上影的一线演员，他们工作态度非常认真，那时我心里就默默地种下了当导演的种子。

采访人：您那个时候在哪里上学？

王公序：在育才，是从育才选去的小演员。

采访人：您那时多大？

王公序：上海解放的时候我15岁。我是1935年生的。但是我个子比较小，在镜头里感觉可能还要小一点。

采访人：那么我们现在回过来谈一下您的家庭吧。

王公序：我是浦东南汇人，离南汇县城只有三里路，走一会儿就可以走到的。我的祖父辈上，既是中医，又喜欢做做诗，还开了一个学堂，就是办义学、私塾，看病也不要钱。自己家里祖传的有一种膏药，我小时候也帮着祖父做膏药，一个一个像古代的炮弹一样，黑乎乎的柏油一样的，平常就浸在水缸里，用天落水，也就是下雨的雨水把它浸在里面。需要的时候拿两个出来，用一个铜勺，用炭炉子把它化了以后倒在牛皮纸上做膏药，身上生疖子就敷上，哪里有人来要就送一点。祖父也不是专业的中医，属于乡绅，解放以后的说法就是地主阶级，其实就是乡绅，乡下的书香门第，读书人家。听说祖辈上是武将，因为过年的时候祖宗牌位和画像要拿出来供，画的服饰像清代武将官服，也算官宦人家吧，具体我也搞不清楚。我父亲是教育局做督学的，也做过生意，但是不成功，也就是个旧社会的小公务员。抗战的时候我们逃难到了上海，租了个很小的房子，但是生活不用愁，所以小时候没吃过什么苦。

采访人：生活还算比较优裕？

王公序：比较优裕。因为家里的人都忙，我跟我姐姐两个就交给我奶奶管，在城里租个房子读书。小时候读书还可以，大了以后贪玩了就读不进了。我哥哥是复旦大学的中共地下党员，他大概1945年以后就入党了，搞学生运动什么的。他知道有个育才学校是教育家陶行知办的，他说我念书念不好，就去考那个学校吧，一考就考取了。其实以前我对话剧一点都不了解，记得我在县城的时候看过学校的老师演话剧，我百思不得其解，这个老师演的男主角是个生肺病的，他怎么脸就发黄了呢？因为他上一场戏还没生病啊，到下一场生病了他脸就黄了，根本不知道还有化妆这种事，所以说一点都不了解。考的时候我是白纸一张，老师问我，你看过话剧吗？没有。你演过话剧吗？没有。你会说国语吗？那时候不叫普通话，叫国语。没有。他就说了两句让我学，"今天天气很好"。我也就跟着学，"今天天气很好"。老师就觉得我还可以。

采访人：模仿能力还行。

王公序：模仿能力还有一点。后来要做一个小品，出了一个题目叫"早晨"。我想早晨起来就是洗脸、漱口了，我就这么来了一下。后来就录取了。那时候育才学校读书不要钱。陶行知先生是留学美国的，康乃尔大学毕业的博士，教育学博士和心理学博士，是胡适他们这一辈的人。他倾向民主，反独裁，他倾向共产党，他觉得中国的希望在共产党。他搞农民的教育运动，搞儿童的、难童的教育运动，以及乡村教育。他在重庆的时候到保育院去挑选有天才的儿童，办了一个育才学校，里面有戏剧组、音乐组、美术组、社会科学组、新闻组，大概有这么五个组吧。根据学生不同的情况，按照学生的兴趣分到那些组里去。他自己一贫如洗，回国后专门做这些慈善，经费全靠社会贤达的捐助。但是他广交朋友，包括冯玉祥也是他朋友，后来蒋介石也知道他了，还到学校探访过。蒋介石要请他做教育部长，他不做，这些故事反正都是有记录的。进育才之后我什么都好奇，这边是拉小提琴的，那边是画素描的，这里是跳舞蹈的。我们的老师都是第一流的，比如说舞蹈家戴爱莲，是美国回来的，连中文都说不好，她教舞蹈。有一个美国的犹太人叫戴尔莎，教现代舞，教芭蕾舞的胡蓉蓉也是一流的。教音乐的老师解放后都是音乐学院的教授。教油画的周令钊，后来是中央美术学院的教授，天安门城楼上第一幅毛主席像就是他画的。教木刻的是王琦，后来是中央美术学院版画系主任，都是当时一流的人来教课，所以师资力量非常强。如果陶先生有钱就给发一点工资，筹不到钱就免费来教。育才学校非常自由，没有年级之分，也没有规定读几年毕业。你什么时候觉得可以到社会上去了，你就去找工作，你什么时候觉得还需要回来学习，再回来学习。

采访人：是一个开放型的学校。

王公序：教学思想跟现在完全不一样，没有考试什么的。如果你对美术组有兴趣，你可以转过去，如果他们要你的话。所以像我们有些同学，比如张丽琳，她是从舞蹈组转到音乐组、又从音乐组又到戏剧组的，转了三个组。我们学校里管老师叫大哥大姐，不叫什么老师的，师生都打成一片；称呼比我们年级高一点的叫哥哥姐姐。中央乐团第一任首席小提琴杨秉荪就是从育才出来的，舞剧《红色娘子军》的作曲杜鸣心（与吴强合作）是育才钢琴系的学生，后来他长大以后到音乐学院一边读书一边回来教钢琴。所以育才是一个非常自由的天地，这么多艺术门类在一道，相互的熏陶也不得了。学生要举行展览会，每两三个月举行一次画展，每两三个月举行一次音乐会，每两三个月举行一次独幕剧表演，大家轮番地表现自己。看得多了你不懂也懂了，一听就能听出来这是巴赫的、那是贝多芬的曲子。再加上我们也学美术欣赏，学音乐欣赏，很重视表演以外的课程，这些课程对我以后转行当导演起到了很大的作用。我要什么样的音乐，作曲给我展现以后我说希望怎么样，起码我懂这个。起码我知道这个构图好不好，对不对？这种熏陶是潜移默化的。

采访人： 虽然没有班级、年级之分，但是教学还是有一个循序渐进的过程吧？

王公序： 实际上是以专家、教授为核心，我陶行知请你来就是因为你是这方面的专家，我请你来就把这件事情交给你了，老师怎么教老师说了算。那时候没有像戏剧学院那样的教研组，我们学表演就以排戏为主，很少学表演元素方面的东西，是以实践为主。

采访人： 元素不一定是必须的一个部分，以实践为主？

王公序： 对呀，我们就没有经过小品阶段、片段阶段再进入大戏阶段这样一个过程，我们那里就是先歌舞演出，再话剧演出，然后在这个过程中慢慢地体会，当然也可能不那么科学。还有一个非常重要的方式是观摩，我们经常从大场余庆桥那个地方，步行三个小时到虹口区的红光电影院去看电影，那里往往有很多外国电影上映，有美国的，也有苏联的。苏联电影《第三次打击》《森林曲》，我印象比较深；美国电影《战地钟声》《卡萨布兰卡》，很多很多。育才学校在市里有一个办事处，观摩晚了大家不分男女就住在办公室里面，每人一条毛毯就这样过一晚上。育才的气氛，一方面是艺术气氛好，另一方面是政治气氛好，追求上进。

后来我参加了一个话剧的演出,叫《小主人》,是一个儿童剧。赵丹、黄宗英这些名演员都在下面看,他们喜欢我们这些小孩,演完了以后上台来拥抱我们,我还记得赵丹那个胡子蹭得我好疼。学校吃的很简单,大锅青菜,加上一些美国抗战援华的剩余物资,如罐头鸡,很腥气,老是吃这个,青菜、萝卜加罐头鸡,然后一把辣椒酱,这就是我们经常吃的东西,早饭记得就是清水蚕豆、酱菜、稀饭等,住的是帐篷。

采访人:没有校舍?

王公序:没有校舍,有个叶家花园,是个老校舍,作为办公室的。

采访人:那你们上课呢?

王公序:上课有些活动房子,就是铁皮的那种,底下是一个水泥墙,上头一个弧形的铁皮搭的。我们那个铁皮房子上头是图书馆,底下就是排练厅。上海的冬天很冷,到了夏天那个帐篷里热得火烧火燎。我在育才学校还生过疥疮,生活条件很艰难,大概一个月吃一次红烧肉打牙祭。但是我们很高兴,相互之间很友好,同学之间很友爱,很直爽,老师跟学生之间也是打打闹闹的。有一次老师发工资,我们把那个老师围住了,叫了一个卖大饼油条的小摊贩过来,我们把大饼油条都抢光了,老师只好付钱,就是这样的一种关系。

采访人:办学条件这么艰苦,唯一可取的可能也就是师资了。

王公序:就是师资。那些老师也是不断经历实践的,他不是从学校毕业就留校做老师的,这有一个很大的好处,就是他不脱离演员的职业,他回学校来教课是他的第二职业,因此他实践和理论都有了。

采访人:实用。

王公序:非常好,所以我觉得这方面,戏剧学院现在的教学也是可以考虑的。但是我进戏剧学院以后我的表演是不被认可的。

采访人:为什么?

王公序:有一次我编不出小品,老师也没有讲清楚怎样编小品,只让我们去编小品。

采访人：他以为你知道？

王公序：嗯，当时的老师比较年轻，也没有很丰富的经验，到了回课的时候，我说我没有做好，想不出。想不出你也要做一点，现在就做。我就不做，整整45分钟我就不做。全班的同学都劝我，你随便做一下得了。

采访人：当时什么情绪呢？

王公序：当时我很无奈，很没脸，但是又确实不会做，觉得老师不给我面子。

采访人：您说过育才是不做小品的，上台演了再说。

王公序：对呀，育才所谓考试的小品比较简单，就是早晨起来刷牙、洗脸，这种小品好做。

采访人：但是您在育才排过话剧啊。

王公序：话剧是剧作家编的情景，要我自己来编情景，我又没学过，我怎么弄？

采访人：拍电影《三毛流浪记》的时候是从育才挑的您，当时选您的原因是什么，表演好？

王公序：严恭导演大概搭配要几个人。三毛一个，对不对？他还选了女演员吴茵的儿子，又给他造了型，光头龅牙，化妆化得很丑。还要找一个长得像样的，我小时候还比较漂亮，眼睛大大的，挺可爱，所以就找了我。我印象比较深的有一场戏，三毛被收为养子，我们这群小瘪三在花园外面叫三毛，让他救救我们，我们快饿死了。严恭导演就讲，你想想看你们要饿死了，你们会怎么样呀？小孩演戏是很真挚的，那段戏我现在看还演得不错，我眼泪还真出来了，这一条很快就通过了。还有一场戏是三毛过生日，他那个干妈给他开party，要有很多人来演上层社会的名流。来的演员可不得了，赵丹、黄宗英、上官云珠，反正都是上海的大明星，只要是昆仑电影制片厂拍戏，他们全部来支持。

采访人: 其实他们就是大龙套吧?

王公序: 大龙套,免费的。整个通宵就是拍这场戏,一个大的水晶吊灯,一个大厅,一个环形的大理石的楼梯,一群小孩子冲进来,流浪儿冲进来把这上等人弄得唧唧哇哇乱叫这么一场戏,印象很深。我觉得左翼的艺术家们很团结,政治激情很高,你看昆仑厂拍的《一江春水向东流》,抗战刚刚胜利就拍出来了。

采访人: 现在再看《三毛流浪记》一点不过时。

王公序: 这些对我来讲都是一种熏陶,有没有在这个氛围中熏陶过完全不一样,艺术实际上第一就是下意识模仿,第二才有自己的创新。

采访人: 进入上戏后,那个时候苏联专家还没来,表演课是怎么的教呢?

王公序: 有无实物练习了,斯坦尼体系有了,这个还是学的,因为从北京人艺的焦菊隐开始就是这样子做了,相互有影响,什么梅耶荷德①、布莱希特②,都属于表现派的东西,不是体验派的东西,这个观念有了。

采访人: 您对自己的表演有自信心吗?

王公序: 开始不大有自信心,到了什么时候有的呢? 自选片段阶段。我选的自选片段叫《但丁街凶杀案》,是由一个法国电影改的,故事讲的是一个做特工的儿子,一天回来要把自己的妈妈杀掉,因为他妈妈是左翼分子,他要隐瞒着妈妈,旁边还有人监视他。戏剧冲突很激烈,这个戏给大家留下的印象比较深。

熊佛西院长还请了很多各个剧种的第一流的艺术家来学院讲课和

---

① 梅耶荷德(1874—1940),俄国导演、演员、戏剧理论家。
② 布莱希特(1898—1956),德国诗人、戏剧家。

示范表演，包括沪剧、越剧、锡剧、梆子戏，凡是有到上海来演出的，他都去请他们来讲大课。

采访人：这一点很多老师都提过。

王公序：这一点也只有他能做到。

采访人：对学生的熏陶上确实是非常有利。

王公序：非常非常好。

采访人：您到自选片段《但丁街谋杀案》以后，才建立了表演自信，后来呢？

王公序：后来实际上，在那个时候我已经有今后当导演的想法了，但是在那个论资排辈的年代是不大可能的事。但是我自己也开始看一些电影导演和话剧导演方面的书了，也比较用功地看朱端钧老师排的沪剧《星星之火》里用的一些手法。

采访人：开始积累？

王公序：自己希望往编导方面走。我们三个同学，我们自己叫"三剑客"，另两位一个是蒋友宁，后来在广西电视台电视剧制作中心当导演和主任，一个是顾天高，在浙江省文化局当文艺处处长，剧作家。我们三个是班上的三小（个子小），经常在一起谈自己的理想，谈对某些电影的看法什么的。我们班上很多人到后来都走上了编导的路，因为除了自己条件特别好的人会坚持当演员，条件一般的都可能会转行。到了毕业公演的时候我的表演成绩是5分。

采访人：毕业公演您演了什么戏？

王公序：演一个叫《他的朋友们》的苏联戏，我饰演一个会弹钢琴的中学生。我的钢琴就是跟夫人沈西艾学的，这个戏差不多排了半年多吧，我在台上是真演奏的。每次人家休息了，我们就练琴去了，后来我们就恋爱了。我在班上音乐舞蹈的天赋比较好，这是育才的功劳。我们班的合唱队我是指挥，"文革"当中我还指挥过上海交响乐团，他们来跟我们小分队合作，出去为工厂演出的时候由我来指挥。

到了青年话剧团以后我演配角比较多,只演过一个戏的主角,就是《千万不要忘记》里面一个打猎的青年,叫丁少纯。

采访人: 1957年毕业以后您就留校了,当时是实验话剧团对吗?

王公序: 对,实验话剧团,熊院长兼剧团的团长。熊院长一直希望有个实验剧团,他大概就是要一个实验阵地,让教员能够到这个团来排戏、实践,然后让这些演员再回到学校去兼一些教学工作,理论和实践相结合,是这样一个愿望。我们57届有七八个学生进入这个剧团,还有其他班的娄际成、魏淑贤、施锡来、魏薇、蒋逸芳、吴娱、陈祖烈等人,我记不清具体的数字了。59届来了一批生力军,如李家耀、杨在葆、焦晃、向能春、关源滋、卢时初,还有张先衡、张名煜等一批人,他们班男生很强的。60届的有李祥春、祝希娟、袁国英、刘玉等人。62届有王熙岩、曹雷、吴锡敏,曹雷后来到上影去了①,开始也是在实验剧团的,这三人也是他们班上的尖子。没有脱离戏剧学院之前,每一届留那么三四个,可以说是把业务比较好的人留下来了,59、60届留得比较多一些。在1963年,实验剧团改成上海青年话剧团了,业务领导是伍黎导演,我们叫他伍黎大哥。当时上海还成立了一个青年京昆剧团,可能是宣传部要成立一批代表解放以后党培养出来的艺术家的团体,所以把我们这个实验剧团划到文化局去了。

采访人: 还有什么记忆深刻的事情呢?

王公序: 我还是文化局的学雷锋标兵,因为我做剧务和舞台监督做得很多。剧务就是干沏茶倒水的事情,发发通知什么的,剧团里头的戏还要兼演一些群众角色,跑跑龙套。做舞台监督就是在演出的时候管开闭幕、催场、检查各部门准备得怎么样。有一个阶段李家耀、焦晃他们演出的《吝啬鬼》的效果是我放的。上天桥挂布景,我个子小,身

---

① 曹雷因拍摄《金沙江畔》而未进青年话剧团,实际为留校任教,拍摄《年青的一代》后调入上海电影制片厂。

体也比较灵活，不怕危险。还有装灯光，上戏灯光设计专家金长烈老师带着我们帮他装灯、吊灯。到我演主角了，晚上七点一刻的演出，别人六点半到就不错了，我基本上五点钟就要到。我要把舞台、化妆间全部地板拖好，开水打好，学雷锋嘛，不要演了主角就翘尾巴了。当时也不是我一个人这样，很多人都是这样的，都是这么过来的。

我们青年话剧团的学术气氛还是很浓的，我跟娄际成住在楼上楼下，我基本上是夜里十二点钟睡觉，我每次睡觉前抬头看，他的灯总还是亮着，他基本上是凌晨一两点钟睡觉，他真的非常非常用功。我们没有成家的时候，在集体宿舍里头也是这样，每人要买两样东西，一是买一个好台灯，一是买一个好枕头，发了工资首先要解决这个问题。集体宿舍里四五张床，每人一个公家配的写字台，一个台灯，每人都是看书看得很晚。那时候没有电脑，也没有游戏机。

采访人：相对干扰也少。

王公序：少数人打牌。学术气氛比较浓，大家都比较用功。再加上大家都是同校毕业的，到时候要你拿出东西的时候你拿不出来，你会感觉到很丢脸的。

采访人：内部竞争还是很激烈的。

王公序：我们到东北去演出，辽宁省的领导叫他们沈阳话剧团、辽宁人艺都来看，说人家上海这台演员能歌能舞什么都行，每天早上还要练功。李祥春是学过京戏的，叫他翻跟头给他们看，他们都惊呆了，话剧演员怎么还会翻跟头？实际上也就他一个人会翻。所以青年话剧团在外面影响也很大，像娄际成、焦晃、李家耀、杨在葆、张先衡、张名煜，这几个演员什么不能演？所以我个人认为，青年话剧团如果说再有几个自己的保留剧目，就像"四人帮"粉碎以后有胡伟民导演掌舵，其他的领导协助他来工作的话，那这个团的发展将是前途无量。实际上由斯坦尼斯拉夫斯基领导的莫斯科艺术剧院、布莱希特领导的柏林剧团造就了那些剧院的名声，他们的剧目、他们导演的风格，才把剧院的旗帜树立起来了,要真正百花齐放的话恐怕要懂得尊重专家,是吧?

采访人: 其他老同志也提到过这个问题,青年话剧团这座山里虎太多,人人都可以挑大梁,哪怕是小角色也刻画得活灵活现,但是缺少掌舵的灵魂人物。那么,从1957年到1966年,十年时间,"名、洋、古"都演过了,也下乡参加过"四清",后面就到"文革"的十年了。

王公序: "文革"中因为我没参加任何组织,也不是什么头头,反正跟着大批判呗。还有就是组织小分队演出,分成第一小分队和第二小分队。我分在第一小分队,第一小分队是在上海演出的,第二小分队要到农村去的。每个月人员轮替。虽然我每次都准备到二分队去,但是每次我都留在了一分队,为什么呢?因为写写三句半什么的我还可以,敲敲锣鼓,演演小的舞蹈节目。我记得有一次我们跟交响乐团合在一起组成一个联合小分队,交响乐团的造反派要他们小分队向我们学习,最后演出完一定要唱一个"大海航行靠舵手",还叫我指挥。我在里边就加了一个"大海航行靠舵手,哐齐哐齐哐",加一个锣镲。结果交响乐团的那个造反派就说了,王公序,你这个人,我看你阶级感情就有问题。我说我有什么问题?他说,毛主席的语录歌你怎么可以加锣镲进去?你那个文艺黑线真是断不了。把我气的,我又不敢回嘴,你说可笑不可笑?都是像这种小事,莫名其妙地扣帽子。后来下了干校,我是干校的播音员,早上要放《东方红》,每天都是带歌词的《东方红》,"东方红,太阳升"。有一天我把唱片反过来了,放的是纯乐队的。工宣队紧张得不得了,赶快跑过来说,关掉关掉,怎么回事?今天早上为什么不放《东方红》?我说这就是《东方红》呀,乐队的《东方红》。他说这怎么行,没有《东方红》几个字怎么行?我说好好好,翻过来重放一遍。就是这种无知又无聊的事。但是下干校我们比较幸运,我们是集体下去,不像其他单位,有的人下有的人不下,所以我们心理压力还好一些。下去以后就是一面劳动一边斗批改,半天劳动半天斗批改,等到了"文革"后期,工宣队也没什么干劲了,然后又要抓革命促生产了,这时候要调人去搞创作了。

采访人：这应该是1973年以后的事吧？

王公序：对，把我也调去了。

采访人：从十一届三中全会到您1984年离开青年话剧团，还有五六年的时间，这段时间主要从事什么工作呢？

王公序：我后来写了一个关于陶行知的戏，因为我从小在育才嘛，可惜写得不是太好，也没有能够演很久。但是这个戏的调查研究工作我做了差不多一年，剧团也很支持我，给了我时间，并且也公演了。

采访人：这个戏的名字叫什么？

王公序：《博士的罗曼蒂克》，因为陶行知是一个美国博士，他的思想方法非常的浪漫。比如说，在他最困难的时候，人家说他是抱着石头在游泳，他说不，我是抱着爱人在游泳，这些难童，这些学生就是我的爱人。他还有很多非常口语化的诗。他原来叫陶知行，后来叫陶行知，实际上他是完成了一个实践第一还是学问第一的唯物主义世界观的转变。他的个人生活、他的事业、他的思想很值得歌颂。这个戏在上海的艺术节得了一个奖。我总算有了自己一个人执笔的一个戏，而且是一个话剧。

采访人：完全独立创作？

王公序：独立创作的，这对我个人来讲也是花了一定的工夫，也算交了一份答卷吧。后来团里也排了很多戏，比如，程普林的《再见吧，巴黎》，还有我们团里殷惟慧他们创作的《勿忘我》、耿可贵的《李宗仁归来》、李婴宁的《放鸽子的女孩》等，这段时候比较百花齐放，比较繁荣。胡伟民导演的加入非常关键，他排的《秦王李世民》和萨特的《肮脏的手》，把话剧的新概念带进来了。我记得我订了一套《外国戏剧》，阿瑟·米勒《推销员之死》，迪伦马特的《物理学家》，杂志把这些剧目介绍进来了，我们这些不懂外语的人就是通过这些杂志了解了世界的潮流，也反映了那个时候话剧的繁荣。同时团里也开始了多种经营，我也去上海青年宫当过导演，自己的导演欲望就在那段时间里实现了，我独立排了一个话剧叫《救救她》，讲述失足少女的故事。

采访人：这个戏是给青年宫排的？

王公序：不是，是我们团的剧目。在"文革"之前我也提出过我要学导演，希望领导给我机会，但是石沉大海没有回应。因为那时候论资排辈，不可能轮到我。但是"四人帮"粉碎之后，思想解放了，团里的一些年轻导演就涌现出来了，杜冶秋他们也是在那个时候才开始导戏的。领导也让我独立导戏了，我按照我自己积累已久的想法，想搞点布莱希特，搞点间离效果。那时候条件很可怜，没有像现在这样的大屏幕墙可用。我用了一块小银幕，把当时的意境反映在这个小银幕上面。比如说她回忆学校生活的时候，就在这个银幕上出现一些鸽子，出现学校的打钟的钟声和孩子们朗读的声音等，把当时我接触到的这些新手段都运用了。此外，我用了一个小转台，手动推的。我记得有一场戏，朱艺演的爸爸发火了，要到厨房去拿刀来砍他的孩子，那个小转台一转，这把刀就像镜头一样转到观众面前来了，然后朱艺就从侧幕条那边进去又出来，拿起这把刀又往回走的时候，这个转台又转回到原来的位置，这是运用电影手法，用镜头感来加强对事件的突出。

采访人：这是您创新的一笔？

王公序：我觉得我如果在这个位置上走下去，应该会有所成就的，因为我非常不喜欢因循守旧的演出方式。我家里挂的都是印象派的画，我喜欢那方面的东西。

采访人：您在育才也打下了这方面的基础。

王公序：对呀，就是说想的时间比较久。比如说朱端钧老师排的沪剧《星星之火》里面有一段三重唱，把三个地点的人，就是女主角在工厂里唱，那个包身工的妈妈在农村唱，加上她的姐姐，三个人三个地点的三重唱凝聚在一个舞台空间，而且沪剧用三重唱他是首创的，借鉴了西洋歌剧，也借鉴了电影画面风格，使得这个戏耳目一新，我印象非常深刻。像朱先生这样的导演，他的修养，他的见识，要不是政治运动不断的话，他会有更大的成就。我也很感谢当时的领导李祥春，你想，让一个没有导过戏的人导一个大戏，还是独立执导，我觉得要不是粉碎了"四人帮"是不大可能做到的。当然，后来的商业化和体制改革对我们这代人来说也有很多不适应之处。所以我对深圳比较向往，我们家里人希望我不要去，能够稳定在上海。但是我觉得上海人才集聚，在深圳开拓一片新天地也是很好的。有人讲上海户口你怎么能不要？我说我不怕，我可以不要这个上海户口。

采访人：在话剧《救救她》之后，就搞了一些电视剧了？

王公序：对，第一部电视剧是殷惟慧写的《为明天祝福》，是讲计划生育要有质量这么一个故事。第一次拍我是铆足了劲的呀，我一天最多拍了18个镜头，完全像拍电影一样，一部上下集电视剧我拍了三个月，制片人叫苦连天。有一次打一个光，整整打了三个小时灯才达到我要的效果，然后再开拍，他们都一直摇头。但是后来审片的时候都说这个戏质量拍得好，而且我比较唯美，我脑子里想的怎么样，我就一定要达到那样的效果。这个片子播出后反响还不错，他们都很高兴，觉得跟我这样较真的导演在一起工作还值得。接着他们就请我改编一部小说，叫《四个四十岁的女人》，是一位江西的女作家写的。那时候写作的积极性比较高，处在一种比较好的状态，灵感也比较多。那个片子改得还算成功，用了很多倒叙手法，要把四个女人的故事平行推进。我用了四重奏来做背影音乐，因为四个四十岁女人嘛。我妻子沈西艾的妹妹沈西蒂正好是音乐学院拉四重奏的，又请了年轻的助教来作曲，结果效果很好，大提琴、中提琴、小提琴、钢琴，四种乐器在整个配音中很高雅，也很符合四个知识女性的经历。这个片子得了飞天奖，飞天奖的评语是"叙事流畅，画面优美"。得了奖以后我就比较有信心了，所以在深圳电视台招聘的时候我就去了。我第一次"触电"也很有意思的，因为我没有看过电视剧怎么拍，我就跟上海电视台的导演郭信玲①讲,你拍戏时我来看你拍一天,好不好?她说好,我就跟着她的摄制组看了一天。许诺②那时候正在剪片,我又去看了一天剪接,看她怎么剪、怎么弄。因为整个摄影组怎么运作我没有经历过,所以我也很感谢上海计划生育分中心能这么大胆地让我来导演,我真的一直很感谢他们。

采访人: 您是怎么突然动了想到深圳去的念头?

王公序: 一个是因为我喜欢搞电视,另外我还有一个电影梦,但是后来没实现,而且青话是个人才成堆的地方。

采访人: 竞争更激烈一些。

王公序: 当时倒也没想那么多,最主要的是我毕业后没动过,我得动一动,我还没老到不想动的地步了。我还是比较喜欢新鲜东西的,新鲜事物我都要接触,我都有兴趣。

采访人: 您接受新事物的能力很强。

王公序: 当然去了以后也不是说什么都是现成的,还要自己去争取各种机遇。我到了深圳以后小戏拍得多一点,拍的比较大的一部戏叫《泥腿子大亨》,写改革开放以后农村新兴的老板,泥腿子大亨嘛,怎么对待继续革命问题。我们觉得这部小说思想很新,它不仅写农村怎么创业的,还写创业成功以后怎么办。这部戏拍了十集,当时投资100万元算很大了。后来也得了一个一等奖。

采访人: 您也算深圳电视业第一代的拓荒人。

王公序: 1984年过去,到1996年退休,大大小小也拍了不少戏。

采访人: 那个年代从事电视剧的有很多是从院团出去的。

王公序: 各地电视剧部的导演多半是话剧团转的,因为那时候传媒学院培养的导演不多嘛。当然深圳也给我们很好的回报和照顾,医

---

① 郭信玲:上海电视台1992年版电视剧《封神榜》的导演。
② 许诺:上海电视台导演、上戏57届表演系毕业生。

疗条件很好,有专门的医院,对知识分子比较重视,也没有谁拍了戏没通过而被扣帽子,毕竟时代也不同了。社会发展到一定的时候,新事物的出现肯定会有些鱼龙混杂,还是要靠实践来鉴别,而不是靠简单的禁的办法,历史有自己的轨迹。

采访人:艺术的繁荣肯定是需要一个开放的社会架构,肯定不是靠禁出来的。

王公序:也不能拔苗助长。

采访人:您退休以后平时有什么业余爱好?

王公序:写写博客,拍拍照,旅游旅游。我也谈不深,我在青年话剧团也不是一个重要人物。

采访人:我是这么看,站在山顶是看山顶的风景,站在山腰是看山腰的风景,站在山脚是看山脚的风景。

王公序:按现在年轻人的话来讲,我做了我自己喜欢的事情,这一辈子能做自己喜欢的事情,这是值得高兴的。每天接触的生活都不一样,文艺工作确实是一个好工作。

采访人:好的,谢谢王老师接受我们的采访。

王公序:也谢谢你。

(采访:李丹青　整理:李丹青、王良鸣)

再苦再累,也是我所选的职业
——童正维口述

童正维,1938年出生于南京。1953年考入上海戏剧学院附中,1956年附中毕业后直升上海戏剧学院表演系本科。毕业后进入上海青年话剧团任演员。曾在话剧《桃花扇》中饰演李香君,《年青的一代》中饰夏倩如,《千万不要忘记》中饰丁少真,《豹子湾战斗》中饰陈萍,《无事生非》中饰乌索拉,《吝啬鬼》中饰玛丽安娜等。1981年涉足影视,《婆媳情》曾获湖北省电视剧红帆奖,《裤裆巷风流记》获金鹰奖。1991年在我国第一部室内喜剧《编辑部的故事》扮演牛大姐而一举成名。

采访人: 童老师,请您给我们介绍一下您的出身情况。

童正维: 我是1938年1月底出生的。1937年12月,日本鬼子快打到南京的时候,我们家就从南京逃出来了。那个时候我母亲怀着我,带着三个哥哥,我是老四,还有一个老保姆,从南京一直坐轮船逃到安徽的无为县,1月26日那天晚上生了我。所以开始给我起的名字就叫童正为，小名叫为为，后来觉得那个"为"不好，就改成了"维"。我属牛的，是阴历春节前生的，还算属牛，但实际已经是1938年了。之后一家人逃到武汉、上海，父亲中途到了重庆大后方，我们就跟父亲分开了。爷爷带着我母亲和我们几个孩子一起，在上海住了很多年，抗战胜利以后才回到了老家南京，但是家里的房子全部被日本人烧了。我还记得有一个老仆人，在那个房子里被烧死了。我从小就记得，我父亲每年到了祭祖和过年过节的时候，都要拿锡箔给去世的亲人烧，其中就有这么一个仆人。虽然我那时候很小，但我觉得这个仆人很可怜，而日本人非常可恨。我是在南京读的小学，祖上的房子在马道街，现在马道街很繁荣了，那时候是城南很小的一条街，旁边有一条河，叫信府河。我们小时候都要从河这边渡到那边，河里有一条小船，工人在水里拉着绳子摆渡，这是我小时候对环境的记忆。童年时期有两件事我忘不了，一个是我爷爷去世，家里请了和尚来念经。我小时候好哭，他们都说我从小好哭。我看到和尚害怕，就哭个没完没了。所以大人就把我关在房间里，让我坐在那个木头的马桶上面，然后给我手里放上吃的，我就一面哭，一面吃。我还对着镜子看自己眼泪怎么哭下来，然后又怎么收回去，等我父母进来了我赶快擦一擦装没事儿了，小时候可能就有了表演的基因。

采访人： 您那时候多大？

童正维： 五六岁。我还有一个印象，是在我小学四五年级的时候，有个老师看我画画画得好，就把我画的小鸡投稿投到《少年时代》画报，居然被选中了。后来我接到一份通知，说有五万块金圆券，是我的一幅画的稿酬。这是我人生的"第一桶金"，第一次用我自己的能力赚五万块。那个时候的五万块也就是现在的五块钱吧。我画的是两个小鸡啄食，这个画的来源，是我们家中堂的一幅齐白石画的小鸡，他画得很生动，我没事儿就观察。我在课堂上按照这个记忆来画，老师觉得画得很成功。其实是齐白石大师的东西，我是临摹的。小时候这两件事给我的印象比较深。我父亲是票友，喜欢唱京剧，还会拉二胡，他有时候自拉自唱，这个对我也有影响，有时候他去看戏也把我带上，这是抗战胜利以后了。有一次是纪玉良和童芷苓演的《游龙戏凤》，好像在南京新街口的一个剧场，他们班子难得到这里演。我父亲那时候在中央银行南京分行工作，他是出纳主任，后来升到襄理，我记得家里还有过一个铁皮的箱子，是装钞票的铁箱子，很牢固的。

采访人：哪位亲人对您走上从艺道路影响最深？

童正维：我父亲。我父亲去世很早，他44岁就因为心脏病突发去世了。我那时候在上海戏剧学院附中读书，一般人家是不赞成子女做演员的，我又是我们家唯一的女儿，我父亲和我母亲很恩爱，我后面又生了三个弟弟，我有三个哥哥和三个弟弟，七个兄弟姐妹就我一个女儿，所以我在家还是比较被大人宝贝的。

采访人：您几个兄弟在艺术方面有无爱好？

童正维：我二哥喜欢跳舞，我就觉得那个时候家里总在开派对，他和同学、朋友一起跳，对我有些影响。后来上海戏剧学院，当时叫中央戏剧学院华东分院，办了一个附属中等戏剧学校，有两位老师来南京招生。协助招生的是高班的游本昌，就是后来演电视剧《济公》的，还有一个查曼若，他们都是南京人，协助老师一起来考我们。在当时全市报名的很多，那个时候我初中快毕业了，我父亲也同意我考，我就报名了。小品考试，老师让我端一杯水，其实是无实物的，杯子掉了身体被烫了，就演这么一段。我很认真地演，演得挺好的，水洒了腿也烫了，演得蛮真实的，老师觉得蛮好的。另外一个考试题目，是到公园去玩，我学青蛙跳，看到蝴蝶就去扑蝴蝶，然后被玫瑰刺了一下，都是即兴发挥的。那时候我才13岁，初试就录取了。我记得当时有一个同学唱歌比我好，但是她没录取。后来我问老师为什么没录取她，老师说我们戏剧学院要求学生最好是白纸，我们可以画最美的画。可能她做戏的样子很重，老师不喜欢。老师就希望我们朴素些，而我当时大概就符合这一点，老师要我怎么演我就怎么演。

采访人：到南京招生的是哪位老师？

童正维：张振民、田稼两位老师。那个时候附中录取了20多个人。学校在上海虹口区四川北路的横浜桥，过去是上海市立戏剧实验学校，一直到全国院系调整以后才改为上海戏剧学院的，是我上附中二年级时改名的。

采访人：您在附中读了几年？

童正维：三年，1953年到1956年在附中。

采访人：后来学校搬到华山路了，当时什么情景您还记得吗？

童正维：华山路校区很大，当时主要是一幢红楼，还有一幢是老楼，绿楼，现在叫佛西楼，外墙都是绿色的，现在是灰色的了。我们女生宿舍也在上面。

采访人：您当时的班主任和主要的专业老师是谁？

童正维：附中时是宋廷锡、徐企平两位老师担任我们的表演老师。我学得是蛮认真的，斯坦尼斯拉夫斯基的"只有小演员没有小角色，要爱心中的艺术，不要爱艺术中的自己"好多这样的话，给我的印象很深。附一就是让我们真听真看真思想，这个训练了很久。让大家看墙上，让你想象这个墙上的印子像什么图案，老师问我们答，训练我们想象力和注意力。

采访人：您考试时模仿的青蛙，这种动物模拟的训练，对您后来的表演有用吗？

童正维：有用。当然后来是正规的形体训练了，比如说健康的人怎么走路，年纪大的人拿着拐杖怎么走路，残疾人怎么走路，孩子怎么走路，还有用什么身份走路等等，这样的训练很多。还有真听、真看、真思想这样一些练习，我们也搞了很久。我们第一年学的是中国舞蹈，二年级学的是西洋舞蹈，还有舞台动作技巧的训练。在附中三年为我的表演打下了很好的基础。到了二、三年级开始有小品了，自己创作的小品。小品也很简单，更多的是考试接到通知，你被录取或者没有录取，训练你的反应，都是小品的内容。

采访人：基本上都是单人小品。

童正维：都是单人的。进入戏剧学院本科以后，学习又进一步了。有这么一个笑话，那个时候我们演小品，题目叫"桃花盛开的时候"，我跟一个男同学演一个双人小品。我在河边洗衣服，同村的小青年来追求我，他拿水泼我，蛮好玩的小品。那个时候思想比较"左"，老师批评他像调戏妇女。到现在同学见面，那个同学还在耿耿于怀。他觉得老师批评自己调戏妇女，提到这么严重的高度，无言小品，只能用动作，这么演有什么不对？他说自己记了一辈子这个事。当然现在已经是当笑话说了。

采访人：当时苏联专家来上课和排戏，您还有印象吗？

童正维：那时候我大概二、三年级，当时全校都想去听课，但只有59届的同学，就是焦晃这批同学参与了排练和上课，他们这批印象蛮深的。而我们是由教我们的老师去听完课再传授给我们的。

采访人：有没有一些新鲜的东西，跟以前不太一样的教法？

童正维：我觉得没有，斯坦尼斯拉夫斯基体系就是真听、真看、真思想这样一套东西。我们作业布置下来，都要写人物行为线，人物为什么这么做要找到理由。要把台词搞熟了，要知道台词的含义，还有之前说什么，之后说什么，别人说什么，我们都要把它理清楚，不理清楚这些我就不会演了。

采访人：您觉得自己在戏剧学院是什么时候开窍的？

童正维：我三年级以前尚未开窍，后来是在从小品过渡到演小戏的时候开窍了。那是排独幕剧《妇女代表》，祝希娟演妇女代表，孙滨演她的丈夫，我演孙滨的妈妈。我就是对媳妇儿不顾家务、革命化的一套看不惯，我演的是封建婆婆。这是张可老师指导的，我蛮喜欢的。后来排《家》，我演瑞珏，吴仞之导演的，张可是导演之一，我觉得这个戏我收获蛮多的。原来祝希娟演我的B组,后来她拍电影,就没有参加,就我一个人演了。那时候有观众的意见簿放在剧场外面,观众有什么意见就可以写下来,赞扬我的还是比较多的。

采访人:在学校里有什么趣事吗?

童正维:笑话有很多。附中的时候,胡蓉蓉老师教芭蕾舞,有一个同学鞋子掉了,那个时候那位同学语言很差,还没有学好。她说,老师,我的孩子掉了。"鞋子"念成"孩子",大家哄堂大笑。我自己是南京人,我的笑话也很好玩儿。南京话"ne"和"le"不分的,过年不叫过年,叫"过连"。刚到附中读书的时候,有一首朝鲜歌叫《丽李梨》(音),我都念成是"ni"。我自我感觉很好,还教同学唱歌,"现在大家跟我唱朝鲜民歌,'ni ni ni'",底下哈哈大笑。我说笑什么,好好唱,再来再来。但是大家笑得唱不下去,我说你们怎么这么不认真。最后有一个同学站起来说,"正维,你唱错了,不应该是ni,是li",但是我舌头发不出。这一件事给我刺激很大,所以从此后我对台词特别认真,凡是台词,我都用注音符号注出来,尽量读准,我的台词成绩后来进步很大也跟这次的教训有关。

采访人:在戏剧学院您感情比较深的老师有哪几位?

童正维:吴仞之老师,朱端钧老师,还有直接带我的张可老师。朱端钧老师很文气,从不大声呵斥人。我附中的时候有一个小品登在院刊上,题目叫《年轻的妈妈》。我抱着一个枕头包起来的蜡烛包,然后用钢笔当勺为孩子喂奶,照理说应该自己敞怀喂奶,那时自己是小女孩儿怎么肯呢?所以就想别的办法。朱端钧老师出这个题,实际上是让我真实地做,用钢笔调奶膏,当勺喂孩子,怎么吹冷,怎么自己尝,也挺好的,所以这个小品还是通过了,登在院刊上。吴仞之老师也是讲话比较文的,他给我们排戏不多,他主要是研究戏剧。对他我也非常尊敬的,我喜欢听到他对角色的分析。我结婚的时候,他还送给我一个日记本,他知道我喜欢写日记,还做了一首诗送我,可惜"文革"抄家时没有了。张可老师是宣传部部长王元化的爱人，这位老师也很文气。我的性格不喜欢很焦躁的人，我更喜欢温文尔雅一点的人。张可老师对我也很好，知道马科跟我谈恋爱，她见了马科就说，马科啊，正维在演戏，演《妇女代表》，你去看吧？她对我们特别和蔼，特别好。所以后来她年纪大了我也经常到她家去看她，她学问也很深，英语非常好，表演方面她也是自己钻研的。

采访人：朱端钧老师给演员说戏的事，能不能举一些例子。

童正维：给朱端钧老师出书的时候也约过我写文章，我正好忙着拍戏就没有写。我觉得他启发我演李香君分析得很对。他分析李香君这个人物很刚烈，听到侯朝宗叛变了，投向清军了，她不能容忍，头撞墙，血溅桃花扇，她是属于死不瞑目的，太伤心了，他这样启发我。

采访人：您毕业的时候直接进入了青年话剧团，这当中有没有其他的选择？

童正维：这就要讲到我和我爱人马科谈恋爱的事了，这个可以谈吗？

采访人：当然可以了。

童正维：他是苏联专家教的表演师资进修班的。大概在我二年级的时候他们进来的，他们排演的莎士比亚的《无事生非》，融入了很多中国戏曲的元素，因为他是从小学京剧的，所以把他的角色演得非常生动。他们的戏七点一刻开演，八点一刻左右他这个人物出场。每天我们晚自习的时候，一到八点一刻，大家就下楼去实验剧场看他怎么领着巡逻兵出来。他脚抬得很高，我们虽然有形体训练，但是踢那么高很少有的。

采访人：他有戏曲的功底。

童正维：对，他有戏曲功底。再有一点就是，因为他是个喜剧人物，是一个丑角，到了他的戏的时候笑声很多，有时更是哄堂大笑，给人印象很深。有一次在剧场开会,很多男同学围着他,夸他那个角色演得好。我一看这么多人夸他,就觉得这样会把人害了。后来他正好坐在我旁边,我就说马科同学,人家都说你演得好,你自我感觉怎么样?我冷冷地说,你是不是自我感觉很好啊?他听了一愣,心想这个女同学不一般,再一看也挺端正的,他就说你哪一班的,叫什么?我就告诉他了。有一次他发现我好几天都没出现,于是就问我的同学陈国誉,你们班的童正维到哪儿去了?陈国誉说我生病了。他就赶紧跑了一趟静安寺去买糖果点心什么的,买好就到我们宿舍来。我记得他一敲门,大家一看,问:你来干什么?大家对他很崇拜。他说童正维病了,我来看看。学校一下子就传开了,马科追童正维了。我是蛮谨慎的,学校规定不许谈恋爱,所以我尽量回避。后来他攻势很猛烈,我觉得他这么大年纪,比我大七岁,我怕他家里有老婆,我们班上好几个同学都是老家有老婆的。他就把日记和信件给我看,确认他是单身后我也就同意了,挺有意思的。到后来同学们都知道了,就催我们在毕业分配之前结婚,这样大家才能闹洞房,所以我们在毕业之前就结婚了。

采访人: 在您大四的时候结的婚?

童正维: 大四的时候。我刚开始不同意,我还哭,后来班长来劝,又汇报到政治指导员那儿,那时候谈恋爱是大事。后来政治指导员说马科年龄大了,那时候很少有在毕业之前结婚的,除了已经结婚的人,一般都不太同意的。结婚以后,我们就分开了,我们要到福建前线慰问演出,要去三个月。学校的冯健、苏堃两位领导带着我们表演系和舞美系四年级的学生一起到福建前线,我们慰问战士,表演小品,受到很多好评。

采访人: 马老师对您后来的表演帮助大吗?

童正维: 他们当时演的《无事生非》是由苏联专家指导的,后来我们毕业到青年话剧团曾经演过《无事生非》,也是现成的调度和经验。

那时候祝希娟是我们班上的佼佼者,她演《红色娘子军》的女主角后红起来了。《无事生非》中她演女主角,郑毓芝演B组,焦晃演男主角,张先衡演B组,我演一个小姐的侍女,叫乌索拉。我们青年话剧团有这么一个特点,当时演员都是戏剧学院比较优秀的学生留下来的,原先叫"实验剧团",1963年才改为上海青年话剧团的。所以在我们青年话剧团,大家都是尖子生,因此常常是AB组。而我这个人属于没有竞争精神的,老师说我比较贪图安逸。我一毕业就怀孕了,政治指导员还批评我,说党对你寄予多大的希望,希望你毕业后为党作贡献,结果你却这样,你把孩子做掉。我跟我爱人商量,我觉得第一个孩子就做掉没有必要,少演就少演,所以没有做掉。之后演戏机会就受到影响了,我得带孩子,照顾家庭,因此经常就是演演B组,兼做场记。我这个人特别爱记日记,多少年形成的习惯。所以他们都说,童正维写东西快,又记得详细,当场记最好,但是一个人一旦给人形成这个印象,好像场记就应该是我的了。

采访人: 大家形成习惯了。

童正维: 谁都喜欢我做场记,因为我的确分得很仔细,表演笔记、案头工作都会搞得很细的,因此我大部分时间干的是场记。但是每一个戏,只要让我演没有说不好的,总是能完成。这也是我们青年话剧团的特色,就是不管大小角色,都是很棒的演员演的。因此,我们剧团演的戏质量都是非常好的,哪怕演个小兵或日本鬼子也要挖出戏来。我们剧团当时在上海滩的影响很大,戏的质量很高。

采访人: 只有小演员没有小角色。

童正维: 是的。

采访人: 马科老师演完《无事生非》以后,去了哪里?

童正维: 他毕业之后回京剧院了,当时戏剧学院想留他到实验话剧团的,他当然也愿意跟我们在一起。

采访人: 他是定向培养的吗?

童正维：他是京剧院培养的。

采访人：您在青话时期主要参演了哪些戏？

童正维：一开始就是演《桃花扇》里的李香君，后来是《千万不要忘记》，我演的是丁少真，《年青的一代》中的夏倩如，我跟卢时初演AB角，还有在《豹子湾的战斗》中演一个有点文化水平的女战士，以及《费嘉罗的婚礼》中的伯爵夫人。还有一个是《战船台》。搞承包的时候，我们团有一个叫程浦林的编剧，他自己当导演，承包的话剧《人生》我也参演过，还有《地狱边缘的曼陀罗花》《傻子进行曲》，大部分都是有性格的，在我的记忆里都不太主要。但是《生不带来死不带去》这个戏，我印象很深的，这个戏是美国导演乔伊来排的。这是我在青年话剧团演的最后一个戏，那时候陈少泽是团长，已经是剧团的后期了。袁国英做乔伊的助理导演，因为袁国英的英语还能说一点，所以做助理导演，我在其中演小角色，但是我认为我很成功，经常受到乔伊的赞扬。我的角色是个女酒鬼，叫盖伊，在这个戏里我只有七句台词，但是给人留下了很深的印象，因为我设计了很多动作。她是个女演员出身，大部分时候是喝醉酒的，在装扮上很性感。这是一个喜剧，而这个女演员在里面更有点像小丑。这个戏美国导演选角色是看我们演的小品，我当时演《柜中缘》里的妈妈，这个戏演了百场，有很多喜剧的成分，大概她从这里头感觉到我还能够演这个人物。这个人物戏不多，我设计她老是喝醉酒躺在床上，七句词我设计了六个动作，还穿插了唱，最终翘着屁股，爬下来，造成了很多喜剧的效果。就这么一小段戏，底下就有掌声，就有喝彩，蛮抢眼的。为了演好这个女酒鬼角色，我说我要体验一下喝醉的感觉，那天我跟马科两个人在家里吃饭，我特地喝了两瓶啤酒来体验酒醉的感觉，喝完真的有点醉了。后来我问马科怎么样，马科也说感觉我眼神变了，是真醉了。我就借这个事也写了一篇文章，介绍我是怎么演一个只有七句台词但是很出彩的角色的。过了不久我们团里体制改革，由于编制的限制就没有聘用我，我真的很生气。有一次开大会，我发了四十几分钟的言，那次我没流泪，过去我一发言就流泪的。我说为什么，我是哪一个任务没完成好？我说我对青话是有感情的，但是以后我不会再来了，等于跟青话决裂了。大家都很吃惊，没想到我还有这么个脾气。因为我一直是以温顺的、软弱的面貌出现的。其实我这个人也有刚的一面，但是对外来讲我柔的多一些。当时有两种处理，一种是办退休，一种是带薪留岗。我觉得没什么意思，就签字同意退休了，不过不是正式退休，55岁才能正式退休，我们好多人就在那一批提前退休了，都在52岁左右。

采访人：您对青话的感情挺矛盾的，可以说爱恨交织。

童正维：是啊，我一毕业就到那儿工作，到过农村演出，到部队慰问演出，还有给高炉旁边的工人演出，到船厂体验生活，真的是深入工农兵，还到农村搞过"四清"。

采访人："文革"时您跟马科老师受了很多的委屈。

童正维：那当然。我们只好把大孩子送到南京由我妈妈带，因为马科要站在门口挨批斗，对孩子的影响不好，我们总不愿意让孩子看到父亲挨斗的样子。我儿子长大后说，他们当时这样打你，你干吗不打还他？他不知道，他们没经历过"文革"，我们那个时候只能忍，明知道有些做法不对，但是也只能忍了。

采访人：从一进青年话剧团，和最后离开，您对它的感情有什么变化？

童正维：我当时离开的时候，我发誓再也不要见青年话剧团的人了，再也不会到青年话剧团来了。其实想想同事们还是对我很好的，我也不会忘记他们对我的帮助，一个人要学会感恩。因为有一年我们家被偷，那个时候很穷，小偷也偷不到什么东西，我最心疼的是粮票没有了，钱只偷了现金二十几块钱，因为快月底了没有什么钱了。这个事情发生之后，青话的同事号召大家捐粮票，像募捐一样捐了很多粮票给我，还有什么肥皂票、布票之类的票证，这个事情我一直铭刻在心。所以在2008年我过70岁生日的时候，我请了十桌青年话剧团的老同事们吃饭，谈了我对青话的感谢。尽管过去有一些不愉快，但是也跟我自己有关，我自己也不是很积极主动地去争取，也就不能完全责怪领导不重视我，我也有责任。这也算是我跟青年话剧团的一次和解吧。

采访人：1976年粉碎"四人帮"后，上海话剧界的变化明显吗？

童正维：当然，首先剧目比较多样了，古典的、外国的，根据小说《人生》改编的，还有《地狱边缘的曼陀罗花》《傻子进行曲》，写现代人物的戏开始出现。

采访人：包括一些荒诞剧，观众对这样的剧是什么态度，有讨论吗？

童正维：我记得，有一部赵耀民编剧的《天才与疯子》，形式比较怪诞，观众好像也还是能够接受，这个戏也蛮好的，我也参与了。

采访人：随着改革开放的进程，人与人之间难免会有利益的冲突吧？

童正维：当然会。如果主要角色由两个演员担任AB角，由于演出场次的不平均，就会产生纠纷，因为是按场次领报酬的，这个我在日记里记过。不像我们以前服从分配，让我演什么就演什么，所以没有多大的矛盾，但是剧目被承包了之后，这时候的感觉就不一样了。

采访人：1979年，导演胡伟民到青年话剧团来了，您对他有什么印象？

童正维：他是一个很有才的导演，由于"反右"的时候被打成右派，发配北大荒，从此被剥夺了导演权力。后来平反了就出来工作了，那个时候开始排《秦王李世民》，我演秦俑，他想着用秦俑来叙述历史，像兵马俑再现一样，演员脸上不要有表情，我觉得他很有想法。

采访人：他的导演手法，您觉得演员可以接受吗？

童正维：当然可以接受，他以前向苏联专家学习过。他跟一些老导演的理念有些不同，就拿对俑的处理来说，演员还觉得蛮新颖的。但是作为演员可能会心不甘，感觉有劲儿没处使，因为导演不需要演员有过多的表情。不过这是导演的手法，现在来想也是很高明的安排。本来他还想排演一个话剧《傅雷》，根据《傅雷家书》改编的，他还让我演傅雷的妻子朱梅馥，但后来也没有实现。

采访人： 您什么时候开始第一次拍电视剧的？

童正维： 1982年，我们剧团和江西电视台合作了一部电视剧《路障》。这个戏是陆余忠、汪天云合写的，由祝希娟导演，主演是王洪生，演一个改革时期的人物，孙滨演市长，我演市长夫人。写改革大潮刚来的时候，遇到一些人为的或体制上的障碍，所以叫"路障"。这是我们团的第一个跟人家合作的戏，我参加了，祝希娟是一个好演员，但是作为导演可能经验不足，这个戏没有多少影响。1983年，我接了一部片子，叫《笑声之外》，是单本剧。那时候的电视剧还不像现在这样几十集上百集地拍，那时候多数是单本，就四十几分钟的戏。这是由广西电视台投资的，导演和编剧也是我们高班的同学，对我的表演比较了解，所以选我主演。戏是写婆媳关系的，我演一个善良的好婆婆，那个时候我才45岁，要演一个50多岁的婆婆，想要再婚遭到了儿女的反对。这部剧在中央台播出后，被送选到日本参选第二届中日电视节了。后来我师哥跟我讲，日本方面的导演对我的表演非常赞赏，在整个讨论会上觉得我的表演很生活、很自然、很贴切。其实那个时候我们话剧演员才初次"触电"，根本没有多少经验，但是我觉得，就应该照着生活演。从这部剧以后我又拍了一些戏。

采访人： 从舞台到荧屏，您在表演和技巧上有没有什么改变？

童正维： 有的。我参加《笑声之外》的拍摄，就是从生活入手，因为老师教我们要理好人物的生活线，每演一个角色都要做案头工作，都要讲出这个人的出身，他过去做什么，他的家庭情况，他的精神状态，他的各种爱好。让人物丰满起来，演话剧跟演电视这一点是相通的，都是艺术形象的创作。我觉得《笑声之外》的成功，还是比较本色的表演，其实当时我并不清楚影视表演的分寸，到后来，我又参加过一个电影的拍摄。

采访人：是科影厂的那部吗？

童正维：对，科影厂的故事片，关于计划生育的，名叫《算命求子》。我演一个婆婆，她相信算命，盼孙子。导演李荣普对我的表演很满意，说我的戏演得不错，好像很有镜头前表演的经验，其实我哪有什么经验，我是一面演一面琢磨的。再到后来，我参加了电影《非常大总统》的拍摄，孙道临自导自演，张晓敏演宋庆龄。这个戏我是有意识地向孙道临学，他拍戏的时候，我从镜头里看他表演的方法，他跟张晓敏说话很轻，跟话剧界念台词的轻重完全不一样。我还观察他脸上的反应，也跟话剧截然不同。这一次我又学到了一些关于电影的知识，拿尺子来量地位、灯光及光线的强弱，搞得非常细致，拍的速度很慢，结果剪辑下来一看又很简单，电影的确是比较精准的东西，要求很高。《非常大总统》中我演宋庆龄的贴身保姆李妈，生活中的李妈死后还埋在宋庆龄的墓旁边。在撤出总统府的过程中，李妈牺牲了，导

电影《非常大总统》剧照

演拍这段戏时问我要不要替身,因为李妈被子弹打中了腿,从桥上掉下来摔死了。当然我不可能演从桥上掉下来的镜头,我已经快五十岁了,只能用替身了。但是拍从很高的平台上掉下去的脚和脸部的表情还是要我来拍的,也是有一定危险的。这场戏剪出来实际上只有几秒钟,拍的时候要准备好几个钟头,还要反复重拍,我当时想,还是话剧比较爽气。

采访人: 电影拍摄时的顺序是完全打乱的。

童正维: 我记得著名的表演艺术家石挥说过一句话,做演员要做话剧演员,做导演要做电影导演,我对这句话印象很深。话剧演员可以连贯地在舞台上把一段生活演下去,电影表演是分几次来演,然后组接出来的,电视已经比舞台要收敛很多了,但是电影比电视还要收敛。所以说什么事都是有利有弊的,我早一点退休,反而有机会去拍《编辑部的故事》了。

采访人: 您跟《编辑部的故事》是怎么结下的缘分?

童正维: 这个说起来话长了。当时我丈夫的一位老师,解放前是救过潘汉年的地下交通员,后来被牵连打成了反革命,在监狱关了很多年。他为了孩子的前途,为了不给妻子留下什么政治影响,因此坚决要求跟妻子离婚。那个时候他妻子才32岁,带着三个孩子改嫁了,从此妻离子散。"文革"时他被遣回苏州原籍。后来怎么知道他在苏州呢?是人艺的一位老师说这个人的弟弟住在四川路,他每次来都住他弟弟家,因此就联系上了。后来我们到苏州去看他,觉得他老了,拉板车吃不消了,他都快七十岁了,我们很同情他,就把他接到我们家里,作为自己家的老人伺候了很多年,他还收我做了干女儿。为此我们家还被评上了市五好家庭,这个事当年我们单位是知道的。"文革"结束后,他平反落实了政策,跟子女也恢复了联系,以后就半年住在北京,半年住在上海。1979年,他得肝癌去世了。去世前他儿子打电话给我,说大姐,爸爸不行了,你能不能来一趟,我说我马上向单位请假。之前单位知道我们抚养着这样一位老人，正好那段时间我没戏，因此就同意我去了。我到北京伺候了他一个月，一直到把他送走。他活着的时候一直对他儿子讲，以后你给大姐找点戏拍，让她多到北京来住住。因为他儿子在北京电视艺术中心工作。1991年，北京电视艺术中心要筹拍《编辑部的故事》，他儿子就拿了我的剧照给导演看，他们认为牛大姐这个角色我还挺合适，然后就打电话给我，先把剧本给寄来了，让我看完剧本后准备到北京试戏。我还在去北京的火车上请教北方人，有的词儿应该怎么念呢。到了北京试了几段戏，基本通过了。后来他们还调了《算命求子》的片子来看，我演的计生委主任是女干部，牛大姐也是女干部，他们看了以后也说不错。当时也有人不同意，说我到底有南方口音，再怎么也是南方演员，跟北京人就是不一样。但是他们的监制说不要紧，因为北京也是外来人口很多的城市，《编辑部的故事》里有各地方的人都可以，因此就敲定我演牛大姐了。机遇对于演员来说是特别重要的，我的这个机遇好像有着因果关系，我觉得可能是善有善报吧。我因为这个戏成名以后，在接受采访时，我只说是朋友推荐，导演说我形象合适，非常简化，但是这一层因果关系从来没有说过。

采访人：《编辑部的故事》拍了多久？

童正维：我记得5月份开始拍的，10月份结束，拍了五个月，五个月一共25集戏，一个月等于才拍多少集你算。一个礼拜一集，一个月拍四五集，五个月拍完。早上八点钟，按照正常的工作时间，人们从北京各地方，有市中心的，有住二环的，有住三环的，那时候还没有四环，四环一带还像荒地一样，到几个地点那里有车接。我和侯耀华、吕丽萍住一起，那时候吕丽萍还没有离婚，张丰毅还去过现场，还有张瞳，演眼睛近视的刘书友的，我们四个人住在干休所里。全剧剧本发下来，看得我哈哈大笑，真的写得很生动。因为以前我们国家的正剧多，偶尔也有悲剧，但大部分都是正剧，忽然来这么一个语言生动诙谐的剧，感觉到很好玩儿,而且大家的语言很幽默的。

采访人: 这个剧本确实蛮精彩的。您现在回想起拍《编辑部的故事》,有什么印象深刻的事情吗?

童正维: 当然有啦,生活上的、创作上的都有。一开始,我思想上是有些顾虑的,我毕竟不是北京的演员,语言上不像北京演员那样溜,怎么办?我只能比人家花更多的时间,把词背得滚瓜烂熟,而且语速加快,因为熟能生巧嘛。侯耀华常说,你们什么词忘了问牛大姐。因为每个角色的词我都熟,反正我一个人,吃住是现成的,所以一门心思投入到戏里。因为我的南方语言已经形成了,我只能以塑造人物来取胜。后来我跟导演说,能不能在我的台词里加几句,就说我年轻那会儿,生在南方,皮肤白里透红,走在路上谁不瞧我一眼,以此表明牛大姐是南方人。导演说可以,这样就把口音问题弥补了。还有一个事情,我假牙坏了,由于没有时间回上海修补,有一度台词就讲不大好了,我跟导演说着说着就哭了,因为我感觉自己一个人身在外地,孤孤单单好可怜。剧组马上说停拍,下午派车送我去医院补牙。有一次吃饭我的假牙掉在地上,张瞳老师还跪在地上帮着我找,他那么深的近视眼,我印象很深,老的演员里面我跟他蛮谈得来的,他也是我们上戏老剧专毕业的。因为拍摄时间长,侯耀华把他的猫、猴子都带到剧组解闷儿,电视机、冰箱也带去了,反正他是单身一个人。那时候总觉得腿上痒,后来发现是猫身上的虱子。现在有猫圈了,过去没有猫圈,侯耀华又不给猫洗。吕丽萍被叮得左一个右一个包,像赤豆棒冰一样,腿上很多红点。我心想这个事情得做个纪念,我就穿上丝袜抓跳蚤,因为跳蚤小爪子粘上勾住了下不来了,然后我用纸片把跳蚤用胶水粘到上面,粘了几十个了,后来搬家时我扔了。以前有记者采访花絮的时候,我都没好意思讲。人家把你捧红了,还说人家短处,所以不好意思讲。现在年代久了,也就说说当花絮玩儿了。

采访人: 侯耀华养猴子?

童正维: 猴子、猫,他喜欢养动物,侯耀华真是个人物。

采访人：您中间一次没回上海吗？

童正维：五个月里一次没回，所以我说我想家了，再加上那个牙老是在作怪，我哭也有这个原因。当时他们吓坏了，牛大姐哭了？什么原因？都在猜，我当时一直没有讲，他们都以为吕丽萍欺负我了，她说话损了，让我生气了，其实不是因为这个。

采访人：就是因为牙。

童正维：牙以及心情，感觉到很孤单，想家也有关系，因为我们老演员不会随便向剧组提要求。不像现在的年轻演员一有点事马上要请假，然后全剧组就等着。我们每一集150元的片酬，演陈主编的吕齐是100元，葛优和吕丽萍多一点，冯小刚他们再补一些编剧费，大概200元一集吧。

采访人：那个时候会带助理吗？

童正维：我们哪有助理。现在年轻演员带助理，有的还不止带一个，那时是不一样的。大概八年前我开始带我丈夫进组了，我说人家带小助理，我带老助理，不是他助理我，是我助理他。因为马科化疗后身体一直不好，他这辈子身体一直不好，所以主要是我要照顾他。我就跟剧组提出我得带我家老头，我自个儿出路费，就吃你们一口饭，人家都能理解。到了后期，大概是由于青年演员雇助理太多，剧组连我爱人的机票也能报了，本来都是我们自费的。

采访人：当时《编辑部的故事》一播出，万人空巷，您什么感受？

童正维：我记得是1992年2月份春节的时候播的，当时在上海反响也很强烈，一到中午休息时间，大家都挤在办公室看这个戏。走在街上，年轻人看到我就说，你演的角色真是烦是烦得来，什么事都你管，但是你演得是真好啊。还有的讲，我们单位就有你这种人，我们护士长就像你这个样子。岁数大一点的人说，你这个角色演得好，什么事情都要管，应该管。各式各样的反响，真是萝卜青菜各有所爱。坐出租车，司机一认出我来就不要车费了，我说不行，你们是劳动所得，我们应该给的。菜场的人说牛大姐你怎么还自己买菜？我说我天天都自己买自己烧的。有时乘公交车，候车的人却帮着拦出租车，我心想就一站路，我还想省点钱呢，没办法只好坐上去。还有人说，牛大姐你长相真的很慈祥，要是做你儿媳妇肯定好，你有儿子吗？结婚了没有？我帮你找个儿媳妇吧。现在很少有人知道我叫童正维，牛大姐已经代替了我的名字了。

采访人： 当时您拍《编辑部的故事》的时候有没有记日记？

童正维： 不多，因为那个时候天天背词忙，没怎么记。这是1992年2月初四记的："年初一起在上海播放，不少老同学、老同事，还有我爸爸的老朋友，40年不见面的少年时代的同学，都纷纷来电来信祝贺我成功。年初四早上，袁国英来电说，这几天巴金、黄佐临两位大师，天天中午捧着饭碗等着看此剧。"当时决定我演牛大姐的时候，我曾经拜访过一位老编辑，就是我义父的前妻，她是当时《上海滩》的编辑。我去问她，你们编辑生活当中是什么样的？她就跟我讲了她的情况。后来我

与葛优合影

就设计了牛大姐这个人物，爱多管闲事，一面在写东西一面听，有时候好像拿着笔在想什么，但实际上在听别人在说啥；再一个就是因为她是编辑，手里一直习惯性地拿着笔这样一些生活特点，演员创造角色离不开生活细节的安排。

采访人：剧中牛大姐的性格其实跟您本人差别还是挺大的。

童正维：那是。我女儿还写了一篇《我妈不是牛大姐》，说你们不要以为我妈是那种爱管闲事的人，其实我妈是贤妻良母，我妈对我们可好了。

采访人：这也证明了您这个角色塑造的成功。

童正维：是啊，一个好演员应该能够塑造多样化的角色。不过从《编辑部的故事》以后，好像我的戏路子就固定了，找我演的角色都是些厉害的，或者是指挥若定的，或者领导干部、女强人之类的多了。

采访人：那您的追求呢？

童正维：我追求的是性格演员，能够塑造各种不同性格的角色。我记得有这么一句话，"一身的戏都在脸上，一脸的戏都在眼上"。一个演员掌握眼神、态度，那是非常重要的。表演当然需要语言和肢体动作辅助，但是眼神是非常重要的一点。《编辑部的故事》播出后，我感觉有很多遗憾的地方、不足的地方。

采访人：我发现的一个特点，好像老一辈的演员，经常会去看自己的作品，然后反思不足之处；年轻演员反倒表示从来不看自己演的戏，您觉得是什么缘故？

童正维：我不知道他们怎么想的，我是边看边总结，这个地方如果这样处理会更好，是那样的表情更准确。当然过去也就过去了，只是为了今后自己吸取教训。

采访人：《编辑部的故事》之后还拍过什么重要作品吗？

童正维：《编辑部的故事》之后就是《摩登家庭》，我拍《摩登家庭》的时候已经62岁了，演的是个很直爽的、刀子嘴豆腐心的角色。牛大姐是干部，她是家庭妇女，是一个北京胡同里的老太太，因此我在处理这个人物的时候，表现得非常的泼辣，但是对丈夫、对孩子、对外孙，却非常有爱。演我外孙的是个意大利的小男孩儿，当时他五岁还不到，已经62斤半了，小肚子滚圆的。拍一个我抱着他跑的镜头，把我累的，还不能把小孩摔伤了。这个镜头拍了四次，我三天手都举不起来。这个戏在北京胡同拍了两个月，然后到韩国、马来西亚又拍了两个多月。在韩国的时候天气很冷，零下28度，呼出来的气都要结冰的感觉，鼻子上永远好像有冰挂着。拍完韩国的戏到马来西亚，气温高达40多度，这个戏拍得很辛苦，也是我一生很难忘的一个戏。

采访人：你参加了《新编辑部的故事》，与老版的有什么区别？

童正维：2011年12月28日，《新编辑部的故事》剧组通过微博找到我，说《新编辑部的故事》正在筹拍，希望我能参加，我说好的，是《编辑部的故事》让我被全国人民知道的，我不能忘本。再一个，郑晓龙是一个很好的导演，这一次除了吕丽萍，其他五个都是新人。剧组说马上把剧本通过电脑发给我，我那时候在三亚，我就先看了起来。在三亚住的地方经常上不去网，影响我背台词，后来我就用手抄，把我的台词全部抄了下来，一共8集，都是手抄的，手抄也是记忆的过程。2012年3月15日去了北京，当时还下着雪，在棚里拍了三天五集的戏，幸亏我的台词都提前准备了，因此拍得很顺利。但是拍完几场后没有一个人跟我讲对不对，他们前面怎么演的我又没有看过，搭不搭调我也不知道。第二天化妆的时候，我问化妆师，昨天我的戏拍完了大家有什么反应？她说你的戏大家都说好，郑导跟其他演员也说了，老演员就是认真，要他们向您学习。我一下子又感动了，我这个人特别容易激动，我又感动得流泪了，我觉得我的劳动没有白付出，我毕竟在三亚做了充分的准备。

采访人：您目前为止您大概有多少影视剧作品？

童正维：应该有一百多部（集）了。

采访人：从附中、戏剧学院、青年话剧团，您觉得话剧对您的一生有什么样的影响？

童正维：我觉得像我这样的人，如果让我转行都不知道干什么，我只会演戏，别的谋生手段没有。既然选择这一行，再苦再累，也是自己的选择，这是我所热爱的职业。至于名啊利啊，到我这个岁数就看得淡了，真的，这不是矫情。可惜的是，过去我们耽误的时间太多了，最美好的年华耽误了十年。现在感觉到有时候还想演戏，但是力不从心了，台词要比人家花更多的精力才能记得住。

采访人：您对上海话剧未来的发展有什么期望？

童正维：应该像北京人艺的演员那样，既然是话剧演员，就应该以演话剧为主，这一点他们很值得敬佩。不要只看到钱，可能电视、电影影响更大，或者赚钱更多，但是作为一名话剧演员，还是应该把精力更多地投入到话剧上。北京人艺的演员，不管大小角色都演得像模像样，这一点我觉得他们是传承了老一代的精神的，值得我们学习。

采访人：能不能讲讲您的退休生活。

童正维：我觉得我现在好像还是很忙很忙的，每天我的安排都很紧，我要办的事太多了。一是我的老朋友里面生病的我要关心，其实我自己也老了，但是好像几十年的友情很难忘；二是我常常把他们带着一起出去旅游，大家一起高兴高兴，我觉得我比我同年龄的同事、同学接触外面更广一些，他们愿意跟着我一起玩儿。有时候同学朋友开玩笑说，正维啊，你要一走我们就树倒猢狲散了，没有人管我们了。我要宣传一个观念，人老了要及时行乐。我记得我们年轻的时候提及时行乐是要受到批判的，说是资产阶级思想。你想一想，我们已经七老八十了，再不及时行乐你还乐得动吗？所以我希望我的老朋友们也能跟我一样，把晚年过得非常充实和健康，这是最主要的。

（采访：孙　闯　　整理：柴亦文）

我爱的是心中的角色
——陈奇口述

陈奇,1929年出生于河北唐山,祖籍江苏盐城,国家一级演员,中国戏剧家协会会员,原上海戏剧家协会理事。1948年毕业于南京国立戏剧专科学校表演系。曾在话剧《曙光照耀莫斯科》《蜻蜓姑娘》《刘胡兰》《枯木逢春》等剧中担任主要角色,获"上海市三八红旗手""先进工作者"称号。在电影《药》中饰夏瑜的母亲,在电视剧《上海一家人》中饰李老太,电视剧《结婚一年间》饰外婆获首届全国电影厂电视剧评奖表演特别奖。

采访人: 今天我们先从您的家庭背景开始聊起。您是哪里人,出生是在哪里?

陈奇: 我现在(2012年)83岁,要讲述的东西挺多的。我一生都挺动荡的,也在很多的地方生活过。我出生是在河北唐山,因为我父亲是天津北洋大学毕业的,他读的是理工科,他毕业后就进了唐山开滦火车头机器厂工作,他是工程师,我就是出生在唐山。我妈妈生了十个孩子，全是女儿，最后剩了三个，我最小。我大姐比我大六岁，二姐比我大四岁，我最小，她们现在都快90岁了。我们有一个保姆，我喊她张妈妈，她是北京人，我们跟张妈妈都说北京话，我学话剧的因素，可能因为我出生在北方，说的北方话有关。

采访人：您父亲是哪里人？

陈奇：我父亲祖籍是江苏盐城，盐城下面有一个上冈镇（音），在那个镇上有我祖父，但是我没有看见过他。我父亲有两个哥哥，还有一个姐姐，他也是最小的。我大伯父从苏北考上了公费留德的武官学校，我看到过大伯父的照片，没见过他本人，戴着很高的军帽，有穗穗的，我觉得军衔不小的。我爸爸跟着大伯父到北方读书，二伯父留守在老家。我四岁那年，因为我爸爸恋家，就辞掉了北方的工作回到了镇江。我母亲娘家也是大家庭，我母亲有八个兄弟、两个姐妹，一共十个。我外祖父家是江苏句容的。

采访人：你母亲是南方人，怎么会和您父亲成家的呢？

陈奇：是我大姨父把我母亲介绍给我父亲的，我父亲回南方工作也是靠我大姨父介绍的。我母亲也读过书，读到小学，她能看报，在那个年代女人能识字就不错了。我母亲家是一个大户人家。其实我外祖父是学徒出身，但是他非常勤奋，老板特别欣赏他，觉得他很有能耐，就给了他一点小钱做点小本生意。我外祖父做生意诚实又勤劳，所以顾客特别多，后来就发财了。他培养我大舅读书，我大舅考了公费留学日本，学的是律师。之后我大舅就把他的弟弟们带到了日本留学，有的学律师有的学会计。为什么要说这个呢？因为我父亲是小职员，没有大能耐，工资也低。在这样的情况下，供我们读书的学费都是从我舅舅们那儿来的。我们的家庭开支几乎都靠舅舅们，六舅是大会计师，也很有钱。我觉得我爸爸妈妈的出身都对我童年生活的状况有影响。我妈妈是25岁才结婚，在那个时候25岁算是老姑娘了，她在我外祖父家算是管家的，要管她十个兄弟姐妹

母亲郭定璜

的吃、住、用。我外祖父家有七进房子,还有一个花园,但是我外祖父一直非常勤俭,家教也很严,子女没有吃喝嫖赌的恶习。我妈妈是个非常能干、非常热情的人。后来我参加了中共地下组织,明明知道有危险她也不阻止,我们有时候在家里开会她还帮我们望风。

采访人: 她不担心吗?

陈奇: 当然担心的了。有一次有人来查我,我刚好在同学的家里开会,她马上叫我大姐通知我不要回家。我妈妈很开明的,我爸爸是只顾赚钱给家里用,他不大管我们。

采访人: 您在镇江上的小学?

陈奇: 不是,是在镇江上的幼稚园。我在镇江幼稚园还到广播电台去唱过歌,是合唱,家里人都守着收音机听,"小翠(我的小名)要出来了"。到了1937年,日本人快要打到南京了,我们家里都挖了防空洞,要不然就桌子上放几块棉被躲在桌子下面。我后来拍电视剧《新乱世佳人》时就有这么一个场面,这完全是我生活中经历过的,我亲身体验过飞机来了就往桌子底下钻。后来就逃难回老家盐城,在那里读了私塾,什么《朱子家训》《古文观止》都是背的,数学就学了加减,乘法好像都没有学到。

后来爸爸因为工作到了泰州,在部队里做文书,我爸爸字写得好。我跟爸爸到了泰州。我喜欢看戏,乡下草台班,现在想想应该是淮剧,搭的戏台。我那时候十岁左右了,拿个板凳坐在那儿扒着戏台看,戏演完了还不肯走还要看卸妆,对这很感兴趣。

采访人: 您在幼儿园就已经到电台去唱歌了?

陈奇：对，唱歌，合唱。

采访人：对文艺的喜好是打小就有的？

陈奇：老师选我，我觉得很光荣的。

采访人：选您是因为声音好，还是语言好？

陈奇：大概是我胆大，唱得还不走音吧。

采访人：您刚才说十岁左右就扒到戏台边看戏了？

陈奇：扒台看戏还不肯走，觉得好看，但是剧情还不太懂，不过会跟着剧情哭。

采访人：那个时候是不是萌生了想演戏的念头呢？

陈奇：没有，就是喜欢，他们说小翠有看戏的瘾，我还不知道我能不能演。后来在泰州上学时，我参加演讲比赛还得了奖，从那个时候开始上台了。

采访人：您上学好像不是连续的。

陈奇：在动荡中念的书，没有规律的。后来爸爸觉得泰州的工作还是不行，他又到南京去找工作。我从小就一直搬家，搬了八九个地方。搬到南京后住在黄泥巷36号，门口有一个井，我们住在楼上，楼下另外有人家住。租好房子要考学校，我跳级考进模范女中初二。念初二我有一个重大的转折，这时我大姐已经上了中央大学经济系，她的一些同学——后来才知道她们都是中共地下党员——组织了一个"寒假生活营"，大姐说我寒假在家闲着也是闲着，让我跟她到"寒假生活营"，那里可以免费吃饭、睡觉，可以玩，所以我就去了。

采访人：您大姐算是您间接的革命领路人？

陈奇：可以这么说。她带我参加"寒假生活营"，但她不敢参加地下党，她胆小。我后来知道她的一些同学都发展过她参加CP（共产党），但她不敢。我到"寒假生活营"有两件事情很受教育，一个是辩论会，叫"先救国还是先读书"，当然这两个题目都有正确的一面，都很重要，但是国家亡了你还读什么书？辩论过程中，让我明白了这些道理。还有则是参加了一场演出,一个短剧,也是这些大学生写的,好像叫《出走》,写的是三姐妹,大姐胆小,但是温柔贤惠;二姐追求生活享受,比较颓废;我当时还小,因为是我姐姐带过去的,就让我演小妹。这个小妹是唯一一个反对姐姐们的无知无觉的混沌生活的,因此她要出走,去革命。这个戏非常简单,但是革命道理已经开始在我的脑子里萌发了。

采访人:这个"寒假生活营"是中共地下组织办的吗?

陈奇:是的,但是是以教育部的名义办的。"文革"斗我最厉害的一件事就是这个"寒假生活营",可偏偏它是我革命道路上的启蒙点。

采访人:您正式演戏是在这个生活营里对吗?

陈奇:对,在一个礼堂里面,那个礼堂现在还在,现在归南京梅园中学了。

采访人:第一次登台演戏是从这里开始的,这也是您考国立戏剧专科学校(以下简称剧专)的启蒙吗?

学生时期的陈奇

陈奇:模糊的启蒙,但是我最大的一个启蒙。

采访人:其实是两条路,一条是革命的路;还有就是职业选择的一条路,也是在这里开始的吗?

陈奇:我革命的一条路和艺术的一条路既是统一的也是交叉的,我的一生没有纯艺术的东西。因为后来有一个"洪流剧社",学生办的,这个"洪流剧社"也是地下党领导的。

采访人:是在中学时期?

陈奇:对。陈俊昕,也就是后

来我的入党介绍人,他问我要不要参加,我说好啊,我还有几个同学一块吧,我就参加了。但是那两个同学后来没有坚持下去,都是我的好朋友。

采访人: 您那时候知道入党是怎么回事吗?

陈奇: 陈俊昕借了大量的书给我看,洪流剧社有一个读书会,我读了《大众哲学》《延安二月》等好多类似的进步书籍,我萌发了要到延安去的念头。洪流剧社排的戏全是革命的、进步的,比如果戈理的《结婚》,我后来参加演出的是丁西林的《压迫》,我演女主角,程极明演男主角,在一个小学里面搭台演的。1945年,我又排了一个戏《结婚进行曲》,是剧作家陈白尘的本子,在一个教堂排,导演刘鉴农也是中共地下组织的领导,还没有演,抗战胜利了,这时候洪流剧社就停办了。之后我参加了一个很大的学生运动。当时我还不是党员,只是外围的积极分子,这个运动搞得很厉害,因为要把我们这些日占时期的学生作为伪学生,要考试,要重新甄别,但是从大后方回来的学生一律不考。而他们回来接管的时候,都是抢房子、抢人、抢钱。

采访人: 当时叫"五子登科"。

陈奇: 这时候陈俊昕就加紧教育我,他说你不是想去延安吗,延安是我们最自由、平等、民主的一个圣地。我说我要去,他说有危险,我说我不怕,哪怕抓去,我死了我也不怕。入党申请书递上去没多久,我的联系人就正式通知我,可以正式入党了。宣誓是在南京大行宫那里的一个医院,那个医院不大,我就坐在草地上,他就给我讲了党章等内容,然后让我跟着他背诵入党誓言,之后我就成了正式党员,我连候补期都没有。

采访人: 你们怎么联系?

陈奇: 是直线,不许有任何横线。后来陈俊昕就不跟我来往了。我这条线是一个姓沙的大姐,但是她很快又把关系转给一个大哥,绝不说名字的,我也不知道他叫什么名字。新中国成立后我才知道他叫饶展湘，是老党员，中央大学的，他是上海、南京两地跑的一个学生领导。

采访人：您怎么会报考剧专？

陈奇：我是报上看到的招生消息，国立戏剧专科学校，不要学费，供吃供住，非常合我的理想，那时我家里已经没有钱让我念那种高学费的学校了。

采访人：那时候父亲还在工作？

陈奇：在工作，但是他工资低，要供我们三个女孩读书他拿不出什么钱。我母亲很严格的，说你们三个女的不好好学习就不要念了。1947年，我二姐到台湾去了，是我大姐的同学带她走的，她留了一个条子就走了。我们家只有大姐还可以勉强念一个大学，我就不太可能了。所以我一看不要学费，又供吃供住，也不住在家里了，不用让家里为油盐酱醋发愁了，所以我就决定试试看，而且我也喜欢。洪流剧社给我印象是很深的，当然，考这个学校也要征求党组织的意见，我说我要去考这个学校，党组织说那你去考考看，那里还没有学生党员。没想到一考就考取了。

采访人：考什么你还有印象吗？

陈奇：考的时候，我记得叫我做一个小品，飞机（敌机）来了你怎么办？我就往老师的桌子底下钻了，老师说这个很真实；再一听我念东西，北方话，语言还可以，比南京土话标准，所以我算录取者中的前三名。但这个时候我是瞒着家里的。

采访人：家里不同意？

陈奇：因为我家里没人是演戏的，只有我的六舅，他是程砚秋的票友，他喜欢唱戏。他是做会计师的，有钱玩票儿，他支持我，妈妈还比较听舅舅的话，舅舅同意就去吧。其实只要组织上同意，家里同意不同意无所谓。组织上说你既然考取了就去吧，而且剧专学生当中现在还没有党员。其实我后来才知道横线的有好多是共青团员。

采访人：但是您不知道。

陈奇：我不知道,后来我发展的好几个人都是CY(共青团),他要发展我,我要发展他。我们剧专这个线有很多的,包括文艺演剧队的很多人,只是我不知道。后来大哥说,我们不要跟青年团组织过多接触,会乱的,万一有人叛变,整个组织就被破坏了。

采访人：您在剧专也从事地下工作?

陈奇：我在剧专的时候,地下党要求我,第一点是学习要好,原因是你业务好,你联系群众他们才相信你,你业务不好人家就瞧不起你。第二点,你业务好今后党才用得到你,所以你业务要好,学习要好,我考试成绩都是前几名的。后来让我留在剧专剧团工作,也是因为我学习好。余上沅校长很爱才的,他对学习好的人特别重视。我在剧专只读了两年,是专科,高中毕业进去的,只有两年。我觉得不比四年少,什么原因呢?我现在得出一个经验,我的老师好,都是大教授、大文学家,曹禺、黄佐临、杨村彬、吴仞之都给我们排过戏,我在学校两年演了四个大戏。而且整个基本功锻炼都是好老师教的,德国的老师教的舞蹈,声乐老师也很好的,黄佐临你别看他自己发声不怎么样,声音低低的,但是他有方法的,他从英国戏剧学校学的方法。我们锻炼都很刻苦,让我练声,我原来不会用气,没有响亮的声音出来,现在人家说我八十多岁了,朗诵底气还那么足,这都是锻炼出来的。我和谢延宁约好结对子,在河两边对着说话,从最低到最高,比方"下午两点开会",从轻到重,我觉得这个方法很好。后来我用这个方法教过上海戏剧学院的木偶班。唱歌也是这样,一句歌词从C调唱到A调,爬音阶,自己练习用气。我演的第一个戏是《夜店》,我演石小妹,谢晋演杨七郎。他们因为高职科念过三年,所以表演好、声音好、经验足,特别是谢晋,结了婚又出去工作过,所以他在舞台上极其放松、极其有节奏、有人物。我当时还是小不拉子,实足年龄17岁,我也没有正规演过戏,上过台,但是演一个大戏是要塑造人物了。杨村彬真是好老师,他说陈奇,要是这一段戏你演不下来,你永远做不成演员,我对这句话印象深得不得了。什么戏呢?就是我一个人在台上的独白和动作,当时角色的任务动作和潜台词,主要看表演,就像从这个门爬上楼梯再下来,我什么东西都没有我怎么走?后来我一个人待在黑黑的大礼堂的排练厅里,没有什么灯光,我一个人就在那儿默戏,找人物什么的,这才知道不光是外在动作还要有内心动作。一场演下来之后,杨村彬说,今天有东西了,他一肯定我,我觉得我有希望了。很幸运的是,不单是排了四个大戏,我还演出了,这四个大戏还正式见观众了。《夜店》除了在我们剧专小礼堂演出外,还到安徽芜湖作为商业演出演了四场,虽然不多,但是这四场是有满满当当的观众、有交流的四场戏。所以我就觉得实践很重要,不是说戏剧学院四年就一定能够学到东西,我两年也学了很多。如果有成熟的演员托着你,有好老师指导,同样可以进步得很快,这是我的感受。

采访人:谢晋也说过学表演四年太长了,他办的"谢晋恒通"就是大专班,这可能跟他过去的经验有关。

陈奇:所以我在剧专业务学习方面感受很多,老师对我的爱、对我的教育,我感激至深。吴仞之后来是上海戏剧学院副院长,虽然他自己不会演戏,他一口常州话。《威尼斯商人》中那个女主角有一长段台词,我念得不好,他把我喊到他房间去,然后在我的台词上画上钩,标上停顿延长、高低快慢这些符号。我在演戏、拍戏时,在语言运用的方法上,吴仞之教我的这些东西我至今不忘。语言要有人物,要有感情,要有人物关系,要有规定情景,要有节奏,我觉得太重要了,所以我的毕业论文写的是"论台词的重要性"。我最近看了电视剧《母亲母亲》,我觉得斯琴高娃在处理台词上就是有功力的,还有胡亚捷也是,台词处理上是有考虑的。在这一点上吴仞之给我打上了一生的烙印,我觉得是非常重要的。

采访人：您两年四个大戏，等于是一个学期一个，那么基础课呢，声乐、台词、形体是一边学一边排大戏了？没有排片断的过程，就直接进到大戏阶段了？

陈奇：对。

采访人：这四个大戏有国内的也有国外的。

陈奇：《夜店》是国外剧改编的，第二部《撒谎太太》也是国外改编的，第三部《清宫外史》我演李小妹，比珍妃戏少一点，我最小，也演不了慈禧。第四部《威尼斯商人》，是外国的一台大戏。

采访人：《清宫外史》是杨村彬老师的？

陈奇：杨村彬导的，《撒谎太太》是吴仞之导的，《夜店》也是杨村彬导的，《威尼斯商人》是我们校长余上沅亲自导的。你说我幸运吧，我真的是一个幸运儿。《威尼斯商人》并不是让我演女主角，是让我演旁边伺候的丫鬟，后来余上沅觉得我是可教之才，就让我跟贺超影两人演AB角，令我终生难忘，余上沅是教育家，他有一颗培养人才的心。曹禺给我们讲西洋文学，他从头到尾念他翻译的《罗密欧与朱丽叶》，满台子满窗子坐着人听他念，他连说带演。张俊祥没有给我导过戏，是给我高一班导的《荒岛英雄》。

采访人：你们公演在哪里演出？

陈奇：《夜店》是到芜湖巡回演出的，一部大卡车带着布景。《撒谎太太》在南京文化堂对外演的，在南京路珠江路那儿。《清宫外史》到励志社都演过，在一个大的剧场。

采访人：还卖票了？

陈奇：报纸上还有评论，说我这个李小妹还演得不错呢。

采访人：有张照片，是你在搞运动演讲的时候拍的，是上剧专以后的吗？

陈奇：刚进剧专。这件事情，是我们地下党市委发起的，是为抗议北京的女大学生被美国兵强奸，所以我们全校都发动起来了。我们有

1947年1月,抗暴运动中陈奇(中立者)在卡车上演讲

的演活报剧,还有的在卡车上演讲,我的这张照片就是我在卡车上演讲时拍的,在新街口,那是南京最热闹最中心的地方,也是最危险的地方。后来在地下党里的大哥通知我,教务处已经拿到了警察局的黑名单,让我最好暂时不要动,不要过分暴露。因为我站在车上演讲太显眼了,我们还是要保存一些力量。后来(1947年)"5·20"运动也是地下党叫我们去游行的。

采访人: "5·20"是什么运动?

陈奇: "5·20"运动,就是反饥饿、反内战、反迫害运动。后来接到地下党通知,说中央大学、金陵大学的学生被打得太厉害了,你们不要太激烈了,学生伤亡多了不好。党的策略是非常好的,地下党领导非常英明,该动的时候就动,不要盲动的时候就不要动。

采访人: 要保护自己同志。

陈奇: "5·20"运动中学生有被捕和受伤的,我们又要去抗议和解救他们。我们开了一个很大的晚会,有个学生写了一首诗,叫《十字架上我的爱》,好多大学都传遍了,这首诗非常好,许多学生思想都带动起来了。那时候对国民党政府的腐败、压迫、不民主,大家思想感情非常强烈。我们是10人一排一起上台的,那个台不是很大,但是气势上来了。当时地下党在做这些工作的时候指导性很强。我入党以后,好像就不是一个自由人了,是党组织的人了,一切要听党的指挥。

采访人:您是哪一年毕业的?

陈奇:1948年夏天毕业。后来分到剧团,又是我人生一大转折。

采访人:毕业之后,您留在了剧专的剧团,也就是职业演员之路开始了。

陈奇:对,到了剧团我做了职业演员,在没毕业的时候我还没有认定我终生做演员。找工作既有党的决定,也有自己的找寻。当时地下党想让我到小教联,即小学教育联合会,如果我跨出去,就离开戏剧了,但是剧专把我留下来了,这是我没想到的。后来地下党说既然学校留你在剧团,小教联就不去了,如果剧专不留我,我就听党的安排到小教联去做小学教师了。

采访人:从事教育工作了。

陈奇:对。到了"文革"时期我不演戏了,也是做教育工作。

采访人:你在学校工作了多长时间?

1948年国立戏剧专科学校表演班毕业师生合影

陈奇： 我一共待了三四个月，因为我一进去没待多久，就接到一个演出任务，马上就接着排了两个大戏，一个是《文天祥》，一个是《大团圆》，从这两个戏的选择，我发现这个剧团思想是进步的。《文天祥》中我好像是演陈圆圆，《大团圆》中我演小妹，剧本是陈白尘写的。这两个戏要到台湾去演出，是"观众演出公司"派我们去的。后来才知道，观众演出公司是刘厚生[①]他们抓的，刘厚生也是中共地下组织的人。当时台湾光复两周年纪念，光复一周年时是另外一支演出队去的，这次是我们剧专剧团去，演员的力量都还蛮强的。我们乘船一夜就到了台湾基隆港，从基隆港再到台北。我们坐的船舱是五等舱，在船舱底下，我们睡的不是板床，是绳子编的吊床，可以摇的，很多人都晕船吐了，我不晕，大概是年轻，睡一夜就到了。我们到了台北住在现在的台北植物园，有很多很漂亮的植物。女同志住在一个房间，都是用凳子拼起来当床的，上面铺自己带去的被子就睡觉了，吃饭就在植物园一个伙食房搭伙。每天上午排戏下午休息，然后晚上演出。我每次下午在演出前，都要到台北的马路上走一走。那时候我闻到的是日本鱼丸的腥味，听到的是木拖屐走路的声音。我进了咖啡店，很安静，有音乐，有白光[②]唱的歌，我就坐在那儿喝一杯咖啡，看看剧本什么的。我二姐是1947年到台湾的，我跟她在那儿见面了。她正在谈恋爱，姐夫是水泥公司的会计，我二姐做小学老师，林海音的儿子也是她教的。林海音的书里都写了，说我二姐是优秀老师。他们俩在恋爱，我们在那儿见面了。当然，到了"文革"的时候说我有海外关系，我也不怕说不清，我觉得他们都不反动的。我跟任何人都说我二姐在台湾，我觉得是很正常的亲属关系，他们又没有做反动的事情。

采访人： 你们的戏在哪里演出？

[①] 刘厚生：著名戏剧理论家、原中国剧协副主席。
[②] 白光：20世纪40年代歌星。

陈奇：是在国父纪念堂，那时候叫中山纪念堂，很大的一个剧场。2005年我随着癌症俱乐部又到那儿去演出，顺便看我二姐，她肝癌晚期了。那时候两岸还没有"三通"，还是绕着圈走，是通过癌症康复中心对口邀请去的，我这才有机会看一眼二姐，那也是最后一面了。那时候台北百姓还是很喜欢话剧的，观众很喜欢我们的戏。但是这期间碰到一件很大的事情，淮海战役开始了。我们演出快一个月了，在台湾我跟大哥已经有很长时间没有联系了，当时我是一

大姐陈馥、二姐陈馨、老三陈奇、干妹夏宁成合影（1937年摄于盐城）

个人，不知道谁是党员。我们开了一个辩论会，讨论留在台湾还是回上海，如果淮海战役打下来了，很可能就在台湾回不去了。

采访人：从上海去的台湾，回去也要先回到上海，然后再到南京？

陈奇：必须通过上海上船，我二姐偷偷去台湾也是先到的上海。我们辩论了整整一夜，最后剧专剧团没有一个人留下来。回到了上海，我赶紧跟大哥联系，写信说剧专剧团回到上海了，大哥来信让我赶快来南京。当时剧团没有演出了，大家都休息了，我就到了南京。到了南京跟大哥一见面，他让我马上撤退到苏北解放区，要我做假的身份证，我们有警察局方面的地下党帮我们搞身份证。拍身份证照片的时候，大哥说你不要拍得像知识分子学生什么的，要像农村人，因为要撤退到农村去，我就穿一件花棉袄照了一张很土的照片。身份证做好了，行李也从家里拿出来送到交通员那里了，没过两天告诉我，那条交通线被封锁

了。这时候大哥才通知我撤退到上海,因为我们剧团在上海,这样整个组织关系就转到了上海,我的地下党上线就从大哥那儿转到上海的另外一条线上。

采访人: 那是哪一年?

陈奇: 是1948年底1949年初快过春节时了。到上海以后,我要接关系,大哥就告诉我,在我住的四川北路路口有一个穿风衣、手上拿着报纸的就是我要接头的人。我不知道他叫什么,后来这个接头的人就告诉我,他是老沈,我的上级联系人就是他,这样我就接上了我的组织关系。"文革"的时候有人拼命说我是假党员,但又查不出证据,因为我的线太清楚了,我没有一点中断的。后来我才知道,老沈就是刘厚生。他就跟我说你现在待命,你们剧专剧团还没有工作,你也可以考虑做些什么。后来我在报纸上看到艺声广播电台招人演播广播剧,跟大哥说我要去考艺声广播电台,他说那你去考吧,我一考就考取了。刚开始我播的都是一些大戏中的次要角色,《日出》《雷雨》《孔雀东南飞》,都是观众很爱听的,后来台长觉得我不错,就叫我播主要角色了,比如《家》里的鸣凤啊,因为我是女高音嘛,年轻的这些角色都是让我去播了。

采访人: 那是民营的电台?

陈奇: 民营的,那时候国家的很少,我们剧专剧团算是国家剧团,穷得很,也不给钱的。

采访人: 没有工资?

陈奇: 没有,拿几块钱演出费。我们到台湾去演出的时候发了一点钱,够我们过生活,我有时候还给家里一点,很少,都不记得拿多少钱。后来我到了艺声广播剧团还拿了一点工资,艺声广播剧团是藏龙卧虎的地方,解放后我才知道,康瑛是央广"小喇叭"的创始人,以前她都播主要角色,我就跟着她学,以后我就播主要角色了。还有张瞳,是北京人艺的主要演员,都是很好的。

采访人:《编辑部的故事》里演刘书友的那位?

陈奇：对了，演《编辑部的故事》的。在艺声广播剧团工作了四五个月，上海马上就要解放了，我改了名字，不叫陈奇，叫郭冰，我妈妈姓郭。我因为不了解这个团体的情况，我跟任何人都不大接触，后来一个小报写了我的文章，说我是神秘女郎，因为我来去都不大跟别人联络，只跟剧专剧团和我的上线联络。到了快要解放的时候，刘厚生就跟我说，现在快要解放了，解放上海是先解放苏州河以南，你必须在5月22日以前住到苏州河南边来，他说你要找一个住的地方。我就找到我的同学沈冰静家里，她也是党员，后来参加西南服务团了，她是复旦大学的，是我南京的中学同学。我就住在她家，她家在南京路、宁波路、天津路一带，就是苏州河南了。没过两三天，果然5月22日、23日就开始打仗了，24日刘厚生就电话通知我，要我到延安西路的广播电台去，地址是现在延安西路乌鲁木齐路口的侨联大厦。等我赶到延安西路的电台时，已经是24日的晚上了，那里还有几个人。广播电台有一个喇叭竖在桌子上，反正播音已经播惯的，几个月的锻炼给了我一些经验，不太怕话筒。我们24小时轮流不停地念，几个人轮流念《中国人民解放军安民告示》《中国人民解放军入城守则》，四五个人轮流念，后来我才知道他们的名字，徐伟、钱乃立，还有一个姓施（燕声）的，她是老广播电台的人。老电台的人很不错，很配合我们，邹凡扬（上海新闻界的地下党员，原上海广电局局长）也来了。我们当时播到夜里，没有地方睡觉就睡在地上，第二天有人给我们带一点大饼油条来，然后又继续播，播到25日、26日我们这个工作就结束了，上海解放了。刘厚生把我调到军管会文艺处，这时候才知道军管会文艺处是于伶以及黄源领导的，这是我第一个工作。我最开始做宣传工作，回到剧专剧团，组织宣传队去宣传解放军怎么好，共产党怎么好，演一些街头的小戏，把市民的人心稳定住。再接下来的工作，是组织西南服务团，当时我19、20岁，我说我要参加西南服务团。后来组织上说你还是留下来把这里的工作搞好，我就留下来了。把西南服务团送走以后,我又不知道干什么了,就在军管会等安排了。这个时候又有一个转折,于伶找我谈话,问我是到华东文工一团,还是二团,一团是搞电影的,二团是搞话剧的。我说我对电影不熟悉,我搞话剧,他说那你到二团吧。二团的成员以演剧九队为主,这是我一个决定终生的转折点,也是我做职业演员的一个转折点。我到了上海华东文工二团以后,就接了一个大戏《思想问题》,一演就是上百场,在剧中演积极分子高洁。接着黄佐临把它拍成了电影,这可以算我的第一个电影,话剧搬上银幕了。那时候大家正在进行思想改造,写的也就是思想改造的一些内容来配合形势,所以我说我的艺术工作跟革命工作是统一的。之后又是一个大戏,也是我舞台生涯的一个重点,排演苏联话剧《曙光照耀莫斯科》,由黄佐临导演。

采访人:《曙光照耀莫斯科》是否可以说是您的成名作?

陈奇:是的。这个戏好,角色好,导演好,同台的演员好,剧本也好。这个戏写一个青年纺织女工,追求理想,是非常朝气蓬勃的一个角色。妈妈是丹妮(黄佐临的妻子)演的,她是保守的,颜色最好是灰的绿的,就像"文革"时期一样。所以我这个角色大家都很喜欢,因为大家都向往光明的、灿烂的、幸福的生活嘛。这个戏轰动了,刚刚解放的上海,不管是干部也好,学生也好,都开了眼界了。苏联莫斯科艺术剧院的好戏拿过来演,我们演员也过瘾。舞美是杜时象,做的好得不得了;乔奇演我爸爸;沈扬演一个名画家,他希望有色彩能带给人美的享受,演得很好。和这些好演员同台我真合算,他们可以把我带着,在剧专的时候,我有高职科上来的成熟演员带我,现在我又碰到一些老演员带我,他们都比我有经验。

采访人:他们这些绿叶把您衬托出来了?

陈奇:不算绿叶了,他们也是主要的。演技是主要的,演党委书记的是江俊(上影厂导演江海洋之父),他也是成熟的演员,所以这一群好演员就把我烘托起来了。章曼苹演我奶奶也演得很好。最主要的是导演黄佐临,他是按照教学的方法来导这个戏的。这个戏排了两个月,大家要写人物自传、主要动作、最高目的,这是理性的;还有感性的,你要做小品,人物自传当中不能写得太干巴,你要有生活的情景。丹妮写得最好,最会编自传,她大概在英国学的方法,我们当时都写得干巴巴的。

采访人:他们在英国也学斯坦尼斯拉夫斯基的这个方法?

陈奇:对,他们学这个,黄佐临把他在英国学的东西很正规地搬到我们这个戏里。演完明明很轰动了,但是黄佐临还要求每个演员回去做小结,每个人对自己做评价。我就自己做评价,我说我这个角色老是蹦蹦跳跳的没有成长过程,她后来成熟了,成了小组长,领导一个小组进行研究,那个成熟的东西我没有体现出来。因为我那个时候还年轻,就演本色,本色好演,老是嘻哈蹦跳,阳光的东西多成熟的少,这是我自己总结的。后来黄佐临说,对了,你还没有塑造人物的能力,这个方面还不够。我觉得黄佐临给我导戏,是我做演员的一个很重要的阶段。

采访人:那你在排练的过程当中,你没展现的部分他没有提醒过你吗?

陈奇:他点你最重要的东西,你这个地方为什么忽然笑呢,这个地方你应该有什么样的思想动作,你这个地方不应该傻笑应该有思考,他都是点你为什么要这样为什么要那样。

采访人:就是你必须找出人物行为的依据。

陈奇:心理依据,你不要表演情绪,在表演上这对我很重要。

采访人:解放之后您的重头戏还有哪一部?

陈奇:还有一个重头戏就是《蜻蜓姑娘》,也是苏联的,既要唱歌又要跳舞,还要爬树,我有一次掉下来把脚崴了,第二天照样演。那个戏是虞留德导演的,他刚从苏联专家那儿学习回来,他把斯坦尼斯拉夫斯基那一套用在这个戏的导演上面。那个歌很难唱,我因此专门去跟一位林教授学咽音唱法,因为这个歌有很多音域很多的唱法,还要跳。

在《蜻蜓姑娘》中饰蜻蜓姑娘

歌唱家胡松华都来跟林教授学,我们当时都排着队,一个个唱歌给教授听。《蜻蜓姑娘》这个戏也锻炼了我,凭这个戏我评上了"三八红旗手"。

采访人:这个戏演出是哪一年?

陈奇:大概是1956年演的。《解放日报》记者张曙为此写过一篇文章。《蜻蜓姑娘》这个戏在观众心目中印象比较深,导演构思也不错。也是舞美设计崔可迪的成名作,相当成功,舞台深度弄得很好,有小阳台什么的在上面可以跳,有棵树在台中间可以爬上爬下。整台的演员也不错,乔奇、熊雪岑、陈元琪、胡思庆,现在这些人都不在了。

采访人:这个时候您在角色塑造、理解能力、感悟上是否好多了?演技上有没有什么提高?

陈奇:感悟上要好多了,因为导演不一样,他要求外在的东西更多一点,这是剧本风格决定的。这个戏唱歌太重要了,整台戏都是连蹦带跳带唱的,至少在唱的方面提高了我。另外一点,由于是轻喜剧,我觉得在表演上我又解放了一点,不是太拘谨了。像《曙光照耀莫斯科》比较偏于正剧,我还没有太解放。

采访人:《蜻蜓姑娘》带点音乐剧性质?

陈奇:有点,要蹦要跳的,带点轻喜剧的表演,所以观众比较喜欢。后来演《刘胡兰》,我觉得我还不太贴近人物,表演多少有一点程式化,一到演英雄人物就有一点高大全的东西,当然还不像后来"文革"时候的样子,但我觉得我还不够生活,还没有深入到刘胡兰这个角色内心里去。我后来演的一个戏《上海战歌》也让我记忆深刻,是纪念上海解放十周年演出的,那时我同时演《枯木逢春》和《上海战歌》。《枯木逢春》中我演方妈妈,《上海战歌》中我演女儿。这两个戏轮流上演,对我来说,是我演戏生涯中很重要的跨越阶段。演方妈妈的时候,我才二十八九岁,要演一个六十多岁的老太太,我又是一个娃娃脸,嵇启明演我儿子,他那么高,他喊我妈我有点受不了,心里还不大过得去。我这么年轻怎么化妆成一个老太太呢?那时候有这种想法。

采访人:当时怎么会考虑让你演这个角色的,剧院里没有岁数大的女演员吗?

陈奇:这是黄佐临要我演的,他说陈奇要开拓戏路,他希望演员要开拓戏路,不让我老演年轻的女孩,让我跨越一下。开始我没有信心,不过我是党员,给我什么任务我都得接受,我得好好去完成,但是我有一个思想斗争的过程。《上海战歌》中我演的是一个国民党特务机构里的人物,另外一个身份是地下党员,虽然这个人物并不好演,但还是一个年轻的角色。《上海战歌》是杜宣写的,"文革"以后又上演了,剧名改为《姜花开了的时候》,后来是严丽秋演了。我那时候一直演到沈阳,观众都评价《上海战歌》这个戏好,这个戏整台演员都好,丹妮演我妈妈,乔奇演我哥哥,江俊演书记,他是永远演领导的,高重实饰贺亦邶,庄则敬演地下党员老俞,这些演员都是非常好的演员。我们到沈阳演的时候,李默然他们看了都说这个戏好看,杜宣写得也不错,情节也好。与此同时,我又在排杨村彬导演的《枯木逢春》,这个戏很淡雅,是一个农村戏,很难演。我们居然演得很美,像国画似的意境,这要感谢舞美设计杜时象,他给了导演和演员很大的帮助,设计得很美。还有音乐,金复载写的一个开场的歌,那个歌的旋律很好听,杨村彬把戏导得像国画一样,很写意的。后来《枯木逢春》到怀仁堂演出,北京人艺也拿去演了。《枯木逢春》演方妈妈是我这辈子演的第一个老太太,演了五十年一直演到现在,所以《枯木逢春》这个戏对我影响很大。"文革"以后,本来又要让我演妈妈的,我说让我最后演一次年轻的角色吧,我已经52岁了,演一个25岁的角色,就是《灵与肉》里的碧姬。

采访人: 是一个拳击运动员的戏吧?

陈奇: 对,我跟王国京演,他才二三十岁,我五十多岁了。因为是美国戏,我化妆比较上算,戴一个头套,妆画得很深,睫毛一弄,还可以。这个戏也要跳舞,但是有《蜻蜓姑娘》的基本功在我也不怕,不过还得从头学。这次要跳吉特巴,古典的吉特巴,是舞蹈家杨威教我们的,他是舞蹈学校的老师。我在家里练了一身汗,但是技巧还是不如年轻人,不过杨威说我有一个好处,我沉浸在戏里面,跳得更有味道,我说我舞蹈基本功不行,但是我"糊弄"观众还行,这个戏也是很锻炼我的。

采访人: 岁数大的演年轻的,在理解力上应该是可以的;但年纪轻的演老的,可能理解不了老人的心态和他的体态。

陈奇: 坦白地说,我演老太太时我脑子里常常出现我妈妈的形象,我妈妈的动作、形态、语言、心理状态,我把我身边人的素材都用到戏里,所以人家说你这些动作像你妈妈,因为我是看来的、学来的,但是有时候也会忘记这种年龄感。我演电视剧《结婚一年间》的时候,导演武珍年就说,你这个站起来的动作太利落了,要慢慢站,诸如此类的很多。后来慢慢地越演老太太越能够得心应手了,逐渐能够进入老年人的状态。刚开始演《枯木逢春》中的方妈妈的时候,我摸索的过程也是很难的。

采访人:《枯木逢春》这个戏,和《蜻蜓姑娘》及《曙光照耀莫斯科》相比,社会上有些什么评论吗?

陈奇: 我觉得反响最多的是《蜻蜓姑娘》,专门写我创作的角色,对我演的蜻蜓姑娘很赞赏,张曙也是《解放日报》的资深记者。

采访人:《枯木逢春》呢?

陈奇:《枯木逢春》中的方妈妈不是主角,评论上一般还能够认可,没有什么大的好评。

采访人:《枯木逢春》在表演上是个转折,对吗? 那您其他重要作品还有什么?

陈奇:《枯木逢春》对我来说是一个契机,转型扩展我戏路的第一个戏,我以前都演年轻姑娘,我要感谢这次让我演个老太太,而且还有人肯定了我。"文革"以后,1981年长春电影制片厂来找我拍电影,鲁迅小说《药》里有一个夏四奶奶和一个华大妈,两个角色让我挑一个,我只能演夏四奶奶,夏瑜的妈妈,华大妈虽然戏多但我不合适。我演了夏四奶奶,大家都说好,我想是《枯木逢春》给了我这样一个基础。《药》有几段戏我看了以后我自己都很感动的。《枯木逢春》是我转型的契机,虽然我不是主角,但我还是完成了任务。后来电影《枯木逢春》中是上官云珠出演我这个角色,她的演技真的很好。还有《烈火红心》也演了几百场,这个戏是沈阳军区政委周桓支持编剧刘川把它写出来的,然后又去拍电影。这个戏上海人艺三个团都排了,那个时候正是大炼钢铁的"大跃进"时期,人们的思想都和它有共鸣,所以都在演。人们可能不会记住《烈火红心》,但是我记住了,一天演四场,当然这不合乎艺术规律,但也在演,可见这个戏艺术性还可以。这部戏是由凌琯如导演的。后来演到演员都累得病了,凌琯如就上去代替演员演一个摄影记者,他对舞台已经生疏了,差点掉到舞台下面的乐池去了,我们满场忍不住要笑场了,庄则敬硬憋着不笑,舌头都快咬断了,现在回想起来那时候挺可怜的。

采访人:《枯木逢春》之后,到"文革"爆发前,您还有哪些重要的作品?

陈奇:我刚刚说了《激流勇进》。我演一个技术员,胡思庆演我的对象,我的戏不多,最多的是庄则敬、高重实,都是领导,胡思庆演的是技术员。那个时候能演工人是最光荣的,能写出这么个戏来也不容易,因为是工人写的,胡万春是工人作家,而且是黄佐临导演,他是用写意的手法来导演的,十几场戏像电影一样。这个戏一直演到怀仁堂,刘少奇等领导人都来看了,都表示肯定的。我们上海人艺创新还是不错的,工农兵齐全,表现工人的是《激流勇进》,表现农民的是《枯木逢春》,表现解放军的是《上海战歌》,这三个戏影响很大,这是黄佐临、杨村彬他们的功劳,我觉得这是不能抹杀的。

采访人: 1949年到1966年,17年的时间,您提到的好像不到10部作品。

陈奇: 我一再讲,我的思想到了1957年以后就变了,思想包袱很重。

采访人: 精神压力很大?

陈奇: 精神压力太大了,一会儿这个运动,一会儿那个运动,多得不得了。我也演过《日出》里的小东西,《茶花女》我也演过,但是都不太合适。我为什么非要说《激流勇进》和《烈火红心》呢?因为这是我那时候最主要的艺术状态,就是思想改造。演工人戏觉得很光荣,让我演这些角色也蛮好的。

采访人: 让你演工人角色,起码表明在政治上是相信你的。

陈奇: 对,让我演就不容易了。《丽人行》中也让我演了一个工人刘金妹,我也觉得不容易了,我都犯过错误了,还让我演工人刘金妹。

在《丽人行》中饰金妹(右)

《丽人行》中主要有三个角色,一个是知识分子李新群,是熊雪岑演的;一个是太太梁若英,是严丽秋演的;一个是工人刘金妹,以我的年龄和形象,是属于演金妹的。《丽人行》在我那几年的作品当中应该算得上的,但是我对我塑造的工人形象不是太满意,还是觉得浅得很。

我觉得我在"文革"期间,彻底懵了,《论共产党员的修养》在我心里印象很深的,怎么现在都不对了,成了黑修养了。

采访人:您在"文革"中受冲击大吗?

陈奇:说我"三名三高",黑线人物,说我是政治扒手,什么都有。

采访人:"文革"时文艺界是重灾区。

陈奇:我还受我爱人的影响。我爱人的哥哥是国民党中央日报社的负责人。当时我想过,交代出去顶多让我劳动改造,顶多让我坐牢。我就把孩子托给我大姐了,我的孩子都是大姐代我养大的,我管不了。我那时赡养妈妈还抚养两个孩子,我的工资也减少了,每个月都欠债,每个月向同事借钱,月底月初再还掉。我全靠他们了,我感激得要命,没有姐姐他们我没办法过了。后来我爱人也"走"掉了,把我们扔下走掉了。

采访人:到"文革"结束时您已经快50岁了?

陈奇:"文革"开始我37岁。但那个时候很奇怪,让我劳动就劳动,就这样子。

采访人:疼痛到麻木了?

陈奇:开始的时候还有点难过,到"文革"中间大家都这样也就麻木了,没有什么太多的想法。1973年给我结论之后让我做一点事了,我去教书了,教上海戏剧学院招的木偶班。这些学生现在都是上海木偶剧团的骨干,最好的演员、导演,还有团长,包括燕子姐姐陈燕华。教学的有赵兵、贾幻贞,都是上戏的台词老师,我跟他们一块教台词,我从他们那儿学到了许多教台词的经验,又丰富了我表演方面的技能。后来我也到上海市青年宫去教学,那些学生里有好多话剧好苗子,肖雄也是

与肖雄（右）、雷国芬合影

我们朗诵班培养出来的。她后来要去空政文工团了，还特别写了封信告诉我，她这样的家庭出身都能够到解放军部队的文工团去，她有今天的这条路，非常感谢我。

1976年"四人帮"倒台以后，我演的第一个话剧是《于无声处》，我演梅林。

采访人：您"文革"后的第一个话剧是《于无声处》？

陈奇：是的，《于无声处》中我演梅林。人艺有三个团，一团，二团，三团，我在一团。二团、三团也都在排《于无声处》，为什么？因为这个戏是描写"文革"后期的"四五"天安门事件的，是纪念周总理的。

采访人：这个戏当时好像全国都在演。

陈奇：对，全国都演。我好像是第二次获得解放了，第一次解放是1949年，粉碎"四人帮"以后我第二次解放了，又可以上舞台演戏了。而且我演这样的戏心情很高兴、很兴奋、很认真。我们都是到郊区演，一个县一个县地演下来。就是觉得高兴，哪怕站在台上说几句话我都很高兴。

采访人："文革"以后的话剧舞台，有一段时期还是很辉煌的，原创出来了很多作品。

陈奇：是的。我们演的《与魔鬼打交道的人》，场子里坐满了人，观众非常喜欢。而且魏启明演得很好，这个演员走了很可惜的，他活着的话还可以演很多好角色。

采访人：他的陈毅市长演得真是绝了。

陈奇：陈毅市长、马寅初，演得都非常好。后来《与魔鬼打交道的人》被搬上电影银幕了。1981年起，我就开始拍戏了。第一个电影，是长春电影制片厂的《药》，是根据鲁迅的小说改编的，我演烈士夏瑜的妈妈夏四奶奶。我去长春试妆，化妆师叫赵力，是一流的。他给我化妆化得好，一下子把我改变了。我觉得电影《药》是我在银幕和荧屏上演老太太的一个奠基石，从此我相信自己可以演老太太了。再后来我就拍了一个我非常喜欢的八集电视剧《裤裆巷风流记》，在苏州拍的，我演一个状元后代的夫人，第五代的夫人。中间有一段戏，从摄像到导演看完以后都说好，都鼓掌。是哪一段呢？就是"文革"时期我接到台湾儿子的来信，我又怕又高兴，害怕大家知道我有海外关系，但是这么多年没有见着儿子，当然也是很高兴也很心酸。该剧摄像是上影厂的沈妙荣，他看我表演很好的时候，就把镜头一直推到很近，他说这场戏你演得真好。

采访人：当年这个电视剧还是蛮有影响的。

陈奇：后来导演武珍年就选我演了黄允编剧的作品《结婚一年间》，只有三集。这个戏我有点信心了，但是我演的角色更老了，我把假牙都拿掉了，演的是外婆嘛。徐峥那时演我的孙子，他现在已经成了我们剧院的同行了。肖雄是我的学生，演我未来的孙媳妇，比我的孙子大6岁，别人都不同意就我同意。但是我不同意我的儿媳妇再嫁，儿媳妇是上海人艺演员王频演的，她后来获得第三届上海电视节白玉兰奖最佳女主角奖、全国电影制片厂优秀电视剧金龙杯最佳女主角奖。这个戏到无锡参加全国首届电影厂评优秀电视剧奖的时候，我正好在无锡拍《外乡女》，也是演一个老太太。导演武珍年就打电话给我，说我们这个《结婚一年间》来参加评奖，今天晚上有一个晚会，你来参加吧。我看编剧黄允、导演武珍年、演员王频都在，我就去了。忽然报了一个最佳女演员奖，不是女主角，就叫女演员奖，是给我的，我根本没有思想准备，导演他们也不知道。我很意外，我年轻的时候没得过什么奖，顶多是三八红旗手、先进工作者，到老了得了一个最佳演员特别奖，很有意思，大概是因为我演的老太太还可以吧。所以黄允写《上海一家人》的时候，试戏都没试，就认定要我演老太太了。李莉导演很严格的，对不太了解的演员一律要试戏。曹翠芬演我的儿媳妇，这个角色前后试了五六个演员，最后是李羚推荐她的。

采访人：李羚的爱人与曹翠芬是北京电影学院同事吧。

陈奇：对。李羚说曹翠芬演真合适，谢园也是北京电影学院的，李莉导演带着脚伤爬五楼去请的李羚来演，觉得她最合适。我们这个戏是很认真、很精心地在拍摄。李羚说这个戏有26集，要拍三个月以上，因此工作人员不能疲劳，特别是演员不能疲劳，疲劳了上镜表演是不行的。所以我们的作息时间，是早上八点钟进棚，下午六点钟以前收工，因此让制片洪宝坤每天就安排拍40个镜头左右，我们觉得太享受了，晚上可以回去好好睡觉，我们当时就觉得这个艺术规律太好了。但是早上八点钟点名，如果你没到的话要罚的，很严肃的。化妆师是毛戈平，李羚本人30多岁了，她要从17岁一直演到她本人这么大年龄，妆化得很好很认真。等李羚进组我们已经拍了好多天了，因为若男是从9岁拍起，那时我的角色还有牙，等到李羚进摄制组的时候我已经把牙拿掉了。

采访人：是特意拿掉的吗？

陈奇："文革"的时候没有办法经常去看牙，在"五七干校"劳动只能一个月回上海一天，马上又要回到乡下，所以没有时间去弄牙。华山医院的医生就跟我说，你上面还剩七八颗，干脆全部拔掉算了，上面的牙装起来很好的，像自己的牙一样，所以有一次我一下子拔掉了六颗牙。拍《上海一家人》的时候，我还剩了两三颗，套的假牙，反正都是瘪嘴的。我在拍《结婚一年间》时就把牙拿掉了，所以到了拍《上海一家人》也不觉得特别难过。《上海一家人》里我这个角色还是被认可的，整个戏观众很喜欢。在我的艺术道路上来说，《上海一家人》里我演的这个老太太应该是个里程碑。但是有的观众朋友就给我提出来，你怎么老演那么丑的老太婆，我也就一笑。我爱的是心中的角色，不是我自己，而人们能够记住我演的角色就行了，不一定要记得我陈奇的名字。

采访人：从1981年的《药》开始在银幕上演老太太角色，一直到《结婚一年间》《裤裆巷风流记》，再到《上海一家人》。《上海一家人》当年也获奖了对吗？

陈奇：对，获奖了。

采访人：当年26集算是一个长篇了，在这个片子里好几个角色大家都印象深刻，李羚的角色，曹翠芬的角色，您这个角色，还有何伟演的黑皮，龙俊杰演的卷毛。其实奠定您"江南第一老太"的称号，这部戏作用非常大。

陈奇：演完《上海一家人》后，记者李波写了一篇文章，登在《人民日报》的海外版，标题就是"江南第一老太"，记者觉得《上海一家人》中的这个老太是江南味的，比较有特色的。曹翠芬告诉我，在审查的时候，好多领导和评论家看的时候都说我这个角色演得不错。但是我觉得我在这个戏里有很多地方还不是非常放松，还是有一点过火、有些生硬的地方。

采访人：这个是怎么造成的呢？您也不是第一次演老太太了。

陈奇：舞台剧演得多了，会不知不觉地想要把台词传到后排去，舞台剧和电视剧的表演是有区别的。

采访人：表演尺度问题？

陈奇：舞台剧演员有一个好处,语言的体现能力和形体的控制力是经过锻炼的,有塑造性,要比纯粹在电影中表演的人好一点,所以经常演影视的人回到舞台上锻炼一下还是有好处的。

采访人：这个戏是你自己配音的吗？

陈奇：是我自己配的,这有一个原因,我本来想请上影厂的朱莎帮我配,她配音比我好,我配音抓口型不是那么快那么准,我没有这个能力,不敢配。我给她打过电话,她开始是同意的,后来她突然说不行了,她得了癌症。我就赶鸭子上架自己配了,我抓口型老是差一点,我现在看重播口型还是慢一点,谢园也是别人帮忙配的,配得可好了,谢园特别感激他。配音是我的弱项,我有自知之明,但是我自己配有一个好处,我了解这个人物当时的真实感情,配得还是比较贴切的,感情上容易接近人物。

采访人：您过去好像还配过译制片是吧？

陈奇：配过,但总觉得我配得不好。

采访人：配音也是体现语言功力的一个方面,您这个老太太要让别人来配可能还不是这个味道了。

陈奇：你说得对。

采访人：其实您本人在生活中的形象,跟您在银幕上的形象反差还是很大的。

陈奇：对的。

采访人：您演的底层妇女、老太太比较多一些。

陈奇：对,老太太,底层的。

采访人：您的这些人物的种子从哪儿来的呢？

陈奇：我自己看很多资料,观察我身边的人,我会琢磨。比如前几年拍《蜗居》,我家乡盐城有一个朋友,她带我去看一个拆迁户。那户人家住在六楼,我发现他对我诉的苦都是很有道理的,拆迁把我老窝拆掉了,却让我越搬越差,我觉得不值啊,人往高处走,水往低处流嘛,他说我为什么越搬越差呢? 我应该要搬得好一点才对啊。我觉得这个词很好,在《蜗居》里我就用上了。所以我完全是有生活体验的,我还算是个比较有心的人。比方《上海一家人》中有场戏,我孙子阿祥被日本人杀死了,要盖棺的时候,导演要求每个人要有不同的心理状态,不同的形体,由演员自己选择。我马上想到我曾看到过电视上有一个画面,母亲在儿子的遗体旁边,她很痛心,她旁边有两个人拉着她,她要扑上前,我说这个情景很符合当时我这个老太太对孙子的情感,我让导演请两个人拉我一下,我就选择这个动作,效果还是不错的。我觉得生活的积累和体验很重要,这是我亲身体会。

采访人:《上海一家人》以后,您觉得还有没有另一个可以称为高峰的作品?

陈奇: 我觉得《蜗居》算另一个高峰,为什么呢? 我觉得这代表老百姓的心声。我到英国旅游的时候,只要有中国人,不管是广州的、重庆的、昆明的,看到我都认识。《上海一家人》《蜗居》,影响很大。

采访人: 从《上海一家人》到《蜗居》,间隔有十几年吧?

陈奇: 当然这中间也演了其他角色,电视剧《承诺》(1995年)是黄蜀芹导演的。我还演过《红十字方队》《三毛流浪记》等大概十几、二十几部作品。

采访人: 但好像都没有超过《上海一家人》的影响。

陈奇: 对。演《上海一家人》的那个时候我62岁,演《蜗居》的时候我已经80岁了。我的戏路子是黄佐临他们给我打开的,我觉得获益匪浅。

采访人: 近期您看话剧看得多吗?

陈奇: 老实说,在老同志当中我看话剧算是多的。当时剧院里有个《艺术》要彩排,通知我去看。《艺术》我在英国看过,非常好,所以我一定要看。我觉得真的很好,郝平这个演员不比英国的差,有一段八分钟的戏全是他一个人的台词。可见剧院只要有好剧本、好导演、好演员,话剧是有人看的。

采访人: 除了拍戏以外,您的业余生活呢?

陈奇: 我业余生活太丰富了。我学会电脑了,我还学钢琴。

采访人: 您钢琴是过去就会的吗?

陈奇: 我以前不会,是为了《人间乐园》这个话剧,我要跟温可铮练声,所以就跟他爱人王述学钢琴,20世纪五六十年代的时候,我花了12块钱租了一架钢琴在家里练,我演的这个角色是钢琴家,在台上要弹,是真弹不是假弹。业余生活方面,我还旅游,我起码到20多个国家去旅游过,国内我也去过不少地方。我曾喜欢到大连、丹东,鸭绿江我也去了,那些地方现在变得认不出了,因为抗美援朝时我来过丹东,那个时候的丹东跟现在不能比,我就觉得我们祖国真美。

采访人: 过去没有听您说过抗美援朝这段往事。

陈奇: 这段往事是非常值得纪念的。1953年,我参加了一个抗美援朝慰问团,那时候已经不打了,开始谈判了。我演的节目是《妇女代表》。1953年的冬天很冷,朝鲜的气温在零下40度,我们都穿着棉大衣,裹得像一个球似的。

采访人: 除了冷,有什么奇闻逸事没有?

陈奇: 我们都是半夜里开车行进,没有大巴士,都是大卡车,上面有一块板,女同志都还有座,有的男同志就坐在地板上。城市都烧光了,平壤是一片焦土。半夜里上厕所只能到野地里,以卡车为界,男左女右在野地里解手。我们住在朝鲜老百姓家的炕上,十几个女的一个炕,要翻身大家"一二三"一起翻,因为太挤了。天天吃朝鲜泡菜,不过很好吃。志愿军还反过来慰问我们,他们烧的豆浆很浓,我印象很深的,油条炸得好脆啊,我们吃了好多。

采访人: 他们哪来这些东西?

陈奇：豆浆是他们自己磨的，油条是他们用自己省下来的油炸的。还有用脸盆端来的粉丝和大白菜，里面放了几片肥肉，好吃啊，当时满满两碗饭就下去了。

采访人：猪肉炖粉条。

陈奇：虽然苦，但是也有乐。我演的节目是《妇女代表》，沈扬演我丈夫，他面对我发脾气的时候，鼻涕吊在鼻尖，马上就冻成了冰溜子，他又不能弄掉，笑死了。晚上我们还到志愿军挖的坑道里面跳舞，都穿着大棉袄大皮鞋。我们觉得志愿军很不容易，去慰问的时候不管阵地有几个人，我们都为他们唱歌。好多人在朝鲜牺牲了，包括杨根思（特级战斗英雄），我在上海解放的时候还见过他。

采访人：您还见过英雄杨根思？

陈奇：见过，上海刚解放的时候，我们到部队慰问解放军时看到过他，他参加志愿军不久就牺牲了，和他们比我现在太知足了。

采访人：心态好，所以身体才好。

陈奇：对呀。

采访人：其实您这一生，有苦难也有辉煌。

陈奇：是的，我这一生当中有过很多不幸，当然也有很多幸运，特别是晚年。

（采访：李丹青　整理：李丹青）

好的话剧不会没人看的
——景衡口述

景衡，1932年出生于沈阳。毕业于中央戏剧学院表演系。1944年在山东鲁中军区参加革命。1946年5月参加新民主主义青年团，1949年加入中国共产党。参演剧目有：《农村曲》《三世仇》《血泪仇》《白毛女》等多部歌剧；《普拉东·克列契特》《枯木逢春》《上海赞歌》《丽人行》《悲壮的颂歌》《叶尔绍夫兄弟》等多部话剧。1954年上海青年话剧会演获青年表演奖，1984年全国话剧会演，以参演剧目《救救她》获表演二等奖。

景衡：我叫景衡，1932年出生在东北，我父亲当时在东北军工作，由于战乱，很快我们全家就入关了（山海关），后来我记得在北平住了四年。我父亲在北平郊区的昌平县、赤城县当县长，所以我小的时候过着大小姐的生活。1937年"七七"卢沟桥事变爆发，我父亲的秘书带着他们全家，我妈妈带着我们姐弟三个，我们连夜冒着大雨离开了北平往南跑。不晓得跑了多久，过了黄河。我记忆当中逃难的路上都是人，大包小包的，哭呀、喊呀、车子呀，非常混乱。我们还算好，还能坐上汽车。我们一直逃到黄河以南的开封、郑州一带的项城县，就躲到那儿去了，在项城一待就是三年多。那么我们靠什么生活的呢？当时的河南省政府主席是刘汝明，是与我父亲认识的，我们就靠他提供经费生活。就这么过了三年，后来父亲就断了音信了，我这一生最大的痛苦，就是跟父亲分离的这三年。因为没法生活下去了，我母亲就下决心带全家去山东找我爷爷，我爷爷当时在济南。我那时候才体会到什么叫家破人亡，黄河对岸就是山东，但就是过不去。黄河边上的死尸也没人管，岸边丢了的东西也没人捡，因为活命要紧，许多人家都失散了。我印象中大概是在一天晚上，我们上了一条很窄的小船，大概只能装十一二人，然后渡过了黄河。

采访人：那个时候您大概几岁？

景衡：我那年大概八岁了。往济南方向逃难走了一个多月，我们姐妹都瘦了一圈，我弟弟肚子里生了蛔虫，脸上黑得要命，没有东西吃，有钱也买不到东西。

我们冒着生命危险到了济南，终于找到了在济南的爷爷。这时候我才知道我的祖籍是山东一个叫上下景子的地方，由于我祖上闯关东，所以我父亲是在东北成长的。爷爷告诉我母亲，我们老家已经成为解放区，八路军已经把我父亲统战过去了。我们在济南待了一段时间后，武工队来人接我们，我母亲带着我们三个就去找我父亲了。大概走了一个星期，到了我们老家，这个山沟沟里头就那么几家人家。然后就到了鲁中军区一军分区，因为战争年代我们的部队是一个星期、十来天左右就要换一个地方，因为要跟鬼子打游击，拖儿带女的不方便，部队就把我母亲和我们三个孩子送到后方。军分区有文工团，后来我就跟着文工团走了。

采访人：您遭遇过日本鬼子吗？

景衡：遭遇过的，当时我还在读抗小。那是1944年底、1945年初，这是日本鬼子最后一次发起进攻，重点是进攻山东。那是很残酷的，我们连小学都解散了，学校不能办了，把年龄大点的同学送到机要部门，送到连队或者送到卫生部门去。当时我年纪最小，怎么办呢？他们就把我专程送到日本鬼子重兵把守的地方，大概越是离敌人近的地方越安全吧！那儿有一个村庄，我刚到不久，突然有个王大姐来了，说小同志你赶快走，鬼子要进村了。她就把她的衣服给我穿上，拉着我就往外跑。那时就听着村里的锣咣咣响，有人喊"鬼子进村了，大家快跑"。出了村王大姐拉着我直接往山上跑，一口气也不知道爬了几个山头，不知道哪来的力气，最后实在跑不动了，我就坐下不走了。回头一看，哎呀，山底下全是日本鬼子，他们用拉网战术，隔几米就是一个鬼子，拿着刺刀前进。我腿吓得都发麻了，浑身也发麻，是那个王大姐救了我，硬拖着我没命地往山上跑。天很快就黑了，总算到了一个村子，王大姐把我送到老乡家里，第二天一大早王大姐就不见了。这家有一个老大爷、一个老大娘和他们两个小儿子。我那时候讲一口北京话，他们就让我尽量少说话，然后把我送到一个安全的地方。那位老大爷拎着一个小篮子，里面放了几个煎饼，山东人喜欢吃煎饼。山沟沟很大，梯田一层一层的。我们爬到一个山坡，老大爷搬开两块大石头，里头是一个洞，这个洞过去掩护过八路军。老大爷对我说，不要怕，里头有干草，可以睡觉，还有水，他会来给我送吃的。我进去以后他就把石头堵上了，就这样我在洞里不知道待了多少天，一点声音都听不见。这时候我哭了，想妈妈了，想战友了，觉得害怕了，但是也只能熬着。就这样等鬼子扫荡完了以后，老大爷才把我接出来了。到了村子里，我突然想到王大姐怎么不来接我呢。老大爷告诉我，王大姐在送完我以后就去给部队送情报了，在回来的路上碰到日本兵，她被日本兵杀了，死得很惨。我蒙掉了，怎么好好的人突然就没有了，这是我第一次感受生死别离，好像突然感悟到我不是一个孩子了。我当时就哭了，怎么也止不住眼泪。这是我参加革命后第一次遇到日本鬼子，也是日本鬼子投降前最后一次扫荡。每次鬼子扫荡,我们都会牺牲很多人,被俘的小孩子也有,我有幸能活下来,我的命是王大姐给我的,从那以后我就很懂事了。后来回到部队,三天两头要行军,行军要背着背包,大同志都抢着帮我背。在哪里住下大同志就帮我用稻草铺床,从那以后爬山再累,我也不会落后,所以小时候我又好胜又好强。

采访人: 您为什么选择去文工团呢?

景衡: 因为我喜欢唱歌。我从小就跟着妈妈唱《流亡三部曲》,"九一八,九一八,从那个悲惨的时候……",我从小声音就特别亮。我第一个戏排的是《兄妹开荒》,一个小戏。我小时候很有灵气,一听歌的主旋律我就能记下来,而且性格非常活泼,导演也很喜欢我。之后又很快排了《农村曲》,让我演凤姑,凤姑有几段独唱,音乐也很好听。虽然我的性格很内向,但是演起戏来很活泼,因为我从小就喜欢唱歌、跳舞,所以文工团就破格要了我。

1947年在鲁中文工团

采访人: 您怎么会演《白毛女》的呢?为什么选您演喜儿呢?

景衡: 本来演《白毛女》的是一名老演员,但是在演出的时候被演黄世仁的演员一推,胳膊撞在桌子上,当场脱臼了。我原来演她的B组,因此平时就把白毛女的主旋律都唱下来了,而且战士们都是从很远的地方赶来看戏的,不能停演,所以我就顶上去了。我这个人生活当中很腼腆,有时候跟人说话我都会脸红,但是一到台上就很活泼了。后来我在中戏读书的时候,专门到图书馆去查了我们在南京大会堂演《白毛女》的评论,评论中说我是金嗓子,夜莺嗓子。

采访人：您怎么会在南京大会堂演《白毛女》的呢？

景衡：淮海战役结束，我们35军就准备主攻南京，军长吴化文是原国民党96军的军长，后来向我军投诚了，他的部队被改编成了35军，政委是何克希。主攻南京的时候只留了一个团和我们文工团，我们文工团就紧跟着团指挥所，就是团领导、军领导，政委叫一号，军长叫二号，都是代号。记得一天一大早就吹集合号，我们走到江边，太阳刚刚出来，来了一个小货轮，我们登上小货轮八分钟后就渡过江了。一下船，岸边排满了一长溜的汽车，大部分汽车都卷着小旗子，只有一个旗子在那儿飘，那是苏联的红旗，其他的是各个国家的大使，他们也是来迎接共产党的。进南京城的时候，真没想到老百姓是夹道欢迎，打着小旗子欢迎解放军，高呼共产党万岁。

其实我们团是最后一个进南京的，进入南京后两三天，我们就在南京大会堂演《白毛女》了。

采访人：当时在南京大会堂演《白毛女》是什么情形？

景衡：我们进南京后就去了国民党的励志社，我们的团部就在励志社。为什么说我演白毛女那么出名呢？因为我是在南京演的白毛女，著名歌唱家王昆是在延安演白毛女出名的。我们那一台演员，不论从声音还是从表演来讲都是不错的。进驻南京后连演了大概七八场，每天晚上都演。白天我和景慕逵到各个学校去，他后来是八一电影制片厂的导演，我们到各个大学去，大学生那个欢迎呀，那个热情呀，我一生当中最高兴的就是那个时候。在南京演《白毛女》，闭幕的时候，我看台下挤满了人，大多数都是学生。过去我们都是在解放区演出，到一个地方演出就先借老百姓的门板搭台子。我们行军有两个骡子驮着幕布，照明就靠四个汽灯，战士们都是从很远的村子赶来看戏，等我们演完了再把门板还给老百姓，再赶回去。现在突然在大城市，尤其是在大会堂里演出，真是有说不出来的高兴。

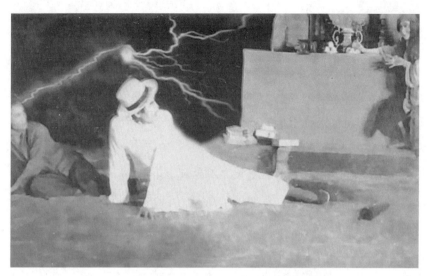

《白毛女》中的奶奶庙一场（右一为景衡）

采访人：当时您扮演的喜儿的宣传照贴满了大街小巷？

景衡：对，贴满了大街小巷，各个报纸都登了。我一出来记者就围着问我是怎么参加革命的、问我年龄。我那时才17岁，虚岁还不到18岁。走到哪个学校都把我团团围着，好多学生排队要求参加文工团。我记得最后一场演出是1949年的5月1日，白天开大会，刘伯承、邓小平、陈毅等领导都在，还有南京的地下党也是第一次公开露面，开了一个庆祝大会。我们就在侧幕偷偷看，哎呀，那个激动呀，第一次看到邓小平、陈毅。因为淮海战役打得很艰苦，牺牲了很多战士，胜利得来不容易，所以那时候我演《白毛女》特别卖力。我们白天演《解

1952年在海政文工团被授予二等功奖章

放》,还有《买卖公平》,从江北演到江南。南京有一个国立剧专,我们到那儿去宣传演出,有一班同学全部跟着我们文工团走了,所以我们文工团离开南京时,大概有八百多人吧!那时候有的是走路,有的是坐卡车,我们一路走到金华,突然宣布不走了,就地留在金华,所以现在金华有很多老同志是35军的。35军撤编后,军部的同志纳入了新成立的中国人民解放军海军序列。

采访人: 那时您在海军文工团表现很突出,曾立功是吗?

景衡: 35军撤编后,我加入了海军,从1950年一直到1953年我都在海军文工团。在海军文工团里有我许多的第一次!我们到东海舰队下生活,就在宁波那一带,下去做什么呢?就是随着部队护航,给老百姓打鱼。军舰是国民党留下来的,这是我第一次上军舰跟着护航。虽然我们在部队里生活,但是跟人民群众的接触都是比较多的,整个舟山群岛的第一个渔民合作社是我们组织的。我记得有一次碰到刮十二级台风,海堤决堤了,我们十一个人,还有一个著名的音乐家叫黄源洛,

舟山渔村留影

他那时候也在我们海军，我们跑到岸边一看决堤了，也不知道哪儿来的劲，"共产党员、共青团员跟我上"，大家就跳进缺口用身体去堵，水没到脖子这儿，我们的行动让老百姓很感动。台风过去后，有的船撞坏了，老百姓的房屋也塌了，虽然我们这些人没起到大作用，但是护堤的举动给老百姓壮了胆，作为一个共产党人尽到责任了。由于大风我们跟单位失去了联系，怎么办呢？我说我去，我们动员了一个船老大，我坐他的小船过去，同志们都很担心我，我那时候是队长，如果我不去大家就没饭吃了。现在想想我不知道哪儿来的这么大的胆子。后来我们集体立了二等功，我个人也立了二等功，我还参加了海军第一次英模代表大会。战争年代我也立了两次三等功，但都是比较平凡的，这一次确确实实就是军民鱼水情，在生死关头没有任何杂念，就是我应该尽的责任，应该尽的义务。

采访人：您获得三等功是在什么时候？

景衡：在1947年，鬼子投降以后，内战爆发，我们从城市又退到山沟沟里。后来大反攻，我们这支队伍主攻山东胶东一线，那儿有一个发电厂，我们部队就围着电厂，一定要把那个电厂攻下来。那次是下部队，我和一个女同志下到一个卫生队，借用老百姓一个大院子来接收伤病员，我们配合医生处理伤员，轻伤的包扎完马上又冲上去了，重伤员包扎后用担架抬到后方。两件事我是亲身经历的：一个是小同志要水喝，医生说不能给他水喝，喝了水流血太多；另外一个在掏东西，最后掏出钱来，说小同志，你给我交党费，说着说着眼睛就闭上了。我是亲眼看到这两个战士在我眼前死去的。在山东解放区，我们是用一尺半宽的土布来装殓牺牲的战士的，一人十二尺。一个护士帮着我，从头先包起，就像缠木乃伊那样的。白天抢救伤员，晚上就让我到南屋看守战士的遗体，十二具遗体一个挨着一个的摆着，屋里点着一盏小油灯，就我一个女孩子。我呆呆地看那个小油灯，心里非常难过，后来我突然有一个念头，我要代表他们的亲人为他们送行。等天亮了，我们把这些牺牲的战士抬上担架,一个一个的抬到后山掩埋了。由于这次行动,部队给我记了三等功。沂蒙山几乎家家都有烈士,共产党军队是人民的子弟兵并不是瞎说的。从此我就有一个信念,跟着共产党,解放全中国。

采访人: 后来您怎么决定去考中央戏剧学院的呢?为什么没有留在部队?

景衡: 当时我已经20岁出头了,我就想以后怎么办呢?我个子比较高,虽然年纪不算小,也有很多人登门给我说媒,这个时候我真有种走到十字路口的感觉。另外我从小没好好上过学,而就在这个时候中央戏剧学院开始招生了。当我说我要去考中央戏剧学院时,部队领导火了,死活不放我,因为那个时候我还是团里的台柱子。他跟我讲,你知道吧?你去做普通学生,待遇也没有了,也没什么供给,因为我们那个时候在部队是供给制,离开部队你怎么活呀?要读四年呢!我说四年就四年,我一定要去,为了这个事情僵了很久。我为什么下定决心一定要去呢?因为我觉得嫁人我年龄还小,我也不愿意;另外还有一个重要原因,就是一到江南以后我经常感冒,而且在南京的医院遇到了一个医术低劣的医生,他给我扁桃腺开了刀,但是手术后我原来的声音就找不到了,歌剧我演不成了。后来我碰到音乐界的人,他说搞声乐的人扁桃腺不能开刀的,扁桃腺是控制声音的。所以我必须去读书,在这一点上我比较成熟,也比较自立、自强。

采访人: 您是怎样考上中央戏剧学院的呢?

景衡: 我在战争年代看了好多书,比如《丹娘》《保尔·柯察金》《团的儿子》,还有郭沫若的《孔雀胆》。我记得我看果戈理的《死魂灵》时,大同志发现以后还在大家面前批评我,说小姐,什么《死魂灵》呀?你懂都不懂的。我看《孔雀胆》时,躲在被窝里哭,大同志说我是小资产阶级情调,当然,他们的批评也是一种爱护。我就是这样积累了一点文学底子。我是怎样考上中央戏剧学院的呢?当时考试做小品，我做得不错，考声乐虽然我嗓子坏了，但是我唱歌还是听得过去的，文化考试考了毛主席的《在延安文艺座谈会上的讲话》，刚好是我们学过的。当然他们也了解我的经历，是文工团的演员出身，所以就这样被录取了。

采访人： 当时去报考的有些什么人？学校的生活怎么样？

景衡： 我是部队去的，属于调干生，第一年只有28块钱的生活费，成天就是白菜炖豆腐，也没有零花钱，因为我是供给制。1955年军队定军衔，我们演员一般都是排级待遇，我是队长，可以定连级或者营级待遇，但是我没有回部队，所以我没有定级。不过很幸运的是，著名的苏联专家列斯里给我们上表演课，同时中央戏剧学院有一个表演训练班和导演训练班，就是为各大文艺团体培训一些有才华的导演和演员的，那时候很多著名演员都在这个班里，比如于蓝、田华等等。虽然我们是本科，但是上苏联专家大课的时候都是共同上课的。我在学校这几年，课余时间基本上全都泡在图书馆里，除了表演课、中国历史、文学史、戏剧史，还有各个国家的著名艺术家的传记，莎士比亚的剧本，托尔斯泰的《战争与和平》，还有巴尔扎克的好多作品，我都是在图书馆里看的，我的文化素养也就是在那时候提高的。

采访人： 在学校有什么让您骄傲和自豪的事？

景衡： 有一件很激动人的事情，1957年苏联最高苏维埃主席团主席伏罗希洛夫到中国访问，毛主席到飞机场去接见他。我是作为北京大学生代表到机场陪同毛主席迎接伏罗希洛夫的。有一个纪录片，后来我在电影院里看到了我的镜头，放了很长时间，那时候是非常激动的。

采访人： 在中央戏剧学院演过哪些令人印象深刻的剧目？

景衡： 由于我专业成绩不错，导演系把我借去排了《普拉东·克列契特》，我演女主角丽达，这是莫斯科艺术剧院的保留剧目，剧本很好。教我们的老师有欧阳予倩、孙维世、金山，以及苏联专家列斯里、库里涅夫、古里耶夫。应该说我们这一班基础还是比较扎实的。生活上确实很困难，偶尔出去吃个绿豆丸子，就觉得很香了。校纪很严格，夜里不准出去的，所以没事我们就是做小品，好像也没有什么杂念，同学之间也很单纯，没事就自觉到排练厅排练。很多片断我都演过，比如说《家》《雷雨》，以及苏联的《他的朋友们》。我们的课程是由易到难，先从小品演起，观察生活，然后慢慢地排一些剧目的片断，再从片断进入大戏演出。我参加《普拉东·克列契特》的演出，应该说对我的表演是一个跨越式的提高。我原来是歌剧演员，是以唱为主，也有一些基本的舞台动作，但是话剧表演是一种交流的表演和自我的表现。那时候学校很重视理论基础的教学，中国戏剧史，国外大师的著作及他们的人生，还包括音乐课、音乐形体课等，苏联专家很重视用形体来表现人物，因此我还学了四年的芭蕾。我们这一班同学是真正通过系统训练培养出来的演员，因此我们这一届的毕业生到各个地方都是很吃香的。

采访人：您后来怎么会到上海人民艺术剧院了呢？

景衡：因为遇到了我的爱人，他在上海工作，因此毕业后由于爱人的关系我没有留在北京，而是来到了上海。但是进上海人艺也不容易，在学校里我各方面都很优秀，老师也都喜欢我。我还是班里的支部书记，因为我过长江前就入党了，虽然年龄不大，但我入党比较早。因此在中央戏剧学院学习的这一段经历是我人生中的一个大转折，要是没有这个经历的话上海人艺我是进不去的。上海人艺是以演剧九队为基础，演剧九队是抗战时期我党直接领导的一个剧团，当时上海人民艺术剧院的院长是夏衍，上海文化局局长是徐平羽。在我毕业的时候，中央戏剧学院导演系的一个大姐，她是珠影厂演员剧团的团长，他们要拍一个电影，她想把我带到广州去。那时候徐平羽同志说什么也不放我，他找我谈话，他说你知道我要把你调到上海人艺去，因为你属于是"两老一优"。我问什么是"两老一优"？他说"两老"是老干部、老党员，

"一优"是优才生。我这才知道领导是把我当优才生看的。我到上海人艺来还是比较顺的,人艺当时有两个团,一团是演剧九队的底子,都是一些老演员,可能因为我是老党员,很快就让我兼了一团的书记,总支委员,那时我也就二十六七岁。

1958年在上海人民艺术剧院

采访人: 您认为上海人艺比较有代表性的作品是哪些?

景衡: 我觉得上海人艺好作品还是不少的。一个是《激流勇进》,编剧胡万春是一位工人作家,他写了一个炼钢工人怎样建设祖国的钢铁事业的故事。导演黄佐临也处理得很好,打破了舞台惯有的"四堵墙",一开幕就是聚光灯,男主角站在火车头上,迎着风往前走,非常震撼。这个剧目也是非常受欢迎的,到北京去汇报演出了两次,第一次是周总理和小平同志来看了,第二次我们等了很长时间还没开幕,后来是周总理到后台告诉我们开演,原来那天晚上毛主席要来看的,结果主席突然有外事任务没来成。《激流勇进》在那个时代确实是好剧目,都是一连几十场地演。

采访人: 您在上海人艺演过些什么剧目?

景衡: 在上海人艺演过描写列宁的《悲壮的颂歌》,我演列宁的妹妹;《叶尔绍夫兄弟》中我演女主角廖丽亚;还有一个是在全国有影响的剧目《枯木逢春》。《枯木逢春》的故事发生在江南一带,我们为此下过生活。当年江南一带血吸虫病给劳动人民带来很大的灾难,毛主席很重视,用了很多人力、财力才彻底消灭了血吸虫病。编剧王炼同志抓住这个题材,花了很长时间写了这个剧本。《枯木逢春》得了奖,也去北京演出过。戏中我演一个妇女代表,上影厂的著名演员张伐演上面派来的一个干部,后来给女主角苦妹子治病。这个戏就是描写苦妹子一家的悲欢离合。解放前穷的卖儿卖女逃荒，感染了血吸虫病没钱医治只能等死。解放后政府把血吸虫病逐渐消灭了，大家过上了幸福生活。还有《焦裕禄》，是我带队去下生活的，我正好参加了焦裕禄逝世后移坟的葬礼。当时兰考全是荒原沙地，不长草不长粮食，老百姓每年都要逃荒，就那么落后的一个地方，现在兰考已经很不错了。还有《陈毅市长》，因为我认识法院的院长曹漫之同志，他是跟着陈毅同志进上海的。我带着编剧沙叶新同志请曹漫之同志介绍上海解放时的情况，讲整个上海解放的过程，也讲了很多陈毅的故事。沙叶新很聪明，就把这些记录下来了，然后创作出了《陈毅市长》。陈毅是由南京前线话剧团转业来的魏启明演的，他演戏演得很好，导演是黄佐临。这个戏也是获过奖的，而且影响也比较大，很快就被改编搬上了银幕。

我还演过《丽人行》，是凌琯如导演的，我演新群，从气质上我还是比较接近新群的，因为她是一个地下党，一个进步青年。这个戏讲了很多20世纪30年代在上海从事艺术活动的老艺术家，如田汉、夏衍，我们演了好多场，还到东北的哈尔滨、沈阳巡回演出。

"文革"以后，我主要是抓创作，所以非常遗憾，因为兼了一官半职，所以丢掉了很多角色。

采访人：您有没有成熟期最满意的作品？

景衡：我觉得成熟期最满意的作品是两个苏联的戏，一个是在《悲壮的颂歌》里我演列宁的妹妹，戏份虽然不多，但是那种气质我觉得很不错。还有就是《叶尔绍夫兄弟》里的廖丽亚，她被战争毁掉了容貌，这个角色出场也不多，但是在这个戏里她是一个关键人物。

采访人：有一部戏《救救她》，您因此获了表演二等奖？

景衡：当时《人民日报》登了一篇文章，刊载了陈云同志的一个批示，因为经过"文革"，很多青年人误入歧途，因此要引导青年回归正途。上海人艺很快就把它改成了一个话剧《救救她》，请了上海青年话剧团的导演胡伟民来执导。主要是母女两人的戏，女儿是盛亚人演的，我演她的母亲，这个母亲是一个退休教师。我们到了北京去参加会演，没想到我得了一个二等奖，盛亚人得了个一等奖，这个戏在北京是很受欢迎的。

采访人：您觉得您在戏中适合演怎么样的角色？

景衡：我的气质适合演像《丽人行》中的角色，我基本上就是这样一个路子，比较开放，基本都是正面人物，反面角色我还没演过。

采访人：您有没有到国外去演出过？

景衡：我在上海人艺主要就是抓创作。《陈毅市长》之后我们就排了曹禺的《家》，因为我认识驻日本大使宋之光同志，他到上海来我去看他时我说北京人艺的《茶馆》到东京去演出了，你也为我们上海人艺说一说吧。结果宋之光真到文化部给争取了，而且也争取到了。后来我们就排了《家》，原来主要角色打算由张瑞芳和孙道临来演，其他的演员由我们人艺的演员承担。但是到开始排练了，他们两位大概有任务不能来了，后来就用我们本团的年轻演员演主角，我们老演员演配角。我们这台戏后来去东京演出，是由宣传部部长丁锡满带队的，文化局也派了一个人，我当时兼书记，也是领导小组的主要成员之一。《家》在东京演出之后影响是很大的。这次演出是由日本著名的话剧演员杉村春子出面邀请我们到日本的。我记得有一次联欢会，日本朋友很热情，我们是"文革"后第一次穿上旗袍，在座谈会上我发现日本的话剧演员都是自己养活自己，有的是白天干别的工作，晚上回来排戏、演出。那时候我们团里的精神状态非常好，比方装台，中南海里的那个小剧场，上午还开着会，下午就装台，晚上七点半开幕，真是高速度。我们人员又少，演员都要兼拉幕、搬道具等工作的。我觉得那一段时间演话剧和做一个演员真的很自豪。

采访人：那您觉得话剧带给您哪些快乐，或者您觉得有哪些遗憾？

景衡：遗憾的就是没有多演几个话剧，多创作几个角色。话剧还有很多题材，像秋瑾一直是我很羡慕的人，我也可以演，另外现代的女企业家，很能干的女强人也很多的，都可以创作，但是没机会了。我最遗憾的就是没多演几个戏，此外我开了扁桃腺导致我不能唱歌了，但是我还算改行改得比较成功的，也没离开舞台，所以我这一生都在舞台上，我不后悔。

采访人： 您在学习表演的时候借鉴了前辈导演和演员的哪些经验？

景衡： 我们的老院长黄佐临对我特别好，虽然人艺有很多有实力的演员，但是他还是比较看重我的老一辈的这些演员。他们很朴实，一辈子认认真真地在演戏，别看就那么几句台词的一个小角色，但是在排练场上也是非常认真的，他们都是我的榜样。我孩子刚生下来五个月就断奶了，因为我马上要上台演戏。为了演戏，我还做掉了两个孩子，那时候领导说了，景衡，你怀孕就等于降两级。就是因为怀孩子，我放弃了好几个角色。比如《乌云难遮月》里我演的一个记者，要从楼梯上摔下来，临上演了黄佐临怕我出意外，就让陈奇把我替掉了。所以要做好一个女演员确实不容易，不全身心地投入到艺术上是不可能成为好演员的，那些前辈也都是这么干出来的。

采访人： 您对话剧的现状怎么看？

景衡： 老实讲我是很担心的，话剧有好的剧本，就不怕没有好导演，不怕没有好演员，所以关键还是剧本。我觉得剧作家的报酬太低了，没有好的编剧，就没有好的作品出来，话剧就走不远。

采访人： 您对青年话剧演员有什么话要讲的？

景衡： 年轻人首先要有奉献精神，要做一个正正派派的演员，不要搞那些邪门歪道。好的艺术、好的话剧不会没人看的。当然，对演员来讲机遇很重要，没有机遇，也不可能让你发光，有些演员可能一生都勤勤恳恳，也演了不少戏，但是也没出什么名。所以我觉得演员这碗饭是很难吃的，现在很多青年人觉得当演员很容易，其实不容易，搞话剧很苦。但是既然你选择了这行，你就要全身心投入，奉献你自己。上海的话剧应该有自己的特点，我们几次进北京演出的剧目，北京人艺、中国青艺都非常羡慕我们的。各个院团都要有自己的特色，比如北京人艺的《茶馆》，它有它的北京腔、北京味，我们上海人艺演不了。我们也演了《霓虹灯下的哨兵》，但是演不过人家南京前线话剧团，我们演员演的士兵出来是学生味。但是上海演员演外国戏确实很洋派，这就是一个地方的气质。话剧还是有前途的，随着人们的思想和文化水平的提高，更需要精神上的营养。总之，剧团要有自己的创作，当然也不排斥搞一些外国的好的戏，但是现在谁还去排莎士比亚呢？我们那个时候觉得莎士比亚的戏很深奥，很有文化修养，莎士比亚的台词很美，念台词是一种享受。现在年轻人恐怕不是这样想，有些戏很浅薄，我就很担心对我们后代的影响。年轻一代还是要多点理想、多点抱负的。

（采访：裘一婧　整理：田　虹）

让更多的人了解我们舞美

——杜时象口述

杜时象，1926年出生于杭州，河北枣强人。自幼喜爱绘画与戏剧。1953年进上海人民艺术剧院工作。1955年考入中央戏剧学院舞美系带职学习。1958年毕业后，提出了将舞美设计与技术制作组合起来的建议。剧院在他的建议下成立了"舞台美术工场"，这样既能通力合作，又能发挥各自的创造力，创造了同一时段演出七台戏的辉煌业绩。共为话剧、歌剧、芭蕾舞剧、沪剧、粤剧、淮剧、评弹、杂技等剧种的70多台戏担任舞美设计。

杜时象：我出生于一个军人家庭，父亲是起义将领，父亲每天在部队里面忙，到很晚才回家。母亲是家庭妇女，负责家务。我们是兄弟两人，我们对母亲很尊敬，是她把我们教育成人。

采访人：少年时期有什么兴趣爱好吗？

杜时象：原来我们一直在北京，抗战的时候就到了大后方，沿着河南一直到成都。印象中一天到晚躲警报，有的人躲到防空洞，有的跑到城外去了。

采访人： 您小时候就喜欢绘画和戏剧吗？

杜时象： 对，我家里面那时候买了很多这方面的东西，我母亲会满足我们的要求，买了一些唱戏的帽子，帽子上有鸡翎。没事就戴，拍个照片。

采访人： 是谁影响了使您喜欢上绘画和戏剧的？

杜时象： 我画画是从小就喜欢的，我们还请家庭老师，老师是复旦大学毕业的，他每周给我们上两个钟头的课。他跟我母亲讲，你这个儿子应该去学艺术的，不学就可惜了，结果母亲就让他指导我了。

采访人： 这位老师教您绘画有几年的时间？

杜时象： 大概有两年，后来他调到外地去了，没法教我们了。

采访人： 他主要是教什么方面的？国画？

杜时象： 那时候没有分得这么严，基本就是水彩画，画了很多，国画是后来才学的。他对我影响很大，他说今后不管你画什么，绘画的基础一定要打扎实，这一点我是受益匪浅的。

采访人： 当时应该说您家庭条件还可以。

杜时象： 还可以。买了很多唱戏的帽子、盔头，还有画画的工具。

采访人： 您中学时就在学校组织演出话剧，是因为小时候这一段经历吗？

杜时象： 对，是从中学开始的，但是后来上了美专，就跟同学一起玩了。

采访人： 能说一下当时的情况吗？

杜时象： 因为我平常在学校里面喜欢演讲，喜欢说故事，有的班级就请我去给他们讲，有时候我就讲话剧《堕落性瓦斯》（作者李束丝，1941年出版），也不化妆。这个教室请，那个教室来约，还挺忙的。

采访人： 您上高中的时候还在一所初中里教人家绘画？

杜时象： 对，我住的地方是大华中学，是私人办的学校，双班制的。

老师来给这个班教上半节课,然后自修,他再给另一个班教下半节课,老师也很辛苦。老师看看我们几个长大了也许可以成才,所以给我们优待。这个中学是在一个大庙里,在进二道门的地方有一间小屋子,我就住在这个地方,因为我跟学校的老师都很熟悉,有的老师说请你给我画一张可以吗,我说当然可以了,所以我住在这儿也就没问题了,后来学校说你干脆给我们当美术老师好了。

采访人:您那时候上高中了是吗?

杜时象:对,高中。这个学校属于初中,有美术课的,到了高中就没有美术课了。

采访人:当时班级里有多少学生?

杜时象:都是两班制,三、四年级,四、五年级,五、六年级,都是合班的。抗战的时候学生生源很多的,但是都付不起学费。

采访人:你们一个班级多少人?

杜时象:一个班级也有40多人,跟咱们现在的班级差不多。

采访人:您当时教几年级?

杜时象:一到六年级都教,我还是很受欢迎的,因为几个学校都约我去上课,我实在安排不了,只在我住的这地方教课。

采访人:您高中毕业以后就举办了个人画展是吗?

杜时象:对,上高中的时候,在内部搞了一个画展,这个画展现在看看其实也不怎么好。后来有一个学校听说我要开画展,就约我到他们那儿去办展,这是我第一次正规展出。

采访人:是在哪里?

杜时象:在成都,成都的乡下。

采访人:这是高中毕业以后正式的画展,当时反响强烈吗?

杜时象:蛮强烈的,一天到晚有学生排着队参观,也有成人观众来看,很热闹。因为当时没什么娱乐活动,有一个画展就把人都吸引过来了,大家都是很高兴的,对我也是一种鼓励。

采访人：您当时画的都是什么题材？

杜时象：画一些山水，也画老虎。后来有人说他要买这个老虎，放在家里镇宅，我就画老虎，赚了不少钱，够我自己吃饭，够交学费的了。

采访人：您画老虎的样本从哪儿来的？

杜时象：到公园看老虎，我最有兴趣。另外学张善子，他是张大千的哥哥，张善子是画老虎的，我买过几幅他的画。

采访人：您学美术是受父亲的影响。

杜时象：对，我本来也喜欢唱戏，结果他不支持，他说你唱戏我就不给你这个钱，我说那买纸买颜料不也要钱吗？他说这个花多少钱给你买都愿意，不过你要省着点用。

采访人：是不是高中毕业以后，您被苏州美专、杭州美专、上海美专同时录取了？

杜时象：对，同时都录取了，三个学校都要我。

采访人：为什么最后选了上海美专？

杜时象：因为方便，抗战胜利后我们家搬到了上海。

采访人：就是因为家在上海，还是考虑上海美专师资比较好？

杜时象：也有一点这个意思，我父亲很关心我的这个选择。

采访人：您在上海美专还成立了一个"上美剧团"是吗？

杜时象：是的，我在学校的时候成立了这个剧团。当年赵丹在的时候搞过"美专剧团"，后来抗战爆发了就散了。等我们这一批学生来了，就跟学校商量能不能恢复剧团，学校说他们不管，因为学校没钱，我们就自己掏腰包拿钱出来干，可艰苦了。

采访人：当时剧团有多少人？是学校社团性质吗？

杜时象：对，学校社团性质，所有人都可以参加，没有什么限制，骨干有二十来个人。

采访人：您是团长？

杜时象：我是创始人，当然要选我作为团长。其实当时是想把团长让给老师的,有一位老师对学校成立剧团特别支持,我说您应该是领导,您来指挥,有什么具体工作我去做。

采访人: 你们当时排演了什么话剧?

杜时象: 上美剧团成立时上海快要解放了,我们正好在排《夜店》,还没有上演,正在筹钱做布景,上海解放了,演出也没演成。当时街头宣传是最吃香的,结果我们就把队伍分为几个组到街上去搞宣传了。

采访人: 是宣传解放吗?

杜时象: 对,宣传解放。

采访人: 您不是有美专的演出剧照吗? 那是什么戏?

杜时象: 那都是些小戏。

采访人: 您是哪一年从事舞美工作的? 是您上海美专的老师冉曦推荐你进的上海人艺吗?

杜时象: 对,人艺正好演一个戏,要画一个广告放到街上去,结果就找我来画。

采访人: 是不是《曙光照耀莫斯科》?

杜时象: 对,《曙光照耀莫斯科》。结果院长一看,觉得画得太好了,剧院还没有美工,就赶紧跟我联系,我也是求之不得,话剧、美术两个我都喜欢。

采访人: 然后您就进了上海人民艺术剧院,就因为这一幅画。

杜时象: 那时演出就靠画大的广告牌,在武康路淮海路的路口,有一幢武康大楼,从顶上吊下来一个大牌子,那是我第一个画的。因为我们剧院最早就在淮海路上,武康路斜对面,结果好多人都来看广告,院长说赶紧把我挖过来,以后很多戏都需要画大布景的。

采访人: 您在上海人艺时设计过哪些剧目?

杜时象: 那很多了,如《枯木逢春》《丽人行》《关汉卿》《乌云难遮月》《白毛女》《巍巍昆仑》。

《巍巍昆仑》舞美效果图

采访人：请您详细说一下当时的创作经历，先谈谈《关汉卿》吧。

杜时象：这是一个古装戏，话剧古装戏一般不卖座，很少有观众来看，人家看戏曲就好了。但是我搞《关汉卿》有一个优势，因为我懂得戏曲，我也唱过京戏，所以我对投水袖、走方步，包括服装，什么叫蟒，什么叫盔头，我有这方面常识，因为从小我就喜欢这个。结果我画了《关汉卿》的人物造型图，衣服怎么穿，头发怎么梳，脸部胡子怎么贴。导演一看，说这个戏的舞美就交给你了。

采访人：当时整个舞美就您一个人吗？

杜时象：也有别人，有搞服装的，有搞化妆的，他们跟我一起研究《关汉卿》的化妆造型是个什么样的形象，应该穿什么服装，既不是戏曲，又不是现代戏，最后应该怎么体现，等等。

采访人：这部剧的舞美形式在过去话剧舞台上很少见，后来反响如何？

杜时象：反响很好的，又有灯光又有简易的布景，即几组屏风，成了《关汉卿》的布景。

采访人：《枯木逢春》您是怎么设计的？

杜时象：我们是真的下生活，下到血吸虫传染病高发的地方去。那时候农村的农民没有什么卫生常识，多好的人家因为血吸虫病全部都破落了。我们去访问的时候，有一些人家死得没剩几口人了。王炼根据这个生活写了《枯木逢春》。那阵子我们都还是年轻力壮的小伙子，我们下到灾区，家家都有一两个血吸虫病人。

采访人：也不怕被传染到？

杜时象：不怕。

采访人：《枯木逢春》还在北京怀仁堂演出过，当时周总理也来看了。

杜时象：周总理看了《枯木逢春》，说了很多感慨，然后把我们叫在一起，说你们的舞台工作人员都到前头来，你们演出的时候不能到前面来，现在不演出了，我来了，你们就可以出来了，结果我们都围了上去。

采访人：您当时设计了一场血防站门前的场景，周恩来总理还给了建议。

杜时象：周恩来总理看完了戏以后，说应该有一棵生机勃勃的树，开满花，那就好了。寓意着现在虽然苦，但将来一定是好的，所以开始都是枯树，因为人都死了，树也没有人管，后来工作队来了，治好了血吸虫病，树又复活了。整体而言这个戏的舞美既有写实的一面，也有诗意的一面。

采访人：您除了话剧，还为芭蕾舞剧《白毛女》做过设计？《白毛女》这部剧大家应该都很熟悉了，您的舞美设计与别人有什么不同的地方？

杜时象：也没有什么特殊的，按照每一场的剧情的要求，还有地方的特点，将其表现出来，主要是这点。舞美的任务就是这个，有些人把布景说得天花乱坠的也没有用，还是要看演员，演员没有演出来的话，整台戏就失败了。布景是固定的，是死的。所以开始排练之前大家先

《白毛女》舞美效果图

看剧本，导演、主要演员、舞美设计聚在一起，大家把自己的想法讲出来，互相启发。上海芭蕾舞校的胡蓉蓉校长人很好，别人说跟她很难合作，我觉得她很好的。她能够听进你的意见，会把你的意见跟她的修改再融合在一起，她有这个本事，我觉得她很好合作的。而且舞台工人也参与其中，这个我必须要提一下。因为舞台后面有一个平台，喜儿跳到这个平台上之后，舞台工人就把平台推出来，演员的表演其实很简单，通过舞台升降装置和音乐，一步一步地把情绪推到最高点，这时观众一般都会鼓掌的。《白毛女》后来成了上海芭蕾舞团的看家戏。

采访人：《白毛女》的升降台，当时的技术成熟吗？

杜时象：是人工推的，平台安在轮子上推出来，还要升上去，这个是同步的、一个节奏地进行，都是人工操作。咱们那时还没有自动控制的设备，还没有先进到那种程度，全靠几个人配合，一面推出来一面升上去的。

采访人：请您谈一下您的艺术创作方式，从哪几个方面入手？

杜时象：讲起舞美工作流程，有这么几步，第一步是跟导演、编剧沟通，吃透编剧的精神，就是要搞清楚这部剧的主题是什么；第二步是要明白导演要怎样做,他的构思是什么。我通过跟他们的沟通,在舞台上把它丰富起来,这是总的论述。剧本剧本,一剧之本,有了剧本才有我们后续的工作,包括导演、舞美部门,统统都要照着剧本的路子走。作为舞台美术,就是要把剧中的气氛烘托出来,但是又不能喧宾夺主占更多的篇幅。剧本定稿以后,大家都要抢时间,我们必须要在这段时间里面做好工作,不能拖了整个剧的进度。不能等导演坐到位置上了,一看这个景不对,你们搞的这是什么景啊?方案被否掉了就要拿出一个新的设计方案来,这个时候就很被动了,被动在哪儿?就是拖了全剧进度的后腿,这是一个问题。第二个问题,它把导演的工作节奏拖住了,还会牵扯到音乐作曲等方面,所以舞美设计方案必须是要在事先统一思想。导演看了以后说这个设计太好了,解决了我很多的问题,那么舞美部门就放下心了。所以各部门必须是一环扣一环,紧紧地团结在一起,才能够把这个戏排好。所有部门都必须统一在导演的构思下,有时候有矛盾,有一些矛盾还很严重,甚至都要打起来,都要骂人的,当然打架吵架是不对的。导演规定好了,你必须要通过他这个环节把戏贯穿下来。我们舞美的灯、服、道、效、化各部门都要统一到导演的领导底下,要把他的意图贯彻好。

采访人: 您开始设计前会跟导演和编剧沟通对吗?

杜时象: 对。谈剧本,这个剧本有什么问题,整个节奏的处理上有什么问题,这个要跟导演、演员和舞美各部门一起商量,要把问题摊出来,问题解决在前面比解决在后面要好。

采访人: 您有没有跟导演的意见不统一的时候?

杜时象: 有,这就要大家坐下来把问题捋清楚,我是怎么想的,导演怎么想的,当然最后要统一在导演的总的构思底下,导演有最终的决定权。

采访人: 您后来去了中央戏剧学院学习,为什么还想去学习呢?

杜时象: 好了还要好呗。我自己的体会,进学校学习跟不进学校

《丽人行》舞美效果

学是完全两回事。进学校学习之后,我对剧种、剧本的理解深入了一大步。没进学校学习之前,全凭自己一个人钻研,当然也有钻研得很好的,但是大部分都不行。

采访人：中央戏剧学院是您去考的,还是单位推荐的?

杜时象：单位推荐的,但是也要考。中戏当时是很牛的,不合格绝对不要的,我们同时去了好多人,最后只剩下十个。

采访人：您当时考的是舞美系?

杜时象：第一次我去考中央戏剧学院考的是表演系,但是我这个时候已经搞舞台美术了。结果我去考了表演系,领导有点生气了。后来中戏看了我的材料,说你要学舞美倒是可以的,因为舞美的要求相对还不是这么严。

采访人：您在学习的过程中有没有参与舞台设计?

杜时象：有,每年每个班级要有几个戏的设计任务,但不是为了演出设计,就是老师出题目,比如《家》《春》《秋》这么几个戏,大家自己选,但是必须在这个框框里才行,每个人的卷子都不一样。

《乌云难遮月》舞美效果

采访人： 您在中戏搞过什么戏？

杜时象： 我进校之前搞过几个戏，我就把这个戏修改了以后再跟老师交流，然后把它当成作业交上去了，我占了这么一个便宜。

采访人： 您在中央戏剧学院一共学了几年？

杜时象： 应该是学四年，但是我学了三年不到，因为第一年我没上，我是第二年开始入校的。但是第三年上半年就叫我回来了，因为单位里面需要人，不过中戏也给我发了毕业证书。

采访人： 跟您之前相比，您在中央戏剧学院学完以后有什么收获吗？

杜时象： 收获很多，来源于几个方面，一是课堂，二是跟高年级的同学接触，看了他们很多的东西。另外接触了几位老教授，那真是有水平。

采访人： 学完之后您就回到了上海人艺，后来成立了舞台美术工场，为什么要成立这个工场？

杜时象： 过去的编制是这样的，上海人艺有一团、二团、三团，每个团有一个舞美班子。一个戏的舞美做好了以后,开始演出了,有的舞美人员就没有事了,大家的潜力没有得到充分的发挥。后来我就设想,不如把三个舞美队伍集中起来,灯光归灯光,效果归效果,制作归制作,木工归木工。这样,哪个有演出哪个去,没有演出的就回到工场来,这样潜力得到挖掘,人力调度上也合理了,基本上可以忙闲平衡了。

采访人: 您曾创造过同一时段上演七台戏的辉煌。

杜时象: 那是舞美工场同时服务七台戏,当时我是舞美工场的主任。

采访人: 本来各团的舞美是分开的,各自为政,合并了以后工作量一下子增加了,效率也提高了,是这样吗?

杜时象: 就是同时可以做很多事情了。

采访人: 您从前辈那里借鉴到什么经验吗?

杜时象: 丁陈(音),韩尚义,这些都是带过我的老师。如果我有一些难题,比如我们的舞美工场碰到一些问题,应该怎么解决,我会去请教他们,跟他们交流,请他们为我撑腰,支持我一下,这样有很多难关就可以渡过去。

采访人: 在这些前辈的基础上,您有没有丰富自己舞美方面的技巧?

杜时象: 好像是有一个讲法,过去舞美搞的都是很写实的东西,现在搞的都是很虚的、变形的,我们觉得这两者都需要,要根据戏的风格来定。

采访人: 您觉得舞美在话剧艺术中承担的是一个什么角色?

杜时象: 很重要,它是一个戏的外包装,少了它不行。

采访人: 您对现在的舞美工作者有什么建议吗?

杜时象: 有的人画不了图,画不了工程图。我们那时有老师专门带着学,这样大家都能够制图,很多问题在图纸上就可以解决了。我觉得作为剧团的领导,要考虑技术工人的进修问题,这个是很重要的,要创造学习的环境,如果领导不号召,又没有提要求,这是不行的。我们那时连工人都跟我们下生活,比如说这个队伍有五个人下去,起码有一

1998年在台湾画展上

个到两个工人一起下去,他们也有收获的。

采访人: 您觉得舞美在您生命中占据了怎样的位置?

杜时象: 我一辈子为它工作。你今天来问我这些事,我希望你们把我们的影响扩大一些,让更多的人关心我们、了解我们。

(采访:裘一婧　整理:李丹青)

效果工作是一项艺术创作

——卢珂口述

卢珂，1928年出生于北京，原籍山东，一级舞台美术设计师。中国戏剧家协会会员、上海市文广局科技委高级顾问、中国舞台美术学会顾问、上海声学学会会员。原上海人民艺术剧院效果设计。1953年起从事效果设计，是中国话剧效果专业化的开拓者之一；对效果艺术设计理论和技术体现方法有不少独创性成果。创作实践中，注重效果的表演性和应用音响塑造有声的戏剧空间。

采访人： 卢老师，您能介绍一下小时候的家庭环境吗？

卢珂： 我叫卢珂，1928年12月24日圣诞夜出生的，汉族，出生在北平。我父亲是做职员的，是从山东出来的，祖籍是山东泰安。我在北平出生，在石家庄念的小学，小学二年级又回到了北平。1937年"七七事变"，我才9岁，念小学二年级，形势比较紧张，但我们要到河北南宫我父亲工作的地方，那时候兵荒马乱。1937年正好河北发大水，我们逃难坐的是马车，四面都是水，后来就换成船，船摇晃，人晕船就吐了。后来改坐火车，火车也很紧张，人都是从车窗爬进去的。最危险的是我们从汉阳到武昌去转火车，轮渡很难上得去，就雇了一条小船过长江，坐在小船上，浪都进到船里头来了，到了江心水都没到膝盖了，船夫往外舀水，到对岸的时候差一点就沉下去了，好在岸上有船工扔绳子过来把我们拉了过去，真是很惊险。就这样，我们一家先从河北到了河南的驻马店，1938年又到了武汉。在那种环境下我们的身份变了，我不再是一般的小学生了，而是变成了难民，生活很困难。后来我父亲在武汉找到了工作，有了点收入，我父亲就留在了湖北，从事一些处理难民的工作，但不能带家眷，于是我们就分开了。后来我们到了湖南宜章县，是山里头的一个小城镇，最后我们在湖南宜章稳定了下来。那时候读书读得比较杂，不是一年级二年级三年级这样一个顺序，到了学校有什么位置就学什么。但这段时间对我个人来讲，我比别的小朋友见识和经历的事情要多很多。

采访人：您是哪一年参加文工团的？

卢珂：1948年，济南解放，那一年我念高中一年级。解放之前我们学校原来是济南的一个临时中学，叫第一临时中学，解放之后改名为市立第二中学，这个学校的校长是王大化的哥哥，王大化是何许人呢？延安文艺座谈会的讲话之后，为贯彻文艺为工农兵服务的方针，王大化创作了秧歌剧《兄妹开荒》。王大化的哥哥是我们学校的校长，他是我党派过来接管这个学校的。我接触戏剧是从小学五年级开始的，当时已经演过好几个戏了。解放后给我的感觉完全是一个新鲜的社会，后来校长跟我们说不要念普通中学了，让我们去考华东大学。那时候山东济南办了一个华东大学，是很好的一所大学，有很多的文艺家。我说我们中学都没毕业怎么可以去上大学，他说我给你们写一个介绍信，你们去报名，结果拿着他的介绍信我们就去报名了。当时去的有上海的任桂珍，那时候她念初中，还有其他几个同学一起报名了。去了之后才明白这个大学是革命大学，它不是讲业务的，是学《新民主主义论》，学

《目前形势和我们的任务》。到了1948年底1949年初，这段时间开始发动大家报名南下。我姐姐在湖南的时候就出嫁了，我是家里的独子，我父亲到济南之后在银行里做仓库保管员，我母亲没有文化，她在家做家务。我不想跟他们讲，自己做主就报名了。但是我母亲很理解我，我跟我母亲拉闲话，本来要做套学生装的，但是做一套衣服要两袋白面换，解放前物价飞涨，家里存了一点面，面是保值的。我就跟我母亲说衣服不要做了，我母亲就明白了。因为街上很多的年轻人都在忙着报名南下，都很热烈，要直接说这个事情就很难。我母亲就说我知道啦，不要做衣服了，那就买双鞋，你们要走路的，我就知道她明白我已经报名南下了。虽然我们现在说起来像戏里的语言似的，不明说，只是暗示，因为我是独子可能要伤他们的心，所以一直没跟我父亲讲。一直到了1949年3月，那时已经要集中了，我才正面给我父亲讲这件事情，他送了我一双袜底，送到齐鲁大学，我们文工团已经集中到那里了。后来我就被分配到华东大学文工团。

采访人：在文工团里您主要负责什么工作？

卢珂：文工团里除了行政工作就是团员，团员就是扭秧歌、打腰鼓、唱合唱，但是我们都没有经过训练，为什么把我们分配到文工团里去呢？因为文工团要搞文艺宣传。济南解放之后，部队要去上海，我们坐装货的火车先到了徐州，那时路上有兵站负责接待，在徐州的时候安排我们住在原来杜聿明的司令部，是一个花园洋房，我们文工团在那儿过了一阵子。后来走到了淮安，华东局宣传部文艺处的处长让我们学习延安文艺座谈会讲话，因为文艺工作者得有指导思想，要改造我们旧社会学生的思想，要与工农结合，到了农村要"三同"，就是与农民同吃、同住、同劳动，我们在那儿待了大概20天，在这20天里我们的人生观、世界观起了很大的变化。比如刚开始我们怕脏，但后来帮助农民拾粪，你帮助他们拾粪他们待你就很好，因为他看起来那个东西是一个宝。对我的一生来讲，和农民一起劳动的这二十几天，对我的影响很大，就好像在革命的熔炉里面洗了一个澡，脱了一层皮似的。我从解放前一直到参加革命，已经演了六个话剧，我参加革命之后在秧歌剧《白毛女》中演王大春，那时候就这样逼着自己去演戏，也就是在工作中去学习，慢慢摸索。但是自己不努力没有一个方向的话，糊弄也就糊弄过去了，我们那一代人，只要你努力了就会出成果。

采访人：后来您为什么不演戏，转行去做效果工作了呢？

卢珂：在1950年发生了一件事，这件事对我的人生是一个很大的转折，因为这个事情我走到了三岔路口。那是1950年，我们到安徽去参加土地改革，土改之后回到上海。因为美国在朝鲜战场搞细菌战，我们就搞爱国卫生运动。上海搞到什么程度呢，夏天睡觉不用挂蚊帐，没有蚊虫，到处都在搞爱国卫生运动，每天有时间就除草，搞卫生工作。后来就感觉到腰酸背疼，到医院去看病，说脊椎、胸椎的两个关节突出变形了，于是就到上海的公惠医院去做检查，拍了一个片子，报告说这个叫结核性脊柱炎，我也不懂，后来护士就跟我讲，苏联有一个保尔·柯察金，他患的就是结核性脊柱炎。我说我知道，保尔·柯察金从马上摔下来截瘫了，最后就只能当作家了。这时我才明白这个病的严重性，她说这个病没有别的办法，只有开刀治疗，到秋天来住院，要睡石膏床，手术后不能下床，现在你做好思想准备，到秋天凉快了再来开刀。她让回家之后要换一个木板床，不要睡软床，棕绷床也不要睡。这个情况对我的思想打击很大，因为我有满腔热情，想要做很多事情。当时我做演员的目标是留个胡子戴个眼镜可以演任弼时，这样一来做演员不行了，怎么办呢？我就去看书，看《钢铁是怎样炼成的》，还有《真正的人》，是讲一个飞行员失去了双足，后来经过奋斗，又飞上天去跟德国法西斯作战。保尔·柯察金的小说也看了，又看《矛盾论》《实践论》，用看书转移注意力。后来躺在床上也想找些事情做，于是就写了纠正演员普通话的教学方法，对大家也有些帮助。因为我得面对现实，根据身体状况去做事，为以后改行做一些思想准备。过了两三个月，差不多天快凉了，我就到医院去复查了一次，医生说正想通知我呢，之前有一个专家在这里巡视，把医院里的片子都检查了一遍，他说我的那个病理结论是错误的，我的病是增质性关节炎，不是结核性脊柱炎，他说用不着开刀了，我一听高兴坏了。后来做了一个钢丝马甲腰托、胸托，把我的腰固定起来，一直穿了三年。

到了1953年，那时候文工团要正规化，团里没人搞效果，我说我来搞，因为我在中学的时候，物理、化学的成绩还可以，于是我就提出我来搞。领导问我过去搞过吗，我说没搞过，可我想学。正好我们一起南下的同事在担任一个戏的副导演，他跟领导一讲，领导马上明确了，就让我来搞，很快我就投入这个工作了。这个戏已经上马了，我既然已经答应做这个事了，也就没有退路了。有一次，排演场里头调拨了一个落地收音机，像酒柜一样的，做工很考究，是美国进口的。我插上电想听听看，突然有人说你那机器烧了，结果我一看机器冒烟了，我赶快拔了插头。到底怎么回事？当时不懂呀！搞灯光的人一看，说，你插错了，它用的电压是110伏的，你插了220伏的，把变压器烧掉了，说要我写检讨，我不在意，写了检讨之后照样干。但演戏时看到导演一回头，我就发抖，怕效果出问题。最后他问我搞过效果吗？我就跟他讲了我的情况，他说真不容易，你搞得还不错，索性你就搞效果吧，演员你就不要做了，实际上他也没有看过我演戏。那时是1953年，我25岁，不能再耽搁了，再拖几年岁数大了再改行就麻烦了，我说我服从安排，从此我就在效

1954年在华东一级机关青年团表彰大会上发言

果这行里工作了。如果做演员的话我没进过剧专也没进过学院,是业余的,现在回过头来看,我改行做效果,并不亚于我演戏的条件。

采访人： 在您转做效果之后,有没有一些寻师问道的经历？

卢珂： 我是跟我们二团搞效果的人学的,他无线电方面搞的多一点,开始我不懂,还把机器烧了。后来我们要修机器,那时候要买一个机器是很难的,也没有钱。我们捡了一些破烂来修,所以从修机器里头就学会了。我在边上给他打灯,递工具,修的时候我就看着,回去再悟其中的道理,然后再看看书,后来我自己也可以修机器了。要学手艺的话,第一眼睛要尖,耳朵要灵,人家说什么要听着,方方面面的东西都听着。我搞效果从1953年到1963年,算真正进去了,用了十年工夫。有一次,做《尤里乌斯·伏契克》的效果,里头有一段戏,戏中一个老头一个老太,他们常常从窗户往外看,看什么？那时是白色恐怖,他们很紧张,听到声音他们就从窗户往外看。剧情反映的是二战时期,我就想到用摩托车的声音,那这个声音怎么弄呢？我就找边防检查站借摩托车,我拿着介绍信去,那时候只要拿着介绍信就方便了,我跟那个司机一讲,他们领导批准就行了。那司机很卖力,开到虹口体育场,我带了一个钢丝录音机,那个钢丝录音带一乱就全乱了,很难控制的,我找电台录音组的赵志芳帮忙,把这事解决了。模拟声响的手段有的是从外国话剧中学的,有的是自己发明的。像刮风用竹片子甩,有的是拿一块帆布与木头齿轮摩擦制造风声,演《白毛女》用的就是这个办法；打雷就是用铅球在三夹板上滚动,特殊的时候还是要录音。

采访人： 您能讲一讲《尤里乌斯·伏契克》和《罗森堡夫妇》这两出戏中音效处理的故事吗？

卢珂：《尤里乌斯·伏契克》是我搞效果工作的处女作,以前没有学过怎么搞效果,也没有什么基础。我看了这个剧本就扑进去了,从不会到可以逐步掌握。《罗森堡夫妇》是我的第二个戏,很简单的一个故事，美国造了一个假案起诉罗森堡夫妇，说夫妇俩偷了原子弹的秘密，诬陷其是间谍，把原子弹的机密给了苏联。因为泄露国家的机密要处死刑的，他们不承认，政府就用各种方法逼供，最后用他们的孩子来威胁，又拿了一个闹钟进行倒计时，说现在离上电刑还有多少时间，这个时间"嗒嗒嗒"在走，死刑一步一步地靠近，要是不承认的话就上电刑，拿这个来逼他、恐吓他。在那儿看排戏的时候，我理解罗森堡夫人的处境，这个是生死抉择的问题，因为他们是决心不答应的，但闹钟又来提醒她马上就要上刑了，人的内心是很难过的。演员的表演要很逼真，一回头看那个闹钟又很紧张，我想她看那个闹钟是"嗒嗒嗒"有声音的，我用声音来衬托气氛，她激动的时候、压力很大的时候声音就响，平静下来的时候声音就轻一些，一会儿响一会儿轻，用时间来折磨罗森堡夫人。我当时没跟导演讲，我心里感受到这个地方，后来我就想了一个办法把声音放大出来，用电唱机的唱针头通过物理振动原理发声。电唱机有的是晶体唱针头，有的是电磁唱针头，通过摩擦和振动把声音放出来，如果用话筒扩音，开大了就要啸叫，效果不是很好，后来就用晶体唱针头贴在闹钟上，我用音量的大小来控制节奏。我根据演员的情绪来控制，她哪个地方激动了我就响一点，平静下来声音又小一点，演员就感觉到有一个东西在推动她，闹钟"嗒嗒嗒"的声音对她的表演起了很大的辅助作用，导演也感觉这一点很好，观众注意力集中到了罗森堡夫人的表演上，这个方法得到了导演的肯定。如果从头到尾都一直"嗒嗒嗒"，就很平了，就不算是参与表演。在排练场上，苏联专家看完之后说了一句话："你们不错，这个方法很好，你们让小闹钟也参加表演了。"到了1956年话剧会演的时候，同行之间有一个经验、技术的交流会，我是主持全国效果工作的，总结的时候我说了《罗森堡夫妇》中闹钟的声音，就是用效果为演员服务，帮助演员更深刻地表现他的心理活动，效果不单单是有响声就行，还要入戏，要进入角色参与表演。

采访人：1953年到1963年的十年间您有什么代表性的作品吗？

卢珂：1953年到1963年我做效果工作也有十年了，这是我丰收的十年，《激流勇进》比较有代表性。在讲《激流勇进》之前要讲当时的大背景，1963年排的这个戏，排这个戏之前正好是1962年的广州会议，当时周恩来、陈毅同志代表中央到广州去向文艺家讲党的政策，贯彻"双百"方针，所以这时候大家思想有点解放了。我们的老院长黄佐临发表过一篇《漫谈戏剧观》，讲了布莱希特、梅兰芳、斯坦尼，世界三大不同的表演体系。黄佐临想创新，分析了这三个体系，创作了《激流勇进》。他的方法不是像一般导演，而是讲了一个意图，要一些新颖的样式，不要陈旧的框框的东西。他把我们布景设计、灯光设计、效果设计这三个部门聚集起来一起讨论怎么搞这个戏，他说创新是这个戏的动力。我们思想解放了，在创新的基础上进行讨论，布景要有现代的气魄，要新颖，要大手笔，有震撼力。布景图一出来，钢铁厂看上去很气派，有钢梁、锅炉，但是很空旷，里头没有什么东西，要表现出活的东西来，就要突破，于是就考虑到效果设计。我们到上钢一厂、上钢五厂去体验生活，在上钢一厂，一进厂就听到"呜呜"火车的声音，是矿山上的那种小火车，声音特别尖锐，它拉铁矿到炉里去炼钢。在这个环境里面，没有一个静止的东西，上面在冒烟，下面有拖车、有汽笛、有卡车，进去后说话都听不到，就是一个热气腾腾的环境，开门见山就要给观众呈现这么一个大工厂。我就要把布景没有画出来的东西，用声音把它表现出来，布景是不动的，要用效果使它有动感，这边火车在开，那边是机器轰轰的响，一个很热闹的场景。开幕灯光一打，声音一响，整个场景就活了，用效果激活了这个场面。大幕一拉开，观众一看，"丁零哐啷"钢铁设备的碰撞声、"呜呜"的汽笛声，吹哨子指挥的都有了，车水马龙很热闹。这些声音就是到钢铁厂体验生活的时候录的音，采集的音响素材录到好几盘带子里头。我是用单声道多声源的技术，在剧场里头先有一个背景声，从左到右、从右到左用手工来操作的，所以小火车一动就活了，这是第一个场面，一个热火朝天的生产场面。另外是一号人物王刚王副厂长出场，他是这个戏里的主要人物。在他上场之前导演采用一个解说员来连接每一场戏，著名演员乔奇就是这个解说员，他不是剧中人，他是旁观者，由他来介绍出场的人物，这就有一点布莱希特的味道了。他说"你看王刚来了"，之后灯就暗了，声音就从这边往那边走，火车从很远过来了，逐渐靠近了，声音就要变音量了。即火车在开进的过程中，在远处听到的声音是狂野的，逼近一点音色就变了，过铁桥时的声音又不一样，过桥后声音又变了。那个时候在凯旋路上有一条火车轨道，我们就在火车轨道边上录，有近有远。还坐着火车去苏州，在火车上录，再把各种各样火车的声音编起来，就不会显得那么单调了。火车到了"哧哧"放气，其实就是一个火车头停在这里的，有的在上面，有的在下面，但加上音效之后，就有气势、有逼近感。把这几个音响摆在那里，几个层次的声音，立体感很强。王刚从车上跳下来，工人问王厂长要不要卸车，他说"卸"，我就拉响汽笛"呜呜"地叫两声。观众就"哗哗哗"的鼓掌。庄则敬演的王刚，五大三粗的一个很壮实的汉子，他一说"卸"字，下面观众就鼓掌，他说我还没演戏观众就鼓掌，这是给灯光、布景、效果鼓的掌。

在这部戏里有一个技术人员叫欧阳俊，他要搞一个技术改革的新方案，但是没有把握，怕别人反对他，拿着方案去开会，但心里头不踏实啊！戏中这时候天下雨了，他把雨伞撑起来，伞上就有雨声了，效果就马上到位了，他一走幕里头雨声就停了。这是怎么回事？戏演完之后，戏剧学院副院长孙浩然先生就很奇怪，他说："卢珂，你在伞上装了什么机关，怎么他走到哪儿就响到哪儿，伞拿来我看看。"我说你看伞上没有机关。其实就是两把芭蕉扇，扇子上固定了一些用线串起来的珠子，扇子平放横着抖动，出来的声音就像下雨声了。在二道幕，演员在前面表演，他一撑伞，我的学生在后面抖动这个扇子，他走就跟他一起走，演员走哪儿就跟到哪儿。当然也有用录音制造下雨的效果的，但我们要更特别一点，这样让观众感觉到新鲜，我不是光用电声，而是用传统的两把芭蕉扇。另外戏中欧阳俊到了会议室，去早了，人都没有来，他有点坐立不安，就不停地看手表。这时我就用码表"咔咔咔"的声音来配，就是跑步计时的那个码表，我把这个声音放到电声里，在台口乐池里放了两个喇叭，那个也是用电唱机的唱针头做的，一开就"滴答、滴答、滴答"。你别看这点事，还惊动了人民大会堂三楼小礼堂的保卫人员和中南海的保卫人员。那天演出是周总理来看，还有刘少奇、邓小平、北京市市长，除了毛主席没有来，杨尚昆、陈毅等好多领导人都来了，那场戏请了四个系统来做保卫工作。大家演着戏还是挺安静的，结果听到"滴答滴答"的声音，赶紧去听是什么声音，跑到四个角去听，不对，他们又跑到后头听，我一看，坏事了，可能是我这儿捅娄子了。一个大会堂的保卫人员说是不是老卢那里有这个声音，他来问我是不是有滴答滴答的声音。我说有，他说你放给我听听，我说正在演出呢，等演完了我放给你听。后来一听确实是我这里的声音，他就跑去跟领导汇报了。他们最怕放定时炸弹，定时炸弹就是这个声音，所以惊动了他们。

杨尚昆的夫人李伯钊是原中央戏剧学院副院长，她到上海来看《激流勇进》，她回去之后和杨尚昆讲了，《激流勇进》最后有一个高潮，技术改革成功，出钢了，一出钢火花飞溅，像过年放的焰火。但是大会堂三楼小礼堂是不可以见明火的，抽香烟都是不可以的，但是没有出钢时火花飞溅的气氛，这个戏就结不了尾。这个情况向杨尚昆汇报了，杨尚昆让公安部采取措施，派消防队值班，灭火器准备着。出没出事呢？纱幕烧穿了几个洞，尼龙纱幕没有起火，但是烫了一个一个的洞，没有烧起来，烧起来就不得了；这个戏在小礼堂是三进三出。周总理在座谈会上说，《激流勇进》好气魄好风格。我有幸参加这个剧组里，是我一生的荣幸。

采访人： 做了效果工作之后，您还想过回去当演员演戏吗？

卢珂： 这十年里头有两次机会可以让我回去演戏。有一天，天气挺热的，我们到刚刚新建的沪东工人文化宫演出《烈火红心》，那天是星期天，要演日夜两场。突然戏里演书记的演员说不出话来了，他晚上着凉了，嗓子发炎说不出话了。早晨来报道的时候他就问怎么办，大家都挺着急，观众就要来了，团长就更着急了，怎么办，退票是不可能的。领导不知道怎么想到让我来顶戏，我说团长我怎么顶，已经到中午了，晚上就让我上戏，我好多年没有演戏了，这个角色可不是龙套。领导说不行就是你演，救场如救火，就是你了。没法推托了，我当时也紧张，我说效果交给谁呢？领导说让其他人分担我负责的效果工作，让我就演这个戏。没时间排戏也没有时间试装。我顶戏中的舅舅，然后让演舅舅的演员饰演书记，演书记的演员回家休息。领导又给我安排了一个人提词，就是我忘词的时候他来提示，我说我不忘你不要提，你越提我越接不上去。现在只好硬上了，演戏时思想高度集中，我一场一场地记词，一场结束了我才记下一场的词。饭也没有吃就化妆了，搞服装的帮我改服装。要开演了我就坐在大幕的当中，这个戏没有幕前曲的，开幕时我就要唱一首山歌，就唱"东山烧窑西山烟"这一句，既没有试排也没有对过词。我开幕就喊，一使劲调起高了两度，后头就唱不下去了，还好开幕了戏就上来了。我一开口心就静

1958年在《烈火红心》饰舅舅

下来了，这场戏开头几个事一交代就下来了，下来之后赶快看剧本，还好没掉词，我心里就放心了。就这样一场一场演下来，总算是应付下来了，真是高度紧张。侧幕里都是人啊，全团都在看，没看过卢珂演过戏啊，大家都想帮我，也都提心吊胆。后来说我演得还不错，没有提一句词，我也没有丢一个字。

我们团长是北京人，我也是在北京出生的，他没有看过我演戏，但跟我一沟通一了解，就敢下这个决定，我说我坍台了不要紧，团长要是坍台了这可是个大事。后来他就到处说，卢珂顶了一个戏一个角色啊，还告诉我们黄院长听，果然到了第三天黄院长来看戏了，要看卢珂演戏，他不知道我过去演过戏，一看我语言没有问题。我那时候还年轻，二十八九岁，还没过三十，一看演得还可以。建国十周年时，写电影剧本的艾明之创作了《黄浦江故事》。我们团长说黄院长让你到上影去报到，去演电影。我做梦也没有想到这个事情，我这个半路出家的怎么能去演电影，事情是好事，但是我没有演过。他说演电影是一段一段的，让我跟着张伐，演他手下的工人，我挺兴奋的。我说黄院长怎么看上我的？团长说就是看了你在《烈火红心》中能临时顶上去演戏，而且演得还不错，有模有样的，所以点了你的将。

1959年在电影《黄浦江故事》中与张伐合作

采访人：后来您是怎么到《龙江颂》剧组的呢？

卢珂：那时候《龙江颂》剧组重组了，三次点名要我，到了《龙江颂》剧组就跟原单位没有关系了。后来就开始拍戏下乡，因为京戏唱不了那么响，还搞了管弦乐队。当时也没有经费，都要自己去搞设备，去研究设备，怎么能够把声音开得更大，开大了就要啸叫，就开不上去，而我就能做到用电声却没有电声感。

采访人：您是怎么做到用电声却没有电声感的？

卢珂：前几年我去上海大剧院，那儿有很多的设备都是用无线话筒，这不是万能的，它没有空间感。在舞台上要求做到"无我"，扩声用得好的时候，你听到没有？听见了。听得清楚吗？听得清楚了。你感觉到有扩声吗？好像没有注意，他没有听出扩声来，并且这个人过去了声音也过去了，回过头去，感觉声音也回头了。举上海大剧院这个例子，话剧不一定要用无线话筒，我就认为不要用，用台口的"地老鼠"，就是PCM的那个话筒，皇冠牌的，台口五个排好，音量控制台控制好。另外我提出室内声场要分布均匀，就是观众听的声音。搞电声的都知道，但是没有人在布话筒上面去动脑筋，我就是不用无线话筒，就布话筒，这是个学问，声音也很均匀。在上海大剧院演《日出》，还没彩排，走台的时候，他们的艺术总监就来找我，他说你这个用没用无线话筒，我说没用这个。我问有什么问题吗，他说我没什么问题。在这个剧场每个团来都听的，他说你这个好像没有用扩声，但是人从这边走到那边，从前头走到后头，声音都有些变化。我说你说对了，我把话筒固定好了几个角度，全覆盖的，不是一个话筒，而是有五个话筒，这些话筒之间都有关系的，所以不是单独一个话筒一个声响，是整个综合起来在进行扩声，我装了四个音响，台口加了两个音响，这样听起来效果就好，他听了说有道理。后来我们人艺一个团去演出的时候，用了无线话筒，就是出不来这个效果。有时候是声音审美观的问题，不是越响越好，而是要高保真。我曾到北京的国家大剧院去看意大利的一个歌剧,听到人声加了一点,实际上是用了扩声的,用电声而没有电声感,就是不要让人感觉到电声的存在。我就对我的学生讲,搞扩声不要把自己露出来,要让人家忘掉你。所以扩声技术到了炉火纯青的时候,就是把自己隐掉,让人感觉声音没有扩声,听了很亲切,很真,声音并不是越响越好。

采访人:别人对您做效果工作是什么看法?

卢珂:很多人对效果工作不重视,领导也不重视,对领导来说戏里有电话来了你有个铃声就行,所以感觉这个专业没出息。有的人搞了几年效果工作就转到行政上去了,有的当副团长。我觉得这个事情不能这么看,我是从艺术上来看的。有一次在杭州开舞台美术的学术会议,舞美学会这时候已经成立了,都是布景、服装、化妆这些跟美术比较接近的专业参加,灯光原来都不属于舞台美术,这时候舞台灯光也可以算了。我说效果呢?组委会说效果不属于舞台美术,效果它是没有形象的。我说怎么能这样讲呢,我搞了这么多年效果竟然不属于舞美?后来组委会回复说,如果要参加会议的话让我写篇文章,写得出来就让我去,写不出来就没话说了。这是冲着我来的,我就咽不下这口气,我是把效果创作当作很神圣的工作的,在戏里头效果是有生命气息的。就拿《茶馆》来说,你别看那么一吆喝这么一叫卖的背景声,假如没有这个效果还有北京的味儿吗?所以我就要争这口气。这样我就写了一篇《论舞台美术的表演性》,在会议上打印了给大家看,反响很不错。他们本来没有安排我在大会上发言,后来很多人看了之后,就让我发言,让我讲自己的观点,他们也没想到卢珂能写出这样观点的文章来。

采访人:再给我们讲讲您在技术革新方面,获得的文化部的几个科技成果奖。

卢珂:我平时喜欢搞点技术性的东西,先讲回声器。那是1962年的时候,我们的导演杨村彬写了一个戏叫《珠穆朗玛》,主要写登山队的。他们在珠穆朗玛峰下面搭大本营,周围全是冰山了。演这个戏的时候还请了北京登山队的队员到我们这儿来做报告,介绍了山里的情况,讲到冰山上很安静,没有什么声音,有谁联系不上了掉队了就大声喊。比如说,戏里有个角色叫鲁明,演员对着远处喊"鲁明",喊一声就有几个回声,明、明、明……听起来就有冰山雪地的感觉。简单的方法就是用几个人做回声不就行了吗?可是不一样,因为他还有一个共鸣声,这个怎么办?从物理上说是声音的延时,即声音传播有一定速度的,距离越远时间越长。根据这个原理,我们拿一个报废的录音机,把录音机磁带做了一个无端带,做成一个环。一般的录音机就是一个录音头一个放音头,民用的录音机只有两个磁头,翻到这边是录音,翻到那边是放音。我就是给它加了一个磁头,这个磁头可以调节距离,让这个机器一直转,一直处于录音状态,没有声音它就不出来,让这个带子常录,你不放音它就没有录声音,但带子常开常放,就是现放现录。比如说录"鲁明"这个声音,一个话筒和一个报废的录音机多装一个放音头,就不会走样,感觉到是他的回声,而不是人在这里模拟呼应的声音,而且让观众根据舞台布景联想到了雪山的场景。另外我做过一个回音器,那是我在《龙江颂》剧组的时候,在戏里头有一个放炮炸山的情节,我就用舞台上用的录音机做了一个小的半导体,有点磁性的,这个录音机是录音状态,装上磁带一开就可以放了,改成半导体,用电池装上,也不破坏机器,随便怎么放都可以,用这种方法做一个回声的效果。

  1962年还做了活动海鸥效果幻灯。那部戏讲的是在海军的研究所里,一个研究员对着海拉小提琴,那是一片海,要跟着他音乐的节奏飞来一只海鸥。一般天幕上要出现这类东西,是用灯光打出来的,天幕是蓝的,打个白光进去,另外它要飞要活动这才有味道,比方说,海鸥飞一会儿滑翔一下又飞一会儿,飞远了就小了。这时候我就想用一个幻灯聚焦聚得小一点,做一个幻灯片,用一个轴切两个片,把两个翅膀和身体固定好，回家后就拿个纸片用一个圆规画这么一个圆弧，在这个圆弧外面画两个翅膀，再把它钉在框里头，这样重叠就行了，找到这个原理就好办了。第二天我就去用铝合金板抠样，用刀刻两个翅膀，这是重叠的部分，它有一定的活动范围，不能穿帮了，控制两边。这两边钉一个固定范围，不让它过去，这边有一个弹簧拉着，搁一个长焦镜头，这面有一个小聚光灯，再调好了一个架子器拉着在天上走，远了它就小，近了它就大，影子就有纵深感了。根据拉提琴的音调起伏，海鸥在那里盘旋，这一点算是这部戏的点睛之笔。

采访人：您退休之后作为专家参加了上海音乐厅迁移改造的投票是吗？

卢珂：我离休之后上海正好在大搞建设，财政局成立政府采购中心，根据政府采购法，有很多的项目都要经过政府采购评标，要聘请一些专家。我是第一批进入这个专家库的。要真正贯彻政府采购，不要浪费，该花的也得花，在建设之前就把好这个关。上海有两个文化宫改建，还有上海音乐厅的南移，我们也参与了，有的功能上的改造决策被我们否定了。比如音乐厅想借这个机会把地板弄成可以翻板的，翻过来是平的，可以摆宴席，再翻过来就是有座椅可以开音乐会，这个点子不知道是谁想的。音乐厅还没移动的时候就决定改造了，大概要600万元，已经签合同了，并且付了预付款。但是我们很多人都有意见，我们有八个人是搞建筑声学的，作为剧团演出单位这方面的专家去了现场。最后甲方就换了，本来是广电局项目部，后来这个项目划归大剧院管了。大剧院领导召开会议，讨论下一步怎么走，到底是要既作音乐厅又作餐厅，翻板兼具两个功能，还是只有音乐厅一个功能。我就发言了，我说要改进本来音乐厅不足的地方，要加强一些混响视听，要听起来比较柔和，如果改造成餐厅平台了，有酒桌了，底下的反声就一塌糊涂，不能两全其美，只能求其一，所以音乐厅还是音乐厅，不是要修旧如旧吗？把原来的优点保留下来。那天八个专家在大剧

在大剧院演出工作照

院开会,大家把各种理由都讲了。大剧院领导朱总说领导授权了,把专家讨论结果通知建设单位,不要汇报了,我们就当场投票,并把会议纪要送上去了,原来的设想被推翻了。有的同志说浪费了几百万啊,我说这次不拦住的话,以后花费比这个还要多,包括音乐厅的功能都要毁掉了。花了两千万元进行迁移就是下了狠心保护这个文物,保护原来老的设计师邬达克的成果,它有缺陷,我们只有义务去弥补它,但是不能够去破坏它。

采访人:您是如何带教学生的?

卢珂:在1985年我回到了人艺,话剧《家》剧组要到日本演出,在效果方面有点困难。我当时表态我来参加效果工作,第一不出国,第二不挂名,第三不要报酬,我就跟黄院长写了这封信,算表个态度。他拿到这封信之后对我说,你明天到排练场连排,我就去了。以前出国的机会特别少,那时候出次国是个不得了的事情,但是我无所谓。这个戏从录音带到效果道具，戏中打炮，看上去没有威力，没有恐慌的效果我看了之后加了一个玻璃窗，我来做木匠，做一个玻璃窗，窗户格子放上玻璃，有一个弹簧脚一踩玻璃就会哗啦哗啦振动，做了两个，一打炮，轰隆隆，房子振动才能让人感觉恐慌。这些东西是很细腻的，如果没有这点效果的话，就是不细致，要分析声音的构成因素，这玻璃窗一加上去效果就不一样了。

从光学到电学，从电子到声学，我到科技会堂讲扩声，一口气就讲了三个小时，很多的工程师、研究员都很感兴趣，这里头有很多他们没想到的事情。我的这个讲座让专家、高工、教授、研究员都很震动，他们讲哪个型号的电路图，没有我这个跟实际结合讲得那么生动。后来《无线电与电视》杂志发表讲座内容，我说可以发表，他看了看说你这个讲座得要七千字，其实不是七千字恐怕是两万字。后来我把讲座内容分成三部分：扩声、音乐重放、效果拟音，分成了三篇文章发表。

为美琪大戏院设计音乐反射罩

采访人： 卢老师，您做了大半辈子的效果工作，没当演员，后悔吗？

卢珂： 我这个事业，作为我个人来讲无怨无悔。我演过几次电影，黄院长考虑之后让高重实团长告诉我，让我回团当演员演戏，《黄浦江的故事》是我的考卷，又演了一个话剧顶了一场戏。我就跟黄院长、高团长说，谢谢啦，我已经大半生都扑到效果工作上了，最后不想再回到演员岗位上去了。现在回过头来看，如果那个时候要当演员，很多说明书上效果设计就没有我的名字了。

采访人： 您对效果工作有什么希望？

卢珂： 效果工作是一项艺术创作，在观念上要改变。评职称的时候，从文化部到劳动人事部定等级职称，他们把灯光设计、效果设计都算到工人系列，取称最高不得超过主任技师。主任技师是个什么概念，相当于工人的八级工，效果工作性质是艺术创作，不是简单的技工，观念要改过来。效果工作到底是搞技术的还是搞艺术的，这点先要搞清楚，技术只是一个手段，我们的效果工作是艺术创作，这也是我们的目标。

（采访：陈　娅　整理：田　虹）

要坚持我们的现实主义
——陈加林口述

陈加林，1932年出生于北京，籍贯辽宁昌图。1953年进入上海戏剧学院表演系学习，1955年留校任教。中国戏剧家协会会员，导演，剧作家。曾任上海戏剧学院戏剧研究所常务副所长，上海东方文化艺术进修学院院长。长期从事表导演及戏剧写作教学工作，历任助教、讲师、副教授、兼职教授，硕士研究生导师。导演作品有：《女店员》《风展红旗》《阴谋与爱情》《北京人》《黑暗中的喜剧》《劳资科长》《家》《坦荡人生·秋白之恋》《广阔的天地》《仲夏夜之梦》《第十二夜》及荒诞派代表作《等待戈多》。《等待戈多》在国内首演取得巨大成功。1989年导演《亲爱的，你是个谜》及《一课》在全国第一届小剧场会演获得好评。并导演京剧《康熙大帝》、越剧《桃仙女》、沪剧《江姐》等五十余部，其导演作品曾多次获奖。剧作有《战斗的青春》《陈嘉庚》《爱与恨》《雷锋》《红旗飘飘》并出版专著《导演与编剧艺术》等多部。

陈加林：我主要的人生经历是在上海戏剧学院，从1953年进戏剧学院表演系学习,1955年留校任教,一直都在教学岗位上。

我父亲毕业于东北讲武堂,是张学良的同学,他后来追随张学良,"九一八"事变后进(山海)关了。1938年,他参加过著名的台儿庄战役,而且在那个战役中立过战功。此前的1936年,他参加了西安事变。他在西安事变时跟共产党有了联系。他是负责后勤方面的,把一些武器弹药运给共产党,我妈妈告诉我,共产党方面有人直接跟我爸爸联络。张学良被蒋介石软禁后,他是东北军某部的留守处主任。后来东北军被蒋介石整编了,追随蒋介石的人都升了官。我父亲是一个爱国的军人,他坚持要打回东北老家去,消灭日本鬼子,我从小一直听他说要不忘国耻。由于他的思想跟蒋介石是相违背的,所以备受打击和冷落,被发配到大别山里的军官训练团受训,后来就死在这个训练团,死因很蹊跷,突然就死了,他很可能是被迫害死的。

我小学到初中一直在陕西安康读书,那一带的风景特别美,离我们住的大院子不远就是一片大的河滩,汉江除了发洪水的时候,平时都是碧绿的,我在沙滩上和小朋友一起玩射箭、游泳,我是在那样的环境下长大的。我是在那里开始喜欢上戏剧的,安康比较边远,但它有地方色彩很浓的秦腔、皮影戏、社火、扭秧歌、踩高跷等。哪里有演出我就挤到哪里去看,尤其赶集、赶庙会的时候很热闹,我会跟着邻居跑一百多里路,到一个叫香炉山的地方去赶庙会、看戏。集市里熙熙攘攘,这儿有一个台子,那儿有一个台子,有各种各样的戏。1947年初,我在山东参加了文工团,16岁就参加了中国共产党。后来我在新旅歌舞剧团和华东人民艺术剧院工作了几年,主要做共青团的工作,担任共青团分总支书记。后来转到华东话剧团开始学导演,也是艺委会委员。1953年,我到上海戏剧学院表演系学习,当时学院也有意把我当教师来培养,所以,我的恩师朱端钧老师说,苏联专家要来戏剧学院教学,你就留在学院,不要回话剧团了。当时表演系教师很缺,朱先生就说,你跟着我边学边教。因此,我在学习期间就给表演系57届去上课了,相当于是研究生,一方面跟着导师学习,一方面参加教学工作。1955年我正式留校任教至今。

采访人: 在上戏扎根了。

陈加林: 对。正因为这样,我的教学经历是比较丰富的。我带的第一个表演系的班就是59届,胡导老师是班主任,老师还有陈明正、吕吉和王琪。那时候教学体制是学苏联的,采用班主任负责制。这个班一年级的时候,正好苏联专家叶·康·列普科夫斯卡娅来传授斯坦尼斯拉夫斯基体系,她直接带教这个班,同时也带教了一个表演进修班。那时候苏联专家亲自指导,我们几个老师上课时,专家在旁边听着,翻译是沙金老师,我们讲一句她翻译一句。苏联专家听了课,她就知道你哪些东西是对的,哪些是不对的。然后回教研室开会,她说你们有什么不同的观点都可以跟我争论,讲的对错都没有关系。

采访人: 你们针对哪些问题讨论过,还有印象吗?

陈加林: 讨论的问题很多。总之,我们班一、二年级的教学都是在苏联专家的指导下进行的。第一学期的单人小品是舞台任务小品,让学生掌握舞台动作的规律,收到了很好的效果,二年级的片段教学对学生日后创造角色也帮助很大。因为她和列斯里一样,也是嫡系的斯坦尼斯拉夫斯基体系的传授者。

采访人: 在苏联专家来之前的表演教学是什么样的呢?

陈加林: 那个时候的教学,有的是英美式的,跟西方学的,有的是斯坦尼体系的,有点各自为政。苏联专家来了以后我们借用苏联的教学大纲,表演教学就比较系统化了。比如从一年级的小品,二年级的片段,三年级的独幕戏,或者一个大戏,逐步递进,到四年级创作一个完整的角色,到现在还是这样,而每个阶段又有具体的教学内容,形成了比较系统的体系。斯坦尼体系是比较合乎演剧规律的科学体系。包括美国的方法派也都是学斯坦尼,美国一些大演员,像马龙·白兰杜,梅丽尔·斯特里普,达斯汀·霍夫曼,都是方法派教出来的,这些演员的演技很高。59届的表演班人才比较集中，如著名的演员焦晃、杨在葆、梁波罗、张先衡、李家耀、张名煜等，这跟苏联专家直接担任教学有关系，焦晃在二年级时排过《钦差大臣》片段，是苏联专家直接指导的。他的愿望是想演一个完整的《钦差大臣》，这个愿望五十年后才实现，再演出《钦差大臣》时，焦晃、张先衡表现得非常出色，他们两个演对手戏演得相得益彰。张先衡最大的特点是善于思考，在台上真正会思考的演员比较少，所以他演戏相当有深度。杨在葆适合演英雄人物，从《红日》中的连长开始，出演了《从奴隶到将军》《血，总是热的》《年轻一代》《代理市长》等影片。李家耀也特别有才华，他很适合演喜剧，而且他后来还成为一个不错的导演。59届以后，我还给很多班上过课，粗略算了一下，表演系、导演系、戏文系大约有三十多个班，课程从表演专业课、导演课，到戏剧写作课，有的时候还有名著分析这一类的理论课。后来我是63届刘子枫和魏宗万他们那个班的班主任。再后来就是表演系68届了，这个班到了二年级排了一些片段之后，就开始"文化大革命"了，批判我们这些老师是斯坦尼的徒子徒孙。

采访人：能谈谈"文革"前您的作品吗？

陈加林："文革"之前戏剧学院只有本科没有研究生，因此在1958年表演系就决定我和项琦老师拜朱端钧先生为师，拜朱先生为师之后，就开始搞了一系列的戏，1958年写过一个《红旗飘飘》。

故事说的是上钢三厂的一个钢铁工人邱财康，被重度烧

《红旗飘飘》演出说明书

伤后,通过全社会的努力被救活了。学院派我和著名的戏剧家顾仲彝先生去上钢三厂体验生活,去了一个月,然后写出了《红旗飘飘》这个戏。最后北京人艺把这个本子拿去演了,很轰动。于是之饰演党委书记,蓝天野演邱财康,导演是欧阳山尊和陈颙,当时各大报纸都报道了。所以1959年宣传部搞《战斗的青春》,学院觉得我这个年轻的老师可以写,就让我跟苏堃同志一起搞。苏堃是抗战时期的老干部,熟悉当时的生活,也是学院的领导。这个戏由朱先生亲自导演,虽然前面也有人排过这个戏,但是反响不大。朱先生导演的这个版本上演后很受欢迎。1961年第二期《剧本》月刊把《战斗的青春》发表了。

《战斗的青春》从1961年开始上演,1962年、1963年、1964年、1965年,一直到"文革"前夕,全国省以上的话剧院团,有16个单位在上演。1962年,上海有三个剧团同时在演《战斗的青春》,一个是上海人艺,一

《战斗的青春》剧照

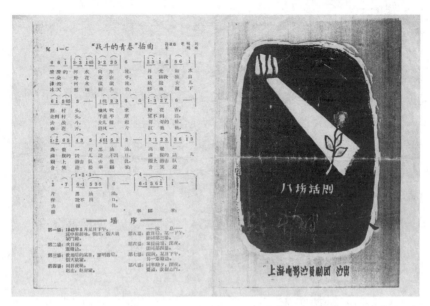

《战斗的青春》插曲。作词：孙道临、寄明；作曲：寄明

个是上影演员剧团，一个是我们学院的实验剧团。我们学院的在兰心剧场演；人艺的在儿艺的剧场演；电影演员剧团是孙道临导演的，在市委大礼堂演。

1962年我被中国剧协邀请去参加全国创作会议，这个会议也叫"广州会议"。我们这个戏在会上受到了全国性的表彰，中国剧协主席田汉亲自表扬，我还在会上做了创作经验的发言。当时苏堃副院长没有去，上海有八个代表，我们戏剧学院两个，我和熊佛西院长；人艺有黄佐临和写《枯木逢春》的王炼，还有陈恭敏；上海儿艺是任德耀院长，就是很有名的儿童剧《马兰花》的作者；还有剧协秘书长姚时晓和歌剧院的张渔。黄佐临一路上给我们讲笑话，他这个人很幽默，他说你们猜自然灾害时期在上海谁吃肉吃得最多？大家猜不到，他说是上海动物园里的动物和高级知识分子。因为自然灾害时期，我们一个月只有二两肉，还号召我们献出来。他说他们吃肉吃得最多，是因为党对这些高级知识分子的特殊照顾，他们有就餐券，可以到文化俱乐部吃好的。还有就是动物园里的动物，不吃肉就饿死了。说得我们哈哈大笑。

采访人：《战斗的青春》给您个人带来一些什么？

陈加林：《战斗的青春》在《剧本》月刊发表以后，有两次出单行本。能参加广州会议也是一种荣誉。我在广州会议期间还拜见了曹禺先生，我那时候正好担任63届的班主任，给刘子枫他们这个班排《北京人》，经过熊佛西院长的介绍，我去拜访了曹禺先生。我说曹禺先生，我要排你的《北京人》作为教学剧目，你看我排这个戏，对这些人物、对这个戏的处理怎么做，请您给予指导。我对他说，我假设处理得有一点讽刺的意味行不行，《北京人》都是关于大家族的阴暗事，带一点揭露性，你看行不行？他说我没有意见，你怎么处理都行。这是曹禺历来的做法，大家风范，随便你怎么处理都可以。我本想按讽刺喜剧的味道来处理了，但是朱端钧先生不同意，他说你这样处理，就跟曹禺对没落家族哀悼忧伤的气氛有悖了，曹禺其实是很同情这些人的，后来我还是听了朱先生的话。我跟朱先生一起搞了很多戏，从《战斗的青春》《阴谋与爱情》，到《北京人》，到后来我排的现代戏，还有很多教学片段他都做了指导。最早的《阴谋与爱情》就是朱先生让我作为他的学生和助手，跟他去上海人艺排的。陈奇演露易丝，丹妮演米尔佛特夫人，丹妮是黄佐临先生的夫人，高重实演露易丝的爸爸，胡思庆演男主角斐迪南，这是上海人艺当时最强的阵容。这个戏的剧本很长，要演三四个小时，朱先生和我，跟这些演员，案头工作做了将近一个月，把这个剧本改成了八场。后来宣传部有命令，要搞建国十周年庆典的剧目，这个戏就停了，所以这个戏没有正式公演。"文化大革命"前，1962年我又导演了《阴谋与爱情》。

采访人：是实验剧团演的？

陈加林：是我们表演系63届演的，当时反响还不错的，那时候文联在巨鹿路开了大型的座谈会，认为这个戏很有诗意，很有席勒的风格，比德国同名的电影好看。当时张爱萍上将看了三遍,他很喜欢。"文革"前,大概就是这几个主要的戏。《战斗的青春》这部戏很有激情,朱先生也排得非常好,我跟他学到了很多东西。还有一个创作剧目《雷锋》,是吴仞之先生导的,也是表演系63届的毕业剧目。

采访人: 改革开放以后,您还有哪些作品,包括教学活动《等待戈多》,能谈谈吗?

陈加林: 1979年,我创作了大型话剧《爱与恨》,是写知识分子爱国情怀的,由上海戏剧学院和上海师范大学联合演出,是我自己担任导演的,在青年艺术剧场(大世界附近)连演四十多场,受到观众的好评,后来剧本发表时改名为《殊途》。1983年,我执笔创作了话剧《陈嘉庚》,首先由上海戏剧学院演出,是胡导老师导演的,这个戏参加了上海话剧会演,受到了好评。1984年,四川峨眉电影制片厂邀请我将《陈嘉庚》改编成同名电影,确定由杨溦森任导演。但是电影《陈嘉庚》需要资金较大,超出了当时峨影厂全年四部电影拍摄计划的资金。为此,我还到北京找了全国侨联副主席庄明理去想办法解决经费问题,庄明理说,当时负责电影事业的文化部副部长司徒慧敏看过剧本,认为可以拍摄,但是经费仍需峨影厂自行解决,所以最后这个片子没有拍成,但是电影剧本由《萌芽·电视电影文学》发表了。该剧塑造了陈嘉庚先生的光辉形象,毛主席曾以"华侨旗帜,民族光辉"评价陈老。我认为,这个电影剧本仍会有长久的生命力。

1989年元旦,几位院领导找我,说是要给我一个光荣的任务,让我代表学院,组团参加当年5月在南京举行的全国第一届小剧场戏剧节。参演的剧目是赵耀民创作的两个探索性的新戏《亲爱的,你是一个谜》和《一课》,我任导演,周本义和金长烈等老师担任舞台和灯光设计。我们这两台戏在十大院团会演中成绩是名列前茅的,获得观众和专家的好评,南京大学为此次会演出编撰专集《小剧场戏剧研究》。

《亲爱的，你是一个谜》剧照

　　1995年，上海戏曲学校王梦云校长等请我为他们创办话剧影视班，因为戏校是中专，教学大纲、教学计划都是根据他们的具体情况重新制定的。我先后兼职带过他们四个班，并为他们两个班级的毕业公演排了莎士比亚名剧《第十二夜》和《仲夏夜之梦》，当时上海文艺界的有关领导称赞这是一个创举，因为由中专生演莎翁名剧实属难得。这两个戏都在逸夫舞台公演了，而且上海电视台将其作为新年节目做了转播。当时和我一起的两位青年老师徐煜和张晓鸥，现在已经是戏剧学院的教学骨干了。2005年，我又为导演系06届排了《仲夏夜之梦》作为教学剧目演出。

　　1999年，上海师范大学表演艺术学院聘请我为他们创办表演大专班，我推荐了上海戏剧学院优秀青年教师何雁与我同去，我们为他们创建了两个大专班。毕业公演剧目是《家》，由我导演，《黑暗中的喜剧》由何雁导演，在上海话剧艺术中心公演，都获得了好评。第二个大专班在二年级之后合并到我们上戏表演系，我那时也仍为上戏学

上海戏曲学校95届学生毕业公演《第十二夜》

上海戏曲学校98届学生毕业公演《仲夏夜之梦》

生上课,所以从未离开上戏的教学第一线。多年来,我长期担任上戏的学术委员会委员及演出委员会委员,并担任本科教学督导专家等职务直至近年。

关于《等待戈多》,这个戏是1986年排的,1987年初上演的,是导演系进修班的毕业剧目。《等待戈多》是荒诞派的代表作,是爱尔兰的作家萨缪尔·贝克特写的,他后来加入了法国籍。我们是国内第一个排荒诞派代表作《等待戈多》的,反响比较大。最初打算排这个戏的时候也有不同的意见,因为国内没有人搞过荒诞派,当教学剧目给学生排,恐怕同学们很难把握。荒诞派的代表作《等待戈多》跟通常的剧本不一样,一般的剧本都有个故事,而它没有故事情节,就是两个叫花子在等待一个叫戈多的,戈多是人、是物、是神都不清楚,就在这儿等待,然后又来了两个人和一个小孩,一共五个角色。没有具体的时间、地点,等待变得很抽象,等待好像是一个符号,似乎这两个叫花子代表了人类和人类的处境,最后这个戏到结束时两个叫花子还在等待。其实这个戏是很有哲理的,它具有希腊悲剧的净化作用。因为没有故事情节,所以这个戏很难排。这个导演进修班的学生,都是有一定舞台经验的人,有些是京剧演员,我决定排这个剧目的目的,主要是考虑让他们开阔眼界,另外也需要吸收西方好的东西,在教学上作一个尝试。当时院里有些人劝我,对于这个进修班,随便排一个剧目让他们毕业算了。但是我跟余秋雨谈的时候,他很支持我,他说这个戏是西方很有代表性的作品,我们是中国的戏剧高等学府,我们应该去研究,你的眼光是对的,我同意你排这个戏。当时《外国戏剧》刊物发表了一篇文化部副部长英若诚的文章,他说中国人蛮难接受荒诞派的作品的,特别是《等待戈多》,相对而言另一个荒诞派的作品《犀牛》可能会好一些。因为《犀牛》有情节,有故事,它描述一个报社里的记者采访的时候,发现这个城市里很多人变成了犀牛,而且越来越多,结果编辑部里的人也变成了犀牛,最后一个主角也撑不住了,问自己到底要变犀牛还是坚持做人,就是这样一个荒诞的剧情,非常具有象征意义。有学生把《外国戏剧》拿给我看,建议我们排《犀牛》,我说要么不搞荒诞派,要搞荒诞派就搞代表作《等待戈多》。结果在我的坚持之下,同学们只好同意了。开始读剧本时就有好几个学生打盹儿,这个戏实在太枯燥了,抓不住内在的东西,就是我们搞专业的人读这个剧本也很吃力。多读几遍之后,才能知道它妙在什么地方,作为一个导演我也才慢慢知道怎么处理了。演出是在学院现在的端钧剧场,当时招待了一些文艺界的专家来看,黄佐临、杨村彬都看了,反响很好,觉得我们的《等待戈多》很有意思,他们搞戏搞了一辈子,也没有看过这种戏。杨村彬看了戏后告诉我,我是一个非常好的导演,但是不知道我能把戏排成这样。黄佐临、曹禺先生看了戏,都对我表示祝贺。曹禺说:"荒诞派名作,在我国首次演出,你们花了很大功夫,演出非常的成功。看剧本时不知所云,而看演出一目了然,不仅能吸引人,而且引人入胜,你们用京剧演员来演这个戏的主角,使演出很有特色,他们的表演很出色,富有表现力,这显示了我国戏曲艺术的无限潜力,话剧界应多吸收戏曲的所长,以推动话剧事业的繁荣与发展。"佐临先生给我写了一封信,"加林同志,《等待戈多》很好,第一次演荒诞派能得此成绩真了不起",

《等待戈多》剧照

然后他也提了一些建议。《等待戈多》公演不久，我们又移师到上海长江剧场演出，演了二十多场还收不住。到最后一场演出，同济大学的师生来了四十多人，但是没有票了，我只好让他们坐在楼梯上看。《等待戈多》如此受欢迎是我们想不到的，开始以为这个戏没人要看，没预料到是这个结果。《等待戈多》在上海演出后，越来越多的中国学者、戏剧家，开始去了解、研究萨缪尔·贝克特。北京的林兆华、孟京辉、任鸣，先后多次把《等待戈多》搬上中国的舞台，各个版本的演出，蕴含着导演对《等待戈多》的不同理解，因此风格各异。

采访人：您还有什么获奖作品吗？

陈加林：1990年，我给新疆话剧团排了一个英国戏，叫《黑暗中的喜剧》，在西北五省会演时得了导演荣誉奖。还有给沈阳京剧院排的京剧《康熙大帝》，在东北三省会演中也得了大奖，英若诚看了这个戏后说，这个戏不像省级演的，像国家级的，他推荐我们到北京去演出。《康熙大帝》的剧本也发表在全国性的《剧本》月刊上，成为一个全国性的剧目。

1995年浙江戏剧节，我排了越剧《桃仙女》，也得了导演奖；2002年第九届河南戏剧节，我排的农村现代戏《湾桥村》，得了一个银奖。其实我接触戏曲还是比较早的，1958年，系里派我导了一个淮剧《红楼梦》，是素有"淮剧梅兰芳"之称的周小芳主演的，上演后成为他们的保留剧目，直到"文革"前经常上演。

采访人：关于戏剧学院的教学创新问题您怎么看？

陈加林：这个问题我想起了佐临先生的一句话，他说，有些人现在尽讲创新，但是他们对基础和传统的东西都没有学好，创新要在很牢固的基础上进行的。我记得苏联专家有一次带我去看戏曲，是沪剧院演的一个传统戏，他问我，你觉得一个人没有很好地练钢琴，敢上去钢琴独奏吗？我说当然不敢了。他说演员居然可以什么基础都没有就可以上去当演员了，这个也是不应该的，他当时讲这个话我印象

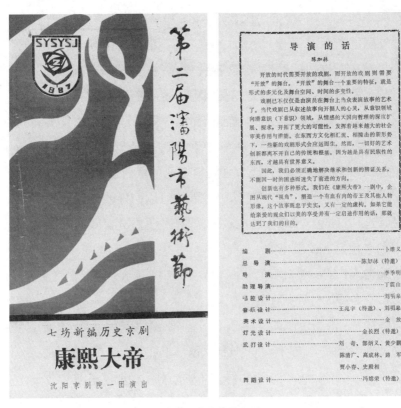

《康熙大帝》节目单

很深。其实戏剧学院作为学校,首先还是要教基本功,不要太强调创新,学生什么基础都没有,拿什么创新,也创不出好东西来。我记得有一年,音乐学院请了一个意大利的小提琴专家给音乐学院的学生上课,音乐学院安排最好的两个小提琴手演给这位专家听。专家听完后说,谁让你在这个曲子里搞这么多装饰音?这是基础的练习,你要很老实地拉好,谁让你加油加醋这样搞的?当然是老师让这样搞的了。教育要很注意基础,我们戏剧学院也是如此,小品不会做,片段不好好排,就让你来演荒诞派是不行的。排《等待戈多》的演员的确是好演员,也是京剧演员,但是我没让他们演京戏,演的是话剧,一点京剧的痕迹都看不出来。我们上海戏剧学院有一个特点,老师中真正保守的人比较少,都是比较开放的,能够接受新事物的。但是有时候外国的东西来多了,以我为主的东西不很好地坚持,容易走到另一个极端去。这个问题现在要警惕,就是现在学生的基础比以前差了,基础不好,很难做一个好演员,因此训练还是重要的。外国人来上课,基本上都是工具性的训练,让你做各种练习,美国的、英国的、法国的、瑞典的、波兰的什么都有,各种练习比较多,真正演员怎么创作角色,他们也没有一套方法,还是斯坦尼的东西最宝贵。斯坦尼也讲了,我这个体系是对一般演员的,天才可以例外的。天才是有的,但是经过训练成为好演员的是多数,就算是明星,也是中戏、上戏、电影学院这几个学校出得多。

采访人: 您在戏剧学院教书育人多年,戏剧学院的教学特点有什么变化?您对话剧的现状怎么看?

陈加林: 戏剧学院的教学基本上是以斯坦尼体系为根基,结合我们的民族传统文化,加上我们自己的经验,形成了一个基本的系统。但是改革开放以来,与国外的交流多了以后,对斯坦尼体系的科学性、系统性,有忽略的倾向。我们一定要以自己的东西为主,也要吸收各国的长处,但是不要东西一多,就晕头转向了,这样要倒退的,把自己的好东西也丢了就倒退了,西方的东西并不都是好的。在创作上,自己写不出好作品,就把名著解构,比如莎士比亚的《哈姆雷特》,现在随便改了,改成国王诬告他弟弟,他的弟弟一直被鬼魂压制了多少年。王后在关键的时候告诉哈姆雷特,你的亲爸爸就是你现在篡位的叔叔,被迫害了十几年,我和你叔叔生了你,这样就全乱套了。我不是保守的人,但是一定要坚持我们现实主义的教学传统,这个传统是根基深厚的,必须发扬光大。

采访人: 您在艺术创作上有遗憾没有?

陈加林: 遗憾当然有,快乐也有,但是遗憾更多。因为我所处的时代变迁比较快,各种思潮的表现也比较多,进行艺术创作时,各种干扰还是比较多的。另外,"文革"十年,耽误了我们最好的年华,虽然生活不会白过,它也是一种体验,但是时间毕竟耽误得太长了,白白浪费了十年。当然,我一直在教学第一线,也算很努力了,但是总觉得自己做的事还是太少,人生总会有遗憾的。虽然现在我已经这个岁数了,我还想学学孔夫子的精神,奋发忘食,乐以忘忧,不知老之将至,还是继续踏实地干点教书育人的事吧。

(采访:柴亦文　整理:李丹青)

我没想做大导演，我就喜欢玩……
——杜冶秋口述

杜冶秋，1932年出生于湖北大冶，祖籍浙江鄞县，国家一级导演。1951年考入上海人民艺术剧院学馆，1959年毕业于上海戏剧学院表演系。在上海青年话剧团担任演员、编剧、导演等主创工作，在导演实践中，跨越了八九个剧种，曾获首届"上海戏剧节"导演奖和文化部首届"文华奖"等殊荣。

采访人：杜老师是哪里人？

杜冶秋：我祖籍应该是宁波鄞县。因为父亲工作的关系，我们到过杭州，到过湖北大冶，到过贵州遵义，抗战胜利以后到了上海，最后又回到我母亲的家乡杭州，我是在杭州念的高中。

采访人：您的父亲是从事什么工作的呢？

杜冶秋：父亲是杭州的名医。其实父亲出生在宁波的一个贫困农民的家里，从小放牛、拉犁头，家里很苦的，但是他很可爱，很聪明。一户有钱的人家生了小孩，是独子，当时宁波的风俗，怕独子养不大，所以要到外面要去找一个过房儿子,我父亲被选中。这家人家姓汪,我父亲就过继给汪家了。我父亲会吹箫,在牛背上吹箫,"牧童短笛"的画面在我们父辈身上还真的存在的。由于宁波很早就有了教堂,教堂需要小孩子去参加唱诗班,父亲会吹箫,就把他招到唱诗班去了。

采访人:他从哪儿学的吹箫呢?

杜冶秋:其实是宁波人的小调,音律很简单的一种曲调。

采访人:无师自通?

杜冶秋:无师自通,老百姓哼什么就吹什么。后来他进了唱诗班,教会很喜欢他,他年龄大一点了就被送到宁波很有名的三一书院去培养了。三一书院是教会办的,里面要学拉丁文,父亲很聪明,学得很好。然后教会又把他送到杭州的广济医院去学医。当时,广济医院有一个很有名的医生叫梅藤更,是德国人。医学上有英美派,有德日派,我父亲应该属于德日派的。在广济医院里面有一个妇产科医生,是我后来的外婆,她看中了我父亲,要把她的二女儿嫁给他。父亲是放牛娃出身,而我外公是杭州雄镇楼那地方的名门,是搞教育的。杭州青年会上面有一个钟楼,钟楼上面的钟就是我外公捐的。广济医院是浙二医院的前身,在现在的杭州解放路。梅藤更非常喜欢我父亲,老是让他坐到自己身边开方子。梅藤更是专家,当时杭州第一流的医生,他看病时一搭脉就知道你是什么病。父亲就要通过他的反应,马上要把方子开出来,梅藤更一签字,病人就可以去配药了,父亲在梅藤更身上学到很多医学方面的知识。但是有一天宁波来人叫父亲回去,因为家里的祖坟要迁了,父亲就跟梅藤更去请假,梅藤更不允许,外国人不信这些,认为叫别人帮忙迁掉就行了。我父亲也没办法,只好留下来了,等到有时间回到宁波去,祖坟已经被挖掉了。父亲很难过,觉得对不起自己的祖先,于是就有了离开广济医院的想法。

采访人:是过继给汪家的祖坟?

杜冶秋:不是,是杜家的祖坟。

采访人：父亲觉得很受伤。

杜冶秋：对，跟外国人讲不清祖坟对中国人的重要性。正在这个时候，宁波有个董家，是一个望族，董家的董世魁就是唱《红莓花儿开》的歌唱家董爱琳的父亲，跟我父亲是一起长大的。当时董世魁已经从上海圣约翰大学医科博士毕业了，应邀到湖北大冶黄石铁矿医院去主持医院的工作。他到了湖北，知道父亲的情况后，就说到我这里来吧。我们家就从杭州迁到了湖北大冶。我们先到上海，从上海坐船沿江而上到大冶。大冶铁矿是我国第一代铁矿厂，很有名的，是洋务运动的时候由张之洞创办的。

采访人：这个时候父亲已经是成家有孩子了？

杜冶秋：已经跟我母亲结婚了，我母亲在教会办的一个幼儿园工作，父亲在医院工作，生活很稳定，如果没有迁坟这个事情，我们家整个历史都要改写了。

采访人：去大冶是哪一年？

杜冶秋：大概是1925年，因为我大哥是1926年生的，是我们家到了大冶后出生的第一个孩子。哥哥出生以后母亲迫不及待地把他抱回到杭州见外公外婆去了，一路航行到上海，然后到杭州，所以他名叫冶航。他是属老虎的，所以出生年份是很清楚的。1928年是龙年，又生了我的二哥，所以二哥叫辰生。过了两年多，我姐姐出生了，按照我们家两年生一个的规律，1932年，我出生了。但是我二哥在三岁的时候因为落水夭折了，所以我们家只有哥哥、姐姐、我，三兄妹。

采访人：您的小学教育是在哪里？

杜冶秋：是在贵州遵义。我还记得从大冶逃难出来快大半年才到遵义，然后我进入小学一年级，小学一年级前的记忆已经模糊了，小学一年级以后的事情历历在目。逃难的记忆朦朦胧胧：我们全家挤上一列火车，到了衡阳车站，日本人的飞机扔炸弹，把我们的行李全部炸光了。我们身上只剩一点钱，然后逃到贵阳，找到以前从杭州逃到贵阳

出生地大冶钢铁厂旧貌

开药房的朋友,他接济我们搞了一些药,让我们到遵义去开了一个小药房。遵义虽然是贵州第二大城市,但是在当时是破破烂烂的。我们就以开小药房为生,基本安定了下来。

采访人:这是哪一年?

杜冶秋:嗯,应该是1938年。

采访人:在遵义一直到抗战胜利?

杜冶秋:对,将近七年在遵义。遵义会议的会址就在我们家门口转弯的地方,我经常到里面去打弹子、爬树,我当时根本不知道遵义会议,直到解放后才晓得。

当年贵州遵义茅台酒根本不算什么,我爸爸还到茅台镇做过卫生所长,他酒量好得不得了,我们家喝的茅台都是一缸一缸的,拿碗舀出来就喝了。当然茅台酒是好的,但是不像现在那么珍贵。

采访人:这七年对孩子来说觉得苦吗?

杜冶秋：我觉得开心得不得了，虽然讲起来是在抗日战争中度过的艰难童年。一个油灯有三根灯芯，到睡觉了把两根灭掉只剩一根灯芯，像鬼火一样，只要有一点亮光，看得见摸得着就行了。没有电灯，没有电视，什么都没有，但是那段生活过得非常有滋味。我放学以后就跟同学一起到河里去游泳，狗刨式的。我们学校旁边过一条街就是一个游泳的地方，看到那些浙大的学生从岩石上跳水的姿势我羡慕得不得了。我每天下课以后都去游，后来被我妈妈发现了，结果以后每天上学妈妈都要在我屁股上敲一个图章，回来再看看有没有下过水，这可怎么办呢？我回家时就趁妈妈不在的时候拿图章敲一个蒙混过关。

采访人：妈妈也是担心你，因为二哥的夭折跟落水有关。

杜冶秋：是的，而且爸爸不在家，家里全靠妈妈和我表哥在维持药房的生意。我爸爸这时候到了湄潭，浙江大学主校在遵义，分校在湄潭，湄潭在湄江边上，这个地方风景很好。我爸爸从茅台调到湄潭当卫生院长，茅台是卫生所，湄潭大一点，就成了卫生院了。浙大的人经常到我爸爸的卫生院来看病，他跟浙大的人慢慢地熟起来了，他们了解了我爸爸过去的经历，就邀请我爸爸当他们的校医，然后还在药物系里做副教授，这样他就有资格搬到湄潭的天主堂里面了。天主堂里面很多小房子，小小的一幢，非常宁静。里面住的都是名人，中华职业教育社的江恒源[①]就住在天主堂，解放后他是国务院的参政员。数学家苏步青和他的日本太太也住在院子里。还有丰子恺，我每天都看见他起炉子烧饭，小孩子们都去问他讨画，丰伯伯丰伯伯，给我画一张给我画一张，他真会在本子上画两张送给你的，而我居然没有让他画过。作为家属，我们是可以免试进入浙大附中的。

采访人：不用考试？

[①] 江恒源（1885—1961），江苏省灌云人，中华职业学校原校长。

杜冶秋：要是考我绝对考不进，我数理化的笑话多着呢。我语文、常识还可以，唱歌、劳作也可以，就是数学不行，我是绝对偏科的。我初一念了上学期，没有办法念下去了，我跟妈妈讲我无论如何要回遵义，我在浙大附中这里不行的。因此我上完上学期就回到遵义了，再进遵义县中念一年级下学期。

初一念完放暑假了，爸爸来消息让我们全家往上海走。他说你们回来最要紧的事，是赶快把我的名字改掉，因为我是中秋节晚上月亮最亮的时候生的，所以叫月生。但是马上要去上海了，上海的大流氓叫杜月笙，不改名字别人肯定要开我玩笑的，所以就根据我是大冶、中秋节生的，改名叫冶秋了。

采访人：爸爸怎么会到上海了呢？

杜冶秋：因为湖北大冶铁矿医院的董伯伯调离后，有一个顾伯伯来接任院长了，这个顾伯伯后来又到了昆明的空军医院，抗战胜利以后因为他有一定背景，所以很快就回到上海接收了上海福民医院，就是现在的上海市第四人民医院，当时是日本人开的医院。这个顾院长就请爸爸赶快到福民医院来，一方面在小儿科做医生，一方面分管医院药房。有了这个工作父亲就有条件把我们从遵义接过来了。当然，到上海的过程没有那么简单，当时是把姐姐托给一个熟人带过来，然后再把我托给一个浙江大学的熟人带过来。妈妈跟哥哥最后过来的，真是惊心动魄。因为那年圣诞节前后，上海龙华机场连着三四架飞机失事，整个航空停运，大概有十天半个月联系不上妈妈和哥哥，爸爸紧张得不得了，失事飞机名单里面也没有他们，只能等着。结果好不容易等到说他们就要来了，坐的是恢复航运的第一班飞机。我记得我爸爸提心吊胆地到龙华去接，我就在家里等。最后终于把妈妈和哥哥接到了溧阳路的家，一家人总算团圆了。

我到了上海以后，学校招生时间过了。爸爸医院的同事说有一所京沪中学，是京沪警备司令办的，这个学校刚刚开办，可以不用考，插班插进去就好了。我开心得不得了,这下好了,我就进了这个学校的初中二年级,所以我初中是在上海毕业的。初中这两年对我的人生起了关键性的作用,因为第四医院隔壁就是上海剧专,爸爸药房里的一些护士经常到剧专楼上去看学生演出,我就跟着混进去。看的第一个戏是《表》,是赵钱孙演的,当时他还叫赵桂生。看戏给我的印象就是演员这个职业是可以不要学数学的,而且很出风头,再加上当时看了很多外国电影,什么《魂断蓝桥》,所有美国电影都看,琴杰·罗杰斯、艾罗·佛琳,当时很崇拜他们的。虹口一个游泳池开业,叫电影明星胡蝶跟许亨剪彩,许亨就是后来台湾地区的国际奥委会委员,他是搞体育的。剪彩后两个人就下到游泳池里面去了,胡蝶不会游,许亨是自由式,跟电影《人猿泰山》里的是一个姿势,非常漂亮。后来我到杭州参加游泳比赛还拿过第二名。

采访人: 怎么又到杭州了呢?

杜冶秋: 妈妈到上海一个多月后就过春节了,爸爸要在上海立足,就要搞一些社交,要去拜年,但是我妈妈不喜欢社交活动,穿着高跟鞋、旗袍,坐着强生出租车这一家那一家地应酬。妈妈要回家乡,回杭州。爸爸没办法,结果只好回杭州去了。

采访人: 外公外婆呢?

杜冶秋: 没了,我们在贵州的时候他们就没了。爸爸到杭州用八根金条顶了一幢房子,这幢房子是浙江卫生系统一个官员的房子,他因为要到台湾去,所以把房子让我爸爸顶下来开诊所了。

那时候国共两党在东北打内战,很多国民党的军属大量地往南方撤,省党部的一个书记长办了一所东瓯中学,收留这些撤退过来的孩子,我也借机报名进了东瓯中学。那个时候杭州学生的戏剧活动是非常好的,我也想搞戏,正好这个时候滑稽戏演员范哈哈和他的搭档谢讽声在杭州演出,我还约了同学想去拜他做师傅,结果范哈哈说不行,你们还是学生,我们不能收的。后来我喜欢喜剧可能跟这个有关系。

杭州有一所好中学，叫安定中学，它有一个杭州最好的学生剧团，上戏的宋廷锡老师就是这里毕业的，他主演过《复活》。安定中学有一个同学叫邱玉僕，他是我遵义小学最要好的朋友，他绘画很好。有一天他到我的东瓯中学看我们剧团演戏，发现我是他遵义的小学同学吗。演完了就找着我，因为宋廷锡要到上海来考上海剧专，邱玉僕想把我拉去增加安定剧团的实力。我篮球、排球、足球、赛跑、游泳什么都行，安定中学又是体育重点学校，他想把我弄进安定中学。我说我绝对考不取的，他说我去跟体育老师讲，一定要把你搞来。然后他去跟体育老师讲了，体育老师对我也很感兴趣，我就这样进了安定中学。

读到高三上学期没多久，我哥哥从上海大夏大学回杭州过寒假，从车上带了一张《解放日报》，上面有上海人民艺术剧院演员学馆的招生广告，我当机立断跟爸爸讲，自己要去考这个学馆。爸爸觉得我一直喜欢戏，看我的功课也不行，再一看剧院院长是夏衍，副院长是黄佐临、吕复。黄佐临、吕复他不大熟，但是夏衍他当然是知道的，我们学校的书本上有夏衍的散文。爸爸就说你要去试就去试试吧。听说我要来上海考试，我杭州的一群伙伴也跟着我一道来了，大概来了五六个人。当时上海人艺的地址是在淮海西路1893号，武康大楼斜对面，现在话剧中心的地址是当时人艺的学馆。

当时北京电影学院的前身——中央文化部电影局电影学校第一期也在招考，其实我先考的是北京电影学院，考场在南洋模范中学，离人艺考场很近，由石联星[①]主考，秦怡的妹妹秦雯在那儿做服务，搬桌子倒水接待我们。但是最后电影学院我没考取。

参加人艺学馆考试的有六百多人，很热闹的。我考了一个朗诵，

---

① 石联星（1914—1984），湖北黄梅人，因电影《赵一曼》获第5届卡罗维发利国际电影节最佳女主角奖。

上海人民艺术剧院演员培养学馆准考证

唱了一首歌,跳了一个舞。初试完了就去看榜,我们一起来的五六个人都不敢去看榜,最后怂恿我去看,结果就录取了我一个,其他五个人就回去了。最后就剩下我参加一个星期后的复试,复试内容就是排片段,五六个人一组,我分在《红旗歌》的组里。那一个星期很幸福,考生都是天南海北来的青年人,很多漂亮小姑娘,陶金的女儿陶白丽,高占非的女儿,还有戴船形帽的空姐,都是帅哥美女。考完了以后大家依依不舍地回去了。

采访人: 当时没发榜?

杜冶秋: 没有,让我们回家等通知。麻烦的是马上要交高三下学期的学费了,我到底读还是不读?人艺的通知还没来,而且爸爸也说,算了,你考不取的,你去交学费吧,不然两头落空了。好在开学前一两天,通知书来了,我被录取了。我在家准备了一下,把春夏秋冬的衣服还有被子,用一个很漂亮的箱子装好,就出发去上海了。

采访人: 新的生活开始了。

杜冶秋: 新的生活开始了。1951年3月到了人艺后,我开始了学员生活,这是新中国第一所演员培养学馆。

采访人: 黄佐临和夫人丹妮是留英的,他们的教学跟当时的形势是否有冲突?

杜冶秋： 说到教学，我要把黄院长给我的信里谈到学馆培训的事情讲给你听听，因为这个东西我讲不清楚。黄院长对这件事情是很在意的，因为他一直想办一个学馆来培养演员，采用丹妮在英国学的一套完整的表演教学方法来指导我们人艺学馆的教学。那个时候苏联专家还没有来，因此关于斯坦尼斯拉夫斯基体系的问题，有人很早翻译过一些资料，但并不是非常准确，包括南京国立剧专、上海剧专，都只是局部运用，基本上讲不清楚。把斯坦尼斯拉夫斯基体系在国内戏剧教学上讲清楚的是苏联专家，这些苏联专家，包括我们的老师列普科夫斯卡娅，他们来了以后才清楚地阐述了斯坦尼体系的要点以及培训的方法。

采访人： 那么黄佐临老师的这一套在当时能被接受吗？

杜冶秋： 黄老师这一套在当时是被排挤的，但是在此之前，黄老师这一套是在运用的，但是他没有讲明是出自哪里，当时因为政治原因也不好讲，但是丹妮通过演员培训班把这些英国的表演方法传授给我们了。

采访人： 当时也是进行小品训练吗？

杜冶秋： 当然。但是有些东西跟斯坦尼体系是冲突的，比方讲动物模拟，就是学狼、学狗的动作，斯坦尼体系是不搞这些的，这是其一。其二，斯坦尼体系是不允许无对象交流的。比方我们当时有一个小品叫"张家小店"，我们一个学员演一个小杂货店老板，要面对不同类型的客户，他一个人演了20分钟，非常精彩，"王先生，你来了，你要什么？火柴呀，火柴给你。小刘，你又来了，买啤酒呀？好的，好的，有，今天进的啤酒很好呀"。但是苏联专家来了以后，对这样无对象交流来表现人物是持否定态度的，因为训练中习惯了无对象交流，到了台上需要真正交流的时候会有隔阂的，容易不真听真看，而是演听演看，这个说法也有一定道理。我们还有个同学奚纹，参加土改回来以后演一个农民，控诉地主，一个人控诉地主，慷慨激昂，但是下面一个人都没有。这在当时是很出彩的,佐临跟丹妮也认为他演得很好。我演的一个表现考试作弊的小品,当时复旦大学的戏剧家赵景深来看我们阶段性汇报演出,开心得不得了,大加赞赏,因为在这之前没有人这样培养过演员。

采访人:您在学馆学了三年?

杜冶秋:计划是三年,实际只学了一年半。当时好像有个规定,关于演员培训的事情一律由中央戏剧学院和中央戏剧学院华东分院也就是上海戏剧学院的前身来负责,所以各个文艺单位自己办的学馆全部归口,因此我们的学习就这样结束了。前些年,丹妮老师还健在的时候,我为此写了一篇短文在《文汇报》上发表了。佐临老师看到后很激动,给我写了一封短信,说到了丹妮的恩师——米歇尔·圣丹尼,我这才知道人艺学馆就是用他的方法教学的,这个米歇尔·圣丹尼就是当年教丹妮形体动作的老师,但是1968年就去世了,而他的表演方法在英国、美国、加拿大被继续使用。通过黄佐临先生我才知道这个体系在这些国家很流行。

采访人:当年你们学的时候不知道这个人,丹妮老师也没有说过?

杜冶秋:我们只觉得丹妮老师演戏很好,因为丹妮老师在英国学的表演,她怎么教我们就怎么学。

采访人:但是这套理论你们并不知道?

杜冶秋:不知道,她也不讲这是谁的理论。不过根据推论,我刚才讲的动物模拟、无对象交流,我估计她当时应该是学过的。

采访人:你们学习一年半以后就毕业了?

杜冶秋:一年半以后培训结业了,学员基本上留下来了。然后我们演了夏衍写的《法西斯细菌》作为结业演出,因为当时夏衍是我们院长。

采访人:有没有老演员一起参加演出?

杜冶秋:没有,就是我们学馆的学员。当时在工人文化宫演,我演的角色是秦正谊,主要的对立面,这个戏演完我就算是跨入职业演员的行列了,这是很重要的一步。

采访人:您觉得您小时候调皮捣蛋的生活对您的表演有帮助吗?

杜冶秋:我觉得很有帮助,我的承受力以及在舞台上的稳定度非常好,我到台上一点都不慌,因为我在学校参加了很多独唱、小组唱、演戏之类的活动,舞台经验比较丰富,作为表演来讲我始终是比较占优的。

采访人:当时学馆整个班级大概多少人?

杜冶秋:五十来个人。后来有的搞政工了,有的到中戏、上戏学习去了,我们首届学馆的有十来个人一直在人艺。

采访人:学馆毕业了以后就开始当职业演员了。

杜冶秋:这当中有一个很重要的问题,我们到剧团当职业演员以后,怎么才能够在人艺这样一个高水平的、有那么多老演员的全国一流的剧院站住脚呢?要是站不住,一天到晚跑龙套就伤了脑筋了。当时我们在演《法西斯细菌》的时候,华东话剧团要跟我们人艺合并了,华东话剧团有庄则敬、熊雪岑、严翔、章非这批演员。这个消息一传开,我说这下要命了,这些都是剧团里的台柱子,有的是1952年以前老剧专毕业的高才生,这批演员一来,我什么时候能够翻身啊?

采访人:有生存危机了?

杜冶秋:危机简直太大了。还好我结业演出《法西斯细菌》时,原来华东话剧团的导演虞留德对我这个角色印象很深,合并后,有一天他看见我,他说小杜,你戏演得不错,《蜻蜓姑娘》这个戏我要给你演一个角色。我听了好像天上掉下一个大饼,因为我又不认识他。结果我演《蜻蜓姑娘》里一个叫山德罗的记者,这个角色也很适合我。正在我觉得业务可以一步一步向上走的时候,领导跟我讲,现在中央戏剧学院华东分院招生,他们希望人艺派人去报考学习,我们决定让你去考。我心里想我好不容易得到这个角色,而且我觉得我们人艺实力这么强,有黄院长,有丹妮,观众都是半夜里排队买票的,我干吗还要跑到外面去学习？领导说这样吧，你去试试看，考取了以后再说，说不定人家还不要你呢。他这么一讲，我就去横浜桥老剧专那里参加考试了。

当时考试要交三张纸，我根本没有写，胡导老师主考的，他问我三张纸呢？我说我没带来。他说你开始吧。我退了几步就开始念诗了，还没念两句，走廊里咪咪咪嘛嘛嘛练声的很吵，我就直接跑过去把门关起来了。胡导老师就说，杜冶秋，你怎么讲都不讲就去关门呀？当时他们感觉我有点傲，我自己也是不知道天高地厚。我们去了大概有三四个人，结果取了两个，我没录取，我就继续排《蜻蜓姑娘》。后来人艺演员剧团团长高重实跟我讲，你能不能再去考一次呀？我说人家对我的印象不好，我不去了。他说这次是他们叫你去的。我一听，他们让我去考，说明我业务上他们还是认可的，可能是我的态度让他们不喜欢。

采访人：当时只让你考了一个朗诵，小品也不让你做，歌也不听了？

杜冶秋：对啊，我这个态度人家接受不了。而且另外两个考取了，还是直接进入了三年级。

采访人：你感觉伤自尊了？

杜冶秋：自尊心很受伤。没想到过了一两个星期学校又让我去考，我想这次我态度要好点，提前把三张纸写好，语言全部都准备好。这次考试地点已经从横浜桥搬到华山路来了。

采访人：就差那么几个星期？

杜冶秋：就差两三个星期，学校正好在搬家，但是我不知道。到那天考试了，考场当中坐着朱端钧先生，胡导老师坐边上，这次很郑重，还铺了桌布，比横浜桥那次派头大得多。我一看朱端钧先生也在，上海四大话剧导演之一啊，四位导演是黄佐临、朱端钧、吴仞之、费穆。我想他来主考，我得好好表现一下，就把三张纸交上去了。胡导老师说你这一次态度好多了嘛，你今天准备了什么？我说先朗诵诗吧。朱端钧说，我看这样吧，你选个寓言读一读。我就挑了《狼与和尚》这么一个寓言。寓言朗诵完，正准备要朗诵诗，朱端钧说，你能不能把刚才这个寓言演一演呀？我说好呀，我演狼，但是和尚没有人演啊。他就让王复民（上戏57届学生）来帮忙。王复民帮我搭一个门和一个桥，他在里头躲着。我说开始了，我就装狼的样子在地上到处爬，到了和尚庙前拿脚踢门，开门呀，和尚，我现在肚子饿得不得了，你能不能可怜可怜我，给我吃一点什么东西呀。王复民就是死活不肯开门，他这么做就是看我怎么往下表演，门开了不是没戏了吗？他死活不开，我翻过来倒过去地说他还是不开。后来我就听见朱端钧说开了吧，王复民就把门开了，我扑过去掐着他的脖子，我说你这个坏和尚，不给我吃东西，那我吃了你再说，我拼命地掐他的脖子。朱端钧喊停，杜冶秋同学，好了，好了，你要把他掐死了。我心想这下肯定考取了，因为考场上他们都笑死了，我动作又积极。考好了就让我回去等消息了，后来果然考取了。第二次去考的时候我以为只有我一个人去再考一次呢，没想到那天到考场门口我看到好几个人都来考。

采访人：都是人艺的？

杜冶秋：对，是张先衡、卢若萍他们，他们年纪小一些。我说你们来干什么？他们说我们来考上戏啊。结果我们很争气，那次考取了六个，张先衡、卢若萍、刘建平、戴金凤、贺雪瑛和我，所以我们59届有好几个人艺的。这个班本身就比较成熟，还有从北京文工团部队调干来的，年龄都比较大，形象各异，有洋帅哥如梁波罗、焦晃，有土帅哥杨在葆这种胡子拉碴的，各种各样的形象都有。

我以为我也是直接进三年级的，没想到我是进一年级，这下子我不干了，为什么前面考取的两个人上三年级，而且还拿原薪，我进一年级还要拿调干助学金，薪水降低，还要让我挤在二十人一间的潮湿房间里，我简直不能忍受，我情绪相当不好。后来我发牢骚说，等我偷完苏联专家的东西我就回去。结果传到了领导那里，在每星期一的全校大会上苏堃院长不点名批评我，什么叫偷苏联专家的东西，怎么能说这种话呢？陈加林老师当时是我们的助教，就问谁讲的，我说我讲的。陈加林老师说你怎么可以这样讲话呢？你就是这样想也不能这样讲呀。我说是我讲错了。我那时候的个性就是这样，得罪人也不怕，讲错话也不在意。到了第二年的时候我当了班长，表演都是拿5分的，教学组都是学苏联专家的东西，我们表演系一年级上学期的小品精彩之极，是苏联专家直接指导的。

采访人：跟在人艺那个时候学的东西不一样？

杜冶秋：不一样，的确不一样，我们触摸到了斯坦尼的"真经"了。一年级下学期的期末考试，我们二十多个人汇报，苏联专家打分，我们的老师一起监考，真是精彩，一个小品是一个小品。我举两个例子。焦晃表演抓麻雀，哎哟，一个没有抓到，麻雀飞掉了，哎哟，又飞了一个。他火了，就拿一个木棍捅麻雀窝。苏联专家说你不要这样，你不可以这么对待小麻雀，不可以抓不到就把它们捅死，你再发脾气也不能有这个行为。我们就知道了，表演是包含美学的，不要搞得人家不忍心看下去，我们后来就非常注意了。又比如杨在葆演的一个小品，是他到山上野营，肚子饿了，抓了一只鸟，把烂泥搞湿，用做叫花鸡的办法摆在火里去烤，这是他们安徽家乡的生活。烤熟后剥叫花鸡吃，很生活化的小品。苏联专家认为很好。我在准备考试的小品时，一而再再而三地失败，原因是什么呢？原因是我从剧团来的，太讲究情节了，那个阶段我脑子就这么别牢了。因为专家要看我们期末考试，她不断要来审查我们的作业，不是说全班都要上的，谁准备好了谁上。我每次都很积极的，但是每次上去演完苏联专家都朝我笑笑，表示没有通过，我就感到奇怪了，老师也急了，杜冶秋怎么听不懂专家的意思。后来在杨在葆他们这些小品启发下我总算明白了，其实就是要做一件我自己熟悉的事情，做得好、做得生动就好了，而不是去"演"一个别人身上发生的事情，我总算领悟过来了。临考的前一天我改变了，我演的是星期天"我"拿了一个画板去写生，带了一些干粮，画得差不多了，准备拿面包吃的时候，发现上面都是蚂蚁，然后跟蚂蚁折腾了半天。算了，赶紧把画收起来离开。过小溪的时候画板滑落，所有的纸都漂走了，但是我觉得这里风景实在是好，又拿出照相机拍了几张照后才走了。专家给了我5分。听老师讲，为我这个5分他们争论到半夜，苏联专家认为可以拿5分，杜冶秋前面的小品都不对，但是这一次对了，可以给5分。所以在评分这个问题上，苏联专家对老师们也是一个启发。

到二年级，要排片段了，"大鸣大放"运动开始了，我是班主席，要动员大家提意见。但是当时我对这个一点兴趣都没有，我只想跟苏联专家搞片段，多排排戏，我没有兴趣去搞政治，加上我进校的时候就有不痛快的经历，我就让大家赶快提，提完了以后我们好去搞表演。突然间，"大鸣大放"变成"反右"了。我们这个班成了学校"反右"的重点，我是班主席，王德纯是组织委员，张先衡是学生会副主席，戴金凤是团委委员，李长年是宣传委员，被一网打掉了。从1957年一直到1958年夏天，整整搞了一年，当然有的时候还上表演课，我们这几个人在班里很痛苦地煎熬了十来个月，同学、老师之间的关系近也不行，远也不行，一直到1958年"反右补课"，我们以为没事了。后来苏联专家教的进修班排的《无事生非》要到北京去演出，我们班是群众演员，要跟着一起去中南海演给毛主席、周总理看，当时很激动。突然传来一个消息，内定敌我矛盾的不能随团进中南海，过了没几天，除了张先衡、张名煜，我们几个人进去了，他们两个被打成右派，我们几个定性是严重右倾，协助右派向党进攻，被开除团籍。宣布结果的那天晚上，我感觉被摧毁了，我跑到学校的理发室推了一个平头，头发也没洗，闷着头从延安路后门一直走到外滩，看着滚滚的黄浦江水，轮渡"呜呜"拉着汽笛，我脑子一片混乱，怎么会这样子？

真是天不绝我，大概是1959年冬天，我回杭州去过年，突然接到一个电报，让我速回学院，说有重要任务。我拿着电报给爸爸看，我说年还没有过完，有紧急任务，我只好回去了。回来以后才知道中央领导在锦江饭店开会，会议期间要组织一些演出给领导看。戏剧学院决定根

《吝啬鬼》剧照，右为杜冶秋，左为李家耀

据我们59届演员的条件排《吝啬鬼》，李家耀演主角阿巴贡，焦晃演大少爷克莱昂特，梁波罗演仆人，我演阿巴贡的厨师兼马夫雅克，是很好的角色。这是"反右"以后我接到的第一个任务，这个角色戏虽然不是最重要，但是对演技的要求还是很高的，因此朱端钧把这个角色给我演。后来演出的时候，有一场我和吝啬鬼的戏，我们从台上打到台下，这场戏演得很出彩。

接下来面临毕业分配了，我心想我团籍没了，回人艺是不可能了，如果要留在实验话剧团，那就要看老师对我是不是手下留情了，不过我觉得好像没什么希望。到毕业的时候我又演了一个《上海激战》，这个戏教学组居然分配我演师长，是这个戏里解放军的最高首长。我觉得这对我是一种鼓励，就是让我不要太在意，党还是信任我的。

在《上海激战》中饰师长

采访人：就是说老师还是爱护你的？

杜冶秋：老师是好的，恨不得我们每个人都能成才，对我们这些犯错误的同学极端惋惜。胡导老师根本搞不懂，"反右"运动后来会这样发展，两个人被打成右派，那么多人被开除团籍，他自己脑子也乱了。

采访人：这个戏演完后就毕业分配了？

杜冶秋：这个戏演完以后我心里有一点底了，因为从我的表演也好，从我过去当班主席也好，从我各方面来讲，我留在实验话剧团还是有可能的。

采访人：演完后就留下来了？

杜冶秋：留下来了。留下来就排《战斗的青春》，我演赵青。

采访人：这时候思想负担是不是相对轻一些了？

杜冶秋：是的，但是不能提要求。我给自己立下一个规矩，就是老老实实做人，认认真真演戏，做好这两条，别的事情不要管。也算我运气好,建国十周年,实验剧团要排演苏联的名剧《决裂》,是描写"阿芙乐尔号"巡洋舰起义的,由田稼老师来排。让我演什图别,反一号,是一个非常棒的角色,他是"阿芙乐尔号"巡洋舰舰长女儿的对象,舰长的女婿。这个戏主要围绕舰长是支持水兵革命,还是反对水兵革命展开。我这个女婿是德国血统的贵族,坏到骨子里,他是反对十月革命的,因此他跟舰长起冲突,跟他妻子起冲突。这个戏就非常好看,这个舰长的女儿有一个很活泼的妹妹,姐姐是一个护士,妹妹是很单纯的人,当时没合适的人演,就把58届的冯庆龄找来演。58届很多人在东海舰队里,学校把她调回来演妹妹,她适合这个戏路子。

采访人:你和冯庆龄老师之前在学校没什么交往?

杜冶秋:基本上没什么交往。结果真排的时候她不大会演了,我就教她怎么演。她觉得我怎么会懂这么多?这个戏以后我们就好上了,到现在已经过了金婚50年了。

在《甲午海战》中饰日本特务福岛

采访人:演这个戏有两个收获。

杜冶秋:两个收获。所以我对田稼老师是很感激的,我不是他的学生,四年在学校也从来没跟他有过接触,他是看过我的戏,相信我能演这个角色。

采访人:《决裂》,加上此前的《无事生非》和《上海激战》,您基本站住了。

杜冶秋:站住了。我们当时演戏不在于多,像《甲午海战》中我演日本特务福岛,娄际成演的是反一号,我跟他有一段两个人的对手戏,演得很精彩。我把日本特务做了性格化处理，很精细，我一出场，把烟头一丢，脚下一踩，四面观察，然后跑到那边去，娄际成从这边闪过来，看到我，两个人在一个亭子下面商谈怎么叫他叛变的问题。

采访人：那个时候讲究角色塑造。

杜冶秋：对，我们是形象化的、性格化的处理。

采访人：1959年毕业，国庆十周年演完这些戏，到1966年之前您还有什么作品？

杜冶秋：我觉得应该以1963年画个线，为什么呢？因为从1963年开始有一个"大写十三年"的方针，我们实验话剧团也从学校脱钩，划归文化局管理，转为青年话剧团了。我认为这是第一次对青年话剧团的扼杀，很多人还以为建立青年话剧团如何如何，实际上学院派的风格开始丢弃了。我们排《雷锋》，是罗毅之从人艺调到青年话剧团来排的第一个戏，用了一个星期，应景的，配合形势的，参加的都是一些好演员。这种戏拿来三下两下排出来了，要气氛有气氛，要什么情绪就有什么情绪，一个星期排完上演了。《千万不要忘记》完全是一个搞阶级斗争的戏，里头搞一点喜剧，搞一点生活凑数。实际上就是要搞阶级斗争，排了一台不够，再排第二台。我爱人那个时候产假还没有满，就叫她去演《千万不要忘记》，最后到了台上奶水也出来了，用布垫在里头，演完以后赶紧回家喂奶，这种日子真是够呛。

采访人：1966年之前的生活基本上还算比较平稳。

杜冶秋：那时大家都一样，你苦我也苦，一直到每月5日发工资那一天，老实讲，青年话剧团没几个人口袋里有余钱的。我连结婚的金戒指都卖掉了，真心疼呀，上面有我名字的，是我爸爸妈妈送我的。

采访人：那段时间主要创作了几部戏？

杜冶秋：《战斗的青春》《吝啬鬼》《无事生非》《决裂》，就是这些看家戏；60届来了以后演了《甲午海战》和《桃花扇》，就这五六部戏吧。

采访人：您都参加了？

杜冶秋：我基本上都参加的，那个时候也算是青年话剧团的骨干。

采访人：青年话剧团就是靠这几部戏打了一个底子？

杜冶秋：不是打了一个底子，是辉煌。

采访人：就是在观众中有影响了？

杜冶秋：你的这个提纲写得不准确，1976年以后那不是辉煌，照我的说法，那是回光返照。真正有风格、实验性的、别人看了服的，是这几部戏。当时我们青年话剧团演的《战斗的青春》，娄际成演的李铁一出场，把那个腰带"唰"一抖，出发。我们后来到了沈阳演出，沈阳部队的周寰上将，他是喜欢戏剧的，他看了我们青年话剧团的《战斗的青春》，简直是痴迷。他请求改一改剧本，因为他有部队生活经历，最后一场开打，娄际成从八仙桌上面翻下来，整个台上打成一片，非常好看。辽宁的同行看了也是佩服得不得了。

我觉得实验话剧团有学院教学的要求，学校有在实验话剧团做实验的需要和任务，两者是结合在一起的，剧目是要跟教学联系起来的。而且熊佛西院长挂帅，外面的事情我们是不用管的。结果1963年剧团转向，脱离了学院，成立了青年话剧团。"文革"结束以后，尽管拳打脚踢也形成了一时的辉煌，但是这种辉煌没底气，没有主心骨。

采访人：1966年开始到1976年结束，"文革"十年，创作基本停滞。

杜冶秋："文革"开始我们主要搞一些红卫兵的文艺活动，小分队，战斗文工团，演一些活报剧，反对美帝国主义、打倒帝修反什么的，整天就搞这些小节目，对我们来讲是很轻松的事情，当时我写了很多这种玩意儿。后来我被招进了《战船台》剧组，所以我从1972年到1975年这几年就在搞《战船台》的第一稿、第二稿、第三稿、第四稿，最后去北京演出，打响了，两位主要演员李祥春和施锡来参加了国宴。

采访人：打倒"四人帮"前，还有一个《盛大的节日》，这个戏您也参与创作了？

杜冶秋：《战船台》打响了，文化局交给我们第二个任务就是创作《盛大的节日》，让我和刘师正、王公序三个人来写。《盛大的节日》是写造反派"一月革命"的，但是写"一月革命"，我们觉得非常困难，一写就写到帮派里面去了，所以我打算退出来。我想，如果写九次路线斗争有风险，那我就写十次路线斗争，因为林彪谋害毛主席总不对吧？我写这个总行吧？正好文化局局长吕复解放了，知道我要写这个题材，就来跟我商量，要跟我一起合作创作，我就顺理成章地离开了《盛大的节日》创作组，跟吕复到5703厂去下生活了。这个戏很顺利地写出来了，也写得很精彩，叫《顶风飞》，很快就排得差不多了，就在彩排的第二天，"四人帮"被粉碎了。

十一届三中全会前后，正好有个机会，沪剧演员王盘声和爱华沪剧团要排《一只绣花鞋》，《一只绣花鞋》是"文革"时期的一部很红的手抄本小说，改成了沪剧《C3之梦》，由我导演这个戏。

采访人：从那个时候您开始转向了？

杜冶秋：我之所以会走上导演岗位，主要是因为《战船台》。《战船台》一共排了四稿，第一稿是我排的，当时剧本不够分量，算初试牛刀，后来感觉我没这个能力，我就不导了。第二稿写出来以后就请上海京剧院的导演马科来导，他爱人是我们剧团的童正维，让他来排也可以借鉴戏曲舞台的表现形式来创新，排完以后上面来审查，说这一稿还是不行。那么我们三个人又反反复复修改了好几稿，最后说可以排了，但是马科被京剧院调回去了。这个时候正好田稼老师解放了，被调进我们创作组做导演来排第三稿。结果田稼老师排完以后，审查后说这一版太柔了，好像他思想没改造好似的。田稼老师心里真是痛苦，每天早上天没有亮就起来，香烟一根接一根地抽，心里郁闷之极。他跟我讲，小杜，我看下一稿还是你来排吧，我精神负担太重了。在这种情况下，最后到北京演出的这一版是我排的，排得也还可以，至少在北京是打响了。因此我感觉自己以后是不是搞导演吧？因为我已经四十多岁了，因此我就转了。《战船台》之后，第一个打响的戏就是《勿忘我》，首届上海戏剧节拿了一大串奖，陈少泽、任广智、卢时初获表演奖，李汝兰获舞美设计奖，我获得了导演奖，《勿忘我》算正式在青年话剧团导演演出剧目了。我后来一共搞了26台戏，还不算市里的五六台大型活动。

采访人：您觉得在您导的这么多戏中，哪部话剧在人物塑造、舞台创意上比较能代表自己的最高水平？

杜冶秋：当然我对《勿忘我》比较珍爱，我是用了很大的心思的，做了很大的努力，因为是首届上海戏剧节，"文革"后文艺界刚刚开始步入正轨，所以每个剧团对剧目、对人员的安排都是高水平的，都要拿出最好的作品来比拼。《勿忘我》是我们剧团的女作家李婴宁和殷惟慧写的，写得很柔情也很细。

要把这个戏组织起来需要有一个样式，当时因为"四人帮"刚粉碎没多久，话剧的样式感和表现手段并不多。1984年、1985年以后，国外

《勿忘我》剧照

的流派逐渐传进来了,手段和样式才多了起来。1982年搞《勿忘我》的时候全靠我们自己琢磨,我们的舞美设计李汝兰水平很高,他利用塑料幕布反投影技术,用很多张幻灯投影来模仿万花筒结构,配合剧情发展和人物心理活动的变化,也就是说演员这个时候是一种什么规定情景,这个幻灯上面就打成一幅演员漫画,就是不断地搭配,通过这个来转换场景。又请了音乐家叶纯之专门为这个戏作曲,这在以前也是没有的,那是要掐准分秒给你作曲、乐队专门录音,当时单位里也是花了很大的价钱的。最后这个戏的样式感很好,很青春很有活力。这个戏的舞美确实很漂亮,把演员融到景里面,为演员服务,为戏服务,这个戏我认为还是可以的,所以导演奖、舞美奖、演员奖拿了好几个。从此以后,我觉得我可以做导演了,我在戏曲导演方面做了几件好事。

采访人: 采用了一些话剧的手法?

杜冶秋: 绝对用的是话剧手法。我为什么会在越剧院的红楼剧团排《瓜园曲》呢?因为当时王文娟和徐玉兰要搞一个红楼剧团,就是女子越剧,因为袁雪芬是要搞男女合演的,这是周总理的指示。王文娟和徐玉兰想根据自己的艺术特点,自己办一个红楼剧团,搞女子越剧,但是压力很重。正在这个时候,第三届上海戏剧节要开始了,红楼剧团报什么戏呢?人家都报现代戏,难道你还报才子佳人?没办法,她们报了一个陆军写的《瓜园曲》。但是这些越剧女演员怎么去演农村的农民?王文娟到万航渡路和平新村我家来请我去帮个忙,我就答应去排《瓜园曲》了。但是还有十几天报名就要截止了,怎么办呢?我提出要是实在来不及,就请组委会到排练厅来审查,我们加紧排练,组委会果然同意到排练厅来审查。我搞了一个景随人动,比如窗子在这里,演员在窗子边跟你讲话,这个时候灯光一暗要换景了,我让演员在场子上走圆场,跟着这个景色,人好像没有离开过这个窗子,但是那边那个演员跟着这景,从树后面跑出来了,我用这个办法把评委看愣了。她们的唱功自然是很好的,整个换景的过程,景随人动,人随景移。《瓜园曲》获

《瓜园曲》剧照

得了1986年第三届上海戏剧节创作演出奖、布景设计奖,我获得了导演奖。

采访人： 除了最早导的《战船台》以外,沪剧《C3之梦》、越剧《瓜圆曲》、话剧《勿忘我》奠定了您话剧导演的地位和基础,再往后您还有什么作品?

杜冶秋： 话剧到了1986年以后,又是另外一个阶段,好像没有人要看话剧了。所以李家耀来跟我商量说,杜兄啊,没有人看话剧,我们是不是用上海话来演《可口可笑》啊? 当时北京青艺的王景愚搞了一个《可口可笑》,他是用普通话演的,李家耀把王景愚的剧本拿来翻成上海话,我们不是演滑稽戏,我们是演上海话的喜剧,我说好的。我们请黄佐临院长做艺术指导,我演张经理,他演那个小年青,这个戏打得很响。

采访人： 除了《勿忘我》,此后还有没有创作上有突破的话剧?

杜冶秋： 不能讲突破,只能讲为难我的,功课做得很艰难的就是

《天才与疯子》。

采访人：为什么？

杜冶秋：因为它的主题我搞不清楚，而且我从头到尾都不懂。

采访人：这是赵耀民的本子，他当时怎么解释他这个本子？

杜冶秋：他就是好在这里，他不解释。

采访人：随便你怎么排？

杜冶秋：所以他不是一般的作家，他是随便你怎么解读。本来是上戏的张应湘老师导的第一版，但不是很理想，也怪不得张老师，主要是对这个剧本意见太多，搞得人家无所适从。后来复排，团里的意思是让我们自己的导演来排，这样可排可停，可给钱可不给钱，因为自己的导演是拿工资的，如果上面对这个戏有争论叫我们停我们就停。因为这个戏观众要看，大学生要看，再加上我认为我的手法比较多，我把这个戏搞得应该讲还是比较好看的。后来黄院长也来看了，他也没看懂，

《天才与疯子》剧照

结果他的小外孙就说,外公你怎么不懂啦,这个戏是写青年大学生的错位的思想,是一种新的表现形态。

采访人:年轻人比较容易接受?

杜冶秋:年轻人接受,但是他们各有各的说法,有的人说是这个意思,有的人说是那个意思。但是这个戏打得很响,连演了100场,跟黄佐临导演的《寻找男子汉》一样演了100场,在当时来讲是一个事件了,演了100场以后市委宣传部还给我们剧组发了演出100场的纪念奖。

采访人:有没有最不满意的一部戏?

杜冶秋:基本上都不满意,你要让我重新来一遍,我认为会耳目一新。我现在玩不动了,但是我会经常在家里想这些问题,人家不相信我这么一把年纪还能玩这个东西,不过我确实有这种想法。

采访人:意识不落后,但是体力跟不上了。

杜冶秋:戏曲方面我搞了很多创新,比如搞的书戏,还是很轰动的,电台的星期书会100期就是播的书戏《洋场奇谈》。1989年评弹团想把《上海滩》许文强和丁力的故事搞成说书的书戏,但是他们不知道怎么处理书戏的形式,所以他们希望我能够帮他们搞这个书戏。我跟评弹界也是很熟的,我说可以啊,我就把乐队放在台上,当中高处坐一个说书的,说到哪个角色,哪个角色就出现在舞台上表演,这个形式是评弹界从来没有过的。长江剧场的花篮都铺满了,这些来看评弹的都是香港、台湾老板的太太,坐飞机飞过来看的,票价卖得离奇的高。当时报上还刊载了两篇文章介绍我和这个戏。我这个人思维比较海派,我也没想做一个大导演,创个什么流派,我没这个愿望,我就喜欢玩,这个书戏让我玩得开心得不得了。

采访人:您之前说青年话剧团(实验剧团)的辉煌到1986年左右结束了,主要原因是什么?

杜冶秋:没有风格,"文革"以前青年话剧团的风格很鲜明,很洋气,《年青的一代》《战斗的青春》《甲午海战》《桃花扇》等,都是背靠学院,表演细腻,满台春风,表演的技巧协调统一,基本是戏剧学院的老师来导演的,所以排出来的戏是有风格的。1963年建团后,很多戏是为政治服务了,有些剧目就比较粗糙了。

采访人: 但是"文革"以后还是有一些原创的。

杜冶秋: 我就是讲这个阶段。1963年到1965年实验剧团离开了学院,之后"文革"十年这个团伤了元气。"文革"后胡伟民到了青年话剧团,他是位有才华的导演,他给青年话剧团排了《安东尼与克列奥佩特拉》《秦王李世民》等几个有水平的戏,可以说是他和青年话剧团相互成就了对方的辉煌。但青年话剧团作为一个整体怎么发展?"文革"后田稼来青年话剧团做团长,他写了一个"建团措要",这是青年话剧团每个人都知道的事。其实在"文革"以前,就是1963年到1965年,他就看到了这个剧团存在的问题,他要用戏剧学院里的东西写建团措要,演员怎么培养,导演怎么导,剧本怎么选择等等,列了很多。但是一到"文革","建团措要"成了批判的对象,说他搞的是资产阶级的办团方针,他为此检讨了又检讨。实际上这个"建团措要"是恢复老青话的最重要的一个文件,但是田稼老师没有实现就调回学校了,从此"建团措要"夭折。

胡伟民来了以后排了一些好戏,我也排了十来个戏,所谓外界讲的青年话剧团80年代的辉煌,那是因为很多人没有看过青年话剧团(实验剧团)"文革"前的一些戏,特别是年轻人,十年"文革"根本没有戏看,"文革"后看到了除了样板戏以外还有这些戏,因此大加赞扬,认为青年话剧团复活了。而我作为一个青年话剧团的老人,我认为是回光返照,最后还是要死去的。特别是祝希娟的离开,1983年她到深圳去了,讲句公道话,青年话剧团离开祝希娟当然可以活,但是损失还是很大的,尤其是影响力方面。青年话剧团的演员都很好,虽然不是很团结,但就算是"文革"时期外面斗得不得了,可是我们一个自行车铃

1957年在天安门前合影，左起：向能春、张名煜、杜冶秋、李长年、梁波罗、盛吉明、李家耀

铠都没有丢过，我们是一个非常高雅的学院派的单位。我们同学之间的感情很好，我们59届"反右"运动搞成这样，把我们五六个人打成右派，但是我们同学聚会照样非常友好，当然在业务上是谁都不服谁的。

其实在"文革"中我们青年话剧团已经合并到人民艺术剧院去过，只是当时名字是上海话剧团，人艺是一团、二团，青话是三团，滑稽剧团也并过来了，称为方言剧团。为什么会到人艺去了呢，就因为它比你多了几个人，院子大一点吗？不是的，是因为黄佐临几十年的经营，它有自己的风格，它站得住，它有统帅，而我们青年话剧团是群龙无首。我觉得我们离开了戏院学院，就成了一群没人管的孩子，虽然我们每个人都能把自己的角色演得很好。人艺为什么好，就因为有黄佐临，有黄佐临跟没有黄佐临是大不一样的。黄院长的东西就是海派话剧，人艺的风格就是海派话剧，跟北京人艺不同，随便什么话剧到上海人艺来我都能接受，外国戏我能接受，《蜻蜓姑娘》《中锋在黎明前死去》等；曹禺的戏，《家》《雷雨》《日出》也演；创作剧目《第二个春天》，是南京部队写的，他没有部队戏的经验，他把王啸平从南京前线话剧团调过来，就有了排部队戏的导演了；排民族化的戏他把杨村彬请来，他退居后头。黄院长不是要搞他自己的风格，他是把人艺搞成了具有海派风格。你看看黄佐临搞的几个戏，比如《第二个春天》，这个戏写得很散，不知道怎么排，好像结构不起来。结果黄佐临提了一个"飞"字，我说黄院长你提这个"飞"是什么意思？他说你们想想看，你们每个人在这个戏里面是不是都想飞，我们聚拢来"飞"到同一个目标上去，这就是主题。结果很散的一个戏，他居然用一个"飞"字把整个剧组搞得热热闹闹的，《第二个春天》排得很好看，黄佐临就有这个能力。什么戏到了黄院长手里他都能够搞成，这点不能不服，而且他能容纳、有智慧。我初到人艺的时候，很看不起旧上海留下来的一些演员的，但是黄佐临把这些演员弄到人艺来了，后来人家照样成为人艺的大演员，他就是有这个眼光，有包容性有智慧有魄力，而我们青话没有这样的人。胡伟民是很有才干的导演，他可以搞出不错的戏，也会到外地去排戏，当时我也一样各省市跑，但是我们这些人没有在一个人的统帅之下，把一个剧团好好地发展起来，这是很遗憾的。我觉得青话是我成长的、生活的一个家，它孕育了我很多东西，也给予了我很多东西，我没本事把它救起来，但我也没有什么特别遗憾的。

采访人：当时您是提早退休的吗？

杜冶秋：提早退休跟我没有关系，他们很多人没到年龄就叫他们退了，我比他们年纪大，我是1992年正常退休的。他们没有到年龄就提早退休，这一点我觉得他们可能会很痛苦。

采访人：咱们换一个轻松一点的话题，2003年左右话剧又开始兴旺起来了，过去的话剧，比如《勿忘我》，它能够给观众一些思考，但是现在的话剧承载的思辨性的东西很少见了,您怎么看这个问题?

杜冶秋:实际上你讲的是快餐话剧,在剧院里面当场消化了,包括《三十九级台阶》,我觉得这个戏很好看,非常有意思,但它也就是快餐而已,不过这种戏我还是蛮喜欢看的。

采访人:如果说再搞戏的话,您是喜欢搞轻松一点的小白领的戏,还是搞能够给观众一些人生体悟的戏?

杜冶秋:两者之间吧。这次我们搞《钦差大臣》《安东尼与克列奥佩特拉》,这是我们这批人吃的草,我们感觉这些东西好吃,很有口味,很有嚼劲,一些老观众跟我们有共鸣。但是青年人不以为然,有的还认为惨不忍睹。我认为还是要往前看,我觉得现在很多演员都很好,他们在这个年龄超过了我们那个时候的水平,包括现在电影上的,电视上的,能适应很多戏,而且观众很喜欢他们。我们年轻的时候演戏演得也很好,但是没有像他们这样自如,没有像他们这样生活。

采访人:那个时候的表演会有一些程式化的东西,现在更生活化一些,时代在进步。

杜冶秋:我们这些人没有必要去凑热闹了,因为不是你的时代了。话说回来,也希望年轻人里有人回头看一看,在前进的同时回过头看一看,前辈有没有给他们留下一点值得回味的东西,拿出来把玩一下,品尝一下,不要跟传统完全断绝,不要对所谓的经典话剧不吃不碰。而老同志也不要对年轻人搞的这些快餐文化、白领戏剧嗤之以鼻。因为时代变了,不同的时代,行为完全不同了。我觉得你们把我们这些回忆记下来,是很有功德的,为什么呢? 因为这些东西再不留下来,的确没有人再去记录这些事情了。

采访人:这些创作的方式、方法,不生活在那个年代,是无从了解的。

杜冶秋:至少口述历史这件事情是绝对有必要的,不然的话这就是一个空白。讲起来我们的话剧有一百多年历史了,但是你仔细去想想,20世纪20年代、30年代,那种文明戏,一句话要讲半天,这叫戏吗?但是这也是我们话剧史当中的一个环节,不能割裂开来看,没有那个东西作为起步,现代话剧也就不存在了,因为如果没有欧阳予倩等人把话剧引进来,中国人谁晓得什么是话剧?但是话剧进来了,连梅兰芳、周信芳这样的大师也要去学文明戏的表演,京剧也借鉴了话剧的一些表演方法。

采访人:其实话剧也借鉴了很多戏曲的东西。

杜冶秋:是的。现在有些新人,他们还有兴趣在话剧舞台上搞创作,搞一些观众愿意接受的戏,我认为值得鼓励,但是观众范围窄了一点,白领和学生比较多一些,都是年轻人看的戏。这个我觉得不正常,话剧不是青年人的专利,而且历史上也不是。

采访人:您的儿子杜村也是受到您的影响,子承父业了?

杜冶秋:不是受我影响,是受这个时代的影响。因为那个时候他到照相机厂做技术员,感觉很苦闷,他要学戏剧编剧,就去考戏剧学院戏文系了,第一次没考取,第二次考取了。他是1992年毕业的,他学得有些晚,他第一天到教室里都难为情,人家看他怎么一个老头子来了。

采访人:他后来出了不少作品,您没少辅导吧?

杜冶秋:没有,他写剧本也不跟我谈,写完了才说"爸爸你看看",我再翻翻看。他的《爱情泡泡》写得不错,尹铸胜第一个演出来的戏。

采访人:谢谢杜老师跟我们聊这么多,包括生活经历和艺术创作。

杜冶秋:我可能比较冷静一些,我是跳出圈外在看这件事情的,我把青年话剧团的以往捋了一下:1963年以前,这个孩子生下来,抱在手;1963年以后就跟了保姆了,还没长大,十年"文革"开始了;"文革"结束我四十多岁了,然后来了胡伟民,一个有才干的聪明人,几十年的积累让他迸发出一些东西,再加上青年话剧团这些演员的实力,因此青话看起来好像旺了一下子。我也导了十多个戏,无论如何青年话剧团的戏还是有一定水准的,作为整体来讲它是比较不错的,但是我为什么讲这不是辉煌,而是回光返照,最后终于死亡?因为人家不可能在你真正辉煌的时候把你打掉,这个责任谁也担待不起的,是因为你骨架子已经不行了。

采访人:这也是一个经验教训,兴衰总归是有原因的。

杜冶秋:对,不会突然来临的。

(采访:李丹青　整理:李丹青)

小谢要谦虚，不要骄傲

——谢德辉口述

谢德辉，1933年出生于上海，祖籍四川乐至县，国家一级演员，中国戏剧家协会会员。1949年9月考入上海实验戏剧学校表演专业。1952年9月毕业分配至华东人民艺术剧院歌剧团。1955年起为上海人民艺术剧院演员。曾获上海第一届青年演员戏剧会演优秀表演奖。主要话剧作品有：《红旗歌》《龙须沟》《尤利乌斯·伏契克》《日出》《布谷鸟又叫了》《大雷雨》《关汉卿》《三块钱国币》《敢想敢做的人》《万水千山》《丽人行》《第二个春天》《南方来信》《霓虹灯下的哨兵》《彼岸》《乌云难遮月》《与魔鬼打交道的人》《灰色王国的黎明》《唐人街上的传说》《女市长》《闹钟》。电影作品有：《布谷鸟又叫了》《翔》《水火有情》。

采访人：谢老师先请您做一下自我介绍。

谢德辉：我出生在上海，我母亲是上海人，我的祖籍是四川省乐至县。抗日战争的时候，我祖父母带着全家到重庆去避难了。那时候我母亲体弱发高烧,结果医院误诊,我母亲吃错了药去世了,她还很年轻,我大概也只有五六岁。我和母亲感情很好,我不知道人走了不可能再回来,就天天拿个小板凳,在窗台前等我母亲,可是每次都等不到。后来我慢慢忘记了,习惯了。母亲去世以后,父亲一直没有和我们在一起生活。我祖父谢无量,是一个很有名的学者、文化人,也是一个诗人、书法家,他心脏不好,所以他说重庆不适合住,就去了成都,他在那里担任大学教授,自己也办过报纸,当过川西博物馆馆长,新中国成立以后到了北京,在北京担任中央文史馆的副馆长,1964年他因为心脏病去世了。所以是祖母把我带大的,我还有一个比我大一岁的姐姐,我小时候的生活就是这样。

采访人: 您儿时有哪些兴趣爱好?

谢德辉: 我祖母读过私塾,我阿姨、叔叔都是大学毕业,慢慢他们都成家了,剩下祖母带着我们,还有我三姑妈和姑父,她虽然成家了但一直和我们一起生活。我三姑妈对我蛮好的,常常给我买少儿读物,我从小不大有玩具,但是有很多的书,《苦儿流浪记》《安徒生童话》《金鱼和渔夫的故事》,这些都看过。

我三姑妈喜欢看小说,她只要上班去了,我就去她房间里拿书看,《飘》《家》《春》《秋》《小妇人》《简爱》《呼啸山庄》,反正她看什么我就看什么。后来我慢慢懂事了,看罗曼·罗兰的《约翰·克利斯多夫》,眼泪直流,那种不屈不挠的精神很感人。我还看了杰克·伦敦的《荒野的呼唤》。那个时候,电影和书籍对我都有很大的启发。

我祖母虽然不看外国翻译小说,但她临睡前有一个习惯,喜欢翻几篇书看看,看完了放在枕头底下。那时候我小,我也拿她的书看,一看是《红楼梦》,看了几页以后,不感兴趣,还是三姑妈的小说好看,所以后来还是外国小说看得比较多。

三姑妈还特别喜欢看电影,每个月都要带我们去看电影,《茶花女》《居里夫人》《魂断蓝桥》《鸳梦重温》《翠堤春晓》,还看了当时很轰动的一个戏《出水芙蓉》,还有秀兰·邓波儿演的戏,到现在我印象还很深。她还带我们听音乐,那时候周小燕刚从法国回来,在南京大华戏院举办了首场音乐会,我还记得她穿着旗袍,唱了新疆民歌,我回家也学她唱。

采访人: 您还记得第一次登台的情景吗?

谢德辉: 有一次我姐姐在同乐会表演,把我带到学校,我看见他们在台上唱歌跳舞很开心,我就从台下跑进去,挤进去跳舞,又跳又唱。结果我奶奶说,这两个小孩真是滑稽,一个是哭着回家的,一个是在后面笑着回家的。怎么回事?我姐姐告状,因为我破坏了他们的同乐会;我很开心,因为我唱得很开心,跳得很开心,还听到小朋友和家长鼓掌,所以我在笑,这是一个很有意思的事情。

抗战胜利后,我们搬到南京,我在汇文女中读书,这是一个教会学校。在汇文有一件事使我难忘,而且我奶奶也大吃一惊。学校举办演讲比赛,各个班级派一名代表参加,我被选为班级代表。怎么选的呢?大家读同样一篇稿子,我读了以后,老师说就是她,她最好,读得清楚,讲得清楚,同学们说好,就让谢德辉代表我们班。我记得那天的大礼堂里坐满了老师和学生,很严肃,我很紧张,为什么?因为我怕忘台词,而且我是代表全班的,我可不想把全班的名声都丢掉,所以我嘴巴里念念有词,就一直在念。突然听到"下面谢德辉",我一听是我,吓得要命,我正要走,老师说稿子放下来,我就把稿子交给另外一个同学,慢慢走上台去。一鞠躬开始演讲了,开始我还是在背,慢慢地我好像投入进去了,因为我熟悉这篇文章,就像讲话一样,讲得很自信,讲完以后,大家鼓掌,我吓得要命,怎么回事?然后看同学们都在笑,老师也在下面点头,然后我想这次好了,没念坏,我又鞠了一个躬就下来了。全部演讲结束以后,大家都在想谁会得到第一名,然后宣布名单了,第一名谢德辉。我都愣了,我说怎么是我,同学说是你,快去接奖,我从后面跑上去了。我得了一个银盾,外面是一个玻璃盒子,很漂亮,拿红丝带扎好的,我鞠了一躬,老师说祝贺你得到了第一名,我就说谢谢老师。我把奖捧回班里,同学们都围过来看,很为我高兴。这就是我在汇文女中得到的演讲第一名,这大概就是我第二次登台和观众见面,第一次是在小学里跑到台上参加姐姐的同乐会。

采访人:1949年您考取了上海实验戏剧学校,当时怎么会想到报考这所学校?

谢德辉:南京解放前,我奶奶随着我的三姑妈准备去台湾,可是缺两张飞机票,我们不能和她们一起走。奶奶一定要带我们,所以她就让我和姐姐先到上海等,因为我的二姑妈结婚以后到上海了,还有我外婆家也在上海,所以我可以暂住在这些亲戚家。没想到这一别就是永别,后来我才知道我奶奶在台湾去世了。奶奶走后,我们的生活没有依靠了,要上学怎么办?我们没有钱了,不能老是依靠亲戚朋友。我姐姐就说,只要哪个学校不收学费,可以吃饭、住宿,我们就去哪个学校。那时候有很多学校,我们天天翻报纸,看到上海实验戏剧学校招生,招生广告上说不收学费,供给食宿。我姐姐就让我去试一试。

采访人:对考试现场还有印象吗?

谢德辉:有。第一个是考朗诵,给了我一个契诃夫《海鸥》中女主角的独白让我朗诵。这个独白很怪的,苍蝇、蚊子、鹧鸪……我心想怎么是这种东西,但是我还是去准备了。考场是一个教室,空空的,有几位老师坐在长长的桌子边,我进门后给老师鞠了一躬,然后开始念,苍蝇、蚊子、鹧鸪、飞鸟、燕子、海狮……很长。念完了之后,还要朗诵一个《孙二娘开黑店》,《海鸥》中的女主角是个很温柔谦虚的人,孙二娘又是很泼辣的,我想开黑店的都是样子凶得不得了的,我不管了,拍着胸脯说,我孙二娘什么也不怕,把肩膀一架。然后,又让我做个即兴表演,那个时候不叫小品,告诉我要大悲大喜,既要笑得出来,又要哭得出来。老师说你打电话给妈妈,我们这儿解放了,开心得不得了,人民都在外面大街上笑啊，忽然一下老师做了一个效果，炸弹把你妈妈炸死了，这个时候我要突然变得非常痛苦，要哭。我想起来我是死了妈妈，我很难过，眼泪就流下来了，老师说停，很好。我就鞠了一躬出去了。

那个时候我只有16岁，什么也不懂，念得也不好，表演也是匆匆忙忙的，虽然我哭了笑了，但好像考上的希望不大。回家后我非常忐忑不安，因为要隔三四天才发榜，天天都是很紧张的。

1952年摄于上海剧专校门口

我记得发榜那天，是我的表妹陪我去的，她在左面看，我在右面看，一张很大的红榜，很多人的名字，我们俩就仔细地看，生怕漏掉一个名字。突然表妹叫我了，德辉姐姐你考取了，有你的名字。我说哪里呀？她把我叫过去，这不是你嘛，谢德辉。我们两个拉着手在那儿跳，很开心，我考取了上海剧专。

采访人：进了学校以后，就把学校当家了？

谢德辉：我进了上海剧专了，学费免了，但要交伙食费，有困难可以申请人民助学金。我把具体情况和老师讲了，他们研究下来觉得我确实有困难，因为我的家不在这儿，亲人都到台湾去了，所以同意我申请学校的人民助学金，人民助学金供养了我三年，一直到毕业，我非常感激。

因为我没有家可以回，所以学校就是我的家了，我每年寒暑假都是住在学校的，非常开心。那时候每年暑假学校招新生，我们这些留下来的同学都要配合招生委员会做服务工作，我负责接待外地来的考生，安排他们的食宿，还要安慰他们的情绪，告诉他们不用害怕，我以前也是不大懂的，只要真实地去做，表演一定会取得成功的，一定会进入学校的，我就鼓励他们。

我记得徐企平来考上海剧专，他原来是常州中学的学生，来报名的时候他说，我想考又不大想考。我问，你为什么不想考？他说因为自己还想考别的学校，他喜欢演戏，也喜欢唱歌。我说你形象又蛮好的，大大的眼睛，长得还不错，你演过戏，又唱过歌，比我考进来的时候好多了，你一定可以考上，而且我在这个学校很开心，这里有很多好老师。结果他说那我先报名考这个吧，我说服他了，自己也很开心，结果没想到他真的被录取了，后来成为上海戏剧学院的教授。他给第二届藏族班导的《罗密欧与朱丽叶》，当时请我和我先生一道去看，非常成功，我看了很感动、很高兴并且祝贺他，我说徐企平你就是应该学戏剧，你看你是个多好的导演啊！我觉得我们的上海剧专像一家人一样，师生之间都很关怀，我当时没钱买电影票，后来我们老师给了钱让我去看，我说老师下次还给你。那个时候老师就和自己的家里人一样，没有钱的时候他给你，回来晚了没饭吃，老师那儿还有点心给你吃。我们院长熊佛西像老父亲一样，他除了要管我们的思想和教育，还管生活。他常常去视察我们的宿舍，视察厕所，视察完了就皱眉头摇头，然后开周会，在四楼的小剧场，他会教育大家，孩子们啊，你们要爱清洁，他很可爱、很亲切。

采访人：他把你们当成自己的孩子。

谢德辉：对，把我们当成孩子一样的，所以我们也把他当作父亲一样，但是他上课的时候对我们要求非常严格。学校的师资也非常好，那个时候朱端钧老师刚进来，1949年第一个学期，他是我们的班主任。表演课的老师有许秉铎、丹妮、胡导、张可等。我们管朱端钧老师叫朱先生，以及杨村彬先生、李健吾先生，后来改叫老师。

那个时候学校很注重实践，演员课和舞台实践是同时并进的，每学期都要排一个戏,一个舞台剧。丹妮老师教我们演员基本的东西,如何观察生活,到菜场看人家怎么买菜,到咖啡馆里面看人家怎么喝咖啡,到大马路上看人家怎么样,各种各样的生活,就是让你观察生活。理论课的老师也非常好,陈白尘老师教的是中国名剧选读,李健吾老师上外国名剧选读,选的是莎士比亚、莫里哀的代表作。陈鲤庭和杨村彬老师教我们戏剧概论,从古代戏剧到现代戏剧,许子乔老师教我们文学概论,即中外文学,教学非常好。

此外,我们还有舞蹈课。我们的舞蹈老师开始是苏联的索柯夫斯基,后来由胡蓉蓉教我们芭蕾,学的形体基本上都是芭蕾舞,因为她要求我们形体长得好看,安排这些课程就是为了要我们全面发展。

采访人: 除了表演课还有些什么其他课程?

谢德辉: 我们除了学表演之外,还要学舞台美术方面的知识,不是单单在舞台上演戏,还要把我们培养成全面发展的人才。所以每个学生都发一个帆布包,里面有榔头、钉子,教我们如何摆布景,怎么摆沙袋、钉钉子、系绳子,我们都会,男女一样上。

记得我们去看毕业班演的《大雷雨》,里头有风、雷的效果,听起来很吓人,那个时候我不太懂这些效果是怎么来的。结果他们说,你们要欣赏就到后台去,原来风就是拿一个薄薄的铁片子,呼呼扇,就会发出"哗啦哗啦"的声音,雨是把黄豆放在一个竹簸箕上摇,在扩音器边上摇,"刷啦啦刷啦啦"。有的时候树里面出来妖怪,树是假的,有一个窟窿眼,只要灯一下暗了,一个霹雳打过来,拿手电筒一照人,伸个舌头,我就吓得要命了,那时候看这个戏,给唬得一愣一愣,后来晓得都是假的。当演员不够的时候,舞美组的同学也帮着跑群众、也讲话,有的时候比我们演得还好,还自然。我有的时候糊涂了,甚至戏文系的也来演戏,我说你不是演员组的,他说我是来给你们跑群众的,来演戏的,很有意思,毕业的时候大家都像一家人。

采访人：您刚才说到在学校学习理论和实践是并进的，在校期间您排了哪些戏？

谢德辉：朱端钧先生第一个就导了《红旗歌》，讲如何帮助落后的纺织工人成为新中国的先进纺织工人。解放前，他们就是丢白花，互相不负责任的，纱厂里头织出来什么布都有，但是解放后，他们思想转变了，都争红旗，所以叫《红旗歌》。他在排戏的时候，我们大家坐在大礼堂里，那个大礼堂除了开会之外，一拉上幕就是个剧场，我们卖票的。所以就坐在那儿，几组同学都上去演，一组一组，同学们一起看，都可以发表意见，当然最后是由导演决定。我和一个同学一组，还有其他的一组，结果演下来，说我们这个组演得最好，就让我们当了 A 组。我演小蘑菇，是一个跟着落后的组长跑来跑去的跟屁虫，凶得不得了，最后她也受了教育，因为组长受了教育，组长再教育她，她也开始觉悟了，最后跟组长一起努力争得了红旗。

我们每学期都会排很多戏，我演过《我要做人民的好儿子》，是王啸平的作品，很有意思，我后来到上海人艺又是演他的戏，所以很有缘分。还演过《在新事物面前》《方珍珠》《姐姐妹妹站起来》，有时候是片段，有时候是全剧，把我们所学到的基本都用上去了。

我觉得这个教学方法非常好，因为有实践有人物让我们体现，如果光是学小品，停留在"我演我"是不行的，我们跨不出这一步，今后在舞台上要塑造各种各样不同国籍、不同时代的人物时，就不能承担工作了，也就不能成为一个真正的好演员。所以我觉得当时这种教学方法很有利，而且学校每年暑假都会对外公演，我们也都有一些收入。我们的前台售票、领票，后台的管理都是学生一手操办，老师给我们一些指导，让我们自己训练，自己去承担这些工作。暑假演出的售票收入就储蓄起来，改善生活。每个班级都演出，我们的《红旗歌》演出时，观众反应很热烈，而且我们受到了很大的震动，很开心，因为我们此前从来没有正式见过观众，在台上听到观众的反应，心情是非常快活的，进步也很大。

采访人：您在学校期间学的是哪种表演艺术体系？

谢德辉：我们学的是斯坦尼体系，上表演课的时候老师常常会讲，讲人物的时候就说要从自我出发，我们演员就是具体的工具，这个工具你要熟悉多少东西，你要锻炼自己。通过表演不同的人物和角色去积累舞台经验，不仅充实了外在形体，内在感受、表达方式也都要靠你的身体来表达。好比我们学一个乐器，我要靠乐器来表达感情，作为演员，我们本身就是工具。

采访人：要真听真看真思想？

谢德辉：对，真听真看真思想，斯坦尼就要求演员把自己投入进去，真听真看真思想。首先你自己要在规定情景中感受到真实东西，才会反映出真实的东西，你没有感受到快乐，你是在假笑，你没有感觉到悲伤，怎么会流泪，怎么会激动愤怒？所以一定要你亲身感受。老师们在教学排演的过程中常常打断我们的表演，指出你这个地方没进去，没有真听真看真思想，没有在规定情景中。什么叫规定情景？这个地方是什么样的环境，发生了什么事情，有几个人物在场，影响了谁，你们是以什么样的态度对待它，是什么样的个性，出身在什么样的家庭，就反映出你们不同的状态。你是工人家庭出生，和一个资本家反映出的状态就不一样，一个地主或者一个贫困的农民，不同人物、不同的出身环境，所反映出来的态度会不同，因此老师就要检查我们，纠正我们。

采访人：可以给我们举个具体的例子吗？

谢德辉：我记得在《红旗歌》里有一场戏，有一个女工拿了很多的小红旗要发，她边喊"发红旗了发红旗了"，一边就上台了，然后我们就问我们有没有，她说，你们算了吧，落后分子。老师就问她，你来发红旗，你是站哪一边？她说我当然是站好的那边，老师说那你就应该很开心，要为得到红旗的人高兴。你很看不起小蘑菇她们，她们是落后分子、捣蛋分子，那你怎么还会对她们笑嘻嘻的呢？你就没有在规定情景当中，就是自个儿玩着就上来了，好像平常跟同学一样，这可不行。这

1950年上海剧专《红旗歌》剧照

戏里头需要的是这个女工为积极分子高兴,为她们又一次得到红旗高兴,让落后分子生气,你还可以趁机奚落他们,落后分子上来时你要说你们没有的哦!诸如此类,要求很严格,哪怕一点点细节,你上来发红旗,老师也要求你在规定情景里面,什么样的人物、以什么样的精神状态上来发红旗。斯坦尼就说过,只有小演员没有小角色。我还为此写过一篇文章。

采访人: 当时的老师都是资历深厚的,您对这些老师还有哪些印象?

谢德辉: 李健吾老师上课最生动活泼了,虽然他蛮胖的,他上的莎士比亚的《威尼斯商人》,他说割肉疼的样子,生动活泼得不得了,而且每次哈哈大笑,非常开怀的大笑。他的课非常生动,我很喜欢听,上完课还要我们做笔记。

陈鲤庭老师教课也非常严谨、非常好、非常有学问。老师们的修养都很高,包括教文学概论的许子乔老师讲的真好听,我觉得那个时候我们的师资水平非常高,在学校念书非常幸福。

采访人: 在校期间没有下工厂农村体验生活?

谢德辉: 我们在学校读三年书,必须要有半年去工厂、农村或者部队体验生活。二年级下半年我们班到了当时的申新六厂,和我演《红旗歌》时去体验的地方是一样的,我很开心,认识了很多工人同志,他们对我们非常好,教我怎么样细纱接头,可是我每次都接得不好。粗纱车间比较好,卷子都是铜的,架了以后,只要拿起来轻轻地一绕就可以了,细纱怎么搞也搞不好,我不能让厂里出次品,后来我就到粗纱车间去工作了。在厂里半年的学习,同学们收获很大,也很高兴。

采访人: 学校毕业以后有统一分配吗?

谢德辉: 毕业的时候都要有工作组进驻,领队的工作组长是苏堃老师,他是当时华东艺术剧院的院长,后来留下来了成为上海戏剧学院的院长。他就做我们的思想小结,因为思想小结要由政府人员带领我们做的。每个人都要做思想小结,三年的学习中自己的优点、缺点,大家都非常严肃,我们每天都要朗读小结,我们五十多个同学都要过一下,大家提意见,然后由工作组给我们做评语,大家表态坚决服从国家的分配。那时候大专院校一概统一分配,假如不服从分配,就没有工作了。也有同学实在不愿意去,就待在家里,我没办法,我必须要服从,我也不知道分配到哪儿。结业以后就出红榜,又是在大礼堂,小剧场就是我们的大礼堂。那时候大家忐忑不安,不知道今后去到何方,祖国这么大,我们会到什么地方去。北京、河北、武汉、福建、广州、新疆,全国各地,五十多个同学,常常是一个人分配到一个地方。分配到新疆的是一个男同学,他是当时很有名"中国的劳莱与哈代"之一殷秀芹的儿子殷寿龙,他人很好,但不像他父亲,是非常瘦的男孩子,长得也不错,浓浓的眉毛,代班工作做得非常好,他分到新疆去了,后来听说在新疆文化局做负责人了。我同学王扶林,就是后来1987年版《红楼梦》的导演,当时分配到中央人民广播电台。他很调皮,很活络,是上海人,没想到他后来拍了《红楼梦》，到上海来找过演员，我们还见过。

采访人： 分配之前，您心里面有没有想过想去哪里？

谢德辉： 没想过，就想尽量不要太远，好一点的地方。分配的时候，我们人人都很紧张，老师宣布的分配名单，就是我们的命运。第一个宣布北京，下面是广州，然后山东、河北，都没听到自己的名字，我紧张啊，是不是漏掉了？接着老师说还有三位同学等待分配，一个是谢德辉，一个是陈元琪，一个是崔可迪。陈元琪就是和我一起演《红旗歌》中的小蘑菇的，崔可迪是舞美班的，他画画非常好。我们留下来没多久，苏堃找我们谈话，说把我们分配到华东人民艺术剧院，是刚成立的，我们还不知道。剧院下属有三个团：歌剧团、话剧团、舞美工厂。他说陈元琪你到话剧团，我一听完蛋了，我一定不是在话剧团，接着他笑嘻嘻地说，谢德辉你到歌剧团，崔可迪你到舞美工厂。他说你们三个准备准备，明后天就去报到。当时我不太开心，我说苏堃老师，我想跟你谈谈，我说我是学话剧的，你干吗把我分到歌剧团去，我一点都不会唱歌。他说教你们唱歌的老师说你唱得挺好，歌剧团也刚建成，需要扩充人力，过去他们都是从新安旅行团、青年文工团来的，没受过专业训练，唯独你是经过专业训练的，你会表演啊，声音也很好，再训练一下，就可以演歌剧了，歌剧现在不缺唱歌的人才，而是需要表演人才。我说不行，我唱歌也没经过专业训练，我怎么能去唱歌呢？他说你会演戏啊，那就可以了，过几天和他们去报到，好了，不要闹思想问题了，听从统一分配，哪儿都是革命工作。那时候谁还敢再多说几句话。

采访人： 虽然有点无奈，但您还是去歌剧团报道了？

谢德辉： 过了几天，我们各自拿了铺盖卷去报到了。歌剧团先是在华山路100号，我们住在里头。我整天都打不起精神，每天早上很早就吹哨，起来去食堂吃饭，洗脸吃饭集合练功，自己还要练声，我只好无精打采跟着去练。脚举不起多少，因为我们学的是芭蕾舞，脚是尖的，现在演的是民族的东西,要勾起来,整天觉得痛得要命,又没精神,唱的时候也唱不好,就跟着钢琴练。

不久巡回演出,唱的是《王二嫂送鸡蛋》,我学的不是拎嗓子,总是搭不上。结果我就在一个小歌剧中演一个积极的女共青团员,音乐起来四拍以后我就该上场了,但我按照话剧的表演调整情绪,根本没注意到乐队整个起来的时候,按音乐就要开口唱了,我还在那调整情绪,音乐已经四拍五拍过去了。他们就说谢德辉上场了,我一下冲到台上,音乐已经过了,应该是我开口了,现在我再唱已经不能唱第一句了,我就不知道怎么张口了。幸好上面有老演员,有经验,她唱一句把我的旋律再带着,我就唱后面的,这就是我第一次唱歌剧,他们以后再也不敢找我演歌剧了。我说还是让我回到话剧团去吧,正好这时候华东人民艺术剧院要解散了,单独成立上海歌剧院、华东话剧团,我很开心。

采访人:终于能够学以致用,到了话剧团以后参加的第一部戏是?

谢德辉:1953年我提了行李到话剧团来报到了,碰到了我的老朋友,好开心。建团初排《尤里乌斯·伏契克》,他们请戏剧学院的朱端钧老师来排戏,我真开心,因为他是我们班主任,从我16岁进学校,就是他带班,他非常了解我的表演,而且我也不怕他,有问题还敢问他。朱端钧是一个非常有文人气质的导演,最早的时候还穿着长衫,戴副眼镜,比较清瘦,中等个子,总是很温和地笑。戏里有两个年轻的女角色都很重要,一个分配给我的同学陈元琪,一个给我演。这个戏是写捷克斯洛伐克的革命英雄,我就演尤里乌斯·伏契克的助手和秘书,也是被他发展成为地下党员的一个年轻的革命者,最后被叛徒出卖而牺牲了。朱端钧给我们导戏,我就很放松,一点不紧张,他要求我的,我都很努力做到。他也很满意我们这两个学生,因为他熟悉我们,我也是非常幸运,第一次到话剧团就得到老师导的戏,而且演一个重要的角色,展现了我们自己的能力。朱先生给我们导完戏后就回去了,但给我留了一句话,他说,小谢,永远记住,表演要清新。朱先生讲话总是很含蓄,讲得非常简单,但我知道他是什么意思。因为话剧舞台永远是重复,要演很多场,如果不能保持表演的清新,每一场演出都像第一次演出一样,第一次的投入、第一次的感受,永远保持新鲜的状态,那样就会成为匠气,永远不可能是清新的表演,这就是朱先生对我们的要求。后来华东话剧团合并到上海人艺的时候,这个戏也是一个保留剧目。

采访人:上海人民艺术剧院一直是人才济济,您去了以后是在什么机缘下出演了曹禺的《日出》?

谢德辉:我到了人艺以后,开始没演什么戏,跑了两个群众角色。后来排《日出》,《日出》人员很多,剧院里上百个演员,一年国家只给排几个戏,大家都希望有机会,常常是一个角色A、B、C、D四个组。当时我们是属于在下头看的,每次看戏我们都很用功,导演有什么要求都记下来,我们很听话,每个调度都记得很熟,台词也记得很熟。他们走了,我们还老老实实自己加班排戏,因为大家都想有机会上台走走。有一天导演看今天时间比较多,不累,就对我们说你们天天在下面看戏,今天也上去大家走一遍。因为A组演员都是有舞台经验的,而我们这些舞台经验少的人,一个个也很兢兢业业的,所以上台以后台词、地位、感觉也像模像样的。

这个戏的导演是应云卫,他讲上海话,排B组。我们一听开心得不得了,但又不敢面露开心,老老实实赶快去排,很有意思。

采访人:应云卫导演是中国早期戏剧实践的开拓者,您在和他的合作中有什么样的感受?

谢德辉:我记得应云卫不大说理论的,因为他是一个非常有生活经验的导演。他和其他的导演不同,他以前在剧团负责对外联络和交际,看到很有钱的企业家他也不紧张,遇到流氓也不怕,三教九流都打过交道,他都可以谈笑风生,他的生活是极端的丰富。

他排戏有一个习惯,喜欢打拍子。实际上他内心有节奏,不同的人物有不同的节奏。有的人觉得很奇怪,但是我看到过一次打拍子,是为《日出》这段戏打拍子。我演的小东西被卖到低等妓院,也叫窑子,她很可怜,还是一个未成年的孩子,让她去接客,她坚决不肯,经历了一天的鞭打和饿饭。丹妮老师扮演翠喜,是一个老妓女,家里还有孩子,所以晚上她就走了,留下小东西一个人睡在破破烂烂的小窑里头,非常凄惨。这时导演就让一个演员唱京剧《秦琼卖马》,用周信芳的麒派唱腔,非常沧桑、凄凉。导演打着拍子说,谢德辉,这段戏非常安静,我要求你跟着这个唱腔的节拍,拿着上吊的绳子走这一段路,快到台后的时候你给我哭出来,叫一声妈,然后进去(下场)。灯光根据我的戏慢慢暗下来,一束光跟着我,我走到后台光就彻底暗掉。他让我跟着节拍走,他的手打着节拍,那段唱腔开头我还记得,"将身儿来至在大街口,尊一声过往宾朋听从头,儿是娘身一块肉,儿行千里母担忧"(唱),导演要求我在听到"母担忧"后,哭一声妈,进去。他叫我按照这个节奏走,化成自己的感受,这就是人物内心的节奏。因为没有

1956年在《日出》中饰小东西

台词，所以唱腔和节奏代表内心的独白，我必须要把握住这个节奏，才能走好步子，跟着这个节奏下场。应云卫导演生活丰富，他通过这个节奏来启发我，使我进入规定情景，演好这场戏，我自己觉得小东西这个角色我还是演得比较成功的。

采访人：您是什么时候接触到《布谷鸟又叫了》中"布谷鸟"这个角色的？

谢德辉：演完《日出》以后没多久，就演《布谷鸟又叫了》。前线话剧团的青年编剧杨履方把他写的剧本《布谷鸟又叫了》交给黄院长，请他指导，黄院长一口气看完了剧本，非常喜欢，就决定要排这个剧。当时有很多苏联片，都是用喜剧和轻歌剧的表演方式，你们一定记得这首歌"红梅花儿开在野外小河边"（唱），讲了公社里的青年男女谈恋爱，很受欢迎，到中国来演出常常买不到票。黄院长就想，我也排一个中国的轻音乐的喜剧，因为杨履方这个戏里的"布谷鸟"童亚男很喜欢唱歌，有很多主题歌、江南民歌，所以一定下来就开始建组，当时正好剧院有几个大戏，演员都分配得差不多了，就把我们暂时没有戏的演员，按照布谷鸟的需要组成一个戏。然后大家带着铺盖卷到苏州木渎体验生活，体验种花、种粮食和果树为主的农民生活，还开社员大会。每个角色拿自己的本子，在台上走着读，让社员听，听完了以后社员提意见，看真正的农民是不是喜欢，能不能接受，有没有脱离他们的实际生活。

丹妮老师也来帮忙，教大家做小品，那个时候我才开始知道"小品"两个字，因为在剧专时我们称之为即兴表演。我的小品总是做不好，我每次小品做得就像人物在演戏一样，后来还受过批评。我说我做不好，请老师干脆让我直接演戏，可能我在学校里面不大做小品的关系，所以我不太熟悉小品这个形式。

这个戏里还有很多歌曲，都是我们自己唱。主题歌也很简单，比如我唱村子外面有一棵白杨树，然后互相问，布谷鸟你为什么要歌唱，是不是这儿的小伙子不聪明，是不是这儿的姑娘不漂亮，我的心思不好意

布谷鸟(谢德辉饰)与申小甲(刘桐标饰)对唱

思讲,然后大家就"布谷、布谷、布谷……"没想到这么一个农村戏,演出以后很受欢迎。当时我们请了上影厂的设计丁辰做舞美,他的设计真好,像一幅一幅的年画,所以我们像年画里的农村女孩,服装也很漂亮,穿的小裙子,衣服是两截头的,有的时候上面是条子格子红红的,下面来一个粉红的,有的时候是半个衣服拼成的,头上包的也是,白色上面有蓝色的花,或者蓝的上头有白的再衬出蓝的,都很美,和我们在香雪海劳动的时候看到的一样,很生活很自然。

采访人: 在《布谷鸟又叫了》中,"布谷鸟"童亚男一连串爽朗的笑声给观众留下了很深的印象。

谢德辉: 一开始我笑起来短得很,黄院长说我笑得很可怕,有的时候像划玻璃的声音,我说天冷,女孩子又尖声怪气,笑是挤出来的。所以当时他说,你要好好地去练练声,把你的气息弄好。我晓得有一个很有名的林俊卿[①]老师,其实他是个医生,但他教西洋发声很好,我就花钱去学了。学了以后,我懂得了气息的运用,再来演这个戏我就不害怕了,因为我有了技巧。比如,王必好说你们一天到晚唱唱唱多没意思,

---

[①] 林俊卿:福建厦门人,1935年毕业于金陵大学理学系医学选修科,1940年获北京协和医学院医学博士学位,1941年后跟意大利音乐家学声乐。新中国成立后,任上海声乐研究所所长。

我觉得他是无知,我们收工以后唱了大家开心,这样能使我们减少疲劳,我就笑,笑他的无知,笑他的胡说八道,他又学我们大家唱,声音很难听,我觉得他那个样子像小丑,可笑得很。有各种各样情绪的转换和内心独白,我就通过内在的感情和学到的发声技巧,控制好气息,笑出一串声音来,变化很多的,并不总是傻笑,很有趣,剧场里观众反应比较强烈。

80年代,戏剧学院要我去给表演班讲授外部技巧的问题,他们说,因为我的笑非常好,笑得非常感人,而且是长段的笑,笑了再说话,再接着笑。因为这个戏叫《布谷鸟又叫了》,"布谷鸟"喜欢歌唱,喜欢笑,但是她被压制以后,就不再笑不再唱了,最终问题解决以后,她又唱、又叫、又笑了。所以这个笑是非常重要的一个表现手段,一定要演得很好很真实。

我在上海戏剧学院表演系讲了这个课之后,记者就约我稿子,因为《布谷鸟又叫了》重新放映,而且他们听说我刚上过课,讲过相关内容,希望我能够写一篇关于笑的文章。所以我就写了一篇文章,叫《笑比哭难》,人家都是说哭多难啊,笑起来很开心,在舞台上笑真比哭难。

采访人:《布谷鸟又叫了》上演以后广受好评,其中还有一段关于"小纸条"的插曲?

谢德辉: 那个时候很多老艺术家都来看,还表扬我们青年演员,他们没想到,这么一台青年演员演了一个农村戏,又唱又跳,这么受欢迎,那时候我们也很开心。因为太开心了,有时候有点得意了,可能没敢说出来,但是下意识会有一点,所以有几次我唱歌定音不大注意。我以前唱歌蛮注意的,因为我一开口唱,别人要配合我唱,我起得高了,人家吊不上来,我起得低了,人家又怎么唱得出来?那时是日夜场,累了以后,他们吊得嗓子都上不来了。后来有一次,我起得很低,结果后来有些同事就反映了,小谢怎么搞的,搞得我们上不去下不来。后来我反思,是自我放松了。每次上场之前,我都会把剧本放在舞台边上,下来以后,我再翻翻下一幕的剧情，我的习惯是这样。有一天晚上，下完戏发现我的剧本里头夹了一个小条子，我一看，是黄院长给我写的，"小谢要谦虚，不要骄傲"。我晓得黄院长提醒我了，给我敲警钟了。黄院长就是这样的，他不会把你拉去做思想工作，批评你，他总是在最需要你或者看见你有什么苗子的时候就提醒你。他非常善于理解人、关心人，在这个时候不能让胜利冲昏我的头脑，所以给我留了这么一个条子。黄院长爱护青年演员，他从不大声斥责你，找你严肃地谈话，给你扣帽子，从来没有压制人家，总是非常温文尔雅地对待你，而且在你不经意中点醒你，这个纸条成为我很重要的一个回忆。每次我稍稍感觉自己某个戏演得不错的时候，我总是提醒自己要谦虚不要骄傲，不要得意忘形。这在我的演艺生活中成为非常重要的信条。

采访人： 1958年，话剧《布谷鸟又叫了》被搬上了大银幕，和话剧比起来，演电影对您来说有什么不同的感受吗？

谢德辉： 是的。有一天，黄院长叫我到他办公室去一下，交给我一个剧本，就是《布谷鸟又叫了》的电影剧本。他跟我讲，电影厂决定拍这个戏，他是这个片子的导演，还是我演女主角。我当时吓了一跳，我这个人很老实，我在黄院长面前直说了，我说我不好看，因为在我的观念里面，拍电影都是要长得漂漂亮亮的。他看了我半天，黄院长说话是很温和的，声音不响的，慢慢的，他说我看你蛮好看，你就是我电影里头的布谷鸟，好了，把剧本拿去好好看看。我说好，就出来了。我就是这样，老老实实，也不要巧，反正我心里怎么想就跟黄院长怎么说，他也了解我。

开拍以后感觉到电影和舞台确实是不一样的，比如走地位，它的摄像机放在哪里，你只能在这个方面走，面对这个方向说话，不能出镜头。所以开头一两次拍的时候很僵很拘束，没进入状态，有很多思想负担。有一个场景是撑着船说话，我觉得有点呆呆的，因为他让我不准看得太远，看得太远，脸就整个侧到镜头外面去了，我只能这边看看那边看看，脖子好像不敢动。比如我和王必好有一场戏，在田埂上一边走路一边说话，两个人争执起来，忽然发现他那么可笑，我就坐在田埂上笑。开始有点紧张，因为镜头对着你，两个人一前一后，靠得太近就看不到后面的人，但两个人走得太并排也不行，田埂太小，要掉下去，诸如此类，和话剧有所不同。但是慢慢的，因为我只要掌握了人物，我觉得只要人物演对了就能把这些东西容纳起来，慢慢地我就不太紧张了，到后来就特别放松了。

电影里有的地方要非常真实，比如打草鞋，我自己要做，所以我也去学了。这个就要很真实，这就是电影和舞台表演的不一样，舞台上的道具可以是虚的，只要你的动作麻利，远远看着像真的就行，电影是实打实的。

演舞台剧有一个最大的好处，就是它有连贯性，从第一幕演到最后，一气呵成，在短短的时间当中，把角色生命中最重要的片段都演出来了。而电影你就要通过对连贯性的掌握，才能进行跳跃性的表演。有时你要演二十几岁，然后一下子跳到五十多岁，有话剧底子的就不怕，因为我能把握住这个人物的发展和整个进程，我都知道怎么演，而且在人物的不同年龄和经历的过程中，我们的外形、形体、语气、表现都有所不同。

总体来说在表达人物的思想感情上，电影和话剧都是一脉相承的，所以表演我不害怕，只是两者的表现方式稍微有些不同，但是很快就适应了。

采访人： 石挥老师说，做演员要做话剧演员，做导演要做电影导演。

谢德辉： 为什么呢？因为电影演员全部被电影导演掌握，自认为演得最好的一场戏，最有感情的戏，如果导演觉得不符合全剧，他可以剪掉你，剪戏是导演的权力，好导演能剪出一部好片子来。话剧导演是依靠演员，因为他们从来不出现，就靠演员在舞台上表现，实际上演员表达的全是导演的意图，蛮有意思的。

采访人：听说这个电影还帮您找回了女儿，这是怎么一回事呢？

谢德辉：《布谷鸟又叫了》是1958年出品的，但是放映几场后就让我们停放，说我们和《早春二月》一样，是"十大毒草"，不准放。"四人帮"一倒台，十个电影全部解禁，又开始放《布谷鸟又叫了》。我有个小女儿，住在杭州我婆婆家，"文革"刚结束，我婆婆带着小女儿从杭州来，因为路很熟悉，就叫我们不要去接了。但她来了以后敲门时很紧张，脸色不对，说我小女儿不见了，她说我让她在寄行李的地方等着，自己去取行李，我出来她不见了，我们两个人急得不得了。她爸爸就马上骑自行车到北站去了，我就在家里等，因为我婆婆也不熟悉上海，万一有人送到我家里。我们等得很着急的时候，结果宿舍里来叫我快去接电话，是我们人事处给我打的电话，问我的女儿是不是丢了，我说是啊，急死了。他说刚刚上影厂的人事部来电话，说是谢德辉的女儿丢了，现在在火车站值班室，所以你们赶快去接她。她爸爸到了值班室一看，她正在看电视，人很矮小，拿着凳子，电视上正在放《布谷鸟又叫了》。当时她只晓得父母叫什么，住在哪里她不知道，那时候也没电话。她看了电视就说，那是我妈妈，人家说胡说八道，这是电影啊，她说是我妈妈是我妈妈。他们一看，她说谢德辉是她妈妈，一看是上海电影制片厂拍的电影，赶快打电话去上影厂人事部，他们以为我是上影厂的演员，然后再转到人艺通知我们孩子找到了。

采访人：在人艺您还主演了《万水千山》？

谢德辉：基本上佐临院长导的戏，适合我的角色总是让我上的，我跟了他很多戏。《万水千山》是一个大戏，动员了全院的力量。他总是有很多新颖的表达方式，这次是用一男一女朗诵主席的诗词，一段毛主席语录，然后再朗诵"万水千山只等闲"，造成一种非常庄严的场面。男声领诵是高重实，女声领诵是我，他总会看到我内在的素质，虽然我个子小，但我非常豪迈，我喜欢表达非常宏伟的东西。演出时，我和高重实穿着军装、戴着军帽走出来，朗诵道："红军不怕远征难，万水千山只等闲,五岭逶迤腾细浪,乌蒙磅礴走泥丸,金沙水拍云崖暖,大渡桥横铁索寒……"

我们在文化广场演出,五千名观众,都客满的,我这么矮小的人站在那个地方,感觉天地就是我们的。黄院长对我非常了解,看到我内在的素质,我也非常积极。后来高重实和孙道临他们带着我一道去朗诵,就是这个戏启发了我。

采访人：上世纪五六十年代,您和老一辈的电影演员也有过合作,能谈谈您对他们的印象吗?

谢德辉：1959年建国十周年排了很多戏,包括《大雷雨》。这个戏是俄罗斯一个非常著名的戏剧家奥斯特洛夫斯基1859年写的,到1959年正好一百周年,所以为了中苏友谊,也为了我们的国家解放了,不再有封建压迫,所以选择了这个戏演出,也是非常有意义的。上海人艺就我参加,戏中都是一些大演员,如赵丹、张瑞芳、秦怡、白穆、吴茵、吴姗、冯笑、凌之浩,导演团队也很厉害,熊佛西、陈鲤庭、赵丹、张瑞芳,执行导演是陈鲤庭。秦怡老师演女主角卡捷琳娜,我演她小姑,当时我和秦怡老师在一个化妆间,她对人非常亲切,没有架子,我那时候是年轻演员,她总是很主动和我对词。她还有个特点,每次化完了妆,穿上服装以后,她的精神状态就进入了角色,不多说话,静静地在那儿等着。他们的戏德,他们对演戏的认真态度对我教育很大。后来秦怡老师跟我成了很好的朋友,"文革"结束后,我们经常串门。金焰老师还是保持着电影皇帝的气质,出门的时候一定要送我们,我们说不要送,他就站在楼上,风度翩翩的美男子的样子,一直看着我们拐下去了,然后说再见。

60年代,上海电影制片厂有一个重点片《鲁迅传》,导演是陈鲤庭,当时全国各地的优秀演员都过来了,赵丹、蓝马、于蓝、孙道临、蒋天流都在上影厂招待所,人艺派了我,青话派了祝希娟、焦晃、王熙岩,所以我们在那儿也很开心。赵丹穿了一件长袍,留着胡子和头发,他的房间也很小，但是都摆着鲁迅的书，笔墨砚台，他自己就深入鲁迅的精神状态里头去，我觉得老演员的精神很可贵，他们扮演一个角色非常认真。虽然物质非常贫乏，但是精神生活很丰富。后来这个戏没拍成，真是件让人难过的事情。

赵丹住在我们弄堂对面，"文革"时他被关起来了，后来他被平反了，补发给他一大笔工资，他就买了一个彩色电视机。那时正在放日本电影《望乡》，他就说小谢，晚上到我家来看，我说我一定来，开心得不得了，晚上我就到他们家去看电视，他们都是非常亲切的。看戏的时候他有一句话，对我非常有教育意义。当时我说赵丹老师，我总觉得年轻漂亮的演员在电影上也好，舞台上也好，自我意识蛮强的。他就说，是啊，因为老想爱美嘛，不过小谢你要注意，会演戏，也会有自我意识的。我记住他这句话了，他们演戏都要忘掉自己，要警惕不要有自我意识，这句话对我也是一个很好的告诫。

采访人："文革"后您在《霓虹灯下的哨兵》中扮演了春妮，这和您过去的角色有所不同，而且在年龄上也有一个跨度，您是如何诠释的？

谢德辉：粉碎"四人帮"以后，我们剧院排了《霓虹灯下的哨兵》，黄院长请了王啸平来导演，因为他原来是前线话剧团的，《霓虹灯下的哨兵》既是部队戏，又是前线话剧团写的剧本，他最熟悉部队，知道军人是怎么回事，所以请他导这个戏。然后他就宣布名单，主要角色都有A、B组，甚至还分A、B、C三组，结果公布名单，春妮让我演，而且没有B组，我突然一下愣住了，王啸平从来没导过我的戏，怎么这么大胆让我演春妮？因为当时同名电影已经出来了，春妮是前线话剧团的陶玉玲演的，当时周总理都表扬她演得很好，而且陶玉玲演得多甜啊，还有两个小酒窝，可爱极了。在这种想法下，我很胆怯，有压力。第二天，我就请求啸平导演，我说恐怕演不了春妮，我一直是演学生，我没演过农村的女性，尤其是女干部的感觉，我一点没有这方面的经验，怕把握不住。我说要不你给我一个B组、C组都可以，可能别人比我演更合适。他看

与电影《霓虹灯下的哨兵》中春妮扮演者陶玉玲合影

看我慢悠悠地说,没有B组,就你一个,然后和别的人谈剧本去了。对这个戏我一点没信心,这个角色是农村模范、妇女会长,我没有农村生活经验,没有人物形象,不知道该怎么办。

当时我先生正在导另一部戏,他说你可以演好的,因为春妮没有什么台词,完全靠感情,感情会推着你走的,你的感情特别饱满,所以没有台词的演员要靠感情推动自己,你能够演好,所以要有信心。你不要考虑外在的东西,内心美就反映出外在美,你内心很好,人家都承认你、喜欢你,那你就是美,你就打动人了。

上影厂内部放电影《霓虹灯下的哨兵》的时候,我先生带我连看了三场,告诉我春妮有哪些长处,让我要好好学习。因为我演少女演得多,快节奏的、明快的、活泼的、开朗的,他说这个时候你就要改变你外在的节奏,因为她是农村妇女,比较朴实,有点落后。因为我没有这个生活经历,我先生就启发我,老区人民在三年解放战争中做出了重大的牺牲,用生命和鲜血支援解放军打到上海,春妮就是这样一个支前模范。她来到上海,感情饱满,一开始她是带着这样一种感情来看陈喜,然后碰到陈喜对她这样的态度,她再判断,起先她还说服自己,后来觉得不对,然后才冒出一点点浪花,就是一句话——线断了。她就把她所有的感情,通过小小的一句话表达出来了,从感情的厚度去强调角色的感受。

戏里有一段很长的独白，就是班长在看信，我是通过麦克风对着观众念，念的内容是叫班长不要怪喜子，讲自己的内心怎么样对他，爱他，相信他会改变过来，很长一段信。观众很安静地听，每次念这个信的时候我都很投入，我要把握好内在感情，虽然人物不出现，但要感动舞台上看信的领导，他在帮助我的爱人。刚解放时，坏蛋、流氓、各种各样的人都有，作为好八连战士，他们怎样拒腐蚀而不染？陈喜刚开始要穿好看的袜子，嫌自己的老婆很土，所以她跟陈喜说，线断了，我们的线都断了。这个戏我自己觉得演得挺好的，啸平导演说得对，就你一个，没有B组，后来我们合作得非常愉快。

采访人： 请您介绍一下您的谢幕剧《闹钟》。

谢德辉： 1991年我已经退休了，最后排了一个《闹钟》，是赵耀民写的，他是一个非常有才能的青年编剧。这个戏实际上是一部催人泪下的悲剧，因为主角勤勤恳恳干了一辈子，评职称的时候被排挤在外，因为他不会拍马屁，不会逢迎，不会往上爬，最后医生检查说他得了癌症，我演他的妻子。黄院长排这个戏的时候找我说，小谢我们再合作一次，做出好成绩。我说好，黄院长你要我我就去。这是青话的戏，借了我这个上海人艺的谢德辉。那时大家也没什么钱，排戏很困难，青话的编剧程浦林出钱赞助的。开始在兰心剧场演出，后来在文艺会堂搭了一个小小的台，在那儿演出，这个戏是黄院长最后一个戏，也是我最后一次演话剧。

这个戏演出的时候，剧场各种各样的效果都有，有人很开心地笑，也有人流泪，演出结束以后，观众常常舍不得走，等我们下台。因为文艺会堂的台子只比凳子高一点，我们踩一步就下来了，下了场观众不走，坐着像朋友一样聊天。这个戏还是非常感人的，这是佐临院长和我最后一次合作。

采访人： 退休以后，您的生活状态是什么样的？

谢德辉： 我退休以后不大出来，因为身体不是太好，常常在家看书看报、看电视。看连续剧，一面看一面评判，我们夫妻两个，他是导演，我是演员，我就会说要是我演的话，我这个地方应该怎么演，反正很有乐趣的。

采访人： 您对青年演员有什么寄语？

谢德辉： 我在剧院的时候，什么戏都不拒绝，都要去看。为什么去看戏？我觉得我要研究一下，为什么这些人演得好我们喜欢，为什么那些人演得不好不成功，我要借鉴一下。不要因为别人失败了就好像与己无关，你要想想他为什么失败，这也是一个教训，所以有的时候不一定是看成功的东西你会得到启发，从失败中也可以得到启发，只要你想学习，哪儿都可以学到东西。还有要多看书，我觉得青年演员要抓紧时间多看书，因为我们的个人生活是有限的，通过看书看戏剧，你可以从别人的生活中得到启迪，这不是也丰富了自己的生活了吗？不然自己的生活非常窄，当你要演一个戏创造一个角色时，不了解背景的话就很苦，我觉得现在的年轻人实在太忙了，但是我希望他们多看点书，多看点电影或者别的戏剧丰富自己。

采访人： 谢老师，你觉得您演了一辈子戏，有什么遗憾吗？

谢德辉： 我还有很多角色没有演到，有很多领域我还没涉及，这是我的遗憾。怎么这么快就老了，就让我退休了？再让我年轻点多好。但是我觉得我选择的这个职业，终生不悔，这个职业对我们来讲没有遗憾，我把自己的青春贡献给了热爱的戏剧，我很开心。

（采访：柴亦文　整理：柴亦文）

从"非常大总统"到文化把关人
——孙滨口述

孙滨，1936年出生于一个晋商家庭，抗战胜利后随家到上海。1953年考入中央戏剧学院华东分院附中，1956年考入上海戏剧学院本科，1960年毕业，同年留在上戏实验话剧团（后更名为上海青年话剧团）工作。

1984年调入上海市文化局工作，曾任上海市文化局办公室主任、文化局局长助理、党委书记、局长等职。1997年初卸任后，出任上海市政协委员、市政协教科文卫体委员会副主任等职。

采访人：孙老师，请您先做一下自我介绍。

孙滨：1936年10月我出生在一个晋商家庭，爷爷在汉口开银号，父亲是中央银行高级职员。抗战胜利以后，我随着家人到上海，一生基本上是在上海生活的。

采访人：您初中毕业考取了中央戏剧学院华东分院附中，当时是怎么想到去考这所学校的？

孙滨：说来话长，焦晃的父亲和我父亲同在中央银行工作，同住银行宿舍,所以我们从小一起在弄堂里玩。解放前虹口有一个电影院叫嘉兴电影院,只要买一张票进去一天可以不出来的,从早看到晚,喜欢看几场就看几场。我们就租一撂小人书,然后到电影院去买一张电影票,坐着看美国电影,在两部电影之间就看小人书,所以电影对我们印象很深,特别是美国的一些娱乐片打斗片。回到家里就和焦晃一起玩官兵捉强盗,然后自己用竹子做剑,整天就是在弄堂里打打杀杀,很皮的。

回过头去看看那些游戏本身就是演戏,小孩玩游戏很认真,完全把它当真的,但是他又很理智,不会真的拿刀剑去打人,到一定时候就控制住了。这个和在舞台上一模一样,现在回忆起来,对后来去从事这个事业是分不开的。

我在中学里喜欢地理探险,本来打算以后考地质学院。当时几个同学一起聊天,讲到报上登有中央戏剧学院华东分院附中的招生广告,大家觉得好奇,突然一闪念,决定去报考玩玩,没有想到三个同学报名,结果只录取了我一个。

采访人:面试的时候了考了哪些内容,您还记得吗?

孙滨:考小品,题目是"备课",就是温课考试,我有点丈二和尚摸不着头脑,因为没什么准备。后来灵机一动,就根据自己的生活经历来演,夏天在家里温课,一会儿蚊子来了打蚊子,一会儿热了扇扇子,温习不进了烦了,书摔了,把这些细节都放了进去。没想到老师看了以后,说这小家伙蛮活络的,打蚊子也比较真实,就加了分。当时学校里会说普通话的人不多,说得标准的更少,因为我祖籍北方,所以有一点普通话的基础,朗诵还可以,所以就录取了。

采访人:附中毕业以后你直接考入了上海戏剧学院,大学期间有什么印象特别深刻的事情吗?

孙滨:1960年我考入本科,进校之后印象最深的就是第一年,教我们一些基本的东西,就是真听、真看、真思想。真听,不是假听,或者作听状;真看,比如看到录音机,我就看个录音机,不要假看;真思想,要真去想问题,在那么多人面前你要当作他们不存在,要学会当众孤独。还有教导我们没有小角色只有小演员,不管角色多小多轻,都要认真去对待,都要兢兢业业去对待。基本课就是灌输给我们作为一个演员的道德思想,贯穿到我一辈子从事的戏剧事业。

采访人:您还记得第一次上台演出的情况吗?

孙滨:第一次上台是在初中的时候,那时正值抗美援朝,我在一个活报剧里演美国兵暴力对待朝鲜人和中国人。上台之前紧张得要命,心跳很快,手心都出冷汗,冲上台后就什么也不管了。经过那次折腾,后来就不怕了。但到了学校又紧张了,不像小时候业余的随便玩玩,这时候要求提高了,就像前面说的,一年级经过不断训练,慢慢适应了,学会了一些基本的要素,上台也不紧张了,所以一年级打基础非常重要。

采访人:在校期间您排了哪些戏?

孙滨:毕业前夕,我参加了几个大戏的排演,一个是《无名岛》,写解放军的,我演男主角。《在和平的日子里》我演一个老工程师,在秦岭一带打隧道建铁路。后来又排了一个戏叫《英雄小八路》,我们几个个子不高的同学都在戏里演小八路,我扮演铁牛这个角色。还排了《钢人铁马》,我演的是男主角罗明。当时还带着这个戏到福建前线去慰问,深入连队深入生活。

采访人:是去为官兵演出还是体验生活?

孙滨:大队人马演出回来以后,我和任广智、袁桂英、张先衡、耿可贵等人又一起去前线体验生活。那个地方离金门就只有约 1 000 米,当时大陆和台湾还处在敌对状态,我们把宣传品绑在风筝上,然后放风筝放到对岸去。我们的任务还有卷宣传单,在炮弹里头卷上纸制宣传品,打炮打过去,还把小的宣传品绑在帆船上,利用风力从水上漂过去,晚上还广播,对着蒋军官兵喊话,做了这些工作,在那里待了几个月。在前线整天听到炮声,这些经历对我演战士很有好处。

采访人：上戏毕业以后您直接进了实验剧团？

孙滨：实验话剧团是1956年成立的，从当年毕业的学员中选了一批留在剧团。当时院长熊佛西兼任实验话剧团的团长，他就想把历届毕业生中比较好的学生组织起来成立一个实验话剧团，既当演员又教书，既有理论也有实践。56届、57届留了一些人，作为剧团的基础，然后58届、59届、60届连着三届留了三批人，58届有郑毓芝、许守钦、陈茂林等人，59届有焦晃、李家耀、杨在葆、卢时初、杜冶秋等人，60届有祝希娟、任广智、冯淳超、李祥春、我，还有刘玉等一些人，这就成立了一个剧团，叫实验话剧团。

1958年实验话剧团排演《烈火红心》，配合"大跃进"大炼钢铁，当时剧团里演员不够，就叫了班上三个人去参加演出。我演一个钢铁工人的舅舅，跟着他们到沪宁线沿线一路巡回演出，印象特别深刻。没有昼夜，一天演三场，天不亮就要去化妆，化完妆就演出，整天可以不见太阳，晚上演完就睡觉，有的人偷懒，晚上不卸妆就带着妆睡觉，第二天早上修修改改就可以了。连着这样拼命地演，但是也很开心，因为那时候年轻，才20岁出头，体力也好，舞美、装台都是我们自己干，一个人要兼好几个职。

演出到镇江，那是我第一次到镇江，我们想偷偷去焦山玩一次。我们三个就租了三部脚踏车，结果回来的时候对岸封山，回不去了，晚上要演出，急死我们了，剧团里也等我们三个人，到处找找不到，那时候不像现在有手机可以打电话，没法联络。等我们赶到已经快开幕了，匆匆忙忙化了妆，晚饭也没吃赶紧上场。演完戏剧团开会痛批我们三个人无组织无纪律，不请假就自说自话去玩，差点耽误了演出，这是很大的事故。以后我吸取教训，不能违反纪律更不能耽误演出。后来自己担任领导、组织演出就一再地把自己的教训讲给年轻演员听，即使是天大的事也不能耽误演出，不能让观众等你，所以这个教训很深刻。

采访人: 1963年上海青年话剧团成立,它的前身就是实验话剧团?

孙滨: 宣传部分管我们的部长叫陈其五,他作报告滔滔不绝,出口成章,很有学问。他要扶植年轻人,所以建立了青年芭蕾舞团,后来又建立了青年越剧团、青年京昆剧团、青年话剧团,这样就把实验话剧团改名为青年话剧团。人还是这些人,但是关系和戏剧学院脱离了,不属于戏剧学院管了,而属于上海市文化局管,组织系统变了。部长亲自到剧团作报告,提要求,给我们开展革命思想传统教育,给我们打下了很好的思想基础。

采访人: 青年话剧团成立初期有哪些重要的演出?

孙滨: 建团的时候就讲了着重青年人,所以选戏的题材表现的内容主要是面对青年人,除了团长都是二十来岁的年轻人。我们排了《战斗的青春》《无事生非》《吝啬鬼》《甲午海战》等,在全国影响很大。当时对青年话剧团的评价是队伍比较整齐,给观众的印象就是很有朝气,水平比较整齐,因为我们一进学校就被教导"没有小角色只有小演员",所以配角群众演员都很认真到位。

采访人: 您的戏路很宽,从年轻的到年老的,从正面人物到大反派,您是如何驾驭的?请谈谈您的体会。

孙滨: 我是什么类型角色都演过,正面的英雄人物演过,如《无名岛》《钢人铁岛》《英雄小八路》,而在《无事生非》《决裂》《战斗的青春》中都是演反派。老的演到七八十岁,小的演个十三四岁的小八路。

在《英雄小八路》中我演小八路铁牛,一个很粗犷的孩子,任广智演队长,他考虑问题比较周全,我这个角色是大大咧咧的马大哈,头脑比较简单四肢比较发达,掌握这个人物分寸也花了一点功夫,这个角色也得到了观众的好评。

我在《无事生非》中演了一个反面人物波拉契奥,虽然戏不多,但是在这个戏里头也起了一定作用。他是来破坏男女主角谈恋爱的,是一个坏蛋、出主意的人,演这个角色也花了一点心思,演他的醉态要演得真，他喝醉了，但是他要出谋划策，这个分寸要掌握好，既清醒又要带有几分醉意。

在《战斗的青春》中我演一个日本军官，也是一个反派角色，因为他周围有汉奸有日本人，他对汉奸是一个分寸，对自己人是一个分寸，要掌握不同的分寸，这个也花了一番功夫。如果简单地演也可以，但是就千篇一律脸谱化了，我尽量不作脸谱化，这一点导演也比较满意。

演戏完全是靠悟性，比如演老人，那么老人的心态是什么样的？这就靠看小说和平常生活中的观察老人的动作、心态，家里有老人、社会上有老人、剧团里也有老人，生活中经常见到的，要注意观察。年轻人是自己经历过的，只要留意一下基本上都能够掌握，可以找到共鸣点。所以不管什么角色，只要注意观察生活，基本上是可以完成任务的。

采访人：当时您除了演戏还爱好写作？

孙滨：我是"万精油"，艺术的生产过程我几乎样样都接触过。编剧也触过，导演也触及过，论文也写过，小说也写过，管理组织演出也干过，打追光也干过，舞台监督也干过，剧务也干过，好听一点叫杂家，什么都会但是都不深。可能和接触过艺术生产的全过程有关，我比较了解每个行当的甘苦。

写作是这样开始的，1962年我写了篇论文，当时《中国戏剧报》上讨论演员的矛盾，我不太同意作者的观点，当时年轻么，也没什么顾虑，于是就拿起笔来写反面角色的体验问题，然后就寄出去了，没想被刊登了。后来出了演员矛盾讨论集，也把我这篇文章纳入了文集。当时剧团的人问我这是不是你写的，我说是我写的，他们还责怪我，我说我不同意就不同意，写了就写了。后来我和那位作者见了一面，我说老大哥对不起，报上写了一篇东西得罪你不好意思，他说没什么，百家争鸣，你说你的我说我的，就这样过去了。

后来我又写了几篇文章都登在全国报刊上，一篇被刊登有瘾了，把演戏放一边去了。我喜欢写东西，后来就构思写剧本、写广播剧。广播电台经常来找我,于是我写了好几个广播剧在电台录音了。

采访人:"文革"中文艺剧团都遭受了破坏,青年话剧团的情况如何?

孙滨:"文革"中天下大乱,有一个人好心打了电话给青年话剧团门房间,说造反派要来冲青话了,宣传部就安排我们躲在一个印刷厂里头去劳动。然后青年话剧团被占领,所有业务活动全部停下来,因为与造反派头头意见不一,他找了借口把我关起来,关了将近一年。

采访人:关在哪里啊?

孙滨:关在楼梯间里,在青话最早的木工间有一个楼梯,下面有一个小房间,有一个小窗户给我送饭。我第一次失去自由,什么时候放我出去也搞不清楚。还好我有毅力,我不是反革命,所以我也不怕。当时我抽烟,要求他们给我买烟,抽完后把烟盒团成一团练杂技,就是抛球,开始只能扔两个,后来扔三个,再后来可以扔四个,四个同时抛,把所有的注意力集中到抛球上,分散自己被关押的注意力。后来他们把我放出来和领导关在一起,比原来在楼梯间自由,可以交流交谈了,就这样熬了近一年。最后工宣队来了以后,看看我这个人没什么问题,就把我放出来了。

出来以后就到干校劳动,种地种棉花,改造奉贤盐碱地,自己搭房子。青年话剧团绝大部分人都去了,那时候脑子里有一个信念就是锻炼身体,要把身体搞好,不能把身体熬垮了,自得其乐,在那里除了学习就是劳动。好在"文革"过去后,我又重新获得了第二次艺术生命,那时候突然觉得第二次解放了。

采访人:您觉得"文革"给您带来哪些遗憾呢?

孙滨:"文革"的遗憾是浪费了十年,不然十年时间可以演很多戏,可以创作很多作品,这是很遗憾的。1966年到1976年,我从30岁到40岁。

采访人:"文革"后期剧团是不是排了一些戏?

孙滨:"文革"后期团里排了《大学风云》《盛大的节日》,当时都上了中央文件的。我主要做舞台工作，剧务、舞台监督、组织演出等等，需要组织各个部门到一起，要在舞台上体现，这个阶段锻炼了我的组织能力。

采访人：改革开放初期，您在《神州风雷》中担任了胡伟民的副导，您能谈谈胡导吗？

孙滨：他1957年被打成右派，"文革"以后，他在上戏表演进修班学习，这时候青年话剧团想办法把他要了过来，给他解决住的问题、户口问题，把他的全家安顿好，让他安心排戏，所以他接连出了一些作品，在全国影响很大。

胡伟民是很有才华的一位导演。他能揭示演出角色心理，帮演员分析最高任务，启发你去感受贯穿动作是什么，实际上这个戏剧动作是心理动作，让你明确感受到这个动作是什么。演的时候不能演结果，比如表现痛苦，你去演痛苦状，这是不行的。你要演忍，忍住眼泪不要流出来，就是想流泪想哭的时候往往是背着别人，怕别人看见，偷偷地哭的。所以在舞台上要表演忍，不是表演哭，不是当着观众痛哭流涕，这样观众不会感动的，实在忍不住了才痛哭流涕，那么观众就会感动了，就能打动观众的心。

胡伟民善于利用舞台的各种手段，如灯光、效果、音乐等来体现他想体现的思想内涵，这点很了不起，一般人都是花里胡哨搞形式，追求的是舞台的花式，表象的东西，他能揭示内心比较深刻的东西。

可惜胡伟民去世太早，"文革"回来正是可以大展宏图的时候，但是天不假年。

采访人：您在《孙中山与宋庆龄》中再现了孙中山的伟人形象，当时是什么机缘让您走进这个角色？

孙滨：1985年为了纪念孙中山诞辰120周年，当时大陆和台湾已经来往了，耿可贵夫妻两人写了连续剧《孙中山与宋庆龄》，被电视台采用了，当时连续剧很少的，都是单集的。第一集请了卢奇来演，孙中山成年以后就提出要找比较成熟的演员,我之前在剧团排过《孙中山与宋庆龄》的话剧,但我演的是廖仲恺,后来编剧就说请孙滨来试试镜头。那时候我已经调到文化局担任党委书记了,他们就跑到局里来找我,我说我现在身不由己,我出去演戏要经过市里面批准的。他说你先来试试镜头,我抽空到电视台,他们给我造型,造型完了以后导演就认定是我。我说你光给我造了型,你还要给我请假,要不然我怎么来。后来电视台出面帮我请假,市委宣传

孙中山造型照

部给了我三个月创作假,可以不参加局里的党委会,但是有要事要去文化局处理,一般的工作有副书记负责,就给了我三个月的创作假期,到电视台报道。当时电视台后面是一块空地,搭了一个日本的景,就在那儿拍的,室内戏份在棚里拍,基本上不出电视台,偶尔有外景跑跑。拍完以后他们看了还比较说得过去,比较满意。

采访人:当时是如何造型的?

孙滨:他们觉得我和孙中山的身材和长相都有点接近,当时造型时我为了更好地满足镜头的需要把头发都镂空了,孙中山不是头发稀少嘛,就把我头发剪掉一点,然后把额头这块剃高,耳朵后面撑一块片子,接近孙中山的耳朵。对造型我自己也觉得满意的,我看了以后对我进入角色有帮助。首先要自信,我相信我就是孙大总统才能演,你自己都不相信就没法演了,通过造型自信这一点我可以做到了,我觉得很像,我就是孙中山。

有一次我回家，我女儿说她同学发现我是招风耳朵，她却没有发现。我就告诉她化妆造型后面撑了一块硬纸板这个过程，所以拍戏不能拍我后脑勺的镜头，否则就要穿帮了。有一次拍最后孙中山去世的场面，孙中山脸色蜡黄，人也消瘦，躺在病床上的一场戏，我演的也比较满意的。我那天特地没卸妆就回家，回家以后家里人吓了一跳，问我怎么搞的今天脸色那么难看，有没有生什么病。我开始有点装病，他们一看我脸色这么难看，要把我送急诊，后来我说我妆没卸，为了保持这个状态一直带回家，他们一场虚惊。

采访人：那您在演绎这个人物之前做了哪些准备工作？

孙滨：为了准备这个角色，我看了不少有关孙中山的作品，了解了《建国方略》《三民主义》，此外也看了很多野史。因为这个戏和别的戏不一样，除了大事迹以外还写了他生活的一面，这一点我很喜欢，这个就不是塑造神了，而是人。所以我就把握一点，就是要把他当人来演，不要当神来演，要生活自如，不要端架子，不要自己感觉是伟人，他是一个平民总统，我就把握"平民"这两个字，他和普通人一样有喜怒哀乐。再加上看了他的作品，对于丰富人物的内心是有很大帮助。同时我体会到文化局的工作对我演这个戏有一定的帮助，正好遇到改革开放，要开发浦东，孙中山当时就提出要开发浦东了，《建国方略》里就提到开发浦东，要建立大码头，要从封建帝国变成民国，是个大变革时代，我们当时也正好面临一个变革时代，从粉碎"四人帮"到改革开放，要放眼世界，这个变革和那个变革有类似的地方，有相通的地方。我当领导后，也要考虑上海文化发展战略，领悟到当时孙中山考虑建国以后怎么样来建设破烂不堪的旧中国，这个方面可能会找到一些共鸣点，所以对演孙中山，理解他的思想有很大的好处。电视剧播出以后，客观地讲，演得还不错，还算成功的，和这些背景都有关系。如果不是处在改革开放年代，从文字资料上可以看到孙中山的事迹，但是要你从内心感受到他当时遇到的难题和他所思考的问题，这个很难，正好遇到我国改革开放，正好我到文化局当领导，所以这些都是机遇，对创作这个人物有好处。

和宋庆龄的一段爱情戏我也比较满意，拍得很自如，就像我前面讲的我要生活化，所以两个人表演很生活的，在谈论问题、谈情说爱时都比较生活，特别是她怀孕流产以后孙中山对她的关心。遗憾的是我不满意的地方不能改了，电视剧不像话剧，今天我不满意明天我可以改一种演法，电视剧拍完了就拍完了，无法修改的，所以这是一门遗憾的艺术。当时剪接的时候我都不敢进去看，就交给导演了，随便你们怎么剪，不参与意见也不去看，后来得到肯定才一块石头落地。

采访人：您在这部剧里面跟徐娅是第二次合作是吗？

孙滨：认识徐娅的比较早了，她是从湖南来的，个子不高，比较瘦小，当时考戏剧学院没有录取，陈宁就把她接到青年话剧团来，我们看看她还可以，就安排她到青话的戏里跑龙套，觉得她有可塑性。结果她第二次去考戏剧学院时考取了，毕业前她参加了电影《女大学生宿舍》的拍摄，她演一个很调皮的女孩子，我在电影里演校长。拍完这个戏她分配到儿艺，没想到我们会二次合作，我演孙中山，她演宋庆龄，戏中从师生关系变成情侣关系，合作当中也有些默契，因为比较熟了，也知道她性格，所以对后面的合作也有帮助。她也演得不错，我们的年龄与角色的相仿，孙中山比宋庆龄大27岁，我比徐娅大概大25岁。

采访人：《孙中山与宋庆龄》播出以后，反馈如何？

孙滨：当时可以说轰动一时，各个报社来采访，到香港去首演。我还带一个代表团到台湾去，当时海基会秘书长来接见，真的把我当"大总统"来接待。当时香港报刊上也登了不少相关报道，内地就更多了，所以后来很多人见了我都不叫我名字了，都叫我"大总统"了。这个片子当时请了市委领导来审看的，因为要掌握国共之间的分寸，你不能表

电视剧《孙中山与宋庆龄》剧照

现得太过头,但是也不能不到位,所以领导亲自审查,当时上海市的领导都来看了这个片子,看完后一致称赞,都说不错。有一次胡耀邦到上海来接见我们宣传系统的同志,我汇报文化局工作的时候,我还没自我介绍,他就说你是"大总统"我知道,大家都知道了。

采访人:很巧的是,您和孙中山还是同姓。

孙滨:我们到香港去首演,在一个记者招待会上有记者就问我和孙中山是不是有血缘关系,我说有的,五百年前是一家。当时全国有四台关于孙中山的剧目,上海电视台的《孙中山与宋庆龄》、上海电影制片厂的《非常大总统》,孙道临演的,另外还有两台关于孙中山的戏。四台戏同时上演,姓孙的演员占了一半,当然这是开玩笑说的。

采访人：80年代同时有好几部关于孙中山的影视作品，那您觉得您在表演上有什么独特之处？

孙滨：我最大的特点就是自如生活，没有端总统的架子，我认为比较大的区别在这里，我比较生活化，但是斗争场面该威武的时候还是要威武。

采访人：在这部剧中饰演孙中山，之后您又多次出演了这位伟人？

孙滨：后来不断有人来找我演孙中山，比较有影响的如电影《开天辟地》，是当时上海的重点片。香港回归时，上海话剧中心排了《归来兮》，我和王志文、吕凉合作，我还是演孙中山。还有好几部电视剧，接连不断，我都演孙中山，但是都没有像《孙中山与宋庆龄》那样大段大段的戏，都是出一个场几个镜头。

采访人：您觉得影视剧和话剧在演技方面有什么不同吗？

孙滨：那大不一样，第一次拍电视剧，开始的时候我头乱晃，导演不断提要求，这个地方不许动这个地方只能动多少，开始不适应，后来慢慢知道了，除了给观众看，还要考虑镜头在哪里，是特写还是远景。镜头面前把人放大要求细腻，更能看到你的眼睛，眼睛是心灵的窗户，脑子里想什么透过眼睛观众可以感受到，很细微的，所以演电视剧不宜夸张，要像生活中一样，生活里什么样就演什么样，稍微一动眼睛一抬，观众都一目了然。在舞台上不一样，舞台上只看一个眼眶，其他的都看不到，全靠你的声音、形体动作，要有一定的夸张，才能够把你表现的东西送到最后一排，让最后一排的观众能够听到看懂，不夸张的话最后一排的人就听不到看不到，这是最大的区别。但是现在舞台上都有麦克风，不像以前需要大喊大叫，才能让全剧场的观众听到，现在有机器帮你扩大声音，所以现在的要求也不一样了，也要求比较生活化一点，但是毕竟舞台是舞台，镜头是镜头，还是有些区别。

采访人：拍完电视剧，您还是回到文化局？

孙滨：演孙中山收获不小，对我到文化局工作，对我考虑上海的文化建设也有启发。当时文化局要选一批四五十岁的、懂艺术的，从专业岗位上转到行政岗位上来。每个单位推荐，包括群众推荐，文化系统、宣传系统推荐了将近一百人，到新的岗位上去，把我推荐上去了。宣传系统组织了一个强化的干部学习班，上岗之前要经过培训，学习后每个人都有一篇总结发言，通过总结发言再选拔，决定让我担任书记。我那个时候已经到文化局了，在办公室担任办公室主任，后来当局长助理，通过这个学习班让我担任书记，我就这样转为书记。后来局长这个位置一直空缺，我就被推到局长岗位上，开始我说我当副手吧，领导反复做工作，曾庆红还找我谈话，我只能服从领导分配了，挑起这个担子，从书记岗位转到局长岗位上。

采访人：您当了局长以后在上海文化发展方面开展了哪些工作？

孙滨：这方面千头万绪，因为遗留问题不少，上海这个文化摊子很重要也很大。上海原来是中国文化的门面，号称半边天，除了北京就是上海，不论从哪一方面讲，上海在全国都是有影响的。所以领导找我谈话的时候就说这个担子不一般，你要硬着头皮把它挑起来，因为上海这么大一个城市，文化不能落伍，同时也要照顾大局。专业文艺团体一定要出人出戏，公益文化单位，比如图书馆、博物馆要把它搞好。还有就是群众文化，每个区的文化局，每个区的群众文化包括后来的民营团体，还有自由职业，像歌星、乐队。文化市场也逐渐开始繁荣起来，面临着那么多的新事物，你怎样面对？过去对娱乐市场是不提倡的，都强调主流文化市场，然而面对新的事物都要你去处理，怎么办？你敢不敢于开放，敢不敢解放思想，把他们扶持起来、组织起来，还要通过法律规章制度来管理，这一套东西都是新的，以前的文化局领导也没碰到过，都是摆在我面前的新问题。在一大堆问题面前，就要订一个规划，哪些是重点、要先抓，这都是要考虑的问题。

我当时就梳理了几个规律性的东西，当时上面的领导也不清楚的文艺到底怎么管，改革开放以后，文化娱乐市场开放以后怎么去管理。后来我出去考察，带团出去演出，了解我国香港及其他国家的情况以后，回来就认识到要分类，因为公益性的文化是一种管法，经营性的文化是另一种管法。所以要把它分成两大类，一类是公益性的，像图书馆、博物馆，这些公益性的机构国家必须投资，文艺团体有的要全额投资，像交响乐团、京剧院、昆剧团这一类的必须要全额投资，不然它没法生存，不能排戏也不能培养人。而有的剧团有一定的市场，就实行差额补贴，剧团自己赚一部分，国家补贴一部分，有的就放手全部自负盈亏，像杂技团就是试着搞自负盈亏，这样就区分开了，就分类了。群众文化必须要国家投入的，就要扶持，舞厅、卡拉OK这些娱乐场所，完全放在市场上优胜劣汰，去自由竞争。这里面涌出了一大批自由职业者，歌星、舞者、乐队，这批人怎么办？就要通过制定法律法规管起来，先制定法规，然后上报上海市人大通过成为地方法。结果这些法律法规制定了以后，受到了文化部、中宣部、司法部的表彰，然后在全国推广了。因为什么人有资格到舞厅、什么人有资格去唱歌，这下都有考核标准了，通过了就发资格证书。然后又成立了歌星俱乐部，全国第一家，现在还在，就是把社会上这些自由职业者组织起来，让他们有一个组织，万一遇到侵权的问题，有组织帮他协调，定期还给他们培训学习，这样就把这方面管起来了。

接着就是专业文化团体的体制改革，包括公益文化单位的体制改革。搞了全员聘用制，领导上岗要聘用合同制，这也是全国第一个搞的。每个人和单位都有一个协议，文化局和基层的领导就有一个协议，约定你要完成多少指标，完成多少工作，然后国家给你多少经费，有一个协议把这个变成制度。不像原来是局长一个人说了算，现在有一个制度合同，每年必须要完成多少场次。全员聘用制逐步完善，现在基本上都这样了。那个时候没有先例的，只能自己摸索，也搞过干部公开聘用，这些制度通过不断实践逐步完善。

另外还举办了很多大型的活动，上海国际艺术节、上海国际魔术节、莎士比亚戏剧节、奥尼尔戏剧节、芭蕾舞比赛等。当时条件是比较艰难的，资金方面需要向企业拉赞助，我们不断向上海市委、市府呼吁，赞助文艺单位的企业在税收上应该优惠，企业赞助多少应该在每年的营业税里减掉多少，这样企业就愿意赞助文艺事业，特别是公益性的文化活动了，不然别人不愿意赞助。现在对企业有了优惠税收制度，但是那时候没有的，这些制度是慢慢建立起来的。文艺单位赚不了多少钱，还要国家贴钱，搞硬件要跑香港，找港商来赞助，跑市政府财政局希望国家拨款补贴，从娱乐市场收的税要拨一部分给文化单位，扶持公益文化。

采访人：您当时提出了"四个轮子一起转"，请您给我们解读一下。

孙滨：1992年以前是千头万绪，处于刚刚改革开放不知道怎么干的时候，摸着石头过河。1992年以后头脑比较清醒一点了，认识也清晰了，确定是社会主义市场经济了。但是在文化产品怎么进入市场上，大家的认识也是模糊的，我经过学习和实践觉得文化产品是一种精神产品，又有商品价值，两者不是盲目的所有一切都推向市场，推向市场要经过市场的检验，经过法律的允许，不能随随便便。文化产品中的一部分是完全市场化的，一部分是受政府支配的。必须要为当前任务服务的，需要政府较多的补贴扶持，不然没有广大的市场，又赚不到钱，只能政府补贴扶持，扶持的和推向市场的应有所区分。所以当时就提出了"四个轮子一起转"：(1)体制改革，开拓经营；(2)艺术创新，出人出戏；(3)不断完善，立法管理；(4)加强保护，文化遗产。体制改革一个轮子，文化经营一部分完全推向市场化，一部分是半市场化，还有一部分是公益性的。艺术革新一个轮子，产品推到市场上要吸引人家的眼球，要吸引观众进你的剧场，你不创新不行，你把原来的传统原封不动搬到剧场里年轻观众不接受，所以必须要革新。这也是上海海派文化的一大特点，艺术创新非常重要，特别艺术创作本身是讲个性的，必须要讲创新的精神。第三个轮子是立法管理。第四个轮子是加强文化遗产保护，包括对物质文化遗产和非物质文化遗产的保护和扶持的举措，也要立法。这四个轮子要同时转动，缺了哪个都不行，这四个轮子都是相辅相成的，不能偏重哪一方，要同时转才行。

采访人：这些思路在当时来说都是非常有突破性的。

孙滨：这个思路就是不断地学习，通过实践体会到必须要有这些东西，再加上走出去看了外面的情况，所以就丰富了自己的思路，再把自己的思路整理清楚，提出了这些东西。当时这些东西在全国文化局长会议上作了介绍，上海是怎么规划的，上海是怎么做的，这个花了一番功夫，心血总算没有白费。通过实践检验，现在回过头去看，这段改革的历程，我们当时提出的这些分类管理的办法还是可以成立的。

采访人：您觉得上海的文化内涵是什么？

孙滨：上海一直在提海派文化，海派文化就是创新，吸收各方面的营养来丰富自己，海纳百川。上海本身是一个移民城市，各地、各国的文化都会流到上海、影响上海，上海文化的特色就是吸收各方面文化的营养丰富自己的海派文化。海派文化好像比较虚，但实际上也比较实，京剧《曹操与杨修》继承了京剧的传统，又吸收了话剧和电视剧的优点，《曹操与杨修》这样一个京剧就是海派文化的具体体现。它不是完全传统的京剧，舞台样式全是新的，布景、灯光、舞美、设计等都用上了，这就是具体的海派文化，优势组合。

采访人：您觉得海派文化和外来文化如何与上海这个城市和谐统一起来？

孙滨：我觉得文化是百花齐放的，作为一个城市来说它的文化结构应该是橄榄形的，而不是宝塔形的，两头尖中间粗，所谓两头尖就是探索性的文化允许存在，允许破格的产品存在，允许外来的文化、外国的东西直接引进，在上海演出，或者是移植，这是一个尖；再一个尖是高精尖的，我们传统的昆曲、京剧，这些文化要保留，政府要全力扶持的，不能让它消亡的，这又是一个尖；当中大块的是经营性文化、公益性文化。公益性文化就是比如说像图书馆、博物馆、群艺馆、群众文化活动，包括艺术节搞的天天演，是我们先搞起来的，现在国际艺术节也有天天演，这都是免费让上海市民看的。还有星期音乐会、免费音乐会，只要凭学生证、工作证到那领票，每个星期天的上午固定有一场音乐欣赏会，大家免费欣赏音乐。

所以海派文化和外来文化的关系，大部分都是我们自己的经营性、非经营性、高精尖的东西，吸收外来的东西，创新的探索的东西。现在上海小剧场话剧很多都是探索性的东西，都是超现实的。世界的城市大概分四级，一个是国际级的城市，一个是洲际级的城市，一个是国家级的城市，一个是地区级的城市。像纽约、东京、巴黎，这些都是国际的文化中心，像莫斯科、柏林等是洲际的。上海现在要奔国际级的城市，但是软件差距很远，比东京、大阪，比香港、新加坡软件上还有一段差距。上海的硬件是不错了，大剧院、博物馆、图书馆，剧院造了很多，但是摆在亚洲和国际层面，从软件上看，还差一大截。说到底是内容为王，产品是主要的，你要拿出有力的、本地的、首创的国际上有影响的产品，而且是国际上经久不衰的，经得起历史检验的，现在有没有？屈指可数。

全国有影响的、能够经得起历史检验的电影、电视剧，上海有没有？有影响的导演、演员、编剧、作曲有没有？屈指可数。舞台剧最近几年全国打得响的有没有？舞台剧著名的演员有几个？新培养的是否接得上？请你们来回答。上海必须要花大力气培养人才，引进人才，才能出好的作品，你光造了剧院，引进外国的音乐剧、芭蕾舞，这是需要的，也是必须的，但是光有这个还不行，你自己在这块土地上要生长出好的东西，一个是经济基础，一个是上层建筑，这是最基本的马列主义的道理。上层建筑不可能离开经济基础，反过来，要为经济基础服务。现在搞社会主义市场经济，它本身又是作为文化产品要进入市场，要直接变成经济实体。文化产业,既是经济的组成部分,反过来又为经济服务,所以它的任务更重了。原来在计划经济时代它不作为产品,不作为一个企业来对待,它是作为事业单位来对待的,因此它的任务比较单纯,就是为经济基础服务,为政治服务。现在文化产业本身要投身到这个市场中去竞争,要变成一个产业,要不断壮大。

所以在这个形势下,文化人的担子就更重了。为什么重呢?首先要取得市场,要争得观众,要在优胜劣汰的市场中想办法生存下去,这个就比较艰难了。同时,它又不能够乱来,为了赚钱什么底线也没有了,有的人为了赚钱就搞那些低俗的东西,这个是法律不允许的,也不是人民所向往的。在这样的情况下就逼着你既要用好产品占领市场,又不能搞乱七八糟的东西,这就要求更高了。比如百老汇音乐剧,它的产品就很过得硬,既有市场,又能够连续不断地上演,有的产品能够连续十几年地演,观众也喜闻乐见,而且内容比较健康,这个是不容易的。一个文艺作品既在市场上站得住,观众喜闻乐见,又能给人以启迪,那是最好的。

采访人:关于文化单位的体制改革,好像争议挺大的。

孙滨:关于文化单位的体制改革,把文艺单位企业化,并且推向市场,有很多人提出反对意见,我赞成反对派的一部分意见,因为文化体制改革核心不是在于企业化,在目前这个形势下还不行。在中国,它的最大障碍不是企业化的问题,不是想要搞企业化了,你就能企业化了,这是行不通的。怎样才能企业化呢?首先你要遵循艺术创作的规律,才能真正走向市场。我给交通大学上过文化艺术管理的课,我最大的体会就是对艺术的管理,不能像对经济、企业的管理,两者是不一样的。创作需要自由,需要有想象的空间,这个也限制,那个也限制,这个也束缚,那个也束缚,作者没有空间去创作有个性的东西,而文艺最大的特点是个性,没有个性,作品没有生命力。那么个性从哪里来呢?个性是根据人的思想来的,人的创作思想有紧箍咒的话,怎么能够创作出流芳百世的作品呢？所以文化体制改革，需要给创作者思想上的自由。你不给他自由，谈不上企业化也谈不上以文化产品占领市场。当然创作自由不是没有限度的，所以小平同志讲了，文艺人员的创作你不要行政干预，我作为一个行政管理者去管理文化，就很注意这个问题。在创作过程当中，你千万不能左一条干预右一条干预，放手让作者创作，创作完以后可以用各种标准来审核，但是在创作的过程中一定要给作者自由，放开手脚才能搞出好的作品。

采访人：您认为上海文化发展，还有哪些方面需要提高？

孙滨：我刚才讲了软件，软件包括人、作品，主要是人，没有人才怎么能出来好作品？一个要培养，一个要引进，现在引进了不少，要抓紧时间培养。这需要专门的一个机构研究，要研究到哪里去引进，怎么去培养，这个工作是很细致的。工作环境很重要，没好的环境人家不愿意来，就像给鸟儿做巢一样的，鸟不愿意飞进来也没用，所以要营造一个文化氛围。解放初上海吸引了全国各地人才，就是因为有这个氛围，天地比较自由，所以人才都到这里来了。

采访人：1995年青话和人艺合并成立上海话剧艺术中心，您能谈谈当时合并的过程吗？

孙滨：合并过程争论很大，现在看来有好处也有坏处。当时对于合并我也并不十分赞同，因为每个剧团有自己的风格，当时领导提出来要优化组合，优化组合是对的，但会带来很多问题，可能会把一个剧团的风格流派给弄没了。就像北京人艺，如果把它跟其他团体优化组合了，那么估计北京人艺的风格就没有了。像上海青话、上海人艺，他们的风格不一样，你把两个团体合并在一起就没有特色了，这是一个很大的问题。但是合并是当时领导要求的，这话我又不能对下头讲，不然反对的呼声就更高了，改革就改不成了，所以虽然自己不太同意，但是还得去说服下面。当时开座谈会，当面讨论这些问题，我只能用冠冕堂皇的话去劝说，讲优化组合有几个优点，可以节约行政开支，两套行政班子合并在一起不是节约了开支吗？舞美器材可以合用，这也可以节省成本；两边的房子可以调剂，青话的房子可以租出去，可以得一大笔房租用以扶持话剧生产，用这些话去说服大家。合并的好处还有演员可以统一安排，专门成立一个演员俱乐部，适应文化市场的需求，有的演员要去拍电视剧，有的要去拍电影，有的留在话剧中心演话剧。当时组织排戏的时候还用两块牌子，一个是青话的牌子，一个是人艺的牌子，后来逐渐磨合了就不用了。实践检验下来的好处是可以优化组合，但是风格流派就谈不上了，这是很大的遗憾。当然，合并以后也出了不少戏，像青话搞的《商鞅》和《归来兮》在全国影响也很大，但是合并后就没有青话和人艺的区分了。

采访人：您认为话剧艺术的发展之路何在？

孙滨：话剧光探索恐怕还不行，这只能满足一部分年轻人的需求，还要贴近现实，搞一些批判现实主义的作品，才能引起观众的共鸣，给人以更多的启示。

采访人：您退休后还做过哪些工作？

孙滨：75岁以前蛮忙的，办学、上课、编教材、演戏。我创办了"王昆艺术学院"并任院长，还在现代舞蹈学校当校长，办学办了很多年。退休后也当了几天兼职教授，到交大上文化管理课，他们设了专业，本来和文化局联合办班，我退休以后他们就请我去上这个课了，自己编写教材给学生上课。空余时间也演一些戏，像《归来兮》剧组找我去演孙中山，电视剧《第二战场》演短命市长陈良，还有在《都市巡警》中演一个公安局长等。还搞了一些社会活动，国标舞比赛、儿童剧展演、公关先生公关小姐评选，这其中影响比较大的就是儿童剧展演，隔两年一届，把全国好的儿童剧吸引到上海来为上海的学生演出，这是一个公益性的活动，这个活动影响蛮大的。我业余还喜欢跳舞，是国标舞协会的会长，组织国标舞比赛。

75岁以后我把大部分工作都推掉了，除了为儿童剧展演做评委，戏一律谢绝不拍了，课也不上了。我因为心脏不好，家里人更让我休息，所以现在基本上是一看二跑三聚会：看各种媒体新闻；跑医院、跑公园；和老同学、老朋友、老同事聚会；大家交流交流。

采访人：回忆您的文艺之路，有哪些快乐和遗憾？

孙滨：快乐就是当创作的时候，完全投入到角色里的时候很快乐。比如拍电视剧《孙中山与宋庆龄》基本上就和外界隔绝了，单位开会也很少找我了，烦恼少了，而且我对这个角色也很感兴趣，因为这个角色有叱咤风云伟大人物的一面，又有普通人的一面，这个戏很过瘾，完全投入到戏里面很快乐。遗憾的是电视剧艺术不能修改，存在不少遗憾。

（采访：裘一婧　整理：柴亦文）

我最痛苦的记忆就是我的画丢失了

——周本义口述

周本义，1931年出生于江苏武进。上海戏剧学院教授，戏剧家，舞台美术家，画家。1950年进入上海戏剧学院舞台美术系。1954年毕业后留校任教。1955—1960年于苏联列宁格勒（现为圣彼得堡）列宾美术学院油画系M.鲍勃晓夫工作室深造，毕业后回上海戏剧学院继续任教。曾任上海戏剧学院舞台美术系主任、硕士研究生导师；国务院有突出贡献专家，中国美术家协会会员，中国戏剧家协会会员，中国舞台美术学会副会长，上海美术家协会绘画艺委会委员，上海戏剧家协会主席团委员，上海舞台美术学会会长，上海市文学艺术界联合会委员。曾荣获文化部第一、二、五、九、十一届"文华奖"，2007年获"中国话剧百年"优秀话剧艺术工作者荣誉称号，2012年获中国话剧研究会"金狮奖"特别荣誉奖、上海宝钢高雅艺术特别荣誉奖。

采访人：您是1931年出生，江苏武进人，您父母是从事什么工作的？

周本义：我老家在武进的奔牛镇，但是出生在武进的孟河，孟河是中国中医的起源地之一。父亲在我四岁时就离开了,他原来在孟河的当铺当朝奉(店员)。1931年,我出生一个月,当铺被抢劫烧掉了,父亲失业了,母亲决定回小河的娘家投靠舅舅,舅舅家条件比较好,可以有个依靠。在我四岁,我妹妹生下来刚刚满月的时候,我父亲到兰州去了。当时有个西北公路局,他就这样去了,再也没有回来。等到抗战胜利,跟他一起去的同乡说,我父亲早就死了。我记忆里对父亲只有一个印象,他喜欢书法,写得一手好书法,我记得他到了小河以后经常给人家写书法,写完了人家请他吃东西,只有这个印象留下来了。有一次我带我儿子到敦煌,在兰州休息的时候我下了车,我跪下来,表示对我父亲的怀念,实际上就是告诉我儿子,你爷爷就是死在这个地方,死在靠近酒泉的地方。

采访人: 他是什么原因去世的你知道吗?

周本义: 可能是胃病痛死的,详细情况不晓得了。爸爸去了兰州后,就靠妈妈一个人在小河带我们四个孩子。那个时候兵荒马乱,1937年以后日本鬼子来了,妈妈就带着我们逃难,一听到有什么风声我们就逃,我哥哥姐姐挑个扁担扛个被子,我妈妈背着我妹妹,我六七岁了,拎了一个笼子,笼子里是我养的一只鸡,关在笼子里当鸟养。逃难就是往长江边跑,江边都是芦苇,日本人去不了,逃到那里就比较安全。逃难的时候留给我印象最深的是两件事:一是我以为芦苇荡那儿有一只鸟,其实是人穿着黑布鞋,我以为是鸟,结果是个死人;另外就是那个圩堤很高,我跌下去了,我妈妈叫人快来救命,同时逃难的一个男人跳下去把我举了出来,否则我就淹死了。还有一次,日本人晚上闯进来,我妈妈就把我姐姐藏到天窗上去了,我哥哥、我、我妹妹三个人在床上,日本人把我妈妈推来推去,后来还砍了一刀,刀背把脑袋打出了血,趁日本人不注意,我妈妈抓了一把香灰逃出去了。好在是刀背,要是刀口的话就砍死了,后来我妈妈的头一到阴天就疼。这一段是很苦的,因为整个当铺能带出来的一些细软,能卖的都卖了。就在这个情况下,有人来给我姐姐说媒,由于一是怕日本鬼子,二来这个男的在重庆银行里工作,所以没有见面就答应了。但是我妈妈提了一个条件,就是男方能够让我姐姐继续读书。因为男方家有钱,就把姐姐带到上海明德女中读高中,读完了把她接到重庆完婚了。我大哥先是在我大舅舅的面粉厂烧锅炉,后来到上海我叔叔那里打工,再后来就参加了解放军,他是解放后最早一批空军。两个舅舅都靠不上,姐姐远嫁了,大哥当工人去了,家里只有我和妹妹。这就是我的童年。

我小时候好像也没有什么艺术细胞,如果有的话,大概跟我小时候特别喜欢看戏有关,我生在阴历七月初七,乞巧节,我妈妈说那天正好她去看戏,看的就是牛郎织女的戏,看着看着肚子疼了,跑回家就把我生在一个脚盆里面了。我从小自己做玩具,把黄豆秆子弄得这么粗细,开个脸,用香烟壳子套着做龙袍,我做了好多,从小就喜欢做这样的人模。我自己念念有词,桌子上有缝,我把人模插在缝里。我喜欢看《三国》,从小就喜欢,还讲给我妈妈听,讲到关公死了我自己掉眼泪,弄得我妈妈也哭了。

采访人:那您的启蒙教育呢?

周本义:在小河上到三年级,后来抗战爆发,我的学校校长和班主任被敌伪杀害了,教导主任吓疯了,学校被毁了以后,我就到了奔牛镇。奔牛镇是周家的地方,母亲把我过继给我的叔叔婶婶,我叔叔在上海的仓库里打工,我叫婶婶亲娘。我去找族长,因为奔牛小学和中学都是在周家的祠堂,只要族长同意就可以全免费。族长看我要读书就答应了,否则我没办法读书,我在那里从四年级开始读。我也有饭吃了,但是有条件,就是婶婶叫我做什么我就做什么。我那时候11岁左右,烧饭,打柴,我什么都干,只要给我读书,这是唯一的条件。我睡在灶间的泥地上,用稻草铺着睡了,我皮肤比较嫩,虫子、老鼠把我咬得浑身生疮,全身是臭的,臭到学校不让我进教室。我奶奶有时候看我吃不饱,偷偷在外面买了大饼给我吃,看我浑身烂成那样,就用硫黄给我泡澡。所以我后来什么苦都不怕,特别是读上海剧专,熬夜,搞装置,搬景,装车,流着鼻血我照样干,跟小时候比我觉得不苦啊。

快读到初中的时候我回了一趟小河,是奶奶把我送上小船的。我童年的时候瘦成一把骨头,身上全是虱子,血都被虱子吃光了,我妈妈看到我抱头大哭,从此以后她决定搬到奔牛镇,死也要死在一起。奔牛镇有些老房子,族里把一间靠河边的屋子给了我们,我们就在奔牛镇安家了,我妈妈跟我和妹妹待在一起。

我功课很好,文科特别好,初中时一位女老师叫吕思勉,比较进步,她开始教我画山水画。很多年后,我在上海看到晚报上登着"吕思勉追悼会"的消息,落款是上海翻译家协会。我就赶到虹口的殡仪馆,我一看到照片就认出来了,就是我初中时的老师。这个女老师一辈子没结婚,后来就一直搞翻译,去世了以后我才又见到她,这是后话。

我在小学和初中,有两篇作文得过县里第一名。小学的一篇作文叫《蛙声》,凡是蛙声叫得最响的时候就是农民最苦的时候,因为要抢收抢种。这篇文章被我的语文老师圈圈点点,一直推荐到县里,得到了武进全县小学作文比赛第一名。初中时我写了一篇《钟声》,写的是日本人占领了我们中学,驻军在那里。学校旁边是一所庙,因为日本人占领,和尚都跑掉了,钟声都听不到了。

后来我就到常州读高中了,我数理化不好,文科还可以。这个学校要收学费的,不过学校里有很多讲义要刻,我高中是靠刻蜡版勤工俭学赚一部分学费,其他的生活费和部分学费靠我姐姐资助。

高中毕业后,原来常州团市委想留我,但是我妈妈不同意,她还是希望我能够有一门手艺,所以我就到上海来找工作了。有一天我看到上海剧专第二期暑假招生,那是1950年8月,当时招考的是舞台技术科,我就跑去考了。老师说你怎么会来报考的,我说我不明白舞台技术科是什么。他说舞台技术科是学灯光、学布景的,还问我吃得了苦吗。我没有正面回答，就问上学要钱吗，要交学费我就不来了，他说要看家里情况。后来老师让我画了一个热水瓶，最后通知来了，要我到学校报到。

采访人：也就是吕思勉老师教过你的这些基础。

周本义：就是这些基础。当时我一口常州话，到上海剧专第三年才开始能讲点普通话，我就是这样进了剧专。我到剧专读书，我什么苦都吃得了，表现特别好；学校里什么都供给，熊院长连棉袄棉被都给我。我就是怀着报恩思想，给我什么工作我都干。那个时候搞土改、抗美援朝、思想改造运动、"三反五反"，学校到哪里演出我都押车，我又管伙食又管学校的广播电台，我既是学生会文艺演出部长，又是演出委员会总干事，什么头衔都有，都是干活的。

采访人：这些工作对能力的锻炼也是有很大的帮助。

周本义：所以高尔基说苦难是最好的大学，是有道理的，搞戏搞艺术的人吃点苦很有好处，对于理解人物、理解人性很有帮助。为什么我搞景搞得有点影响？因为我的舞美不是物境，而是意境，就是追求人物的精神境界，尽可能让它和情景交融。

采访人：当年在舞美系学的是什么？

周本义：画点素描，画点彩画，但是课程老是被各种运动打断。我当时成绩和表现是比较好的，没有什么杂念，一门心思干活儿。到了1954年6月左右，上海电影制片厂的副厂长韩尚义在我们学校兼课，他觉得我不错，想要我到电影厂，但是学校想要留我。这时候来了一个借调令，上海市文化局副局长刘厚生通知学校，说文化部要借调我。1954年的时候国家外事活动多了，各个友好国家都派艺术团来北京演出，当时北京缺人。解放后北京很多部门都有上戏的校友，因为上戏比中戏办得早，各个部门都有。当时就把我借调过去了，外国艺术团体来演出，我就根据它的图纸在剧场帮它装台，在规定时间以内把景搭好。当然，首先是政治上要可靠，我是1954年2月入党的；其次是工作上能指挥得了装台,这是个技术活,要保证不能出事。周恩来总理来看过,还有陈毅副总理,都是这些领导人来看戏。晚上都有夜宵的,最后一场演完后都有Party,总理都出场的。在北京待了两个月不到,去之前特意领了工资去买了一双皮鞋。这一段工作给文化部留下了印象,加上有名额可以留苏,熊佛西院长就想到我,我在北京还没回来,院领导苏堃到北京找我谈话,让我准备考留苏。考试是在北海公园进行的,还有口试。问题是考试考素描,我们考不过美术学院。当时主考的老师,叫刘开渠,雕塑家,人民英雄纪念碑就是他设计的,由他监考。我画素描,在上海剧专学的基础太差,把画纸都搞破了,我干脆不画了,当时也没想到留苏那么重要,考不取就算了,我就放下笔看别人怎么画了。刘开渠老师说,你怎么不画了?我说我画不下去了。他说你不想考了?我说我实在画不下去,看别人画也是一种学习。结果我还是录取了,大概跟名额有关系。考取以后我就到北京外国语学院学俄语,当时称北京俄文专科学校。1954年上海去了作曲家朱践耳、瞿维,瞿维是延安来的,另一个是胡伟民;还有北京的徐晓钟导演和来自部队的两个人;以及中央美院的罗工柳,当时罗工柳已经是中央美院的领导了,这些人都是跟我同年去的。但是到最后宣布出国名单时,胡伟民给扣下了,因为他政审没有通过。

在俄文专科学校学完,我俄文只有3分,勉强及格。国家给我们的待遇很好,伙食费是36元,蛋炒饭里全是蛋,营养好得不得了,当时我们被国家当成宝贝,送去苏联深造回来要建设社会主义的。主要上三门课,一门是外语,一门是学跳舞,第三就是学"联共党史",就这样学了一年。

寒假回来的时候,熊佛西院长跟我说,听说有一个小海军经常来看你,是不是你的女朋友啊?我说是的。熊老说你结婚了,我给你办婚礼。他在青年会教师宿舍腾了一间房,床、枕头、被子都给我准备好了。就这样,熊老给我主持了婚礼。第二天他让我到他家里吃早茶,等于回娘家，他和夫人给我们弄早饭弄甜点。熊院长的人格魅力对我影响很大，他始终把学生当成亲人，《解放日报》发表过一篇记者端木复采访我的文章《一辈子为了一个承诺》。熊院长去世前我去看他，他说周本义啊，不管什么时候，我不许你离开学校，一辈子要为这个学校工作。我说熊院长，我答应你，我一辈子不离开学校。尽管我是60岁退休的，国内外也有很多地方来聘我，但是我都没有去。

留苏前夕党和国家领导人，除了毛主席以外，全接见了我们。我们乘了一辆大巴围着天安门广场转，心情很慷慨激昂。当时没有乘飞机，都是坐北京到莫斯科的国际列车。

采访人：坐火车坐了几天？

周本义：七天七夜。苏联太辽阔，西伯利亚的白桦，就像一幅又一幅画，大气派。到了列宾美术学院报到后，一下子震惊了，列宾美术学院居然有四个博物馆。油画系在二楼，围廊里面有一个博物馆，有最优秀的毕业生的留校作品。下面是雕塑博物馆，上面还有一个建筑博物馆，藏品丰富极了。它是从叶卡捷琳娜女王开始办起的，我的第一篇文章就是写我进了艺术殿堂，什么叫艺术殿堂？很震撼，到处都是雕塑，而且每个教室都有历史，我的那个教室，乌克兰诗人舍甫琴科在里面学过画的，只要历史名人待过的都有一块牌子。列宁格勒（今圣彼得堡）我待了五年多，博物馆都还没有看完，博物馆多到这个程度。各行各业，只要对人民做出过有益贡献的，都给他树碑立传，都把遗迹保存下来。在苏联的博物馆，小朋友进来很安静，老师就在旁边讲解，这样的文化修养不是一天两天就能养成的。涅瓦河上每座桥的装饰都不一样，普希金广场、十二月党人广场、伊萨科夫大教堂、斯莫尔尼宫保存得都非常好。本来我到苏联应该是去读研究生的，但是到了列宾美院我惊呆了，因为他们本科生的水平太高了。我赶快给大使馆打报告，我说我年纪还小，我宁愿从头学起，大使馆批准了。

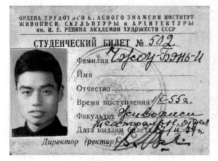 

列宾美院学生证

采访人：我们学校教的东西跟苏联接不上轨？

周本义：差距太远，因为解放初期我们的教学还没形成系统，而且教师也没有太多的教学经验，而列宾美术学院已经有两百多年的历史了，积累了一整套教学的方法。他们的优秀毕业生留学法国和意大利，然后回来当老师，学的也是文艺复兴的印象派的东西。在苏联的制度下，也要总结、形成体系，包括契斯恰科夫素描体系、斯坦尼斯拉夫斯基表演体系，都是在这种情况下吸收外来的东西，然后加以总结，形成体系的，所以连美国人都佩服。在苏联我最大的得益就是它的文化背景，在那里生活处处是艺术，眼睛见到的、感受到的、生活里接触到的，影响了我一辈子，我觉得花一辈子学都来不及，我要真正进入这个殿堂还不着边际。

我们留学五年，早上五节课，两节画素描，三节油画，下午是理论、美术史，五年不断，天天如此。我们用功到了极点，模特不在我们还在画，就是死用功，一分钟都不愿意浪费。我开始入校的头半年，素描得了3分，油画不及格，当时我们在画板上还写着"为祖国学习"，但是不得法。后来我们派了几个代表去拜访阿留申尼柯夫院长，院长是画肖像的，他最有名的一幅画画的就是列宁在大学参加毕业答辩。我们问他，你觉得中国学生学习上有什么问题？他说艺术不是靠用功，艺术是靠感觉的，你有没有感觉到最精彩的地方在哪里？造型、色彩哪里漂亮？没有感觉，你在那里干什么呢？你们可以看看同班同学他们在干什么。我们班上有两个同学，一个是什鲍洛夫，他在看画、看模特、听音乐、抽烟，激动的时候把香烟一丢，冲刺一样画五分钟、十分钟，然后又不管了。但是他到最后一个礼拜，他的作品始终是最好的。他很有激情，在激情中感悟对象，感悟到色彩的精彩，感悟到形体的美，美在哪里，该强调什么。学艺术和别的不一样，不是靠下死功夫能学会的。还有一个女同学叫达玛拉，她丈夫是高年级鼎鼎有名的喝酒大王，但是个才子，她为了供丈夫喝酒，不断出去打工。列宾美院庆祝建校250周年，他们在进学校大门的地方挂了一幅画，每个人进学校都会捧腹大笑，画上画了一个大酒瓶，半瓶酒，她的老公在里面打瞌睡，口里还吐泡泡。大家都知道画的是油画系最聪明的才子，但却是个酒鬼，整天泡在酒里。在校庆大会上，党委书记宣布庆祝大会开始，院长刚要讲话，下面哄堂大笑，原来二道幕挂了一幅著名的油画《耶稣显圣》，原画里面所有人都是光着屁股的，包括耶稣。结果他们把耶稣的脸换成了院长，所有光屁股的人都换成各系的教授，1957年他们的庆祝活动已经不那么讲政治了。

采访人： 上戏的教法和列宾美院的教法最大的区别是什么？

周本义： 最关键的是当时上戏没有一套科学的教学方法。真正讲创新的很少，创作要害在哪里、为什么我的教学里面学生的成活率高？不是我有多大本事，而是方法对，就是启发学生，学生也感受到了为什么自己要画这个景，让他体会。每次写生，到晚上我都让大家把作品拿出来让大家评议今天谁画得好，这就是悟道。艺术就是靠悟，悟到了就开窍了，悟不到就开不了窍，这一点就是我在苏联学习时受到的启发。

采访人： 我印象最深的是您五年里素描基本天天练，这个跟"曲不离口，拳不离手"的道理是一样的，就是把基础打得很牢。

周本义： 他们工作室的方法是我一直想搬用的，不像我们的工作室是没有自主权的，他们的工作室只允许一位教授说了算，他以自己的人格担保，我的学生我负责，这就是品牌效应。苏联的老师什么都跟你讲，希望你成才。工作室根据学生的年级调整相应的教师，一、二年级素描课、油画课，完全是契斯恰科夫体系，手指甲都要抠到，包括筋络什么的都要懂。三、四年级的老师完全换了，会找一些具有创造性的、感情特别丰富的老师来带领你搞创作，后来的老师看到你有缺点他会骂的，说前面的老师把你教笨了。我回顾了一下，五年级的基础课，六年级的创作，这样轮换教师是有道理的，它是科学的。

采访人： 您觉得这样轮换教师的好处在哪里？

周本义： 一个是接触不同的人，一个是因材施教。开始的时候一定要把基础打好。他们评分很有意思的，到了学期结束，所有的画都挂出来了，院长带着所有的系主任、教授来看你打分公不公平。2012年3月去世的梅利尼科夫，当时他是油画系的系主任，他看了我的作品，我设计的是《伽利略》，他就评论说意大利的特点和威尼斯的特点没抓住。全场鸦雀无声，停了很长时间，我的老师脸涨得通红，说了一句话："我在意大利的时候你在哪里？"他是大权威，列宁的书里都批判他是为艺术而艺术。所以他的一句"我在意大利的时候你在哪里？"弄得大家一句话都不敢讲了。列宾把他从乡下带出来，得了金奖留学意大利，而且倡导为艺术而艺术，他就不怕列宁，也不怕革命。他是功勋艺术家，又是人民艺术家。

我理解教授治校和以前批判的教授要取代党不一样，真正的教授治校就是在教学上教授说了算。真正的教授一心扑在教学上，工作室制度的优点就是创品牌，所以工作上最能体现教授治校。我们这些人基础那么差，经过他几年训练就出来了，不仅是技术上提高了，教学思想也提高了。另外，在创作上学到了东西。我们的主教老师七十多岁了，比较正统。另外一个是犹太人，卫国战争的时候当过列宾美院的党委书记，这个人很聪明，排戏时他带你去找感觉。我记得好像是排《罪与罚》的时候，大雪天他带着我到了一个像街心公园一样的地方，那里有一个长椅，他问我，你看到了什么。我一看，心都跳起来了，上面积了雪，两个座位可以坐两个人，一个积雪低，一个积雪高，说明这里坐过人，戏就在这里，晚上就离开了。你再抬头看，下雪天，朦朦胧胧的，桥看不见，楼房也看不见。后来我搞了一个方案他很满意，只有几扇窗子有几个暗淡的、柠檬黄的灯，有几个亮着灯，其他建筑都可以消失，桥也没有了，只有一个路灯。他就是教你体验、观察生活。这种教学方法我后来教育学生都用上了，我就是靠启发，光教会他还不行，要他自己感觉到。

采访人： 五年都是本科的基础课？

周本义： 对，最后一年是创作。当时由于中苏关系已经破裂，我们都回来了，但还是给了我一个艺术硕士学位。1957年我回国过一次，为什么不是每年回来？一个原因是经费有限，另一个原因是我想多跑一些苏联加盟共和国，比如到乌克兰去写生，伏尔加我跑了两次，太美了。1957年"反右"，突然间通知在苏联和东欧国家学艺术的全部都到文化部集中，大概学习了一个月。

采访人： 您是哪一年回上戏的？

周本义： 1960年，毕业后就回上戏开始教学，第一个戏是表演系61届毕业班的《阴谋与爱情》，我做舞美指导。暑假里我把在苏联所学的编成了材料，把素描课、油画课的体会尽情地跟舞美系的老师进行交流。

基础课的教学，我就是完全照搬苏联老师的方式严格训练，素描、写生、创作。素描和创作我都强调一个字，就是"悟"，在悟的过程中互动，你不动，光我动不行，你不动就开不了窍，你动了我就晓得你是否开窍了。"悟"不是不可知的，艺术教育"悟"的规律还是可知的。你从他的发言、他的感觉上就能知道，他写生为什么这么表现。学生的个性你别扼杀，你要用心去观察了解学生，四年下来，学生已经接受了你很多东西,他最终会开窍的。"文革"后,由于师资断档,我和朱端钧先生办了两个进修班,一个是舞美师资进修班,一个是表演师资进修班。舞美师资进修班的学生都是毕业了以后在外面工作了一二十年的,都有很丰富的创作经验。我带他们搞了三个戏,搞了以后他们得出结论,明白了自己后半辈子应该怎么创作。讲到创作,就是苏联那个创作老师带我的办法,观察、体验,另外他讲的三句话,也影响了我一辈子。第一句是"创作上不拘一格",不要用一套办法对付所有的戏,不要用一套办法对付所有的剧种;第二句话是"不择手段",你可以用各种手段表现;第三句话是"无所不用其极",你有个好的想法,推敲下来能站住脚,马上做到极致,只有极致才能打动你。所以第三句话是关键,有了精彩的想法千万不要放手,而是要把它放大。我们学校原来都画设计图,平面的,画的时候很漂亮,但是到台上就两回事了。我搞的是工作构思模型,因为戏剧的特点主要在于空间。为什么搞雕塑的人拿着泥巴绕着作品转来转去?因为雕塑是立体的,要从各种角度去看、去修改。舞台是一个空间,你怎么能用平面解决?所以我始终坚持舞美教学一定要做模型,模型最能体现你的构思,多了还是少了,有没有表现,空间有没有活动的余地,舒服不舒服都体现。

采访人:关于您自己的创作,包括戏曲作品,您有什么体会?

周本义:中国的戏曲,强调传承,我琢磨下来有四句话,叫作以少胜多、以一当十、以假代真、以虚带实。这是戏曲最主要的特点,就是写意。这四条还有一个前提,就是戏曲艺术归根结底是表演的艺术,你要好好地感悟演员的唱腔、做功、念白。戏曲靠什么传承下来?就是靠表演,它本身是虚拟的。

说到我自己的创作,这些年因为教学我从来没有放弃过创作,为什么?理念上我认为舞台美术重要的还是实践,如果老师自己就没有多少实践,怎么教得出学生来?我话剧搞了不少,从20世纪五六十年代的《年青的一代》《战斗的青春》《文成公主》到"文革"后的《于无声处》。其中走向全国的有两个戏,《年青的一代》和《战斗的青春》,当时全国都在演,都在问我要舞美设计的稿子。

当年印象最深的口号,一个是革命的现实主义,一个是革命的浪漫主义;还有"三个出发":第一是从主题思想出发,第二是从人物出发,第三是从生活出发。这"三个出发"给后来的文艺创作带来的危害很大。从主题思想出发,简单地说,就是要歌颂什么、反对什么;从人物出发,人物创作都是概念化、公式化的,比如先进人物是妇女代表、是医生,从舞美角度就完全图解了,妇女代表在农村的家里肯定贴了很多奖状,医生家里肯定有件白大褂,还有一个针灸用的人体模型,都是这种套路;从生活出发,实际上提倡的不是从生活中提炼,而是与生活对号入座。这是很典型的一个例子,说明艺术和政治的关系问题,这样理解就简单化了。

采访人:《于无声处》是"文革"后的作品了,当时非常轰动,您参与创作了吗?

周本义:《于无声处》我可以讲的不多,因为我没有参加他们的原创。当时市工人文化宫突然接到通知,说中央要来看这个戏。原来市工人文化宫的演出很简陋,所以他们把我请了去。我看完了戏,工人文化宫的导演苏乐慈和编剧宗福先把我留下来,说周老师你帮帮忙,我们这个戏现在的状况你看了,没办法接待中央来审查,希望你能够尽快地,最好在三五天里把它弄出来,我答应了。前提是不能动这个调度,因为戏已经排好了。正好第二天我到市文联开会,而文联的那个老房子布局非常符合剧情,我就把老房子建筑结构套用到了这个戏里。很快我就把设计图交给我们学校的木工老滕师傅、阿咪师傅,让他们连夜做,做完以后马上去装台演出,没想到演出轰动了全国。后来听说他们为了表示全是工人队伍的创作,所以把我的名字拿掉了。

采访人:这个戏当年确实是影响很大的。突破"左"的束缚,为

"四五"天安门事件平反。

周本义: 从话剧来讲,影响较大的一个是《年青的一代》,一个是《于无声处》。《于无声处》还有一个插曲,就是背景不做处理,只是简单地挂了一个灰颜色的幕。苏堃陪着谢晋来学校看《于无声处》,苏堃说这个戏不错,就是背景缺了一点,谢晋说蛮好的。后来他们过来问我背景挂灰色的幕是什么意思,我说那个世道灰蒙蒙的一片,就是这个意思,无法解释。40年后的2018年,我又搞了一版《于无声处》,在美琪大戏院公演了,反响很好。

其实还有两个戏值得一说,一个是白先勇版的《游园惊梦》。我曾经写过这样两句话,"戏中戏决定了舞台空间的基本格局","我只活过一次,一片绿荫是她犯规之地,也是她梦系魂牵所在"。这就是我对这个戏舞美构思的重点。这个戏写的是一些嫁给国民党的大官的艺伎,到台湾后每年要聚会。原来戏里有个唱昆曲的角色,是上海昆剧团的华文漪扮演的,她在这个戏里唱《游园惊梦》,心里就想到了我只活过

2018年版《于无声处》效果图

《游园惊梦》工作照,左起:余秋雨、华文漪、周本义、胡伟民

一次,就是跟自己嫁的老头子的副官做过一次爱,所以她说我这辈子就只真正活过一次。在设计时,我把屏风打开,背景是一片绿草坪,导演用了两位舞者,用在舞台上缠绵的肢体语言来象征性爱。我强调的最重要的就是人性。

还有一个是哈尔滨话剧院的《蛾》。这个戏讲了一个在东北黑土地上发生的故事,一个女人叫蛾,活不下去了跑到江边,看到有船过来了,船上有俩兄弟,一个叫大,一个叫二,把她收上了船,兄弟两人抓阄,谁抓到了女人就归谁,最后大抓到了,但是蛾爱上了二。我把所有用过的软景布都染成灰色,从天幕一直挂下来,象征流水从天而降,一直铺到第一排观众脚底下,还挂了一个帆,其他的什么都没有。舞台处理像个漩涡,上面设置了一个小转台,象征女人的命运是自己掌控不了的,命运全是在漩涡中。蛾和二在沙滩上做爱的时候,我让灯光设计师金长烈打出九个太阳,两人躺在逆光中,沐浴在九个太阳里面,充分表现了人性。结尾的时候聚焦在一个小纸船上,金长烈的灯光控制到最后逐渐隐去。这个戏到上海来演出,上海戏剧界给予的评价很高。

话剧《蛾》舞台效果

采访人：您留苏回来以后一是当老师，二是为剧团做舞美设计，两头兼顾。

周本义：对，胡导老师的儿子整理学校里的演出说明书，看到我特别跟我打招呼，他说周老师，我发现说明书里很多戏是我做的舞美设计，我说我倒没有注意。实际上那个时候接触的面很窄，因为学校跟青话有关系，所以为青话搞了不少戏。后来我主要的心思还是放在教学上面，一面教设计，一面教绘画，基本上重点是在教学，不在创作。等到"文革"开始，荒废了十年，什么也不能搞了。

"文革"结束后，人家说我清高，给我很多荣誉都不要，其实不是的。一是我觉得多说惹祸，我不太会处理人际关系。另外，我觉得浪费了十年，从苏联回来还没有好好发挥，画画也画不了，戏也没有搞好，再不抓紧时间不行了。后来市领导找我，让我筹备上海大学美术学院，并准备让我当院长。当时上海还没有美术学院，只有美术专科学校。但是我觉得太浪费时间，所以我推荐了中央美院的李天祥和浙江美院的全山石，他们比我能力强。因为李天祥曾经是地下党员，组织上就把他从北京调来当了上大美院院长。

现在我每天在画画，感觉还是手生，因为我搞戏搞得多了，画画的思路现在在逐渐恢复，重点转移了。戏剧搞了两个，一个是《国家的孩子》，是校园戏剧；一个是《丹山赤水》。我对教学有一种使命感，其实就是曾经答应过熊老的。我教学的热情来自哪里？就是熊老的精神，他是身体力行，榜样的力量确实是无穷的。大家一提到上海戏剧学院的历史，公认最好的院长是熊佛西。我是国家培养的，我的学问不应该属于我一个人，应该属于学生，跟学生共享。另外在教学方面，我还有一些理念。在舞美系我提倡设计是专业，绘画是修养，不是光为了画个设计图去学绘画，绘画是一种视觉艺术方面的修养。现在不重视了，绘画课越来越少了，都靠电脑了，电脑是现成的，绘画是学会判断、学会欣赏、学会感受，感受生活、感受艺术，直接跟专业有关系。根据这个观点有人总结出了一个"上戏现象"。"上戏现象"是什么？就是由我带领的一批画画的学生，把上海戏剧学院的绘画推到了一个高度，特别是在风景画方面，全国的艺术院校都比较佩服，我们独创一格，别的艺术院校画不过我们。中国美院的许江院长有一次在展览上碰到我说，周老师，你记得吧，你们到浙江嵊泗去写生，不得了啊，我们都不敢画，当时我还是学生，我们班全部停下来看你们画，而且还请你教我们怎么画。我到四川，到广州，很多人知道我的日程都赶过来看。很多学生舞台美术没成，倒成了美术界的大人物，比如上海电视台的丁力平，他画得很好，他原来是学灯光的。在上戏，只要我出去写生，别的班也会跟过来。当时在舞美系不会画画是抬不起头的，而且每次写生回来一定会办一个展览，就是为了互相促进，造成一种互动。

我教设计课也有一套办法，其实也是苏联老师教我的。开学典礼上我跟舞美系的学生讲话，就讲了两句话：第一句，你们不是中学生，到大学我们是朋友了。我要把他们的思维完全转过来,不要像中学生那样依赖老师。第二句,你们不要以为考取上戏就了不起了,你们是中不溜丢的材料,文化课不怎么好,专业也不太好。上戏舞美系的特点,文化太好的专业不行,专业太好的文化不行,都是中不溜丢的,就是让他们不要骄傲,要认真学。因为我在苏联也有那么一个过程,之前我讲过的,是老师给我的启发,我觉得艺术教育的最大特点,是要调动学生的积极性,激情与共。画画也好、设计也好,首先是要有激情,要兴奋起来。对此我提炼了几点:一是神交,就是心灵交流;二是神游,就是尽量让同学们放开想象;三是意会,艺术上的很多东西是靠意会的,有的时候说不明白。他意会到了,就在不知不觉中开窍了。激情与共最主要的是要把学生带到一种迷境,这里面有很多奥妙,很迷人,枯燥的话人家怎么肯学?要画好一幅画不容易,为什么坐在这里画?为什么画这个不画那个?都是有讲究的。这套办法我实践下来很有用,我跟同学是没早没晚地在一起,有时就是聊天,聊着聊着就聊得兴奋了,聊出

舞美系85届:蔡国强(右起坐二)、韩生(右一)、韩立勋(右三)

了很好的想法。

采访人：您从苏联学了一套比较规范的教学方法，再与自身的感受结合，根据实际情况创立了一套自己的教学模式。其实当老师成功不成功要看学生，成材的学生就是老师的成果。

周本义：设计课上最讲究的是提倡样式，样式是什么？文本的内涵决定样式，文本的气质决定样式，好的文本是有气质的，你能不能意会到那种气质应该是什么样的？院长韩生这一班出了那么多人，他们搞七个戏，我有意在七个戏的样式上尽量拉开距离，让他们感受。《别人的脑袋》用的材料不一样，是用铜皮做的，尽管有些不太合理，但是我故意让学生来做，就是为了培养可能性，这个戏可以这样搞也可以那样搞，培养同学们的可能性很重要。

采访人：能谈一下您和胡伟民导演的合作情况吗？

周本义：我们在留苏预备班的时候谈得最多的就是学成回来好好干。我与他合作的剧目一共有八个，最早的是扬州剧团的《小陈庄》，我从苏联回来以后他来找我，那时他已经从东北回到了扬州。

采访人：那是哪一年？

周本义：好像是1962年8月搞《小陈庄》的时候。他被打成右派以后到东北劳改，然后因病回到扬州，到了扬州以后就允许他接触艺术了。我记得很清楚他来找我时，拎了一铅桶鳝鱼，从扬州带过来的。

我们还在南汇沪剧团排了《喜旺嫂子》，我跟他一起去的，不管他在哪儿排戏，也不管小剧团大剧团我都去，这一点很能说明我们的感情。

1986年莎士比亚戏剧节，我带了韩生和余山两个研究生一起参加的，剧目是越剧《第十二夜》，这个戏胡伟民明白地提出来了三句话：第一，是我要的是莎氏的；第二，是中国的；第三，是越剧的。我们就沿着这三个思路达到他的要求，我们那次戏剧节最好的是我们搞的设计。

当时韩生和余山在图书馆翻阅莎士比亚诗集的建筑资料，我正好看到了，突然间灵感来了，我说有了有了，把建筑结构变成中国的线，但是又把中国的黑线变成白线，用白线勾勒出欧洲建筑。这样一来，有了越剧的味道了，越剧比较轻盈，不是很沉重，灯光一打出现很多框架，白色当中一片绿，很漂亮。

1986年在广西搞的桂剧《泥马泪》，等于我们第二次救了桂剧，抗日战争的时候田汉路过那里救过一次桂剧，我们去的时候有两个情况：一是很多演员都在马路上摆摊，人心涣散；二是这个戏余秋雨参加了。胡伟民和我还有金长烈，我们是金三角。这个戏讲的是宋朝的泥马渡康王的故事。广西要搞会演，他们请我们去，但是我们提了一个条件，就是我们要改剧本，赋予其新的含义，改成了一个造神运动，泥马怎么可能救康王！？康王南逃，本来金兵要追上来了，结果有个泥马说康王是真命天子，一定会做皇帝，这一家人受尽苦难，还是念念不忘泥马，不忘皇上。我们把这戏搞成一种人为的造神运动，其实就是搞个人迷信。

后来我们又搞了一个《红楼惊梦》，四川的徐芬编剧，把红楼梦解构了。最后一个没有搞成的戏也就是胡伟民的致命伤——《傅雷与傅聪》。当初他给我看《傅雷与傅聪》的本子，剧本有他们共同的苦难，所以这戏他一定要排。后来香港话剧团看中了，来找我们，我做设计，我认为我设计得很好，胡伟民相当满意。我们工作日程都排好了，我的设计方案全部到了那边，最后由于一些客观原因排不了了。他去世前，有一天我们一起去看上海人艺演的环境戏剧《明日就要出山》，看完戏出来，他晓得我后天要带研究生到新疆实习，他说，你回来可能看不到我了。

采访人：他有预感？

周本义：我说怎么会看不到？我被他这么一讲汗毛都竖起来了，我当他开玩笑。后来香港话剧团把我的《傅雷与傅聪》模型照退回来了,反正是不能排了。但是胡伟民心疼啊,多少年的愿望,就想排这个戏,而且是他自己编剧,竟然就这么告吹了。可能他对此有点想法,我说算了,没办法,以后再说吧。

他去世那天还和我一起聊自己的种种不如意,聊到快吃午饭了,他说自己有点不舒服,想去医院配些药。我拉着他说,咱们到教师食堂去喝啤酒吧。他要听了我的可能就没事了,喝点酒宣泄一下,发发牢骚就好了,但是他没有。后来他推着自行车到华山医院去配药了,配药以后还没走出大厅就倒下了。余秋雨第一个给我打电话,他说周老师,胡伟民走了。我说到哪去了?他说在华山医院,我一听马上赶到华山医院。医院门口有两个人在哭,一个是《新民晚报》的女记者,专门采访戏剧口的李葵南,还有一个是《文汇报》的文艺记者汪兰,两个人蹲在地上哭。我说不可能,刚刚还在我身边,我还不相信。等到去太平间把他拉出来一看,袜子是破的,再看到他的衬衫就是早上穿的那件,我彻底相信了。他就这么走掉了。

采访人: 各种因素叠加起来,心脏受不了了。

周本义: 后来我问医生,心脏病你们怎么不抢救?他们说没有办法,他是粉碎性的。我还是第一次听说,心脏压抑到极致以后就破了,无法抢救。

从艺术上来讲,他的理论是不多的,为什么?他长期处在苦难当中,他把劳改当作体验生活,之所以能够活下来就是这个原因。他与世隔绝了很长时间,后来他在总结里面写道,他现在最需要去外国看看,长长见识,外面的世界是怎么样的。他的创作理念就是他要追求与人不同的东西,因为他体验了那么长时间的苦难,特别强调人性。

采访人: 当时他给上海的话剧界带来了很多新的理念。

周本义: 包括《红房间、白房间》也不错,很有新意。

采访人: 我相信,总有一天他的成就会得到大家的认同,在上海这一段的话剧史上他是一个不可或缺的人物。

周本义：在新时期应该说他是上海话剧界的一面旗帜，他是用作品来证明的，他对于上海乃至中国的话剧界真是有很大的贡献的。

（采访：李丹青　整理：李丹青）

做喜欢做的事,为自己寻找一份快乐

——刘玉口述

刘玉,1939年出生于上海。1953年考入上海戏剧学院附中,1956年附中毕业进入上海戏剧学院表演系本科就读。1960年毕业后,在上戏实验话剧团(后改上海青年话剧团)任演员。曾在话剧《战斗的青春》《年青的一代》《第二次握手》《神州风雷》《甘蔗田》《费加罗的婚礼》《母亲的歌》《欧洲纪事》《风雨故人来》《情书》《意外来客》等三十多部剧目中担任主演或重要角色。在我国第一部电视连续剧《敌营十八年》和电影《相思女子客店》《贺龙军长》《代理市长》《亲缘》等中担任主演或重要角色。

采访人: 首先谢谢刘老师接受我们的访谈。

刘玉: 真的好多年都不去想这些事了,我在美国待了20年,我是1986年赴美,到2005年退休之后回来的。所以我总觉得现在已经没人知道我了,可以活得很自由自在。忽然有人找我说有一个雅韵沙龙想请我去辅导朗诵,和他们见见面,去了之后吓了我一大跳,一个大屋子里有几十个年龄和我差不多的人，热情得不得了，然后就讲我演过什么，他们看过什么，青年话剧团演过什么，我这才知道大家对青年话剧团还有那么深的记忆，真是受宠若惊。

采访人： 现在我们切入正题，请您谈谈您的家庭出身。您是哪儿的人？

刘玉： 跟很多人比起来，我从出生就开始了一个颠簸的人生。我本不姓刘，1939年6月，我出生在上海新闸路1051弄22号的石库门房子里。

采访人： 这个地方现在还在吗？

刘玉： 现在已经是一幢非常漂亮的大楼了，但是还保留着新闸路1051弄。当年父亲被上海电力公司派到香港工作，据说他在洋行里当英文翻译，在我出生之前去的，我出生时上海已经是孤岛了，家里断了经济来源。我还有几个哥哥姐姐，我是最小的，母亲带着这么一群孩子，没有经济来源，所以没法抚养我了。我们22号楼上有一家姓刘的，男的叫刘三如，女的叫潘兰玉，夫妻俩在当年的新亚药厂工作，刘三如是药厂的高级药剂师，夫妇婚后几年都没有孩子。母亲生下我后，忍痛将我送进了育婴堂。后来我养父母知道了，立刻下楼说这个孩子你不要就给我们吧，当天他们就去育婴堂把我抱了回来，从此我姓刘了。后来养父随新亚药厂搬去了重庆，我妈妈和外公外婆就回了他们的老家常州，那时我大概是四岁吧。到了常州之后，我一直跟外婆一起生活。刘家在常州西瀛里有一处老宅，是一个很大的家庭，我姑妈和叔叔特别多，因为刘家祖上是做运河招商生意的，老宅在常州的北门外，外婆家在常州城里。外婆家老宅子里就只有我和外婆，其余的房子出租，我妈妈在外头当老师，她是师范学校毕业的音乐老师。

采访人： 您是从1943年回到常州，然后一直在常州生活，包括小学、初中的教育都在那里？

刘玉： 对，小学、初中都在常州读的。也许我的个性跟我的简单生活有关系，外婆只照顾我吃饭穿衣，其他都由我自己决定，某种程度培养了我独立的个性。

采访人：小的时候有什么业余爱好吗？

刘玉：十分钟的课间休息我喜欢玩跷跷板，跳橡皮筋，爬竹竿，还喜欢一种小型的台球。不过印象较深的是各种演出活动，除了学校的，我还是街道腰鼓队的一员，那个年代逢节必游行。小学三年级，我被选去演黎锦晖的小歌剧《麻雀与小孩》，我先演麻雀妈妈后演那个小孩，戴上帽子演小孩，帽子拿掉了演麻雀妈妈。四年级时被选去参加演讲比赛，捧了个锦旗回校，校长高兴得不得了。五年级时又派我去演自编话剧，饰演一个农村小媳妇。现在想来，我走上演员这条路一点都不奇怪。

采访人：您在常州什么小学就读？

刘玉：常州市局前街小学，现在这个小学还在。初中上的是私立淹城中学，这个学校也还在，只是从原来的体育场旁边搬到了新校址。

采访人：在两个学校都参加过文艺演出？

刘玉：一直没断过，到了初中，好像是1951年，东柏林搞了一个世界青年联欢节，学校为了响应形势也搞了一个活动，学校派我演一个东德代表，我穿了妈妈的高跟鞋上台，差点摔了一个嘴啃泥。为了某个纪念活动，初二的时候学校排练解放区的小歌剧《兄妹开荒》，我演妹妹，至今我还记得"雄鸡雄鸡，高呀么高声唱"。初三上学期，江苏省专区有一个演讲比赛，常州派了三个人参加，最后是我一个人得奖回来了，淹城中学的校长金春生老师在操场上开大会，表彰我为学校、为常州市争得了荣誉，除了表扬还发了我十块钱奖金，它成了我初三下学期的学费。

采访人：您怎么会想到考上戏附中的呢？

刘玉：人有的时候不能不讲命运。常州有一个人民公园，里面有一个民国时建的图书馆。初中毕业后的暑假，冥冥中我第一次走进图书馆二楼，空空荡荡一个人都没有，桌上放着很多报纸，我看到了一则广告，中央戏剧学院华东分院附属中等戏剧学校招生，条件是免学费、免伙食费、免书杂费，我小心地记下了资料。晚上乘凉的时候，那天妈妈正好在家，我跟妈妈讲，有这么一个学校在招生，我想去考。我妈妈说要去就去啊，正好有一个朋友的儿子要回上海，过几天让我跟他一起去。我妈妈还特别给我做了一身新衣服，蓝底小白花西装短裤、方领衫，还镶了个花边。

说来好笑，我跟那位男士到了上海，那已是招生的最后一天了，我们是下午到的，先回家放下东西，然后再去四川北路。在我们等待1路有轨电车的时候，旁边饭店里飘来一阵阵浓浓的香味，他说他饿了，要吃碗面，可是那个铛铛车都来了，而我又不能阻止他，他真的就去吃面了，还问我饿不饿，我急都急死了，哪里还想吃面。等他吃完我们跳上1路电车，到横滨桥下来，已接近报名截止时间，我跟着他一路狂奔到四楼，还好行政科小窗还开着，我说我是来报名的，人家递出来一张报名单，小窗就关掉了，所以我是最后一个报名的。

考试要做小品，什么叫小品我不懂，学校派了高班曹宇文学长来辅导讲解，考题写在小纸条上，上面写着蚊香、电灯、扇子、墨水瓶、猫，等等，然后把这几个词连成一个故事。我躲到女厕所，对着窗户编故事，当时还是孩子嘛，所以编的都是学生的事情。我编的小品情节是夏天太热了，我要做功课，有蚊子，点上了蚊香，扇着扇子写作业，小猫跟我捣乱，跳上我的写字桌把一瓶墨水打翻了，作业本上全都是墨水。我当然很生气很无奈，由于妈妈带我看过越剧，在看到小猫跳上桌子把墨水瓶打翻的那一刹那，我突然伸出两个手指，对着课本一点一顿地说："这这这……这怎么办呢？""这"字一连说了十几个吧，把老师笑得前仰后翻，那次是胡导老师主考，等他们笑完了，我还莫名其妙，不知道自己错在哪里，也不知道他们为什么笑。胡导老师问："你刚才为什么说这么多个'这'字呢？"我说："那戏台上不就是这么说的吗？"又是哄堂大

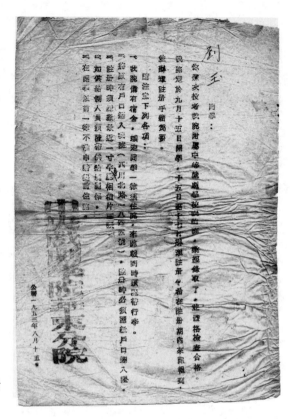

中央戏剧学院华东分院附中录取通知书

笑。现在回想起来真是天真单纯，就是白纸一张。这就是我考学校的一段经历，后来又经过朱端钧老师为主考的复试，我就被录取了。我考取之后给妈妈发了一封电报，妈妈当然很高兴，考进戏剧学院附中，学杂费、饭费全都不要，减轻了家庭负担，对此我一直感恩在心，所以无论后来发生什么事情，我都牢记我是新中国培养的人。

采访人： 在常州生活到14岁，然后进附中。

刘玉： 我的童年生活主要是跟外婆相处，我也最爱我外婆，虽然也到祖母家去，但是去得比较少。后来是如何知道我是刘家领养的呢？是在祖母家知道的。那时我爸爸在广州做医疗器械批发生意，每年祭祖，我的这些叔叔、姑妈都要回老宅，我爸爸也带着弟弟们回到了常州。这个事情应该是发生在1952年的夏天，在我生命中是很重要的一幕，因为我的感情第一次受到伤害。祭祖后不久,爸爸要回广州了,他给了我十块钱,我回外婆家,刚拐进青云坊,就见到妈妈坐着黄包车回来了,我说妈,弟弟回来了,我妈说快去把他带来让我看看。我就返身往奶奶家跑,到了奶奶家,我跟爸爸说妈妈回来了,想要看弟弟。刘家有这么一个人物,我爸爸的姑妈,但是我们都叫她公公,因为她是一位尼姑,据说她年轻的时候是逃婚出去的,这个人在刘家谁都得听她的。

采访人:为什么?

刘玉:因为她辈分大,是我爸爸的姑妈,据说她在杭州有很多庙,非常有钱,所以家里对她唯命是从。公公说不行,你弟弟在生病,我知道公公不喜欢我妈妈,她是找借口,我当时也是初生牛犊不畏虎,轻轻回了一句"老封建",被她听到她就跳起来了,冲我喊"你以为你是谁?你是我们刘家领来的"。我一下子吓傻了,我一直以为自己是刘家的人,这句话一下子把我的身世揭开了。那天晚上我没回去,哭得不敢回家。这个打击,让我第一次尝到了被伤害的痛苦。

采访人:那天晚上父亲也没跟你说你身世的事情?

刘玉:没有。再没有人说一句话,我估计他们都知道这个对我的伤害太大了,而我想我也绝对不能让我妈妈知道,到她去世我都没有跟她讲过事情经过。但是我至今都搞不懂我妈妈怎么会知道的,因为等到我要去上海上学了,走的前一天晚上,我妈妈找我谈话,避开了外婆,房间里就我们两个人,她把领养我的过程都跟我讲了,她的一句话我记了一辈子:"我就差十个月怀你了。"我的本家在上海,后来我的本家果真来找我了。附中二年级的时候,横浜桥(上海戏剧学院旧址)有一个大操场,一天下午,我在操场玩耍,门房喊有人找你,在上海从来没有人找过我。然后走过来一位中年男人,我马上就意识到了他是谁,虽然这个人我从没见过。

采访人:有预感?

刘玉:因为妈妈已经告诉我了嘛,她和我原来是邻居。这个人慢慢走过来,我知道,他是我的生父,可我还是问他是谁。我看见他眼泪含在眼睛里,然后说了一句:"我是你父亲。"其他没有多说,也许不知道该说什么好。他约我星期天回到我出生的地方,他们还住在那里。后来妈妈因为我的关系也到上海来了,我前思后想用六个字告诉她:"他们来找我了。"我妈妈是非常聪明的人,立刻拉着我到新闸路去拜访,那时候没有电话,很突然就去了,他们吃了一惊。当时我生父不在,大哥是天原化工厂办公室主任,在家里是长兄如父。我妈妈聪明,大哥也有礼有节,当晚带全家人在锦江饭店十一楼开了一桌,在饭桌上,大哥对妈妈说:"我们找她没有别的意思,因为母亲临死前跟我们说过,一定要找到她。你养了她那么多年,我们不想把她要回来,只是想看看她,了一个心愿。"

采访人:那时生母已经去世了?

刘玉:听说得了伤寒早就去世了。大哥跟妈妈说,今后我的一切花费都由他负担,妈妈已经尽到责任了,以后我工作了,我的一切都是妈妈的,现在让他来负担也是对母亲的安慰。

采访人:您的本家姓什么?

刘玉:姓邱。我的身世中有温暖也有伤害。后来他们曾经问过我恨不恨他们,我说怎么会,我在刘家得到了很好的教育,生活安定。只是非常遗憾,我一生都没有见过生母。这样一段生活经历,对我此后分析和理解人物是有帮助的,并且懂得不可以随便伤害人。

采访人:上戏附中的学习是从1953年9月开始,能谈谈附中的学习和生活吗?

刘玉:附中的生活非常活跃,都是一群孩子,大部分是十六岁到十七八岁,十四岁的只有三个人,我、王洪生和任广智,我是全班最小的一个。当时戏剧学院的院长是熊佛西,教务长朱端钧兼任我们附中的校长。熊院长给我们做开学典礼讲话,他非常慈祥。当时我们并不知道他是一个大戏剧家,学院的名称虽然叫中央戏剧学院华东分院,实际上是原来熊院长办的上海戏剧专科学校,只是改了一个名称而已。伙食非常好,我记得杨在葆跟我说他一顿饭一根筷子上戳了六七个馒头。我们编制了普通高中的课程,数学、物理、化学等,语文课请了古文老师。专业课只有两门,一门是台词,一门是舞蹈,实际上就是从压腿下腰开始锻炼,是昆曲传字辈的方传芸老师教学。音乐方面有视唱、音乐欣赏等课程,刘如增老师是大音乐家了,还给我们这些小孩子上课。那个时候有三位苏联专家到中国来了,一位是列斯里,我见过他,库里涅夫我没见过,还有后来的列普科夫斯卡娅,这几位苏联戏剧专家对我们的表演艺术认知影响很深。

采访人:苏联专家也给附中上课?

刘玉:附中学生是没有资格的,他们都是给本科的学生上课。有一天我偷偷溜到四楼小剧场看专家教表演元素课,看到李志舆在舞台上的桌子跟前做着什么,苏联专家忽然对台下一个人说了什么,这个人就从台下走到台上,转了一圈又下去了,李志舆在台上还是闷头做自己的事,苏联专家就把他打断了,问他刚才看到有一个人上台了吗,李志舆说没有。苏联专家问,这个人在你跟前都转了一圈,你为什么没看到?李志舆很尴尬,我忽然领悟到,喔,在台上就是生活,你对周围发生的事情要有反应,这就是后来表演课上讲的"真听真看真思想"。这是我溜进去听课得到的启发。

采访人:明白了一点浅显的道理。

刘玉:非常浅显。课余生活印象最深的就是看戏,当时学院大量组织戏剧观摩,每星期有好多次。晚饭一过,嘴巴一抹,坐上大卡车就去看戏了,有越剧、豫剧、帮子戏、话剧,京剧盖叫天演的武松,梅兰芳演的《宇宙锋》。那个时候对于艺术院校学生的培养,课余就是艺术熏陶,各个剧种的戏我们看了许多。后来学校请盖叫天来讲课,他讲的一句话"作为一个演员,要装龙像龙装虎像虎",我牢记至今。

采访人：附中二到三年级只上了这些基础课？

刘玉：对，音乐视听、音乐欣赏、台词、舞蹈，唯独没有表演课和声乐课，我第一个学期台词课只得了两分，不及格。

采访人：为什么？

刘玉：南方口音重嘛，第二个学期是3分，第三个学期就是4分了，然后全是5分，直到附中毕业，完全是老师纠正过来的。台词老师朱铭仙，原来是著名的播音员。

采访人：三年打下了一个很好的基础，语言首先过了关，音乐也过了关，那形体呢？

刘玉：附中主要学中国舞蹈，表演系才有西洋舞蹈，我舞蹈顶多得4分，没有得过5分。芭蕾课是后来芭蕾舞学校的校长胡蓉蓉老师教的，她是白俄老师的学生，中国舞蹈（戏曲身段）由方传芸老师教。当时我们小孩子不懂为什么要学这些，但是有没有训练过完全是两回事。比如舞台动作，简单的例子就是表演中枪，中枪之后如何倒地，倒地要倒得漂亮，这个都要学。那时候冬天上芭蕾课冻死了，舞蹈教室里没有暖气，就是一个铁炉子，我们穿的都是很短的短裙，光着两条腿那个冷啊，至今记忆犹新。

苏联专家当时住在淮海路的专家公寓，附中三年级过年的时候，她邀请我们到她家去演出节目，这是我们第一次有表演性质的小节目，是陈明正老师导演的。我演一个小黑兔，其他人是白兔，小黑兔是要犯错误的，最调皮捣蛋。苏联专家开心得不得了，请我们吃水果和法国面包，那是我第一次吃那些食物。

三年附中的学习，为我们系统接受话剧表演教学打下了一个很好的基础，在表演艺术的氛围里先浸泡了三年，然后我们就进表演系本科了。

采访人：附中三年学完，进入本科还要考试吗？

刘玉：不考了，实际上这三年下来，老师和院领导心里已经有数了。后来有个别同学转到北京电影学院、中央戏剧学院和上海音乐学院,还甄别了一部分,剩下的大概有二十多人。到了1956年,我们就搬到华山路630号了。红楼那里原来是一片荒地,草长到了我脖子这里,我们这些学生就在那里割草、搬砖,我还学会了踩三轮车运垃圾,我们是看着红楼造起来的。

采访人: 原来附中31人,除了走掉一部分,还有没有当年考进来的呢?

刘玉: 有,当时招了一批应届高中毕业生,也有二十来个,我们附中班称为甲班,新招的称为乙班。大一之后又甄别了一些人,学院就把两个班合并成一个大班。我们班上最有名的就是演《红色娘子军》的祝希娟,当年我们是好朋友,我们俩是上下铺,上铺放我们的行李,下铺两个人睡一张床。

采访人: 那么窄的床两个人睡?

刘玉: 就是呀,冬天冷裹在一起还可以。记得有一次夏天夜里我上个厕所回来就没地方了,她四脚朝天睡成个"大"字。我只好到夏启英床边把她推开,她瘦小,床上有余地,又是我好朋友。她睡梦中问我干吗,我说祝希娟独占一张床,只好到你这里来睡了。

进了大一之后课程就步入正轨了,有表演课、声乐课、舞台形体动

1959年祝希娟(左)、刘玉(中)、夏启英合影

作、宫廷舞、世界民族舞等,还有戏剧理论课、联共(布)党史、中国戏剧史。我还记得表演课的第一课非常有意思,我们的表演老师是54届的徐企平和宋廷锡,他们毕业后被派去北京,接受了两年苏联专家的培训,才回来当老师的,原来都是学长,一下子叫老师我都叫不出口。老师把王洪生叫到台上去,台上只有一张椅子,就让他坐在那里。王洪生原来不是个能说会道的人,让他往那里一坐之后,谁也不说话,一片静悄悄,到后来他难过得坐立不安,老师就从这里开始讲,在舞台上一定要有目的有事情做,否则我们看什么、你在台上又干什么?我们哄堂大笑。然后就是训练速度、节奏和想象,有的时候叫我们看墙壁上的印痕,想象自己看出什么图案。还要训练观察,让我们去观察人物,大家上课的时候说自己看到了一个什么情景,看到了怎样一个有趣的人,就是这样一点一滴的元素。我们有个同学生活中有个习惯,他看书不是拿手翻书的,而是用下巴一页页翻的。孙滨观察到了这个现象,于是成了他的单人小品,非常有趣。小品要自己组织事件,很难啊。我到徐企平老师的家乡去过一次,徐企平老师的父亲开了一家中药铺,我结合药铺想了一个小品:一位年轻的妈妈抱着孩子回家了,手里拎了一串中药包,把孩子哄睡了就去煎药,孩子哭了还要哄,孩子睡了再轻轻把他放下,为了看药是否煎好,用手掀了盖子,突然有烫的感觉而缩了手。我从小就喜欢孩子,所以我对这些感觉非常熟悉。这个小品做完,徐企平老师高兴得不得了,大大地表扬了我,因为有即兴的真实的表演。

采访人: 因为表演很细腻?

刘玉: 那一点烫的感觉我不知道是哪里来的,大概脸都涨红了,完全是即兴的。从此我悟到一点,当你完全投入到角色中,没有杂念,真的能够身临其境的时候,有些东西会自然产生的,排都排不出来。我的表演课从第一学期就是5分,直到毕业。第一学期获得的成绩我觉得跟我在附中去听苏联专家的课,无意中得到的启蒙有关系。

采访人：这个小品奠定了您表演自信的基础？

刘玉：大概是吧。应该说我在专业学习上是比较顺利的。单人小品之后，就进入双人小品或片段阶段。说个笑话，我和王洪生两个人选了小说《三里湾》的一个片段，我在小河边给他洗头，洗着洗着我突然蹦出来一句，"你的头怎么这么大啊？"引得哄堂大笑，王洪生都笑场了。这说明一旦进入了规定情景，有些即兴的东西会是生动的，当然这是排练，演出时不能如此发挥，那会叫对手受不了的。

1958年"大跃进"时，我们二年级了，当时说要半工半读，我们就搬到了上海中学附近的上中乡，跟农民同吃同住同劳动，住在农民家里，所以我们是吃过大锅饭的人。当时为了汇报我们半工半读的成绩，每个班都要自编节目组织晚会作为汇报演出。我们班就组织排演了一个同学跟农民之间发生矛盾又和解的故事，名叫《我们是一家人》，导演是朱端钧老师，他来排我们这个独幕剧。一个农民家庭，有婆婆和儿媳妇，派我演六十多岁的老婆婆，天哪，我才19岁，不知道怎么演。朱端钧老师坐在打谷场上，因为我演不出来，大家都停下来等我，我眼泪在眼眶里直打转，又不愿意让老师看到，总是扭过头让风把眼泪吹干，才跟他照面。平时也都躲着他，演不出来很丢人的。

采访人：为什么？

刘玉：他是我们心中的严师、权威，我怕露出自己的幼稚和无知，我一直很怕他。

采访人：这个应该跟老师没关系吧？

刘玉：当然没关系。老婆婆在农村家家户户都有，我只好去观察那些老太太，看她们说话时的手势，怎么跟人讲话，她们的体态步态，渐渐把这些融进我的举手投足里，台词是由朱铭仙老师单独给我上课，她把台词都改成了浦东土话，之后我慢慢就入戏了。等到汇报演出，因为我年轻时脸是婴儿肥，化老年妆很困难，差不多化成了一只大花猫了。化好妆之后，我把从农民家里借来的服装穿上，再也不跟任何人说话，在后台踱步走了半个多钟头，等到我要上场了，就这个样子上台了。我一上台，底下哄堂大笑，我吓了一大跳，不知道发生了什么，愣了一会儿之后，才继续我的表演。那次演出让我在学校一炮而红，给老师、同学一个想不到的形象，党委书记杨进在全校大会给予表扬。这次体验，包括我化好妆后不跟任何人说话，沉浸在老阿奶的生活氛围中，习惯这样一种状态，我觉得对我以后的演出有很大的帮助，即很早就到剧场候场默戏，不做与角色无关的人和事。这个戏后来竟然被刚成立的上海电视台选去做了现场直播。

采访人： 老演员当中有这个习惯的人不少。

刘玉： 后来的表演课里有一个很重要的内容就是如何带戏上场，把角色包裹在规定情境中，不要破坏这种感觉，把角色从幕后的生活状态自然地移到台上来。二年级进入片段和独幕剧阶段，学习如何塑造人物，我被分配在古装剧《拜月记》片段里演瑞莲，真怪了，戏曲身段都学过，要走圆场上台愣是走不出去，自己急得直跺脚，眼泪又在眼眶里转，学而会用这又是一个过程，冲破这层障碍才又进了一步。后来排练由胡导老师教学的独幕剧《柜中缘》，也是古装戏，就顺利多了。这两个习作成为当年学院勤工俭学外派演出最多的节目，1959年，国庆十周年，《柜中缘》入选在兰心剧院演出的剧目之一。

三年级第一次排大戏，我们排了苏联的《老共青团员》，我在戏里演母女两个角色，母亲娜塔莎，女儿叶琳娜，男主角由王洪生演。戏中母亲牺牲了，女儿继承妈妈的遗志，也当了红军战士，所以两个角色由我一个人演。我演到妈妈在监狱里受刑后的一场戏，我怕自己上台后没有受过刑的感觉，所以在后台我叫同学徐抗生拿鞭子抽地板，我在地上滚来滚去，然后起身出场，那个感觉比你站在侧幕条直接上台要真实得多。现在说起来别人可能会觉得太荒唐可笑了，但是我上台前需要一个情景假设的帮助，找到感觉。表演首要的核心是真诚，有真诚才有真实。

1960年毕业剧目之一是《枯木逢春》，已经安排我演女主角苦妹子了，给了我剧本，我也开始做案头作业了，但是老师发觉我在偷偷谈恋爱。于是开会，坐了一圈的人批评我，我一句话都不说，随便大家说什么，当年学校是不准学生谈恋爱的，老师也找我谈话，我不说是也不说不是，非常倔。大概看我没有接受教育，老师就把我苦妹子的角色给换了，算是惩罚吧。我交出剧本和案头作业给夏启英，只当没这回事。

采访人：后来演了什么？

刘玉：其实冯健老师是非常喜欢我的，后来我完全理解她的苦心，直到现在她仍是我敬爱的恩师之一。后来安排我在《家》里出演琴小姐，就一点点戏。我一点都不怨我的老师，是我自己不好，冯健老师是对的，老师惩罚我也是为了我能够按照他们给我设定的道路去走，我有一点特立独行，虽然很幼稚但是很有主意，我知道老师喜欢我。快毕业的时候有些同学会跟老师打听，或者自己要求分到哪里去，我一点行动都没有，心里明白自己一定会被留下来的。

采访人：恋爱这个事情有没有影响呢？

刘玉：不是学生了就没有影响了。我后来回想，学院的老师是重才的，他觉得你有才能，只要不过分，就既保护又督促。我的全5分成绩确实也不错，所以毕业后就进实验话剧团了。我到团里时，前面几届已经留下了一些学兄学姐了，也演出了一些剧目。

采访人：留下最多的是哪一届学生？

刘玉：留下最多的还是我们60届毕业生，59届留下的男生比较多。我进团后就在《战斗的青春》里担任女主角许凤了，我估计这跟朱端钧老师对我的了解有关系，因为乡下那个小戏是他排的，这次又是他担任导演。但是其他的戏我也会跑龙套，就是跑龙套我也是很认真的。

采访人：朱端钧老师对您印象深刻？

刘玉：我想应该是。当时学校主持业务的主要是朱端钧老师，政治上,冯健老师是表演系的支部书记,又直接管我们班。我们在毕业前夕由她带领到福建前线慰问了两个半月,因为在海边风吹日晒,我的脸从早上化妆之后要到晚上十一二点钟才能卸妆,毛孔都发炎化脓了。每天从开幕小合唱,中间又唱又跳的《胖嫂回娘家》,直到独幕剧《柜中缘》,我几乎一刻不停。每天要演很多场,老师应该都看在眼里。

采访人:《战斗的青春》是您毕业后的第一个大戏?

刘玉: 是的。这个戏是陈加林、苏堃老师改编的,当年影响很大,因为这部小说太有名了。演出之后《新民晚报》记者张曙来采访我们,大意是话剧舞台出了新人,介绍了几位主要演员,《新民晚报》刊登了报道和剧照。

采访人: 自己感觉演得还不错?

刘玉: 我不知道,我自己看不到我自己,但我是认真投入的。《战斗的青春》在

《战斗的青春》造型照

大连巡回演出时,有一天排戏,排着排着教务长朱端钧老师叫停,我们不知道老师要说什么。朱老师突然说,刘玉,你是不是觉得自己很漂亮?我说没有啊。朱老师说,今天就排到这里,解散!好像很生我的气,我不知道怎么了,真的不知道,只好夹着尾巴灰溜溜地回到房间,拿了剧本靠在床上继续读剧本。我的一个同学进房间转了一圈又出去了。很多年之后这位同学告诉我,你知道我进来干什么?是朱端钧老师叫我偷偷来看你是不是在哭,知道你在看剧本,他就放心了。老师的关怀真是无处不在。

采访人: 生气的原因最后给你解释了吗?

刘玉: 没有。

采访人: 是不是因为您在台上有自我意识?

刘玉：我猜是这个问题，一定是在台上下意识流露了不属于角色的自我欣赏，演员在舞台上要忠实于角色，演员的自我欣赏一丝一毫也要不得。在舞台上你是角色，而非你自己。

采访人：教训可谓深刻。

刘玉：一辈子都忘不掉，直到很多年之后，我每一次演一个新角色，都会想念朱端钧老师，要是他活着，我一定会请他来看看，再给我提点指正，我永远都是他的学生。

采访人："文革"之前您总共演了多少角色？

刘玉：好几个角色，除了《战斗的青春》，还有古巴话剧《甘蔗田》《南海长城》《放下你的鞭子》《大学风云》，另外《年青的一代》当年影响也比较大。陈耘老师在写这个剧本的时候，他的楼上就是学校广播室，我是广播员，每天都要经过陈耘老师的窗户上楼去广播，我不知道他在写什么，只是总看到他那种若有所思的样子。后来才知道他在创作《年青的一代》的剧本。当团里宣布让我演林岚的时候，我找支部书记说我不能演，因为我已经24岁了，现在让我演17岁，这不是装嫩吗？我还是那么幼稚。后来试造型，头发一剪，扎个小辫，有人说我15岁。这个戏对我的锻炼也很大，演了几百场呢。除了剧场演出，还受到各大中学校和工厂邀请去演出。1964年还被选作上海市政府春节慰问周边部队的剧目。

古巴话剧《甘蔗田》对我是一次大胆突破。我演一个非常粗鲁的黑胖女人，我对这个人物的设想是说话粗，笑起来肆无忌惮，跟谁的意见不合，就大声擤着鼻涕跟

在《年青的一代》中饰林岚

人家吵架,外套里面穿了一个大胖袄,进出门要横着才能过得去,那个角色演得很过瘾。这个角色使我更懂得了角色的外在表现手段和技巧,与角色内在心理和情感体验同样重要。对表演来讲,不是光有心理活动,内心的思想情感一定要有外部表现力,二者合而为一才能塑造一个鲜活的角色。

"文革"后,我演了《第二次握手》。徐企平老师曾经让我回去给82届的同学讲过一次课,以前青话演戏这些学弟学妹都会去看,

话剧《第二次握手》剧照

然后回来就会评价演得怎么样。他们也问过我内外部表现的问题,我举例谈了我在《第二次握手》里的片段。当我的角色知道了自己原来的恋人已经结婚生子了,她在机场写了一封信跟他告别,我只是坐在那里,话外音读我的信,伤心之处没有哭,只用了一个手指在眼角擦了一下,就是那一下,观众已经完全明白了她的伤痛。有一天演到这里,观众席忽然有人喊了一句:"砸掉这个婴儿车!"他为角色抱不平呢。如何塑造一个人物形象,肢体语言一定要有恰如其分符合人物的设想和表现。《第二次握手》后来得了优秀创作表演奖。

采访人: "文革"十年中您的情况如何?

刘玉: 对不起,十年"文革"不堪回首,我不想旧事重提。"文革"结束后,上海举办华东会演,上戏参演《战斗的青春》,学院来借我去复排,仍担任主角许凤。一天晚上,老师把主创人员召到家里做案头工作,散会后大家往外走的时候,老师叫我留一下,等他把其他人送走回来,他在我身后用一只手拍拍我的头说:"刘玉啊刘玉,有件事我永远都

忘不掉。"我说："老师,什么事?"他说的就是在华东医院碰面的短暂的一瞬间。我说："老师,当时我怕你想不开自杀。"我知道那时他在红楼扫厕所,结果他说："我不会,我相信有一天那一切都会过去,绝不会长久。你呀,当时都没有人敢和我说话了,你竟敢来拉我的手。"华东会演后,朱端钧老师紧接筹办表演进修班,可是天不遂人愿,年迈加上十年的煎熬,最终他倒在了排练场上。

采访人: 复排《战斗的青春》的时候是以学校的名义演出的?

刘玉: 那次是以上影演员剧团和上戏教师艺术团的名义组合的,借我去再次出演许凤,我想一是老师对我的信任,二是朱端钧、冯健两位恩师不忍看我陷在困境,那时我已经在第十三制药厂劳动五年了。借我的过程,老师从来都没有告诉过我,是有人事后告诉我有多曲折,说到这里我真想哭,恩师就以这种方式爱护我。后来青年话剧团也安排我在《三姐妹》里饰演戏最重的二姐,所以那届华东会演,我一下子演了两部话剧。

采访人: 那届华东会演是哪一年?

刘玉: 应该是1979年。1980年排《第二次握手》,当年手抄本小说《第二次握手》是禁书,却在社会上暗地里广为流传。剧本是我们团的耿可贵根据小说改编的,在长江剧场首演,轰动一时,场场爆满,每天连站票都卖光了。"文革"十年,大家都没有看过这样的爱情故事了。我演到累病,剧场公告退票停演一天让我休息,第二天支部就来人探望,问我能不能坚持,因为票都卖出去了。先是在长江剧场演,后来又到了艺术剧场、美琪大戏院、工人文化宫演过。再后来又到无锡巡回演出,外地许多话剧院团来上海观摩,拿了剧本回去演出,都很受欢迎。

采访人: 这是"文革"结束后演得最畅快、印象最深的一个戏吗?

刘玉: 对。卖座最好吧,上海电视台来做过现场直播,还录了像。

从《第二次握手》之后,我就开始北漂。机会来自西安电影制片厂的吴天明和滕文骥导演,他们第一次合作拍摄电影《亲缘》,讲的是台湾和大陆之间的亲缘关系。一个国民党军官去了台湾,他和留在大陆的妻子和儿子要几十年后再相见,演妻子的演员必须从年轻演到年老。刚好《第二次握手》女主角丁洁琼就是从少女演到老年,他们来上海选角看了演出,决定由我担任这个角色,于是我就去了西影厂。这个电影由于剧本的单薄没有取得成功,算是个应景的作品吧,但是却开启了我北漂的道路。由王扶林导演的我国第一部电视连续剧《敌营十八年》,就在这过程中落到了我身上。当时上影厂有位北京电影学院导演系毕业的导演叫都郁,我们是朋友,他被王扶林导演召去当该剧的副导演,现在我都记不起我们怎么会在北京见面的,他告诉我明天他要去中央电视台报到了,非常忐忑,希望我陪他一起去壮胆。于是第二天我陪他一起去了报到现场,那是中央台一个偌大的房间,里面挤满了人,剧组正在选角。他介绍导演和我照了面握了手,什么也没说我就回表妹家了,那时正是《亲缘》外景完成换内景的空档。我到家一刻钟,都郁就赶来了,告诉我导演组决定《敌营十八年》的女主角由我担任。就这样,拍完《亲缘》后,我去中央电视台拍了《敌营十八年》,之后又在中央台拍了电视剧《有意无意之间》,虽然这三部剧都不怎么成功,但我接触了电影和电视剧,《敌营十八年》作为第一部连续剧,当年还是轰动一时的。我后来曾对王扶林导演说,《敌营十八年》只是他拍连续剧的练手作品,积累经验后才拍出后来成为经典的《红楼梦》,他承认事实如我所说。王扶林也是我们上海剧专的学长。

采访人: 这时候舞台剧相对演得没那么多了。

刘玉: 还是演过《费加罗的婚礼》《母亲的歌》和《风雨故人来》。那时我是能够在外头就在外头,因为有些事情已经影响到创作了,如果离开青话也能生存,那就在外漂吧。

采访人: 很长时间没上过台,会生疏吗?

刘玉: 不生疏。这应该是得益于多年的经验积累吧,但还是要有一个适应期。

话剧《母亲的歌》剧照

采访人：除了电视剧《敌营十八年》和电影《亲缘》，您还有什么影视作品？

刘玉：在北影厂还拍了《相思女子客店》，在拍《相思女子客店》的时候杨在葆给我打电话，他在拍电影《代理市长》，市长夫人还没找到合适的人选，让我赶快去救场，我又飞到广州去了，也是借拍内外景之间的空档。我在八一电影制片厂又拍了《贺龙军长》，在武汉军区招待所待了很长时间。

采访人：您觉得话剧表演和电影表演有区别吗？

刘玉：这个问题提得好。我第一次拍《亲缘》的时候有一个特写

在电影《相思女子客店》中饰乔三腊

镜头,我的眉毛动了一下,坐在西影厂观众席里看片子时我真想钻地缝,为什么呢?一条眉毛在银幕上像一条扁担这么宽,动了一下看上去幅度太大了,自己没经验,导演吴天明、滕文骥对我还是满意的。我开始知道舞台和银幕表演分寸有别,在镜头前必须更生活。所以等到几个电影拍完再回来演话剧,特别是《风雨故人来》,我的表演就有很大的改进了。

电影《代理市长》剧照

采访人:改进在哪里?

刘玉:当时上海剧协开了一个研讨会,已故的老作家秦瘦鸥说《风雨故人来》里刘玉演的那个知识分子的表演是没有痕迹的表演。我开始追求"没有表演的表演"了。

采访人:会不会觉得太温?

刘玉:这个角色不会,因为角色内心的东西比较多。团里在连排的时候也有一些同志跟我讲,你的表演有变化,好像受电影表演方法的影响了。

采访人:舞台表演和电影表演嫁接以后的结果。

刘玉:我想是的。回国后演的话剧《情书》,后来我把录像看了一遍,在台上演的时候我觉得挺到位,但是等到作为观众再来看的时候我不满意了。因为这个角色个性比较张扬外向,与之前说的不是一个类型。

采访人:您对哪里不满意?

刘玉:节奏不满意,情感变化的强弱度不满意,作为观众还是希望再推上去一点,但是我没上去。包括一个大型的朗诵,我跟娄际成两个人贯穿整个故事,自己看了录像也是不满意。当时觉得自己的声音和情感的强度都到位了,但是看录像时我觉得还是温,可能是年龄的关系,节奏拖了。年纪轻和年纪大是不一样的,回避不了,这是大自然的规律。

排《风雨故人来》非常有意思,团里写信叫我回来演这个戏,我下了飞机直奔剧团。团里给了我剧本,我回去连夜把剧本看完,第二天早上八点钟到团里,九点钟开会宣布角色。导演、团长问我怎么想,我说我不知道怎么演,他们说那怎么行呢,一会儿要宣布角色了,我说我看了本子之后脑子里一片空白。我以前看完剧本会产生想法,对于这个人物在台上是什么样子,会有一个基本轮廓,然后按照我设想的往那个方向靠拢。看完了《风雨故人来》剧本我建立不了形象,我演女儿好像比较合适,但是那个角色不是给我准备的,我要演的是女主角夏之娴。因为我没有想法,所以在排练的时候什么也不演,慢慢地摸索这个人物的所思所想。对我来讲是在摸索一种新的创作方法,在这个过程中寻找人物内心世界的跌宕起伏,因为自己在不知所措中,会更仔细地听对手讲,然后做出人物的反应。比如,因为角色只注重事业不顾家庭也不会生活,所以有一场戏开头我设想自己坐在那里睡着了,醒过来后非常口渴,想倒点水喝,热水瓶是空的,只能喝茶杯里的那一点点剩水,这些我觉得都是在摸索符合人物的东西,这个戏后来被团里拍成了电视剧。

在我快要出国的时候,团里宣布了成立《傻子进行曲》剧组,可是我已经拿到了护照和签证,准备出国去学习了。上级领导对我作出"留职停薪"后放行。

采访人:想出国的原因是什么?除了想要学习?

刘玉:原因是多重的,起因是接到中国戏剧家协会的一封信,作为会员要在表格内回答不少问题,问到有关英语的情况,说改革开放后可能有双语合演合拍的机会,像是在挖掘和储备人才,这给了我想学习的充分理由,同时也启发了我,这是条逃离环境的路。十年"文革"可说和不可说的经历，尤其是让我哑巴吃黄连的伤害，内心的痛楚是工作上的光鲜亮丽所弥补不了的，我宁可不当这个知名演员，也要去寻求一个没有喧闹和争斗的地方，简单安静的生活。

采访人：有没有觉得离开舞台有些遗憾？

刘玉：有过一次，那是我在凯悦酒店工作期间，我工作的大楼对面，是加州州政府的小白宫，连带一大片自由出入的大花园，左侧是萨克拉门托最大的剧院。每天半小时的休息时间，我常会在那里赏花散步，看骑着高头骏马的警察踱步巡逻。一天，我去剧院看电影《音乐之声》男主角演的独角戏，那时他已年老却依然活跃在舞台和银幕上，当大幕拉开，我忽然意识到我原是可以站在台中央的人，现在却坐在这里看他人演出，心里泛起一点酸楚，但很快就过去了，因为我很满意当时的工作和生活环境，那是我千辛万苦得来的，我很珍惜。

采访人：到美国初步的生活，就是学习和打工吗？

刘玉：对，去美国时我已经46岁了，但毕竟还是年轻，我都不记得有时差的影响。我在上海正常工作时，每天清早不洗脸不刷牙就出门跑步了，最远从家门口淮海路乌鲁木齐路一直跑到徐家汇，游泳也行，所以体力精力都不错。我刚到洛杉矶时住在一位姓沈的朋友家里，去洛城Evens学校就是她带我去的，大概第三天就去报名入学了。这是一所专门接待新入境人员的免费学校，一切费用由州政府出，我在那里还遇到了张瑜和郎平，但没有交往。每天上午读英文，中饭吃两片夹花生酱的面包，下午随一位老华侨去机场或码头取货送货，每天20美元酬劳。

采访人：出国八年后您才回来的？

刘玉：这八年是拼搏的八年，自我疗伤的八年，但我没有中断过与青年话剧团的联系，包括我们支部书记的儿子都来看过我，每年我会报告近况，有一次我在圣诞贺卡中还夹了20美元作为团里新年茶话会的补贴。陈少泽当团长时因公出差美国，还带一个印蓝布包来看我，我们因《年青的一代》合作过,关系一直很好。他曾说团里老演员因年龄关系可能会办退休,我问我是否也是其中之一吗,他说不会,你完成学业可以回团工作。我的确是老演员中年龄最小的一个,所以没有紧迫感。

1994年,我捧着大学结业证书和奖状回来了,觉得自己有交代了。当时因为成绩好,我的陶艺作品尤其突出,美国几个大学艺术系来函邀请我深造,有的还提供奖学金,我的简历登上了当年优秀生的花名册,但考虑到年龄,主要是改革开放后的大环境完全不一样了,我想回国了。回国后第一次踏进青话的会场,我很兴奋,大家也都很高兴,肖纯园似乎是代表大家站起来说:"刘玉,你知道吗?我们每年都在等你的圣诞卡,收到卡就知道你是平安的。"我听了非常感动,有什么比有人惦记自己更珍贵的呢!可是事情出现大反转,青话作为实体已经解散了,我被作为自动离职处理了,成了无业游民,我怎么生活呢?

采访人:你又回美国了?

刘玉:只能回美国了,我很伤心,觉得自己被抛弃,26年的工龄一笔勾销,我才54岁,需要谋生啊。

采访人:现在回到国内了,拍过影视剧吗?

刘玉:没有,曾经有两个剧组找过我,有一个贯穿全剧的人物角色要会说英语,制片和副导演都找到我家里来了;另一个是有关盖叫天先生生平的故事,要我演一位深居大宅院的老太太,我都婉言推辞了。因为我回来后有人告诫过我,说现在的剧组环境和从前大不一样了,我怕自己适应不了,不敢接。

采访人:《情书》是话剧艺术中心的戏吗?

刘玉:我在话剧艺术中心只演过阿加莎·克里斯蒂的《意外来客》,和纪念抗战胜利70周年的《法西斯细菌》片段。《情书》是可·当代艺术中心的戏,导演是上戏导演系教师周可,也是这个中心的创办人。我去参加是曹雷的推荐,我们是前后届同学,男主角是好友张名煜,都是上戏的人,有种天然的亲切和信任感。

采访人：参与这个戏是什么感觉？

刘玉：虽然导演对我还满意（不知道她说的是不是实话），自己感觉大不如从前了。有一次在凯悦酒店被公司请上台，和总经理一起为中国员工做英汉翻译，聚光灯对着我，一下子感觉自己是属于舞台的，这次去演出，以为自己还有那股精气神呢，后来看了录像，天哪，我已经是这副德行啦！

采访人：其实说明你的心态还是很年轻的。

刘玉：心态年轻有什么用？挡不住大自然的规律。

采访人：心态很年轻，但是驾驭不了自己的身体了，应该更爆发一点。

刘玉：唉，就是这个问题，根据对角色的理解，我觉得自己全身心投入了，看了录像效果，对自己非常不满意。我得出一个结论，再好的演员，尤其是女演员，过了巅峰期，有些角色千万不要勉为其难了。创造一个被认可的艺术形象，除了外在条件、气质和表演技巧，演员独具的个人魅力非常重要，随着年龄和生理变化，这些都会不知不觉消失得无影无踪。

采访人：一生最高兴的事、最满意的事和最遗憾的事，想过这些问题吗？

刘玉：怎么说呢，我们这一代人生活在一个非常特殊的年代，各人的经历千差万别，选择也各不相同。回头看我这一辈子，除了在哪个家庭长大不由我选择外，一生最重要的几步路都由我自己决定，包括选择职业、选择婚姻、选择出国回国等。我始终感恩是国家培养了我，对自己的要求是自强、自重和自在，在国内国外都一样，无论处在怎样的境地，我都坚持这些原则不去伤害麻烦任何人，我认为我守住了心中真善美的信念。

采访人：最遗憾的呢？

刘玉：其实没有什么可遗憾的，遗憾意味着无可奈何不可挽回。不过得知青话解散了，我还是很吃惊的，青话曾经演出过那么多中外古今的经典剧目,是当年全国唯一全科班出身的话剧团体,曾经被评为全国六大文艺团体之一,团里演员更是新中国培养的第一代话剧人才,深得观众一致赞誉,解散真的可惜了!可是再想想,青话最让人称羡的就是一批称职的演员,但是随年华老去,不可能永世长存,这也是大自然的规律,遗憾不如怀念了。

采访人：退休回来除了演话剧之外,业余时间做些什么呢?

刘玉：我们有一批人艺和青话相对固定的老朋友,自称"快乐老顽童",十天半月就聚会谈天说地,饭店里我们包房的声音最大,走得最晚,彼此友爱,非常开心。平时在家弄弄花草,看看中外经典老电影,过年过节有儿孙一家回来热闹。回国前后也到过不少国家,现在走不动了,顶多去上海周边的农家乐转转。活了一辈子,现在是我最安宁快乐的日子,很多人和事都随时日远去了。我只想把这个家呵护好,上海还有几家亲戚,过着和睦平淡的生活,就像童年和外婆在一起的样子。人生就是什么年龄做什么事,要学会放弃,学会对生活做减法,回归简单平实,做一个有教养的普通人。

(采访:李丹青　整理:李丹青)

传世之作是要经过历史沉淀的

——陈明正口述

陈明正，1931年出生。1954年毕业于上海戏剧学院。上海戏剧学院教授、博士生导师，曾任上海戏剧学院表演系主任，院学术委员会副主任，上海师范大学谢晋影视艺术学院副院长等职。1958年受到文化部特别嘉奖，连升四级。1987年荣获国家教委颁发的国家级教学成果奖。随后获文化部第二届、第四届文华奖导演奖，"五个一工程"奖，上海宝钢文化艺术荣誉奖，两次获上海文化艺术杰出贡献大奖提名。

采访人：陈老师，您是哪年出生的？

陈明正：1931年，阴历十二月二十七日（1932年2月3日），再过三天就是春节，所以最好记，我生日的时候全家聚一聚，就等于是过年了。

采访人：您是出生在南京还是祖籍南京？

陈明正：出生在南京，长江对岸的江浦县（现已划归南京市），我诞生在县城里头。我父亲祖上是贫农,后来到了城里做点小生意。我父亲读了师范学校,然后就进了上海东亚体育专科学校,他是东亚体专第一届的毕业生。他喜欢打拳,从小就在庙里学打拳,太极拳打得非常好,还会气功。他毕业以后就回到江浦,在江浦公共体育场当场长,后来还当了保育院的院长。我母亲是保育员,我母亲生了五个孩子,我是老五,有两个在我没出世的时候夭折了。母亲在当时算是江浦县的美女,但是我没有印象了,就留了一张照片,确实是很好看。她在我两岁的时候生肺病去世了。我母亲去世以后,父亲一直在南京做中学老师,教体育,也教童子军。我跟我祖母在乡下,家里不是太宽裕,就靠我父亲的工资生活。我家对面就是小街,有小饭馆、小旅社之类的,就像现在的大排档一样,摆着很多盘菜。我最喜欢吃的就是绿豆芽,韭菜炒绿豆芽,又白又绿又香又脆又好吃,家里炒这种菜就算是好东西了。我6岁的时候,我父亲娶了我的继母,她是中学音乐老师。

采访人: 这是您童年的印象?

陈明正: 对,小县城给我留下了温馨、安详、亲和的印象。我父亲很简朴,他从南京回江浦,三四十里路是走回家的,回到家里就在柴堆里面卷大衣睡觉。到我六岁的时候,全国抗战爆发,南京要沦陷了,我父母决定带我一起向后方撤退。我的父亲先到了长沙,然后又从湖南到了湖北,最后到了福建的沙县。我父亲在沙县的国民体校教体育,我在沙县读小学。由于我是从南京过去的,因此普通话比福建当地人要好,继母就让我参加演讲比赛,讲的是爱迪生的故事,得了第一名。一年级考试我又得了全年级第一名,又得到了奖励。这个时期父亲让我看《岳飞传》,讲岳飞的故事给我听,岳母刺字,精忠报国,当时脑子就存在一个印象,人要忠,要孝,要有骨气,要成为民族英雄。小学二、三年级的时候看小说入迷,喜欢看古典小说,《三国》《水浒》。我读书成绩还可以,有一次在学校里背书,背完了之后老师说我背得很好,可是又指出很多内容不是书上的,是我自己瞎编的,编得很通顺,老师不但没有批评反而称赞。

采访人：那个时候就有编故事的能力？

陈明正：叫我死板地背书我记不住的，但是要叫我讲个故事我讲得出来，而且可以用我自己的话去讲，好像是一种天生的技能。三年之后，我父亲又从沙县调到洋溪，是一个比沙县还小的小城镇。福州沦陷后，福州中学就搬到了这个地方，我父亲担任福州中学的体育教师、童子军老师，我继母就在那里教音乐。我父亲喜欢唱京戏，他嗓子很好，全国的童子军检阅，都是他喊口令，响亮得很。他喜欢唱黑头（花脸），我母亲喜欢唱青衣，他们的爱好也影响了我。那时我们在院子里种花、种菜、养兔子、劈柴、挑水、在河里游泳，除了读书就是劳动，接触大自然比较多。我父亲在洋溪的福州中学待了两年，又被调到武夷山的战地失学失业青年训导所当教务主任，我在武夷山那里生活到小学毕业。武夷山景秀逸无比，清幽的九曲陶冶了我幼小的心灵。之后我去了顺昌，在顺昌临时中学读书，这个学校吃饭、读书不要钱。

采访人：这是什么性质的学校？

陈明正：国家办的，那个时候逃难，失学失业青年上学都是不要钱的，但生活很苦，要自己上山砍柴、挑水，我算条件好的，父母还寄点零用钱。

采访人：那个时候已经和父母分开了？那时您多大？

陈明正：也就是十二三岁，我自己一个人去顺昌临时中学读书的。我从小习惯独立生活，不害怕。那里我觉得很好玩，民俗很多，经常办庙会。县有彩灯、龙灯、舞狮子，还有歪歪河蚌，就是一个女子在大河蚌里跳，还有旱船表演。在顺昌这个小县城我看了不少木偶戏、皮影戏、社戏，民间艺术生气勃勃给我留下了深刻印象，但是书读得有些马虎了，因为临时中学的教育水平差，学生没人管，能给你吃的就不错了。一年后，我父亲又从武夷山调到江西上饶附近的玉山，在铁路上当交通科科长，我到玉山后读了铁路中学，这个学校很正规，很多国民党高干子弟都在这个学校读书。抗战胜利后，父亲到了江苏太仓，在太仓师范学校当体育、童子军老师，我继母在师范学校当音乐老师，而我就从玉山的铁路中学转到太仓继续读中学。我幼年、少年时代辗转各地，经历各种生活环境，接触各式各样的人，了解各地民俗、艺术、景色，有形无形的生活积累，给我后来的艺术创作起了良好的作用。

采访人：抗战胜利后你们全家都到太仓了，您哥哥姐姐呢？

陈明正：哥哥抗日时当兵，在桂林打仗牺牲了，我姐姐留在江浦照顾祖母，抗战胜利前病死了，等我回来的时候祖母也去世了。

采访人：后来您继母也没孩子？

陈明正：继母没孩子，她把我当作她自己的孩子，我们关系很好。我在太仓初中毕业，我不愿意读师范，后来我父亲就让我到苏州去读中学，新的一段历史开始了。

采访人：那是哪一年？

陈明正：我1947年到的苏州。苏州是一个文化城市，我把苏州的园林跑遍了，一到礼拜天就去逛园林，拙政园、狮子林、虎丘山，还有西园寺，里面有五百罗汉塑像，有济公像，脸从这边看是哭脸，那边看是笑脸。苏州有园林文化、评弹、桃花坞年画，苏州的诗情画意潜移默化地对我影响很大。苏州省立高中是江苏省的头牌学校，不大好考。我先考的是县高中，发榜了我是第一名，读书可以免费，于是在县高中读了一学期之后我还是转学到省高中了。省高中在沧浪亭边上，那里有美术专科学校，沧浪亭的风景、浪漫的气息和美专的艺术氛围都对我有潜移默化的作用。

采访人：进入省高中要考试吗？

陈明正：不需要考，我在县高中考了第一名，成绩单给他们看了，所以不要考。在苏州还有几件事对我此后有影响，那就是看戏和看电影。在此之前我从来没看过电影，太仓没有电影院。到了苏州我每个礼拜都要看电影，有美国电影、中国电影，一个礼拜看两三次。另外还看京戏，苏州有一个开明大戏院，上海很多名角就在那里演。有两出京剧印象深刻，一是连台本戏《火烧红莲寺》，机关布景，人在台上飞来飞去，一只纸老鹰在观众席飞，直冲舞台，把戏中的老太的眼睛啄瞎了，不知道这个老鹰怎么飞来的。还有一出戏是我一生难忘的《关公走麦城》，平常老百姓看戏吃瓜子、聊天，可那一天很安静，舞台口还点了檀香。我溜到后台去看，大家站成一排，鸦雀无声，演关公的演员坐着，关公像前摆着香，那种神圣的气氛感染了我。然后跑到前面去看戏，演关公的演员有特点，微闭着眼睛，稳步上台，情绪一紧张，忽然眼睛睁大，极其有神。这段戏半个小时，整个战争戏就靠马夫和关公两个人，又唱又说又演，又翻又滚，精彩之极，我进戏了，关公被俘时，我看哭了。

采访人：这是第一次看戏哭了？

陈明正：对，看戏看哭了。有人说中国戏曲表演是表现，不体验，是间离，不求观众共鸣，演员在舞台上不形成当众孤独。其实这是不懂京戏，好的京剧演员表演是有空间感的。锣鼓经，节奏感，演员表情专注，让你感觉那就是战场，四面八方都是敌人，人马陷到泥潭里你为他着急。面对观众讲内心独白不是推开你，而是更好地吸引你，一起想象、感受。这是我看京剧最深的印象。艺术的神圣，艺术的严肃性，艺术的全神贯注，京剧同样有感情的感染力，京剧演员要完全投入，京剧演员是又表现又体验。

采访人：您在苏州有三个爱好：园林、京剧、电影。

陈明正：这段时间是我文化和思想成长的时期。苏州地方文化、京剧文化对我有很大的影响，产生搞戏的念头也是在这个时期。当时苏州中学地下党很活跃，要跟国民党的三青团竞争学校自治会的地位，就像选总统一样。进步同学找到我，说我学习很好，有才干，让我去竞选学生自治会干部，他们支持我。他们一蹿腾，我就去竞选了。

采访人：那你有政治背景吗？

陈明正：没有政治背景，我父亲虽然是国民党，但他是孙中山时期参加的,同情共产党,而且在学校保护了很多进步的同学。通过竞选,我当了学生会自治会副主席,进步同学就以我的名义出墙报,内容有反迫害、反独裁、反国民党的画家马凡陀的漫画,还有鲁迅的作品,但我没参加他们的组织,大家心照不宣。

采访人: 进步同学没把你列为发展对象?

陈明正: 快解放的时候他们就发展我了,还填了加入青年团的表。到解放了,介绍我的人毕业走了,由于是单线联系,这事就说不清了。一解放,我搞了一个社团,我自己写小戏,自导自演,影响不错,别的学校也演,请我做导演,还到工厂去演出。苏州有一个社教学院,学院里有一个戏剧系。我中学毕业的时候,社教学院给了我一封通知,说我很爱好戏剧,学校可以免试让我入学。我去找苏南军区文工团的队长石来鸿征求意见,他是上海剧专(上海戏剧学院前身)47级的学生。他就建议我到上海去考上海剧专。就这样,我拿了草席背个书包,跑到横浜桥报考去了,到上海也没有地方住,就住在学校里,席子一铺睡在教室里,反正考试的时候天气也暖和了。

采访人: 都考些什么?朗诵、唱歌、表演?

陈明正: 朗诵、唱歌,做小品是让我演个侦察员,我拿根竹竿当枪在地上爬,也不知道对不对,反正想到怎么做就怎么做。老师看我很认真很投入,信念感很强。唱歌我本来就喜欢,嗓子也很好,朗诵对我也不困难。就这样我进了上海剧专。

采访人: 还记得当时是谁考的您吗?

陈明正: 陈多老师,我印象最深的就是他,他是表演系毕业的,也是地下党。

采访人: 您很小的时候妈妈就病故了;六岁开始逃难,抗战期间,辗转各地上学,相继失去了哥哥姐姐和祖母,但是也接触了很多民俗,生活很丰富;抗战胜利后,回到太仓和苏州上学,才过上相对安宁的生活,直到考上上海剧专。

陈明正：我的生活面比较广，我能做导演，跟幼年的生活、跑江湖、接触社会，是有关系的。如果看不到百姓的生活、看不到社会、看不到祖国的山河、看不到多彩的民间艺术，视野会很狭窄。此外在苏州解放前后参加的社会活动，使我有强烈的进步要求，锻炼了我的独立工作能力和组织能力。

采访人：我们现在谈谈横浜桥老剧专，50级您这一班同学总共多少人？

陈明正：我们这个班级最初招了20多个学生，1952年院校合并，山东大学来了一批人，苏州的社教学院来了一部分人，宋顺锦、陈惠良是社教学院转过来的，郭东篱、周冰等是山东大学过来的，三校合并后一共42人。

采访人：那个时候教表演，还没有斯坦尼斯拉夫斯基体系，老师是怎么教课的呢？

陈明正：那个时候陈多和朱铭仙老师给我们上过表演课。

采访人：朱铭仙老师解放前是电台的播音员。

陈明正：她是有名的播音员，也能演戏，又教台词又教表演；后来又来了阎包明，原是南京国立剧专教务主任。到三年级的时候是胡导、朱端钧、李健吾老师教我们。

采访人：基础课学什么呢？过去的一、二年级声乐、台词、形体、表演都学什么？

陈明正：声乐老师是吕畴洪、何才荫，都是有名的声乐家，教的是西洋发声法；台词老师是朱铭仙，她自编教材；形体老师是舞蹈家胡蓉蓉，她和白俄老师教芭蕾；昆曲传字辈的方传芸、陈钟老师教戏曲、武功；声、台、形训练还是很扎实的。

采访人：表演的基础课学什么？

陈明正：说实话，表演基础课最弱。

采访人：好像那个时候没有无实物练习吧？

陈明正：那个时候还没有无实物练习，我印象深的是注意力集中练习，老师就教我们注意看地板上一点。为什么要集中？集中是什么意思？也没讲清楚。其实注意力集中的目的是为了注意对手，要跟对手交流，这才是目的。倒是后来的观察生活练习，模仿生活中各式各样的人，很有吸引力，效果很好。随后进入独幕剧排练，我演了《夫妻之间》《母亲的心》《反翻把斗争》。这些老师都是老导演，有一套，特别是朱端钧老师排《妇女代表》排得最好，他不讲什么方法什么技能，很少示范，但他会创造一个氛围，演员应该有的创作状态，他能分析启示到点子上，他讲话不多，有的地方站起来说个象征性的动作，必要时也有示范。戏中有一段妻子和丈夫激烈吵架的戏，朱先生让妻子"噌"的跳到炕上，拿出房契地契说，这是共产党给我的，一股正气，丈夫拿鞭子打她，她一把夺过鞭子，拗断扔在地上。哎呀，文质彬彬的朱端钧先生，忽然间会排出那么激烈的戏啊。他没有参加土改、当过农民，对农民的生活他不如我们参加过土改的了解，但是作为艺术家，他掌握了这个节奏，艺术的思维、生活规律，对人物的心理、行动逻辑的把握，比参加过土改的人排出来更好看，因为他并不是全然不知道，看过资料、看过电影，他能发挥艺术想象，感受到被压迫的妻子这时候要干什么。你没有他那个节奏、没有他那个感觉、没有被逼上梁山要跳出封建牢笼的激情，你就不可能跳上炕。

采访人：您那个时候就留意导演方面了？

陈明正：我还没有想到做导演，但是我觉得他这个处理很有味道，必要的时候要冲破生活的束缚。这叫渲染、惜墨如金，高潮的时候一定要强有力地推上去，根据节奏、根据感觉冲上去，戏就对了。

采访人：您在上学期间，老师还是以个人的经验来教学，以排演剧目和实践为主；等您毕业留校了以后，逐渐采用了苏联的表演教学大纲。这两种教学方式，您能不能给我们讲讲？

陈明正：苏联专家没来以前，我们排大戏，要分析剧本、研究台词、写角色自传，然后是对台词、走地位、导演教你怎么说怎么做，这些都是一样的。像朱端钧先生和熊佛西院长，都是天才的好导演。熊佛西院长曾在美国留学，回国创办学校；朱端钧是洪深的得意学生，上海四大导演之一。他们有丰富的导演经验，也有正确的创作方法，所以导的戏还是很生活、很真实、很朴素的。

采访人：虽然未必有一套理论的东西。

陈明正：很难讲一点也没有，熊院长和朱先生解放前就写过很多表演、导演方面的文章。但是他们上课的时候不太讲理论上的东西，就是根据人物的行为排戏，我的印象是这样。朱先生排戏喜欢反复地分析人物的处境、人物关系、人物性格、人物心理，给你最有表现力的动作。他排过国内外很多名作家的作品，他排戏稳扎稳打，很自然，很舒服，很流畅，很感人，很出彩，很诗意。我特别喜欢他导的戏。

采访人：您认为是殊途同归？

陈明正：对，优秀导演往往有共同点。何况20世纪三四十年代斯坦尼斯拉夫斯基体系已经流传到中国，进步导演都会吸收，所以我认为中国话剧现实主义传统与斯坦尼斯拉夫斯基体系并不对立，而且上海老剧专有许多自己的特点。第一，教授多，专家多。那个时期除了熊佛西、朱端钧，还有黄佐临、吴仞之、李健吾、顾仲彝、欧阳予倩、杨村彬、胡蓉蓉、方传芸、刘如曾、蔡绍序、孙浩然、邱玺等大导演、大教授给我们上课。整个学校学术氛围浓烈，文化底蕴厚重，如此才能保证学子的文化艺术素养。

第二，重视社会大课堂，一年级下学期整个一学期我们全体同学下到安徽蒙城县参加土改。不是一般的下生活，而是每个人独当一面，直接参加土改工作队工作。我们和农民同吃同住，我住在贫农的牛棚里，吃的是高粱，偶尔吃顿红薯叶子下的面条，我配合农协主任访贫问苦，分田地、分浮财。土改结束回到上海，我们继续参加抗美援朝运动，编演《美帝暴行图》，巡回演出。还到工厂参加"三反五反"，参加劳动，立志要成为劳动者。这一系列社会课堂的教育对于我们这些文艺工作者来说十分重要，对于我们那一代青年树立正确的世界观、人生观起着决定性作用，影响了我的一生。

第三，大量的有效的观摩学习。梅兰芳、周信芳、盖叫天、俞振飞的演出，学院都组织观摩，并且请这些名家给我们上课，盖叫天还多次到我院小剧场演出，边演边讲，真是精彩。我们还观摩过上海人艺的话剧，苏联红旗歌舞团、小白桦树歌舞团的演出，国宝级的乌兰诺娃的《天鹅湖》《泪泉》等，国家和学院十分重视我们这些学生的培养。有目的的组织观摩授课十分重要，给我们树立了一个高标准，使我们有了追求。所以我认为，学校要广泛利用社会艺术资源充实教学。这不是附带的，而是常规的，不可缺少的。

第四，演员要全面发展，要懂得舞台，懂得舞美设计。老剧专的表演系十分重视舞台美术课，讲剧场史，讲剧场构造，讲舞台设备，讲舞美设计的基本知识，每个学生都发了一个工作包，内有钉子、锤子，帮助木工制景、制作道具，这一门课使我受益匪浅。这让我懂得了舞台，懂得了舞台和观众的关系，懂得了布景和整个戏的关系。在学期间我做过场记、剧务、舞台监督，那时学校没有演出科，只有一个木工，整个演出都是我们自己组织操作，这对我来讲是极好的锻炼。以上这四条，证明我们的学习是很充实的，有许多经验可以吸收。

采访人：一般人只注意专业教育、课堂教学，而忽视社会教育、素质教育、思想教育、通才教育和独立操作能力的培养。你说的这四条非常有价值。

陈明正：下面我要重点讲讲苏联专家到中国来传授斯坦尼斯拉夫斯基体系的情况。因为涉及太多，我不可能细谈，我只能讲讲在我脑子里留下印象最深刻的东西。

1953年底，我们在排毕业剧目《曙光照耀莫斯科》时苏联专家来了。第一位苏联专家列斯里是莫斯科艺术剧院的总导演,第二位是史楚金戏剧学校的校长库里涅夫,第三位女专家列普科夫斯卡娅是列宁格勒戏剧学院的功勋教授。列斯里来之前,我们在搞无对象交流,有时是一个人演两个人,自我对话。但是列斯里说:开始训练时,不要做这样的练习,养成习惯就会变成自我表演,表演的基础训练最重要的要学会跟真人有机交流。我想这话是对的,训练学生真听、真看、真想象、真思改,学会有机交流是不易的。有了真实交流的基础,进入影视拍摄时,你才会知道怎么与想象的对象交流。我们排《曙光照耀莫斯科》的时候,有场戏他觉得学生演得不好,演员演一个官僚主义下级在上级面前的表现,没有把人物的心理演出来,他指出:领导批评你,你很紧张,心情不安,但你又要表现真诚。于是列斯里上去示范。他提着大皮包坐在部长面前,不敢正坐,更不敢靠到椅背上,手中的皮包不知如何放才好,一直坐立不安。听到部长训斥,立即点头赞同,同时把笔记本拿出来,把书包翻过来倒过去地找笔,然后埋头拼命地记。列斯里的这一段示范,告诉我们演员要选择外部动作来表现内心的处境。斯坦尼斯拉夫斯基体系绝不是只讲体验不讲体现,而是要找到最有表现力的手段。该体系中还有一个关于最高任务的学说。一个戏、一个角色要有最高任务,这个最高任务是一个理想、一个追求。这个东西有时有形有时无形,超越了一个作品现实可以看到的东西,演员、导演必须看到一个角色、一个剧本潜在的欲求、思想。从那时起,我就认识到一个戏要把故事讲清楚,要生动要好看,这是第一个层次,而更重要的是第二个层次,那就是演出的最高任务,剧作的思想性,要具有哲思的高度。这是该体系的灵魂。随后,他还到二年级课堂指导片段教学,如何从自我出发走进角色。我只是看了材料,没有直接听课,我就不讲了。

第二个来的专家库里涅夫,是苏联史楚金(著名的扮演列宁的演员)戏剧学校校长。他一方面给本科班上课,同时又给我们刚毕业留校的七个助教开了一个学习小班，整整进行了一个月的系统的基础训练。训练内容广泛，如注意力集中、肌肉放松等，最有教学效果的是无实物动作练习，每堂课要反复练。我觉得这练习极好，首先我的注意力必然要集中在动作上，不再注意老师和他人了，我就会自然而然的放松了。是什么东西帮助了我呢？是动作的行动逻辑吸引了我。例如我洗脸，虽然没有东西，但我能按洗脸的生活逻辑去做。任何行动都有其行动的逻辑，有实物的时候，你不太注意逻辑，因为那是自然产生的，而无实物动作时，你就要十倍地注意行动的逻辑。"行动的逻辑性"这一观念强有力地输入我的脑子，舞台上的任何表演，都要按生活逻辑去做，这是表演的客观规律，树立起正确的表演观是十分重要的。创造人物时做一些人物职业性的练习，可以有效地帮助你进入角色。专家还进行了其他练习，如不同物体的态度变化、不同环境的态度变化练习。给你一个任务，或一个规定情境，你就要行动起来，这些练习就是为了让你学会在规定情境中组织动作。最后是有机交流。有机交流的核心要领是什么？举例而言，有一个即兴练习让我终生难忘。专家让男女两名同学在用屏风隔起来的教室谈恋爱，随后他突然让一个老师在走廊上喊那个女同学的名字，急切地找她，这一下两个同学紧张起来，赶快躲到屏风后面，一声不响，因为那时学生是不准谈恋爱的。专家指着女孩说："你们看她脸红了。"专家强调有机交流训练，不是表面形式上的你来我往，而是要真正的"心动"，接受客观的刺激，并且即兴地产生有机的适应。要真听、真看、真感受、真正有机地互动。要"动心"，说实话，我四年学习中从没有如此"动心"过。这个练习让我懂得演员要化身角色——我就是他，不是客观地表演"做戏"，而是全身心地置身于规定情境里，有机地和对手互动，应在任何情境下，以"我"的名义去动作——我就是他。

女专家列普科夫斯卡娅是列宁格勒戏剧学院的功勋艺术家，主要任务是主办"表演师资进修班"（学员三十余人，学习两年），但是她发现59届这个班(杨在葆、焦晃、张先衡、李家耀)条件很好,她主动地提出同时指导这个班的教学,而我也在这个班当表演老师,班主任是胡导老师。如此一来,我一方面可以全程看她在进修班上课,同时又可以直接接受她对我们这个班的指导。我一边学一边教,一边实践,一边接受她现场指点。这样的学习效果极好,极有成效。

我举几个例子,看看她所强调的教学要领:她给我们带来一套道具积木,就像儿童玩的积木,有大长条、小长条、大方块、小方块,有斜坡、台阶、柱子等。她让我们利用它搭各式各样的景,在其中做各式各样的练习,单人、双人、多人都可以。当我们考虑搭成什么环境的时候,我们就会开始想象创造了,妙就妙在这里,我们会自然而然地想到利用这些道具设想在什么地方、什么时候、在此干什么,而且会考虑更好地利用搭出的景组织行动。一边搭一边会想到该怎么做,规定情境学说和行动要领出来了。

关于无实物练习,除了库里涅夫所指导的要领之外,她给了我们更加高妙的认知,那就是她指出:"无实物动作练习可以引导演员进入潜意识的再创造。"无实物行动逻辑会让你做出连你自己也没有意识到的动作。如一个学生在表演吃螺蛳时,一边吃一边会用衣角擦手,用袖子抹嘴。专家说这样做不卫生,学生说:"我没有注意到,完全是下意识的。"大家都笑了。专家说:"这是好东西。"我一下子全明白了。有意识的行动逻辑,会延伸出下意识的创造,这是表演艺术的精髓。在教学中不论做练习、排戏、创造角色都要善于引导学生进入有逻辑的行动过程中,进入下意识的创造。

最后要讲的是,列普科夫斯卡娅在排练中广泛地应用了"行动分析法"分析角色、接近角色,全身心感受角色所处的规定情境,寻找角色之间的关系,角色的性格、欲求等等。她甚至用"行动分析法"引领角色进入正戏。

通过以上的回忆,可以看到三位专家给予我们不同时期不断发展的斯坦尼体系,这些都是体系的精华。列斯里是莫斯科艺术剧院的总导演,可谓正统派;库里涅夫是斯坦尼体系和梅耶荷德相结合的瓦赫坦戈夫学派;列普科夫斯卡娅是斯坦尼体系后期的"行动分析法"学派。我在实践中研究了斯坦尼体系和其他流派的体系如哥格兰、布莱希特、格格托夫斯基、阿尔托等,写了一本《舞台形象创造论》进行了比较,论证了斯坦尼体系是唯物主义的,他讲的是规定情境、有机天性、最高任务学说,是以"行动"为纲的表演体系,是更为系统、更为完整、更易于操作的体系。

我比较详细地介绍他们的教学内容,就是要人们了解当时苏联专家是无私地、全面地给我们介绍了斯坦尼体系的。这些专家对我们非常友好,即使在中苏产生矛盾之时,他们仍然都是关怀中国的。

采访人: 你讲得很深入,也很生动,应该说您学习很有心。到了1958年,您准备留苏了,对吗?

陈明正: 留苏也要考试的,上戏、中戏、北电都选派了很多人去考,我到北京去考了。我做的小品很一般,主要是笔试和口试考得不错。笔试是分析曹禺的《雷雨》,我正好在考前看过戏和剧本。我现场一口气写了八张纸,人家顶多写两三张。另外就是口试,考官是中戏表演系主任严正。他问我,导戏的时候你的想法跟舞美设计的想法不一致的时候,你用什么办法统一?我说大家协商讨论研究,把自己的想法告诉他。他又问,要是还不统一呢?我说那就分析剧本,根据剧本的要求来协调。他又说,各人对剧本的看法不一样怎么办呢?一连问了七八个"怎么办",我都一一回答,直到我回答:一个戏有最高任务,用最高任务去统一。后来有一个中戏的学生跑过来告诉我,陈老师,我们严正老师在课上讲了为什么录取你,说你非常执着,思维活跃,一直坚持到底;另外那个剧本分析写得很好,一个人写了七八张纸。他看重的是我对作品的分析能力和对工作的执着精神。之后我就在外语学院留苏预备班学了一年俄语,这一年是又苦又乐。

采访人：只学外语，不学专业？

陈明正：就学俄语，整天学俄语，每天上午、下午上两次课，文字和口语，自修时间也很多。可是我的语言能力差，学外语很吃力，但是我很用功，每天开夜车开到半夜一点。在北京也很开心，每个礼拜六晚上可以看戏，每个剧团都有我同学，只要有戏就打电话给我留票，《武则天》《同志，你走错了路》《骆驼祥子》《蔡文姬》《万水千山》《伊索》都是那段时间看的。我没有放弃任何学习的机会，我的导演意识、整体观念，就是在那个时候逐渐形成的。《蔡文姬》的诗化、空灵，导演的风格大气；《龙须沟》的写实、真实、生活化，也有诗意；北京人艺的戏，如《茶馆》《骆驼祥子》《龙须沟》《蔡文姬》，这些是他们的经典，这几个戏给我印象最深。在北京还值得一提的是国庆十周年我们参观了十大建筑，并且在人民大会堂听了陈毅外长的报告。还多次参加天安门大游行集会，我们留苏预备生全在观礼台上，多次看到毛主席、周总理，真是幸福。可惜最后留苏没留成。

采访人：原因是什么呢？

陈明正：中苏关系开始恶化了。搞戏搞电影的没去，但是弹钢琴的、拉提琴的、学技术的还是去了。

采访人：那么1959年您回到上戏以后直接又开始带班了？

陈明正：对，带63届，我是从二年级开始带这个班的。这个班出了刘子枫、魏宗万等优秀演员。我排的第一个大戏是《八一风暴》，到舟山、到海军基地演出，演了二十多天，反响很强烈。

采访人：这是学校定的剧目？

陈明正：我自己选的，觉得"反帝反修"就要拿起枪杆子，那时年轻有革命激情。朱端钧是这个戏的艺术指导。这个戏的景很有意思，起义指挥部设在南昌大旅社，只用四根柱子，一个大门，没有墙，舞美设计拿给我看，我拿不定主意，就问朱老师。朱先生经常搞戏曲，喜欢写意，他很欣赏这个景，然后我就按照这个景排了。

《八一风暴》剧照

采访人：这样设计好在什么地方？演员行动方便？

陈明正：四根柱子和门可以多变，自由组合，上下场不影响戏，演员上场是带戏上场，让观众都看见；另外还有一个好处，这个戏的战斗气氛紧张，部队上场下场，在外面集合、调动，观众都看得见，扩大了场面。这个景能把这个戏的节奏和气氛非常好的烘托出来，整个戏很好看。

采访人：1963年排了《八一风暴》，接下来呢？

陈明正：还搞了一个《以革命的名义》。刘子枫和安振吉演列宁，AB组，他们都很用功，阅读了大量的资料，还看电影，模仿列宁的动作、说话和神态，我让学生做列宁在工厂演说的小品，小品用的是列宁的演说稿。练好了，我让许多老师来看，化妆老师也来看了。陈绍周是化妆专家，一看就说真好，学生演得很有味道，这时候刘子枫还没有化妆，就是穿着西装模仿列宁的说话和动作，演说内容就是列宁动员工人士兵建立苏维埃。全体同学就是工人、战士，气氛极好。陈绍周老师说，这下我有信心了。化妆老师有了信心，大家就全有信心了。有人说斯坦尼反对模仿,但是神似是建立在形似的基础上的,所以必须同步进行。我这就是在应用"行动分析法"。

采访人: 这个戏反响好吗?

陈明正: 很好,比《八一风暴》还好,为什么呢?一个学生演列宁演得那么像、那么好,谁也没想到。当时正好有个会演,上海市委宣传部的人都来看了,大加赞赏。随后,学院又让我带下一个毕业班,导毕业剧目。我搞的两个戏,一个是《槐树庄》,曾到农村打谷场上演出,一个是《千万不要忘记》,到上海电机厂连演了六场,说明这些演出很受欢迎。我是一个年轻教师,能让我一口气连排四个大戏不容易。此后"文革"就开始了。

采访人: "文革"的十年,教学被彻底打乱了吧。

陈明正: 基本停下来了。

采访人: 这十年应该是您精力最旺盛的十年,30岁到40岁。

陈明正: 这十年的情况,大家都很清楚。

采访人: 到"文革"结束前,您还带过学生吗?

陈明正: "文革"中带过工农兵学员。

采访人: 工农兵学员有几批?

陈明正: 两批,第一批是潘虹他们那一班,我参加了招生。我带的是第二批,是郭达、金鑫那个班。这个班的学员吃苦耐劳,有生活的磨炼,学习自觉主动,善于独立工作。毕业后当演员、导演、剧团领导、文化局领导、教师,下海办企业也是佼佼者。他们与老师的感情极深,毕业后联系很密切。

采访人: "文革"后,您还带过内蒙古班。内蒙古班是第一次招生吗?当时是什么状况?

陈明正: 学院过去培养过两个西藏班。这一次是内蒙古自治区政府要求我们代为培养的,学院很重视。这个内蒙古班是第一届。我们是到内蒙古直接招生的,考点除了呼和浩特市以外,还设了海拉尔、通辽、锡林郭勒、临河等四个考点，我们没有停留在面上，而是深入到旗(县)里、到牧区一线去挑选的，特别是乌兰牧骑①中有许多优秀的苗子。

采访人：内蒙古班同学真的是牧民的孩子？

陈明正：大多都是牧民的孩子。蒙古族学生有一个本质的天性，就是单纯、真诚、热情、豪放、有激情、有爆发力、表演时没有杂念。不像城市里的孩子脑子复杂，缺少孩童的天真和激情。此外这些学生能唱会跳，许多是乌兰牧骑的。在市里进行健美体操表演，他们总得第一。

采访人：我看过西藏班的《罗密欧与朱丽叶》，也看过内蒙古班的《黑骏马》，演的确实好，很淳朴。关于《黑骏马》的情况能谈谈吗？

陈明正：这个班的教学，所有的专业课强调因材施教，第一学期不上表演课，强化声乐、台词、形体的训练，他们需要汉、蒙语相通。表演基础训练多数采取他们熟悉的生活题材，因此他们如鱼得水，创造个性得到充分的解放。他们排演过《绝对信号》《断线风筝》《夜店》《眼睛》《仲夏夜之梦》《奥赛罗》等。

基础打好后，我们就决心要排一个反映内蒙古生活的戏，没有现成的就自己改编，因为我们看了大量关于内蒙古的小说。机缘巧合，戏文系有个学生选了张承志的中篇小说《黑骏马》作为编剧课的作业，他的辅导老师是曹路生，曹路生在内蒙古的海拉尔插队好多年，他有生活经历。我一看到《黑骏马》的本子就很喜欢，不仅仅是牧区的生活多彩，更是由于它的主题好。男主角白音宝力格是额吉(奶奶)收养的大军的孩子，和她孙女索米娅两小无猜。后来他到区里学了两年兽医，回来后发现索米娅被人强奸了，还怀了孩子，他很生气，要杀那个强奸索米娅的人，但奶奶不同意他这么做，并且他看到奶奶和索米娅给未来的孩

---

① 乌兰牧骑：蒙语原意为"红色的嫩芽"，意为红色文化工作队，活跃于农村牧区间。1957年诞生在内蒙古自治区锡林郭勒盟苏尼特右旗。

1983年，给内蒙古班学生上课

《黑骏马》剧照

子做小衣服、小红鞋。他看到那小红鞋眼睛就冒血,他不理解奶奶和索米娅如此爱孩子的心境,因此他一气之下离开了故乡。九年后,白音宝力格悔恨自己的过去,那么草率地抛弃了真爱,又回来寻找亲人。但是奶奶已经去世了,索米娅也嫁人了。我那时50岁了,对人生、人性有了更多的反思。谁能像额吉(奶奶)那样,如同草原大地一样无私,可以包容一切?最后白音宝力格找到了索米娅,也看到了她被强奸生下来的那个女孩,白音宝力格和女孩一场戏是曹路生他们加上去的,加得特别好。小姑娘说,我头发是黄的,同学们都笑我,都不喜欢我。白音宝力格抱着她说黄的好啊,你看大地是黄的,太阳是黄的,你妈妈生你的时候看到地上的黄花生了你,你长大了我带你到城里去上学。

  最后分别时,索米娅对白音宝力格讲,你以后有了孩子,送到我这儿来,我来带他,带大了还给你。他们仍在相爱,但它是诗化的、浪漫的、超俗的、永恒的,感人肺腑。我就是从对人命运的同情、对人宽容这个主题入手去排的这个戏。这个戏改得好,没有就事论事,照本宣科,而是全身心投入再创造。如同曹禺改编《家》一样,融进了自己的血液,加入了许多哲理思索。如"天葬"讲的忏悔,"数九"的举步艰难,"星空"中两个旋转的星球永不相碰,"捧水"寓意人生漏的多,留下的更为珍贵。我努力用场面调度象征性的手法,外化白音宝力格的内心感受,努力提升哲思的深度,诗化剧的情境。一开场,在苍凉的歌声中,白音宝力格从舞台深处远远地用慢动作艰难地走,在灯光配合下,如同从天边走来。观众每次看到这里都鼓掌。这是在给全剧定调,把观众带进艰难"寻爱"和"寻找亲人"的艺术空间。这个戏叫《黑骏马》,戏一开头交代小宝力格在暴风雪中救了一匹小马驹,这个戏必须要出现马。骑着马上场容易做到,如何加深人与马的关系?我曾做骑马小品,河边洗马,但显得悠扬。一天我脑子里忽然跳出驯马的镜头,马在圈子里跑,人在当中转,然后跑过去跳上马背,又从马上摔下来再爬上去,并做许多精彩动作。我就跟学生讲了这个构思,这些学生都会骑马,我就

《黑骏马》剧照

让他们自己去弄,自己选曲。我又从内蒙古请来一个舞蹈老师,搞了一个驯马片段,观众看后感到非常震撼。还有一场更难的戏,就是索米娅生孩子。我从来没有看过哪个戏角色在舞台上生孩子,但是这个戏中必须要有。还有额吉(奶奶)的死,我把额吉的死和索米娅生孩子放在一起。奶奶的死是象征性的,奶奶跪在地上向天呼唤,白音宝力格你快来,紧紧地抱着我,我要走了。然后四个仙女穿着白纱裙围着她旋转,额吉呼唤着微笑着,双手举起向反方向旋转下去,象征奶奶升天。随之激情的音乐声中索米娅感到剧痛,应用现代舞蹈法跳动。四个仙女围着索米娅转,索米娅也把外衣一件一件脱掉,四个仙女蹲在地上紧缩身体,伸出小手,不停地蠕动,如同胎儿,索米娅围着胎儿转动,最后出现一道红光照着索米娅,小孩一叫,生出来了,有死又有生。

可以讲本剧是那个时期佐临先生所倡导的写意戏剧观的一个大胆实践。佐临先生反应更为强烈,看了戏之后,当夜给我写了一封长信,信中说:"明正同志:昨夜有机会欣赏了你导演的《黑骏马》,甚为激动。

这是个极有高度艺术水平的……"导师给我极大的鼓励。

采访人：《黑骏马》之后您还有哪几个达到这种高度的作品？

陈明正：一个是《白娘娘》，一个是《大劈棺》，这两个都是探索戏。先讲《白娘娘》。《白娘娘》之所以影响比较大，是由于它演得罕见的空灵。这个剧本是顾毓琇写的，他解放前是上海教育局的局长，是他批准了上海剧专的成立。他是交大理工科教授，也是文学家。1990年他应当年的学生江泽民总书记的邀请回国访问，他来学校参观，见上戏发展如此之好，十分激动，提出由他出资一万美金来排他的一个戏以迎接校庆。这个戏就是《白娘娘》。余秋雨说，陈老师，你来排这个戏吧。我说这个剧本要排的话得改，他表示同意。我要求和曹路生、谷亦安一起合作，并组织一个团队，韩生、萧丽河、李锐丁、徐素等都是革新闯将。我小时候读《白蛇传》小说，看到白娘娘被压在雷峰塔下，很伤心，我哭了。看到后来，她的儿子中了状元，回来一哭塔，雷峰塔倒了，白娘娘解放。我非常开心。我跟曹路生说，加一场戏吧，儿子哭塔，塔倒。曹路生兴奋地说这个主意很好，人性战胜邪恶。我跟舞美设计韩生说，戏的最后要哭塔，塔要倒掉，要有个象征物。他说好好好，他这人有一个特点，不多说话，答应了就去设计了。我心里一直在嘀咕这个塔怎么倒呢？结果彩排时，他用了十条布条，法海举起金钵一照，白娘娘倒在正中一个平台上，上面十条布条"哗"落下，像个笼子一样把白娘娘罩住，这个点子太好了，我真喜欢。我即兴让十个赤膊和尚上去，一个人拉一条，斜拉开，形成塔形，并在鼓声中随之一步一步转动，直到西藏长号响起。越走越快，发出绞盘"吱吱"的声响，法海残忍地要把白娘娘绞死。就在这时，一个小孩子从观众席出来，一边喊着我要妈妈，一边向台上跑，观众明白过来了。孩子绕着塔转，跪在舞台当中高喊：我要我的妈妈。布条开始剧烈震动，最后，布条掉下来，雷峰塔倒了。从舞台最底部用逆光灯一打，白娘娘牵着孩子慢慢地从天边走来，抱起孩子在舞台中心旋转，灯渐暗。这个结尾谁也没有想到，观众站起来持续热烈鼓掌。

采访人：这个结尾太妙了。

陈明正：这个结尾前后呼应，和我们对这个戏的重新解读有关。《白蛇传》可谓戏曲经典之一，我们排演它，要保持中国戏曲传统的精髓，但不能照本宣科，不是把戏曲的唱、念、打改成普通话来说而已，而是要重新创造，充分发挥话剧的特点，并且强化现代意识。因此对话剧我们改动很大。白蛇下凡不是报恩，白蛇千年修成正果，不愿成仙，太寂寞；也不愿再继续做妖，太蛮横无道。而是羡慕人间天伦之乐，恳求天帝能让她下凡"做人"，做人妻，为人母；歌颂人是天地之间的星辰，是世界万物中最幸福的，希望人们珍惜人与人之间的爱。戏中白娘娘下凡后在庙中遇到官府恶少，是许仙仗义救了她，两人有缘，在美丽的西湖再次相遇，许仙求爱，西湖春色成全了他们之间的爱情。"游湖"成为剧中主要的一场戏。

在此我要讲讲这景的设计，前面提到宝塔设计师是用了十条帷幕，因此这个戏没有景片，就是用帷幕，比较空灵。庙宇里是张开的巨大帷幕，中间一个巨大的佛的头像，四周莲座上用人扮演四大金刚，现场与许仙交流呼应。西湖美景的天幕是用赵无极式的泼墨，树丛是三条交叉重叠的斜拉的灰绿幕条，游人举着伞，伞的纱面去掉，只剩伞的骨架，不停地转动，白素贞和小青与游人一起在斜拉的幕条中穿梭，呈现出一幅细雨蒙蒙的西湖美景。西湖的美衬托着许仙与白素贞的爱，不幸的是法海的破坏。原作是许仙听信法海教唆，逃到金山寺，随之发生戏曲中最出色的一场"断桥"，戏剧动作结构有趣，表演精彩。但我们觉得许仙过分窝囊，实在不可爱。话剧处理改为由于法海的诱骗、威胁，再加上街坊邻居的"白素贞是蛇，她肚子里的孩子也是蛇"的议论，在各种舆论压力下，许仙得了精神分裂症，看着美丽温柔的妻子，怎么可能是蛇呢？他仍爱她，拥抱她、护着她，一会儿产生幻觉，她又变成蛇，是妖怪，于是打她、杀她，而被小青捆绑。许仙痛苦万分，内心斗争激烈而自杀。扮演许仙的演员尹涛胜,身怀戏曲功底,能倒着走云步,在台上游魂,他能翻滚,直至硬摔而死。为什么我们要让戏剧矛盾如此尖锐呢?因为这是人世间最不合理、最不公正、最常发生的惨剧。阶级矛盾、民族矛盾、宗教矛盾、种族矛盾、贫富矛盾,种种矛盾,导致相爱的人不能结合。在"文革"中所谓的"牛鬼蛇神"就不能和革命群众结合,已经结合的要划清界限,这完全是人性的扭曲,人性的毁灭。任何一个戏的演出,最为重要的是要观众有"现实感",能触及心灵。后来被法海掳去的不是许仙,而是许仙之子,就产生了"水漫金山"一场。我前面所谓的"哭塔"塔倒的一幕,表现的是"人性战胜邪恶"。这个戏得到观众和专家们的一致好评。戏剧家余秋雨把《白娘娘》作为戏剧革

《白娘娘》剧照

新创作的课堂教材,戏曲作家罗怀臻看了戏后说,"没有想到话剧能这么演"。大戏剧家梅耶荷德曾指出,导演不仅是剧作的解释者、组织者,"导演是演出的作者,导演应把剧作当作素材,再次结合"。他特别喜欢解构经典作品,许多现代导演都喜欢重新解构,这已成为"时尚"。我在这里要说:我不反对对剧作重新解构,每一个导演都有这个权利,而且应该重新创造,要有新意,不要炒冷饭。但要慎重,使原作的基本思想不受损害。我们的话剧《白》从内容到形式不可谓改动不大,但原剧中的基本思想和矛盾、人物仍存在,而且矛盾斗争激化了,点明了人性与邪恶的对比,加强了许仙和白素贞的反抗性和悲剧性,最后又提升了诗意的浪漫。如果"解构"之后原来的东西不见了,搞得面目全非,那就闹笑话了,扭曲了原作,那样不好。出现这种情况,那就该改了剧名或者自己重写。

采访人:《大劈棺》也是一出重新解构创作,多次出国演出的作品。能介绍一下吗?

陈明正: 对,《大劈棺》的创作过程更为奇妙,对我来说是艺术创作的时运来了,很多人和我有缘。《大劈棺》原是曹路生老师写的电影剧本,他拿给我看,我很喜欢,我设想把它改成话剧来演,我将此意告知他,但是没有机会排,就搁下了。忽然有一天,从日本寄来一封邀请信,希望该剧在日本爱丽丝小剧场戏剧节演出,时间地点已写明。这时曹路生正在美国学习,我想是他联系的。送上门的好事不能放弃,我就去找胡妙胜院长,他得知此事后大力支持,"还有一个多月,你赶快排"。我先找到谷亦安,他是我在《白娘娘》中最得力的合作者。又找了余忠,他是形体教师,学过格格托夫斯基那一套,小剧场什么东西都不能带,得充分发挥形体语言的作用。我从老师、学生中挑选了五名演员,其中有安振吉、佟瑞敏、金玉婷、陆玲等,还邀请了电影演员赵静参与,萧丽河负责灯光,徐家华负责服装、化妆,范和生负责布景、统筹。我一方面进行形体训练,一方面就开始构想,小剧场可能是各种各样的场

《大劈棺》剧照

所,不一定有舞台,没有景,虽然可以像戏曲那样用表演来证实,可是我又想赤膊空间有"散神"的缺点,得有一个可以"聚神"的空间。每一出戏我得有一个有利于组织各种场面动作的视觉空间,每一个任务面都能有变化,这对演员和观众都需要。于是我决心用中国特有的麻布条屏撑起一个见方的表演区。它的质地和形态比较古朴,和戏的内容相符。这粗麻布帷条可内、可外、可进、可出,可用于书房、卧室、客厅、坟地、广场。人们可以在麻布帷条中穿梭,如同树林。庄周装死后,麻布条扎起,正中写着一个"奠"字,放上牌位,点上香烛,就是非常理想的祭坛。在田氏劈棺时整个麻布帷幕摇晃起来,犹如天摇地动,推向高潮。这个麻布条幕屏有意想不到的表现力。另外我让人披上黄绿色的布趴在地上当坟头,披上灰布展开双臂当屏风,披上黑布用白线勾画出棺形当作棺材。当田氏用斧劈棺之时,庄周把黑布一揭,灯光一闪,跳了出来,动作非常麻利流畅,非常出彩。

采访人:您这么一讲,我好像已经能看到这出戏的某些场景。写意、空灵、精巧、多变；会用景、用道具，会处理舞台调度，善于应用假定性，所以能出彩。

陈明正： 舞台是假定性的，舞台是生活的再现，但不是自然主义的照搬，舞台有舞台的规律。舞台导演一定要熟练地掌握"舞台这把尺子"，要懂得舞台规律，会用各种舞台假定性手段、舞台象征主义手法，会用景，会用光，演员也要学会用景、道具、服装、手势体态组织人物动作来揭示人物心理生活。我从中国戏曲中吸取了许多养料，观众对此很有兴趣，很欣赏。下面我再重点讲讲这出戏的"解构"。《大劈棺》本是戏曲中一出黄戏，主角田氏是一个淫妇，丈夫死后，主动勾引王孙苟合，以致王孙发病，头痛劈棺。原作讲女人是祸水，而曹路生老师的戏完全颠覆了原作。话剧中的田氏是一个贤良的妻子，庄周深山修道十年，田氏孤守十年，庄周修道期满回来后，田氏渴望能过上美满幸福的生活，可是庄周口口声声宣称，一切都应顺其自然，不能违背自然，但是他又讲究养生禁欲，因此每晚要秉烛夜读，拒绝房事，这让田氏大失所望，有苦难言。

采访人： 戏中有表现做爱的情节和处理吗？

陈明正： 这个戏的困难就在这里，田氏失节做爱是戏剧矛盾的重要环节，不能回避，如果回避只能说明导演没有艺术想象力。在国外这种表演并不新鲜，五花八门，男人可钻进女人的裙子里去，我们不可能像他们那样赤裸再现，即使有人建议两人盖上一条毯子躲在里边乱动，也是太实、太狼狈、太可笑、太蠢。我们的处理是写意的、象征的，田氏酒后梦幻中在地上翻滚，王孙进屋跨过她的身体，幻觉中庄周上，王孙强拉田氏，田氏终于被王孙拉走，相拥而舞，边转边脱衣蹲卧在舞台中央。灯渐渐暗下来，童儿、香儿各自披着灰布，遮住王孙、田氏，这时鼓点奏响，大鼓小鼓交响起来，在兴奋的节奏中突然一束强光从顶上直射而下，王孙双手抱拳伸出，田氏的双手也伸出抱住王孙的手，这时观众就看见两人的手在飞舞，你来我往相抱相抚，越来越快，最后戛然而止。

这一处理震撼全场,所有观众都屏住呼吸。王孙突然大叫头痛,"疼死我了!"王孙在台上激烈翻滚,田氏不知所措,王孙告知当初发病后是吃了一犯人之脑才被治好,田氏焦急万分,此时到哪里去找人脑?她举起利斧自劈,自我牺牲以救王孙,这和原作本质上不同,可谓天差地别。这时王孙夺过斧子大叫:"女人的脑子没有用,只有男人的脑子才有效,活人的没有,死人的也可以。"王孙这是在威逼引诱田氏去劈棺,田氏无奈,为了救人而劈棺。庄周掀去棺木,站在田氏面前。田氏大惊,到处寻找王孙,庄周笑着说:"这儿哪有王孙,那是我变的,我是在跟你开个玩笑。"田氏猛醒,庄周是在考验她,感到无比羞辱,并拒绝再回去,痛心地指责庄周虚伪:"你天天讲一切顺其自然,而你是最不自然的,我不愿再回去过那样的生活,谢谢你让我在梦幻中得到真爱,我已满足了。"举斧自劈而亡。庄周大惊,顿感后悔,抱住田氏,两人化蝶。田氏的思想线、行动线、人物性格和原作完全不一样了。

　　这个戏是荒诞的戏,本是喜剧,语言很幽默,但最后却变成了严肃的悲剧。在英国演出后,一次现场座谈会上,一位英国女大学生发言,她流着泪说:"庄周这个玩笑开得太大了,他不尊重妇女,他羞辱了她,他口头上讲一切顺其自然,但在行动上极不自然,还要唱高调去考验妻子,太可恶了。"你看,这位大学生的发言多有水平。《大劈棺》在世界各地演出,不论在艺术上还是在思想性上都很受欢迎。许多国外专家激动地说:"没有想到中国的戏剧发展得这么快,这样的戏搞得这么好,即使做爱的处理也那样有魅力,手的表演又艺术又大胆,真是佩服中国戏剧的假定性应用如此迷人。"

　　采访人:下面请您谈谈您在上海所导演的及时反映现实生活的《大桥》和《OK,股票》,这两个戏先后都到北京演出引起轰动,并获得文华大奖、文华新剧目奖、文华导演奖等多个奖项。您是在什么情况下接受创作任务的,创作中有哪些体会?这两个戏的成功经验是特别值得总结的。

陈明正：1991年5月，上海市总工会工人文化宫和文化局派人到我家，邀请我执导工人作家贺国甫同志创作反映上海改革开放中在黄浦江上造大桥的先进事迹的话剧《大桥》。当时我就为上海造大桥这件事激动，二话没说就一口答应了。为了保证搞好这个戏，我邀请了曹路生、韩生、谷亦安等三位老师参加剧组。他们与我合作很愉快也很默契，可以相互启示。我们和作者一起下生活，到工地找工人，到指挥部找工程师、总指挥进行采访，爬上还没有合龙的大桥，犹如坐飞机，悬在半空中，真是惊险无比。我们利用工人文化宫业余演员先搭架子，用两个星期把原剧本一字不改竖起来。这是我的经验，戏剧不能单看文字，得看戏剧行动，得看场面。什么地方没戏，什么地方不合乎逻辑，什么地方多余，花两个星期立起来看，然后请有关专家、生产单位以及作家本人、舞美都来看，看完了就谈意见，不设任何条条框框，大家各抒己见，这样一来，对于如何改心中就有数了。

采访人：这样做真的有效果，剧本有改动吗？

陈明正：有。首先是剧本的立意，原剧本中造大桥只是背景，主要矛盾是施工队长罗大卫因为妻子下海要到私营公司去担任公关主任，就认为妻子变心，于是感情破裂，要与妻子离婚，夫妻俩争夺九岁的女儿毛毛。女儿在双方处轮流住，最后跟谁以毛毛的意见为准。男方因为在工地造桥，把孩子带在身边，住在工地，狼狈不堪，闹了许多笑话，以此来衬托造桥的艰苦，同时反映造桥过程中的一些事件。剧终时，罗大卫不得不放弃女儿，同时深有感触地说了一句心里话："真奇怪，我能造好大桥，沟通东西两岸，为什么我就不能与她之间架起一座桥呢？"可以看出原剧的主旨在夫妻之间的沟通和理解，造桥成为背景，这是不行的。要把主旨转过来，以造桥为主，体现出改革开放的重要意义。还要设置一个更高层次的领导的角色，通过矛盾冲突，才能展现改革开放的重要性。

在深入生活过程中，我看到南浦大桥的建设总指挥是一个很有性格的人，他既是一个战斗指挥员，又是一个造桥专家，领导过许多大工程，这次是朱镕基市长亲自动员他上马的。在黄浦江上造中国第一、世界第二的斜拉桥，过去他也没有这方面的经验，是临危受命。"临危受命"这几个字冲击着我，一个老将军的形象站在我面前。在采访中，我们还看到另一个副总指挥，在造桥期间他的脊椎肿瘤发作了，不能躺着睡，只能趴着睡，他一面在医院治疗，一面在指挥。这一动人情景感动了我们，决定把两个人结合起来，为把病房当作指挥部写了一场戏。

采访人：您的工作方式看来十分有效，立起来看本子，可以立即抓住要领，并且通过大家讨论，删掉哪些、突出哪些就容易获得一致。您所讲的病房指挥部这一场戏肯定好看。

陈明正：对，这一场戏是该剧的核心。罗大卫是一个能干、肯干、敢干的工程施工队长，桥墩施工遇到困难，他日以继夜地制订了一个新的施工方案，交给总指挥之后，等了两天，心中焦急万分。他亲自到病房催促总指挥批准他的施工方案，总指挥让他等待专家们的鉴定，不能盲目施工。罗大卫指责专家们胆小怕事，怕承担责任，在语气中暗指总指挥也缺少当年领导他们大干快上的气魄。在这里，我们跳出了方案之争，而是表现主人翁的"革命热情"遭到浇灭之后的委屈心情。由此引发他借讽刺上海人小家子气，居住方寸之地，也能布置得山青水绿，满足于在狭窄的空间里唱戏，不知进取，缺乏冒险精神，重振上海雄风是一句空话。他的一番言论，引起观众的强烈反响。但这段话也暴露出罗大卫缺乏严格的科学精神，仍旧停留在当年大干快上的"大跃进"的劲头上，看不到今天改革开放正朝着更加高、精、尖的方向发展，失去科学精神是危险的。

于是有了总指挥的一段话，我觉得这一段话有分量。他说："大卫，你说得很好，我是变得胆小了，这么大的工程，谁也没有搞过，我得谨慎小心，得讲科学精神，我得重新学习，你也得重新学习。"他没有说大话，喊口号，而是说出了要害，改革开放的本质，是要虚心学习世界的先进经验、先进的技术、先进的管理方式，而不是冒进。他继续对罗大卫说:"我忘不了市长在上海大厦屋顶上,面对万家灯火跟我讲的话。'老陈,我睡不着觉啊!我给你交个底吧,上海情况比想象的还要困难。形势严峻,国民经济滑坡,财政收入减少,市民情绪低落,上海到了危急关头,上海已经老了,精疲力尽了,中央指出上海要找到出路,要重新崛起,就要改革开放,开放黄浦江那边的大片土地。要使外国人、外省人,甚至上海人相信我们的诚意,相信我们的决心,那么我们首先要在这黄浦江上架起几座大桥来。我们已经让老百姓失望过多次了,今天再不能让他们失望了!'"这段话推心置腹,简明扼要,十分感人,一下子把改革开放的必要性、迫切性说得一清二楚,可是我们在排练这段话时还是遇到了问题。有领导向我指出:总指挥的一些话说得太过了,怎么能说"国民经济滑坡,我们已经让老百姓失望多次了,再不能让他们失望了",这不是给政府、给共产党抹黑吗?这不是制造信任危机吗?不能讲,绝对不能讲。

采访人: 那您怎么办?

陈明正: 这就是我们在创作反映现实生活题材的剧目时最容易遇到的困境。每一层的领导都可以发话,你都得听,甚至不是官员,而是一些好心的专家,也希望你谨慎,因为他们的脑子里有许多条条框框,于是他们要求你把矛盾抹平,所有生动的话语都改成概念化、公式化的报告式语言、社论语言。所幸他们提意见留有余地,不是指令,而是"希望你们慎重考虑"。其实我也是很慎重的、有分寸的,不是信口开河。但有的话不能删,还得说。现在不是提倡讲真话、讲老实话吗?戏还是这么演了。有一天,市委书记吴邦国同志一个人来看戏,没有去贵宾室,也没有上台,没有任何随从在身边,谁都不知道,他看完戏就走了。我的习惯是戏完了,我从不上台谢幕,而是站在最后排或在观众厅,他看见我,主动上来和我握手,说:"戏非常好,就这么演,谢谢你们。"我心中真感到很温暖。

最后这个戏得了文华大奖、导演奖、舞美设计奖、演员奖,和总工会颁发的金奖。这出戏受到专家和广大观众的一致好评,在北京的研讨会上,煤矿工业部宣传部的同志,激动地说,他们正在动员大家写反映重大现实题材的作品,一时很难找到有说服力的实例,看了这个戏令人振奋,回去之后就动员大家都来看这出戏。

采访人: 您执导的《OK,股票》在上海、北京、武汉、成都等各地演出都受到热烈的欢迎。除了请您继续谈谈这部戏的创作外,还希望您进一步谈谈您对当前戏剧现状的看法,以及如何进一步繁荣戏剧,您有什么好的建议。

陈明正: 哈哈,你提的问题太大了。我只是一个教师、一个导演、一个实践者,我只能结合我的实践谈谈我的某些看法。现在文化部门不停地在评选精品工程,一批又一批,几十个上百个,还不繁荣?可惜老百姓没有看到,"精品"没人再演,问题在哪儿?曾经还号召过搞什么传世之作,我认为太浮夸,传世之作不是自己讲的,传世之作是要经过历史沉淀的。要繁荣戏剧,首先要扎实地支持原创剧目,不是以得奖为目的,要反复地深入生活,反复地修改提高,精益求精。

下面我谈谈《OK,股票》。编剧赵化南是上海滑稽剧团的编剧,也是《G.P.T不正常》的编剧之一,他熟悉上海市民生活,而且具有捕捉生活中喜剧性、戏剧性情节的能力,他的作品人物语言生动活泼,市民喜欢,而作者自知自己有生活,有喜剧性格语言的把握,但缺少思想艺术性的提升。他想到《G.P.T不正常》改编为话剧《公用厨房》之后,普遍反映整体上提高了一大步,到新加坡参加国际艺术节献演也引起轰动。当地专家反映:"没有想到从日常生活中也能提炼出这样的好戏。"因此赵化南下决心把《OK,股票》交给上海青年话剧团,并邀请我执导。青话领导顾邦俊和文化局创作中心领导严明邦亲自到我家找我。我看了剧本很喜欢,但我对股票一无所知,因此心中既喜欢又害怕。这股票市场不是资本主义社会的经济产物吗?为什么一下子就"OK,股票"了,这不是在给股票唱颂歌吗?这个转变太大了。通过反复学习和下生活，我终于明白了，股票最大的功能是社会性的集资，有利于企业发展，另一方面也有利于老百姓致富。

我在处理这个戏的时候，力求让观众看到股票市场是在给经济"解套"。老百姓能自由地投资买股票也带来了人的思想解放。我有力地突出了主人公阿奈的成长变化。他过去是一个唯唯诺诺一切听从上级的好工人。正如他自己讲的："小时候规定我在哪个小学读书，我就去哪上小学，规定我在哪儿上中学，就在哪儿上中学，到什么地方下乡，到哪个工厂工作，规定到哪个米店买米，哪个医院看病，凡事我都规规矩矩按规定办事，从不越雷池一步。"如今他下岗了，在市场经济大潮中，他冲破束缚，不仅大胆地去抢"跑道"，抢购股票，而且会动脑筋，会分析股票市场形势，挣了一大笔钱，一下子成了"大款"。过去唯唯诺诺的阿奈，低三下四、怕老婆、怕领导，整天穿着一个棉背心、工作服，现在也穿上西装、夹克，打上领带，提着皮包，风度翩翩，从里到外都变了。邻居之间因购买股票发生矛盾又吵又闹大打出手之时，只要他一出场，

《OK，股票》剧照

大家都恭恭敬敬地迎上去，等待他指点。他三言两语就把股票市场的规律讲得一清二楚，大家服服帖帖，不再吵闹。他成了专家，成了领导，成了股市发言人。阿奈不但在股票上越来越红火，还雄心勃勃地办起厂来，要大干一番。阿奈的生命力得到解放，发挥了潜能，认识到了自我价值。这个戏一下子让观众看到了阿奈的成长，看到了人是第一生产力，改革开放首先是人的思想精神上的解放。因此我把"解套"定为这个戏的最高任务和主题思想。让观众看到的不只是好笑、好玩、有趣，我们所有人都该想一想，在各个岗位上，生活中还有哪些不合理的条条框框在束缚着我们的智慧和才能，阻碍着我们事业的发展。

采访人： 您的阐述和处理一下子把这部戏提升到哲理思索高度，"解套"变成了一个所有人都应进一步思考的大问题。

陈明正： 这一思想不是拔高，不是说教，而是通过形象、通过人物行动表达出来的。我在风格处理上，保持了滑稽戏的优点，生活化、市井化，应用了实景，楼上楼下七十二家房客，中间的客堂是公用厨房，如此各家人等都可以在此会合，观众对此特别喜欢。楼上楼下、扶梯上都有戏，场面调度生动活泼，看多了大平台、黑幕，能看到如此生动的市井生活观众反觉新鲜。剧终时，大家高兴地唱起经过改编的"潇洒走一回"。在这一开放美好的时代，我们都该"解套"，真正潇洒走一回。

这个戏获得了文华大奖、文华导演奖、文华舞美奖，演员任广智获得文华演员奖，刘婉玲获白玉兰奖。该剧在上海、北京、苏州、南京、武汉、成都等全国各地巡回演出130场，好评如潮。这个戏的主题现在看也不过时，完全可以深挖下去。而且这个戏比《七十二家房客》更有意思，情节更合情合理，更为生动，人物更鲜活。后来上海滑稽剧团也上演了这个戏，非常出彩。为什么不能修改提高，不能成为保留剧目，不能多演呢？

我想接着《OK，股票》的"解套"的内涵，来思考我们文艺战线上是否也需要进一步"解套"呢？我们长期以来受着"极左"思潮的影响,文艺创作要求"高、大、全""三突出",以阶级斗争为纲,要在作品中划清界限,要分清好人坏人。不好即坏,好人一切都好,坏人一切都坏,而忽视艺术本体的审美特性、艺术形象的复杂性、艺术潜移默化的作用。过于急功近利,过于强调戏剧的社会功能,要求戏剧"社论"式反映生活;要立竿见影,走上了公式化、概念化的道路;有许多模式化的东西,许多条条框框。要繁荣戏剧必须认真地清除这些影响。

要繁荣戏剧就要几条腿走路。前面我们讲的《OK,股票》《大桥》就是例子,全民性的文化艺术宣传单位都要有效地"精准"地组织创作,从各个不同的角度,用不同的题材、不同的形式及时反映现实生活。其中包括个人自发的创作,也应获得相关单位有力的支持,要珍惜这些创作。

另一方面,要认真地学习世界的、中国的优秀作品,其中最有代表性的就是莎士比亚等外国作家、曹禺等中国作家,研究学习他们,不能停留在理论上,而是要实践,要排演他们的作品。演出他们的作品本身就是戏剧繁荣的一个重要部分。上海大量地邀请外国剧团到上海来演出,其中话剧中最多的是莎士比亚的作品。外国人到中国来看《雷雨》《日出》,甚至想看中国人演出的莎剧,那才有意思呢!一个国家、一个城市能否很好地演出莎剧,是显现这个国家、这个城市的文化水平的一个重要环节。佐临先生在世时就希望人艺能多演一些经典作品,我认为排练演出经典作品就是学习的过程。莎剧的思想深度、人生哲理、戏剧结构、文体形式、语言文学、人物刻画、心理学、伦理学、戏剧学、美学,都会给我提供重要的经验。他的剧作是我们取之不尽的宝藏。恩格斯曾经讲过:"马克思主义只能包括,而不能代替创作中的现实主义。"请注意"不能代替"这个词语,这句话强调了作家学习马克思主义改造世界观的重要性,同时又指出要掌握现实主义正确创作方法的必要性。他认为作家要有倾向性,但倾向性应像莎剧那样从场面、情节、人物的行动中自然而然地流露出来,不是喊口号或图解那样直接表达出来的。

我在上戏和上师大组织教学中,就特别强调毕业剧目一定要排演国内外的经典剧目,它是培养演员、导演、舞美、灯光、化妆、服装等戏剧中的一切元素的最好的教材。排过、演过莎剧的演员、导演、舞美的感觉就是不一样。

20世纪是"导演的时代",戏剧的发展很大程度上存在于各种流派导演艺术的创造。因此,我们应当认真研究和吸收当代新的戏剧美学经验,以我为主地兼收并蓄,不要故步自封。

我算了一下,我排演过和指导过的中外经典剧目有《哈姆雷特》《一报还一报》《奥赛罗》《仲夏夜之梦》《威尼斯商人》《伪君子》《吝啬鬼》《贵人迷》《一仆二主》《海鸥》《悲悼》《阴谋与爱情》《大雷雨》《小市民的婚礼》《四川好人》《胆大妈妈》《家》《北京人》《雷雨》《原野》《日出》《牡丹亭》《柳毅传书》等。

《海鸥》剧照

《家》剧照

我罗列这些戏不是展示我自己，而是想说明我是一直在认真实践、认真学习的。每一个作品我都是精心构思再创作的。如果说我在教学、导演方面有一些成绩，除了老师教导以外，我是从这些作品中不断吸收营养，不断锻炼提高的。知识的积累更为重要的在于实践，排戏不只是付出，也是吸收。

我想如果一个剧团的导演在剧团里也能排出这么多的经典剧目，献给广大观众，那会是什么样的繁荣局面呢？据我所知，俄罗斯一些大剧院，有许多保留剧目，同时他们反复创演一些国内外的经典剧目，而且每一个剧院都有独立的风格。近年来中国的京剧、昆剧、越剧、沪剧等优秀剧种都有很大发展，他们不仅有保留剧目，而且对经典剧目进行再创造，提高作品的思想性、艺术性和演出水平，还拍了电影。而我们的话剧为什么不能这样做呢？人们就是要来看名剧作、名导演、名演员，我们要让艺术欣赏成为一种需要、一种享受、一种精神陶冶。

采访人：通过您之前谈的几个戏，您导演的每一出戏都有所创新，也是繁荣戏剧的一部分，那么在此以后，您还有什么重要创作？

陈明正：有上海人艺的《美国来的妻子》，上海青话的《苍天在上》，广州战士话剧团的《桃花崮》，浙江省话剧团的《追梦》，全都是原创剧目。2001年我在上戏排了最后一个戏《共和国不会忘记》，是写"两弹一星"功勋科学家的先进事迹，这个戏非常有气势，也很感人，演出效果很好。

1994年我进入谢晋恒通艺术学校，担任副校长，2001年学校与上海师范大学合并，在上师大谢晋影视艺术学院担任副院长，负责组织教学。我把上戏优秀的退休教师，包括表演、台词、形体老师都请来上课。我要求学生首先打好基本功，毕业演出一定要排经典剧目，出戏、出人、出导演。

采访人：后来您排了哪些戏？

陈明正：执导了《悲悼》《北京人》《日出》《阴谋与爱情》《一仆二主》《伪君子》《贵人迷》《钦差大臣》《大雷雨》等，在校外也导了许多，如内蒙古的史诗剧《彩虹之路》。

我排戏不是为钱，不是为名，而是爱艺术，爱那些年轻的学生，和他们在一起排戏、上课是我的快乐、我的幸福。

2010年我80岁时，在上海市教委、上戏校委领导下我建立了自己的工作室，这几年除了上课、排戏，我编写了七本书，其中有总结上戏各届优秀毕业生演剧经验的《以镜照镜》，关于表演教学、角色创造的《舞台形象创造论》以及《人性之美——我的导演之艺术追求》。

我越来越感到人性之美在人的心灵空间，人对艺术审美的理解是贯彻着一种生命精神的。人与物、人与他人、人与社会人生存在于自然天道之中，人应及早通过自身对生命行动的感悟来认识人的生命价值。这也是戏剧的主旨。

（采访：李丹青　整理：李丹青）

要进步你就得变革
——金长烈口述

金长烈，1930年出生，江苏南京人。1954年毕业于上海戏剧学院舞台美术系，上海戏剧学院舞台美术系教授，从事灯光教学五十余年。曾获中国戏剧节优秀舞美设计奖、文化部文华舞美奖、中国舞台美术学会奖等奖项，被誉为"灯光诗人"。合著有《舞台灯光》，该书在2006年获中国教育部"高校人文社会科学研究优秀成果奖"一等奖。2007年发表《创造自由的照明空间》。

在照明艺术上的追求为：在灯光设计中重视"人物内在情感的抒发和动态空间的塑造"。

采访人：金老师您是什么时候开始喜欢上戏剧的？

金长烈：好像是在初中的时候，我参加了田汉的《获虎之夜》的演出，我演黄大傻，学生时代的演出，现在想想比较可笑，但是培养了我这方面的兴趣。后来在学生戏剧研究会的时候，我也演了一些带有宣传性质的小戏。当时江苏省文联推荐我进了上海剧专。

采访人：您当时没有考虑报考表演系？

金长烈：没有考虑，因为我爱好美术，过去想搞建筑搞不成，真的建筑搞不成，就搞假的建筑，搞舞台美术去。

采访人：您之前有绘画的基础吗？

金长烈：有一些，我画画不错的。因为我有这样的基础，所以我觉得到戏剧学院学习是我事业的开端。

采访人：当时舞美系不像现在的教学这么系统？

金长烈：对，但是也学基础的绘画，学得比较杂。舞美设计当时叫装置，自己做作品，自己参加舞台工作，灯光、音响、化妆都是自己搞。不知为什么，我很自然地就去参与灯光的工作了，在演出中，我很关心灯光，我觉得灯光有一种神秘感。那个时候的灯光还是比较简陋的，在剧专的小舞台上我也搞不了多少，但是挺有意思的。

采访人：搞灯光是您自然而然地转过去的？

金长烈：自然而然的。

采访人：当时班级里面学的都是舞台设计？

金长烈：对，一直到毕业我的专业还是舞台设计，当时并不是分得很严格，那个时候没有灯光专业、化妆专业，舞美方面的我们都得学，重点是学舞台设计，但是每个人有所侧重，我偏向灯光方面了。

采访人：舞台设计是整体的，您后来侧重的灯光，跟老师有关系吗？

金长烈：应该说没什么特别的关系。但是熊佛西院长非常主张学生去实践，无论是表演系还是舞美系的学生，你搞一个戏，不像现在会配备一批技术人员和工人帮你搞，那时都是我们学生自己搞的。除了本专业，那些前台的组织工作、宣传工作全都是学生自己去做，这对我们的锻炼是全方位的。就因为这样，到最后我们班毕业了，很自然地有人侧重于搞化妆，有人侧重于搞灯光，非常的自然。全国高校院系调整后，我们是第一届毕业生，有好几位同学留校了，有从事化妆教学的，我从事灯光教学了，一直到现在，我最早的时候也没有想到我未来会去搞灯光。

采访人：学舞台设计有一点好处，就是整体感更全面一些。

金长烈：而且理解也全面。我们在学校学习的时候，熊老邀请的一些师资都是中国知名的戏剧理论家、表演艺术家、舞台美术家，传授给我们的知识是比较全面的。

采访人：灯光本身是烘托气氛的，您对戏的气氛的把握，和您曾经上台表演过有关系吗？

金长烈：没有直接的关系，只能说有一种艺术上的相通。我们搞灯光设计的跟剧团里搞电工出身的灯光是不一样的，我们是受过艺术熏陶的，是从理论到实践中来的，我搞灯光跟艺术是紧密联系的，会去思考怎么样处理灯光。

采访人：那时候舞台灯光理论性的东西多吗？

金长烈：国内舞台灯光理论性的东西并不多，最早理论的东西都是欧美的，后来是苏联的，但是前人积累的一些理论还是很有水平、很有借鉴意义的，所以给我们的印象还是有的，对我们以后搞创作是很有好处的。跟现在比当然是不一样的，但是那个时候从19世纪的绘画艺术、造型艺术，以及舞台美术方面，它还是有一些东西的，对我还是有影响的。我搞灯光，学校教我的是一个方面，还有一个很关键的地方，就是在即将要毕业的时候，我到北京去接待过一些东欧和苏联的艺术团体，看了很多国外的艺术作品，这对我是非常有帮助的。特别是我参加了苏联国立莫斯科斯坦尼斯拉夫斯基与涅米洛维奇-丹钦科音乐剧院到中国的演出，他们带了六台节目，那时候中国的剧场比较落后，后来建了一个新的剧场，就是现在的天桥剧场，设备是从苏联引进的，北京的首都剧场是从德国引进的。

采访人：那个时候应该是东德（德意志民主共和国）吧？

金长烈：对，东德。我参与了剧场设备的安装，我接触了当时最先进的、可以说在那个时代里世界领先的设备。

采访人：跟国内的设备区别在哪儿？

金长烈：跟国内类似是本质的不一样。主要是控制系统，实际上我们控制一盏灯，要用一个类似变位器或电阻一样的东西，用的配电装置要在接近强电的条件下工作，除了危险之外，操作非常不方便。而东德的这套设备，一台可以控制上百盏灯，推上去以后，有的灯亮百分之几是可控的，在那个时候非常先进，是我们从来没有见到过的，因为那个时候我们还没有接触西方，我们接触的只是苏联、东德的设备。就是这些也让我们大开眼界了，技术上也有了很大的提高，觉得舞台灯光还有这么多东西可以学，关键是觉得非常科学。我跟了他们带来的六台剧目，有三台歌剧、三台舞剧，他们是轮换演出，这种轮换演出方式直到现在我们国家还达不到这种程度，速度非常快，一个剧目演两天，马上换一台，一个晚上拆旧的装新的，再演两场，再拆再装，不断地轮换演出。

采访人：也就是说舞美换景、装台，衔接得非常紧密。

金长烈：而且非常熟练，设备比我们先进得多，我们从技术上学到很多东西。在艺术上，他们的绘景搞得非常好，特别是气势磅礴的歌剧，至少我没有看到过，他们的绘景近看没有什么，但是从台下看就特别好，这些东西要跟光结合起来，这是在学校里面学不到的，因为老师也没有条件接触这些。这也说明了一个问题，不管是过去还是现在，学校里的学习是必要的，但是只停留在学校的学习上，思维就太狭窄了，包括老师也一样。我在北京待了半年的时间，学到的比我在学校学了三年的东西还要多，而且都是一些代表现代水平的东西，不仅对我的教学有好处，对我以后的创作也是有好处的。

我1954年从戏剧学院毕业，到1990年退休，一直在戏剧学院从事了教学，退休以后，我还带着研究生，还有一个干部进修班，所以退休后又继续工作了两年，直到全部教学工作完成。当时我在戏剧学院的时候，有的事情做起来在当时是不合规定的。我不断地到外面给剧团搞灯光,上海有很多演出单位,沪剧、越剧、话剧、甬剧等,但是缺一些帮他们搞舞美、灯光设计的人,而我在学校教书的同时,在社会上从事了许多的灯光设计工作,认识了很多导演,知道了很多戏曲方面的知识,懂得了很多剧团的实际情况,知道怎么应对实际工作中的问题。因此我教学生的时候,并不完全教书本上的教条,我会介绍剧团的工作情况,必要的时候我还带学生到剧团去参与这些工作。所以我不断地受到剧团的邀请,跟我实际解决问题的能力是分不开的。戏剧学院给了我基础,后来我又从实践中积累了很多经验,这些经验又对我的教学起到了很好的辅助作用,形成了良性循环。

采访人: 您把教学以及社会实践结合起来了。

金长烈: 这些实践也不断地在充实我,我每搞一个戏,都注意总结自己的得失,积累多了以后,就逐渐掌握了一些规律,掌握了这些规律以后,可以形成一些条理,我不敢说理论,只是一些不成文的条理。我把这些条理告诉学生,一个舞台灯光设计师应该怎么去工作,它的基本规律是怎么样的,从哪儿思考,从哪儿做起,理论怎么跟实践结合,我认为我走这条路还是对的。

采访人: 从接触苏联表演团体的演出,您带回来了一些新的理念,那么在学校的教学用具上面是不是也发生了一些改变?

金长烈: 从国外引进来的设备,不是任何单位都能够得到的,但是我们有厂家开始仿造这些东西了,后来我们就采购了一些,但是为数不多。所以我带回来的更多的是一些知识和经验,把他们的设计理念用在教学中。

采访人: 您毕业以后到"文革"前这段时间,是您打基础的阶段,也接受了国外的一些理念,是不是开始慢慢形成您自己的灯光设计理念了?

金长烈: 对,就是知道怎么搞好一个戏的灯光了。其实灯光设计的深浅幅度太大了,比如一台戏,一般的照亮,它是舞台灯光,而搞出戏剧性的气氛或者效果，它也是舞台灯光。艺术没有一定之规，舞台灯光也是这样，一般的大白光是一种演出形式，精雕细刻的光也是一种演出形式。传统京剧不需要灯光特意的渲染，越渲染反而越糟糕，大白光照亮就算是完成了任务。所以从1954年毕业以后到1966年，我还处于一个摸索的、经验积累的阶段，到了"文革"以后，我又接受了新的东西，在经历一些深层次思考之后，我就有了我自己的一些认识。

采访人："文革"之前上戏的剧工团，演了一些当时影响很大的戏，您参与了吗？

金长烈：剧工团那个时候主要的灯光设计不是我，是我的老师孙天轶。我能够独立做灯光设计的工作基本都是在外面的戏曲团体。

采访人：那是实打实的商业演出，跟学校里面含有教学性质的演出不一样？

金长烈：是的，那段时间主要是我的老师在搞灯光设计，搞教学也主要是他。

采访人："文革"之前您三十岁左右，正是创作精力最旺盛的时候，学校里面实践的机会不多吗？

金长烈：正因为学校机会少，外面的机会多，所以我的很多实践经验基本上都是在外面得到的。当然，学校的课该上的我上，该管的事我管，除此之外我就在外面搞戏，那个时候我在外面可以同时搞四五台戏。

采访人：您实践经验比学校里面的老师多得多，一个晚上要跑好几个剧场？

金长烈：那时候受条件限制，灯光的要求不是非常高，再说我们在戏剧学院里面学的那些东西，使我们在艺术处理上要比一般剧团的灯光好得多。

采访人：几十年来不断有人来找您做灯光设计，您更多的是从实践中总结出了理论，您跟学校老师的路子不太一样。

金长烈：灯光是依附在戏剧里的，它是被动的，要想搞好真的是很难。但是我很认真，因为我把它作为自己的事业来干。在大量的实践中，它充实了我的知识，充实了我的技能，也帮助我在教学上建立了很多东西，所以在这一段时间里，我都坚持要走这条路。

采访人：除了1962年比较重要的剧目《红楼梦》以外，"文革"之前您还有哪些主要的作品？

金长烈：王盘声主演的沪剧《黄浦怒潮》，也是我进入沪剧界的第一个剧目。

采访人：当时这个戏很火。

金长烈：《黄浦怒潮》从创作的团队上来说，导演应云卫搞了很多戏、拍了很多电影，舞美设计徐渠、化妆陈绍周，应该说在上海是属于高水平的。那个时候也没有聚光灯，我搞《黄浦怒潮》的时候，有一场男主角在监狱里《读信》的戏，我选了一种光源直线型灯丝的灯，成像效果就像监狱的铁栅栏里透出的光，创作团队一看，觉得从来没有见到过。

采访人：很有效果。

金长烈：虽然不完美，但是真的是在艺术上帮助剧情烘托气氛。现在无法想象，当时就是500瓦的灯，搞出了很多舞台上需要的气氛。要反复去考虑用什么颜色，搭配什么颜色，这个颜色跟那个颜色会产生什么样的效果，灯丝选什么样的，虽然技术条件很差，但是出来的效果不错，这种效果是基于一定的舞台灯光技术的支持的。有时候需要把一些灯具装在四五米高的舞台顶上，用一块木板挖一个洞，装一个灯座，装上100瓦的灯泡，用一个铁皮围起来，底下是灯光纸，需要产生一些阴影就戳几个洞，就是那样搞，非常土，但是很见效果。

采访人：如果没有"文革"这十年，您是否会有更大的成就呢？

金长烈：即便没有"文革"，恐怕我在这十年当中也不一定能够去施展什么才华或者发挥潜在的能量，因为那个时候限制太多，包括文艺思想、创作思想。但是这十年我也干了一些事情,因为人家知道我在舞台灯光上还是能干一些事情的。所以基本上"文革"中我也没有停止搞专业,我这一辈子在专业上几乎没有停顿过,一直到现在。

我从戏剧学院退休以后,主要是做三件事情:第一,继续搞戏,而且越搞越多。第二,我也从事剧场工程的灯光设计,实际上有些舞台机械我也参与了设计。我们最大的优势在哪儿?就是搞剧场建筑工程里的灯光、音响。当然,他们纯粹搞建筑的人也能搞,但是他们跟我们从事艺术的人是不一样的,我们对舞美的运用,对剧场空间的熟悉程度,这是搞建筑技术的人无法比拟的。第三,就是写书,把我的工作经验再条理化、理论化,写成书。

采访人: 过去关于灯光方面的理论书籍,国内出版的多吗?

金长烈: 不多。我从业六十年,能够做的有一定质量的,或者有一定意义的事,就是这三件事。

采访人: 您总结过到现在为止做了多少台戏吗?

金长烈: 很多人问过我,但是我记不清楚了,没有办法准确地回答。为什么?因为做多少台戏只是一个数的概念,做得多并不意味着一定做得好。到我退休以后,需要更理性地支配我的时间,用来思考一些问题:第一个是对灯光设计教学的想法;第二个是我搞了这么多戏,究竟可以总结多少经验教训,我觉得这是我要思考的。我希望能把我的经验积累形成文字留存下来。

我根据之前谈的三个方面,再稍微谈细一点。我70年代末接手了学校灯光教研室主任的工作后,我就开始考虑我们教学上的一些问题,我发现我们艺术院校办灯光专业,有一个最大的缺陷,就是重艺术不重技术。因为灯光设计本身就是艺术跟技术相结合的一个学科,但是在戏剧学院,教学环境是以艺术为主的,我们自己也是从艺术院校毕业后继续教书的,我们的知识结构主要在艺术领域,在技术上我们是非常薄弱的,但是我们又需要去承担灯光上涉及的一些技术问题,笼统地讲,就是光电机械,这些都是灯光的基础,但是技术方面不是我们的强项。

采访人: "文革"之前舞美系里有专门的灯光教研室吗?

金长烈: 没有。"文革"之前刚开始要搞,后来"文革"快结束的时候有一个灯光教研组。

采访人: 原来只是在舞美系里有一个灯光教学环节?

金长烈: 有个灯光专业组,我和留校的同学组成了一个组。本来我们只有一个老师,什么都教什么都干,关于艺术和技术的关系,老师知道多少就教你多少。所以"文革"以后,我担任了灯光教研室主任,我就觉得这是一个很大的问题。从我本人来说,每次面对学生,讲艺术或自身的创作经验我还能谈,但是一谈到技术方面,如电的知识、光的知识,当然在那个时候由于技术本身还没有到很高的水平,我还能对付,但随着时代的发展,灯光艺术的进步很大程度上要依赖技术的支持。所以我们的学生到了剧团以后,普遍反映他们只能讲艺术,不能动手,更不能解决技术上的问题,所以教学的质量应该说不是很高,当然还有其他问题。这里有一个很关键的问题就是教技术的老师学校是没有的,我就要想办法充实技术方面的师资。那个时候要充实师资力量是非常难的,要找一个理工科的老师来教艺术生人家是不愿意来的,隔行如隔山,而且技术是为了艺术服务的,人家又不了解灯光艺术,不愿来任教。后来我就想了一个方法,招研究生,那时我还不具备招研究生的资格,我就找了复旦大学电光研究所的所长蔡祖泉教授,他是专家,我们都是照明学会的,他是会长,我是他的秘书。我把这些事情告诉了他以后他非常支持我,他说他来牵头,让研究所的两位教授跟他一起来帮助我们从理工科的人才当中招生。当时"文革"结束不久,上海有很多人才流落到外地回不来,如果读了我们的研究生就可以回来,因此有很多这类人来考。我们录取了四位研究生,两位搞舞台灯光自动化控制,两位搞光学,由蔡祖泉负责带研究生,这四人毕业了以后留校任教。在我们灯光专业上,有四位从事理工专业的毕业生搞舞台灯光，我觉得是一个非常大的突破。招研究生有几点好处，因为外面请来的人没有接受艺术教育的过程，但是研究生除了技术上的专业课程外，还要学习艺术方面的戏剧史、美术史、舞台灯光应用方面的知识，如果有演出任务，他们还要跟我们到舞台上去当小工，去装灯、对光，把艺术和技术这两方面融合起来，他们后来就成了戏剧灯光领域里面科班出身的专业技术人才。我们讲灯光怎么配，怎么用颜色，更多的是从艺术的角度出发，但是他们就要告诉学生，一个灯的技术性能是什么，某个灯是多大的功率，需要多少个供电设备配合，用的时候还要考虑设备的寿命，应该怎么样保管。此外，舞台灯光需要人去控制，控制的技术需要什么手段，我们只知道开开关关，但是内部的关系我们不知道，这就需要搞技术的人来解剖，怎么样能够掌握这些控制的特点。

采访人：还需要学物理学。

金长烈：是的。我们的学生，我自己，以前只知其然不知其所以然，现在我们要这些老师教学生既知其然又知其所以然，那么他今后就可以更自由地控制这些设备，更好地运用这些技术了，这是我们招技术师资的主要目的。而且我们还要做许多灯光技术、控制系统上的改革，这些我们完全无能为力，但是我们提出这些课题，让他们去思考，然后告诉我们应该怎么做，这样一来教学质量就有保证了。我在任的期间做了这项工作，我觉得是很有意义的，以前在我们国家有兼职的，但是没有专职的、科班出身的艺术科技的专业人才，现在我们有了。我们学校招了这批研究生以后，中央戏剧学院也跟着招了，从此以后我国就开始重视这方面人才的培养或知识储备了。这四个人留下来以后，不仅解决了教学问题，后来社会上有很多活动也把他们请去了，如今他们也已经退休了。但是他们已经成为这个领域的科技专家了，不仅在我们学校发挥作用，而且扩展到社会上了。我们有一个演艺设备技术协会，是一个5A级的协会，它是专门从事艺术科技方面研究的组织，对他们几位非常重视，课题的研究、评标，都会听取他们的意见，他们基本上都是领军人物了。当时我并没有意识到这一点，我只是希望解决一些教学上的问题，能够提高教学质量，另外，我教技术教不深也教不透，非常吃力，把这些交给他们，我就可以集中精力去从事艺术方面的研究了。他们现在在社会上也有知名度了，在退休之前也招了研究生，他们的学生毕业也留校了，成了第二代的科技人才了。如果我们当初不想到这一点，不从这些方面去努力，可能我们永远会受局限而无法提高。

采访人： 现在灯光专业本科是每年招生吗？

金长烈： 灯光设计是每年招生的。

采访人： 您在这方面已经开了头，但是怎么延续下去是个关键。

金长烈： 艺术上大家都重视。这个专业不仅是从事艺术灯光设计，还要懂得技术，这方面需要大量的技术人才，为什么呢？因为我们国家这些年盖了那么多剧场，设备都是高水平的，那么是不是需要有高水平的、工程师性质的艺术科技的人才来做管理呢？绝对需要，但是现在这方面人才很匮乏，时间一长，这些剧场的设备大多损坏，没有人会使用和修理了。所以从舞台灯光方面来说，科技设备的发展是很快的，而且主要是从国外引进，但是管理人才非常缺乏，应该要有专门的学院来培养这类懂得艺术科技的管理人才，但是我们现在还没有。

采访人： 应该说您开创了一块新的领域，因为灯光设计专业在很多艺术院校都有，但是如何把艺术与物理、光学等科技结合起来，是您这儿打下了一个基础。

金长烈： 如果没有蔡祖泉教授的支持也做不成，因为我们学校没有这个能力，所以我是非常感谢他的。

采访人： "文革"后您带了四个研究生，灯光专业本科后来您带了几届？

金长烈：我真正带的就一届，进修班带了好几届。因为我是教研室主任，教研室里面还有好几位老师，班主任的工作就让他们来做了，我就带了"文革"后的第一届，萧丽河这一届，她现在在国内灯光设计领域也是很有影响的人了。

采访人：接下来再讲讲您的灯光艺术创作。

金长烈：我是搞了不少戏，也积累了很多的经验，谈不上什么成就，但是教训确实不少。在灯光艺术创作的过程中，我逐渐地悟到了一点，就是舞台灯光不是一般的、简简单单的照明，它是一定要在艺术方面做深入研究的。我的追求就是戏剧内在的情感表达和动态的照明，这成了我"文革"以后艺术照明观念上的追求。虽然我搞了很多戏，也在探索舞台灯光的功能，前人给我们留下了很多的经验，那么我在前人的基础上还能够再发展点什么吗？我在思考这个问题。后来我觉得，最有价值的舞台灯光设计，是深入到戏剧的本质，所以我搞戏的时候，就是要寻找戏剧的内在情感，作为我艺术构思的基础。我们知道戏剧是动态的艺术，它不像一幅静止的绘画，它是有故事情节的，是时间的艺术，是空间的艺术，剧情始终是在发展的。作为灯光来说，不是把舞台打亮了就一直不动了，或者创造一个氛围后就一直是静态的表现，我认为不是的。要想把舞台的灯光从艺术的照明转向造型的效果，创造特定的舞台气氛，就必须认识到戏剧是在动态当中发展的，必须有连续性的画面，所以真正好的艺术照明，就要朝这个方面去探索，而不是搞点光炫耀一下。好的灯光要让观众没有意识到你是在搞光，而是自然地感受到一种空间和戏剧表演的情绪、情感，深入到戏剧里面，感染观众，而不是要观众知道这个灯光在告诉你们什么，我要表现什么。有了这个观念，以后我就不断地摸索：在戏里，这个灯光能够达到效果吗？能够对戏有帮助吗？尤其是"文革"以后，我思想开窍了，可以探索这样的理念了，因为"文革"时期在艺术上是封闭的、禁锢的，大家有想法也不敢越雷池半步。改革开放以后，外来的东西，特别是西方的艺术信息一下子涌进来，我们忽然觉得自身有很多东西太守旧了，我们只知道现实主义，不知道其他的表现形式。改革开放以后各种各样的技术，多种多样的、标新立异的表现形式冲击了我们，让我们不免产生了很多新的创作欲望。为什么我们和胡伟民在一起能搞出好戏，就是因为这些新的观念使我们的创作情绪得以完全释放出来。灯光设计也是这样的，要无所顾忌地去表现，要深入到戏剧的本质中去思考。

"文革"后第一个戏是《雷雨》，我就想尝试一下，因为《雷雨》是非常写实的戏，它的剧名本身就决定了舞台的环境，就是夏天雷雨的写实的空间。实际上《雷雨》不是表现自然环境，曹禺是借着《雷雨》来讲时代的"雷雨"，人物内心、命运的"雷雨"。所以我们要从这个角度去寻找《雷雨》的舞台气氛的本质是什么，而不是单纯地把夏天的周公馆搞成闷热的感觉。当然，闷热是第一个任务，用以表现环境的，作为灯光来说也是需要的，但是仅仅这样是不够的。《雷雨》中几个人物的情感纠葛、他们的命运，常常冲击着我。我利用自然环境的特点，来展现人物心理的变化，也即是对"心理造型空间"的探索。在这个戏里面，我是从写实的基础上搞非写实的东西，是从人物的心理空间上，去探索那种光的精神的力量。《雷雨》这个戏是我第一次敢于这样去做，我的这个尝试也得到了很多专家的好评。

采访人：这是哪一年的演出？

金长烈：1979年，是朱端钧先生导演的，但是全剧没有排好他就去世了，我们是按照他的想法去做的。

采访人：您这次尝试对今后的创作影响很大吧？

金长烈：是的，第一次尝试以后，给我增加了很多的信心。这使我在探索戏剧内在情感的表达和动态空间的塑造方面有了一点收获，紧接着第二部戏是《罗密欧与朱丽叶》，这是1981年表演系藏族班毕业公演的。

《罗密欧与朱丽叶》"楼台会"灯光效果

采访人：他们说的是藏语，王昆老师做了同声传译，观众是戴耳机看的，对吗？

金长烈：对，这部戏是徐企平老师导演的，我们配合得非常好。在这个戏里面，我就更大胆地做了尝试，因为罗密欧与朱丽叶两家是世仇，家族仇恨把一对年轻的恋人葬送了，这是一个非常让人揪心的爱情悲剧。我看了剧本以后，就觉得我应该在灯光设计上尽可能地去表达他们内心对爱情的渴求。我就抓住了"一见钟情、花园定情、秘密结婚、最后殉情"这一条主线来表现人物。在那个年代，灯光设备还不是很好，我真的是花了很大的力气，那时候正是我们四个研究生刚招进来，我让他们来参加这个戏，装台、打追光，打追光的时候也可以看到戏。我的灯光设计主要围绕着罗密欧和朱丽叶的爱情来表达，抓住这个来塑造人物。这个戏首场演完，胡导老师

歌剧《仰天长啸》剧照

走到我面前抓着我的手,非常激动,他说我的灯光处理真的非常好。对我来说,我好像并没有刻意地想表现我的灯光,而是受了人物情感的冲击,自然地融入戏里去了。我对他们的爱情和他们的命运,给予了极大的同情,不自觉地就这么去处理了,很多戏我都是这样去处理的。从戏剧内在的情感上表达对动态的塑造,我就是这么去探索的。又比如我搞的歌剧《仰天长啸》,当岳飞被奸相害死在风波亭的那一刻,后面是大逆光,全红的大逆光洒向观众,这不是红光,这是血雨。

我觉得岳飞这样一个精忠报国的忠臣,被奸臣给杀害了,有一种内心的愤愤不平,所以我按捺不住地想表现出来,而且表现得要有冲击力。

越剧《红楼梦》里面有一场"黛玉之死",我非常同情黛玉在贾府的处境,她在那样一种世态炎凉的环境中生活。当她去世以后,我觉得

《红楼梦》"黛玉之死"灯光设计

我的光应该这样处理：对着她窗外的竹林里，射下一条条很锐利的月光，一条一条的，像是一支支冷箭射向她，她就是在那种风刀霜剑、世态炎凉的环境里离开了人世。所以我觉得，要呈现这么一种只有一条条月光从竹林里面透出来的感觉。从视觉形象上、情感上，我觉得应该这样来塑造"黛玉之死"这一场。

采访人：您再谈谈您那本著作《舞台灯光》的情况。

金长烈：《舞台灯光》这本书不是我一个人写的，是柳得安、姚涵春、沙晓岚、于福申和我五个人写的，他们现在已经是专家了。为什么五个人一起写这本书？我觉得这里面有很多内容我想表达，但是我不一定能够写得深，为了让这本书更完整更系统，我觉得应该由我和我的学生合作，几个人一起写，总比一家之言要好。这本书是2004年出版的，第一次印了4 000册，一下子就卖完了，第二次又印了1 500册，两年以后也卖光了。第三次又印1 500册，差不多又快卖完了，后来又印了1 000册，所以一共印了8 000册。后来出版社希望我们再版，我说不要再版了，书中有些东西是20世纪的，现在已经进入21世纪了，过几年看看有没有可能再出一些新的东西。

这本书出版以后是有影响的，还获得了"高校人文社会科学一等奖"。这是一本很系统的专著，在这本书出版之前，国外的不算，我们国家还没有出过一本很系统的关于舞台灯光的专著，之前有很多老专家曾经想写，但是由于种种原因没有写出来。后来我们有一位老专家叫苏丹的，他曾经想写，后来他听说我要写，他就把他要写的素材，包括欧阳山尊和曹禺的文章，这两位戏剧大师过去也搞过灯光，把这些东西全部给了我，我把这些前辈的东西也放到这本书里面去了。我写的部分有三个方面：一个是作为灯光设计，怎么样能够入门，这是最基础的。其次，我不仅要让搞灯光设计的，还要让整个行业知道灯光的发展历史，为此我花了不少时间，我把它归纳为五个发展阶段：第一阶段是照明及照亮。第二阶段是可控光的启蒙，因为舞台灯光之所以成为艺术照明，最关键的就是要人为地控制住光。舞台的灯光特性是有可控性、可塑性，首先要可控性好，才能够提高可塑性的质量，这是我的总结，在这个阶段人们已经注意到人为控制光了。第三阶段是创造自然环境，这是在19世纪末，写实戏剧形成的时候，在舞台上模拟自然光的时代。第四阶段是抒发艺术情感，又提高了一个层次，提高灯光的艺术表现，是一种非写实的手法。在这里我把很多过去世界上的一些著名灯光师的理念归纳起来了。第五阶段就是当今，舞台灯光已经进入到光景时代，过去我们都认为，舞台上美术就是布景，并不觉得光也是景，因为那个时候光的能力也制造不了景，或者并不觉得它是在起景的作用。但是现在舞台灯光基本上是用光来描写景了。我是从应用的角度去总结舞台灯光发展的，同时也把我们国家最早是怎么样使用灯光的，一个时代一个时代地做了介绍，研究梳理这些灯光的历史对我来说是很吃力的。但是我的目的就是总结历史，我们要看到前人是怎么走过来的，我们当今的人在这个专业里面应该怎么样思考的、怎么样进行研究。所以这本书总结了21世纪之前舞台灯光发展的大致面貌,21世纪以来的发展,有待后人去整理了。

采访人: 之后您有没有再写第二本著作?

金长烈: 有的,即《论创造自由的照明空间》。

采访人: 是补充您上一本书没有表达完的内容,还是独立成篇的?

金长烈: 应该是独立的,但是与上一本书也是有延续性的,那本书到现在大概也十几年了,我又不断地在思考。

采访人: 上一本书中的内容是不是跟现在的新技术有点脱节了?

金长烈: 不仅是新技术,我想到很多问题,什么叫作创造自由的照明空间? 就是要在舞台上能够自由起来。这个自由有两个方面:艺术创作观念上的自由、技术提供的支持的自由。这两方面自由了以后,才能够出现一个新的自由空间、新的面貌,这个面貌不是单纯的舞台灯光的提升,是戏剧艺术本身的提升。所以我想努力地促进舞台灯光走向自动化、智能化、系统化,采用科学、有序的工作方法,我的目的就是这样。你没有好灯光,你没有在现场的感受,就不知道舞台灯光面临的是什么样的困难,也不知道舞台灯光还能够有多大的发展。我搞了这么多年灯光,我不断在思考这个问题,不断地在舞台上磨炼,我亲身感受到了那种想搞而搞不成的痛苦。我对舞台空间的创造有很多想法,但是不一定都能够实现,不能实现的因素很多,如果涉及灯光,就可能是在艺术构思和技术体现这两方面存在问题。但是真正地做到两者的结合,太难了。要进步就得变革,许多问题需要有人研究,首先要有人提出来,我到了这个年纪很多事情做不成了,只是把自己想到的事情写出来,供业内的人士参考,他们觉得有道理就设法变革。

采访人: 谢谢金老师接受我们的采访,您谈了很多自己的思考和担忧,不管怎么说,您和您带的学生在中国舞台灯光领域都取得了很大的成就。

金长烈：我还做得很不够，舞台灯光真的很难搞，它处在一个低水平上，很多人不愿意在这方面努力，这个专业由于种种原因发展不起来，很大程度上是观念的问题。但是，只要我们一样一样地去做，舞台灯光会有与时俱进的发展。

采访人：人的观念总是随着时代进步的。再次谢谢金老师。

（采访：李丹青　整理：李丹青）

我活下来不容易
——李祥春口述

李祥春，1936年出生，山西孝义人。国家一级演员。1943年考入山西省戏剧学校，1949年加入太行军区京剧团、山西省文教厅京剧团；1951年调山西省文工一团，1954年改编为山西省话剧院。1956年考入上海戏剧学院表演系。1960年进入上戏实验剧团、上海青年话剧团，历任演员、业务副团长、团长。1986年后，曾任上海艺术研究所所长、上海话剧艺术研究会会长、上海戏曲学会副主席、上海戏剧家协会副主席、中国戏曲学会理事、周信芳研究会理事、田汉研究会理事等职。1994年被聘为加拿大莱尔森艺术学院客座教授。主要京剧作品有：《天官赐福》《八蜡庙》《摩天岭》《恶虎村》等；主要话剧作品有：《桃花扇》《豹子湾战斗》《东进，东进！》《闯江湖》《秦王李世民》《无事生非》《安东尼与克里奥佩特拉》《费加罗的婚礼》《钦差大臣》等；论文及著作有：《论周信芳的表演艺术》《论白杨的表演艺术》《佐临戏剧研究》《田稼戏剧研究》《京剧大师谭鑫培评传》《上海话剧发展的困境之对策》《戏曲表演发展之思考》等。

采访人： 李老师您已经从艺70多年了,您怎么会走上艺术道路的?

李祥春： 我走上这条学艺的道路主要是为了生存、活命。当时家境贫困,父亲将我十岁的二哥送给了别人,母亲正怀着孕,因为舍不得二哥送人而整天哭。后来母亲因为生弟弟时失血过多而去世,接生婆将婴儿抱走至今渺无音信。过了没多久,大哥染上伤寒,虽然大难不死,父亲和姐姐却被传染上了。八天后父亲去世了,生病的姐姐躺在炕上。虚弱的大哥和6岁的我安葬了父亲以后,家无分文,实在无法生活。15岁的姐姐以15斤红高粱面嫁了人。煮面时烟囱冒烟招来了房东,他把我们藏在棉被里的高粱面搜走,大哥在和他们争夺中将人家的秤折断了,就被村公所抓走,我家的门被封了。我只好白天去讨食,夜晚背靠着街面饭铺的砖炉子过夜。后来我发现两扇门中间门槛处有一个三角形的洞,因为瘦小,就从门缝下的空隙爬进去睡,不管怎么说总比睡在外边要好。我曾经去捡卖瓜小贩卖不掉的生瓜,把它拿回来同哥哥一起吃。邻居看我们俩孩子可怜,送了一点南瓜、红薯给我们吃。说来也巧,在我们孝义那个地方有个戏校来招生,只要符合条件,吃穿由学校负责。大哥就把我送去考了。考试时首先相面,然后让我喊一嗓子,再抬抬腿,看是不是僵硬。因为我怕人家不要我,那就没吃的了,所以表现非常积极,来人看我条件还可以就把我收了。我去了孝义县兑九峪一个名叫清虚宫的庙里。家里只剩17岁的大哥,后来也到国民党部队当兵而失去了联系。从此我们家四个兄弟姐妹,谁也不知道谁在哪儿了。

采访人： 哥哥姐姐从此杳无音信了?

李祥春： 是的。直到1954年我才找到被送给人家的二哥。被戏校录取后,我就跟着戏校了。先到山西隰县的曹成村,村里有个庙是我们的基地,就在那里吃、住、练功。

采访人： 这个戏校是私人办的?

李祥春： 这个学校跟夏声剧校差不多。因为有很多夏声剧校的老师来教我们，有一位老师叫仇万祥，他是马科（上海京剧院著名导演）的同班同学，教我们练功。当时练功相当苦，练功服当然是没有的，只发给我一件大人穿的短袖衬衫，穿上后连腿部盖住了，但是练拿大顶（倒立）时，屁股就露出来了。说是管吃管住，其实吃的就是小米饭和山药蛋。很多孩子缺少营养而患上夜盲症，到了晚上就看不见了。在戏校我印象最深的就是挨打。拿大顶一拿就是三刻钟不许下地，胳膊撑不住就掉下来了。这时老师拿起藤条就打，你还不能哭，越哭打得越厉害，你只能忍着，赶快把脚翻上去，如果掉下来就会继续挨打。因为怕离开戏校没地方吃饭，所以我忍着，拼命地练。冬天，大雪一停就在露天练功，我没有鞋子，冷了就左脚踩在右脚上、右脚踩在左脚上取暖。有一位师娘给我做了双鞋子，这是我终生难忘的。练侧翻时，老师用长凳、门板排成窄窄的长廊，我们就在这窄窄的长廊里侧翻，如果翻歪了，脚就会被板凳碰疼、被门板砸疼，练功场地上孩子们的哭叫声此起彼落。我就是在这样的状况下打下了较好的基本功。

采访人：您那一批学生大概有多少人？

李祥春：大概有近百个男女小孩。

采访人：您学的行当是什么？

李祥春：武生。

采访人：你们艺校各个行当都有？

李祥春：是的，各个行当都有。基础功练完了以后就选择分行当了，我就被分配演武生。我演的开门戏是《天官赐福》，我演天官，后来演儿童戏《三娘教子》《恶虎村》，那些娃娃生的戏都是有武功的。

采访人：学武生的比其他行当更苦吗？

李祥春：是的，苦不堪言，挨打很厉害。有位练功师傅叫庆富余，动作做不好就打你、拧你，动作做对了也要打你、拧你，说是要你记住这是对的。我的两条大腿被打得都是乌青块。比方说练习朝天蹬，一条腿掰起来以后单腿蹲下去，要三起三落。这个还比较容易做到，但是站起来以后还要单腿旋转，手要抓住自己的脚，转圈以后要停住站稳，要纹丝不动才行。旋转后我站不稳，师傅的竹片就打过来，只好忍痛再做。练功苦，生活也苦，有一年我在太原文津巷出麻疹，他们将我关在角落的小房子里，没有灯，没有床，每天给一大铁壶水和两个玉米窝头。看见太阳出来了，我爬出来晒晒，管事的因为怕传染，把我又踢了进去。当时我很难过，一个人在黑屋子里哭。我没有亲人，天天挨打，浑身疼痛难忍，我真想去投井。后来又想，我要是死了，我们李家都没有人知道，忍吧！后来老天爷眷顾我，我还是活下来了。

采访人： 戏校学完是哪一年？

李祥春： 1949年4月太原解放，太行军区京剧团就把我吸收到团里了。从那时起，我算是参加工作了。团长是赵子岳①。参军以后完全是一种新气象了。领导派一些有技巧的同志教戏，我们吃的都是白面馒头，衣服是四方口袋的干部服，实行供给制。我们的班长给我们打洗脚水、缝补衣服，教戏的老师都不打骂我们，所以我更加刻苦地练功了。有一次演完戏以后自己单独练习"台蛮"——是武生从两三张桌子上翻下来的功夫，我翻下来的时候失去了重心，头撞到了地上。我爬起来看见地上很多血，吓得大叫起来，幸好看戏院的老人用毛巾给我包扎了起来。送到医院后缝了六针，团长赵子岳说："小鬼受伤了，给小鬼吃小灶，想吃什么就给他做什么，三个月不要进剧场听锣鼓声，等伤好了以后再说。"后来著名京剧演员荀慧生到山西演出，因为没带娃娃生，就到我们京剧团挑我去演《香罗带》中的唐芝。荀慧生的声音没我们这些未变声的娃娃高，演完他就说，小祥春你冒调了，我说我低下来就没声音了。第二天我们京剧团拉胡琴的在荀慧生唱完后，换了一把胡琴让我唱，唱完后荀慧生说，小祥春，你找着调了。

---

① 赵子岳（1909—1997），山西古县人。曾任太行军区先锋剧团及军区京剧团团长等职。喜剧电影《锦上添花》的男主角。

采访人：他知道换胡琴了吗？

李祥春：他不知道，只说我的调门搭对了。后来他们剧团还有一位名家要演《三娘教子》，让我去演儿子薛义，也是我们团的胡琴。所以一些老师开玩笑说我不得了，这么小就单独一把胡琴伺候我，给我拉。

采访人：您那会儿多大，紧张吗？

李祥春：12岁。不紧张，只知道背自己的词，练自己的唱，不感觉紧张。

采访人：这些名角儿有没有架子？

李祥春：没有，我印象中荀慧生见我时身穿蓝色团花中式衣裤，他对我笑，很随和，演出后还送给我铅笔和笔记本。后来四大须生之一的奚啸伯演《宝莲灯》《空城计》，也叫我去陪演。

《摩天岭》是新中国成立以后一个北京来的女老生教我的，她叫韩月樵。我演薛仁贵，这个角色先是要扎靠，脱掉靠以后改成短打，她教得很好，后来我再也没找到她。

采访人：找不着了？

李祥春：嗯，我到北京打听，都没有消息。我演出的机会很多，《三岔口》是在新中国成立以后学的。还有一个戏叫《宦海潮》，里面有一段隔墙戏，是表现母亲思念儿子，儿子思念母亲。我记得演出时我想起自己的母亲，真哭了，很多观众也跟着哭了。从此以后观众中就传开了，这个剧团有一个小武生非常

1950年在《八蜡庙》中饰贺仁杰

好,只要我演出他们就来看。后来李少春到山西看了我的《三岔口》后,想把我带走,他跟赵子岳商量,赵子岳没同意,这是我事后才知道的。就在我业务处于上升期的时候,文工团要排歌剧,里边有豺狼虎豹的角色,需要会翻跟斗的小孩,就想把我们几个年纪小的借过去。我说借可以,但是要保证我的练功时间,演完后回京剧团,文工团真写了一份保证书给我。他们单独给了我们一间

1953年,文工团时期的李祥春(左)

房间叫"京剧组"。歌剧演完,赵子岳团长调到北京电影制片厂去了。这个时候一连串的政治运动开始了,"镇压反革命""三反五反""批判胡风",等等。我开始有些懈怠了,时间长了再练功开始浑身疼痛,退功了。团里让我演话剧,搞搞宣传,数数快板,唱唱歌,觉得很舒服,慢慢地不练功了,就这样糊里糊涂改行了。

采访人: 这时你所在的单位名称是什么?

李祥春: 山西省文教厅文工一团,他们是太行山下来的,前身是吕梁剧社,1954年整编为山西省话剧院。

采访人: 听说你演话剧也受过伤?

李祥春: 那是在山西榆次县演出话剧《万水千山》时,因为舞台上有打仗的戏,侧幕条旁放着一箱做效果用的火药。我正准备上场,因为前一场戏的爆炸效果没有放出来,效果间里两个放效果的人在楼上互相责怪对方没有合闸,争吵中他们把闸刀又推上去了,这下好了,"轰"的一声爆炸了,把我从三米高的布景山炸飞到台下,身上火苗乱蹿,观众把我身上着火的衣服撕掉,送进了医院。当时我手里的道具枪烧得

《万水千山》演出受伤后留影，右为李祥春

只剩下钢管了。这个事故惊动了省政府，省长到现场慰问。火药没有把我炸死，也没有炸断胳膊腿，真够幸运的了，可是我好长一段时间只能趴着睡觉。

采访人：真是大难不死。

李祥春：是啊！戏剧学院还没毕业，搞勤工俭学，戏曲教师方传芸老师排《哪吒闹海》，叫我翻跟斗。演到最后一场，我想多翻点，不料对方出错，他把我小腿的腓骨踢断了，我跌倒在台上。那天正好是我爱人许容廉报幕，吓得她词都忘记了。1968年到东海舰队慰问部队，有一场武打的戏，由于舞台比较狭小，灯光又暗，我徒手，娄际成拿长矛，一下子扎到我眼睛上，当时我感觉像灯泡爆炸，然后就休克了。基地派快艇送我到医院去检查，发现泪管断了。医生说为了保住另外一只眼睛，可能要挖掉这个受伤的眼睛，让我要有思想准备。他们连器械都准备好了，先打消炎药，然后安排我睡觉。我睡了两天两夜，醒来后医生说我这个眼球可以保住，不用挖了。后遗症就是不停地流眼泪，因为泪管断掉了。医生让我回上海到二军大找专门修复泪管的科室，二军大那时候还在武斗，到哪儿去找人呀？后来在楼梯下的小房间找到了姓席的眼科主任，他说他这里无法做手术，也无权看病，让我到福建前线总医院找他的学生，他在那里负责泪管修复。眼科主任写了一封信，我就到福建去了。泪管修复是要放一个金子做的管子代替泪管。那时老百姓根本没有黄金，我就到市里面找人，他们批了条子，我去人民银行买了五克黄金，我把它放到一个火柴盒里交给福建的医院。这个手术前后做了五次才成功。

采访人：您在山西怎么知道上海戏剧学院招生的？

李祥春：我演完《万水千山》以后开始变声了，再演小孩已经不行了，但是演大人又够不着，很尴尬。我喜欢学习，在剧团除演出外，我一直坚持文化课的学习。1956年国家提出"向科学进军"，动员在职干部有条件的去报考高等院校。我就向团里提出来要考上海戏剧学院。但是团长不同意，我就跑到文化局找局长，局长说："好啊，学完了回山西，我支持。"我就把材料带到上海报考了。我准备了朗诵，还考演小品。初试是胡导老师考的，小品表演陪考的是58届的孙达生。我做了一个勘探队员的小品，自己在山里受伤了，听到孙达生喊救命，然后克服困难去救他。表演时孙达生不断给我制造困难，一点不配合，我那时候很瘦，他很胖，怎么也拖不动他，我真急了，拼命将他推到积木顶上，一身大汗，气喘吁吁，两个人抱着滚下山，他却笑着说："嘿嘿，我给你开玩笑的。"我真的是生气了，照他胸口真的猛打了一拳。这个时候胡导老师说："好了，我看到你动了情感，就是要看你这点。"复试主考是朱端钧老师，59届的杨在葆陪考，题目是"送信"。我接触过部队生活，也演过战争中的通信员。杨在葆师兄配合得很好，他演受伤的战士，不能行走，我赶快观察环境，发现有一个弹坑可以躲避，我把他抱到那里，对他说你先隐蔽一下，我执行完任务再送你到卫生院。因为任务是送信，有了障碍要解决，但是不能够放弃主要任务。复试也过了，朱端钧老师写给我的评语是：表演质朴，有激情。胡导老师叫我小武生，方传芸老师说我中国舞蹈课可以免修。1956年7月收到通知，我被上海戏剧学院录取了。

到上戏学习了，以前学的戏曲表演和在话剧团的那些实践就要先放下,要全身心地接受新的教学体系。首先学的是体验的艺术,这在剧团是学不到的。所谓体验,就是要你有真情实感的去生活。我根据自己的生活构思了"参军"这个小品:被地主欺负,收拾行李准备参军出走。没想到胡伟民老师悄悄地让一个女同学在"屋子"里学老人咳嗽,考验我临场应变能力。我一听,马上想到是母亲生病,我不能撇下她不管,就把行李放下解开,不忍心走。但是外边有狗叫,自己很矛盾,捂着被打伤的头,却正好碰到被地主打的伤口,想到不走就没办法报仇,母亲也没办法保护,还是要走。最后走到母亲的门前跪下,抹眼泪起身,大步走出门。这个小品朱端钧老师看了,说:"很好很真实,风萧萧兮易水寒,壮士一去不复返,你这个小品不要叫'参军'了,就叫'风萧萧'吧。"这就是我刚入学第一年接触到的要求表演要走心的体验的艺术。学校教会了我话剧舞台的表现方式,它是一种生活真实的再现。而戏曲的虚拟性比较强,戏曲是通过演员的手、眼、身、法、步的程式来表现。两者的美学层次不一样,表现手段也不一样。戏剧学院教的是体验、感受之后再来体现;戏曲是模仿,老师一招一式地教,台词也是他念一句你念一句。戏曲为什么有流派呢?就是你学的是什么派,你演的味道就是什么派。话剧不一样,我们接受的是体验艺术,要演员真实地去感受,根据人物的情感和生活逻辑,在舞台上真实地生活,而且要忘掉自己,角色的生活就是演员的生活,这是体验派的核心。直到毕业,我的表演成绩都是5分。学校团委和学生会两次大的活动都决定让我去,一个是1957年上海大专院校学生西北参观团;一个是1960年第17届学联代表大会,每个学校一个名额,我们学校是我,音乐学院是何占豪。我们到北京去开会,那是第一次听胡耀邦作报告,他是共青团第一书记。

采访人: 您在上戏收获文化,收获爱情,但是学校当时不许谈恋爱吧?

李祥春: 是的。因为许容廉在中学就学过外语,我没学过,她礼拜天就帮我学俄文,她念,我默写,这四年在文化课方面她对我帮助是很大的。

采访人: 自然而然地就靠近了?

李祥春: 我们也没有互相表示什么,自然而然地就好了。快到三年级的时候,学校让冯健老师出面跟我谈话,说我跟许容廉谈恋爱对我的前途有影响。因为许容廉有海外关系,对我的进步是不利的,让我最好停止。我说我一点思想准备也没有,而且她没什么问题,是共青团员,也要求进步,再说我表过态了,我不会去找别的女孩子,现在让我突然不理她了,这个我做不出。

采访人: 您那时候入党了吗?

李祥春: 还没有,但我是团干部,学校要重点培养我,所以来关心我谈恋爱的事。无非就是影响仕途,我听懂了。这话当时我不能跟许容廉讲,"文革"以后我才告诉她我们中间有过这件事。

采访人: 您演的第一个大戏是什么戏?

李祥春: 大学里第一个戏是杜鹏程写的《在和平日子里》,表现的是建设时期的一个英雄人物。毕业以后第一个戏是朱端钧老师给我们排的《桃花扇》,我演侯朝宗。他排得很有民族风格,朱老师的古文诗词修养很好。他把斯坦尼的体验和戏曲的表现形式糅和起来,他要我好好地体验,把我原来学到的戏曲表演消化融合到戏里,这是有一次在他家里听他教导时他说的。他是主张要有我们自己的民族表演学派的。

采访人: 20世纪50年代有一个时期都在强调民族化的表演,包括北京人艺。

李祥春: 焦菊隐也主张这个,所以后来刁光覃、朱琳演的《蔡文姬》都在往这方面探索。朱端钧老师还排了一个现代戏《战斗的青春》,他让我演一个小坏蛋葛三,他说我老演好人,让我演一个坏蛋破破原来的戏路子。这个角色戏不太多,但是起了关键作用。我先从造型入手,找了应玉兰、王辅世夫妇,他们对人物造型很有创意。我请他们改变我这个丹凤眼的形象,应玉兰给我弄了两块棉花,全涂上乳胶,用肉色底彩往眼角这么一贴,头上毛巾一扎,两个眼睛成了三角眼,我的脸变形了,面目全非。这个造型给我的表演很大的启发。有一场戏,女主角给大家布置任务,台上一二十个群众演员坐在那儿,我怎么才能够让观众知道我的心理活动呢?在不干扰主戏的情况下,我从台后运用戏曲的矮子功,"噔噔噔"跑碎步到前面然后蹲下来偷听。女主角宣布散会大家都走了以后,我从二道幕里边出来,先露了一个脸,左右观察没人,然后跑出去报信,跑了两步,我觉得后面不能留下脚印啊,再跑回去倒着走,快步用脚边走边擦脚印,干净利索,观众鼓掌了。朱端钧先生看了很满意,说我这个动作用得不错。

采访人: 用的是戏曲招式。

李祥春: 演古装戏实际上还是需要有一点戏曲范儿的。比如我演李世民,他是大唐天子、一代明君,如果没有点气派就不行了,起码要让观众感觉到他能挑得起大唐的江山,是一个能为中华民族做出贡献的开明皇帝。我除了和导演一起讨论以外,还要读书了解唐史及贞观之治的情况,丰富自己的修养。有一场刘文静(上戏55届学长李定保饰演)问李世民有何设想和抱负的戏,李世民说:"我就是要让这大唐的江山,八方太平,四夷归服。"刘文静站起来表忠心:"殿下,我愿意跟随你。"两个人谈得很贴心。当李渊要杀刘文静的时候,李世民一下子就爆

《秦王李世民》剧照

发出来了:"不可呀",我的处理就是从侧幕里大喊着冲出来,"父皇",然后跑到台中"咚"的跪下来,一定要听到跪的声音,高喊:"不能杀啊。"但是刘文静还是被杀了。转第二场,李世民和长孙皇后在一起谈这件事情,我跟导演说,你能不能给段音乐,因为这时候用语言表现太苍白了,要凝神地望着前方,久久不动,然后泪水默默地流下来。

采访人:《秦王李世民》也算是一个里程碑式的作品了。

李祥春:这个戏影响比较大,它在长江剧场就演了三个月,场场爆满。后来我们又到解放剧场演了一个多月,这个戏跟当时的历史背景也有关系。

采访人:当时满台的演员都处在黄金时期。如果演员太年轻了,历练不够内心撑不住,而岁数大了体力又撑不住。您那个时候40岁左右,正是最成熟的时候。

李祥春:是啊,青年话剧团的演员阵容进入了艺术的成熟期。《秦王李世民》演出以后,长影、北影、上影都上门来邀请我去拍戏,但是我想去而不能去。

采访人:因为您当领导了?

李祥春:是啊,主持青年话剧团工作担子很重。时代变了,发展很快,知识也需要更新,我用了三个月的时间去交通大学听美国教授关于"行为科学"的讲座。要有现代眼光、超前意识、鉴赏能力,还要有经营头脑。《秦王李世民》这个剧本是复旦大学历史系学生颜海平的毕业作品。当时的上海市委宣传部长陈沂把我叫去,说有一个剧本,作者很年轻,只有23岁,你们看看能不能用,能用就尽量用,如果这个剧本让外地演了,人家会说我们上海不识货,不重视人才。我就拿回来了,剧本一共是九万字,那时候是手写的稿纸,有一大叠。看了以后我觉得有几个片段很有戏,但因为作者不懂剧本结构,驾驭不了。我拿给胡伟民看,也说了我的观点。他看了后觉得可以搞,但是要删减。我说行。然后就到宣传部汇报,说可以用,但是结构不行,靠作者改估计她也没这个能力,由我们来删减,她干不干?后来颜海平找到我,她说李老师,你们一个大剧院能够演我的作品我已经很感谢了,你们怎么改都行,需要资料我去找。我说那很好,需要你的时候我们打电话叫你来,不熟悉的历史我们问你。我就跟胡伟民两个人对剧本进行删减。

采访人: 您跟胡伟民两个人?

李祥春: 对,就我们两个,开始讨论全剧的结构,并着手准备上演这个戏。在此期间还有一个故事呢!我们一边讨论本子,同时我还要为胡伟民一家人争取上海户口。首先我向宣传部长陈沂同志汇报了青年话剧团很需要胡伟民这样一位有才华的导演,而他们一家都是外地户口。等《秦王李世民》正式上演后,我就请市领导胡立教、汪道涵、陈沂等来看戏,领导们来了我请他们说话,他们都说这个戏好啊,应该多演这样的戏。陈沂就对他们说:"这个戏的导演到现在还没落实政策,户口还在外地,胡立教同志,你是管组织的,能不能想办法解决一下。"我紧接着说:"是呀,他很有才华,我们青年话剧团正需要他这样年富力强的导演,上海不是要引进人才吗?他就是人才啊。"最后胡伟民全家

胡伟民在《秦王李世民》排演现场,左起:李祥春、张名煜、焦晃、胡伟民

四人的上海户口问题解决了。《秦王李世民》演出以后反响很大,不少从国外回来的华人都来看戏,他们对唐代历史很有感情,所以观看这么一出戏他们很开心。

胡伟民也是上戏毕业的,导演风格虽然有发展,有创新,包括他后来搞的象征的、虚拟的、幻想的,只是表现手段不同,基本的创作方法和路子都是一致的。

采访人:《秦王李世民》是胡伟民第一个影响很大的戏?

李祥春: 对呀。

采访人: 他这个戏的一些导演手法,您能不能跟我们介绍一下?

李祥春: 他读书比较多,看的戏也多,包括国外的,看了以后他能吸收的就吸收进来。实际上上海舞台上的创新是从青年话剧团开始的。他为青年话剧团导的第一个戏《神州风雷》就用天幕、幻灯了,过去的"四堵墙"已经打破了,但是他只是在天幕那一部分打破。到了《秦王李世民》的时候,他把舞台更加拓展了,更宽更有纵深,而且他把舞台切割、集中使用。像救刘文静那一场,没有救下来,暗场后幕马上拉开就是李世民的宫殿,宫殿用了几块景片,长孙夫人旁边搁一把椅子,这就好了,又简化又很紧凑。刘文静被杀后,李世民站起来,走到那个位置,环境已经换了,灯光出来了,已经是另一场了。剧情很连贯,演员情绪也很连贯,加上音乐的推动强调作用,更有震撼力了。《秦王李世民》是我们青年话剧团第一次使用伸出式的舞台,将天幕和剧情结合。当李世民谈自己抱负,拿起笔来思考做文章的时候,那个舞台从最深处一直推到观众的面前,就像特写镜头渐渐放大。他提笔写一句,天幕上就打出一句,整个天幕全部是他写的诗句,舞台空间利用到了极致。

采访人: 有点电影的手法?

李祥春: 是的。因为整个气氛使台上台下都受到感染,所以我在念那首诗词时候的气势,李世民的抱负、人格的宽广,都能够体现出来了。他不是一个文弱书生，是一代明君。在舞台上李世民呼喊："问黄河呀，谁主沉浮！"多气派！这个戏本身有激情有气派，它符合青年话剧团的演出风格，是上海话剧发展史上的一个亮点。

采访人： 青年话剧团是1963年成立的，听说剧团选址跟您有关系？

李祥春： 是的。上海青年话剧团是原上海戏剧学院实验剧团，是教师的试验基地，让表演教学和表演实践相结合，也是表演师资的储备园地，这是熊佛西院长的构想，无疑是正确的。

当时市委宣传部部长陈其五到剧团做报告说：艺术队伍老化了，要考虑艺术接班人的事了，你们中间会有当今的赵丹、张瑞芳、孙道临、白杨……为培养青年艺术人才队伍，市委考虑上海要成立青年京昆剧团、上海青年乐团、上海青年话剧团、上海青年越剧团等等，在场的人听后很受鼓舞。

当时实验剧团团长是熊院长，总支书记是冯健（也是表演系的总支书记），我是实验剧团的团总支书记。陈其五和冯健对我说，青年话剧团要成立了，委托我和文艺处肖处长去找找团址。华山路518号原实验剧团的地方，市里决定划归华东医院。我们有三个地方可以选择：一是民盟原址，一是交响乐团的一半，另一处是安福路201号（当时属于上影厂）。安福路201号是解放前原上海市市长吴国桢的官邸，有舞厅（可排练），有大理石雕像、九曲桥、旗杆、假山流水、大草坪，还有两处空地（可建制作间及排练厅），符合剧团使用要求。我画了平面图向陈其五和冯健汇报，他们听后很满意，决定剧团由华山路518号搬迁至安福路201号，并先后建造了制作厂房、排演厅、绘景棚、仓库等。

遗憾的是"文革"时，工宣队、军宣队要我们在花园里挖防空洞，所以九曲桥塌了，草坪没了，雕塑砸了，很可惜！

采访人： "文革"时您没在青年话剧团吗？

李祥春： 是的，1964年调我去工厂参加"四清"工作队。先在上海有线电厂，结束后转调正泰橡胶厂任工作队书记。"文革"开始后老干部调回原单位接受审查，市长曹荻秋、副市长宋季文叫我担任队长和书记。那时我执行市委决定，不准他们成立造反队，我就成了被批斗的"资产阶级反动路线"的年轻走资派（那时我只有29岁）。

1976年粉碎"四人帮"以后，市里任命田稼老师担任青年话剧团团长，我是主持常务的副团长。我们一起讨论了剧团的建设构想。因为"文革"时期人艺和青话合并了，"文革"后又分开了。田稼老师对剧团的建设有一套完整的想法，写了一个《建院撮要》，提出：第一，要建立优秀保留剧目轮换演出制；第二，我们要团结依靠剧作家为我团提供剧本，比如上海的杜宣、李天济，北京的吴祖光等；第三，请一些导演，如北京的严恭、耿震、欧阳山尊等来团导戏，每年导一个戏。此外提出演员要重新回炉，"文革"中演员的表演受到很多负面影响，田稼老师说我是表演教师，我排戏要来纠正这些毛病。

第一个排的戏是《夜上海》，于伶的作品，吴琛导演。我们拜访于伶时他好高兴："你们这个剧团好，演我的戏我很高兴，以后有什么事情你们找我，只要我老骨头还在，我为你们说话。"杜宣提供了剧本《欧洲纪事》，上海人艺想要他的本子，但是他说我已经答应给青话了。

1979年上戏调田稼老师回学校担任表演系主任。文化局决定由我全面主持剧团工作，为便于操作就写了一个上海青年话剧团的"方针任务"和《工作条例》，包括总纲、方针、任务、艺术室的功能、创作室的功能、演出办公室的职责、舞美队的工作等。

我们演出的剧目以名著为主。本团的作家和外请的作家，或者是团里演员写的，只要够60分以上，我们可以帮助树立剧本，以此来培养剧团的作家。因此要明确一条，优秀的剧目是剧种、剧团发展的基石。剧团好坏，观众记住的是你的剧目。剧目的建设非常重要，因此每年我们自己要开一个创作会，让编剧报选题，然后决定哪个题材可以搞，要根据人员的状况，看适不适合我们剧团来演。我们先后扶持了《第二次握手》《再见吧，巴黎》《勿忘我》等，都是团里的编剧写的；后来又创作了《李宗仁归来》《孙中山与宋庆龄》《地狱边的曼陀罗花》等。后来吴祖光把《闯江湖》的剧本给了我们，他写的是一个戏班子的故事，天津想要他的剧本，他说我已经答应给青话了。为什么给青话？因为他是我们挂钩的作家，另外他觉得我们团有这个实力。

采访人： 您那时候多大年纪？

李祥春： 已经四十岁多了。我在《闯江湖》中演"苦三"这个角色，照样拿大顶、翻跟斗，所以吴祖光看了很开心，他说："没想到，祥春，你还有这个功夫。你演得很好，就是漂亮了一点。"我在戏里的角色台词很少，怎么去表现他呢？我给角色设计了很多行为动作，没有台词时手不停地做事情，一会儿扫地，一会儿捡烟头，一会儿倒水，一会儿给角儿换拖鞋，一会还把衣服上的灰掸掉。叠戏服是要学过的，否则不会叠。吴祖光还带了一个唱评剧的老前辈来指导。这位老前辈看后说，祥春行，叠戏服是那么个意思。戏里娄际成演的角色最后被抓了壮丁，

在《闯江湖》中饰苦三

但是他是台柱子,他一走这个戏班子就垮了。这时候我演的苦三很平静地说,让我去吧。师傅为了戏班,只能同意苦三去。师娘把新衣服、新鞋给他穿上,送苦三走。我平静地走过全场,快进侧幕条的时候回身,把新衣服和鞋脱下来,给了师兄,光脚,光身,不说话,走了。杜冶秋曾说,祥春反着演,不流泪,不演悲,绝了。

采访人: 戏曲加体验派在您身上结合得很好。

李祥春: 导演给了我这样的机会,正好有这样的剧目,便于结合。所以我觉得剧目建设是相当重要的,因为这些剧目经得起推敲,经得起实践的考验。而且演员演了以后对演技有提高,能升华,也能给观众留下深刻的印象。健全剧团的演员阵容,这是剧团发展、传承的关键要素,剧目有了,没有好演员也演不出来。但是到底怎么对待团里的演员? 因为随着年龄的增长和艺术上的成熟,能够挑大梁的演员确实不少,这就给剧团的导演、领导带来很大的压力。"我为什么没演主角?""他凭什么演主角?"演员都想演主角,怎么办? 我说要么大家轮替,要么有进有退,该你演主角演主角,该演配角也要努力去演;谁适合谁来演。也有人提出搞明星制,我说谁是明星? 你站出来跟北京人艺的于是之、刁光谭、辽宁人艺的李默然比比看,行吗? 我们青年话剧团的优势在于整体性。《甲午海战》中李鸿章的侍从只有一句报头衔的台词,演员陆丁裕盛气凌人、中气十足、口齿清脆地报出了李鸿章的头衔以后,得到了观众热烈的鼓掌。这就是青年话剧团的实力所在。

采访人: 大演员跟小演员的区别大概就在这里。

李祥春: 我们青年话剧团艺术风格是统一的,演员阵容是整齐的,创作是认真的,都有独创性。为了给演员提供更多的演出机会,我们每年要演出八台大戏。随着改革开放,为了解决经费问题,我同湖北电视台、景德镇电视台先后签订联合制作电视剧的合同,还在剧团内办起了招待所,以副养文。《解放日报》头版刊登青年话剧团的创作演出全市第一的报道。但是有一天,文化局党委书记孙叔衡找我谈话说:"你主持青话工作是有成绩的,连续三年创作演出获得了先进集体,但是我们考虑一个人长期在一个单位工作不大好,要给你另行安排工作。"随后孙滨局长(我的上戏同班同学)对我说:"上海艺术研究所没有所长,你在戏曲、话剧、影视方面都是内行,艺术理论也学过,你去最合适。另外,你不离开,新班子也不好开展工作。你去吧,咱们互相支持。"我就此离开了我奉献了三十年的话剧舞台。

采访人:离开青年话剧团之后你就再没有演过话剧?

李祥春:2017年我去加拿大,演了话剧《日出》里的潘月亭,后来又演过《家》中的高老太爷。

到加拿大之后,我为什么在莱尔森学院教课呢?因为外国人的艺术学院有一门"外国艺术"课程,我可以讲一些他们没有看过的东西,比方说《大劈棺》,《大劈棺》的戏曲演出我看过,我熟悉。我一边讲这段是什么故事,一边给他们排,排了以后在学校礼堂演出,他们很有兴趣。还讲了生旦净末丑的行当分配根据是什么;又教他们动作,同样

与妻子许容廉相濡以沫

一把扇子，小生怎么扇法，武生怎么扇法，老生怎么扇法，花脸怎么扇法，它都有规范的。学生有兴趣，而且这个课我去讲也不累，这些都是我很熟悉的。学生主要是华人的孩子，也有外国人的孩子来学表演课，和戏剧学院上课一样。

采访人： 我在上戏校友出版的刊物《横浜桥》上看到过介绍您和许容廉老师在国外排戏的情况。

李祥春： 我忘了是谁写的，表扬我们这种精神，到国外去了还那么卖力地搞话剧。

采访人： 不容易。

李祥春： 我活下来不容易。

采访人： 您这一生遇到不少坎坷，受了好几次重伤，在您的艺术人生中留下印记，应该是功德圆满了，真的是不容易。

李祥春： 是啊，我活下来不容易，最遗憾的是青年话剧团没能够活下来。

采访人： 人生不可能都圆满，总归会留下一点遗憾的。谢谢您，李老师。

（采访：李丹青　整理：李丹青）

自然真实的表演、真情的流露是我的出发点

——马邻口述

马邻,上海话剧艺术中心导演、演员。中国戏剧家协会会员,中国话剧艺术研究会会员。1949年5月参军,先后在苏南军区、福建军区及海军陆战队当文工团团员。1955年申请调至上海戏剧学院表演系学习,1959年毕业。在上海戏剧学院实验话剧团任演员,并于1963年调入新成立的上海青年话剧团。曾在《上海激战》中饰女主角沈秋菊、《樱桃园》中饰女主角朗涅夫斯卡娅、《无事生非》中饰佩特丽丝、《吝啬鬼》中饰福罗西娜、《博士的罗曼蒂克》中饰宋美龄、《神州风雷》中饰江青、《寄生草》中饰吴太太等。导演话剧《补课》《初恋时我们不懂爱情》《月色濛濛》《西哈诺》等。荣获文化部首批"从事话剧艺术工作四十年"荣誉证书。

采访人: 马老师,请介绍一下您的家庭情况。

马邻: 我父亲马葆珩是个旧军人,毕业于保定军官学校,当时还是

地方上的行署视察专员兼司令官,他觉得应该拥护国民政府提出的国共合作、共同抗日的主张,就给了陈毅同志大量的支援,包括军备、弹药、军饷,蒋介石大发雷霆下令逮捕、枪决我父亲,后来他的同学、江西省政府主席熊式辉悄悄地把他保护下来,先关进监狱,等事态平静再悄悄放到云南、贵州一带,所以就和家人失去了联络。解放后陈老总把他请回上海,安排在上海市政府参事室当参事,生活非常稳定,一直到"文革"中被批斗。"文革"后,刚告诉他平反的消息,他就心脏病发作去世了,粟裕还发来慰问电并送来签名的花圈。我母亲苏惠善是满族人,杭州女子师范学校毕业,很时尚、洋派,和我父亲结婚后就跟着他南征北战,后来因为父亲被关进监狱失去了音信,我母亲一个人带着我们六个孩子到处奔波,艰难生活,还为抗日战士募捐寒衣。她非常注重教育,一开始家里还有点钱,所以送我们到教会学校读书,还带我学音乐、看电影、看戏,从小给我一种美的教育。我看过的第一个话剧是黄宗英演的《甜姐儿》,现在印象都很深,还看过上官云珠的话剧《七重天》,但并没想过自己要当一个演员。

采访人:小时候没有想过当演员,那您又是怎么会去考剧专的?

马邻:后来家里生活比较困难了,我妈妈就早出晚归,日夜工作,也搬了几次家,生活很艰苦。妈妈为了养育我们费尽心思,但我们出去都很体面。我小时候没有体会,我哥哥就比较懂事,初中毕业,他说对面戏剧学院在招生,不需要学费,还有饭吃,我们去考吧。当初我就觉得去试试吧,妈妈也同意了。所以解放前我和我哥哥稀里糊涂考进了上海剧专。剧专是一个很进步的学校,1948年就有很多人都到解放区去了。

采访人:这个时候学校还开展教学吗?

马邻:解放前也没上什么课,剩下的人组织了小分队迎接解放,演进步戏剧,《阴魂不散》就是讽刺蒋介石的,演完了还要逃走、躲起来,怕被抓。我在剧专晚上没事就看戏,那个时候正在上演《大雷雨》《北京人》《小人物狂想曲》《可怜的斐伽》《夜店》,都是比较进步的戏。

采访人:1949年上海解放以后,您参军了?

马邻:是的,上海一解放,苏北军区文工团的同志就来动员大家参军,他们就是此前去解放区的同学,他们说要组建苏南军区文工团,我就去了。当时剧专的老师说,马邻,别人都学了好几年,都在舞台上演了很多戏了,你什么也不会,你就在这儿玩了半年多,人家去演戏,你去干什么?你还是好好学习,等学好了再去,不然再回来就没那么容易了。当时我在学校交了一个朋友,就是后来我的爱人杨观复,后来他做了上海沪剧院的导演,他要参军,动员我也去。那时候我们关系虽然不是很明朗,但是大家互有好感,我就跟着他一块去了。

这个团体小资情调特别浓,因为大家都是从剧专、艺专、音乐学院过去的,很温情,在部队里少有,所以那个时候我在剧团经常挨批,自由主义、小资产情调、任性,一点小事情就会有人批评你。领导说,这支部队需要严格地锻炼。所以在苏南军区的三年,我们参加过农村锻炼、镇压反革命、土改、"三反五反"以及党校整风,但基本上就是叫我们去受教育的,还没有涉及自身。一年后给我们评定了革命军人的成分,我参加了共青团。三年中,排了《赤叶河》《战斗里成长》,演了歌剧《父子争先》《快碾胜利米》,还有大合唱、红军舞,样样都有,但是政治运动占据了大部分时间。三年后,当想着好好静下来搞点业务的时候,整编命令下来了,文工团撤销了。

采访人:文工团撤销以后,您当时有什么打算?

马邻:作为军人我们一切行动听指挥,让你到哪就到哪,没有选择的余地。我就被分配到福建军区,当时大家很兴奋,还祝贺我能上前线,他们在我的纪念册上写:"马邻啊,你真幸运,你到福建去,一定要去解放台湾了,如果你去解放台湾,请把我的心带去。"等到了火车站,我心里就慌起来了,这时我妈妈赶到火车站来看我,她说怎么一下子要去福建,前面不是还在打仗吗?来接我们的团长张荣杰告诉她,我们不是去前线打仗,是去福州军区文工团,是为了培养我,我可以演歌剧。当时火车不通福建,我们在江西上饶下火车,在武夷山换了一辆汽车,破旧的公路不好走,崇山峻岭,开了几天几夜,我不知道自己在什么地方,很害怕。就这样一路开到平潭,再坐船到福州。这个地方比苏南要艰苦得多,那个时候沿海地区很不发达。

采访人:到了福州,您的心情如何,是害怕还是兴奋?

马邻:那时虽然远离家乡,很恐慌很紧张,但一滴眼泪也没流,不像我在苏南文工团的时候,一点小事不如意就会哭,到福州好像眼泪没了,人成熟了,到了一个陌生地方觉得一切都要靠自己。到福州没多久,就开始下连队,我遇上了两场战斗,一次是南日岛战斗,一次是东山岛战斗。

采访人:虽然在部队文工团,但也需要和战士们一起出生入死?

马邻:男同志下战斗部队,女同志下野战医院。领导告诉我们要不怕脏、不怕累、不怕伤病员流血,不怕死人,如果有战士死了,我们要给他洗给他裹,给他埋好,要像爱自己的兄弟姐妹一样爱那些战士。到了野战医院你就是野战医院的成员,需要你做什么,你就做什么。最后每个人写了一份家书,就像遗嘱一样,你回来了这封信还给你,你回不来了这封信给父母寄去。那个时候我们就像苏联歌曲中唱的一样:"再见吧妈妈,别难过,莫悲伤,祝福我们一路平安吧。"那个时候也不知道战争的危险性,虽然紧张,但还有一种乐观,就跟着去了,一切行动听指挥。

真正的战斗打响了以后,你看见伤病员一批批送到野战医院,血肉模糊,真是惊心动魄。战争就是流血、就是死亡。我们给战地医生护士做助手,帮着包扎,虽然害怕也要去做,给战士喂饭、喂水,有的战士受了重伤,大喊大叫,你还要去安慰他,然后要洗带血的绷带,战士的衣服脱下来再脏也要去洗,以前不会的都得干。到了那种环境,慢慢地也适应了。伤病员逐渐减少以后,我们就要做文化教员的工作,要教战士唱歌，教他们文化。我们锻炼期满调回去了，但是文工团的话剧团指导员牺牲了，两个小演员被俘了。回去之前部队给我们做了鉴定，我和其他几个同志都立了三等功，但是想想我们的指导员和那些小战士，却永远也回不来了。

后来军区下了命令，任何非战斗人员、文工团员再也不许上战斗第一线，既不会打仗又不会用枪，也没有战斗经验，所以文工团员不能做白白的牺牲。当时福建前线的零星小仗、海岛争夺时有发生，很平常的事情，上级为了保护我们文工团员就立下了这条军规。

可是没多久，我在福建的东山岛下连队，又遇到蒋介石叫嚣"反攻大陆"。东山岛是一个很小的岛，连接大陆的是一个小小的渡口叫八尺门，因为它非常窄，上岛难、下岛也难。战斗一打响，国民党的军舰一来，就抢滩登陆。因为之前有令文工团不能上战场，所以我们就被一支小部队保护起来了，躲在深山民房顶楼的晒台上，背包不许打开，晚上不许睡觉，不许有声音。远远的天空中闪着火光，不时有敌人伞兵从天而降，枪声忽远忽近，那场战斗打得很惨，老战士和海岛上的民兵打得很顽强。不记得过了多久，大部队赶到，敌人逃走了，海滩上堆得小山似的枪支炮弹，渡口边坐着被俘的国民党军伞兵，岛上到处是枪弹痕、炮弹坑。一些刚入伍的小战士也是惊魂未定，我们要做的就是安抚工作，后来福建前线歌舞团到东山岛来慰问，我们就组织了一个大联唱巡回演出慰问部队。

我们是被保护的，毫发未伤，岛上战士们的身影，一直徘徊在脑海里，忘不掉。

马邻军装照

采访人： 您在剧专念了半年书，马上又参了军，几年下来心里是否向往着学表演？

马邻： 当时我们部队司令员是叶飞同志，他个子不高，但风度翩翩，是一个文化人。他问我："你们文工团很多人不安心文艺工作，都觉得在这没有前途，你怎么想？"我说："我喜欢文艺工作，但是我觉得动荡太大，没有实践的机会。"他说："将来和平环境，没有战争了，送你去深造你愿意吗？"我说："我愿意。"后来我又被整编到海军陆战队文工团，待了一年多，在甲板上跳舞、在坑道里唱歌表演，很开心。没多久又整编了，这次我生气了，我坚决要求回到戏剧学院去学习，而且我说，当初叶飞司令员答应过我。经过种种周折，我带着部队的介绍信到了中央戏剧学院华东分院也就是现在的上海戏剧学院，经过简单的考试后入学，我们是59届。

采访人： 上戏来了苏联专家康斯坦丁·列普科夫斯卡娅，教授斯坦尼表演体系，她在教学上有什么特点？

马邻： 这是一个最好的学习机会，我们觉得很幸运，很幸福。苏联专家带一个师资进修班、另一个就是我们班，她给我们班上基础课。她第一次来，送给我们的礼物是一套大型的积木，大方块、小方块、三角形，长方形，可以摆满整个教室。然后她说可以把这些积木当作花园、房屋、海岛、森林、山川，将来这就是我们的生活园地。第一堂课她就给了我们一块纱巾，让大家说这是什么。有的同学拿起来说这是一条围巾，有的说这是一盆火焰，有的说这是一条绳子可以当腰带，有的说这是渔网，大家展开想象力。一开始我们很紧张，都不敢上去，后来一个个变得很激动，争前恐后地你下来了我就上去，坐在底下讲我拿它当什么，上去就表演，整个一堂课就活跃起来。我在戏剧学院第一个小品就是《前线的假日》，我用积木做了一个海岛，其实就是我自己在部队经历的生活。

专家让我们松弛，教我们懂得什么是美，什么是丑，什么是应该保留的,什么是应该丢弃的,很有意思。她也很注重生活细节。我们有一个同志很喜欢用手指头抠鼻子,专家说亲爱的,如果你再想抠,我把我的手指借给你,她的意思是不要做不雅的动作。你坐在那乱七八糟,她马上说人要站有站相、坐有坐相,从生活细节中告诉你什么是美的。他不要你在舞台上表演,要的是你真实的生活。

所以我们很幸运地遇到了苏联专家列普科夫斯卡娅,她在师资进修班排了莎士比亚的《无事生非》,我们班跟进修班一起排,所有群众角色由我们兼演。这个戏还到北京怀仁堂演出,毛主席、周总理和陈老总都来看了。我们班也准备接这个戏,可惜后来苏联专家撤走了,我们都觉得很遗憾。1960年剧团复排《无事生非》,我刚好生小孩,没参加排练。演出前,胡导老师让我也去参加,在老师和同学的帮助下,就是走了一下地位,和焦晃对了一下词,然后就公演了。人家说我胆子真大,虽然我也很紧张,但是对这个戏太熟悉了,几乎按照苏联专家排的原版照搬,非常经典,非常完美,非常精致。

考试结束后与苏联专家合影。图中右下方递饼干者为马邻

采访人：1957年上海实验话剧团成立，对你们而言意味着什么？

马邻：在1955年、1956年政协会上熊院长提出要成立实验话剧团的建议，他的观点是科学家都有实践基地、实验室，而我们的演员、艺术家、老师也应该有一个实验基地，因此成立实验话剧团，既是给演员和老师有一个实践的基地，同时可以集聚人才，每年留一些学生下来，到我们那年留得最多，班里的大部分同学都留在实验话剧团。他觉得同学好不容易学了几年，一个两个的，分散在各地很遥远的地方，当地的团体又不是很成熟，一个演员去了也很难发挥作用，当然有的演员在外面经过很多年的磨炼，创造出了很好的成绩，但终究没有集体的力量大。熊院长还有一个观念，实验话剧团不像别的剧团，一定要结合实际演现代戏，因为我们是实验话剧团，经典戏都可以演，而且要多演，他认为"一个好演员，几年不给他演戏，等于慢性自杀"。所以我就觉得，因为有了熊院长，所以才能够有实验话剧团，因为有了实验话剧团，才有以后的青年话剧团。

采访人：熊院长一手创办了实验剧团，同时他也是一位戏剧教育家，在您的心目中，他是一位怎样的老师？

马邻：我觉得熊院长很爱护他的学生，很爱我们每一个人。1960年，我们跟着他坐火车去巡回演出，当时是困难时期，条件很苦，我又正好怀孕，熊院长知道以后，他一定要给我一个卧铺，大家都只有坐票。到了外地人家宴请，他也要给我带一只鸡，他说孕妇需要营养，他像爱护自己的孩子一样爱护我们，所以大家对熊院长充满着敬重和爱戴。

我们实验话剧团什么戏都排，莎士比亚、莫里哀、契诃夫、古巴的《甘蔗田》也排过。排阿尔巴尼亚的《渔人之家》的时候，我被熊院长骂了一顿，骂得我都哭了。我说话喜欢顺，自己觉得这个语言是很自然的，熊院长特别讲究台词，他要求字正腔圆，所以他既爱护你，也对你有严格的要求。我演《樱桃园》的时候，有一场演出是招待文艺界，我们大家都很紧张，我演的女庄园主朗涅夫斯卡娅在看巴黎情人来信的那一段戏,因为这是遭到全家反对的爱情,所以她想看又不敢看。休息之后,熊院长就跑到台上来说:"马邻,刚才看信这一段演得非常好,一定要保持这么演下去。"就为了和我讲一句话,说完匆匆跑下台去接待文艺界的嘉宾了。

所以你有一点好他就鼓励你,你有一点不对他就批评你。有的同学生活上的问题,他在大会上可以骂得你狗血淋头,但是你稍微有一点进步,他既关怀又爱护。

我们巡回演出到重庆、成都,都是熊院长过去从事戏剧活动的地方。他带我们去看杜甫草堂、楠木林子,还带我们去吃成都小吃。因为有熊院长带队,所以当地把我们招待得很好,我印象很深,每人十样小点心,有龙抄手、赖汤圆、夫妻肺片等。熊院长也很有组织观念,苏堃是党委书记,熊院长就打电报回去,请他到我们这儿来检查工作,看看我们的巡回演出、深入生活以及怎么为基层服务。

后来有可能是因为政治运动太多,所以他的很多理想、很多愿望没有实现。"文革"前他就去世了,留下很多遗憾。

采访人:您饰演过庄园女主人、宋美龄、江青,从年代和人物性格上跨度非常大,您是如何驾驭的?

马邻:庄园女主人郎涅夫斯卡娅、宋美龄、江青,三个不同时代不同女性,都是很独特的人物,我自己也很爱这三个角色。我想给每个角色以独特的亮相,来展示人物的点滴,也给观众以深刻的印象。《樱桃园》里的女庄园主郎涅夫斯卡娅,田稼老师说她的出场要"众星捧月",开幕时所有人物都在等她归来,马蹄声到,大家蜂拥而下,随后又在祝福声中退回场上。郎涅夫斯卡娅出场时台上一切静止,她出现在门口,一套旅行衣装,头戴一顶黑帽子,上面加一块黑纱巾把脸遮住大半,缓缓走到舞台中央,慢慢掀起面纱,环顾四周,轻轻说出第一句台词"育儿室呀,我亲爱的、美丽的育儿室呀"。这时观众才看清这样一位高贵、端庄、典雅,又有神秘色彩的女主人回来了。我想这样处理可以对人物

《樱桃园》开场。左二站立者为马邻扮演的女庄园主

塑造有一点作用。

宋美龄是蒋介石的夫人,是当时的第一夫人,雍容华贵、仪态万方,我就追求这一点。我要强调她的雍容华贵,但她又不是趾高气扬的,要给群众一个和善的形象,出场虽然也是前呼后拥,还有军乐伴奏,但是我出来的时候面带微笑、微微招手,亲切地拥抱着献花的小姑娘,一个高贵、大度、亲民的第一夫人很受欢迎。

后来胡伟民导演让我演江青,他说你想怎么演,我说我想演一个真人,不要丑化,不要漫画式的表演,我想演真正的江青,他说他也是这个意思。那时电影厂给我们放了很多江青的纪录片,纪录片里江青在机场迎接外宾,穿一身天蓝色的裙子,高跟鞋,前呼后拥。后来我的出场也是这样,背着身绕场一周,施锡来演一个军代表,给我献花,然后转过身来面对欢迎群众,观众哄堂大笑。后来我问导演达到效果了吗,导演说达到了,为什么呢?江青自以为她代表毛泽东,她是飞扬跋扈,目中无人的,她可以看着欢迎的人不动声色,到了台前面对群众她也可以虚情假意，所以那个效果就出来了。后来王元美和杨村彬看了戏告诉我，他们陪着《戏剧报》的一个记者来，记者觉得我这个江青演得最好，最真实又最有魅力。我想演的是真正的人，不管是创造大人物还是小人物的角色，我觉得他首先得是一个真的人，我觉得我要追求真实。导演也同意我的观点。所以我觉得，做演员就是这样，追求真实，没有真情实意是创造不好角色的。

作为演员，不管演什么角色，演什么你就是什么，你要进入这个角色的灵魂。有人说我是一个自然主义的表演者，而不是性格演员，我是这样想的，自然真实的表演、真情的流露是我的出发点，但不等于没有个性。

采访人："文革"之后您开始参与了一些导演工作？

马邻："文革"中，我觉得没有希望没有前途，就跟军宣队打了个报告，坚决要求到仪表厂当工人，战高温去了。其实我并不习惯，也不合适，对剧团很留恋。战高温中，因为生病又回来了，那个时候剧团在演《盛大的节日》《十月革命》，没有演出的时候也在创作。我跟施锡来、吴娱常常去看业余演出，看了一个《补课》，由大同中学学生演出，既生动又感染人，没什么教条，又是反映教育战线的，和政治不是很相关，大家很看重。然后我们深入到教学战线去了，了解学生情况，和大同中学的老师一起改剧本。我和吴娱两个人当导演，施锡来、陈宁、曹沪芳、孙滨、向能春当学生，全部我们自己排演，排练场上也很活跃，大家觉得非常好、非常兴奋。最后我们在青话的小排练厅招待演出，请了文艺界的领导来观看，反响非常强烈，觉得"文革"到现在，还没有这么生动活泼的戏，而且没有什么教条。后来中央电视台就调去录像，也拍了电影，这就是我第一次当导演。

采访人：您后来还排了哪些戏？

马邻：施锡来和我关系特别好，而且他特别厚道，他说咱们来搞一个戏。我们到北京去看《初恋时，我们不懂爱情》，这个戏反映了一群朝气蓬勃的年轻人，看完回来跟剧团商量，团里同意了。因为没钱制作背景，他就打破空间感，有点像苏联专家刚来的时候给我们一大堆积木一样，我当时记得有一个大坡顶，我和演员说你就想象吧，想象出来是什么就是什么，每个演员都发挥作用。所以我们完全凭一个演员的感觉，在舞台上应该怎么表现，我们就怎么处理。最后联系到主题，就是要表现对美、对爱、对幸福的追求。排戏的时候，他排一段，我排一段，我们想办法在音乐、舞美、演员的服装上动了脑筋，紧跟潮流，迎合当时观众的心理。其实从我现在的理念讲，我很反对迎合观众，但那时我们所谓的迎合不是低级庸俗，而是通过年轻人热爱的歌舞来表达一种朝气蓬勃。我们把宋茹惠、李道君等年轻演员召集起来，还真演了不少场，观众是很欢迎的，我想剧本本身的生命力也有一定的作用。

采访人： 从演员跨界到导演，您最大的体会是什么？

马邻： 演员做导演最大的弱点，我自己体会下来，就是缺乏全面的、完整的、更高层面的构思，而只是从一个演员的角度根据自己喜爱什么、怎么感受来处理。毕竟没正式学过，所以作为一个导演，我觉得我不过是一个学生，只是有几个戏我跟过伍黎大哥，所以不像演戏那样有自信，导演只是我的一种爱好，不能说有什么建树。

采访人： 您和伍黎合作过多部戏，他很早过世了，您能跟我们回忆一下他吗？

马邻： 伍黎大哥是我们团的一位老导演，我最近常常想起他。他个子矮矮的，长得不是很漂亮，但是他心地很善良，很有才华，说话幽默之极。他对人非常好，为什么都叫他大哥？他真像大哥一样，你没钱了，向他去借，他在楼上，翻出来钱，也不晓得是多少就给人家了，谁有困难他就帮助谁。

我和他合作过很多戏，演过《博士的罗曼蒂克》《寄生草》，从《第二次握手》开始，他就问，马邻你愿意学导演吗？我说我愿意，什么都愿意学，从那个时候开始我就跟着他学导演，我心里还是向往演戏，没戏演了我就来做导演。《第二次握手》中我就帮他搞搞群众场面，还有舞台各个部门的管理。有空我就听他讲导演理论，自己用心学。

伍黎大哥排《屋顶上的人》时也叫我一起搞，因为剧本是个演员写的，不容易，伍黎大哥认为越是这样就越应该支持。本来我有一些担心这个戏观众不多，他说不要紧，我们可以组织广大的建筑工人来看。因为这个戏反映的是造房子的建筑工人没有房子住，把一切精力奉献给别人，而他们自己要结婚的时候，还把手中最后的房子让给了别人，反映了他们很崇高的品德。伍黎大哥非常强调这一点，我也想跟他学习如何展现美、展现崇高，展现一个人的精神世界。

伍黎大哥很早就想排《西哈诺》，他一直认为，这个戏有着崇高的思想境界、优美的语言、美轮美奂的画面，真是一部浪漫主义的著作，我自己看了都觉得很美，观众看了也是这样的反映。

西哈诺是一个大鼻子，外表丑陋，心灵很美，伍黎大哥把这个戏排得绚丽多彩，诗情画意，而且音乐、布景也很优美。一开幕，有一个大酒店的楼梯，这个酒店随便什么人都可以来的，卖花的、卖报的、擦皮鞋的、杂耍的都可以进来，各式各样的人在这个舞台上走，但是别人都是背着下来，只有主角西哈诺出来，可以直接下来，通过这样的方式来展现英雄人物独特的空间，让观众一开场就印象深刻。我们剧院的导演排戏都讲究开场，这个角色对演员的要求也很高，要求语言好、形体好、身段好，能击剑会唱歌，收放自如，娄际成演的西哈诺简直是完美。作为一个导演，能够把幽默、悲怆、艳丽，融为一体，我觉得这是导演的功力。在这个戏中，幽默的时候让你捧腹大笑，悲哀的时候让你辛酸得想流泪。

1984年、1985年，那个时候电影、电视、流行歌曲占领着文化市场。这个时候话剧舞台怎么办呢？伍黎大哥说拿出这个戏来，他很有勇气，结果这个戏征服了大学生和知识分子阶层，我们收到了很多来信，观众给演员写信，给导演写信，他们非常受感动，还向我们要剧本，要西哈诺的诗,他的才情感染了很多观众。

导演伍黎大哥就像西哈诺一样,那样有深度,那样有才华,西哈诺是悲剧的,但是伍黎大哥不是悲剧的,他是被很多人接受和爱戴的。他现在也走了,现在谈他,谈这个戏,我觉得更应该赞扬伍黎大哥。

采访人:回顾自己的艺术之路,您有哪些快乐和遗憾?

马邻:我们这一辈子,经历的运动太多,一半的时间不是让你好好演戏,不是让你好好创造角色,镇压反革命、剿匪、土改,这些对自己是个锻炼的过程,可是"反右",特别是"文化大革命",艺术生命的一半被毁掉了,如果真的好好搞艺术的话,我们青年话剧团还会更好。

采访人:您对当下的话剧有什么看法?

马邻:我们话剧也可以两条腿走路,既能够出一些小型的、观众喜闻乐见的作品,也可以搞一些更高雅的、能够提高人的情操的戏,两者兼顾,不要让观众忘记我们的经典、我们的传统,该保留的一定要传承下去。

我看了《万尼亚舅舅》还是蛮感动的,虽然也有所不足,但是我觉得像这样比较深沉,富有内涵,有寓意的戏剧,观众是会接受的。我在剧场里也发现观众鸦雀无声,还是很静心,很接受这个戏。

法国的著名戏剧家狄德罗说,"当你离开剧场的时候,要比进剧场前更高尚一些"。我想他的寓意,是文艺戏剧演出应该给人们以精神食粮,能洗涤人的灵魂,给人以真善美的启迪。我们的剧场里,特别是戏曲演出,嗑瓜子干什么的都有,所以我觉得观众也需要培养,也需要去引导,告诉他怎么看戏,告诉他什么是美的、什么是丑的。

(采访:陈　娅　整理:柴亦文、王良鸣)

从来舞台无儿戏,观众心底有刀尺
——张名煜口述

张名煜,1935年出生于天津。国家一级演员。1959年毕业于上海戏剧学院表演系,毕业后留上戏实验剧团(上海青年话剧团前身)。因在话剧《秦王李世民》中演李渊获上海首届戏剧节表演奖,在《苍天在上》中扮演市委书记获白玉兰表演配角奖,在《商鞅》一剧扮演赵良获上海宝钢高雅艺术奖表演奖、全国话剧金狮奖。

主要话剧作品有:《甲午海战》《无事生非》《桃花扇》《秦王李世民》《雷雨》《商鞅》《苍天在上》《红星照耀中国》《无人生还》;主要电影作品:《祸起萧墙》《血战台儿庄》《情洒浦江》《三毛从军记》《生死抉择》。

采访人: 您是天津人,后来到了兰州又考到上海,能讲讲您到上海之前的情况吗?

张名煜: 我1935年生于天津,家在天津西北角一个回民聚居区。我家本是一个回民大家庭,父亲兄弟四人,他行三,还有两个妹妹。他的出众在于他是这一区域里唯一的一个大学毕业生,毕业于当时河北高等工业学院电机系,被周围邻里称为是草鸡窝里飞出的凤凰。其实大学上到最后一年,家里已无力负担学费,是靠变卖母亲结婚时的一些陪嫁才维持到完成学业的。

1936年时局吃紧,大学毕业的年轻人不愿为日本人工作,父亲和同学结伴离开天津,奔赴重庆。第二年日本人就侵占了天津,我们家的家境就一年不如一年了。父亲的长兄和四弟相继惨死,可以说是家破人亡。父亲在重庆只能和家里通信,但是不能寄钱。一个本来就没落的大家庭,死的死,散的散,离的离,一家还剩老少妇女七口人,艰难度日。当我五六岁刚刚有些记事的时候,我记得家里最好的主食就是玉米面、杂和面,几乎吃不到白面粉,最后只能吃喂牲口的豆粕(榨完油的豆渣子压成的干饼)和玉米脱粒后的棒子磨的粉。

大约在1943年的下半年,母亲向祖父母提出要求,要带我到重庆投奔父亲,减轻家里的负担。虽然当时母亲是家里的里外一把手,但是祖父还是同意了,让我们去重庆,并很快和父亲通信商量了一个可行的办法,最后父亲来信中提供出行路线,要我们尽量避开日本占领区。

母亲是铁了心了,再苦再难也要到重庆跟父亲团聚。按说我们这样逃难,如果能有一两个同行的伙伴还好些,当时三十出头的母亲带着我这个九岁的儿子,在兵荒马乱的年代出行,实在是走的一着险棋。有不少亲友也劝阻,有的了解点局势的人说日本人长不了的,再过一两年说不定就完蛋了,其实这倒是有真知的见解。可惜家里的日子实在难过,迫不得已,1944年农历正月十五过后,爷爷和舅舅送我们上了去济南的火车。火车开动后,从此我们母子二人就成了断线的风筝,前路无论碰到什么问题,我们和天津、重庆两头都联系不上了。

当我们乘火车到济南之后,火车不通了。只好走旱路,就是一站一站靠当地农民拉着板车走。人力拉的架子车,虽然很慢,但他们都有固定线路和傍晚落脚的小客栈,可吃可住,第二天会有另一位为我们拉车，他们互相交接，都很顺利。能这样顺顺当当地走下去，虽说不快倒也安全可靠。但好景不长，有一天突然发生了变故，架子车被日本兵抓夫，为他们运军用物资，农民就给我们换了一辆牛车，牛拉的车怎么能走长途？而且赶车人也不认路，此后一切都乱套了。我们换过两头毛驴车，也换过独轮小车装行李，我们徒步跟着走。但是母亲不管千难万险，一心奔向洛阳，因为只要到了洛阳就逃出了日本占领区，安全有保障了。另外母亲手里还有洛阳城里一家人的地址，和这家人联系上可以接济我们路费，并安排我们往下走的行程。但是这时候母亲大概已身无分文了，因为我们已经把一床崭新的棉被卖给人家了。等好容易奔到洛阳城下，我们远远地就看到人流涌动，一片动乱景象，说是日本人要打进洛阳城了，城里居民纷纷外逃。母亲拿出路条问地址，人家都很奇怪，说大家往外逃都来不及，你们怎么还要进城找人？城里人都逃空了，你们肯定找不到这家人的！劝我们千万别再往城里走，太危险了。这时我母亲如五雷轰顶，完全崩溃了，搂着我放声大哭起来。我们以为到了洛阳就不会有日本人了，有了接济可以比较太平地往前走，结果竟然走到绝路上了。母亲一路的艰辛一路的委屈都在这时爆发出来了，听到的人们虽都表示同情，却是自顾不暇爱莫能助，结果还是一位国民党军的连长，他掏了两块大洋给我母亲，但是下一步怎么走，人家也无能为力。母亲收下两块银元拉着我走在逃难的人群中，因为我们是回民，母亲想到我们可以去找清真寺，也许能帮助我们。后来真的找到了清真寺，清真寺里只有一位年长阿訇留守，母亲向阿訇说明了我们的经历，阿訇答应让我们当天晚上就住在寺里，傍晚阿訇回家前嘱咐我们夜里不管有什么动静都不要回应，他要把门反锁上。我们在一间很大很空的屋子里住了一夜。第二天一早，阿訇来告诉我们，明天必须离开洛阳，因为明天洛阳火车站要开出最后一趟火车，这是最后的机会，更幸运的是阿訇的儿子是洛阳火车站的站长，可以给我们准备两张车票。就这样他把我们送上了火车，等于是救了我们一命。所以，洛阳城下两块银元、两张车票,几位好人为我们解了困,总算抢先日本人一步逃离洛阳,感谢上苍。

采访人：后来就再也没有见过这位阿訇？

张名煜：没有,那时候兵荒马乱,也没有留下地址和姓名。车开了大概一小时左右,列车上就传来消息说日本人已经进了洛阳城①。这一路到现在,我们母子两人居然又能乘上火车,顺利地往前走,这是上苍最大的恩典。说实在的,我那时的感觉还有点懵懵懂懂,但是母亲肯定承受了很大的精神压力。没想到,惊魂刚刚定下来,有人发现天上有日本飞机在追火车！其实列车司机、车长比我们早发现,而且列车也开始全力加速,飞机很快靠近火车,接着是机枪扫射的声音,几位乘客和车长紧急交涉要求立即停车,因为火车再快也跑不过飞机,让大量逃难的旅客逃生是主要任务,列车方面接受了这样的建议。但是由于车速太快一时停不下来,通过不断减速才停了车,人们冲出车门无处藏身,都躲在麦田里。一个中年人带着一个老太太和一个小孩,他们三人和我们两人,是最后看到飞机飞得远了点才冲出去的,我们趴在稀稀拉拉的麦垄里,偷看着飞机的动向,还随时准备着飞机飞到头顶上时再逃。我亲眼看到飞机俯冲投弹,炸弹爆炸的巨响、火光浓烟,接着听到的是一声撕心裂肺的呼叫声"姑姑！姑姑",顺声音看去,只见一个大概比我还小的男孩,漫无目的地奔跑哭喊,满脸流着血,这时从他附近的麦地里蹿出一个人来抓住他,一把把他摁在麦地里。看到这个情景,母亲紧紧地搂着我说："孩子,你可不能乱跑,咱娘俩死也要死在一块儿！"可怜的母亲因绝望而准备赴死,甚至也后悔离家走这一趟。

父亲寄给我们信中所附的路条说是尽量避开日本人,谁知道我们这一路走来,其实日本人就像魔鬼一样紧紧跟着我们。我们遭遇的这一切,天津家里不可能知道,重庆的父亲也不可能知道,无处述说,我们

---

① 1944年5月22日洛阳沦陷。

真的是断了线的风筝，真正是死里逃生。火车再启动时人们的心也静不下来，火车被炸弹震得摇摇晃晃像要散架子似的，开到一个小站附近的隧洞里停下，等到天黑才敢再往前走。经过这次惊吓，再上车之后，我昏昏沉沉在母亲怀里呼呼大睡了不知多少时间，而且此后是怎么走的，换过车没有，以及怎么到的宝鸡，我一点也没有印象了！

童年的这段刻骨铭心的经历时隔七十多年到现在想起来还历历在目，很多事情年头久了都淡忘了，可就这一段从未忘记。

采访人：从洛阳出来就只有那个军官给的两块钱？

张名煜：两块大洋。又省了两张火车票钱。那时火车上哪有饭吃，买了一点饼和几个鸡蛋，弄一点水喝喝，难得吃上一碗面条就开心得不得了。

到宝鸡，又有印象了，一是因为逃难的感觉淡了，不再是兵荒马乱、人心惶惶的了，二是因为联系到了接我们的朋友。他给了我们到重庆这一路足够的路费，安排我们第一次住进了旅馆，买好了长途汽车的车票，等了两天，又到车站送我们上车，再打电报告诉我父亲什么时候在重庆车站去接我们，做得十分细致、周到。一路走来，此时是母亲最高兴、最放心的时候。

那时候的所谓长途汽车实际上就是一辆卡车，没有顶棚也没有座位，把行李铺在屁股下面，人坐在行李上。我记得所有的旅客每人买一顶大草帽遮阳，这一段路怎么走的、走了几天到的重庆，我已经忘得一干二净了。最独特的是，重庆汽车站上来接我们的人和母亲很客气地说着话，我拉了拉母亲的衣角问"这位先生姓什么"，好像也要打个招呼表示谢意似的。母亲笑着告诉我："这就是你爸爸呀！"战乱时期阔别八年，夫妻、父子见面，这要是在戏剧或影视作品里，肯定是会做抱头痛哭或者是亲吻拥抱的所谓煽情处理，而真实生活中，居然什么都没有，最奇怪的是母亲为了见这一面付出了多少艰辛，此时她却没落一滴泪。更奇怪还有，与父亲分别时刚学会走路的儿子，八年后已经是九岁的大孩子了,此刻见面父亲是不是至少要把我拉到身边搂一搂摸摸脑袋之类,居然都没有,用现在的说法就是一反常态。他似乎对我还有点审视的眼光,这一点在我当时幼小的心灵里像被划了一道痕,此后多年,这一条阴影一直存在于我们父子之间,并影响着我们的感情。

采访人: 分别七八年了,和父亲太陌生了?

张名煜: 他1936年离开天津的,整整八年,当时我刚会走路。

等我们刚被安排在旅馆里,就听到最强音的空袭警报,日本人的阴魂不散,我们娘俩第一次体验了躲防空洞的经历,半个多小时警报解除才出来,重庆当地人远没有我们那么紧张,他们都习惯了。说是到了重庆,其实第二天就乘滑竿奔向郊区农村,父亲工作的工厂在山区里,家属宿舍在半山腰,算是在一个极其简陋的家里安顿下来。结果一直到我离开重庆也不知道重庆是什么样子,因为再也没有进过重庆城。

采访人: 后来您跟着父亲又到了兰州?

张名煜: 对。因为动乱年代总是不能安定,在重庆不到半年,父亲所在的工厂又要迁厂到兰州,于是1944年底我们又随大队人马转到兰州。我离开天津时是上小学三年级,到四川还是读的三年级,再到兰州又是读的三年级,这种不安定的学习生活使我没有打下很好的学习基础,也没有得到很好的启蒙。

到了兰州,总算安定下来了,小学是在当时的西北师范学院附小读的,是西北师范学院教职员工的子弟小学,我这才开始了比较正规的学习,但是我的数学始终学得不好,也毫无兴趣。1949年暑假期间我小学毕业,兰州解放了。可喜的是,我居然考取了名校西北师范学院附中。因此直到1955年高中毕业,我在学校住读了整整六年。后来父亲工作调动到宁夏银川,而我却一直留在兰州,也是为了不离开这样一个高水平的学校。这个中学教学水平是很出色的,尤其数理化工科方面,出了不少人才,考大学升学率也非常高,但是对我来说学习的负担很重。我高中毕业考试数学成绩竟然是59分,结果被课代表发现老师的判卷有误,老师也高抬贵手改成了60分,才得以顺利毕业。其实学习期间,学校老师和领导也知道我不是学数理化的料,但是在文科方面,在艺术趣味的追求上,我比较出色,美术、音乐、演戏这些方面还会给我提供一些便利。我在学校里演过两台话剧,一台叫《庄严与丑恶》,还有一台叫《江南白毛女》,不但在自己学校演,演完了还拿到师范学院去演。

采访人: 这个学校虽然是以理科见长,但文艺方面还是不封闭的?

张名煜: 这些老师都是西北师范毕业的,也很年轻,还真有兴趣搞这些东西,跟学生又打成一片。我们的音乐老师听我的嗓子好,他就给我找了一些适合我唱的歌,我们学校成立了一个合唱团,让我当团长。一曲《英雄战胜大渡河》,由我领唱,那时候唱的还真不错。

采访人: 高中毕业前您打算考哪个学校?

张名煜: 我本来准备考美术院校的,因为我画画还可以。但是到了高中阶段已经没有美术课了,我就自己学画,西北师范学院有美术系,有画室,我假期不回家就跑到画室里去画石膏像。后来学校分来一个美术教员,他看我画的石膏像,就问我是谁教的,我说自己画的。他觉得我水平还可以,他就选了我画的三幅石膏像素描,对我说你把这几张素描寄给中央美术学院,他们保证录取你。但是当时戏剧学院对我吸引力很大,我们前几届的毕业生中也有人成为总政话剧团和西影演员剧团的演员的。原本比我高一届的一个同学章希平(上戏表演系58届),她高中毕业以后考取了上海戏剧学院,第二年我毕业前,她来了一封信,说我要来考上海戏剧学院的话一定能考取。

采访人: 您动心了?

张名煜: 是这样。其实回过头来想,我应该学美术的,美术是个体劳动,戏剧是集体创作,我很难应对,我这个人的脾气犟,一直玩不转。还有一个遗憾,很有愧于父母,就是我高中毕业要到上海考学,只在兰州打了一个电话给银川的家里,来不及回去一趟看看二老,也没跟他们商量商量,就直接从兰州奔赴上海应考。考完了以后到发榜还有个把月,我本来想回家的,因为自己能不能考取没有一点把握,再说手里又没有钱了,给家里写信,一封信来回要好长时间。这时候碰见朱端钧教务长,他说听说你要回家?我说现在发榜情况也不知道,我想回家看看。朱教务长说你等一等吧,等发了榜以后再说吧。1955年7月前后,《解放日报》上面刊登了戏剧学院录取名单,我被录取了。虽然我一直没有回去,但是心里头总是有一种不太好的预感,因为家里老不来信。考试前后我写信给我父亲,希望他能够继续支持我上大学,他说你要尽量想办法申请助学金。那时候我也不理解他是什么意思,是不愿意接济我,不愿意供我上大学,还是因为我学的专业他不喜欢。现在年纪大了,回想起来,对父亲真的有很多感觉抱歉的地方。

采访人: 后来父亲出事了?

张名煜: 刚刚开学没几天,我得知父亲在肃反运动当中自杀了,结论是"现行反革命"。我马上向学校提出来我不上学了,我要回去跟我母亲在一起。院办公室主任魏照风老师,对学生非常亲切,他苦口婆心给我做工作,他说你一定不要退学,已经开始给你申请助学金,有伙食费,每个月还有四块钱的零用钱,而且每年还可以做两套衣服,冬天做一套衣服,夏天做一套衣服。我估计也是因为老师感觉我还是这块料子,所以一再挽留,就是不让我退学。我母亲也来信了,说好不容易考上戏剧学院,就不要退学了。我感觉最亏欠的是我母亲,我父亲走了以后她孤身一人在银川,她原来是厂里家属的妇女代表,现在变成反革命家属了。后来我们见了面,我问她这几年怎么过来的,她说给人看孩子、洗衣服、做衣服,给工厂里剪羊毛,什么苦活都干过。

采访人: 您考试的时候考了什么内容还有印象吗?

张名煜: 考的是即兴表演,就是让我晚上从外面回校叫门,有一个高班同学在里头跟我搭戏,他怎么也不给我开门,说再多的理由也没有用,气得我没有办法,最后坐到门旁边发呆。另外还考了唱歌、朗诵,我这方面条件好,可能在考生里我这么好嗓子的不太多见,所以印象比较

在上戏就读时期的张名煜

深。另外，中学给我的学校鉴定，戏剧学院领导看了，觉得我在中学表现非常好，什么缺点都没有提，我知道这是中学的老师同学对我关心、爱护，看我一个人孤身到上海，所以尽力给我提供一个比较好的条件。

采访人：1959届的学生很幸运地遇到了苏联专家教表演，基础打得很牢，有哪些您印象最深的小品？

张名煜：确实，学校那时候给我们提供了一个很好的条件，就是苏联专家教学，为我们这一辈子打了一个很好的基础。专家教学是从最基础的东西教起，怎么样使肌肉松弛，怎么使注意力集中，无实物练习，还有各种手段，一步一步推进。苏联专家让我们一下子把鉴赏审美的水平提高了，做小品、搞戏剧应该具有这样一个高度，这个有好处，也有坏处，坏处就是后来我们到了工作的时候处处感觉不称心，感觉老是达不到那个要求。

比方说做小品，有两个比较好的小品。卢时初做了一个小品，表现志愿军护士给志愿军洗衣服，凿开冰面，在水里头洗，洗完了搁到盆子里弄好了，擦一擦，冷的感觉都有，然后拿着脸盆就走。这时专家提出，这个脸盆搁在冰上，临走的时候，盆被冻住了应该是拿不起来的，你怎么随便就能拿着走呢？这里少了一个过程，你要加一个动作，使劲拧一把脸盆再提起来就完美了。这个点睛之笔，的确是高明的点拨，要对艺术有一个高标准的追求，这使我们终生受益。还有一个小品，说在台湾过十一，用积木斜坡做了一个屋顶，然后演员从屋顶爬上去，头上戴了一个鸭舌帽露出来，把旗帜拿出来，周围看了看后把旗帜插好，然后再走，感觉也很好。专家就说，爬上来的时候应该把帽檐挪到后头去，然后你观察周围,插好旗子下去之前你要面对旗子再把帽子正过来,很恭敬地看着再下去。如果没有这些细节,就是一个很平庸的作品,添加了这几笔就很精彩了,这是给我们最大的启发。

后来我演了一个《祝福》的片段,儿子叫狼叼走了,祥林嫂要追出去,贺老六还在生病,他从床上爬起来,把猎枪拿起来,但是追不出去,整个都是用形体语言来表现最后他怎么倒下去。老实讲,那个时候虽然没有人手把手教你怎么做,但是真正进入规定情景里以后,真正是体验了,感觉很自然,也不紧张了,就感觉到我肚子疼得不行了,但是我还非得要起来,然后倒在那儿。演完了以后,表演老师王琪很高兴,拽着我就说,张名煜,你这个小品很好,你比范瑞娟(在越剧《祝福》中饰贺老六)的表演还要真实。那个时候我就感觉到演戏的真诚能够唤起很多东西,都是从心里爆发出来的,把形体上的东西都调动起来了。有了真情实感之后,它的确是能够感染观众的。打那儿以后演戏我就都是全神贯注,全身心投入,完全是满腔热情,实打实、硬碰硬地在那儿演戏了。

采访人:《甲午海战》是您毕业以后的第一个大戏,邓世昌也是您第一个吃重的角色?

张名煜: 对。其实选定我演这一角色,跟我当时正在演出的抗日剧《战斗的青春》有关。剧中我演老村长,一个小角色,戏不多,但是最后是被日本人五花大绑喊着"打倒日本帝国主义"的口号英勇就义的,这个戏不多的角色给观众留下了较深的印象。

当然,肯定很多人都没有想

在《战斗的青春》中饰张村长

在《甲午海战》中饰邓世昌

到我能挑邓世昌这么大的大梁。如果没有这个戏给我垫底的话，后面的路就不晓得怎么走了。因为那个时候我刚摘了右派帽子，肯定是下了死劲的，这个戏肯定得打翻身仗。

这个戏给我以后，熊院长找我谈过两次，语重心长地谈，他就怕我在戏里头激情出不来，把这个戏演砸了以后就完了。我心里有底，我是在日本侵华的环境下长大的，什么苦日子都过过来了，还差一点就死在日本人的炸弹下。我有这个自信，但是我没有说，通过排练演出，完全把激情宣泄出来了，实际上就是把真情实感拿出来了。最大的技巧就是邓世昌被罢官之后的那段舞剑了，那时候如果不好好练，不好好学，剑舞的不是那么回事也完蛋了。好在那时候年轻，精力旺盛，也没有任何拖累，铆足劲上，下功夫以后肯定是有收获的。那一场舞剑是昆曲"传字辈"的方传芸老师编排的，他每天提前一小时到校手把手教我，然后我到排练场排练，从排练到演出每天至少自己练两遍，做到演出中万无一失，成为全剧中比较完整树立邓世昌英雄形象的重要一环，强化了人物形象的情感表达。对方传芸老师我真的是感激不尽。熊院长对台词的要求很高，他每次都要说不要忘了台下的观众，每个人都要听到，这个我做得到。所以《甲午海战》给我一辈子演戏打了一个很扎实的底，让我懂得舞台上的技巧，舞台上要有手段，像舞剑这种手段是体现人物的东西，每次演戏我都要寻找这种东西。我们一毕业就给压上这么重的担子，对我们而言真是一笔财富。戏里所有的群众演员、所有的配角都是同学，大家为了高标准完成一部戏，都是一门心思拧成一股劲往上冲。所以那个时候青话出来的戏有一个很好的气场,观众面前一股热气扑面而来,这样一种阵势,非常有感染力。

采访人:那个时候的老师,他们更多的是教育家,有一种人性关怀。

张名煜:1959年的国庆节以前,我刚刚离开学校,但还没有摘右派的帽子,是《关汉卿》这个戏排完后摘的帽子。这个戏里我演郝祯,原来让我演反一号阿合马,但是第一天排练,临时把我换成演郝祯,估计跟我的右派身份有关。郝祯这个角色我也照样勤勤恳恳地演,每次排练完了以后我都要问场记,教务长对我这个角色有什么意见?当时场记跟朱端钧教务长说,张名煜老要问你对他有什么意见,他就笑笑。所以后来休息的时候朱端钧老师叫我坐在他旁边,我以为要给我提意见了,结果教务长说不是要给你提意见,就是叫你在旁边坐一会儿。我知道他这是关心、爱护我,他知道我有很沉重的思想包袱。

我在《桃花扇》里演阮大铖,这个角色戏不多,是个反面人物,但是我很下功夫,朱教务长当时在报上登海报时指明要把我的名字放上去,这也是一种爱护。

在《关汉卿》中饰郝祯

在《桃花扇》中饰阮大铖

熊院长、朱教务长对我这么好，排了那么多的戏，我跟他们学了那么多知识，但是连个合影也没留下，想留一个纪念都没有。1965年，熊佛西院长去世的时候我们正在乡下，听到这个消息以后，我马上请假赶到殡仪馆，在他的遗体前三鞠躬，我实在是打心眼里头感谢熊院长给我的信任和培养。

采访人：知遇之恩，如果换了另外的人，您的命运可能就是另外一回事了。

张名煜：对，想想自己人生的经历很丰富，其他年代的人没有经历过的事情我们都经历过了。这正是财富，看到不少东西，看到不少事情，看到不少人。

采访人：您从考学开始，应该还是比较顺利的，怎么跟右派联系上了？

张名煜：应该说，1949年新中国建立后到我读大学前的六年中学住读的生活，是我最阳光的日子，最健康成长的阶段，有着对前途最美好的憧憬。

1955年考取戏剧学院开始，好事后面紧接着坏事，整个学业在跌跌撞撞、坎坎坷坷中一路走来，在极大的精神压力下，我没有完全自暴自弃，没有消沉下去，也是我的幸运，因为学院领导、老师、同学从各个角度、各个方面给我不断的鼓励，我深知这种待遇是和与我同样境遇的人很难得到的。"反右"运动中火力很猛，这我都一一承受。当我身无分文的时候，有的同学发现当时学院里油印教材和讲义，要刻写蜡纸，每刻一张可以给三毛钱报酬，往往接下这种活给我干，以解我的燃眉之急。上声乐课时，老师知道我的处境，看出我的情绪不好，会停下课来劝慰我，要我打起精神来，说情绪不好会影响声音的。老师不但没有另眼看我，相反给予我同情。

采访人：您从进剧团到"文革"前演了不少的剧目，也出演了一些比较重的角色了。

张名煜：我演了契诃夫的《樱桃园》，田稼老师排的，分配我演斐尔斯，他是这个家里的老家奴。我当时才二十几岁，演一个八十几岁的俄罗斯老头，那个造型、头发、胡子、那身衣服、那个形象，对我来说十分新奇，可惜只演了四场。苏联领事馆的人来看了，特地跑到后台来跟我说你这个角色演得太好了，没有什么话，始终都是自己嘟嘟囔囔。我感觉二十几岁演八十几岁，对我来说是个课题，总不能表现出那种年迈的状况，然后我就寻找用什么

在《樱桃园》中饰斐尔斯

特点来贯穿这个人物，使人家能够相信他是一个八十几岁的人。我小时候邻居家有一个七八十岁的老太太常到我们家来串门，跟我奶奶来聊天。她的头控制不住地老这么动，我当时就把这个特征借鉴过来了，表演过程中不管是说话的时候，还是没有戏的时候，我的头始终这么很不稳定地动。所以有时候塑造人物是要从生活中寻找灵感的，去挖一个特点过来。

我们这一代人演戏比较沉重，在戏里没有一点游戏意识，当然也不敢，那时候的环境太一本正经，我后来不是写"为人要老实，艺术要俏皮"吗？这个"俏皮"就是说演员不能够太死板，要挖空心思去寻找什么元素搁在这个人物身上是最适合的。

后来我在《正红旗下》里演八旗子弟里的一个佐领，是一个吃朝廷俸禄的人，跟自己的儿子说"吃喝玩乐，咱爷俩天下第一"。排了多少次我自己都不满意，怎么表现吃喝玩乐？有一次我在家里头准备这个

《正红旗下》造型照

戏的时候,突然脑子里冒出了京剧里的"十响",浑身噼里啪啦一顿拍,边拍边说"吃喝玩乐,天下第一"。后来拿到排练场上一试,全体轰起来了,说明我找到了一个比较恰当的表现这个人物的方式。因为这个角色是一个业余票友,虽然唱得很蹩脚,但是你把这个动作用上就很符合这个人物的特点。还有一场,他在里头只说了一两句话,完全是看别的角色讲怎么出殡,我在台上别扭得不得了,我说怎么会没有词?这一场戏这个角色搁这儿算什么呢?后来悟到了,这个人就是闲得没事,就是要在这些地方出现,他没有话也要看热闹,而且很起劲,心里有了这个动作,他在台上就不空了,不会感觉到没着没落的,他就是这么一个人。

在《吝啬鬼》里头,朱教务长让我演一个掮客,剧中有一场大闹的戏,儿子发现吝啬鬼父亲是自己的债主,他把他房间里的东西都往外扔,我演的掮客不断地接东西,最后扔过来的是条鳄鱼,开始还不知道是什么东西,后来突然发现是鳄鱼,"啊"的大叫一声,把它扔到老远,然后屁滚尿流地逃走了。朱教务长大笑不已,非常肯定。就是通过这样的细节表演,我发现我身上也有演喜剧的特长。其实我很喜欢演喜剧,有几个喜剧都很出彩的。

《生不带来,死不带去》,美国导演乔伊来排的那个戏,自从我上场以后观众活跃得不得了,一抬手,一投足,观众都要笑。这个戏的创作,是把一个一身绅士派头的人,在一个特殊的环境中遇到几个特殊人物后的表现反映得比较准确,而不是用一些形式主义的表演,追求廉价的喜剧效果,因此得到导演和观众较充分的肯定。

创作上我始终追求的是战胜平庸,有不少饰演配角的表演也能给人留下印象。曾经在一个戏里我跑群众,演一个国民党老兵想家,坐在地上抱着一杆枪唱了一个小曲"抬头遥望故乡星,要想回家成泡影……"我全神投入,几年后一位老师还告诉我说,他的朋友看过这台戏,对我演的老兵印象深刻。

采访人:1966年"文革"开始,应该还是会受一些影响吧?

张名煜:按照我的经历,"文革"到来后肯定要靠边挨斗,结果令我非常意外,动乱的十年里居然演了四个戏。第一个是日本话剧人社代表团到访上海,青年话剧团要安排接待并演出一个独幕剧《半篮花生》,指定我和一个女演员合演;第二个戏是《战船台》,在里面扮演二号人物老工人王大船;第三个是写当时"一月革命"的戏《盛大的节日》,让

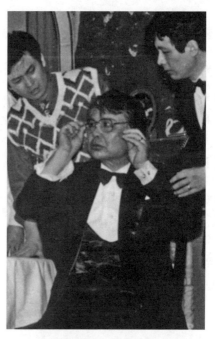

《生不带来,死不带去》剧照

在《战船台》中饰王大船

我演井峰，是个老红军出身的革命委员会领导，"四人帮"垮台之后，青年话剧团居然又赶排了一台反"一月革命"的戏，我也参加了演出，剧名是《暴风雨中的烈火》。这两个戏翻来覆去的演出在观众中也留下了笑柄，观众问：你们怎么变得这么快？你们自己有没有思想？我记得当时自己在剧本上写了两句话："从来舞台无儿戏，观众心底有刀尺。"这方面好像至今也还没有人能明确该如何对待，这是个值得深思的问题。

采访人："文革"以后，整个文艺界都得到了重生，您在80年代演了好几个重头戏。

张名煜：改革开放之后迎来了新时代，我和我父亲的问题相继落实政策彻底平反，卸下身上多年背负的两个包袱，虽然已是进入中年，但我感觉重新焕发了青春，浑身有使不完的劲，在领导的鼓励和我自己的积极争取下，1984年我入了党。

"文革"以后青年话剧团的创作演出出现了一个爆发期，观众喜欢，我们也焕发了青春，大干了一场，恢复了原来的几个戏，《无事生非》《吝啬鬼》，然后又排了《秦王李世民》《孙中山与宋庆龄》，还有《李宗仁归来》《东进！东进！》。连着几台戏，每台戏我都参加了演出，这是80年代初的一个非常繁荣、非常兴旺的阶段，那个阶段应该说是青年话剧团的高峰。特别应该提到的是经黄佐临先生介绍和推荐，我和袁国英两人还曾到巴金先生家，在客厅里演了一场《爱情书简》，得到巴金先生的赞扬，并获赠他亲笔签名的精装限量版的《随想录》，柯灵夫妇同时也观看了。这场一共五位观众，是我此生最特殊的演出。

采访人：胡伟民导演排的几个戏还是比较有影响的。

张名煜：他的几个戏应该说是很出色的。《勿忘我》《再见了巴黎》《红房间、白房间、黑房间》《秦王李世民》《母亲的歌》等等，他的手法比较多样，他在舞台上运用的手法观众都感到耳目一新的。《秦王李世民》中我演李渊，舞美那几个布幔上上下下的变化，还有面对观众的

《爱情书简》演出后与巴金合影

平台往前伸,这些手法以前没有看到过,观众想象不到会有这样的处理。杀功臣刘文静的那一场戏,做这个决定的时候,舞台平台一点点往前伸,我一点点往前走,像一个镜头往前推,推到最极致,这些都是很新颖、很绝妙的处理。

后来他还搞的《欧洲纪事》也很新颖,可看性比较强,观众也很喜欢。他不太去约束演员怎么表演、怎么体现,反正他找的都是成熟的演员,他们自然会各有各

在《秦王李世民》中饰李渊

的创造。胡伟民会把他自己的导演语言表现得特别突出,别出心裁。我跟他合作的就是这两个戏,一个是《秦王李世民》,一个是《欧洲纪

在《欧洲纪事》中饰柯克斯

事》。《欧洲纪事》里我演的柯克斯一角是个纳粹分子,战后逃脱了制裁,以石油商人的身份继续活动。

采访人:《OK,股票》里您的戏不重,但是非常出彩。

张名煜:《OK,股票》中我这个教授的角色只有两个干巴的过场,团里跟我说,陈明正老师希望我来演教授,问我肯不肯?我说先把剧本拿给我看看吧。看了之后,果然是两个过场的龙套,但是整个戏是很生动的喜剧,每个人物都很丰富,我就来了。我一边排戏一边琢磨怎么演,才能既跟整个戏的风格一致,但是又不失为一个喜剧人物,否则真的走两个过场就没有意思了。剧本里有一句话:"我昨天晚上做了一个梦,梦见我……"我想为什么不把这个梦搬到台上来呢?然后我就现编,编完了以后再给陈明正导演看,他也很高兴,极力肯定,结果演出的时候效果特别好。这个人物在股票兴旺的时候自己既想投资,又不敢,跳进去以后又拔不出来,最后又被套住,心理过程都演出来了,观众笑得很开心,这个戏很好玩的。

采访人:《苍天在上》反响不错,还得奖了?

张名煜:《苍天在上》我跟张

在《OK,股票》中饰教授

先衡两个人都得奖了。那个戏比较好，小说的基础也好，刘师正改得也比较成功，上海好几个区都去演出了。我演市委书记，只有三场戏，观众看了感觉很突出。演的时候只有一个感觉，我自己关切不正之风，跟市委书记的关切是一样的，我跟他很有同感又应该是同龄，很有欲望塑造这样一个人物，完全把自己摆到这个角色里头去了。

采访人：1995年青话和人艺合并了，合并之前您退休了？

张名煜：合并以前退休了，我58岁退休的，提前了一年多。我们正当年时发生"文革"，损失了那么多年，"文革"后正好大家都还是年轻力壮，处于创作上的旺盛期，还能够干几年的时候，又叫我们提前退休，感觉很受伤。后来我跟焦晃说，现在你再想找青年话剧团那样一拨人，那种演出的状态，恐怕找不着了，没有办法，过去就过去了，你想再追回来，追不回来了。

采访人：《商鞅》虽然是合并以后排的，但还算青年话剧团时期的一个尾声。

张名煜：因为戏里几个主要角色都是青年话剧团的老同志，年轻的只有尹铸胜、田水两人。一开始话剧艺术中心并没有看好这个戏，等到了戏出来了以后，这一炮打得很响，到处演，以后就变成中心的保留剧目了。

采访人：其实几个老演员的戏占的篇幅都不是很大，但是都很出彩，听说您原来不是演赵良的？

张名煜：本来陈薪伊导演叫我演公子虔，但是那个角色要拄拐杖，我在舞台上适应起来比较困难。而赵良这个角色有复杂的心理冲突，台词量比较多，语言比较好，我很能理解和把握这样人物的内心感受。我就喜欢在舞台上语言写得好的戏，我会特别来神，尤其是古装戏，那种半文半白的语言我念起来特别过瘾。《甲午海战》也是大段的半文半白的台词，《秦王李世民》里的李渊也是大段的台词。念这些台词跟我喜欢古典文学有关，我虽然研究不多，但是兴趣比较浓。所以我就挑了

在《商鞅》中饰赵良

赵良这个角色,后来是娄际成饰公子虔,他演得也很好。《商鞅》这个戏也是大家群策群力,很难得在那种情况之下有这么一个好戏,还有这么一批老伙计都愿意参加。

采访人: 虽然您当时接受的是苏联专家的教育,但是我们看《桃花扇》《秦王李世民》,在戏里还是有一些民族化的东西。

张名煜: 你看《甄嬛传》里包括丫鬟及一些小角色的举止言谈、反应都很到位。我感觉导演很细致,拍得很精,这不容易,作品出来就应该是这样子。现在往往有一些现代剧就是缺少这点,反正意思到了也就行了,不是想尽一切办法精雕细琢。我们现在没有做到这一点,一搞现代戏,从剧本开始就粗糙,就有很多不合理。剧本里有不合理的地方不显眼,但是到了舞台上就完全放大了,所以一点都不能放过的。我们朱教务长就说观众总是要问的,他要琢磨,观众不是那么容易糊弄过去的。

采访人: 回顾这一生,塑造了很多光辉形象,还有什么遗憾的?

张名煜: 其实我每个戏演完了以后都有很多遗憾,有时候戏演完了我也会想,当时这个地方如果我多想想,这样处理还要好。所以我每次演戏,每创作一个角色真的像生一场病一样,一直到这个戏演出后人家说还比较好,我才算放下心。接到角色一直到排练、演出的过程当中，一天到晚就是生活在这个戏里头，到演出的时候一到下午四点钟就坐不住了，一定要去剧场了。在化妆过程中、化完妆以后一定要坐下来好好地琢磨琢磨戏，把整个戏理一遍，做到万无一失。这个习惯也锻炼了我，我在舞台上不大吃"螺蛳"（指台词没有说清楚）的，但是我如果吃了"螺蛳"以后会连着吃几个，我就特别容易走神。所以我在舞台上一般不大出大事故，那真叫全心全意，可以算是兢兢业业，我感觉到这一辈子也没有什么大红大紫，也没有什么全国知名度，但是我觉得我是认认真真的、踏踏实实地干了我喜欢干的事情，这就够了。

采访人：一步一步地像个老"骆驼"似的走过来了，这个绰号是学校里就带出来的？

张名煜："骆驼"的绰号我也不知道怎么取出来的，他们开玩笑叫我"骆驼，骆驼"，就这么叫出来了。我觉得骆驼也没什么不好，我也很接受，骆驼的形象也很好，性格也很好，尤其到"文化大革命"，我想到将来也没有什么戏演了，将来的日子也不知道会怎么样，我曾给自己画的"骆驼"题了落款，有十六个字："默默无闻，任劳任怨，忍饥耐寒，昂首阔步。""昂首阔步"还是表达了我内心的一点希望。我的金狮奖、白玉兰奖、高雅艺术奖等奖项都是退休以后获得的，此前只有《秦王李世民》获得了首届上海戏剧节的表演奖。

采访人：您在老前辈身上学到了一些什么，对您表演上有借鉴的？

张名煜：在我还没有进入专业剧团之前，在学校学习阶段和进了实验剧团的初期，我对自己的要求、标准并不是很高，因为我觉得我要是定了很高的标准而达不到就会落空。但是我很欣赏像魏鹤龄这样的演员，我心目当中，我将来能够像他那样就很不错了。我觉得他为人很低调，也不是很张扬，他那个性格也适合我。赵丹我也很喜欢，他看了我们的《甲午海战》以后，还把我和杨在葆叫去交谈过一次，他很肯定我们的表演，我也很欣赏他的戏，但我觉得他的戏我演不了，我们不是一个路子。

金山（中国青年艺术剧院导演、演员）写过一本《一个角色的诞生》，论述了戏里头台词、内心独白、潜台词等内容，当时作为一个标准，演员都把它当教科书。但是真正演戏以后，我发现不是这么回事，如果完全按照这个方法去演的话演不了，它只是告诉你一种创作的方法，不能刻板地照抄。所谓的潜台词不是有一句话在我肚子里念一遍，潜台词是自己知道潜台词是什么内容，它是一个状态，人有一个什么状态就知道他的潜台词是什么意思了。表演并不是每句话、每一点都能够写得下来的，有的是写不下来的。比方说苏联专家列普柯夫斯卡娅教学里的要求，在三个月或一个学期排一个戏的时候可以这样做，但是到了我成为职业演员以后，一个月里就要拿出一个戏，马上要上台，很多东西就不能适用了。比方说她不让演员先背台词，但是一个月后马上要见观众了，不背台词行吗？还是得背，只不过她叫你入门的时候不要从背台词入手，因为有些演员拿到剧本后先数自己有多少词，然后就背，都背僵掉了，到了排练场和舞台上也不与别人交流。她让你不要背，是为了让你先进入角色，然后在角色中慢慢把台词消化，这是对的。此外，抄剧本也是为了教你怎么样更认真地进入角色，怎么样在剧本里寻找饰演角色需要的东西。如果不明白这一点，抄剧本也是没有意义的。

采访人：经典的、古典的、现代的戏你们都演过，您能谈谈上海话剧的未来吗？

张名煜：我思考过这个问题，我相信上海话剧将来一定有一个回归，经典话剧的回归一定会有。焦晃搞《安东尼与克丽奥佩特拉》，我觉得这起到一个作用，就是让观众知道还有这样的话剧，现在观众已经不熟悉这样的戏了，就是要告诉观众，话剧不完全是像现在这样的，还有另外一个层次的戏。将来会有人不断地追求这个东西，我们逐渐地把这样的戏一个个推出来的话，观众的欣赏水平也会提高。为什么现在都是一些白领戏、爱情戏、情节戏、侦探戏呢？要知道封闭了那么多年，那么多年都演出一些人们不愿意看的戏，观众都不进剧场了。现在好不容易宽松一些了，能够有这样的戏出来，这也是一个进步，不能百般挑剔，如果连这个也否定了，那就什么都没有了。我觉得将来各种戏都有，那就是真正的百花齐放了。所以我觉得观众看这些白领戏，看多了以后他有点腻烦了，然后你推出另一个层次的戏，看了以后他有比较了，这个戏这么演，那个戏那么演的，他的观剧体验才能够丰富起来，所以我觉得不能够太求全责备现在的这些戏，这是一个阶段。

现在的演员，就他们的基本功而言比我们那时候要全面、丰富，我们那时候会开汽车吗？会打枪吗？这些都没有学过，这些东西他们现在都玩得很好，街舞、现代舞，我们那时候看也没有看到过，这些东西将来在舞台上都可以用得上的，因为他要演经典剧目，演员身上的功夫必然要提高，必然要有技能拿出来。就像我们演《无事生非》，最后那段舞你跳不动或者根本不会跳就不行，非得跳起来不可，排练的时候先练半个钟头的舞蹈，然后再排戏，每天这么来一遍，一遍一遍地练，到舞台上才有那么热烈的场面。这些就是对演员的要求，包括演员在台上的行走、坐卧的姿态，都对演员有要求的，有了这样的戏，自然他就规范起来了。

回顾我六十多年的演戏经历，我有三个重要体会，即一个演员要尝够三重体会：第一重当然是演员自身人生道路的酸、咸、苦、辣；第二重是创作活动过程中的酸、咸、苦、辣；第三重是不断创作的各种人物形象的酸、咸、苦、辣。但是这三条里我都没有提到"甜"字，为什么？因为我觉得甜是最后的结果，有时候只是微乎其微的，不是特意追求得到的，老是去追求甜，就会自鸣得意，就会忘乎所以，自我意识很强的人往往演不好戏，这也是我的人生经历带给我的启示。为此，有感于艺术创作的苦乐关系，我写了一个大大的"苦"字，"苦"字中的"口"里有个小小的"乐"字。

采访人：演出当中有什么好玩的故事吗？

张名煜：不说故事，说两个事故吧。有一次演《桃花扇》，演员刘

张名煜题写的"苦"字

桂琴在舞台上演戏,后台在发电影票,发给刘桂琴五岁的女儿时,说是给你妈妈的票,你拿着。结果一转身小姑娘就冲到台上了,"妈妈,你的电影票"。观众哄堂大笑,只好赶快闭幕,向观众道歉。还有一次事故,我们演日夜场,演完日场以后,大家吃完饭休息,夜场戏开始了,演了一半,该上场的人没上场,到处找不到,结果一打电话人在家里头,他根本就不知道还有夜场。只能告诉观众,演员生病了,在请医生治疗,实际上是叫他赶快来。还好,他家也不是太远,赶快骑车来了,马上又开幕了,观众还鼓掌。这也说明青年话剧团没有一个正规的舞台演出部门,这方面是个薄弱环节。

采访人:接下来我们再来谈谈您妻子袁国英老师,在青话的女演员、女导演中,她有自己的艺术造诣,因为她去世得比较早,留下的资料不多,请您给我们讲讲她的情况。

张名煜:她的辛苦、她的病痛、她的毅力很少为人所知,每次想到要写老伴袁国英的经历,我都不知道如何落笔。从某种角度来说,她吃的苦比我还多。她出生在上海一个笃信天主教的家庭,她父亲是辅仁大学教授,1948年在太平轮的沉船事故中葬身海底,那年她11岁。解放后入向明中学学习,她还有个大她六岁的哥哥,解放后正逢高中毕业,母亲把他送去菲律宾神学院,等于终身奉献给教会,这就给家里的母女两人身上又背上了海外关系。

后来剧团排练《年青的一代》,我们分到一个剧组,我演老干部

袁国英生活照

林坚,袁国英演肖奶奶。排练、演出在一起相处时间长了,我们加深了了解,这样就走在一起了。这个结果让不少人很意外,也让团里的领导感到头疼和为难,团组织多次对她提出批评,领导方面既不能出面阻止,更不能公开表示赞许,每次团组织开生活会,袁国英都少不了挨一顿批评,意思很明确,你这个共青团员立场有问题,竟被一个摘帽右派夺了过去。事实证明多数群众对我们的关系是认可的,结婚那天团里正好有演出,但是晚上演出结束后,几十个同志来新房祝贺,一幅来宾签到的红绸上签满了名,同学和同事的认可使我们感到无比欣慰。

  婚后的生活也不断被证明我们有着真挚的感情基础,客观上也都能感觉到我们生活是很和谐的,有相互的理解和事业上共同的追求。不过我们结婚后没有婚假更不用说度蜜月了,一个月后我要参加"四清"工作队下乡工作一年,每月可以回家休息四天。我一年"四清"结束,再派她随另一队下乡。但是没等满一年,她因重病被送回上海。接

结婚初期合影

下来就是十年"文革",但这十年中应该说我们有惊无险,没有被抄过家,没有挨过打,没有挨过斗。

总之"文革"过后,我们俩比"文革"前关系更好,相互更加珍惜,好日子来之不易,相伴相依相扶,这个就不必多说了。

改革开放新时期的到来,使袁国英卸下了海外关系和天主教家庭的包袱,她热情开朗的性格得到充分的展现,在业务上、社会活动上充

《爱情书简》演出剧照(右为袁国英)

分发挥她的聪明才智,她不顾自己身体的健康状态,一心要把失去的时间追回来。当时她是上海市政协常委,政协文化委员会成员,九三学社文艺支社成立的发起人之一。她两次获得上海市"三八红旗手"称号,1986年和1989年两次自费赴美考察学习,后任谢晋恒通明星学校常务副校长。1986年赴美带回的美国剧本《爱情书简》,她自己翻译、导演并演出,获各界一致好评。

黄佐临院长主持创作的大型文艺演出《新长征交响诗》,点名要袁国英负责其中两个场次的导演。现在悬疑剧很火,她很早就担任了阿加莎·克里斯蒂《捕鼠器》一剧的导演。

她还导演了莎士比亚的《皆大欢喜》,独创出新的情景剧,是在青话的花园中演出的,反响不错;导演的《大西洋电话》在北京的话剧研讨会上获得导演表演奖。还导演了《一个人一个梦》《相逢不是在梦中》。她导演的《国门内外》,是一部反走私剧,此剧的演出创新至今没有再看到过。她在那个年代就用了多媒体的技术,演员在舞台上可

袁国英(左一)导演《捕鼠器》时给演员说戏

以根据剧情需要走进天幕里的另一个电视场景，演员走进走出居然做到了无缝衔接，观众感到特别新奇，天幕中的戏要事先拍成视频，工作量很大，但非常独特。她还导演了话剧《救救她》，带病拍了电影《日出》，她饰演顾八奶奶。胡伟民导演创新的小剧场话剧《母亲的歌》中，她主演母亲。此外在没有话剧演出期间，她为广播电台编写和改编了多部广播连续剧，受到听众的广泛欢迎，其中改编的连续剧《战争与命运》获1988年全国首届广播连续剧大奖赛一等奖。

从以上情况可以看出袁国英的工作状况和工作节奏。但是做这么多的工作，她是在什么样的健康状态下完成的呢？首先是高血压，她30岁出头的时候，在"文革"中她就有高血压，而且是家族的遗传，后来也和她的工作节奏和劳累有关。早在60年代的"四清"期间，她曾因高烧不退被送回上海，经医院诊断竟然是感染了小儿麻痹症，退烧后的严重后遗症是一条大腿瘫痪，完全失去知觉，不能走路，这对一个女演员是多大的打击。后经两位名医双管齐下救治，通过内服中药和热敷，两个多月后终于恢复知觉，逐步进行锻炼，然后可以走路了，但伤腿的肌肉萎缩没能恢复，一条腿比正常的细很多，从此不能穿裙子。到了"文化大革命"期间，她参加文化局系统忆苦思甜大会后，又患面神经

袁国英在《日出》中饰顾八奶奶

瘫痪，久治不愈，直到上海电影制片厂的于本正导演约她扮演电影《日出》中的顾八奶奶时还没有完全恢复。

1989年第二次去美国，也是一路劳累，因血压高引起眼底出血，她没有听从医嘱卧床一个月静养，结果发展成出血性青光眼，提前回上海医治，上海眼科专家和美国医生的结论是一样的。当时华东医院眼科主任说，治疗的结果只能保住眼球，不可能恢复视力了，结果她左眼完全失明，只是外观没有破相，外人基本上看不出而已。即便这样了，她还骑着自行车东奔西忙，满负荷干着每一件工作。她患上子宫肌瘤后，医生主张手术摘除，手术应该说还比较顺利。出院时医生关照她，这么大的手术，回家至少休养半年。可是袁国英是个在家待不住的人，勉强在家休息了一个月左右，那个最难操作的戏《国门内外》找上门来了，她不顾我的强烈反对，还是把戏接下来了。

《国门内外》剧照

这一接手的后果可想而知，不但不能休养，反而在精神上体力上加倍付出，从此元气大伤，身体一天不如一天。其实她在谢晋恒通明星学校期间至少晕倒过三次，其中两次都不在上海，一次是带学生在北京演出，一次是陪学生在外地拍毕业电影，她都没告诉我，事后有老师告诉我我才知道。她这样拖着病体好几年，还坚持接了明星学校两期工作。1995年11月11日，凌晨四点多钟，她把我拍醒，说心脏不舒服，说不出来的难过。那时候天还没亮，那怎么办呢？她说叫救护车，我一听这个，可见她感觉到很严重，我赶快打电话叫救护车。结果救护车来了以后，人已经昏迷不醒了，医生一看这个情况，就让我做好思想准备。现场抢救了大概45分钟，电击除颤都用过了，还是没有救过来。抢救的医生临走时说了句，这个病人太累了。

　　她确实是太累了，她想干的事也太多了，但最后伤在她不擅长的校长这个职位上。她没有成为一个组织者、指挥者，反而事必躬亲，加上建校以来班子就不健全，一副重担都压在了她这个近乎残疾人的身上，终于把她压垮了！可怜袁国英58岁就走完了一生，她根本没意识到老，更不知道她把身体早都给透支了！

　　大多数人，大半生走过，不知道什么是老，对老的发现太晚，当然不会有面对老来的准备，我现在就在尝着老的种种滋味！

　　采访人： 这个话题有些沉重，但不管怎么说，袁老师留下了一些作品，以后谢晋恒通学校修校史，袁老师应该说会有一笔。说起来您的书法在话剧界也是可以提一提的，这也是您业余时间最大的爱好？

　　张名煜： 以前演戏在舞台上是动态的，大喊大叫、全力以赴的，回到家里以后，要让自己平静下来，坐那儿写几个字，能够恢复到静态，起先是这么开始的。但我不是走书法家练字的那个路子，我讨教过两位比较有名的书法家，当时他们看了我练的字觉得很好，我当时练的是颜真卿的帖，他说你下次练颜真卿的《李玄靖碑》帖。这个帖太厚了，我不可能按照这个路子去练我的书法，那样的话我要把演戏完全丢掉才

业余时间书房习字

能那么练。我实际上就是三天打鱼两天晒网,想写就写一点,不想写了就不写了,有一阵没戏演了,空下来了我就猛写一通,有戏了我就少写一点。我怎么高兴怎么写,我看了谁的字好,我就学他的字。所以现在找我写字的人很多,其实我写的字让专业人士看了,肯定认为不灵的,但我就是这样子,玩嘛,书法,书法,我书无法,我就是写字。我现在不演戏了,平常我拿习字作为游戏,这样没有负担。每天七点半到了演出时间,我就坐那儿写了,写得好就好,写得不好就算了,今天就算白费了。写到十点钟不到,是散戏的时候了,好,行了,可以放下了,收拾收拾,洗洗澡睡觉了,每天这样。

采访人: 谢谢张老师给我们讲了这么精彩的人生故事,谢谢您。

(采访:李丹青　整理:李丹青)

遇到了好导演,我是幸运的
——严翔口述

严翔,曾用名严家声。1933年出生于哈尔滨,祖籍湖北兴山。国家一级演员。1951年毕业于上海戏剧专科学校表演系。历任上海剧专剧工团演员,华东话剧团演员,上海人民艺术剧院演员、副团长。舞台剧代表作:《日出》中饰演胡四,《万水千山》中饰演赵志方,《中锋在黎明前死去》中饰演哈姆雷特,《清宫外史》中饰演光绪皇帝,《伪君子》中饰演伪君子,《耶稣,孔子,列侬》中饰演耶稣。因主演电视连续剧《上海的早晨》中的徐义德,获第十届电视剧飞天奖和第八届金鹰奖最佳男主角奖、第一届宝钢高雅艺术奖以及上海市第一届文学艺术奖。因主演电影《问天何时明》中的郭沫若和《日出》中的李石清获电影金鸡奖最佳男主角和男配角的提名。

采访人:严老师是哈尔滨人?

严翔:我生在哈尔滨,祖籍是湖北兴山,是屈原和王昭君的家乡。我父亲是聋哑学校的教师,母亲是普通家庭妇女。我们是大家庭,跟祖父一块儿住。然后慢慢往南迁移,到了南京上小学,小学毕业以后,1946年到了上海。

采访人:小学的文艺氛围怎么样?

严翔:小学里有点戏剧教育、美术教育。美术老师大概十八九岁的样子,我们当时十一二岁,能跟我们玩儿。他还跟我们排戏,我记得排过《伏虎之夜》,还给我化了一次妆,那时候没有眉笔,拿纸捻成一条,沾一点黑油彩,轻轻地画眉毛,我第一次登台就是跟着这个老师。抗战胜利的时候,我们代表小学生在一个欢迎会上演了小歌剧,其实就是把《我的家在东北松花江上》从头唱一遍,把流亡的这些剧情都演一遍,是在电影院里演出,没什么舞台布景。这次演出我第一次看到纪录片,美国人拍的,庆祝抗战胜利,还观看了芭蕾舞,对我也是有影响的。

采访人:等于是开了眼界。

严翔:对,但是戏剧教育、戏剧熏陶是从小就有的,我们家里人都是京剧迷,我祖父跟言菊朋是朋友,父亲跟李少春、李万春他们是朋友,他们只要在哈尔滨演出,必然到我们家里来吃饭、喝茶、谈天。那时候票友就喜欢这样,据说也差一点让我去学戏。后来祖母、母亲不同意,六七岁小男孩,离开家从关外到关内跟戏班子学戏可不行。这对我的印象很深,我觉得我可能将来就是干这行的。我们家一放京剧唱片,我就能专注地听,马连良老板唱《春秋笔》,梅兰芳老板唱《苏三起解》,这两段唱我从小就知道。我现在参加了两个票友团,很多东西以前不觉得好,现在发现这个调子好听,他们的表演也都值得研究,写意、似有似无,正是我们追求的。让观众去感受,这就是布莱希特的理论,他不是告诉你我多强烈,而是让你自己感受,这是我最近悟出来的。中规中矩,丑角的噱头也绝不过分,点到为止,你要乐就乐,不乐也无所谓,您会心地乐也好,大笑也好,那是你的事,我反正点到为止了,真是有道理。

采访人:您中学是到上海念的?

严翔:初中读的是上海中学,那是好学校,我进去以后,头一年念书念得辛苦极了，我觉得我将来不属于搞科学技术的。那时候我住在江湾姑母家，学校在上中路，两个礼拜回家一次很艰难。有时看到报纸上登广告，八大头牌演《雷雨》，有石挥、张伐、丹妮等，那是苦干剧团最红的时候，那时候脑子里就产生向往了。

第二年我转学到了江湾中学，每天路上穿过复旦大学后门，出了复旦走到江湾镇，有三个同学，同来同去，一路上天南海北，自由自在地聊天，没有那么多压力。班级里开晚会，你来一段，我来一段，那时候滑稽戏刚刚兴起，看到以后也模仿一段。在江湾中学我演了一次黄佐临的《君子好逑》，那是正儿八经的演出，有人搭台，还有布景、化妆。我演诗人，服装是有什么穿什么，我们家有一件呢子大衣，当中有腰带，像风衣一样的，薄薄的，穿上挺像诗人。上台之后感觉不一样，因为有人抽烟，灯光一来有点云里雾里的感觉，那时有这么两三次登台经历。

采访人：您是怎么想到考上海剧专的？

严翔：因为知道那里有戏，我们就从江湾到四川北路横浜桥看戏，有时候去转转，看看他们楼上演什么。后来我就想报考，我母亲不同意，虽然我母亲喜欢看戏，但是真让自己儿子去演戏，她没有思想准备。我和我母亲去看了复旦话剧社演的《教师万岁》和《裙带风》，这个剧社很有名，我就问：我要上台演这样的戏好不好？有这样的学校我要去学好不好？她前面还看得挺乐，一提这个事，她马上满脸严肃地说不可以，绝对不可以。后来她也管不着我了，她离开上海了，我就跟着我姑母在上海念书。姑母严琬宜是《大公报》记者，姑父曹孚是复旦大学的教授，教育学家。他被公派到美国讲学，姑母也要同去，就准备把我往北平送，送到我另外两个姑母那里。我坐船从上海出发准备经过青岛到天津，那时候北平战事已经十分吃紧，1948年底，我们的船到了青岛以后就开不过去了，只能再回来。那时我像是脱缰野马，没有人管我了。

后来姑母也没有走成，我提出到横浜桥报考剧专，她心态很好，我就去报考了，那是1949年2月23日，我正式进了剧专。为什么剧专在寒假这个时间招考呢？因为有一批学生到苏北解放区去了，留校学生凑不成数，开班有困难了，于是就补上插班生。因为我是北方来的，语言没问题，我就记得考试时，我念了一段黄省三的词，然后是即兴表演，题目是外面失火了，要怎么去救，想各种办法表现。考试的时候还考戏剧常识，比如莫里哀写过什么戏、莎士比亚的戏你能写出几个来？因为喜欢我看报纸的时候就会留心，这些对我来说都不困难。那时候还有一个了解戏剧的渠道就是听广播，广播剧每天晚上都有，而且大部分都是曹禺的戏，是一些专业演员在直播的。后来我去看过他们的演播场，就这么两间屋，中间隔着玻璃，外面一间是控制室，里面一间就是录音间了，我听过《原野》《日出》，等于看了剧本了。考完之后去看榜的那天有点紧张，考不取怎么办？我很幸运，考上了。

采访人：还是和之前受过熏陶、参加过业余演出活动有关系，起码心里有底。

严翔：有关系，对此不陌生，所以出来的感觉不一样。我初三没有上完，过了寒假就去剧专了，1949年2月23日去横浜桥报到的。

采访人：这个事你跟母亲说过吗？

严翔：我母亲已经回到老家去了。话说回来，后来一毕业就拿工资，可以往家里寄钱了，这就不一样了。

在剧专的学习对我来说，现在回想起来，含金量太高了，学校上表演课、形体课，还上一些名家的课。名剧欣赏原来是曹禺教的，曹禺走了以后由李健吾教，我没赶上曹禺的课，差半年。文学欣赏是章靳以教的，他是和巴金一起创办《收获》的，1959年就过世了，这几门课真好。

采访人：这些老师都是大家。

严翔：让我们知道了什么是大家风范，这些风采真是难以言表，现在再没有了。李健吾讲着讲着就演了，说到朗诵，他的声音又好，要尖怎么尖上去，要宽厚又应该怎么样，无形当中给你很多信息。而且把莎士比亚《罗密欧与朱丽叶》很微妙的台词暗示给你了，奶妈跟朱丽叶两人对话当中，老人哄孩子的一些话，他不说你不知道，因为李健吾他自己是好演员，兴之所至会出来很多东西，不是死板的一二三四。章靳以讲屠格涅夫的《猎人日记》，我很好奇，我就把这本书找来看了，我没觉得有什么好，就是写俄罗斯的自然风光，但是经他一讲，天空开阔了，原野、河流的景色这么美，而且他一开口，一段话完了就是一段优美的散文。章靳以跟我姑母家里常有来往，最有意思的是，有一天他说你把我的图章拿去，我在剧专的讲课费一个月有五斗米，你把钱领了花吧。这个图章在我这儿搁了好一阵子，后来我还给他了，他做了文联副主席后我们也经常见面。1959年他患了风湿性心脏病，说走就走掉了，有人说他就是《日出》里方达生的原型，学者的样子，胖胖的北京人，大家书生。

这三年里面，我开了眼界，剧专就像一个大海，你游吧，哪儿都有东西可以让你吸收，风气很自由。

剧专楼底下是一所小学。男生宿舍是楼下三个房间，楼上两大间，全体男生都在这里。二楼有十间教室，包括图书馆。三楼是博物馆，就是现在上海博物馆的前身，就这么一层楼，那时候我们每天走来走去都能看到青铜器。四楼一半是剧场，一半是女生宿舍，小间里面有两间小教室，小戏可以在那里排。

采访人：剧专整体的文化氛围比较好。还请了哪些老师？

严翔：全盛时期的老师全在这儿。洪深是戏剧教育家，上课精彩至极，我现在想到洪深的很多东西是斯坦尼体系的。他有一首宝塔诗，几句话就把交流、刺激、潜台词、注意力集中、肌肉放松、动作和目的、真听真看全都概括了，所以很多老同学谈到洪深，都觉得他太有办法了。他留过学，见过国外的表演是什么样的。

我第一次演戏就演秧歌剧，叫《一朵红花》，跟《兄妹开荒》相比没那么有名，剧中老婆是模范，丈夫是二流子，后来丈夫改好了，就这么一个故事。我演二流子丈夫。

那时上课很不正规，解放前政局不稳，难得上一次课，老师说大家可以上来自由做小品，没有人上去。我觉得老师很尴尬，我们其实不知道什么叫小品，我们是插班生，老同学上过半年课还知道，他们做过练习和小品。我说就老师我来试试，但是怎么演我也不知道。我演一段失恋，看照片，最后把照片丢下去，很幼稚，做完了之后很后悔，很难为情，人家都不上去，我为什么要上去？我做了一个，另外一个女同学也做了一个，她也是插班的，插班生有表演欲望。再下一次什么时候上课就不知道了。我们教表演的老师是张客，解放后他当过北京电影学院的表演系、导演系系主任。上海解放以后，我们每天游行，张客穿上军装，以军人面貌出现了，还在车上跟我们招手。

采访人：新中国成立前，剧专中共地下组织有什么活动？

严翔：新中国成立前剧专有中共地下组织的活动，蛮活跃的，但谁都不知道谁。晚上十点钟以后演出活报剧，讽刺蒋介石和国民党的。我们有人写了一个剧叫《大江日夜流》，写国民党士兵怎么投降的小故事，到半夜一两点钟关起门来演的，演早了怕有麻烦，要是给国民党撞上了就完蛋了，要被抓进去的。

采访人：在剧专念了三个月，上海解放了。

严翔：解放了，作为我的心情来说，凡是有活动就参加，什么都愿意参加，晚上小剧场有演出，总是演《大雷雨》，看了点片段。熊雪岑、魏启明、薛沐他们这个班级角色最全，可以排出一个很好的CAST，古典名著马上就可以排出去。所以在那个地方我就觉得自由自在，吸收了很多东西。

1949年9月是剧专成立四周年，写了一个戏叫《钢铁是这样炼成的》，写学生运动的，主角是一个年轻朝气的学生。这个戏没有导演，三个高班的同学，一人一幕大家一块儿排，通知我演主角。但是排了三天戏以后，他们就说这个角色我不能演，换我们班另外一个人，他有社会经验，看起来年纪比较大，后来才知道熊佛西校长说严翔是个大人个子小孩心，大学生演不了。改让我演一个富家子弟，整天穿得奇装异服，小阿飞的样子，只有一点戏，倒也演得蛮好。

我们小剧场的戏没有断过，寒暑假要排什么戏事先都排好，角色都安排好，不回家的人就演戏，你说这个办法多好。

采访人：不得不佩服熊院长，在那种社会动荡的情况下还能支撑下去。

严翔：小剧场最大的特点和好处就是实践性比较强，给学生实践机会，所以那时候出了不少人才，有些戏还可以打乱班级界限，进行全校联合演出。有一些同学由于无家可回或者家很远的，路费很贵，放假不回家，学校又没有饭吃，生活费不够了，熊院长有时候还拿字画去卖，另外有一些救济物品，军用的，像土豆干、青菜这些东西，一顿饭就过去了。我记得我好像没有交过学费，解放以后，是有助学金的，解放前也可以吃救济粮。横浜桥留给我很多回忆，常常会想起那时很多事情。

采访人：那时候很单纯。

严翔：对，很单纯，我进校的时候16岁，毕业的时候19岁不到。因为我是初中还没念完就进剧专了，在横浜桥一共两年半。熊校长就让我们参加革命大学，盯得很紧，要我们接受革命锻炼，到农村、到部队去。比我们高班的同学就送到了解放军第9兵团。我们这班人很多，全班都送到华东革命大学，作为第二期学员，到苏州学习了三个月革命理论，然后到皖北参加土改。那个时候也不知饿，也不知苦，也不怕冻，什么都不在乎，革命的气氛，滚滚洪流。我们在华东革命大学的时候，抗美援朝开始了，我们学校很多人报了名，如果我们不在革大也会去报名的。我们班上参加第9兵团的有三个人，他们满三个月回来，有的人就去参加部队了，结果在朝鲜战场牺牲了一个。

在革大，我十七八岁就当土改工作队队长，该开会开会，该汇报汇报，该传达传达，三个月也干下来了，后来华东行政革命委员会来函说，剧专的学生一个不留,全部回上海,这时候才知道我们可以回去了。

采访人:回到横浜桥继续学业。

严翔:我在横浜桥最大的收获就是遇到了恩师杨村彬先生,1949年夏天他们夫妻两个人写了一个戏《从呻吟到欢笑》,全校混合演。我演一个农民的儿子,被抓壮丁抓走了,最后一幕解放了他跟着部队回来,当中几幕戏是写上海的工人、普通市民,就是一个活报剧。连排、彩排的时候,有一个细节就是,他喝一碗山芋汤,全家人眼巴巴看着他喝山芋汤,喝着喝着杨先生就说了,"你哪儿像喝山芋汤?你是喝莲子羹啊。"我就知道了,山芋汤怎么喝?农民该有农民的喝法。所以这句话对我的影响很大。演戏怎么演,为什么演,怎么做出来最合适,这句话一直没有忘。以后,杨村彬夫妻到苏北参加革命去了,我们班没有老师了。李健吾是教务处主任,亲自给我们代过班,还有吴天也是当时的大家,他是老地下党员了。

我们回来以后有几个月没有事干,熊佛西用他的力量把杨村彬先生调回来当我们班主任。杨先生回来以后给我们排了《战斗里成长》,演这个戏我们在年龄上是最般配的,我演一个离家出走的角色叫赵石头,不堪忍受地主的迫害和剥削,他爸爸去参军了,他也要去参军,成了解放军小战士,最后在战场上碰到了爸爸。这个戏对我至关重要,第一次演这么个人物,我不知道怎么演,我就看同学怎么演、怎么说,杨先生给我们很大自由,让我们自己演,他很少说话。这个戏演出后,评论还不错,说这个戏演到这种程度,把战士演成这个样子很不容易了,演炊事员老头演得不错,充满阶级仇恨的战士也演得好。我看到这篇文章很开心,第一次有评论,虽然就一两句话。这一晃过了六十多年了。

采访人:表演有自信了。

严翔:毕业的时候,我表演拿到的分数是76分,我们班最好的是78分,杨先生不给高分。我们班没有高分的,大家都在这个水平上。我明白老师的苦心,学生的感受他考虑到了。

采访人：在杨先生的帮助之下，您的表演跟之前有什么区别？

严翔：二年级上学期演过这个戏以后，我信心就有了。从土改回来以后，杨先生离开了，朱端钧先生来代班，排《在新事物面前》四幕戏，排了一两幕戏排不下去了。这个时候又是杨先生出来打圆场，我们马上要毕业，没有毕业公演，拿什么毕业？然后他就写了一个剧本叫《新沂河蓝图》，是他到苏北去有了生活以后写的。《战斗与成长》《新沂河蓝图》，还有一个戏叫《小鬼凤儿》，是讲延安的一个戏，聂绀弩的剧本，因为女同学戏太少了，就给她们找了这个戏，我们班大戏就这三个。《新沂河蓝图》演出时采取了很特殊的方式，约了两个杨先生以前的学生，一个是项坤，一个是沈阳，两个人在重庆的时候就是比较有影响的演员，其他的角色都是我们班的。一开始我们演群众，演技术员的那位同学，他太文弱了，有一场激情戏，知识分子下乡，受了感动，最后爆发的一个情感描写，最后让我去演。这对我来讲也是一个很大的鼓舞，让我顶角色了，而且顶了以后就上演了。我始终很感激杨村彬先生。通过这三个戏，我对自己有信心了，我内心构筑的东西比较稳定了，我有点不犯怵了。

采访人：找到了一个创作的窍门。

严翔：我演的角色完全可以从本色出发，我很感激他，一辈子受他的好处。后来我到了上海人艺他也来了，对我来说他是我第一个大贵人。

采访人：您毕业以后去了哪里？

严翔：我毕业后参加了剧工团（全称上海剧专戏剧工作团），是熊佛西先生一直想成立的一个校友剧团，我们班的大部分同学都在这里，高班的也有几个。后来华东大区撤销了以后，我们这个团一部分并到上海人艺，一部分并到上海歌剧院。若干年以后，又办实验剧团了。熊佛西先生办学一直有这么一个想法：毕业了以后的人怎么办，也得有一个地方，让他们继续去探索艺术，但是第一次失败了，然后到1957年成立实验剧团,后来改为青年话剧团了。

我们是1951年毕业的,第一批全国统一分配,但是第一批分得不是那么远、那么散,比如边疆偏远的地方还没有准备好接收,我们班分得很完整,去北京的有三个,其他的全留在上海了。

采访人:人艺在人员构成上面,相对而言比较多元化,有老剧专的、部队的、抗战演剧队的,也有演电影的,还有解放区来的。

严翔:北京好像也是这样的路子,要吸收一些人,民营的话剧团最后有落在北京的,上海就有一个建文剧社,解放初期大概有这么两三年,是朱端钧先生领导的,演过《法西斯细菌》等。

采访人:您到了华东话剧团也就一两年左右的时间。

严翔:在华东话剧团就两年。演过捷克的《尤里乌斯·伏契克》,还排了《在新事物面前》,庄则敬这个戏演得特别棒。

我们1951年毕业就有毕业工资了,是49元还是65元我记不清了。谁知道过了半年到华东话剧团就评级了。演员一共分24个级别,我们剧专毕业的这些人,都评到了十级、十一级、十二级、十三级,最好的是十级,我评到了十一级,工资是88.5元。

采访人:然后就并入上海人艺了。

严翔:是的。上海人艺是1954年12月31日开的见面会、动员会,华东话剧团的人全部到上海人艺去了。那天飘着大雪,我第一次听黄佐临讲话,挺幽默,对我们表示欢迎。上海人艺最多的时候,演员有一百多人,然后慢慢往外走,到了1958年增至三个团,然后又觉得多了,第三个团撤掉了,变成两个团,又走了一批人。"文革"以后,又恢复三个团,原来是打散的,在一个大艺术室底下。每次宣布角色,四个戏同时排,人还有富余,年轻角色有些分A、B、C组合演。

采访人:您去了上海人艺以后排的第一个戏是哪一部?

严翔:我到上海人艺以后,北京来了一位苏联专家,他来讲形体动作方法,延续斯坦尼理论,把形体动作分析清楚了,再串起来,就像一串珍珠一样，是很完整的形式了。学了以后回来接了《蜻蜓姑娘》这个戏，我把每一句潜台词、我的内心独白、我的形体动作都写下来。我当时比较急于求成，完全相信斯坦尼体系，以为这是灵丹妙药，学会以后就什么戏都能演了。老演员不是这样的，老演员墨守他的成规，原来做小品也不是很积极的，听课也来听，也知道斯坦尼体系是怎么回事。八个月以后我越排越僵，后来老演员对我说，你怎么台上走路都不自然了？我走火入魔了，老在想我这个目的是什么，我每一个动作都有目的，我要怎么样，其实演戏是流水一样的，到时候就自然出来了。最后把我给换下来了，等于撤换角色了，这是件大事，上海人艺没换过什么角色，我是第一个。

采访人：您之前建立的自信都被打破了？

严翔：被打乱了，自信没有了，很多老演员就奇怪，怎么把严翔换下来了呢？换上去的人没有障碍，没有压力，演得反而自然。这对我来说是很大的一个事情，这个坎儿差点没过去，后来是怎么过去的？我们组成的一个演出队，半年里演了六个小戏，不停地演，不停地排，换地方、装台全是靠我们自己。这下子我重新调整了一遍，不去想这些理论的东西了，不去想形体动作方法，我就是演角色，六个角色里面有两三个演得还是不错的，慢慢地状态又回来了。

我到人艺第一个大戏是《日出》，反响很好，应云卫导演是最中国式的，他是文明戏里面的元老。他怎么调教演员的，有些戏怎么安排，我全过程都跟着。他叫陈白露入场，第一幕进来一定要开灯，调度一定要排好，这一步不好的话，后面就很难了。胡四这个角色对我来说是至关重要的，我没有见过人家怎么演，只是广播剧里听到过。后来我就问了，人家就告诉我有四个人演得好：一个是谢添，他把这个人物演得懒散，梳着梳着头，梳子掉了，就不想捡这个梳子；一个是李玉堃，他手绢玩得很好；另一个叫王豪，就是帅；还有一个叫韩非。知道这四个人怎么演，我心里也有数了。正好那个时候谭富英、裘盛戎带团到上海演京剧,他们团里面有个男旦叫陈永玲,一天,有个同志把他带到剧院里来,我一看,他就是一个标准的、很生活化的男旦,眼神、动作、形体有特点。从中我就找到人物种子了,我把这些外在的东西拿来组织一下,按照我自己的想法去演,没想到效果很好,跟一般人演得不一样。而导演也有要求,比如第三幕开场胡四走着小碎步上场,到处审视,看三等窑子怎么回事,一脱大衣,一件翠绿的长袍,到这个地方,观众反响是"轰"的一声像爆炸一样的。应云卫导演对人物的要求实际上是很严格的。

话剧《日出》剧照(严翔饰胡四,孙景璐饰翠喜)

有一段戏有身段又有唱,专门请了一位京剧院老师来教我,利用身上长围巾做动作,后来戏删掉了,因为时间太长。但是学了有好处,人物的坐姿、站姿、左顾右盼应该怎么处理,理顺了以后,一下子人物就立住了。观众承认你,内涵也深刻,也是一种演法。现在回过头来看,我可以再简略一些,当时年纪轻,观众怎么喜欢就怎么演。

采访人:演完《日出》以后呢?

严翔:《日出》以后,正好是苏联女专家列普科夫斯卡娅来,她在戏剧学院的佛西楼上大课的时候我们都去听,场面壮观,挤满了人,最后她还到我们剧院里来看我们排戏,然后再提意见。这位专家不错,马科、周谅量是他们那个班出来的,那是经过一两年严格训练的。

演了《日出》之后,杭州话剧团来借我去排《秋海棠》,我当然跃跃欲试了,那时候这部戏石辉演石辉红,张伐演张伐红,乔奇演乔奇

在《万水千山》中饰赵志方

红。结果院长吕复找我谈话,他说我们认为你不要去。如果你演了胡四,再演这个,型可能就定下来了,我们给你换一个角色演。当时院里正在排《复活》,我演《复活》中马斯洛娃最后爱的那个人。他说严翔你不要演这个了,你去演《万水千山》的赵志方,这是一个很重的角色,我当然愿意了。

我觉得第二个戏很要紧,演完了《日出》以后,马上演赵志方,要是演不下来,就很成问题了,全院的眼睛都看着你。有一个老演员跟我讲,你要注意,这个戏你一定要过得去,上去了就是胜利,这话给我点了一把火。

那时候"反右"来了,我们正在文化广场演《万水千山》,140人演这个话剧。导演黄佐临对我几乎没提什么要求。别人都排四个戏的时候,我不排,我就准备赵志方,专门给我安排了一个副导演,我们两个人同出同进,他专门给我排,排的时间不少,还有一个排练场给我们,主要排第三幕,把140多句词的大段戏排了出来,排好了这段戏以后就不怕了。原来演赵志方的胡思庆调到周谅量他们专家班去了,他们那边缺少他这样的演员,乔奇也被借去了,专家班要找一些比较能镇得住的演员。所以我就不去杭州了,现在回想起来,他们的苦心是为我着想的,我是得益者。

采访人: 怕将您定型,给了您一个反差大的角色。

严翔: 1959年黄佐临院长写了文章,讲到人艺怎么培养演员:第一，我们让严翔既演胡四，又演红军营长；第二，陈奇既演蜻蜓姑娘，又演刘胡兰，反差大。所以黄院长也是我的贵人，我这个人运气好就好在这个地方，始终有人关注你，愿意给你出主意，愿意安排你的道路。

此外，我们排了苏联的《铁甲列车》《美丽的姑娘》等十个话剧片段，其中《铁甲列车》是一个群戏，里面有两个主角，一个是俄罗斯的老革命家，一个是中国青年叫吴兴，安排我演。名单下来以后，黄佐临发表了意见，认为严翔一个人化妆成外国人还可以，你们让他演中国人，一台的中国人演外国人，这是不行的。给我换了角色，我当然没有意见，就演个群众。然后他说，严翔像德国人，丹妮说，像德国贵族。两三年以后，准备排《阴谋与爱情》，他派角色的时候，女主角是陈奇、严丽秋，男主角是胡思庆和我。他就觉得可以用你，愿意用你，他让你觉得领导是在关怀你，信任你，这种感觉很好，督促你前进。

采访人：黄院长手里出来的东西比较整齐，包括安排角色。

严翔：都是别人从来没有碰到过的，1960年我们到北京汇报，当时高重实是艺术部领导，他说下面要排《日出》，问我想演什么？我说我演张乔治吧，我无大志，不敢演别的，他说你的目标是李石清，对我的要求很高了，我说团里老演员有的是可以演这个角色的，不会轮到我。永远是给你有些事去想，无形中觉得自己行，有盼头、有希望。

采访人：首先一点，他认为你有这个潜质，你能吃得下来，要不然角色不敢给你，他看人看得很准。

严翔：我在上海人艺得益不少，上海人艺给予了我很多。

采访人：从《日出》到《万水千山》，这两个反差极大的角色，两个都演下来了，从此您在黄院长心里有了一个位置。

严翔：这两个戏结束以后，1959年又演了《雷雨》里的周萍，角色也很重。导演是吴仞之，我们这辈人有一个优势，名家接触得多。吴仞之导演在排戏时给你自由，他说你跟繁漪的一段戏，你们说到这句话的时候，我要你们站在这儿，这么一个姿态，然后那段你们到沙发后面，我要你们怎么站,最后在那个地方,你站也好、坐也好,反正只给你三个动作,然后你们就走吧。我们自己去走,一开始有点硬,为走到那儿而走到那儿,慢慢地修改,我发现一个道理,他让我获得自由了。

采访人：他只给您三个调度。

严翔：三个调度是有刻画的,这个摆在这儿,或者拒绝,或者哀求,或者怎么样。

采访人：先给您结果,过程您自己证实。

严翔：罗毅之导演导戏时,一开幕调度很频繁,他有一个想法,一开始就要把观众抓住,一开始戏不能温。每个导演各有各的想法。

曹禺的戏是摇篮,你演了以后,就知道人物之间的区别,知道什么样的人物应该怎么样对待,怎么演比较明确。另外我们这一代演员看名家看得也比较多,看到别人怎么演,就会思考如果我演的话,是不是能演得跟他们不一样？表演有新鲜感了,比较懂戏的观众就会看出来,他跟别人不一样。

采访人：从这段时间到"文革"之前您排了哪些戏？

严翔：实际上,人艺的老二团,在这段时间是一个空前的上升期,二团的演出,朝整体的完整性发展,开始进入状态了。下面我讲讲二团,不讲这段历史也淹没了。二团比较突出的戏是《中锋在黎明前死去》,这个戏是罗毅之导的,给上海观众打开了眼界,原来话剧可以这样演。这部戏用了很虚的手法,一层纱幕,纱幕前后呼应,台上也没有什么道具,就那么几个座位,所有的戏都在这当中,人物有虚有实。我记得当时秦怡是午场赶来看的,她说不看没有时间了,就看不到了,所以这个戏反响蛮大的。戏里主要有五个人物,阿根廷的大财团主席,控制了一个哈姆雷特、一个芭蕾舞演员、一个野人、一个发明爆炸的科学家和一个足球运动员,实际上戏的寓意很清楚,资本主义用金钱统治了世界。主角是足球运动员,乔奇演的,我演哈姆雷特,他有时候说哈姆雷特的话,有时候又似是而非地说哈姆雷特的话,表达了一个人精神被控制、被金钱收买以后,灵魂的孤独。

1959年,国庆十周年,二团和电影界的老演员联合演出《日出》,有白杨、王丹凤、孙景璐、张雁、陈述、夏天等这些人,他们走了以后,我们二团自己接下来了。我们剧专的老学长熊雪岑演陈白露,她在女演员中是很值得称赞的,没有痕迹,人物就出来了。她演了以后陈白露的几位扮演者就有可比性了,严丽秋第一个、白杨第二个、她第三个。有人说,她这个陈白露更像陈白露,她更有大家闺秀的风范,所以每个演员演得不一样,有的偏重于这方面,有的偏重于那方面,这也算是二团的成功。

这个戏之后排了《茶花女》。沈阳话剧团到上海来演,演得不错的,但是总有区域性带来的一些不一样的感觉,他们演得很红,从沈阳一直演到北京和上海。这时候罗毅之排了《茶花女》,熊雪岑演玛格丽特,还有俞洛生、我、章非这些演员参与。熊雪岑这个戏是很成功的,因为她声音好,语言好,表达不费劲,特别是到了第五幕的时候,一个人在床上有大段大段的台词。父亲是梁大成演的,这个演员很有特点,他年纪不大,个子矮矮的,形象也不怎么样,但是语言很好,很纯正。他单独演过《狂人日记》,一个人演了20分钟。他这个老阿尔芒演得好,他自己会画画,化妆也好,他把样子画出来,头套都是自己做的,一扮出来以后,就是很有修养,很有古典味的一个老医生形象。巡回演出到湖南的时候轰动了,正好是民族歌舞团在那里演出,有一天民族歌舞团专门来看《茶花女》,没有票,他们全部站在走廊上,站了一圈看戏。熊雪岑是杨村彬的高足,这个戏又站住了,整体性很强。我演的是她后来嫁的那个丈夫,演得也不错,黄佐临也肯定的,一冷一热,严翔这个角色足够冷,阿尔芒要热。

后来会演要来了,剧本还没有写好,杨村彬先生说大家不要干等着,咱们排一出《年青的一代》。这个戏青话演了,戏剧学院演了,我们二团自己也排了,只演了五场。

还有《一家人》，参加这个戏的过程挺有意思的。最后还剩六七天了，已经连排了，马上就要会演去了，但是本子不精彩。当时上海市委宣传部的副部长石西民亲自抓，他在锦江饭店组织现场会，从早上开到下午四点讨论这个戏怎么弄，最后决定从晚上七点钟，从头排起。这就看杨村彬的本事了，他在重庆的时候，人称"杨回天"，有回天之术的人。他把动作、线索再捋了一遍，那天晚上九、十点钟散了。第二天早上排戏，一场一场地排，《一家人》后来精彩出笼。背水一战，他也不紧张，也没有说反复排，理了一个礼拜，一上演就红了。这是见证奇迹的时候，到北京会演时有点压倒《急流勇进》了，后来中央文化部对这个戏很肯定。我觉得结构没有怎么大改，改也来不及，主要是加强喜剧性，让几个人物都有发光点。比如说熊雪岑演的大嫂，工人阶级的家庭妇女，有评论说她出场就像有一缕阳光。广州战士话剧团来看了以后，所有女演员联名写了一封信，赞扬《一家人》的女演员这么开朗。一个工人戏，情节很简单，也就是这些生活素材，在父子关系上设置了很多东西，整出戏完成得非常成功。

这时候，全团士气大振，我们二团的光辉历史就在这里，连续几个好戏都出自杨村彬导演之手。

采访人：现在回想起来，达到这个高度的原因是什么？

严翔：主要在于导演的功力。所以杨村彬逝世一周年，黄佐临在晚报上写了一篇纪念他的文章，一点一滴，充分肯定了他，还写到"我不如你"，文人之间做到这一点不容易。

"文革"之前，二团还演了《焦裕禄》，又是一个不错的戏，是虞留德导演的。黄院长这次让我演一个老贫农，两场戏都是在牛棚里面，最后我完成了这个角色。我们把《焦裕禄》推上去了，是相当完整的一部戏，"文革"开始后，说不演就不演了。

一个剧团的磨合期，真的是不容易，演员来自天南海北，表演风格可能不一样，磨合得好，各有风采。另外还得要用好本子。我们还演了《杜鹃山》，我们首演的，但是北京近水楼台先得月，变成了青艺先演，我们后演，实际上我们在前，造型都是我们上海的，京剧《杜鹃山》也是这样。

二团戏演得不少，也是不经意当中，配合得很好。《北大荒人》里有很多喜剧因素，观众几次哄堂大笑。《女店员》，是老舍的戏，讲1958年"大跃进"时，四合院里几个姑娘当店员的故事，我没想刻意演什么，结果评价不错。还有《沸腾的1958》《共产主义凯歌》，都是比较好的，演了两次，国庆十周年献礼的时候，还把孙道临、张伐请来作为联合演出，影响比较大。

采访人：人艺的一团、二团的组成结构有讲究吗？

严翔：一团主要是演剧九队，加上上海几个老演员；二团以华东话剧团为主，配备的青年演员相对较多，年轻演员机会更多一点。实际上主动权不是在团里，想排什么戏由团里提出来，院里同意了以后再执行。秘书、剧务、舞台监督是固定的，演员是固定的，舞美班子也是固定的。

现在回忆起这段历史蛮愉快的，那个时候忙到什么程度？晚上演《雷雨》，早上再排一个青年会演的戏，选了莫里哀的一个独幕剧，正好把我们年轻人搁进去。忙的时候，一天三个日程，整天不着家，早上到剧院，从剧院到剧场，从剧场再回家。实际上这是有好处的，那个时候年纪轻，晚上演戏的时候，大家碰到一块儿，想到那段戏还应该有点什么东西，还在研究这个事，大家连轴转。

人与人之间的关系很好。给你几个戏你没演好，那你就上不去了，给你一个戏演好了，那就另眼相看了。人艺这点好，对于新人给机会，一次不怎么样，给两次，给三次，你三次都不行，那只好演配角，大家都知道自己的分量，非分的东西不会去争。

采访人：那个时候的领导，基本上都是这方面的业务专家，演员能不能胜任，心里有数。

严翔：对，比如高重实，他的表演才能特别好，后来他担任一团领导。杨村彬和凌琯如合导《关汉卿》时，形势所逼，非他不可，让他出演，一下子亮了，一个古装才子戏，让他上去演老头了，基本上是老生俊扮，就他演得好。接着又演了《鲁迅》，跟梁大成的《狂人日记》一样，那个时候把鲁迅在舞台上演成那样就很不简单了。《悲壮的颂歌》，他演列宁，一下子又很出彩，包括他的形象、声音和个头。他化好妆，戴了头套，准备要上场了，从楼上下来，其他演员休息的时候，大家都给他鼓掌，那个形象光彩夺目。他有一个时期，正好有机遇，接二连三地演。

采访人："文革"之前的辉煌时期，您基本上应该是全赶上了，打了一个良好的基础，在圈子里面也得到了认可，虽然也有学得走火入魔的时候，总体而言基本上还是处于上升时期的。然后"文革"开始了，"文革"时期还有正式的演出吗？

严翔：学样板戏的时候，在干校演了一次京剧《红灯记》里的李玉和，但不是全本，演了其中两场，演得像模像样的，"靠边"的人都在这儿了，行当全齐了，交响乐团大乐队，一说奏乐都起劲得不得了。我也能唱，体验了一把唱戏的感觉，演李玉和很过瘾，唱完后，观众热血沸腾。这种表演上的感受，演话剧是绝对没有的，它是各个方面帮你一起推动起来的，有锣鼓、交响乐，加上自己的情绪激昂，话剧给你交响乐也出不了这个情绪。

采访人："文革"结束，您已经四十多岁了。

严翔：回过头来，我这个人很知足的，有一次记者来访问，说十年没做事你怨不怨，我说怨有一点，但是"文革"以后的感受，我觉得挺好的。为什么？我说十年前我33岁，我已经预感到后面两批青年人追上来了，我性格方面适合演年轻人，老了要么演坏蛋，演老生一下子还适应不了。1965年排的越南戏《阮文追》俞洛生演A组，我演B组，他小我五六岁，那个时候差五六岁就要交接了，我已经有危机感了。"文革"以后，大家扯平了，我四十三了，他也三十七八岁。

采访人：越到老越没差距。

严翔：而且一比试，还是我经验丰富，有些戏他们上不来，还是得我演，反而是我抓住了岁月的尾巴。我演光绪的时候是46岁了，已经有人说了，应该放一放，放给年轻人演演，我心想又不是我争来的，是领导这么安排的。后来有一次我问杨村彬先生，他说，我想要光绪这个角色有一点思想，不要演得像毛孩子一样，所以让你演。也有道理的，各人看法不一样。接着又演了一次《雷雨》，演四凤的演员已经演繁漪了，我仍然演周萍。还演了《最后一幕》《清宫外史》《他为什么被杀》《上海二十四小时》，都是主角戏，过去演主角很少。我这么一说，后来记者也笑了，是这么回事，要是以前不可能让你演主角了，你已经四十多岁了。而自此以后，观众也觉得好，看看老人蛮有意思的，化了妆演光绪蛮好的。

采访人：演员青黄不接。

严翔：他们应该要接上班了，但是不知道为什么没有接上，可能是表演上的感觉，不像我们始终附体的，他们可能就不那么迷恋，那么悟入骨髓。再排《罗密欧与朱丽叶》的时候，让我演朱丽叶暴躁的表哥，是丹妮点的，后来我没有演成，但至少她觉得我还是能演的，演表哥的妆容稍微老一点、怪一点没问题，还是为你着想，为演员着想。

《伪君子》也是这个时候演的，原来的演员因故不能演，正好我从外面回来，杨先生跟我说，你来顶，给你一个月。在莫里哀的喜剧中，《伪君子》通俗性不强，但思想性更高，现在回想起来这个角色如果后来再演我会演得更好一些。当时一方面只有一个月时间，一方面演喜剧生理上、心理上的准备不足，应该更放松，更无所谓，虽然演的是一个道貌岸然、面目伪善的人，但是还应该演出一些更有弹性的东西。

这个戏让我体验了一把独角戏。1991年，为了纪念杨村彬逝世两周年搞了一个文艺晚会，让我来演《伪君子》，当时我正在南京紧张地拍摄电视剧《朱自清》，请假不成，时间又赶不上，我就打电话说我来不了，上海方面说不行，刚见报，戏码都登出来了，你不来不行。后来我

在《伪君子》中饰达尔杜夫,费霞南艾米儿

说,时间来不及,我只能来个独角戏,就我一个人。我临时在南京找莫里哀的剧本,然后就在拍戏的空档中背词,我就做好了一个人演的准备。也巧了,朝鲜首相金日成要到扬州去访问,拍戏暂停,我连夜赶回上海,家里面刚搬了家,我回来也得帮忙,根本没有时间排戏了。我要了小花招,我的道具是《圣经》,我在《圣经》里面夹了台词的头,这段过了以后,另一段从哪儿开始,生怕万一忘了台词。全部弄好了以后,吃完晚饭,叫了出租车到长江剧场报到。去了以后,一试衣服还可以,鞋不对,他们把《三剑客》中的白色高皮靴带了去,伪君子穿上高皮靴变成公爵了,不行,但没其他鞋了,我一看脚上的鞋还行,就要来黑布缠上以后弄了蝴蝶结,也蛮好的,没有人发现这个问题。舞台监督问我什么时候闭幕,我说最后一段我跪在地上,你看我拍地板,你就闭幕。结果上去以后,挺顺当的,转过来一看观众的时候我的心静下来了,都是白头发、戴眼镜的,很多人面孔都认出来了,杜宣,还有《新闻晚报》的记者,都坐在底下。我就慢慢演,演着演着反而得意了,感觉挺好。我自己演得蛮顺的,最后就忘了拍地板了,我站起来,看看边上,怎么还不关幕?绕了一个圈子,我又看看他,他的意思是说,你不拍地板,我怎么关幕?我说你好闭幕了,我再走到台上就进侧幕去了,这时幕就关上了,掌声响起来了。下场以后,大汗淋漓,那种痛快的感觉,从头痛快到脚的感觉从来没有过,没想到有这么好的效果。这是一次很美好的、正常状态下不会发生的演出,而且也是事先绝对不会预计到的,有这么美满的结局,我真是满足了,此生足矣。

采访人:有得意之作不太容易。

严翔:人生得意须尽欢,一个人三段独白,其实是对三个对象讲的话,转换成了独角戏,跟观众去交流,成功了。

采访人:您"文革"之前就接触电影了?

严翔:正式接触电影是"文革"以后,"文革"以前有一次大家去给赵丹的《聂耳》演群众,拍到一个两人近景镜头,印象深刻。舞台剧方面,1983年《伪君子》,1984年《女市长》,1985年《三剑客》,1986年《儿女们》,1988年还演了《耶稣·孔子·披头士列侬》,对我的表演而言也是一次洗礼。后来我发现导演对我们老演员的要求不严格,交流不够透彻,有什么不满意的地方,导演不说。其实你说了,大家共同想办法就解决了。

采访人:这个戏是怎么回事?

严翔:导演憋在心里面不说,我也着急,一开始大家对该怎么演都摸不着。吕凉就这么演了,他很年轻,很容易过来了。魏宗万演孔子,这三个人物当中写得最有光彩的是孔子,因为之乎者也、中庸之道,这些中国人最熟悉,一提观众就乐了。一开始他也很紧张,最后紧张到躺在地上拉腿拉不动,大家跟他说你要放松,他也倒好了。我演耶稣,列侬是外国人,观众也不太熟,对于耶稣观众熟悉,但是也觉得他是个神。我始终找不到让观众进到戏里面的方法,所以我就排得很郁闷,不知道怎么办好,每次就这么排着排着走不出来,直到最后进剧场,上午连排,晚上彩排,第二天就要正式公演了。

采访人:没有跟导演做沟通?

严翔:也没有说,后来到了第二天早上连排完了以后,其他人都回家去了,我就在长江剧场找了张折叠床,躺在床上,我想要么这回这个戏就这样了？还有没有别的办法？也想不出什么办法，迷迷糊糊休息了一下，脑子里面忽然有一个决定，豁出去了，我爱怎么说就怎么说。其实台词都没变，到晚上演出一开始还没什么，到后来观众的反应此起彼伏就来了。导演应该跟我沟通，那几句为什么这么写，这个话的含义在什么地方，如果早点告诉我，我就知道怎么处理了，我始终不知道有几句话要这么说。导演有点顾虑，好像觉得老演员怎么还需要我指点，实际上老演员是最需要沟通的，年轻人还好办一点，转换快。

那天晚上连排完以后，改观了，我从里到外完全放下了，那个戏就都变了，本来没什么感觉、如同嚼蜡的台词，都有交流了，有弹性了。所以沙叶新开心得不得了，说严翔你怎么搞的，说来就来了，导演也问我是怎么悟过来的。我说下午我没回家，就在这儿静静地想了一想，今天晚上准备演砸呢还是有别的路？想来想去，豁出去了，我就这么平心静气试试看，如果我早发现还可以更好一点。

采访人：您舞台剧封箱戏是《良辰美景》，之后基本上涉足影视。《上海的早晨》给大家印象非常深刻，而且演的上海资本家跟您的气质非常吻合，不是土财主，是有文化的。

严翔：当时让我去试试看，试完了以后问我怎么样，我说我不想接很重的戏，我当时心脏不大好。后来他们说服我，说你演徐义德吧，要有点文化的、有点书卷气的上海资本家，跳出资本家的框框来，就这么定的。

演完《上海的早晨》以后又演了《净魂》，写花脸演员方荣翔，这个戏来找我也是有点出乎意料。我一听是方荣翔，我喜欢的，就试试看。导演认为方荣翔的眼神跟我像，我演了不少文人题材的戏，后来化完妆确实是像。演了这个戏以后，学了不少裘派唱腔，而且都学得像，很有意思。

采访人：您的几个关键戏，都跟气质很合，一是自己创作上也能达到,二来跟这些导演提供的舞台有关系,花了不少精力,人物拉得比较开,但是也还能够得着的。

严翔:我很幸运,遇到一批好导演,一批好的制作班子,在上影厂你亮了一次相,很可能人家再来找你。1982年,《城南旧事》《祸起萧墙》两部戏同时演。1986年《非常大总统》里我演胡汉民,那个角色也是导演抓得很紧,没有越轨的东西。同年拍的《大收藏家》中我演大收藏家张伯驹,这个戏我演得蛮舒服的,影响不大,但是评论蛮好。反正把这些人物的区别演出来了,演艺人有艺术的感觉,演收藏家,能把他的贵族出身和文化内涵演出来,海派的东西,眼神、动作,这方面还具有一定特点。

采访人:纵观您的作品,创作上有没有留下什么遗憾?您心目当中最想演的角色是什么?

严翔:当时最想演的是《莫扎特之死》里的阿玛丢斯,还有理查三世,绝对两面的角色,我一直想演这么个人物,没排成,这是一个遗憾。还有一个是《浮士德》,要我演的话,我可能会找更巧的办法,年轻的时候要有活力,老就让他老。其他的没有什么遗憾了,作为我来说,我已经觉得够幸运了,而且收获巨大。

后来我主演了电影《问天何时明》里的郭沫若,第六次"文代会"闭幕的时候放映了这个片子。黄佐临回来以后,有一次他在门口,大家都去跟他问好,他拉着我的手不放,对着我笑,也不说什么事,我就觉得有点怪,今天怎么了,笑的时间这么长。隔了一个礼拜,另外一个戏彩排,他就告诉我,那天晚上放映《问天何时明》,放完以后,好几个人到他房间里来谈这个戏,那个时候他才知道是我演的。两个小时里面,能把这么一个老专家骗住,这也不是容易的事,我事先也没有想到有这个结果,说完以后他就哈哈大笑。我现在回忆这个事情倍感欣慰,黄院长这辈子这么关心我,跟他在一起三十年,他总是想着我,觉得我应该干点什么,总要给我点事做。

采访人： 虽然说是小插曲，但是从另外的角度上来看，对您的表演，那是充分认可了。

严翔： 还可以吧，我表演上毛病不少，在好的剧团、好的导演手下工作一段时间，有导演跟着你，帮着你解决，那是很好的。有时候导演不在于有名，他得知道你毛病在哪儿。我们有一个女同志丁铮宜，是一个当导演的料，跟她在一起研究表演的时候，她能告诉你，你身上有问题的地方，她就在你前面这么看，也在跟你一起用心体会，你这段缺少这个，你那段缺少那个，如果有这样的导演在身边就太幸福了。

采访人： 导演是一面很好的镜子，随时指正你身上不足的地方。

严翔： 演员的表演，演员自己不自觉，这就靠别人指点你。1964年，我们二团排《年青的一代》，隔壁一团在排《日出》，说巴基斯坦总统来，上海要拿《日出》去招待演出。两个戏同时排，两个排练场当中隔一道小门。后来有一天说严翔你得过来了，你不过来《日出》第一幕戏以后就不排了，我这边完了以后就过去了。我在二团演的是林育生，在隔壁一团演的是张乔治，我走台溜一遍就是了。他们陪着我排一遍，导演凌琯如很不高兴，说严翔你怎么搞的，你心哪儿去了？他能看出你的心没在这部戏里面。我说我知道了，再排戏的时候我再也不会轻轻松松什么都不考虑就过去了。碰到几位好导演就太棒了，黄佐临、杨村彬、罗毅之，还有电影界的应云卫、瞿白音、陈西禾导演。像虞留德导演，有什么事去问他，他会帮你分析，你过去演的戏怎么样，你现在这个戏应该怎么样演。所以有时候要演一个戏我喜欢走几家请教，一位是虞留德，一位是艺术室的朱昆，以前是国立剧专的学生。

采访人： 和老一辈的导演合作过，再与年轻导演合作，您觉得最大的区别是什么？

严翔： 老导演有的时候话不多的。黄院长排《悲壮的颂歌》的时候，他对于一个人物说了三句话，但是不在一天说的，后来我一想这三句话连起来就是这个人物。跟老导演可能更熟悉一些,更自由一些。后来排了一个戏,是沙叶新的《幸遇先生蔡》,讲蔡元培的,主角是吕凉,他那么多戏,能顺利说下来,他很适应这个环境。但我就不一样,我有种不自在的感觉,也不如在镜头面前自如。我一辈子没觉得背词这么难,现在我觉得年纪大了以后负担挺大的,因为台词没有变成我自己的,说出来就不对了,哪怕你背得出来,也觉得不是你自己的。

采访人:现在的话剧,跟过去的相比,有进步的地方,也可能有一些传统的东西丢失了,您对这个怎么看?

严翔:我觉得把过去的剧照,跟现在的剧照拿起来对比一下,你就会发现,过去更用心一些,而现在有一种浮躁的、疯狂的东西。我这个说法不一定准。

采访人:您这一生的表演事业,在我们看来,已经达到一个很高的高度了,创造了一些比较好的角色,您对自己的表演怎么评判?

严翔:观众认可的戏还是蛮多的,至于成功到什么程度,我自己认为很成功的不多。电影、电视、舞台剧情况还不一样。因为我演的电视剧越到后期,从一些人物中自然而然流露出很多东西来。早期、中期演的都是舞台剧,到后来演了不少文人以后,我比较懂得了这个人我该去演什么,表现性格化的东西,但也不是很外在的。我喜欢石挥的表演,虽然他一生很短暂,没演很多的戏,但是他在舞台上的魅力,那种松弛感,人物油然而生的东西,我觉得我身上不够。

回忆我六七十年的艺术道路,我始终是个幸运的人,这种幸运不是一般意义上的,无论何时,都是绝对的幸运。1976年从影开始游走于电影、电视、舞台剧三界,处处碰到贵人相扶持。头三年在上影厂拍了三部戏后间歇了两年,到1982年春,竟然一下子有三部戏同时找我:上影厂的《城南旧事》和《祸起萧墙》,另外《廖仲恺》是珠影厂的,导演是汤晓丹,也是在上影厂建组。三部戏同时开拍,这是件十分难得的事,三个组的制片主任彼此相让,把前前后后的时间安排得妥妥帖帖。三个不同时代的知识分子角色的扮演任务都降临到我头上。1985年于本正导演又早早地约请我演《日出》中的李石清,次年又在孙道临执导的《非常大总统》中饰演胡汉民。十年中演了七个主要角色。1987年还在北影厂《问天何时明》中饰演郭沫若,1991年又演了包起成导演的《佛光侠影》。所以,在电影上我也有很多的收获。

采访人: 谢谢严老师跟我们分享您的艺术人生。

(采访:李丹青　整理:柴亦文)

逐梦前行，岁月难忘
——任广智口述

任广智，1939年出生于青岛。国家一级演员。1960年毕业于上海戏剧学院，同年留校进入实验话剧团任演员。话剧作品有：《我是一个兵》《年青的一代》《第二次握手》《大神布朗》《母亲的歌》《地狱边沿的曼陀罗花》《勿忘我》《傻子进行曲》《闹钟》《OK，股票》等；电影作品有：《老兵新传》《陈赓蒙难》《车队从城市走过》《人约黄昏》《逆光》《一直走下去》《理发师》等；电视剧作品有：《家事》《王好的日记》《罪恶》《鲁迅与柔石》《鲁迅与斯沫特莱》《上海一家人》《上海的早晨》《围城》《大爆炸》《徐特立》《先生与家长》《寒夜》《紫玉金砂》等。导演作品有：话剧《年青的一代》，越剧《沙漠王子》，滑稽戏《敲一记》等。

获奖情况：首届上海戏剧节优秀演员奖、第三届上海戏剧节主演奖、首届上海文艺记者"花冠奖"主演奖、第三届上海白玉兰戏剧艺术奖主演奖、上海宝钢高雅艺术奖主演奖、第八届中南六省市电视"金帆奖"优秀男演员奖、第四届中央文化部"文华奖"主演奖、中国话剧艺术研究会"金狮奖"等。

采访人： 您是青岛人，怎么会来考上海戏剧学院的呢？

任广智： 这可真是说来话长。1953年我初中毕业，当时中央戏剧学院华东分院的附中到青岛招生，一个意外的机会，我被录取了，从那时起我才开始接触戏剧表演专业。你看，转眼间至今有六十多年了。有时，我也有些感慨，一个无心插柳的举动，决定了我一生的职业。

采访人： 听说实际上您更喜欢音乐？

任广智： 是的，虽说音乐和戏剧表演在基因里就有分不开的联系，但是我确实对音乐的兴趣更浓烈。

你知道，青岛那个地方绿树红瓦、青天碧浪，非常美丽，非常浪漫，加上一百多年前，曾经受德国、日本、美国的影响，东西方文化交流、交融的氛围比较浓。我家的附近就有个基督教会，常常可以听到从教堂传出唱歌和音乐演奏的声音，我有时也跟随母亲到那里面去，耳濡目染，我开始发现有人看着同一个谱子，却唱着不同调子，合在一起竟那么悦耳好听。时间长了，我也尝试去学这个本领。这大概就是我对和声学最初的印象吧。初中毕业那年暑假，有个同学跑到我家，告诉我上海的音乐学院附中来招生了。冲动之下，我讨了报名费就去报名，跑老远路过去一看，不是音乐学院附中，是戏剧学院附中招生，我犹豫了。但是转念一想，上海在哪儿？听说是大上海，到底有多大？无轨电车没有轨道怎么跑？那时候青岛连公共汽车都不多，上海到底是个什么样的这么有名的城市？如果有机会去看看多好！就是出于这样一种幼稚、单纯的动机，我报了名，参加了考试。

采访人： 考了什么还记得吗？

任广智： 那次考试是考朗诵、唱歌、做小品。从未接触过这些内容的我可想而知当时有多紧张、多茫然。我只能按老师的要求，要我干什么就去干什么。朗诵的是什么我记不得了，但是小品的内容是："想方设法去抓一只躲进房间的猫。"我还记得为了显示自己音乐方面的能力，我唱了一首报纸上刚刚发表的罗马尼亚的新歌。不过，我确实没有想到，自己竟幸运地收到了录取通知，更没想到的是母亲得知这个消息，竟坚决不同意我去学戏剧表演。她是教师，传统观念很严重，总认为演戏不算"正当行业"。也许我当时年龄小，正处于叛逆期，母亲越反对，我越倔强地认为：我考取了为什么不能去？就这样，14岁的我带着简单的行装开始了闯上海的旅程。第一次出远门、第一次乘火车长途跋涉，二十多小时路程晃得我头都晕了。我很感恩戏剧学院，当时真是人性化管理，学校派人去接我们，陈祖烈是大一的学生，也是青岛的，他带我们坐火车，从青岛到济南，从济南到南京，从南京再到上海。

当时戏剧学院在四川北路横浜桥那儿，记得我们走进学院就看到大楼上挂的红色横幅，上面写着"欢迎你们，戏剧事业未来的花朵"。有老师和同学安排我们找宿舍，领我们去食堂，还热情地带着我们这些新同学参观校园，那股热情洋溢的情谊、关怀，形成一股暖流，我心头对新环境的那种陌生和紧张感一扫而空。最让我兴奋的是，我有了一个惊喜的发现：几乎每个教室里都有钢琴，四楼剧场还有大三角琴。从那时起，一个决定在我心里生成：学弹钢琴，一定要学会弹钢琴。记得小时候，姐姐跟一位牧师的夫人学钢琴，母亲大概怕我顽皮，从来不考虑我的请求，我一边听姐姐在楼上弹琴，一边心里责怪母亲偏心。现在好了，学院里有那么多琴，机会来了，有条件了，能不能学好就看我自己的决心和努力了。

采访人：学钢琴要用五线谱，那时候您有这样的基础知识吗？

任广智：没有。我只是从我姐姐那儿知道，上下两行五线谱之间有个"中央C"。就是在这样近乎白丁的基础上，我借了一本乐理书和一本"拜耳"钢琴的初级教材，一头钻进了学院的琴房，在以"中央C"为基准，向上向下一个音符对照一个琴键，一个键一个键地数着弹。用这种笨办法当然很艰难，可这是我当时唯一的办法。为了星期天我能有钢琴可用，星期六晚上我就会四处侦察，看哪个有钢琴的教室门还开着，就用折叠的废纸把门锁那里夹住，让门锁不住，这样来保留一个星期天练琴的地方。星期日就成了学琴的突击日。我常常一早进去,连中饭也不敢去吃,唯恐一旦离开,门被锁上,后半天就进不去了。那时候,往往一天练下来会累得腰酸背疼,有时还为进步太慢懊恼地捶打自己,可跨过一个坎,弹完整了一条练习也会兴奋好一阵子。真是万事开头难啊!

采访人: 无师自学,您这样坚持了很久?

任广智: 是的。其实是从小有一个心魔在支撑着我。我一直想学作曲,而作曲不懂钢琴是不行的。我知道十几岁才学钢琴太迟了,但总比不学好。小时候沿着青岛海边,一路走一路在脑子里活跃着美的旋律的瞬间,常常出现在我的记忆里。想学作曲而学钢琴,似乎再累也能忍受了。不过这个过程也让我真切体会到"种瓜得瓜,种豆得豆"的哲理。一年多以后,我就开始学着弹巴赫、莫扎特、舒伯特的小曲子,甚至壮着胆子去试贝多芬、肖邦的作品。俗话说艺高人胆大,我这是艺低胆也大。

大概在1956年的时候,上海搞了一次大学生业余文艺会演,规定唱歌的不比唱歌,跳舞的不比跳舞,演戏的不比演戏。总之,不许用自己的专业参加,那时,我又大胆地作了两首小钢琴曲去参加了,结果出乎意料得了一个创作一等奖,一个创作二等奖,还有一个演出二等奖。其实,我也知道这两首小钢琴曲是简单到不能再简单的幼稚作品,不过这个结果给了我很大鼓舞。从此,学院的老师和同学也知道了附中有这么个喜欢音乐的小家伙,从此我抽空钻进琴房练琴就没有来撵我走的人了,到后来还让我去指挥舞蹈队的乐队和学院合唱团。可以想见,当时的戏剧学院教育和培养制度方面的宽容度有多大。

一次偶然的机会,我迎面碰到学院的教授、作曲家刘如曾老师,他主动开口问我:"任广智,想学作曲吗?"我胆怯地连声说:"我想,很想学。"他毫不犹豫地告诉我:"想学,好,以后每个星期五中午到我办公室来吧。"这真是我朝思暮想的机会,突然间就来到面前,就跟做梦似的,让我惊喜、兴奋、不能自已,这一刻我一生都不曾忘记。从那以后,每个星期五中午我都会规规矩矩地坐在大教授的办公桌旁,他很和善、耐心,我却时常紧张得冒汗。从"基音""小三度""大三度""纯五度""属七"开始,刘如曾老师给我进行了"和声学""对位学"的启蒙教育。虽然最终因为种种原因我没能走上专业作曲的道路,但是他为我推开了人类追求真善美的一扇大门,师恩难忘啊!

其实,我们这个附中班是非常幸运的,老师都是教大学部同学的专家教授。课程不少,每门课都给我们带来难得的收获。像音乐欣赏课就是刘如曾老师授课,芭蕾舞是后来上海芭蕾舞学校的胡蓉蓉教授,中国舞蹈是昆曲"传字辈"老先生方传芸执鞭,艺术史是当年名家顾仲彝、陈古虞等来讲座,表演课更是由附中校长朱端钧教授挂帅,就连语、数、外、物理、化学等文化课也是专门外请优秀教师来任课。我们还常常有机会观摩梅兰芳、周信芳、陈伯华、盖叫天等大师的演出,还时常旁听来上海的外地艺术专家和本市的知名艺术家的讲座。我们这些学生真切地感受到,熊佛西老院长在1949年以后重办剧专和戏剧学院的那一腔热忱。他和前辈们的办学理念很清楚,敞开胸怀,海纳百川,为培养戏剧事业的后来人创造最好的学习机会,营造最浓厚的艺术氛围。我们那时候虽然年少,可那么一种学习和生活环境,给我们的熏陶和影响是一生也忘不了的。

采访人: 所以您今天回忆起来还是充满热情。

任广智: 附中存留着我的少年记忆,附中也是我戏剧人生的起点,现在回想起来确实感慨万千。

我还记得,当年的一天上午,有人来到我们附中教室,让我们三个身材不高的男同学到朱端钧老师那里去一次。我们三个人面面相觑,不知为什么校长要见我们。大教室里不止朱端钧老师一人,旁边还坐着、站着不少其他人,可都不吭气不出声地看着我们仨。朱老师先让我们并排站成横队,看了一会儿然后挥了挥手,以他特有的那种不紧不

1956年附中毕业师生合影

慢、轻声轻气的声音说:"你们回去吧。"于是,我们就又莫名其妙地离开了。出门以后才知道,原来,朱先生在为高年级同学排演老舍的《龙须沟》,里面有个角色二嘎子需要找个男孩子,就这样,出乎意料,我被挑中了。

第一次真正接触表演,走上舞台就能得到朱先生的指导,当然让我十分兴奋。结果也是可以想得到的,一个无知而幼稚的孩子,带着好奇和一连串的问题,完成了人生的第一次幼稚的舞台演出。孩子演孩子,自己演自己,是谈不上什么表演艺术的,但是这次真实的演出实践却是我人生一个新阶段的开始。

采访人: 那么音乐方面的学习呢,还在继续进行吗?

任广智: 我一直没有放弃过,内心深处的一股力量不让我放弃。尽管在后来,因为刘如曾老师随他作曲的《西厢记》出国演出,作曲和对位等方面的教课中断了,但我还坚持着从图书馆借阅这方面的书籍自学。到了大学部,我甚至得到图书馆老师的信任和帮助,可以把电唱机和交响乐的唱片借出来,在琴房里对着总谱一遍遍地聆听、辨识、感受、探索,这对我启发很大,那是我最珍惜的时刻。为了保住这难得的特权,我还常像附中时那样废寝忘食,甚至有老师和同学曾劝我转考音乐学院,这个建议曾引发我内心激烈的思想斗争。考虑到当时的许多因素,我还是作出了最终的抉择。

采访人: 您是怎么决定的?

任广智: 事实已经有了答案,我把一生贡献在舞台表演艺术事业上了。这样的决定与当时的时代背景也有关。

那时候,戏剧学院的表演教学发生了一次大变化。苏联的戏剧艺术教育观念和理论引进到了中国,北京和上海的艺术院校也请来了苏联的表演专家,斯坦尼斯拉夫斯基的所谓"体系概念"逐渐主导了表演教学的全过程。有的老师也只能一边学习认识,一边实际教课,我们学生也开始朝朝暮暮、苦思冥想那一大堆作业怎么办。无实物练习、有实物练习、单人小品、双人小品、无言小品、对话小品,等等,你不想周全、排熟练,第二天上课说不定就得当众出洋相,那是谁也不想遇到的困境,我当然丝毫不敢怠慢,毕竟专业课考试的那个5分是需要争取的。

采访人: 排练片段的时候您的表演是不是开窍了?

任广智: 排练片段,实际上是表演学习更上一层楼,一个新阶段的开始。因为剧本或是小说的作者已经预设了一个轮廓,表演要接触其中设定的人物了,这就势必从回答"我是谁?我从哪儿来?我来做什么?我该怎么做?"转变为"他是谁?他从哪儿来?他来做什么?他该怎么做?"了。在表演的"认识论"和"方法论"方面的这一变化,又会引发出许多比较复杂的思考和实践了。

也许因为当时我太年轻,又十分缺乏接触社会生活,在表演实践中感到的困惑和迷茫更多些。在面对表演挑战时,我很感谢朱端钧先生给了我一个打破思维定式的行动。有一次学院组织我们参加大规模的上街游行演出活动,我被安排在一个"打倒帝修反"的活报剧里,朱先生是导演。期间，他提出要求让我们几个人围着模拟美帝的夸张的形象在地上爬圈，这让我大为意外：当着那么多人在地上爬，就我的个性而言是不可为之的"侮辱性"的行动，抵触情绪油然而生。我愣愣地站在那儿，迟迟未动，抬头看看朱先生的眼神，严肃得不容反抗，别的人跪下去爬了起来，我也只好涨红着脸蹲了下去，开始爬圈，一圈不行，还得再爬。当时我心里怎么也无法回答为什么要这么做，不但有羞耻感，甚至产生了些抱怨情绪。就在这样的心理刺激和迷茫中，我似乎开始思考起一个问题，那就是在表演活动过程中，演员本我和要塑造的人物形象之间的关系，究竟怎样才算是正确的。也许，正是这次遭遇，为我日后思考和探讨表演艺术的"认识论"和"方法论"的努力，埋下了一粒种子。

表演学实际上是一门实践性很强的学科，从另一个层面说，表演学又属于人学的部分，因为要演的是人，那么就涉及哲学、美学、社会学、心理学以及文学艺术，需要对各方面知识的了解。这确实需要有一个由浅入深的学习和积累的过程，才能逐渐学习和把握这一学科。

大学二年级前后正是苏联戏剧专家们在北京、上海大展身手的时候，我们学院的教学也发生了许多改变。老师们经常说的、同学们经常争论的很多都是"斯坦尼斯拉夫斯基体系"的论述和说法，比如最高任务、贯穿动作、心理动作线索等，特别对"从自我出发"，那是常被挂在嘴边的。

从自我出发，怎么出发、向哪儿出发、出发的正确与否判断的标准是什么？围绕这些问题争论是经常的，结果也往往各有各的表述，莫衷一是。为求一个比较明确的逻辑，我们去翻斯坦尼斯拉夫斯基的著作《演员自我修养》，去找来他的同代人和他的学生们所发表的许多有关论文，结果发现苏联戏剧界那时候也在许多问题上观点不一，各执己见。

毕业前夕我在《家》里饰三少爷觉慧，在《英雄小八路》里饰主角林国坚,应该说这已经开始进入塑造人物形象阶段了,或许并不完美,但是青春年华和学校生活的记忆总是值得珍惜的。

采访人: 您在学校期间就接触电影了?

任广智: 1959年,我参加了影片《老兵新传》的拍摄,这是由著名老前辈沈浮导演的我们中国第一部彩色宽银幕电影。第一次接触电影拍摄,确实对每个过程、环节都觉得陌生和新鲜。对我来说,那是一个从没接触过的新领域,并且确实从中得到了许多新知识、新感受。

比如,当年拍摄用的彩色底片都是花大价钱从国外进口的。因此,全部人员对每个镜头的实拍都绷紧神经,十分谨慎。演员要反复排练,摄影和照明也同样不断配合测试,就连道具员也丝毫不能出错。我记得,那时上影厂的工作流程十分严谨:演员平时不能穿人物服装,大小道具也不许随意碰触。开拍之前,服装员主动帮演员穿上角色的服装,还要按他记录下来的上一个镜头的服装状态做检查、校正。开机之前,道具员才把需要用的道具递到演员手中,应该用哪只手和应该怎么拿,他都按记录一一安排妥当。实际上,他们把自己的工作融入了整个创作之中,那种敬业精神给我留下深刻印象。每个人对自己的工作认真、负责、不出差错,既保证了影片的拍摄,也有效地使用了每一张昂贵的彩色胶片。那时候,对于片比(拍几条可以保证通过的比例)真是十分计较的。因为机器一开,"哗哗哗"几百尺胶片就曝光了,也就等于多少外汇用掉了。所以要做到两条里必须成功一条的要求,只有谨慎再谨慎才能达到。

记得有一组镜头的外景选在安徽寿县,那里有一大片无遮无挡的荒地。据说因为拍摄技术上的需要,有几个镜头一定要在万里晴空,连丝状云也没有的烈日下拍摄。靠天吃饭的日子是很难熬的。有时在现场等几个小时,晒得汗流浃背,但结果还是无功而返。往来拍摄现场和驻地的土路那时也就会感觉特别漫长了。没有公交、没有汽车,设备由几辆人拉板车运输,人员只能徒步而行,我们年轻人都感到疲劳,那些年龄稍大些的老演员也没有代步工具,像主演老兵的崔嵬老师,他曾当过中南局宣传部长,顾也鲁是解放前知名的"袖珍小生"之一,大家都一样走,只有韩涛因为血压高还有些气喘,是躺在光秃秃的板车上被拉着来回。

我讲述的我第一次参加拍摄电影的感慨,也许有人会觉得意外,也许有不少现在的年轻人会难以理解,甚至不以为然,但历史事实就是这样,中国的第一部彩色宽银幕影片《老兵新传》就是在这样十分艰苦的生活和工作条件中诞生的。

采访人:还有别的同学参加吗?

任广智:这部电影就我一个人参加了。大概就因为我是学表演的,会拉手风琴,气质上又是十足的学生味,沈浮导演一下子就把我定了。其实在影片里我这个角色的戏份很少,片尾字幕上的角色只有"戴眼镜的青年"。不过这样一个学习机会还是难得的,让我了解了电影拍摄的全过程,也发现了电影表演和话剧表演的一些不同特点。比如,有一个镜头,要求我急急忙忙跑到农场场部去报告一个重要消息,排练了好多次,老是说我跑得太快。我当时很纳闷,这么简单的一个镜头,我怎么会老是错呢?规定情境、人物个性都决定了角色的行动必然是急匆匆地跑进来啊!可后来我明白了,特别是看了样片后我更清楚了,电影镜头,尤其是宽银幕摄影机实拍效果一定要把透视关系考虑进去,这对演员表演有了一个限制条件。如果按生活真实去跑,镜头里就变成迅速冲向镜头的效果,刷的一下子就过去了,该呈现的内容也就刷的一下子什么都不清晰了。这又从另一角度证明,生活的真实不一定等于艺术的真实。

采访人:您毕业后就留在学院的实验话剧团了?

任广智:是的,忘不了从白校徽换成红校徽(老师的校徽为红底白字)的时刻,那是我人生旅途的又一个重要节点,从那时起标志着我学生阶段的结束和演员身份的开端。幸运的是,这个新环境同样是我十分熟悉和非常亲切的地方。

还没毕业的时候,就听到有人说起过,1958年熊佛西院长筹建实验剧团时曾有很长远的打算,留下一些学生通过不断实践,丰富艺术积累,总结经验,提高能力,不但可以面向社会演出,还可在他们成熟了之后去反哺学院的表演教学。所以,前辈们对这个剧团是很关注的。像《全家福》《大雷雨》《战斗的青春》《甲午海战》等剧目,都是在熊佛西院长、朱端钧先生直接导演下完成的。

说起《甲午海战》,我忘不了在排练时的一个"突发事件"。这个戏里角色很多,可我们演员很少,因此有一部分人必须兼演几个角色,我就是演了专员还要兼演哨兵。有一次排练时,我演哨兵,站在高高的平台上面报告"日本军舰吉野号向我们开了过来……",一段台词刚说一半,熊院长就开了口:"同学!同学!你说什么?我听不清楚。"于是我又重复"日本军舰吉野号……",他又一次打断我说"你说什么?我没听清楚",于是我又重复地说了一次"日本军舰……"谁知他又打断说"你说什么?我还是听不清楚",当时的我年轻气盛,在那么多同学面前,遭到这样一而再、再而三的打击,一种莫名之火就控制不住了,我竟然从高台之上,迅速连跳带跑冲到熊院长面前,大声地把台词吼了出来。刹那间,排练场变得寂静无声,在这个停顿里我才突然想到"哎呀!不好!"面前的是熊佛西熊院长呀!可已经鲁莽地吼出来了,后悔也来不及了。谁也没想到,这时熊院长却抿嘴一笑,拉长了语调说:"哎——这下子听清楚了。"虽然他一下子扭转了局面,我却为自己幼稚的错误懊恼不已。事后我想明白了,在舞台上,每一句台词,哪怕是配角的一句台词也得用心去对待,熊院长是以他特别的方式提醒和启发着我。其实,不是我没说清楚,而是我没说正确,战火纷飞的前线,哨兵突然发现敌情,他看到了什么感受到什么,想传达给同船兄弟什么信息,他怎么去传达,这个信息对整个戏剧冲突向前推进起什么作用……我没认真去研究,自然台词也难以说精准。表面上看熊院长老是在计较我说台词清楚与否,实际上他在计较台词背后的内容有没有清晰的体现。

对我这个后知后觉的刚迈出校门的学生来说,这样的排练,无疑是一次继续学习的过程,那时的实验剧团给予我这样的环境,对我而言确实是一种幸运。

在前辈的呵护下,我们这批演员,因为演剧理念趋同,创作个性熟悉,互相帮助支撑,相互切磋研讨,一群风华正茂、激情澎湃的年轻人,经过不断的实践磨炼,在艺术道路上渐渐形成了自己的特点,很快就引起社会的关注和观众的喜爱。大概也因为有这样的成长,1963年,领导决定把整个实验话剧团从学院里分了出来,建立了上海青年话剧团。

采访人: 青话的建团剧目《我是一个兵》是您主演的?

任广智: 我很幸运得到这样一个机会,可以说这是我成长过程中又一次重要考试。一个戏里同时扮演两个角色——双胞胎陈大虎、陈二虎,这样的剧本少之又少,对演员的挑战却多之又多,越是如此,吸引力就越大。所以,当时团里很多人都有一种等待绣球落在自己头上的愿望。剧团领导们大概也考虑了这种状态,提出了一个从未用过的选择办法,那就是想演这个主要角色的演员自己报名,然后准备小品,竞争上岗。出乎人们所料,张贴的报名单上,有近十个人。于是领导又宣布了补充办法,从中先选四名,由这四人自己构思自己的小品,互相帮助参加公开选拔。

青话建团时已从华山路迁至安福路了,而这个公开选拔仍在戏剧学院四楼排练厅进行。记得当天,舞台下坐了一排考官,除了领导、导演,还来了不少学院的老师、学生,那阵势更增加了我们四个人的心理压力。在互相帮助演小品时,我握到对方的手心比我的手还凉。

我被选中了,当然心里很兴奋,但也同时明白要把这副担子挑起来是很不容易的。为了熟悉战士,排练前,我们剧组按传统到部队去深入生活，接受锻炼。记得有一次我们在野外持枪跑步，突然教官发出"卧倒"的口令，大家以各式各样的姿态扑倒在地上，有一个体弱些的演员竟把枪口连同半个枪管直接插进了地里，大家实在憋不住了，都"嗤嗤"地笑出了声。不过这样的摸爬滚打确实对我们在舞台上扮演士兵有很大的启发和帮助。

对我来说，揣摩和认识双胞胎兄弟不同的个性特征，用怎样的手段、方法，具象地体现在观众面前，就成了最不敢怠惰的功课。早起晚睡下私功，伤了多少脑筋那只有我自己心里知道。不过，在克服困难的同时，也确实会得到收获。比如，通过这个戏的排演，我开始对演员创造角色过程中"抓住大关节、挖掘小细节"的方法论层面的问题有了新的认识。这对我后来的表演实践和理论思考都有很大启示。

采访人：那时候您还参加了哪些剧目的演出？

任广智：从实验话剧团到青年话剧团，这个集体是从来闲不下来的，常常是一个戏还没公演，另一个戏就开始筹备建组。这一群人好像一直是精力过剩似的，无论演主要角色还是配角，都是一样朝气蓬勃、热情洋溢，个个对事业充满憧憬，在艺术上孜孜追求。算起来，我参加了《最后一幕》《渔人之家》《甘蔗田》等剧目的演出。

在1964年以后，情况发生了变化。当时"社会主义教育运动"和"四清运动"开始了。一部分人去了农村，一部分人去了工厂，我是被分配到工厂参加"四清工作队"的。开始我觉得这是让我们更深入地和工农结合，所以到了工厂我还是争取到最苦、最累、最脏的部门，去和工人交朋友。但是到了后来，我慢慢觉得工作的内容发生了变化，我也只能是上级让我们做什么就做什么，单纯地适应工作，完成任务罢了。没有想到的是，工作队还在厂里，一场史无前例的"大革命"就从天而降，而我们青年话剧团首先被推进汹涌的狂涛之中。

那时，"四清运动"仍然在进行，我仍然住在工厂里，车间仍然在生产,我仍然做着分配给我的工作。当传言四起,我还木讷地以为和自己根本没有什么关系。直到这个厂里也出现了造反派,直到接二连三有消息说戏剧学院乱了、你们青话乱了、当权派都靠边了、造反派夺权了,我这后知后觉的书呆子才知道事态的严重。

有一天晚上,我决定回青话去看看,那时候从杨树浦到安福路是很不方便的,要换公共汽车,还得走不少路。离青话大门还老远,就听到一片呐喊和口号声。到了门口,只见一张乒乓球台放在院子中央,边上围了几十个穿军装的红卫兵,里面还有我认识的戏剧学院的学生,他们慷慨激昂地喊着"革命"口号。说实话,我被吓到了,我完全没有思想准备,突然间面对这样疯狂的场面,我没敢进门,站在路对面的人行道上愣愣地看了一会儿,然后转身逃回了工厂,那里还有和我关系不错的工人师傅,还有我能安身的一张床。

然而不久后,工厂也乱了,只是还保持着文斗状态。

一天,一辆卡车开进了工厂,在两条内容相对立的横幅"欢送工作队""工作队滚出去"中间,载着我们这一群不明所以的工作队员驶出厂门,汽车到达一个空关多日的游泳馆,由当时的领导当众宣布工作队到此解散。人们悻悻地向四处走去,当时我脑子里只剩下怅然和孤独。他们都回家,我到哪里去?

采访人:您总得找地方落脚啊。

任广智:我只有一个地方可去,我只能硬着头皮回青话的集体宿舍,后面的日子怎么过只有听天由命了。

提起那段日子怎么度过的,真是一言难尽。所以后来到干校去锻炼,再脏再累也能克服。

所以后来,在参加"大批判"组时,我得到在作协小图书馆里看资料和读书的机会,我珍惜它,因为这既避开了五花八门的困扰,又获得了学习和思考的空间。当我从被动逐渐转化为主动地去读西方一些哲学家、文学家、艺术家关于"人性""人的本质""人和社会的关系""人对美的追求"等问题的论述时，自然地联想到我们中国的"人之初、性本善"，进而化之，我突发奇想，这场"文化大革命"好似一个亮着聚光灯的大舞台，各式各样的人都在大舞台上表演了一场，如果用放大镜细看，有些人竟出乎意料地变了模样，假使再用手术刀剖析一下那皮肉后面的灵魂和欲望，似乎对人的本质怎么会突变也就略知一二了。这个奇想立即使我的阅读和我的专业挂上了钩。演员演的就是人，是刻画和塑造人物的精神世界，只有达到这样的境界，才能称为创造，称为艺术。

在那段时间能有机会在自己专业方面进行学习、再思考，对表演学从哲学、美学、社会学、心理学的角度深入地进行再认识，有了不少收获，也得到了慰藉。

采访人：后来"四人帮"抓的《盛大的节日》您也参加演出了吧？

任广智：是的，那时已是"文革"末期了。我和罗毅之、吴培远同志是导演组，是作为政治任务排的。我们排练的同时，也不断在私下交流着过去不敢议论的问题。记得每次导演组讨论结束时，罗导都会顺口说一句"出门不认账啊"。可以想见，那个《盛大的节日》既无盛大可言，也无节日实质，只是把青话这些人集中起来，制造一个氛围。

粉碎"四人帮"以后，青话的这些被压抑多年的人们确实有了一种解放的冲动，就我而言，从1964年参加"四清"到1976年粉碎"四人帮"，整整12年的青春年华啊，就那样被荒废了，想着都心痛。实际上青话的许多同事都有那么种要把失去的时间再抢回来的愿望。于是，一连串地演出了许多观众喜欢的剧目，复排《无事生非》，排演《于无声处》《第二次握手》等。前些日子，有人从戏剧演出说明书展览会回来和我说："你不但在剧团里，还在外边导演了三台《于无声处》的演出啊。"我想起来了，其中有一台上海外国语学院的老师们自己翻译成英语，全部用英语排演的。那时可真是精力旺盛、干劲十足。

采访人：《第二次握手》那个戏，当时反响挺大，您也参加了演出，能说说当时创作的情况吗？

任广智：在这个戏里我的戏份并不重，演一个和男主角从小一起长大的同学，只是要从年轻演到年老，是一次有挑战性和有意思的实践。

朱尔同这个角色，剧本里作者并没有安排他在主要的矛盾冲突之中，并不占有重要位置，也没有卷入比较有吸引力的爱情线索之中，因此对于角色的定位就是一个很重要的关键点。为什么他有必要存在？他在整个戏剧发展进程中起怎样的作用？作为演员，我的劳动价值该怎样呈现，并给观众留下深刻印象，当然对此必须认真对待。我决定集中精神从揭示珍贵的友情着力，在属于我的"SOLO"（独奏）关键点上突出我对人物个性的思考和创造。

其实，一台戏剧演出，就如同一个交响乐团的演奏，每个角色犹如不同的乐器，谁坐哪个位置，谁该什么时候发声，怎么样发声，什么时候停顿等，都有特定规律的，合规则美，出格则乱。

举一段戏为例子吧。当上了年纪的朱尔同听到有人喊他，我从老花镜上方看过去，吃惊地发现多年未见的男主角回来了，我先"啊呀"一声，然后改变行动速度，以并不利索的脚步一边"啊呀"着一边迎上前去，根本没去顾及同学站在平台下，而平台上还有一排栏杆阻挡。到了栏杆前我本想跨，但腿不行，一个老态的单脚刹车，再"啊呀"着，返身找小楼梯下平台，看到了同学举起了拳头……观众笑了，甚至鼓掌了，他们接收到了我想表达的信息，朱尔同的性格还像年轻时那样单纯、活泼，他对青春时期的友情那么珍惜，见到久违的朋友，仍然激情忘我，观众从此刻的好友重逢，又回溯想起他们年轻时代所发生的一切了。我达到了自己创造的意愿，让朱尔同从一个侧面赞美了值得珍惜的青春情谊。

采访人： 那个时期是您作品最多的时候，也是得奖最多的时候，有人说您成了"得奖专业户"。

任广智： 主要因为改革开放时代的开始，青年话剧团得到疗伤，并再一次迸发生机，形成了一个创作演出的爆发期。演出多了，实践多了，像第一届上海戏剧节时，我同时演出了《勿忘我》和《地狱边沿的曼陀罗花》两个戏，在前一出戏中我饰演一个有残疾的青年董克实，在后一出戏中我饰演文化名人鲁迅先生，完全不同的人物形象，在很短时间内进行切换，是挑战也是锻炼。表演得到观众喜欢认可，专家们肯定，当然我自己也获得创作收获的欢愉。

《勿忘我》是我和卢时初、陈少泽主演的，一起搞科学实验的年轻人，组成了剧作里两男一女的爱情线。陈少泽演的是个靓仔，我演的是驼背近视眼，虽然有台词和行为可以知道他是个心地十分善良的人，但在爱情的角力赛中显然不占优势。导演杜冶秋利用了我会拉手风琴的条件，设计了在舞台现场以孤独的手风琴演奏，揭示这个自惭形秽的年轻人难以启齿、惧怕失败的茫然心绪。演出时，我用了一段下行的小三和弦的旋律淡入淡出地奏了一小段旋律，然后手慢慢垂下，说了一句独白"试验结束之后，就分手吧"。这种表现手段在话剧舞台上是少有的，但这既符合中国人那种克己复礼的道德观，符合这个人物的个性特点，又带有现代色彩，很有味道。当然，这种味道只适用于戏剧进程中的特定的"点"上，等到女孩子揭晓她究竟心里爱谁的时刻，会是怎样一种表现、对比、变化就是另一种状态了。

采访人： 观众肯定期待这个结局会怎样，我也想知道。

任广智： 作者是用一幅画作的公开为触发点的。这幅女孩子悄悄绘成的画究竟是什么，一直不为任何人知晓。当有一天女孩子当着董克实的面把遮画布轻轻掀开时，驼背近视眼的小伙子竟看到了自己的肖像，他一下子明白了，女孩子一直深爱的竟是自己。这一瞬间，他心灵受到的冲击、情感上的震撼可以用许多文字去形容，但如何在观众面

在《勿忘我》中饰董克实

前再现一个自惭形秽的人突然获得梦寐以求的胜利时的那种心境,这种极内向性格的人,不太可能有冲动式的行为,但激情总要释放,如何不落俗套,表现他自己的独特方式呢?确实让人大伤脑筋。我设想了许多方案,却一一被我自己否定。因为捅破窗户纸的刹那正是塑造人物个性特点的关键点。我建议卢时初,面对这个近乎木讷的董克实,竟要女孩子主动表白而有些委屈,转身欲哭。她一哭表演的契机就形成了,按照他的思维逻辑:啊呀,她哭了——我该做什么——找手绢——手绢放哪儿了——在这儿——快去为她擦拭,不行,不能这么鲁莽地接触她——放到她手里——她拿住了,使用了,她接受我的安慰了——兴奋地捏着双拳,原地转了个圈,然后鼓起勇气向她缓缓靠近……一连串心理动作形成了一连串不同速度节奏的形体动作。观众理解了,发出了会心的笑声和掌声。

  西方一个哲学家曾说过:艺术是情感冲动和理性冲动统一的产物。我认为这个产物的呈现必有形态,因此,演员在总路线确定后,细节的处理就十分重要。不要忽视观众的智慧,当他们得到演员释放出的准确信号后,会用他们无穷的想象帮助和丰富演员的创造,达到角色的完整的呈现。

采访人：在舞台表演时，没有台词的时候是最考验演员功力的，内心的掌控、形体的表现要么欠缺，要么过火。

任广智：是的，有时我觉得表演的分寸感就如一把衡量的标尺，时刻都得放在演员的心中，一辈子都得追求恰到好处的境界。不知别人怎么想，我是坚持这样要求自己的。

另一个戏《地狱边沿的曼陀罗花》也是个原创剧目，而且是必须在很短的时间里塑造北京女师大时期的鲁迅先生的形象。这里我说的"必须"，是因为这个戏的排演确实遇到一些特殊情况。

剧作者程浦林为了争取在上海戏剧节参演，拿着剧本多方交涉，得到一个"先排三场，局领导审查后再决定"的结论。后面的日程安排可想而知是怎样一种紧张状况了，也不知当时我的胆量怎么会突然变大，竟接下了这棘手的创作任务。编导嘴上说你尽力而为，可我明白他们那种急迫的心境，我被逼上梁山了。

要认识鲁迅先生谈何容易！我甚至没有足够的时间多读些他的著作，虽然有无数的研究文章，我也只能找到什么看什么。一个文化名人，一个被称为"民族魂"的伟人，怎么去接近他的心灵，理解他的思想、爱憎、习惯，并在自己脑海中构建形象的创作核心逻辑，我只能摸索着向前走。于是鲁迅纪念馆和故居成为我工作的重要依据，边看他的文章，对照仅有的一些照片、实物，去揣摩思考。

要在舞台上再现鲁迅先生的形象更是困难重重，我知道那不是穿上长袍、粘上胡子，就能糊弄过去的事。我还必须围绕着剧本里所设定的剧情和人物关系，尽量规划人物的行动总谱和重要关节的再现形式。特别是因为人们都知道鲁迅先生，每个人在自己的脑海中形成了自己的概念，我演的鲁迅，他们会有怎样的评判，这也是我常常顾及的问题。

经过许多日夜的奋斗，先排出三场戏，有近八九位处级、局级领导来审查，这个戏幸运地获得通过。而我的工作却不敢有任何松懈。在有限的时间和剧作的框架中，我只有利用一切机会，紧紧把握住一个核

在《地狱边沿的曼陀罗花》中饰鲁迅

心：鲁迅先生是人，是不把自己当伟人的人，是敢喊、敢为、敢恨、敢爱，自己为自己做主的大写的人。我以这样的认识去面对事件和处理人物关系。

我曾在自己的一些文章和谈话中说过：这个戏虽然演出了，也得到认可了，但确实是我演员生涯中一次艰辛的考试，并且给我在表演学的"认识论"和"方法论"上的思考，又提出了新的课题。

采访人：您后来怎么会去演《傻子进行曲》这个戏的？年广久可是个特别的人物形象。

任广智：谈到《傻子进行曲》这个戏，故事可就多了。开始时，这并不是青话自己筹划的剧目，是《上海戏剧》杂志社的记者陆铁军通过采访，写作出来的。当时的剧协秘书长刘安古看过后觉得很有改革开放初期的时代特点，他找来人艺的刘桐标，合力鼓动我去演。其实，一听这剧名，我心里就产生疑虑，这些老朋友们怎么会这样吃定我的？我一个书生气十足的人，去演一个改革开放的大震动中从石头缝里蹦出来的卖瓜子的个体户,两者之间距离也太大了点吧?再说,直接反映改革开放初期的私营经济活动,写个体户,人们还在对"走什么道路"的问题有各种议论的当口,剧本会不会又出现生存问题,谁也不敢打包票。说实话,出于好奇心,我也很想见识一下这个惊动了邓小平同志的"瓜子大王"——剧本主要人物的原型。

我们这个临时班子首先去了故事的发生地——安徽芜湖进行实地采访。我们用了一个星期,走街串巷,主要访问了20多人次,上到市委书记,下至银行职员,以及"胡大""迎春"这些私营的、公营的瓜子店,甚至他的儿子等,试图从客观上先对"傻子"原型的社会反应做了解。令我吃惊的是,各阶层、各种类型的受访者对于"傻子"原型的各种表现竟知晓得那么具体和生动,褒贬不一的议论是那么直率和明确。也许因为芜湖地方不大,但他能如此出名,引人关注,的确是一种少见的现象。

当时的芜湖市委书记的一席话,给了我们很多启发。他说这个人(指"傻子"的原型人物)有人称为"三盲"人物,除了文盲,对法律也不曾好好学习,甚至生活里还有些坏习惯,如曾参与赌博。但是,在改革开放的大形势下,他把瓜子生意做了起来,有六个方面应该有所肯定:第一,带动了新疆瓜子产地的生产;第二,促进了交通运输;第三,拉动了就业;第四,增加了税收;第五,老百姓不用排队就有瓜子吃;第六,因为他的经营活动,影响了不少人,使芜湖渐渐形成了瓜子城的特色。我很佩服这位书记同志用大局观,从社会、经济、民生方面对于"傻子现象"产生和存在做出清晰分析,从另一层面确认了我们排演这个戏的社会意义和人文意义。没有改革开放,就没有"傻子"脱壳而出的机会,因为改革开放的政策条件,才会包容像"傻子"这样的个体经营者存在并发展。

无论是前期采访,还是后期投入排练,我们从理念上都旨在透过"傻子现象",折射改革开放初期,人和社会生活发生的新问题、新变革和新动向。然而因为这个戏和时代同步,接地气的程度几乎是"贴在地皮上",许多内容还在进行时之中,于是在艺术呈现过程中就多了许多需要掂量、思考的复杂内容。特别是对于《傻子进行曲》中这个还在行进的"傻子",形象如何塑造?分寸怎样把握?如何避免自然主义的失真?又要有现实主义的鲜活真实?这些问题我在采访时已经开始在脑子里上下翻腾,当创造"傻子"的任务真落在我肩上时,就自然地变成顾虑重重。好在有一句名言支撑了我,那句话就是"摸着石头过河"。

采访人:塑造"傻子"这个人物,您是从什么角度切入的呢?

任广智:说自己是傻子的人肯定不傻,敢于打出"傻子"这个不同一般的品牌名号,就透露出人物原型年广久埋藏心底的欲望。在采访过程中,从他更多实际行为里都能感受到他那自我保护的敏感反应,对从各种阻挡他求发展的障碍中觅得缝隙的机敏,他有精算的经营头脑,也会对不可知的前景作出带有其特征的安排,甚至可称其为一种"狡猾"的生存意识。

比如,银行的职员告诉我,年广久卖"瓜子三角包"的时候到银行存钱多是用小塑料袋装的一两角的零钱,生意慢慢好起来,到银行存款有了十元以上的大票,再过一段日子,存款量更大,银行告诉他,你这是营业款了,应该缴税了,于是他就开始分散到不同银行网点去存。直到后来,他到不同的城市去开户。那时还没有互联网,所以谁也估计不出他发财赚了多少钱。

比如,有一次他因不能自己经营,被迫与其他人签订加工合同,你给我一百斤生瓜子,我还你一百斤熟瓜子,他只赚加工费。其实别人并不了解其中的奥秘,因为瓜子加工需要添加各种配料,最后一百斤生瓜子会变成一百零七斤熟瓜子,于是他不仅赚了加工费,每百斤还另得七斤熟瓜子的净收获。

再比如,在改革开放初期,人们思想活跃,经济发展迅速,他迫切想知道变革的大形势,却苦于文化上的缺憾,他会请个"秘书"给他读报,显然是为了寻找机遇和避免犯规碰壁。

有一次我旁听他对别人谈及自己的生意经,利索地讲述着从新疆买生瓜子,不同的地方价格有什么不同,用铁路或公路运输,不同的路程、不同的量各需多少运费,用各种不同的煤炒瓜子要花多少钱,加料要多少钱,整个加工成本多少钱,应该卖多少钱,可以赚多少钱……没有计算器、没有笔记本,他不打磕巴地一口气讲个明白。

一个人有一个头脑,一个头脑有一个只属于他的角落,而这正是决定这个人特定的思维和行为的核心中枢,演员塑造特定人物,首先会从人物语言、行为开始建立认识。若继续反向追寻,就可以进一步了解其语言行为背后特定的思维,去认知人物的个性特点,才能把人物的思维逻辑逐步建立起来,演员的塑造活动就会筑有基础,找到依托,动将起来。

采访人:这是您对演员创造角色的方法的阐述吗?

任广智:我觉得这是符合规律的解释。像《傻子进行曲》这样的剧作,还是可以遵循这一规律推进的。在根据对年广久的采访和群众的反映,读资料、评论的基础上,认识这样一批人的社会背景、人文素质、思维逻辑、行为方式之后,再根据剧作家的剧本所规定的内容去进行二度创作,是允许演员展开必需的想象和创造的。剧中角色和年广久有点关系,但不是年广久,而是《傻子进行曲》里的"傻子"。这一点年广久本人开始或许还有误会,但最后看演出时,据说他频频对旁边人讲"我不是这样的,不是这样的",我想完全一样就麻烦了!

采访人:他或许不理解什么是艺术真实。

任广智:其实,剧作者在剧本里对人物设置、事件组织、情节安排等方面,已经尽力避开了和原型人物过于相似的因素,即使这样,从排练到演出还是在社会上引起了不少争议,我记得还惊动了上海市委。市领导曾委派一位当时的秘书长来剧团,和我商量台词修改的问题。

关于这个戏得奖，还有一个插曲：因为有争议，上海各媒体的文艺记者们提前把所有演出看完，自己开会，评选他们自己首次设立的"花冠奖"。后来有人告诉我，当时评选我为最佳男主角奖后，有记者问，若是和政府评选结果不一样怎么办？结论一致：坚持我们的决定。那个"花冠奖"主演奖没有奖金，只有记者们自己做的红绶带，一个绢花冠，还有一本上面盖着16个媒体单位正式公章的证书。记者们精心自制，让人看到就会感动。谢谢这些记者朋友们的肯定和支持。好在最终戏剧节主演奖和"花冠奖"的主演奖没有发生冲突，皆大欢喜，这也是只有在改革开放初期才会发生的故事。

采访人："花冠奖"好像只颁了这一次。

任广智：是唯一的一次。证书我珍藏着，因为它记录了已逝的岁月，也成为"摸着石头过了河"，完成了"傻子"创作的证明。

摸着石头过河的过程里，有辛劳也有收获，这些都还在记忆中活跃着。其间，我在表演手段的实验中，应用了一些中国传统戏曲表演的所谓"固化程式"。实践证明，它们可以强化表现力。这就从另一角度启示了我对话剧表演学中有关"方法论"深入探讨的兴趣和广度。

说到这一点，我要感谢我的岳父，昆曲表演艺术家郑传鉴，正是在与他多次的交谈中，我改变了过去对传统戏曲表演的许多偏见，发现了过去以为是"固化程式"的表现手段，背后藏着多少思想、情感、和美，多么值得去传承、研究和利用。话剧表演艺术实践同样可以借鉴。

采访人：您主演的《闹钟》，好像也是个有争议的戏。

任广智：按理说，一部文艺作品能引发人们争议，正说明作品所揭示的内容触动了人们的心灵，活跃了人们的思考，而且不同观点的碰撞，说不定会澄清是非，辨出善恶，从而产生新的认识，推动新的进步发展。在现实生活中，有的时候，由于各种因素的影响和干扰，这样的正常现象不一定会如愿形成，或许这也是毛泽东同志多次重提"百花齐放、百家争鸣"的缘故吧。

《闹钟》是剧作家赵耀民的本子,据说一问世就被认为是有争议的作品。我第一次接触它,是在上海剧协原秘书长刘安古办的具有创新思维的新剧本朗读会上,他找的临时剧组成员来自青话、人艺、儿艺等不同的单位,照常理来看,像谢德辉、叶小铿、蔡金萍等虽互相都很熟悉,但在一起共演一个戏,几乎是不可能出现的情况,可刘安古坚持,他自己也参与剧组,还让我演男主角何人杰,兼这个戏的导演。

坦白说,在很短的时间里,将演员的创作习惯相对达到统一,把赵耀民这个极具个性特点的黑色幽默剧的体裁凸显出来,组织舞台语言、动作内涵和逻辑等方面的任务,都是实实在在要干的事,虽然说是朗读会,但偏偏这个剧本朗读会要求的并不仅是读剧本。我这么顶真,是出于对剧作者负责,对演员尊严的保护、对观众的尊重。好在剧组的这些朋友都是事业心很强的人,我们尽力而为了。

朗读会进行的那天,果然来了许多圈内和圈外的观众。就在文艺会堂的平地上,没有景片、没有服装、化妆,用随手搬来的写字台和普通木椅作为支点,边读边演了这个《闹钟》。完全出乎我们意料的是,观

《闹钟》剧照

众没有了那种理性满满的"听"的感受,他们的反应如此强烈和迅速,因为没有台上台下的阻隔,有人甚至会在我身旁和耳边也出声地笑起来。有人开玩笑说"你们的闹钟响了"。

可随后一段日子,《闹钟》却没有什么声音了。不知为什么,青话和人艺都没接手,这本不属于我们过问的事,但我心里觉得大概又是生存权出现争议了。

采访人:这个戏最大的争议点是什么呢?

任广智:如果把剧情简单说一下或许人们就不难理解了:一个踏踏实实在学校教书的老讲师,在家里被老婆斥责为没用,女儿长大了自己还评不上教授,分不了房子,一家人挤在12平方米的蜗居里。在学校里,能说会道或善吹牛拍马的他原来的同学,有当校长、教授的,都分得了好房子,且对他认真的教学多有讥笑和轻视。他心中压抑,但不改初衷。一次体检,他被发现患上肝癌,只有两周的存活期,老婆可怜他,两周里不吵又照顾,学校考虑他若死去就不占名额了,也开始答应晋升职称和分房问题。于是男主角何人杰过了两周"人"的日子。当两周的日子将满时,医院打来电话称,他们搞错人了,患上肝癌的不是何人杰,是另一个叫向人杰的人。消息传来,学校停止了他职称的晋升和房子的安排,老婆又开始了吵闹⋯⋯

采访人:这种情况在某一段时期、某些地方还是存在的。

任广智:实际上,这个剧本应该说是很接地气的,只是它出现的时间和以怎样的方式出现,或许会在不同人群中产生不同的认识。

采访人:后来《闹钟》怎么又开始排演了呢?

任广智:是老前辈黄佐临先生读过本子后,坚持要把这个戏送上舞台的。当时,他已多次封箱,可对这个戏,他说:"封箱,还可以打开嘛。"于是,他托人把剧本直接送到我家,要我来演。当时曾想过,大概我和《闹钟》有缘吧。同时,我对黄老一向十分敬重,他的信任让我很是兴奋。再说,我也很有愿望能有机会在舞台实践中具体感受黄老所主张的"写意戏剧观"。至于剧本的生存问题我倒少了些担心，因为黄老如同一棵大树，是经得起大风大雨的。所以，到他家拜访时，我表了态："黄老，您敢导，我就敢演。"他抿嘴一笑，以他特有的习惯慢条斯理地说："我年纪大了，不可能天天去排练场，这样吧，我们两个人导，你来演。"就这样，这个戏挂靠在一个民营剧社的名义下开始了工作，尽管遇到不少操作上的困难，但凡是参加剧组的同志，无论是演员还是舞美部门，都是尽心尽力，严谨地按艺术创作的规律工作。

采访人：那时佐临先生已有八十多岁了吧？

任广智：是的，老人家说到做到，时常还拄着手杖来排练场。去他家汇报排练工作时，他也会主动提及一些必须注意的环节。老一辈艺术大家对事业的那种社会责任感、对艺术生命力的思索，真是我们的榜样。

有一次，排练厅里只有我和黄老在，戏里有一个情节是真闹钟突然坏了，当我拿动时，它竟崩开了后壳，我随即在自己桌边的地上捡拾散落的零件。这时黄老开口了："那边，那边，还有零件……"，我笑着说："黄老，有点夸张了吧，零件不会崩那么远……"他仍然用缓慢的语速说："你想想看，苏联，一夜之间……"，在当时，我突然发现这位耄耋老人思路之宽阔，远不是我们所能估量的。回头我再思考他说这句话的含义，似乎和他写的一句话有关："闹钟在全剧结构中占何有机的联系？望亲爱的观众三思之。"他没有直写，我也不愿多想，也许这仅是一思，不过从中还是感受到他的艺术理念中，确有一些与一般人所认为的现实主义有着细微不同的因素。这些都确实应该"三思"的。

还有个例子，他建议我有一段表演参考一下昆曲《女吊》，也使我思忖许久。戏曲表演的"唯美"的程式化表演手段，我们应该同样继承发扬，话剧表演在特定条件下，赋予"程式"充实的心理内容,会增添塑造人物的鲜明性。这确实也是应该思考和研究的问题之一。

有一场戏,我是完全用现实主义和浪漫主义结合的观念处理的,黄老看了汇报也开心地笑了,没有提出任何不同意见。大家高兴我当然更高兴。他笑着点头就是对我们努力的肯定。最近,我和有的同志还曾经谈起戏中那场"看电影"的段落,我曾把这一个段落称为"没有旋律的二重唱"。这个段落表现的是,一个生活中也不顺利的女同事夏霜和处处被排挤的何人杰偶然一起去看电影,正巧被好事的一位老师看到了,他抽空悄然走到何人杰身边,千方百计要把"出轨"的屎盆子扣到何人杰头上,任凭何人杰如何解释、如何自我防卫,都毫无用处,眼睁睁被人把罪名坐实。场景在电影院里,他满腹委屈却不能发火,冲突完全用幽默的语言交锋来体现,语言的色彩、速度、节奏,迅速而无缝隙的切换,确有些非常特别的音乐特性。这样的戏,很容易出现过火表现,分寸把握准确才能既刻画人物,又推动戏剧冲突的发展。我和叶小铿之间配合默契,达到了预期的效果,观众几乎对每句台词、每个无言的停顿,都感觉到了信号,发出会意的笑声,即时且精准,确实也让我们品味到艺术创造给演员带来的快乐。

采访人: 最终这个戏还是公演了。

任广智: 值得慰藉的是,我们还争取到在长江剧场首演。那是传统的话剧剧场,因此观众上座情况很好,演出反响很热烈。我记得首场演出的最后,按黄老的意见,何人杰和夏霜从舞台上走下来,直穿观众席,离开那个"让人很不快的地方"。周围观众眼神中所流露的那种审美后的愉悦,就是对我们最好的鼓励。当天晚上竟会有人打电话来说,这个戏害得他睡不着觉了。

采访人: 触及他的心灵了。

任广智: 在《闹钟》的排练中,佐临先生曾说过,希望这个戏做到"令人发笑、令人含泪,并望亲爱的观众三思之",我们努力了。对于演

黄佐临（中立者）在《闹钟》排练现场

出的成功，黄老也很高兴。虽然由于各种原因，《闹钟》换了三个剧场，致使演出场次不多，但他老人家在剧组结束的聚会上兴奋地举杯祝贺，可说是难得见到的大动作了。

《闹钟》的排演还有一层意义不得不说。因为这是把一生献给舞台和电影的艺术前辈佐临先生参与的最后一部戏。我觉得自己能有机会与他近距离合作，并完成了这部作品的演出，是自己一大幸事。在接触和交流中，佐临先生那种亲和、宽容待人的胸襟，和他在艺术理念上开放而不保守，兼收并蓄而不局限的大家风范，深刻印在我的记忆之中。

采访人：您主演的《OK，股票》剧场效果也很好。

任广智：接地气的戏，与时代同步的戏，反映老百姓密切关注问题的戏，演出效果肯定都不错。其实这正是话剧的一大特点和一大优势，整个话剧运动发展恐怕都能证明这一点。

《OK，股票》正是与1990年我们国家改革开放的一个重要历史时刻同步产生的一部原创剧目。剧作家赵化南亲自跳入股海，沉沉浮浮、目睹耳闻，积累了大量当时炒股人喜怒哀乐、五味杂陈的素材，用通俗喜剧的体裁样式，勾勒出一个上海大杂院里几户人家的生存状态。人物形象个性鲜活，故事情节跌宕起伏，台词又那么生动而有特点，这个剧作的基础已经建立得相当厚实，一剧之本是成功的第一要素。

导演则请来了上海戏剧学院教授陈明正，我从1953年进附中时就认识他，他是上海戏剧学院表演系54届的老学长。因此我知道，无论是在艺术理念或创作方法上，我们是完全一致的。剧组中其他演员也大多是从学院毕业或本就是他的学生，所以不存在沟通不畅的问题。合作顺利，自然是成功的又一保障。

青话对这个戏十分重视，动员了足够的力量，形成有力后盾。市委宣传部的同志也给予了关心。在这样的情势下，这个戏不排演好就说不过去了。

采访人： 您总算是碰到个顺风顺水的戏了。

任广智： 越是这样的条件下，我越是不敢有任何的疏忽大意，尤其是演喜剧，几乎所有重要的"戏扣"都交错编织在主人公阿奈的身上，一旦有一个环节失误，就会产生意料之外的连锁反应，那后果将不可想象。我想，赵化南把这个注明"通俗喜剧"的本子交给青话来演，本身就显露了剧作家心里的一种期待。或许他编写了那么多笑点的背后，还有股民遇到的各种心理挣扎的影子。他希望在舞台上不仅留下笑声，还能留下更多的思考，而刻画人的精神生活正是话剧的强项。

怎么样把喜剧演得通俗而不媚俗，这是在话剧表演艺术的讨论中常常遇到的问题。我们决意走自己的路，即使是对闹剧的体裁，也应该有所谓学院派的印记：有人物，有思想，有喜剧效应，还要争取创造引发回味的空间。

股票的出现如一石击水，在经济生活、社会生活中迅速产生了反应,这必然对于人的思维和行为带来冲击,有人在冲动中主动跳入股海,有的人犹犹豫豫,有人也被动地卷了进去,甚至有人自此改变了人生轨迹。我到股票交易市场访问那些呛过水、吃过苦头割肉逃离的人,也见过一夜暴富,头颈上已挂起很粗的黄金链条的幸运者,还听过有人经不起打击跳楼自尽的悲剧故事。有个很深的印象是,不管是输是赢,一个家庭里只要有一个人到股海去翻腾,那一定会使整个家庭生活发生波动。

《OK,股票》里的阿奈就成了具有时代特点的典型性人物。他怎么对待自己的得失,怎么对待相关的邻里,尤其怎么处理和老婆的关系,都是需要细微分析的。如何塑造这个人物,我是以不同阶段、不同情境的态度为依托,用不同的行为变化找方法,以分寸感为衡量尺度,关注细节、把握行动和语言的节奏、速度、强度,以及与对手的承接递送的准确性,争取创作和演出的最佳结果。

有人曾向我强调,"演喜剧就是凭感觉,靠即兴",可我总觉得这种理念值得怀疑。我在实践中也有即兴发挥的时刻,但那多是偶发或应急的临时手段,它挺可爱,但是细想想,这种即兴也是在你深思熟虑的思考基础之上偶然派生出来的,或许是个亮点,也可能是哑火,演出若重复依赖这突发的手段,那显然是不可靠的。感觉常受不稳定因素影响,即兴创作的机会要珍视,但也必须进行筛选甄别,才能够符合创作规律,以利于人物塑造的准确性。

采访人:《OK,股票》反响很大,到北京演出时朱镕基总理也来看了。

任广智: 是的,那时朱镕基总理大概对股市的发展特别关切吧,他看《OK,股票》看得很入戏、很高兴。他看完戏后走上台来和我握手的一瞬间,他问了我一个问题:"哎,你后来和那两个女人到底怎么发展下去的……"我突发奇想回答说:"生活总要继续下去啊……"他笑了,随后他还提建议,希望把这个戏继续写下去。

采访人：您演了那么多话剧、电影、电视剧，您说能得到观众的认可、同行的认可、专家前辈的认可是自己最大的慰藉，现在您退休了，您有什么话想对年轻演员说的？

任广智：他们比我们幸运，遇上了一个新的时代，实践的机会多了，学习的手段也多元化了。希望他们要当演员，就努力去当好演员，争取做知其然也知其所以然的艺术家。实践催生理论，理论优化实践。学海无涯，希望他们勇于实践，善于总结，在艺术事业中有更多的新的创造和成就。

采访人：谢谢您坦率地跟我们分享您六十余年来的艺术人生。

（采访：李丹青　整理：李丹青）

熊院长把我整哭了,但是我确实长进了

——向能春口述

向能春,1938年出生,2019年去世。湖南龙山人,土家族。国家二级导演。1950年参军,1951年参加抗美援朝,荣立三等功及朝鲜军功章。1959年毕业于上海戏剧学院,后进入上海青年话剧团任演员。

话剧作品有:《雷锋》中饰雷锋,《我是一个兵》中饰陈大虎、陈二虎,《敢想敢做的人》中饰姚二勇,《渔人之家》中饰彼里特,《年青的一代》中饰李荣生,《代代红》中饰张志林,《战斗的青春》中饰郎小王,《杜鹃山》中饰杜小山,《夜上海》中饰周小芸,《西哈诺》中饰拉格诺,《生不带来死不带去》中饰德平纳等。

导演作品有:话剧《吝啬鬼》《狗心》《银婚前的离婚》《东进!东进!》《万水千山》《李宗仁归来》《风雨故人来》《总有人走向雷电》《把眼光放远点》《群猴》《在这片土地上》;越剧《青锋剑》;滑稽戏《假夫假妻》《七十三家房客》《灯红酒绿》《刀枪不入》《无言的结局》《步步高》《满园春色关不住》《老家福》《美景佳园》等。发表电影剧本《拳魂》、话剧剧本《巨人的情怀》。

采访人： 向老师是土家族，那您成长的20世纪40年代末50年代初的老家是什么样子？

向能春： 土匪很多。

采访人： 电视剧《乌龙山剿匪记》描写了当时的情况，沈从文的作品对湘西也做过很多描述，风景优美，民风淳朴，但也很强悍，这些因素，对您性格的成长和以后从事艺术工作有什么样的影响吗？

向能春： 我出生在湖南湘西土家族一个普通的山寨，位于大山深处。我们寨子里面只有初小，没有高小，所以我读高小的时候就寄养到舅舅家去了，舅舅家住在镇上，我在那里迎来了解放。

采访人： 湘西解放是哪一年？

向能春： 1949年12月解放的，解放之后我在小学当了儿童团团长，协助解放军在山口查路条，抓抽大烟的人。1950年，部队的宣传队为了迎接国庆一周年要排一个话剧《战斗里成长》，就选中我演里面的小石头。就在我们部队到长沙演出的过程中，接到了抗美援朝的任务。那时候我已经有六块钱的津贴了，部队想把我送回家去，因为我太小了，才12岁。一听说要送我回去我就哭了，因为我与这些老大哥老大姐有感情了。部队发给我的衣服大了他们帮我改，发我的军鞋是最小的36码，但是我都嫌大，他们帮我到店里面去换，就这样有感情了。我说我能吃苦，你们走到什么地方，我就追到什么地方。最后首长感动了，就让我留下来了，最后我们坐了七天七夜的火车到了丹东。

采访人： 您之前从来没演过戏？

向能春： 在小学里头参加文艺活动有过，但是正儿八经演戏没有。

采访人： 演戏是您的喜好？

向能春： 对，所以他们就选了我。抗美援朝期间，如果不是这些老大哥对我的关爱和保护，死神早就夺走了我的生命。有两次过封锁线，跑到一半我就不行了，一次是抽筋，一次是饿得实在跑不动了，我就跟分队长说,我死了算了,你们不要管我了。分队长背着我就跑,这位分队长是谁呢?就是电影《湘西剿匪记》里面演土匪头子的,叫杨德志,后来是广州军区战士话剧团的演员,他很胖,背着我跑。另一次腿抽筋是两个战友拽着我跑。

采访人:您是深入到第一线?

向能春:对。有一段记忆我很难忘。在朝鲜前线的时候我要演一个朝鲜孩子,讲的是一个连长带着战士进行野战训练时,遇到敌机轰炸,战士来不及通知老乡,我演的那个朝鲜孩子要唱"美国人炸死了爸爸妈妈。志愿军叔叔啊,到哪里找我的爸爸妈妈呀"。但是我就是感情出不来。后来有一天,我们路过一个朝鲜村子,刚被美军飞机轰炸,直径十多米的弹坑都在,房子还在烧,有一个老妈妈抱着一个七八岁的小姑娘,头发乱得不得了,上身赤裸,地上躺着一个老大爷,已经死了。后来我们的分队长就问那个小姑娘怎么回事,她说死的是她的爷爷,她的爸爸在战争初期参加人民军,在前线牺牲了,她妈妈带着儿子去抢修公路了。我们的同志帮她梳理头发,她都麻木了。我当时一看这个场景就受不了了,我想帮她做些什么,可是后来发现我什么也没法做。后来在行军的路上,分队长就对我讲,向能春,你演的应该是她。晚上我睡不着,心里老想着这个孩子。我想我的家了,想爸爸妈妈了,因为我离开家的时候爸爸妈妈还不知道。

采访人:您入朝他们不知道?

向能春:不知道。后来我再排练那一段哭诉的时候,我的感情一下子就出来了,眼泪一下子就下来了。战士们高喊口号:"为朝鲜孩子报仇,打倒美国帝国主义。"这个节目演遍了全师,后来我们的师政委彭清云——他是独臂将军,抗日战争的时候白求恩给他做的手术——看了之后就说:"小鬼,你这个戏是扔向敌人的一个重磅炸弹,要给你记功的。"后来真的给我记功了,我有了军功章。

采访人：您13岁就立功了？

向能春：对，我成了文工队第一个立功的人。有趣的是，很多朝鲜老乡看到我演完就来安慰我，他们真的以为我是朝鲜孤儿，我们的人说，他是中国孩子，不是朝鲜孩子。这些阿妈妮就搂住我说谢谢。这个事情对我的教育很大。

采访人：这是前线现排的一个小歌剧活报剧。

向能春：对，就是一个大小品。

采访人：现实感很强。

向能春：对。所以战士们都记住我了——文工队的向能春，我到连队战士们特别欢迎。有个侦察班班长看了这个戏之后就跟我讲，向能春你放心，我到前线抓个俘虏让你解解气，好像我的爸爸妈妈真被美国兵炸死了，因为战士们感到朝鲜孩子太可怜了。有一次演出的时候坑道口被炸塌了，战士们知道我在里头，就拼命刨啊刨，把我救了出来。所以我对部队的感情很深，对战友、首长感情很深，我把部队当成我的

抗美援朝立功留影

军功章和纪念章

家一样。这段永恒的记忆深深地刻在我的脑海中。

采访人：您是1950年第一批就入朝的？

向能春：不是第一批，我的部队是1951年去的，当时第五次战役已经打完了（1951年6月10日结束）。1951年的秋季攻势，我的一个堂哥就在那场战役中牺牲了，我自己的亲哥哥也到朝鲜去了。我爸爸妈妈不知道我到朝鲜，等知道了以后，我妈妈带着我姐姐追我追到汉口，我妈妈是小脚，追到汉口第四野战军司令部，她跟接待人员讲："我大儿子参加军干校我知道，我小儿子才12岁，我舍不得，我要把他领回去。"后来接待的人讲："老妈妈你别追了，你两个儿子都到朝鲜去了。"我妈妈一听就哭了，哭中还说起了当年她的兄弟陈全冠跟着贺龙走了，也不知道死活。接待人员问我妈："你还有个兄弟？那我们帮你联系联系。"第二天告诉妈妈，她弟弟还活着，现在不叫陈全冠，改名叫陈燕青，是你们永顺军区的司令员。

采访人：还真的找着了？

向能春：这下我妈妈平衡了，儿子没找到，弟弟找到了，也算是个传奇了。这是我们在朝鲜的一段经历。

采访人：您是1953年停战后回来的？

向能春：1954年9月回来的，在朝鲜待了整整三年半。停战的时候我们部队还在朝鲜，还没往回撤军，志愿军是分批撤回国的，到1958年才全部撤完。

采访人：那停战以后呢？您在朝鲜做些什么呢？

向能春：帮助朝鲜搞建设，修水库，盖房子，我们还准备万一再打起来呢？

采访人：这三年半虽然家里知道你去朝鲜了，但是具体在哪儿不知道吧？也没通过信？

向能春：那时候在部队里面不能通信的，但是舅舅找到了，她就心里平衡一点了。

向能春（中）帮助朝鲜老乡收割水稻

采访人： 在部队里面自己学习文化吗？

向能春： 没法学，战场上哪有办法学？演出完了创作，创作完了再演出，基本上就是这样的。所以说到我考戏剧学院也是一种巧遇。1955年的春节前夕，我17岁了，我的那位独臂将军老政委彭清云已经提升到军里当政委了，正好有一天他到师里来视察，我跟几个战友吃过晚饭在小学校打篮球，就看到师首长和干部部部长陪他走过来。我一看是老政委，我就过去了，好几年没见他了，我也长高了，我怕他不认得我，我说："彭政委，我叫向能春。"他见到我很惊讶："小鬼，你怎么没去读书呀？"他是江西永兴人，说话有口音，我没听懂他的意思，以为问我吃了吗，我就说我刚吃完饭，运动运动消化消化，晚上还有演出。他马上对那个部长讲："你应该让他去读书。"过了一个星期，干部部就派了一个组织科长找我谈话，说我参军到朝鲜，把我学习的时间耽搁了，今后我的任务就是读书学习，问我学什么好？读初中部队就给我介绍读初中去。我说那不行。我提出我还是希望搞文艺，干了这么多年了，跟文艺有感情了。他说好，你回去准备，我们负责给你推荐，如果最后不行就回来，我们把你送到炮兵学院去，学习炮兵指挥。部队替我全安排好了，我很感动。这样我就回老家去看了看母亲和姐姐，我也好久没有回去了。后来我到长沙去问有没有学戏剧表演的学校，他们说只有美术中专、音乐中专、舞蹈中专，但是戏剧学院没听说过。之后我到了南京，我小舅舅在南京工作。他从南京市文化局得到信息，上海有一个中央戏剧学院华东分院，专门教话剧表演。我高兴得不得了，马上就了写封信给戏剧学院，戏剧学院给我寄了招生简章，准许我报考。我马上写信给干部部，他们马上把介绍信寄过来了，大信封里面套一个军用小信封，还没封口。介绍信的内容我都记得：中央戏剧学院华东分院，向能春是我部文工队的队员，在部队表现较好，这次报考贵校，希望能给予照顾，然后是一个大大的政治部印章。

采访人：没提你立功的事？

向能春：没有。学校接待我的是魏照风老师，他很关照我，问我住的地方安排好了没有，要不就住学院吧。然后把我安排在楼上，正好张名煜也在，他考完了，估计也录取了，我们俩就住在一起。我考得比较顺利，我对自己的表现也比较满意。

采访人：还记得考什么吗？

向能春：考了朗诵寓言是伊索寓言，散文是解放军作者李怡写的《追击途中》："我永远不会忘记1950年冬天的一个晚上，呼啸的风闪动着炮火，雪花攀挂在铁丝网上，我们向前追击经过这里，这里完全是一片坟场，但在废墟间，忽然看见远远的，闪动着一堆火光……"

采访人：您到现在都能记得住？

向能春：我大体记得，我朗诵很有激情。

采访人：主考老师是谁？

向能春：胡导老师。我朗诵完我看他在擦眼角。当时我小，才17岁。

采访人：但是有亲身感受。

向能春：老师对我的表演还比较满意。考完之后，当时辅导我的是谢民（52届，戏剧文学科毕业生）。我还担心我不录取，如果不录取我还要回部队去，去学炮兵了。后来他给我出了个点子，说你去摸摸底。

采访人：探探老师的口风？

向能春：嗯，探口风。等胡导老师下班，我就叫住胡老师。我说："老师，部队给我的任务是学习，要是这儿不录取的话，我还得赶回部队去，反正一定要让我读书。"胡导老师听完问我上海有亲戚没有，我说上海没有亲戚，但是在南京有个舅舅。胡导老师说，你就到南京等吧。我明白肯定录取了，不然不会让我到南京等。

采访人：那天你要是没碰上老政委，也可能就在部队待一辈子了。

向能春：也可能改行搞炮兵，也可能到广州军区战士话剧团，不可能进戏剧学院了。所以我感觉我能够1955年进这个班，成为戏剧学院59届的一员，我很庆幸，也很荣耀。

采访人：这个班也确实出了很多人才。

向能春：2009年，是我们班从上海戏剧学院毕业50年，在一次聚会上，有人提出咱们能不能演个戏，演《钦差大臣》。焦晃第一个跳出来，他很激动，他说他同意，就是死在台上也值。没想到过了一个月，他就把陈明正老师、我、卢若萍、朱大坤找到他家里去策划这个事情。那年也巧，是果戈理诞生两百周年，又是中俄文化年，他有一个朋友支持他，这个戏就搞起来了。《钦差大臣》演出的时候我没想到反响那么大，成了一个文化事件，《解放日报》《文汇报》都刊登了文章，说上戏表演系59届成为上戏后来者心目中的一个传奇，被誉为传奇班。有记者就追问胡导老师，胡导老师说，这个提法引起我思考了，有意思。后来胡导老师对这个班做了一个总结："第一，这个班的生源比较好，不是个别好，而是整个班都好。第二点，这个班很幸运，遇到了好老师，不仅有朱端钧等熟悉中国戏剧传统的好老师，还有来自苏联的专家列普科夫斯卡娅,她系统地传授了斯坦尼体系的精华。第三点,他们班的教学选择了排演经典作品,不仅能培养演员,同时也锻炼教师,提高教师的教学水平和导演水平。"最后他还说了一句,"59届毕业之后都在从事表演事业,一直坚持现实主义的创作方法,大部分学生都成了表、导演艺术的杰出人才,取得了很高的成就"。

采访人: 胡导老师也给了很高的评价。

向能春: 对。我是这么认为的,是这位俄罗斯妈妈(列普科夫斯卡娅)把科学的表演观念、方法和审美传承给了我们,把艺术创造的想象注入我们的血液里,艺术创作的核心元素就是想象,没有想象就没有艺术,没有想象就没有创造。我们很多好的经典小品我至今都难忘。

采访人: 您印象当中,在学校的第一个小品是从无实物小品开始的吗?

向能春: 苏联专家来之前,刚开始元素训练都是孤立的。大家都要一排坐好,老师说紧张就紧张,说放松就放松。苏联专家不是这样

苏联专家列普科夫斯卡娅在给向能春上课

的，她是把元素有机结合的。

采访人： 您做的第一个小品还有印象吗？

向能春： 我记得我第一个小品是表现部队生活的："我"背一个背包，行军前为防下雨路滑，就从朝鲜老乡那拽了一根稻草搓绳，把绳子绑在鞋上。苏联专家很肯定，说好，并让我再做一遍，这次就说不好了，为什么？因为我在重复了。

采访人： 缺少有机性了？

向能春： 对。演员每次都要有新鲜感，不能重复，这个对我印象很深。那时候小品很多，有几个小品很经典的，正面的反面的都有。一个是戴金凤的小品，她作为先锋，给后面的部队做记号，做得很生活，过河做记号，这儿有一棵树，把皮砍掉也可以做记号的。苏联专家觉得砍树是破坏性的，可以把红头绳拿下来替代，我们当时感觉这个小品一下子升华了。那年小品考试这个小品是第一名。另外一个小品，是讲台湾青年迎国庆，一个青年学生爬到房顶，把国旗插在房顶上，之后他再从房顶下去，小品结束了，也蛮感人的。后来专家给他加了一个动作，他撤退往下走的时候，头露在外面，冲着国旗，把鸭舌帽帽沿扶正，就这么一个动作，我们全场鼓掌。焦晃做了很多好的小品，但是有一个小品不好，苏联专家觉得那样在舞台上不美好。他做的是掏鸟窝的小品，掏半天掏不出来，于是就找了一个小竹棍捅，专家说停，你怎么那么对待小鸟呢？专家接着说，这涉及舞台美学，你现在不懂，我相信将来你会懂的。这句话他一辈子忘不了。

采访人： 生活中可能确实会这么做，但是舞台上呈现可能就不美好了。

向能春： 对，我们讲真善美，你掏不出来就把小鸟捅死？我估计焦晃从这个例子当中汲取了深刻的教训，所以现在焦晃演戏，不管哪方面他都追求一种美，这是有关系的。苏联专家教我们确实费了很大的心血。

我们一年级下学期就演片段了，一年级第一学期是小品，单人小品和集体小品，一年级下学期就是国内题材片段，到二年级就是名剧片段了。比如二年级我和焦晃演了《钦差大臣》，其他演过的有《肥缺》《无罪的人》《雷雨》《蒋干盗书》《祝福》等，开始接触经典了。我们到三年级就排大戏了。

采访人：那你们比较早，现在大戏都是三年级下学期才排。

向能春：对，我们班毕业剧目演了五台大戏，二十多名演员演五台大戏，包括莫里哀的《吝啬鬼》，本来要演《钦差大臣》的，结果因为政治运动这个戏就没排成，所以到了50年之后才排了这个戏。

采访人：也算是了了一个心愿？

向能春：对。50年代没演成，所以我们这次把演《钦差大臣》当作补课。我们班生旦净末丑，高矮胖瘦都齐全，演丑角的有李家耀、刘建平、王家驹，小生有焦晃、梁波罗。苏联专家给我们班上大课，张瑞芳、白杨，很多人都来看。如果第二天交作业，老师会辅导我们到很晚，校门都关了，我们就先让杨在葆、张名煜两个大个翻过墙去，我们再托着

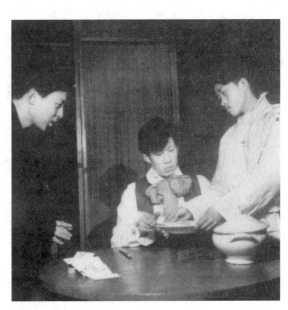

演出《钦差大臣》片段
（右为向能春，中为焦晃）

胡导老师把他送过去。

采访人：戏剧学院爬墙有传统。

向能春：我们排了一个《上海激战》，是为了迎接上海解放十周年排的戏，是部队的戏，杨在葆演男主角。两个排练场，一个排部队的戏，一个排工厂的戏，胡导老师两边看，他后来都失声了。

采访人：胡老师一个人导吗？

向能春：陈加林、陈明正是助教，他们分场导，陈明正老师导部队的戏，陈加林、王琪老师导工厂的戏。为了排这个戏我们下部队，正好是雨季，浑身都湿透了。焦晃演机枪手，真扛着一挺机枪。一说"卧倒"，什么烂泥水塘都卧下去了。最后这个戏陈丕显（时任上海市委书记）看了，粟裕在上海疗养，他也看了，说我们很有兵味。后来杨在葆被选中去演了电影《红日》中的石东根。

采访人：还有这个渊源？

向能春：对。杨在葆演戏充满了激情。做演员要具备几个条件，第一要有激情，第二要有自信，第三要身体好。

同学合影。前排左起：张名煜、杨在葆、向能春、盛吉明、杜冶秋、梁波罗、李长年；后排左起：焦晃、徐月翠、卢若萍、周以勤、贺雪瑛、马邻、邹学东

采访人：到1959年毕业，班里同学大部分进了实验剧团？

向能春：对，当时我们班基本都留下了，实验话剧团成立了。

采访人：59届、60届是留校最多的。

向能春：对，我们1959年毕业，1960年我们就带着三台大戏，由熊院长带队开始巡回演出。

采访人：三台什么戏？

向能春：《浪淘沙》《比翼齐飞》《吝啬鬼》，这是1960年巡回演出的剧目。正赶上"困难时期"了，我们到了郑州，马路上树皮都扒光了，我们没吃的了。我们当时带的一个小炊事员是苏北人，他讲了一句话我现在还记得："要油没得油，要盐没得盐，妈妈的，锅还漏。"

采访人：那时正是"三年困难时期"？

向能春：对，很困难。当时我们出去三台戏，戏剧学院只派了一个装置师傅严旭东，派了一个灯光，其他工作从上到下全是我们演员兼的。我们到了重庆朝天门码头，灯光箱、服装箱，特别是灯光皮线箱，两百多斤重，是杨在葆、张名煜、娄际成、施锡来一块扛上去的。

采访人：也就仗着当时年轻。

向能春：创业嘛。晚上睡觉，床铺上全是臭虫，睡不好，吃不好。还有一个笑话，我们到了汉口，七月初了，剧场没有空调，观众席里有电风扇。李家耀演《吝啬鬼》要穿胖袄，我们就怕李家耀昏倒在台上，舞台两边摆着冰块。晚上睡觉就把床搬到露天来睡，再搭个蚊帐。到了凌晨三点钟了，大家还是睡不着。这时候听见一个人大喊"我要死了！"

采访人：肯定是焦晃老师，只有他干得出来。

向能春：就是他。大家就笑了，凌晨三点大家都没有睡着，四点太阳就要出来了。许守钦、陈茂林就拿了席子睡到淋浴间去，把地上浇湿，铺上席子再睡。现在想想就是仗着年轻。

采访人：为了理想。

向能春：为了艺术理想献身。这几个戏都很长，都是两个多小时将近三个小时。有一次春节，我们在剧场连着演了四个日夜场，到晚上12点才回宿舍。那时候已经没什么吃的了，我们把中午吃剩下的菜饭，弄成很稀的泡饭，其实就是饿着肚子在演。这些戏都是要从头喊到底的。我记得1963年我演《雷锋》的时候，一天演三场。早场、日场、夜场，眼泪也哭干了，喉咙也沙哑了，观众都是中学生、大学生包场。团里领导关心我，就给文化局打了个报告，申请两个皮蛋，文化局批了，同意给两个皮蛋。团长之后告诉我，偷偷吃别让人看见。两个皮蛋，现在想想就是用来润喉了。我们就是在这样艰难的环境中，摸爬滚打成长的。

当时剧协领导看了我们演的两个戏，一个是《无事生非》，一个是《战斗的青春》，当面对我们说，这两个戏只有我们这个剧团才能演得出来，《无事生非》笑得是那么优美高雅，《战斗的青春》打得是那样真实、那样精彩，只有你们团才能演得出来，全国像你们这样的团独一无二，队伍真整齐，真让人羡慕。这是原话。娄际成学过武术，要从两米高残缺的碉堡空翻下来，这个动作排练时朱端钧老师说不要做，太危险了，娄际成说你放心，我会练成的，绝对不会出事的。

采访人：李祥春老师也是学京剧出身。

向能春：对，打得那个快，丝毫不比京剧演员差。杜冶秋的角色在第八场提前死了，他每次都不卸妆，拿着卸妆棉赶到侧台，就为了看最后开打，他看着都过瘾。

采访人：创业阶段人心很齐。

向能春：当时好多老师在关怀我们，也包括老前辈黄佐临、杨村彬、张瑞芳等。

采访人：那个时候的创作氛围也好。

向能春：嗯，大家很认真。我不知道现在的演员怎么样，我们早上八点钟之前要练功的，每天演出到晚上十二点，早上还要七点钟起来练早功，九点再排戏。

采访人：这一点还是延续了学校的习惯。

向能春：对，事业心很强，为什么？我们的导师都是专家，所以我们也不能偷懒，所以你别看熊院长平时嘻嘻哈哈的，在排练场他能看出来你昨天有没有准备。他们的导演构思，他们的导演计划，都是非常好的导演教材，我到现在还保留着很多。

采访人：您那个时候已经留心导演这方面了？

向能春：因为当时团长已经告诉我了，我皮肤不好，油彩过敏，虽然不是很严重。当时讨论的时候就告诉我，你将来接朱端钧先生的班吧，你要好好跟田稼老师学，所以我1962年就开始给田稼老师、朱端钧老师当导演助理了，一边演一边当助理，演还是主要的，但是开始注重导演方面的学习了。实验剧团改为青年话剧团的时候，田稼老师当了副团长。

采访人：1963年之前是实验剧团？

向能春：对。这段时间是我们成长最快的时候。我们剧团从领导到员工，都有一个指导思想，即将来要创立上海青年艺术剧院。当时田稼老师有过规划的，他有一个《建院措要》，规划剧团将来的发展前景以及演出的剧目等，很详细的，演的剧目要从亚里士多德开始。

采访人：从古希腊戏剧开始？

向能春：古典主义、浪漫主义、批判现实主义、现实主义，一直到革命的浪漫主义，最有代表性的剧目都列出来。先是曹禺的《原野》《雷雨》《北京人》。《原野》演员都定下了，杨在葆演仇虎，祝希娟演金子，我演白傻子。在这当中他说还要抽空排一个戏，叫《列宁之家》，他对我说张瑞芳答应演列宁的母亲，请张亮（在电影《上甘岭》里演通讯员杨德才）演列宁，焦晃演哥哥，卢时初演姐姐，我演列宁的弟弟，杨在葆演伐木工人，名单都排好了。《原野》准备1962年启动，后来大写"十三年"，这个愿望没有实现。到了"文革"中，《建院措要》成了批判材料，很可惜，如果真的实现的话，青话就不是这个模样了。

采访人：北京人艺留下来很多传统剧目，不断地在演，一代两代都在传承，但是上海没有留下什么传统剧目。

向能春：确实是。我们演过一个戏叫《两个血手印》，是王树元写的（样板戏《杜鹃山》作者）。黄佐临先生推荐给我们，他说这个戏青话演更合适。故事很简单，黑人青年跟白人姑娘谈恋爱了，姑娘的父亲派人把黑人青年抓起来了，私设公堂审讯，逼他承认强奸了他的女儿。后来姑娘为了自身清白，以死抗争，黑人青年也是为了自己的尊严，誓死捍卫自己的人身权利，这是很好的一个戏。祝希娟和王熙岩饰演男女主角，张名煜演父亲，罗毅之是导演。上海市委书记处书记陈丕显看了，金仲华是管文教的书记，金仲华在后台对罗毅之讲，这戏很好。过了两天，市委第一书记柯庆施来看了，看了一半幕间休息，他就跟我们团长讲，这个戏完全就是阶级调和，不要演了，改演《年青的一代》吧，戏没看完他就走了。

采访人：他没看完怎么知道是阶级调和呢？

向能春：他认为一个资产阶级的小姐怎么可能爱一个黑人青年呢？这个人物关系本身就是阶级调和，农民要娶一个地主女儿，那肯定是不行的。王炼告诉我，他写的《焦裕禄》在徐汇剧场演出，是黄佐临执导的，这个戏采用倒叙的艺术手法，很有想法。柯庆施看了之后讲了一句话，黄佐临就会搞些鬼名堂，这么严肃的题材搞什么鬼名堂。

采访人：这是艺术创作。

向能春：《战斗的青春》也是，这个戏"文革"时被重点批判，全国批判。

采访人：1966年之前，有影响的戏还排了哪几个？

向能春：除了《年青的一代》，我演的《雷锋》反响也很好。当时全国演雷锋很多，报上点名表扬演员的不多。当时海军政治部的一个副部长叫李文琴（音）看了之后，还写了文章表扬我们。后来沈阳军区的周桓将军看了我演的雷锋之后，让沈阳军区抗敌话剧团的创作班子

在《雷锋》中饰雷锋（中）

专门坐飞机来上海看我们的演出。之后我们又排了《豹子湾的战斗》。

采访人：这也是很有影响的一个戏。

向能春：关尔佳导了这个戏之后被调到样板团去导京剧《智取威虎山》了。

采访人："文革"之前，青话培养了一批观众。

向能春：对。你想复旦大学离青年话剧团多远？青话演戏，复旦、同济都要来包场的，之后互相都很熟了，都成了哥们了。

采访人：因为都是年轻人，沟通起来比较方便？

向能春：对，我们演的都是青年题材的戏，因为是青年话剧团，充满激情。无论主角还是配角，大家都是很认真的。陆丁裕在《甲午海战》中有一段戏是报李鸿章的头衔，前面一大段称呼，最后"李鸿章大人到！"《上海戏剧》专门刊登了一篇文章讲了他这一段。

采访人：在这种氛围下，哪怕只有一句台词您都不好意思处理不好。还有一点，当时创作上的争论是对事不对人。

向能春：因为大家都有集体荣誉感。我们是有一个目标的，要形成自己的风格。

熊院长排戏很有趣,我写过一篇文章,他把我们多少人整哭了。他排戏是从台词入手,谁第一个开口谁准倒霉。为什么?你得符合全剧的基调。第一个人物开口,你的动作、潜台词都要抠,少则五分钟,多则一刻钟、二十分钟。戏的初始阶段有了,这个戏的风格样式、人物的走向基本上都有了。他给我们导《甲午海战》,有一段戏是新炮兵报告,冲着台下就喊。杨在葆演的是老水手,邓世昌让老水手带着所有受伤的人撤离。杨在葆有一段非常慷慨激昂的台词,他的声音条件不太好,他注意了音量,但是语言的动作性就不强了,声音有了,可是感情又出不来。最后杨在葆说我不演了,把我换掉算了,就哭了。排《渔人之家》的时候,我演小儿子彼里特,游击队队长躲在地窖里面,我冒充他上来,有一大段台词,搞了半个小时,我被他整哭了,潜台词太多了。第一要镇住敌人,要相信我就是队长,而且不能让亲人们暴露我的身份。一定要有动作,有时候我注意了音量,动

在《渔人之家》中饰小儿子彼里特

作性又不够，注意了动作性，里面的潜台词又没有出来。搞了半个小时，后来我哭了，我说熊院长，能不能让我下去练。但是他的严格确实是有道理的。

采访人： 确实让你有长进？

向能春： 有长进。再举一个《甲午海战》的例子，我演的小顺子，父亲在海上被日本人炸死了，老水手带着我求邓世昌收留我，邓世昌嫌我太小，老水手就让我跪下求邓世昌收留我。最后一场戏，小顺子眼睛被炸瞎了，蒙了块布，在撤离的时候，邓世昌走到他的面前说："小顺子你还小，来日方长，走吧。"老院长给我写了一段词，我印象很深："邓大人，当年你收留我是让我跟你一块打鬼子，可是现在，我誓死跟你在一起。"老院长让我这个时候双腿跪下，第一次跪是求生，这次跪是求死啊！就改了两个跪，就把这个戏再往上提升了一个高度。熊院长排戏讲浓度，戏非常浓烈，让人感觉演戏真过瘾。这里头还有一个小插曲，熊院长排这个戏的时候说，杨在葆、冯纯超、张先衡、向能春，你们四个

在《甲午海战》中饰小顺子

人到最后一场戏要光膀子的,你们去给我练。我们就开始在戏剧学院练双杠。彩排那一天让我们露膀子,杨在葆本来就是老水手,张先衡、冯春超也都脱了,一看我,说我偷懒了,我说我没偷懒,我瘦得像排骨一样哪里来的肌肉?为什么我说这些老前辈值得回忆?因为跟他们在一起感觉幸福。"文革"中,戏剧学院的人斗胡导老师,我们青话的人一次都没参加过,没人去。

采访人: 1966年开始青话有那么几年时间,都是搞小分队的形式,大戏相对而言少一些,那个时候您的工作是什么?

向能春: 因为"文革"时期青话也是个重灾区,当时对青话的评价就是戏剧学院下的一个黑蛋,青话这些演员都是修正主义的苗子。后来清理阶级队伍,因为青话的人都是年轻人,基本上没什么历史问题,所以就让我们到奉贤"五七干校"去了,那地方很苦的,自来水是咸的、带腥味的。我有一个场面永远忘不了,娄际成、施锡来和我三人,在一个垄沟边上无聊,就冲着天冲着海的方向议论,这样子什么时候是个头?我们什么时候能回去搞创作?干校没有书看,就一个《红旗》杂志,一个月一期也不是老有的,报纸都是隔了两三天才来的,当天的报纸看不到,一到晚上就黑灯瞎火的。

采访人: 没地方去?

向能春: 没地方去。就这样无所事事地待了两年。后来把我们几个人调上去了,我、杜冶秋还有田稼老师。

采访人: 后来您参加过什么戏的排演?

向能春: 那时候我在搞《杜鹃山》。

采访人: 话剧《杜鹃山》是哪一年?

向能春: 1975年、1976年左右,搞了好几稿。当时青话的袁国英、我、祝希娟三个人被调过去了,王树元调动了话剧界的力量。

采访人: 话剧版的《杜鹃山》?

向能春: 王树元重新改编的。

采访人: 最后演了吗？

向能春: 演了,演了好几稿了。基本情节没动,当然加了一些细节,基本框架都没动,包括布景都和原来的一样。样板戏我们不敢多动,在细节上增加了一些东西,像我这个角色改了几场戏还是蛮好的,我自己也出了好多点子,我跟王树元的关系很好。

采访人: 雷刚是谁演的？

向能春: 武皓演的。

采访人: 也是人艺的老演员了。

向能春: 对。祝希娟演柯湘,俞洛生演李石坚,赵家彦演田大江。这个戏的演员还是蛮好的,但是没有突破样板戏的框架。

采访人: 成立了上海话剧团是哪一年？

向能春: 1975年。为了更好地集中力量,有人艺的两个团。

采访人: 一团和二团？

向能春: 不叫一团、二团,叫一队、二队,青话称为三队,搞了《盛大的节日》《战船台》,我们二队排了《杜鹃山》,一队排了教育革命题材的《历史的使命》。

采访人: 最后上演了吗？

向能春:《杜鹃山》演了,当时中央戏剧学院的徐晓钟老师带了一批人到上海来学,他评价也很高的,他说"从《杜鹃山》看出了话剧改革的曙光"。王树元在戏中补充了一些新的内容。比如第六场在监狱,我给王树元提了个建议,我说雷刚被抓进来之后,发现这个地方是当年关押柯湘的地方,柯湘在墙上写了革命的豪言壮语。加了这么一个情节,戏就感觉不一样了。王树元说我这个想法很好,干巴巴讲台词是不行的,要增加一点细节。

采访人: 我们开启下一个话题。打倒"四人帮"之后,将近有十年时间,可以说是青话的第二春,复排了一些戏,也原创了一些戏。这段时间您开始往导演方向转型了,这段时间的主要作品能跟我们聊一下吗？

在话剧《杜鹃山》中饰杜小山,祝希娟饰柯湘

向能春: 这段时间可以说是我们青话最忙的时期。为什么呢?因为"文革"这十年,在文艺队伍上形成了断层。很多老的导演去世了,有的身体不行了,朱端钧教务长导了一年戏,第二年,即1978年就去世了,就逼着我们这一辈要冲到第一线。我们最累的时候既要演还要导。导了两个独幕喜剧——《群猴》《如此无情》。《如此无情》是黄佐临提供的,是他夫人丹妮翻译的。后来还排了《李宗仁归来》《在这片土地上》《风雨故人来》,以及杨华生演的滑稽戏《假夫假妻》《七十二家房客》《总有人走向雷电》,还有越剧演员肖雅的第一个戏《青峰剑》也是我排的。

采访人: 那个时候慢慢开始转向导演了?

向能春: 对。

采访人: 演出相对少一点了?

向能春: 少一点了,因为我是艺术室主任,又要负责抓剧本。我最后演的一个戏大概就是《生不带来死不带去》,青话请了一个美国导演导的,导演看中我,让我演德皮纳这一角色,他是个制造火药的单身汉,这是我演的最后一个戏。

在《生不带来死不带去》中饰德皮纳

采访人：80年代的时候喜欢文艺的人多，所以您也赶上那个时候了。

向能春：真是赶上那个时候了，真是忙，同时排好几个戏。我记得我在排越剧，而同时杨华生、王汝刚他们又要排一个滑稽戏《假夫假妻》，他们来找我，我说不行，这两个戏时间上要打架的，只能导完越剧之后才能搞你们这个戏，他说他们等我。《假夫假妻》由杨华生和他的妹妹绿杨、王汝刚、沈荣海四位主演，喜剧效果也很强。

采访人：滑稽戏方面的人怎么会想到找你的？

向能春：因为我排过好多独幕喜剧，我也很喜欢喜剧，"四人帮"被打倒后，我们搞了一个"喜剧之友"社。有人艺的沙叶新、李守成、姚明德，儿艺的王又乐，青话的我、杜冶秋、李家耀，滑稽剧

滑稽戏《假夫假妻》剧照

团有严顺开,和复旦大学的过传忠,这些人一起搞的。

采访人: 好像这个时期青话出去给戏曲团体导戏的人挺多的?李家耀、杜冶秋老师都去过。

向能春: 胡伟民也去过。当时上海各个院团都缺导演。

采访人: 您对导演感兴趣,其实是从学校就已经开始了,到了改革开放后,您导的戏哪些自认为还可以的?

向能春:《在这片土地上》。这个戏虽然是上海市工人文化宫的戏,但是本子写得好,还到中南海演出了,习仲勋、万里等领导人看后讲了三个"好"——编得好,导得好,演得好,他们这样鼓励我们。

在北京,中国剧协还开了一个座谈会,剧协副主席赵寻对该戏评价很高,说我们虽然是业余的队伍,但却是专业的水平。最后这个戏参加了上海艺术节。另外,《风雨故人来》我认为导得也还可以。

采访人:《风雨故人来》当时反响蛮大的。

向能春: 包括作者看了也觉得我们处理得比他们中国青艺的好。这也是朱端钧先生的风格,处理分析得很细腻。举个例子,王洪生演父亲,刘玉演妈妈,几十年没见面了,两个人虽然没离婚,实际也等于离了,因为天各一方,各有各的事业。几十年没见面,突然见面,大停顿,停顿是最考验演员的,也是最有戏的,但是对演员来说停顿是很不容易掌握的。

采访人: 内心没有是停不住的。

向能春: 对。当时朱端钧老师讲了几个例子,我印象非常深,他在他家里跟我讲的。他说制造停顿有几个条件必须要记住:第一,矛盾冲突要到十分尖锐的程度;第二,人物的感情要到非常激动的程度;第三,规定情景到非常尖锐的程度。我说太抽象了,能不能具体讲讲。那个时候老放苏联电影《列宁在1918》,他举了这个电影中的一个例子:列宁在工厂演讲后被特务开枪暗杀,中枪了之后,工厂的工人停顿了,这个停顿很长,鸦雀无声,直到列宁的汽车开走之后,大家一拥而上去抓开枪暗杀列宁的反革命分子。这个停顿,是因为矛盾太尖锐了,列宁被杀了,而他是人民领袖。还有一个例子是列宁跟一个小姑娘的戏,列宁问那个小姑娘,你的爸爸妈妈呢?小姑娘说爸爸妈妈死了,列宁停顿了,然后把孩子抱起来,又放下来,这个停顿也很长。之后列宁抓起电话,"捷尔任斯基同志,把那些囤粮食的投机商给我枪毙了"。小姑娘的爸爸妈妈怎么死的?饿死的。朱端钧老师给我举了这两个例子。那么回到《风雨故人来》,夫妻俩又见面了,大家都在掩饰自己的感情,下雨了,她一看他的鞋,湿的,就拿了一双拖鞋给他穿,两人都有点不好意思,都没台词。他也意识到了,把湿的鞋脱掉,装作好像没事一样,她把他湿的鞋拿到窗台上吹。两个演员内心很充实,王洪生演从新疆回来的考古学家,演得很好。演完之后观众都鼓掌,这些手法都是受到朱端钧和老前辈们熏陶的。

采访人: 您继承发扬老师们的手法了。

向能春: 对。因为这些老师肚子里真是有东西。对田稼老师我也

《风雨故人来》导演工作照,向能春(中)

是很佩服的。

采访人： 您跟过他几个戏？

向能春： 我跟过好多戏了，起码有三四个戏，如《青春谣》《代代红》《东进！东进！》等，他导戏总要找我当助手，他喜欢要我写导演构思。他也写导演构思，到时候两个人碰，最后我总被他说服，并以他的为准。我跟杨村彬老师也合作了三个戏，《银婚前的离婚》《狗心》《大学风云》。这些学院派的教师真是有东西，在这个阶段我的艺术可以说是提高得极快的。我也吸收国外的东西，意识流的戏我也搞过，比如《一个脑瘤患者的梦》，是瞿新华写的，后来在业余话剧会演中得了一等奖。

采访人： 您跟黄佐临老师合作过吗？

向能春： 如果问我"文革"以后最大的遗憾是什么，那就是没有跟黄佐临先生合作过，黄佐临的梦想没有实现。

采访人： 黄佐临的梦想没有实现？为什么这么说？

向能春： 黄佐临先生百年诞辰的时候，我写了一篇文章《一个未圆的梦》，追记佐临大师为创建上海喜剧院的艰辛历程，因为很多人不知道这个事情。1985年，上海文化系统院团班子调整，沙叶新担任上海人民艺术剧院的院长，黄佐临不当院长了。

采访人： 是名誉院长吗？

向能春： 名誉院长也不是了。他想创建上海喜剧院，他召集了李家耀、我、钱世锦，也就是后来上海大剧院的总经理，还有其他一些人，一块筹备成立上海喜剧院。这个喜剧院的性质、剧目、人员结构，他都有一套设想。他亲口讲的，这是他毕生的一个愿望。他说，1957年中国在纪念意大利喜剧作家哥尔多尼（意大利剧作家，现代喜剧创始人，1707—1793）诞辰250周年的时候，田汉的一句话震动了他，"千百年来中国人笑的时候太少了，中国人太需要笑了"。于是，他就在1956年排了《布谷鸟又叫了》，是一部田园抒情浪漫喜剧，后来拍成电影了；此后他导了一个滑稽戏电影叫《三毛学生意》，两个喜剧。他为了搞喜剧院，把两个区级剧团，蜜蜂滑稽剧团，就是姚慕双、周柏春、袁一灵的团，经过他不断地申请、呼吁，划归人艺了。

采访人：人艺还有一个方言剧团。

向能春：方言剧团、滑稽剧团，还有一个朝阳通俗话剧团，都划归了人艺，为将来成立喜剧院储备人才。后来"三年困难时期"，他亲自抓了三个喜剧小戏的创作，叫"三打"：《打面缸》《打城隍》《打新娘》，三个古典喜剧，他对喜剧已经在筹备了。不当上海人艺院长之后，他轻松了，他说要搞喜剧院，成立两个队，一个是普通话喜剧队，一个是方言喜剧队。每个队12个人，其中8个男演员，4个女演员，那时候提出人才交流了，如果有排戏的需要，可以把外面的同志请来。

采访人：打破用人界限了。

向能春：最后上面知道这个消息了，就要调李家耀跟我到上海滑稽剧团去当团长、书记兼导演。我坚决不去，后来局领导对我说："能春，中央没有喜剧院，上海搞个喜剧院合适吗？"这个事情对黄佐临打击也很大，他跟我们讲过，英国、法国、意大利、西班牙都有自己的喜剧院，我们国家也有喜剧传统，这么大一个国家没有自己的喜剧院，跟我们国家很不相称。黄院长从此之后就病倒了。但是他晚年的时候还是搞了一个喜剧——赵耀民写的《闹钟》，但是不让青话排，也不让人艺排，怎么办？黄院长在上海剧协的支持下，组织了一个剧组，青话凑几个人，人艺、儿艺凑几个人，凑出了一个剧组。

采访人：以黄院长的名望，喜剧院最后怎么会不了了之呢？

向能春：可能涉及体制，增加剧团的话要上报。再说，搞喜剧肯定要讽刺。这也是我最大的遗憾，虽然我后来排了很多滑稽戏，也得了奖，但我总感觉没有在黄佐临先生的指导下搞喜剧，是我的终身遗憾。

采访人：如果让您选几个自己比较得意的作品，您认为是哪几个？

向能春：《风雨故人来》《李宗仁归来》《在这片土地上》。

采访人： 这三个您认为是自己比较满意的作品？

向能春： 对，也下了功夫了。《风雨故人来》确实是剧本写得好，因为编剧是演员出身，很懂戏。《在这片土地上》是把我的人生体验放到了戏里。滑稽戏我觉得有几个也不错，《刀枪不入》参加上海戏剧节了。我导演滑稽戏一直到2002年，后来我干不动了，就不干了。最后一个戏是上海滑稽剧团的关于城市清洁工的戏，周立波参加主演的，后来我说我精力不够了，不能再导了。滑稽戏我执导了好多个，就是在那个阶段。

采访人： 熊院长，朱教务长，罗毅之、田稼、伍黎导演，您能两三句话概括一下他们的特色吗？

向能春： 朱端钧老师有他自己的风格，基本都是抒情的。

采访人： 无论什么题材吗？

向能春： 他基本上挑符合他风格的戏，他导我们班的《吝啬鬼》感觉有些吃力，喜剧不是他擅长的。《战斗的青春》搞得很抒情，后来沈阳军区的周桓将军为加快戏的节奏，强调激情，让我们改了一稿。我在沈阳写了一封很长的信给朱先生，把怎么改的情况详细汇报了。老先生回了非常简单的几个字："能春学友，信收到，祝你们一切都好。"施锡来是党支部委员，看了老先生回信以后说，老先生不高兴了。我们回到上海汇报演出，应该说比原来提高了很多，让朱先生来看的时候，他一言不发。本来国庆节要演的，后来决定国庆节不演了，改演《无事生非》。很多人都不知道前因后果，但是我知道，因为周桓那版我参加了执笔。后来上海市委宣传部让上影厂排了一版《战斗的青春》，梁波罗、仲星火演的。

采访人： 采取的是哪个版本？

向能春： 他们自己的版本，孙道临导的。

采访人： 熊院长呢？

向能春： 熊院长是很有激情的导演，他排的戏风格都是比较浓烈的，什么《大雷雨》《甲午海战》《全家福》《渔人之家》，都是与战争有关的，因为他本身就是很有激情的。对人物的刻画也要抓住核心，他跟朱端钧先生完全是两个风格。演熊院长的戏很过瘾，演朱教务长的戏要含蓄，随时提醒自己是不是表演过火了？田稼老师的风格，可以该方的方，该圆的圆，很细腻的。

采访人：很规矩。

向能春：对，他的导演构思很细，很准确。这段戏色彩是什么，是热情还是低沉？他的戏规规矩矩的，很有章法。罗毅之导演的风格居于朱教务长跟熊院长之间，什么风格都能适应。

采访人：比较全面？

向能春：不同的戏有不同的处理方法。他的戏，抒情的、浪漫的、激情的、快节奏的，各种风格都有。罗毅之的风格我们青话的演员不太适应，他完全是职业导演的风格，走地位，朱端钧老师培养我们要慢慢摸索，要寻找人物的内心。

采访人：罗毅之导演只要结果，过程你自己证实。

向能春：对，我们一开始不适应。

采访人：为什么要走过去？

向能春：对啊，就要叫板了。罗毅之说，你不要较真，你就过去，怎么过去自己想办法。

采访人：可能他是从舞台美感上考虑。

向能春：对，舞台调度的平衡，最好的调度就是人物必然行为的结果，对不对？伍黎导演比较喜欢喜剧风格，我从他那里学会了很多。他在生活当中就是很逗乐的人，谢晋第一次拍喜剧电影，别人不找就找伍黎，他们以前是国立剧专的同学。伍黎搞喜剧很有办法，这是他的本事，一个小品不好笑，结果他一辅导马上就好笑了。

采访人：这就是本事。

向能春：这绝对是本事，所以我感觉青话有这么多的好导演、好老师教诲,让我们不断受到熏陶,学到很多东西,很幸福。

采访人:导演、演员我们都谈过了,那么接下来谈谈对青话的情感话题。

向能春:难以割舍。

采访人:也很遗憾,在创作黄金期退休,当然也没有彻底告别舞台。

向能春:因为"四人帮"被粉碎之后的十年,我们上海话剧,以及全国的话剧是比较辉煌的。1988年北京人艺到上海来演了三个戏,《狗儿爷涅槃》《推销员之死》《哗变》,英若诚在复兴公园开座谈会的时候表态,我不代表文化部,我代表我自己,我对上海搞的提前退休表示反对。娄际成和我参加了这个会议。女的47岁,男的54岁,正是艺术成熟的时期、上升的时期,怎么可能就这么退休呢?这是英若诚的态度。杜宣写的《梦迢迢》,欧阳山尊来导的,上海人艺的戏,由于奚美娟摔伤了,卢时初去顶戏,演赵四。演完了之后剧协座谈会上袁雪芬发言,说这个女演员从16岁演到60岁,演得真好。我说这是我们青年话剧团的演员,已经提前退休了。袁雪芬说话很尖锐:怎么了?我们这么大个上海连这么一个演员都容不下吗?

我后来导了几个滑稽戏,当时话剧团让我导《中国制造》,我说算了吧,我去导导滑稽戏吧,后来请中央实验话剧院的王晓鹰来导了。为什么话剧人才没有了?工人文化宫的一批作家也蛮厉害的,创作了《于无声处》《血总是热的》《屋外有热流》《大桥》《巨人的情怀》,后来这批人也慢慢淡出了,也不搞话剧了。

采访人:是环境问题?

向能春:对,第一是环境,第二是禁区太多。一个作家对现实的生活有真挚的体验才能写出作品,如果作品有不合适的地方可以提意见,但是不能粗暴地一禁了之。没有宽松、宽容的大环境,文艺发展是很困难的。光搞快餐文化不行,传统的精品力作要有土壤,对不对?

采访人：您现在看话剧多吗？

向能春：不多，我基本不看。看过《商鞅》和《正红旗下》，这两个戏有厚度。

采访人：你们后来为什么要排《钦差大臣》？完成没有毕业公演这个心愿？没考虑过年纪吗？

向能春：考虑了，觉得还可以，那时候我71岁，焦晃73岁了。

采访人：不担心忘词，体力跟不上？

向能春：开始有，主要是担心焦晃和张先衡。杜冶秋说，张先衡你不要演了，你的心脏不行的。但是张先衡说，老有老的演法。他真的撑下来了，后来杜冶秋很服他。

采访人：有集体荣誉感。

向能春：我们觉得是完成了50年前没有完成的心愿，也算把这份喜剧作业交了吧。当时搞喜剧提出了很多课题，性格化，包括外部性格化、内部性格化，有很多课题要研究的。

《钦差大臣》剧照（左为向能春，右为焦晃）

采访人：您从事话剧60多年了，您印象当中在演出时有没有闹过什么笑话？

向能春：有啊。有两个例子，一个是演《最后一幕》的时候，我演里面一个小候，张先衡演一个地下党，但是表面上是国民党演剧队队长的助手，有一场戏是我在台上戏弄他，然后任广智上场。这是在上海艺术剧场（现兰心剧院）演的，不知道什么原因，任广智误场了。我和张先衡在台上东拉西扯磨时间等他上场，后来实在编不下去了，我说你等一会儿我去找他去，张先衡一把拽着我，说你别找了，你陪陪我吧。任广智误了足有好几分钟，然后就听见他穿着皮靴"嘚嘚"狂奔的声音。他一上台，虽然化着妆，但是吓得脸发白了。演完后，我说张先衡你真坏，他说你才真坏，你想把我一个人晾台上。还有一次是我们演《我是一个兵》，最后一场演完了，但是还有一个尾声，卢时初忘了，开始卸妆了，卸到一半的时候，导演说，卢时初该你上场了。怎么办呢？半边脸已经卸妆了，所以她上场之后就把有妆的这边朝着观众，下来她自己都哭了。

采访人：任广智和卢时初老师都是很认真的人啊，怎么会出这样的纰漏？

向能春：估计和太累了有关系，导致精神不集中。我们演戏都记账的，很严格的，后面有墙报，每天谁忘了词了，就在名字下面打一个叉，一个阶段下来，谁犯的错误多是要检讨的。

采访人：风气很正。

向能春：对，很正。我们在青岛演《无事生非》，剧场没有空调，很热。杜冶秋演叔叔，一下来就把外面的胖袄脱掉，里面只有一个竹背心（服装上的特别装置，将身体与衣服隔离开，避免汗水洇湿衣服），等到他再上场的时候，外套没穿，就穿着竹背心上去了，他自己也没意识到，像落汤鸡没毛了一样，穿着竹子的小背心。我们咬着牙，嘴唇都快咬出血了，憋着不敢笑场。

采访人：他没意识到吗？

向能春：下去才意识到的。他演戏很投入的，他要跟克劳迪奥斗剑，他越打越起劲，下来之后人家说你没穿衣服。说实在的，台上确实太热了，几千瓦的灯照着，夏天演这种戏简直要命了。

采访人：那现在退休以后，您有什么爱好吗？

向能春：就是写写东西，平常社区的活动参加得很多。

采访人：街道社区？

向能春：歌咏晚会，诗歌朗诵，总会找我。

采访人：从艺六十多年，一个土家族的山里孩子，从参军开始，命运就此改变了。

向能春：所以讲我的经历很简单的，小学、部队、戏剧学院、实验话剧团、青年话剧团，就这么点经历。

采访人：谢谢向老师与我们分享人生感悟。

后记：在采访人整理这篇稿件的时候，惊闻噩耗，向能春老师因病于2019年7月20日去世，真是非常遗憾，这也说明了口述工作的紧迫性。

（采访：李丹青　整理：李丹青）

话剧的宝藏挖不完
——郑毓芝口述

郑毓芝，1936年出生，江苏南通人。国家一级演员，中国戏剧家协会上海分会会员，中国电视艺术家协会上海分会会员。1958年毕业于上海戏剧学院表演系，1958年底进上海实验话剧团任演员，1963年至1993年在上海青年话剧团任演员。1959年获青年演员优秀表演奖（《大雷雨》中饰卡杰林娜），1981年获首届上海戏剧节优秀表演奖（《孙中山与宋庆龄》中饰宋庆龄），1986年获上海文学艺术奖中年演员奖（《欧洲纪事》中饰布洛克夫人）。

郑毓芝：我是1937年农历八月五日出生的，我妈妈说阳历是9月9日，出生地是在杭州。我出生前一个月，中国的全面抗战就开始了，然后我跟着父亲一路到桂林、四川，然后逃到大西北的兰州，在那儿安定了下来。因为我的父亲是我国的第一代空军飞行员，他是笕桥（中央航空学校，1928年11月成立于南京，现为浙江理工大学）毕业的，我母亲当时是杭州师范大学的学生，听我母亲说第一届航空学校毕业生都是黄埔军校过去的,这批人已经不上天飞了,大多在领导岗位上。我父亲是第二届毕业生,他后来做到第八大队的大队长。因为他是空军,所以我们逃难比较方便一些。

采访人: 您是以军属身份到兰州的?

郑毓芝: 对,最后到了兰州。我听我母亲说,父亲的飞行技术还是比较高的,他那一班的同学,除了转到地勤的以外,基本上全都战死了。

采访人: 都在抗战期间?

郑毓芝: 基本在抗战中先后阵亡了。一个是因为战争,另外一个原因是国民党当时不爱惜人才。我父亲是1942年去世的。听我母亲讲,他当时开的是轰炸机,他跟我母亲说得很明确,他一定要打日本鬼子,也叫我母亲要做好他阵亡的思想准备。后来他怎么会牺牲呢,是因为天气有雾,看不见机场,其实他已经快飞进机场了,但是燃油要没了,只是凭他的经验,感觉是在这个地方,所以就降落下来了,但是没有降落到机场里面,在机场外面碰到障碍物起火了,人就这样没了。民国时期是承认他为烈士的,但是解放后就没有优抚了。直到改革开放以后,

南京航空烈士公墓

国家对国民党的抗日人员才给予承认。在南京有一个航空烈士公墓，抗战时期所有牺牲的中外飞行员的墓都在里面。有一年我正好到南京去拍戏，我弟弟说过我父亲的墓也在陵园里，我就去看了，果然有他的墓，当然只是衣冠冢。这对我来说也是一个安慰，本来我认为我是反动军官的女儿。

采访人： 后来您和母亲有没有因为父亲的身份吃过苦？

郑毓芝： 当然吃过苦头。"文革"的时候，有人点名说我是反动军官的女儿，大字报贴在墙上。我母亲也是因为这个差点没命，她自杀过一次，后来被我继父发现了，把她送到医院急救才活了下来的。为什么自杀呢？因为有一张我父亲在机场和蒋介石、宋美龄的合影，是跟机组人员拍的，这张照片让人发现肯定不得了。可偏偏这时候照片找不到了，我母亲思想负担很重，所以就自杀了。幸亏我继父知道她有寻死的念头，就一直注意她，我继父真是很不容易的。

采访人： 您在兰州住了多长时间？

郑毓芝： 在兰州住了一两年吧，1945年抗战胜利以后，我母亲就带着我们回南方了。我母亲是师范毕业的，她知道一个寡妇带三个孩子很不容易，因为老师的薪水不高，那时候作为烈士遗属，部队希望她留在司令部里，因为有很多烈士遗孀留在那儿，但是她提出要到银行去，因为银行工资高。我小的时候还有印象，半夜醒了她还在那里打算盘，等于从头学起吧。

采访人： 到上海的时候您已经上小学了？

郑毓芝： 对。其实我在兰州已经开始上学了，我读书比较早。抗战胜利后，我父亲的一些部下让我们坐飞机先到了杭州，作为烈士的家属，调动起来就比较方便，直接调到上海的交通银行，所以我们就到上海来了。到上海后租住在杨浦区，那里房子还比较便宜，我在那里上的小学。我那个时候身体不是很好，还休学了一段时间，加上到了一个新的环境，上海话一句话听不懂，而且上海的教学水平比较高，小学二年级、三年级就开始学英语了，内地没有，我跟不上，因此还留了一级。但我上学比较早，5岁就开始念书了，所以毕业的时候年龄还不是很大。

采访人：您小时候第一次接触到戏剧，就是小戏院那个故事您给我们讲讲。

郑毓芝：这个比较有意思，我们住的房子的二房东，他在弄堂的后面有一个小戏院，他的孩子跟我们在一起玩的，有时候就偷偷带我们去小戏院去看戏。那时候我在家里养病，没事就学戏里那些东西，把妈妈檀香扇的穗儿拴在毛线针上往头上一插，口红瞎涂，就在床上演起来了。我妈妈下班一回来，看到我把她的睡衣穿成水袖一样甩来甩去，所以她觉得我挺喜欢这方面的，有时候没事就听收音机里头放《四郎探母》，就跟着唱，也会哼这么两句。在我上初一的时候，行知艺术学校招生，这个学校是陶行知办的，他是慈善家和教育家，收了很多孤儿到他学校里去读书，他办学不收学费，而且学生吃住都在学校里头的。

采访人：当时是什么原因您去报考这个学校？专业又是怎么选的？

郑毓芝：是我妈看到报上说行知艺术学校在招生，小学毕业以后就可以去报名，我那个时候念初一了，她觉得我从小对戏剧挺爱好的，好像还有那么一点灵气。还有一个原因，就是我母亲要养三个孩子，在经济上很吃力。她跟我说，弟弟是一定要培养他上大学的，就不一定有这个能力让女孩念多少书了，这个学校你去考考看，也许也是一个出路。说实话，以前她对我学戏也是持反对态度的，我有一个阿姨喜欢唱京戏，有一次还上台唱了《四郎探母》，被我妈骂了一顿。解放以后这个情况有了一些变化，学戏的人也不是那么被人看不起了，所以她就让我去考考试试看。我那时候才12岁，就去考了，考什么呢？当时行知艺术学校设立有音乐组、美术组、戏剧组，考什么组我也说不出来，就抓阄，一抓就抓了一个戏剧组，还莫名其妙考上了，现在想想是很滑稽的事情。

采访人： 当时考些什么您还记得吗？

郑毓芝： 当时考了唱歌，问我还会些什么，我那时候还真能唱两句京戏，流行歌曲我也能唱几句，然后再做了一个小品，具体的我也记不住了，就这样考上去上学了。从行知艺术学校转到戏剧学院也是经过考试的，那个我还有印象。

采访人： 是升上戏附中吗？

郑毓芝： 不是。那是1952年全国高等院校院系调整，把上海戏剧专科学校（上戏前身）、山东大学艺术系等几个学校合并起来了，成立了中央戏剧学院华东分院，校址是在四川路横浜桥那里。

采访人： 在横浜桥您读了两年？

郑毓芝： 读了两年附中。那个考试我记得让我们做一个小品，题目叫《大扫除》，我们就把口罩戴好，扫把拿好，很认真地扫，后来通过了，就成了上戏的学生。

采访人： 您学习表演主要还是到了戏剧学院以后是吗？

郑毓芝： 对，比较正规了。附中的时候既学文化课也学一点专业课，在艺术熏陶方面比本科生条件和机会要多一点，像音乐、美术，看高年级的演出要多一些。两年以后直接升入本科，但是这期间也有淘汰制，我们进附中的时候都是孩子，身材看不出来，高矮胖瘦都有，升到本科的时候已经到了十六七岁了，女孩基本上都发育好了，男孩子也差不多了，有个别条件比较差的就没有升上去。

学生时代的郑毓芝

采访人： 上戏剧学院的第一年是在横浜桥？

郑毓芝： 对。我在万航渡路的行知艺术学校学了一年，在横浜桥上戏附中学了两年多，大学一年级下学期就搬到华山路去了。

采访人： 搬到华山路的时候有红楼吗？

郑毓芝： 没有红楼。

采访人： 搬到华山路的时候校园是什么情形？

郑毓芝： 光听说华山路校区很大，因为横浜桥的面积比较小，就一幢楼，还有一个游泳池，后面就是宿舍，旁边还有附中的一个平房教室。华山路校区占地是蛮大的，那个时候学生也不是很多，红楼也准备造了。当时我们在现在的佛西楼上课，上了一年之后，红楼造起来了，就到红楼去上课了。我们住在后门（延安路）车库旁边的那幢小洋楼，后来改成行政楼了。

采访人： 您能谈谈当时在戏剧学院的学习情况吗？

郑毓芝： 当时我们正好赶上教改，什么都向苏联老大哥学习，也只能向苏联学习，不可能向美国、欧洲学习。学校还请了苏联专家，列斯里是第一个来讲课的，他不是属于上戏的专家，他是属于中戏的苏联专家，在我们这里讲过课，但是我们学生基本上是听不到的，都是给老师讲课，然后老师在转教我们。后来上戏也专门请了一位苏联的女专家列普科夫斯卡娅，她对上戏的教学还是有很大帮助的。首先是招生，她对表演系的学生从外观上就定了一些标准，比如身高，女孩子要1.6米以上，男孩子要1.7米以上，以前招生没有这个标准，觉得你还比较灵活就可以了。当然那时候考戏剧学院的人也不像现在这么多，人们多少还有一些旧观念，对学戏的有些看不起的。比如我们班，从附中升上来的只有12个学生，组不成一个班，因此还招了一些高中毕业的学生到我们班上来，高矮胖瘦都有，没有什么严格的标准。但是从59届的焦晃、梁波罗、杨在葆他们这一班起，招生开始重视外形条件了，男孩很帅气，女孩很高挑，逐渐就确定下来了。招考时首先目测你合不合适，五官端正不端正，身高合不合标准，口齿清不清楚，这些不合格就不让你报名了。

采访人：这个标准是那时候定下来的？

郑毓芝：应该是苏联专家来了以后比较明确了。

采访人：你们班怎么会读了四年半呢？

郑毓芝：为什么多留了半年呢？因为我们班一直参加各种运动，一会儿"反右"，然后"大跃进"，一会儿又"上山下乡"去劳动了，因此耽误了学习。到临毕业的时候，胡导老师已经到59届去了，但是田稼老师一直带着我们，他在我们班开了一次会，说我们按理是到1958年7月份毕业的，但是他希望我们再学半年，弥补通过外部手段来塑造角色这一部分的不足，他认为我们内部基础打得还是可以的。当时我们很听老师的话，他说留我们也很愿意留，后来就被说成是我们不合格，要多学半年，其实不完全是这样子。

采访人：田稼老师一直带了你们四年？你对他最深的印象是什么？

郑毓芝：田稼老师很负责任，他很想把学到的斯坦尼体系的一些东西在我们这个班上来体现。在当时，大家觉得斯坦尼的教学体系是很科学的，他也希望在我们这个班实践一下，见到一些成果。田稼老师有一点很正确，他不单单学斯坦尼的体系，他还希望能与民族化的艺术相结合。比如他选片段，有《黄牛分家》《拾玉镯》，这些都是戏曲折子戏，他把这些放到我们的表演教学里，让中国的戏曲和西方的话剧杂交，中国观众也很容易接受，外国人看也没有障碍。所以我认为他的这些探索还是有益的，不是死板地去学斯坦尼的东西。

采访人：你们当时给田稼老师起了外号？

郑毓芝：是的。我们觉得田稼老师很有学问，很刻苦很用功，所以他学到的很多的东西都想到实践当中来检验，所以我们给他取了一个外号叫"吉林人参"，意思是很有营养。

采访人: 当时学校教学以什么为主?

郑毓芝: 学校里面一年级是以小品为主,二年级是以片段为主。我们搞的片段还是蛮动脑子的,比如《半夜鸡叫》,根据高玉宝的那个小说改的,让我们动脑子自编自演自己去发挥,我觉得还是蛮灵活的。三年级开始排大戏了,因为经常要下乡去,所以排得不是很多,三年级就排了《少年游》和《女工》,整个三年级一年才排了这两个,相对来说是少了一点,等到我们四年级毕业班了也是这样。后来我们有的同学被打成右派了,包括老师也受到牵连,批田稼老师是右倾,罗森老师好像有历史问题经常被批,也影响到教学,四年级排了宋之的①的《雾重庆》,以及《远方》,我们毕业大戏就这两个。

采访人: 当时实验话剧团和学校是什么关系?

郑毓芝: 实验话剧团是熊佛西院长的一个梦想,他是希望把教学

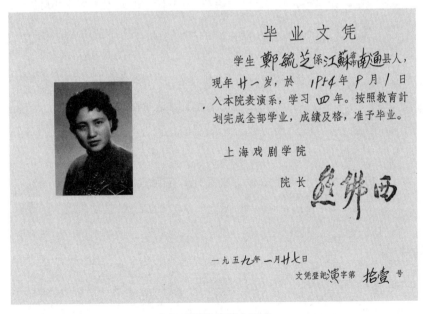

上海戏剧学院毕业证书

---

① 宋之的(1914~1956),河北省丰润人,剧作家,原名宋汝昭。

跟实践统一起来，给老师提供一个实践的场地，所以他一直想成立一个实验剧团。如果一毕业就教学，教师本身的舞台经验就不是很多，通过多演几个戏再回到教学，对教学也是很有帮助的。1957年，他就把一些学生留下来了，56届、57届留下的学生就开始在实验话剧团活动了。

采访人：当时他们在学校里有演出吗？

郑毓芝：好像没有，他们到安徽曹老集体验生活了，那时候要"上山下乡"为工农兵服务，所以他们在下面的时间比较多。到我们班毕业的时候，实验话剧团人手不够，就让我们几个过去了，可能也是想把我们留下来，具体我不是很清楚。我很幸运，到了实验话剧团就排了熊院长的《大雷雨》，演的是女主角，对我来说业务水平向前跨了很大的一步。

采访人：这个戏是熊院长选的您？

郑毓芝：这个我不知道。但是我当时毕业演出的苏联戏《远方》，影响还是比较好的，这个戏写得也很深刻，包含人的生死观和一些哲学的东西在里头。当时宣传部副部长陈其五看了这个戏以后还特地写了一篇剧评，说这个戏写得很有哲理，几个演员也演得很好。我原来在班上也是平平，不是很引人注目的，可是因为这个戏一下子火了，大家很吃惊，没想到这个班上还有这么一个演员。可能是这个戏打下的基础，所以后来熊院长才让我演《大雷雨》的女主角卡杰琳娜的。

采访人：胡导和田稼老师排戏有什么不同吗？

郑毓芝：胡导老师搞喜剧比较多，后来他到59届他们班，毕业公演剧目就是莫里哀的喜剧《吝啬鬼》。田稼老师给我们排的正剧较多，在培养演员方面还是蛮有一些办法的，我演的《远方》里格拉莎这个角色，他从角色的动作、形体、事件都给我理好，第一步说什么，第二步、第三步人物的发展，都说得很清楚。但是我就感觉自己缺少形象化，这个人物到底是一个什么样的人，她是什么样的气质，是什么样的性格，好像很模糊。后来田稼老师跟我说，格拉莎就是一朵纯洁的百合花，但是,她是在风雪中成长起来的百合花,很坚强,很有魅力,但也是很温柔的。他跟我谈了之后,我就找到人物的感觉和气质了,而不是单纯的完成舞台动作。后来在彩排的时候,这个人物就立起来了,大家看了以后,觉得这个人物很可爱,很纯朴,是在西伯利亚森林里土生土长的一个女性,所以一下子这个角色就突出来了。后来大家都说我掌握了这个人物的灵魂,在完成了人物的舞台动作之后,人物的灵魂也注入角色

在毕业剧目《远方》中饰格拉莎

的身体里去。所以《远方》演完以后,老师和同学都觉得,哎呀,这个学生平时闷声不响的,怎么演得这么好。因此这个戏对我的影响是很大的,后来老师把我这个例子用作教学案例讲给同学听。

采访人: 当年的老师都是这样的吗?

郑毓芝: 其实每个老师的性格是不一样的,教学方法也不一样。我们班上同学都喜欢田稼老师,他非常有耐心,从来不骂学生。有的老师急了的时候会骂人的,包括朱端钧老师骂起人来也很厉害的。但是田稼老师特别有耐心,我们有时候都觉得这个同学怎么这么笨,老师讲了半天怎么老也不明白。但是田稼老师就会很耐心地教,这是他一大特点,上戏的所有老师当中我认为他是最有耐心的。

采访人: 实验剧团从什么时候开始正式演出了?

郑毓芝: 之前也有小分队一样的演出活动,但是正式排大戏是1958年底1959年初的时候。1959年初排了《比翼双飞》和《大雷雨》,《大雷雨》我是主角,《比翼双飞》中我的戏不多。当时实验剧团没有几

个女演员,大概就四五个吧,比较起来可能我更合适一点,所以让我演了《大雷雨》的女主角卡杰琳娜。她是"黑暗王国的一线光明",当时在文学上是这样评价她的。那个年代的俄罗斯也在反封建,她想要得到自己的爱情,但是又生活在一个封建的家庭里,她只有选择跳河自杀。

采访人:这个戏是熊佛西院长排的?

郑毓芝:对,熊佛西院长亲自排的。

采访人:您是怎么塑造这个角色的?

郑毓芝:应该说这个戏完全以我演的卡杰琳娜为中心,而且有两场是大段的独白,像莎士比亚的戏一样,临死前的一大段读白,难度很大,对演员是很大的考验。熊院长排戏跟田稼老师是不一样的,他有他自己的一套排练方式。他首先是抓台词,演员之间通过对词来分析人物,给演员提各种要求,一面对词一面给你分析你说的对与不对,他可以从你念的台词里听出来你的动作不对,你的想法不对,这点他是很严格的。我们那时候的要求和现在不一样,现在年轻人听了可能觉得不可思议,因为他要求演员在有五百位观众的大剧场里,口齿要清楚,声言洪亮,剧场里每个角落里都能够听清楚你在说什么,那时候也没有麦克风,他是这样一种要求。有时候男演员都会被骂哭,他骂的时候很凶的,但下来以后他会拍拍你的肩膀说:"孩子,我是喜欢你们的",很可爱的一个老人,学生也不会生他的气,知道他是为了我们好,是为了帮我们。

采访人:现在很多青年演员这方面的功力相对比较弱。

郑毓芝:应该说是比较弱,老

郑毓芝《大雷雨》造型照

熊佛西（右一）在《大雷雨》排练现场

演员能把声音控制住，小声说话谁不会，但是你要说得让很远的人都能听得见还是要有点技巧的。

采访人：《大雷雨》是在哪年演的？

郑毓芝：1959年的春天，宣传部搞了一个青年演员会演，京、昆、沪剧都有，我也是在这次青年演员会演当中得的奖。

采访人：您得了一个什么奖？

郑毓芝：优秀青年演员奖。

采访人：当时实验话剧团人多吗？

郑毓芝：很少，只有大概二十几个演员，舞美都没有，只有学校里派的一个灯光老师和一个搞装置的木工，还从伙房里头给我们找了一个做饭的师傅。人员不齐，毕竟是学校里的实验剧团，就凑了这么一点人。多数的活儿都是靠我们演员自己来干的，演员除了演戏，灯、服、道、效、化，每个人都要管一摊。我是分配在服装组的，女同志在服装、化妆组比较多。演员们有的搞音响，有的打灯光，那时候叫一专多能，专业是演戏，但是其他的你也要会干，所以我们很艰苦。我记得我们到重庆巡回演出，在朝天门码头，为了节约运费，我们自己当搬运工，把那么多的布景全都自己搬到剧场去了。

采访人： 没有剧务？

郑毓芝： 有一个剧务也管不了这么多，连团长也得跟着大家动手搬，那时候不分上下，全都齐心协力。

采访人： 条件还是蛮苦的。

郑毓芝： 应该说建团初期还是蛮艰苦的。我还记得我闹了一个笑话，因为重庆老是下雨天，演《吝啬鬼》主角的李家耀，戏很重，天气又闷，每天晚上演完他的服装都是湿的，我们赶快拿来用吹风机吹，喷香水，然后把服装晾到窗口第二天能穿。结果有一天半夜下雨了，我们又年轻，睡得可死了，都不知道，第二天爬起来一看，服装全湿了，晚上还有演出呢。这可怎么办呢，差点急哭了，赶快去找洗衣店求人家帮忙，想办法弄干了再缝起来，真是紧张得要死。

采访人： 当时您还负责服装这一摊工作？

郑毓芝： 是的，负责服装这一摊，每个人都有分工的，没有一个人不干活。

采访人： 实验话剧团的这个氛围还是蛮特别的。

郑毓芝： 我们那时候分工没有那么细，现在演员演戏就管演戏，其他事都不管，但是那时候不可能，你演完了一下场，换景也都要自己干的。

采访人： 您觉得实验话剧团最大的一个特点是什么？

郑毓芝： 我觉得就是大家没有高低贵贱之分，上下级之间也没有很大的隔阂，这一点是很好

《吝啬鬼》剧照

的。有活大家都得干,一切都是为了演出为了工作,没有像现在腕不腕的说法,很平等,我觉得这是实验剧团的一个优点。后来成立了青年话剧团,人员齐备之后,就比较轻松了,用不着我们管服装什么的了,当然换景我们还是会做的。

采访人:当时是什么原因更名为青年话剧团的?

郑毓芝:这个事情说起来熊院长是很伤心的,因为他费了很多心血的剧团,结果还是被分出去了。成立上海青年话剧团是宣传部定的,1959年以后青年演员也培养出来了,上海要建立三个青年剧团——青年话剧团、青年京昆剧团、青年越剧团,后来越剧团没有建起来,京昆剧团是建起来的,就是昆大班的蔡正仁那一批。

采访人:当时从实验话剧团改为青年话剧团,人员构成有没有什么变化?

郑毓芝:有一些人走了,有一些人进来了,尤其是60届的同学进来了。

采访人:成立青年话剧团以后,出戏的速度更快了是吧?

郑毓芝:是的,条件比较好了,人员逐步齐全了。我们还招了一些学员准备自己培养,派了两个老演员去给他们上课。因为团里都是上戏毕业的,你让他去跑龙套人家可能不愿意,所以就招了大概十个左右,后来这些学员有的改行了,其他人大多数转到舞美和别的工作去了。

采访人:能谈谈《年青的一代》这个戏吗?

郑毓芝:这个戏最早是上海戏剧学院排的,编剧陈耘老师也是上戏表演系的一位资深老师。《年青的一代》当时相当轰动,主题描写年轻人应该树立怎么样的志向,怎么继承革命传统,既符合国家的要求,同时也是对青年人进行理想教育。正好国家也需要年轻人到边疆去,到最艰苦的地方去,这个戏正好符合这一背景。最早我演的是夏倩茹,再排的时候我演的是夏淑娟。除了我们,人艺也排了,上海就排了三台《年青的一代》,到各个区县和大学里去演。

《年青的一代》剧照

采访人：当时的青话和人艺各自都有什么特点？

郑毓芝：对这两个剧团，观众的评价的确是不一样的。人艺的历史比较悠久，演员中有在抗战时期的演剧九队，也有部队文工团留下的一批人，还有上海本地的一些演员，也有自己培养的学员，人员结构比较多样，也有很多都是老革命。所以他们的剧目跟青话的是不太一样的，他们也排了一些很好的戏，比如《蜻蜓姑娘》《枯木逢春》《中锋在黎明前死去》《日出》等，这些戏他们演得不错，他们有他们的特长。我们青话的演员基本都是上戏各届的毕业生组成的，所以我们的戏比较有朝气，水平比较整齐，看上去很活跃。人艺的戏有他们的味道，比较有深度，有年代感。我们团年轻人多，所以叫青年话剧团，青年观众相对比较多，他们说看我们的戏过瘾，哪怕一个小角色都要搞出一点花样来。

采访人："文革"前的青话正在向高处发展，由于"文革"突然中断了？您心里是个什么感受？

郑毓芝：1963年青话成立到1966年"文革"前，青话排了不少戏，如《年青的一代》《千万不要忘记》《南海长城》《豹子湾的战斗》《最后一幕》等，还到外地去巡演，都干得很好的，突然来了"文革"，业务全面停顿。我们青话也是重灾区，一天到晚搞运动，你批我我批你，然后到"五七干校"干了好几年，回来后就关在石门路333号，工宣队进驻，学习"五一六"文件，几年时间就这样荒废了。

采访人：什么戏都没排？

郑毓芝：那个时候谁还排戏啊。我倒是生了一个孩子，怀了就生吧，没事做生孩子也好，果然生了一个儿子，现在你们听了都要笑话我们。到了"文革"后期，让我们排《战船台》，还有《年青的一代》也让我们复排了。

采访人：怎么又让排戏了呢？

郑毓芝：因为国内国外都有意见，除了八个样板戏其他都没有了，"文革"搞得整个文化都没有了，所以想另外搞一个戏。因为青年话剧团的演员大部分毕竟是党培养出来的学生，所以就让我们来搞创作，因为"文革"期间有一艘万吨轮下水，当时还挺轰动的，就让我们团来创作《战船台》。

采访人："四人帮"粉碎之后排了什么戏呢？

郑毓芝："四人帮"粉碎之后我们又排了《暴风雨中的烈火》，我演的是一个记者，有一段悼念周总理的戏，看得观众都流眼泪了。《暴风雨中的烈火》这个戏有人说好，也有人讽刺我们，说我们青年话剧团"文革"的时候排《战船台》《盛大的节日》，现在又排这个，真会投机。但是演《暴风雨中的烈火》纪念周总理的那一段戏，我的确是充满感情的，那段戏观众还是非常接受的。

采访人：当时青年话剧团排新的剧目，是不是大家一起探讨的？

郑毓芝：对，大家一起探讨的气氛很浓，这一点是青话的一大优点。因为演员们都是前后届的学生，大家都是差不多的，我比你毕业得早也不等于比你高一等，这是一个创作集体，谁都可以发表意见，大家可以争论可以吵，谁也不服谁。我们争过吵过之后，拿出来的东西还是不错的。

采访人：可以举一个例子吗？

郑毓芝：比如说作家杜宣写的《欧洲纪事》。那是80年代，他想为纪念反法西斯战争胜利40周年写一个戏，就写了《欧洲纪事》，剧本

在《欧洲纪事》中饰布洛克夫人

写得比较粗糙。这个剧本人艺看了大概没要,就拿到我们青话了,团里觉得这样一位老作家有这么一个剧本,大家应该想想办法帮忙把这个本子给立起来。一开始的时候有些演员也不喜欢,也提出了一些反对意见,后来团里给大家做了工作,再说,纪念反法西斯胜利40周年也是一个有意义的日子。胡伟民开始也是不想排的,后来也就接下了。当时这个戏配备了青话比较强的阵容,娄际成演律师,我演一个女作家布洛克夫人,焦晃演画家,张名煜演一个法西斯分子,还有刘玉、朱艺,青话把主要演员集中到一起来攻这个剧本。大家各抒己见,最后还真是把这个戏搞得蛮好看的,《欧洲纪事》应该说是大家一起把它弄出来的。

采访人: 青话经常会改一些别人不会接的剧本?

郑毓芝: 对。还有一个剧本也有这个情况,就是《秦王李世民》。《秦王李世民》的作者叫颜海平,是复旦大学刚毕业的学生。这个剧本对于一个刚毕业的学生来说算是写得不错了,但是一个学生毕竟没有舞台经验,写出来的东西还是比较单薄的,也是靠演员和导演胡伟民一块动脑子修改,后来《秦王李世民》也搞得很好。

采访人:《秦王李世民》里您演的是尹贵妃,您能谈谈对这个角色的塑造吗?

郑毓芝: 尹贵妃这个角色是有东西可以谈的。我以前演过许多古装角色,比如《清宫外史》里的慈禧,这是一个反派人物,但也是一个大政治家,但是像尹贵妃这种角色还是第一次演。尹贵妃是一个靠姿色献媚搞小动作的妖妃,以前这类角色我还真没有演过。所以刚接过这个戏的时候我就想到底应该怎么演才适合,因为我那个时候也不年轻了,也四十出头了,要是早几年演魅力还强一点,演这么一个妖艳的妃子是有些难度的。这个剧本大家一起讨论分析,把事件的来龙去脉一步一步弄清楚,尹贵妃到底应该是怎么样的一种感觉,因为演员演戏寻找角色的感觉是非常重要的,你能不能抓住这个人物的感觉,就决定了这个

在《秦王李世民》中饰尹贵妃

人物能不能立起来。一直到带妆联排,穿上服装,画好妆,牡丹花头上这么一戴,妩媚妖艳的基调出来了,再穿上鞋子,走起路来扭来扭去,眼睛瞟着的,不正眼看人,再加上很勾引人的眼神,慢慢这个人物的感觉就对了。后来有几场戏,她在皇帝李渊面前发嗲,卖弄女人的媚劲去迷倒皇上,然后进谗言,最后把忠臣刘文静给杀了。编剧颜海平看完戏跟我说,她写剧本的时候这个角色什么样脑子里不是很清楚,现在完全让我演出来了。所以演员抓人物的感觉非常重要,抓准了,人物形象就出来了;抓不准,光有动作人物是空的。

采访人:《清宫外史》和《秦王李世民》这两个戏是同一年的吗?

郑毓芝:不是。我参加《秦王李世民》的演出是上海第一届话剧会演,当时青年话剧团报了四台大戏,我演了两个戏,一台是《孙中山与宋庆龄》,我演的是宋庆龄,还有就是《秦王李世民》,后来胡伟民导演名气很响也是这个原因。

采访人:您跟胡伟民导演是第一次合作吗?

郑毓芝:他是我的老师,他毕业后跟田稼一起来到我们班当老师。

采访人:他当时在校的时候给你们排过什么戏吗?

郑毓芝：那倒没有。因为要选他留苏，他带我们到二年级就去学俄文了，后来被打成右派，苏联也没去成。他的太太是我的同班同学，所以我们对他还是比较熟悉的。

采访人：胡伟民在排戏的时候有没有新的方法？

采访人：胡伟民是很有才华的一位导演，这一点不可否认。他有激情，也有追求，这是他的长处，吸收外面的一些东西吸收得很快。所以他到我们青话来排的这几个戏，跳出了我们以前常用的现实主义的创作手法，打破了这个框框，他把国外先锋派、意识流等各种手段都拿来用，在布景上也是这样的，"四堵墙"都打开了。

采访人：您有没有体验比较深的戏？

郑毓芝：我跟他排的三个戏，除了《欧洲纪事》比较写实以外，另外两部戏都不是用现实主义手法来排的，像《秦王李世民》，他就是用几块幕布加一个大平台，而且是一个伸缩性的舞台，把舞台一直伸到乐池里，拉长了整个景深，能放能收。比如我跟李渊在皇宫里的一段戏，他把舞台缩得很小，就在一小块平台上，我们两个人的戏相当集中。当李世民要发动玄武门之变的时候，他又把舞台拉得很长，的确是有张有弛，在舞台调度方面他还是蛮有办法的。

采访人：您演的《孙中山与宋庆龄》里的宋庆龄，在造型上有困难吗？

郑毓芝：我化妆宋庆龄还是比较有条件的，脸形跟宋庆龄有一点像，所以化妆师给我化妆的时候没有给我做特别的造型。说起来我母亲更像宋庆龄老年的时候。所以给我化的时候没有粘贴，就是在我的脸上化了妆。娄际成化妆孙中山有些吃力，花了好多工夫，造了好多次型，我只是把头发弄一下，感觉就出来了，造型一点都不困难的。演宋庆龄对我来说也是一次蛮大的考验，因为当时宋庆龄还健在。《孙中山与宋庆龄》这个剧本是我们团的耿可贵写的，他写了很多剧本，他写的剧本在我们团的成活率很高。耿可贵把《孙中山与宋庆龄》的剧本拿到团里,开始我们觉得这个剧本不行。他说,不行你们改啊。这个本子是从宋庆龄的小时候写起,第一场序幕是孙中山到她家里来和她父亲谈革命,两个小孩还在那儿听呢。然后就是孙中山把大权给了袁世凯,自己流亡到了日本,宋蔼龄又到美国去和孔祥熙结婚了,她原来是孙中山的秘书,宋蔼龄走了之后,孙中山在日本过得很艰苦。之后宋庆龄追到日本,顶替了宋蔼龄的位置,做了他的秘书。所以前面宋庆龄少女时代的戏都是很文静的,就是追求革命的一个女青年。真正的重头戏是陈炯明叛变这一场,我主要是抓这个,如果每场戏你都使劲演,这个人物是出不来的,一定是在很平稳的状态下,抓住重头戏,让这个人物跳出来。作为一个演员,你要有个总谱,要有起承转合,要有设计,要有想法。我就抓住陈炯明叛变,炮轰总统府这一场,当时孙中山被困在总统府里,他手下的人说你赶快到中山舰去避难。那时候宋庆龄怀孕了,他想带宋庆龄一起走,宋庆龄不肯走。她说,因为陈炯明知道我们是不会分开的,如果我跟你一起走,你也走不掉,如果我留在这儿,你是可以走掉的。孙中山当然不肯,他怎么能把宋庆龄一个人留在这儿呢?当时宋庆龄有两句很感人的台词:"中国可以没有我宋庆龄,但是不可以没有你孙中山。所以你为了中国的革命,你一定

在《孙中山与宋庆龄》中饰宋庆龄

要走。"这场戏非常浓烈,很感人,最后孙中山脱险,宋庆龄在这一刹那人物形象就树起来了。所以我觉得演戏要抓住几个闪光点才能够把人物树起来,前面的一些戏我都是淡淡地来表现,但是重场就要用重彩笔墨来描画。

采访人:《清宫外史》中的慈禧太后,这个角色是不是更难把握一些?

郑毓芝: 慈禧又是另外一种人物了,我很有幸演了这么多的历史人物。慈禧在历史上已经给她定性了,是一个专制君王,人人都很讨厌她,如果你还要脸谱化地演就有问题了。所以从一开始,导演杨村彬就这样要求我,演反面人物绝对不能脸谱化,她既是母亲又是专制的太后,怎么把握分寸?作为母亲她又跟别人不一样,是个很有城府的人。导演杨村彬谈了剧本的纲领设想,在排练的时候他注意抓台词,从台词上给你来分析。我的慈禧出场就排了将近一个小时,我在幕后就一句词"谁在那儿大声喊叫啊",就这么一句词,说了好几遍都没有说对。开始太凶,好像挺有威严的,但是杨村彬不要我这么说。他说慈禧这个时候把政权给了光绪,她退休后养尊处优,要懒懒散散的,我又懒懒散散地说了一遍,他又说不对,这不是慈禧,这是一个懒婆娘在对外面说话,也不对。话里头要有分量,人家一听就知道你有什么不满意,但是,又是很随便地说出来的。就是要找那种劲儿,她的一言一行,随着她掌权这么多年已经形成了一种威严,要有一种狠劲在里头,但是她用不着使劲喊,随随便便说出来就行。他说第一场你演母亲,对光绪很慈祥,你要是第一场就狠着来,剩下的五场戏你怎么演?所以一开始要很关心她这个儿子,把自己当成很有爱心的母亲,把光绪当成孩子来看待,第一场就给我定了这么一个调子。

采访人: 就是不用外表的狠劲,狠劲藏在里面?

郑毓芝: 他说这个狠劲不是要你演的,是要别人来烘托你,别人对你毕恭毕敬就是烘托了你,所以你使那么大劲干什么呢?我觉得很有道理的。旁边的李莲英"嘿,老佛爷",人家对你阿谀奉承就等于烘托你了,你用不着去演你的狠劲,反而很轻松随便的就可以了。所以第一幕就是把慈禧当一个母亲来演,然后一步一步到造圆明园,要动用军费遇到阻力了,这个地方可以狠一下了,"谁要是让我在这个日子不痛快,我就叫他一辈子不痛快",这句话一出来观众就已经知道分量了,她的狠劲就清楚了。最后甲午海战爆发,正好是她六十岁大庆的日子,来人报告甲午海战失败,所有的人都走了,她一个人老态龙钟坐在椅子上,感觉到很疲劳,后面的几场戏才有很大的转变。

采访人:人物心理的转变?

郑毓芝:她要光绪签订不平等条约,光绪不肯签字,她把战争的失败怪罪到人家身上去了,然后打了光绪一耳光,气死了恭亲王,赶走了同情光绪的翁同龢,还杀了小太监寇连材。杨先生的清宫三部曲写得相当好,你不用去看戏,你看剧本都会觉得很好看,故事性很强的。

在《清宫外史》中饰慈禧太后

采访人： 一个慈禧，一个尹贵妃，一个宋庆龄，比较有特点的几个女性都演了。1976年到1986年被称为新戏剧十年，青年话剧团是不是对很多类型的戏剧都有些探索，您有没有什么体会？

郑毓芝： 改革开放以后思想比较解放了，不是只有一个流派、一种形式了，这是改革开放刮来的春风，的确很好。青年话剧团在整个改革开放的浪潮当中还是走得比较靠前的，从舞台的变化就能看出来，有伸缩舞台，有中心剧场，还有环境戏剧，把舞台设在青话的大草坪上演出。探索中有好有坏，有一个阶段走得太远，脱离群众，把西方的一些并不怎么样的东西也照搬过来了，演了半天观众也不懂你到底要表现什么，这不仅是我们青话，其他院团都有。脸上也不化妆了，说着听不懂的、没有逻辑的台词，观众在那儿猜什么意思，猜了半天也不明白，然后戏结束了。

采访人： 是实验话剧？

郑毓芝： 话剧要是这样搞的话，不要别人来打倒，我们自己就死了。我们搞了一辈子的话剧，搞得像个外行，看不懂话剧了，我觉得走得有点过了。

采访人： 这期间青话除了排戏，有没有观摩学习，接受一些新的事物？

郑毓芝： 原来倒是有的，各剧团互相送票相互学习，到后来市场化了就送得少了，现在票价越来越贵，真是看不起了。上次我看了一个《妈妈咪呀》，花了1800块钱买的一张票，当然这是我愿意的，但是经常让我这样花钱买票我可看不起。

采访人： 请用几句话总结一下青话对您的影响是什么。

郑毓芝： 对青话我是很留恋的，不管怎么说，我们是在认认真真地搞创作，认认真真地想做一个好演员，把自己的青春和能力发挥出来，当时剧团也给了我们很多机会。我也很荣幸地演了这么多重要的角色，正剧、喜剧、悲剧我都演过，最后这个团没了我们都很遗憾。上海作为一个特大城市,有两个风格不一样的话剧团有什么不可以的?为什么要把它们合并到一起去呢?不是要提倡竞争吗?有竞争才能相互促进嘛,各自发挥不同的特长,为不同的群体服务嘛。当然,这是领导决定的事情,正好我年龄到了要退休了,历史任务完成了。

采访人: 我看您还接过话剧《天黑不回家》,这些社会上的戏,跟青话的戏有什么不一样?

郑毓芝:《天黑不回家》是一个民营企业搞的。我退休以后参加的话剧不多了,但是也演了几个,在话剧艺术中心演了《他人的钱财》《李亚子》,我还是很喜欢舞台剧的。但是现在再排话剧,我有点体力不支的感觉,我腿的关节不是太好。《八美千娇》我还是参加了,因为那个角色就是腿不好的,上下楼梯慢一点或者瘸一些问题都不大,所以我参加了,但是现在你要我去演满台跑的角色就力不从心了。

采访人: 您退休以后话剧可能接的少一点了,但是影视剧没有断过,您最早是从什么时候接触影视的?

郑毓芝:"文革"以后最早参与的一部片子是电影《子夜》,我演主

电影《子夜》剧照

角吴荪甫的姐姐，戏不是很多，但分量很重。《子夜》是茅盾的名作，能够去尝试一下也蛮好，看看拍电影是怎么一回事，我去试装之后就通过了。有一场戏是父亲死了，演父亲的是张伐，一个相当好的老演员。我为什么要提这个呢，因为我感觉拍电影跟演话剧不太一样，当时我正在演《秦王李世民》的日夜场，剧组就安排我在日场和夜场之间的一小块时间里来把我这两个镜头拍掉，这时候我才知道拍电影原来是这样的。所有的演员都到了，就等我了，我一到现场赶快化妆，然后告诉我坐在什么地方，父亲躺在哪儿，旁边都站着什么人物。我坐在旁边没有什么台词，医生过来看病，看完就退出去了，就这么一点戏。当时我心里一慌，话剧不管怎样还得排练一下吧，电影排都不排，上来就拍，我心里还真有点没底。但是我也不能像傻瓜一样坐在那儿吧，我得有人物的动作，父亲病危了，我是他的女儿，起码这个身份我得演出来，替父亲盖好被子，摸摸他的手，关心关心他。这场戏拍完之后，我知道了拍电影原来是这么个玩法，跟话剧完全不一样。

采访人：不按时间顺序来拍？

郑毓芝：一会跳到这里一会跳到那里，同样一场戏，门里头是今天拍，门外头的戏可能隔一两个星期才拍。如果有舞台剧经验的积累，再到电影里去创作角色是有帮助的，过去很多有名的演员都是从舞台剧走向银幕的，比如说赵丹、白杨、秦怡。有了从舞台剧打下的基础，掌握了塑造人物的规律以后，到银幕上再怎么打乱了次序拍你心里头都不慌，因为话剧演员有各种手段，这一点我是深有体会的。

采访人：话剧演员的优势，在影视创作中得到足够的重视吗？

郑毓芝：这要看导演，好导演是很重视的，他知道你演到位没有，导演对角色是有想象和要求的。不客气地说，有的导演根本不懂表演，只求画面漂亮就行。

采访人：现在谈论比较多的一个话题，就是经典戏剧在市场上的回归,您对经典话剧和白领话剧持什么样的看法?

郑毓芝: 这个问题我没有好好考虑过,按我个人的看法,还是百花齐放比较好,真正做到百花齐放我们的文艺才会兴旺。既要有古典的也要有现代的,就像唱歌,有美声唱法也有民歌唱法,有原生态也有流行歌曲,大家才可以选自己喜欢的。我觉得话剧也应该是这样,你可以搞古典的名著,也可以搞生活剧,也可以搞白领话剧,搞一些探索的或者是悬疑的,我觉得都可以。

采访人: 您能用几句话来总结一下话剧对您有什么样的影响?

郑毓芝: 话剧在我年少的时候就接触了,那时候不懂,有点稀里糊涂进了这个门。当然,后来我感觉这个门走对了,越来越喜欢它,也从中找到了乐趣,话剧值得我去奋斗一生,它也给了我很多快乐,给了我很多荣誉,我感觉话剧的宝藏挖不完,里头有太多东西值得再学习,这是我对话剧事业的感觉。

(采访:孙 闯 整理:李丹青)

干了大半辈子戏剧表演,酸甜苦辣
——许守钦口述

许守钦,1935年出生,安徽定远人。1954年考入中央戏剧学院华东分院,师从熊佛西、朱端钧、田稼等学习表演。1958年毕业于上海戏剧学院表演系,留在学院实验话剧团工作。代表作有《战斗的青春》《樱桃园》《红色宣传员》《再见了,巴黎》《钦差大臣》。

采访人: 请您介绍一下儿时家庭情况,以及兴趣爱好。

许守钦: 我的祖籍是安徽定远,祖父母是逃荒到了霍山,我出生在霍山。我听父亲讲起他年轻的时候,逃荒过来在霍山县开垦了一块荒地,有时候饿着肚子到山上砍柴,饿得实在不行了,一颗豆子搁在嘴巴里嚼嚼,也会好过点。后来他做过银匠,我小时候看到家里有好多银匠的工具。由于他很善于经营,把我们那里产的茶叶运到青岛、济南一带出售,然后再把盐运到山区里,如此两边都赚钱,后来就买田置地。解放后家里划的成分是工商业兼地主。父亲也很喜欢文艺,有时候还喜欢唱唱京戏，小时候父亲教了我们好多出京戏，我初中的时候就会拉二胡，也会吹唢呐，爱好文艺。

采访人：童年时期接触了戏曲艺术，您什么时候开始有了登台的机会？

许守钦：解放初各个学校文艺活动非常普及。我们霍山中学就曾演过一些歌剧、话剧，那时候我是县中学里的文艺积极分子。我们演过一个小歌剧，关于解放战争中的孟良崮战役，讲老百姓抬担架支援前线。在排练过程中，两个演员抬担架，中间的演员应该是躺在担架上，我们都是走着排，不用担架，就在那儿绕圈走。排好了以后要正式演出了，当然不能再三个人这么走了，要搞一个担架了，结果我们学校里的校工弄了一个真的担架过来，那个担架叫我们两个中学生扛起来都很吃力，要演出了，怎么办？抬不动也要抬，我们使了很大的力气，跟跟跄跄在台上走，人肯定不能躺上去，那更加抬不动了。后来就想解放军战士尽管负了伤，也要保持那种很高大魁梧的形象，实际上我们这位同学的确是又高大又魁梧，那个担架本身就很重，他再坐上去，我们根本就没法儿往下演了，所以他用手扶着担架，凑合把这个戏给演完了。由于当时没有正规的演出经验，所以到实际演出的时候完全走了样。

初中毕业我就到了六安的六安一中上高中，现在是安徽的一个重点中学。我在六安一中的时候还是喜欢唱，排黄梅戏，导黄梅戏，说相声。

采访人：这些爱好和经历是促使您1954年报考戏剧学院的主要原因吧？

许守钦：当时我根本就不知道有什么戏剧学院，小县城所见所闻相当有限。临近毕业，我们班主任给每个同学发了一本小册子，是介绍全国各个高等院校的，一看里面有戏剧学院，我眼睛一亮，觉得太好了，我就要考这个学校，到北京太远，到上海近一点。因为艺术院校要加试，考生一定要到学校面试，所以我就跑到上海来考戏剧学院。那个时候上海戏剧学院称为中央戏剧学院华东分院，解放前的上海剧专，在四川路横浜桥，一层是北四川路小学，二层到五层是我们学校。

采访人：您是如何备考的？

许守钦：招生简章里写明要考诗朗诵、散文、小品。那时候冒冒失失就来了，普通话也不过关，毕竟从小县城出来，一口的安徽话。

采访人：当时戏剧学院招生同样是百里挑一，您是如何过关斩将的，还记得考试的情形吗？

许守钦：我记得我朗诵的诗是何其芳的《生活是多么广阔》。考场上老师很多，田稼老师是主考官，还有熊佛西院长、舞蹈老师和台词老师。朗诵到一半，主考老师就问各位老师有什么意见吗，我记得台词老师朱铭仙就说，我来问他两个问题，刚才的诗里有一句"生活是多么广阔，生活像海洋，有了这样的生活是多么快乐，多么幸福"。他说你说快乐(le)，行吗？我说可以呀，快乐。然后他就说 le 跟 ne 你能分得清吗？我说能分得清。因为我们安徽话 le 跟 ne 是不分的，蓝颜色的蓝，你不能说 nan 色。这样一来朱铭仙老师就说，行了，我的问题解决了。她为什么提出这个问题呢？就是看你能不能分辨，你能分辨，给你一讲马上就解决，如果你不能分辨，那你讲多少遍都没有用，主要看你戏剧专业上将来有没有发展前途。给你讲清楚了以后就纠正过来了。

考小品的时候给我印象很深，因为我们毕竟是来自小县城，到了大上海，一切都很新鲜，而跟我们一起来报考的人都是不得了，人家那个范儿，那个味道。农村里边一个中学生穿着一身黑的衣服，怎么说呢？我很自卑，没想过录取不录取，就想来见识见识，我对这个专业很喜欢，如此而已。考小品的时候是五个人一个小组一起进去，一个一个考。老师说，我现在给你们出一个考试题目，你们思考五分钟，再开始分别一个个考。什么题目呢？就是我们正在进行表演考试，你们想一个什么理由离开考场，要能说服老师，得到老师的允许，你们的考试就算成功，但是你们确实要能说出道理来。这么一来大家就开始酝酿。因为我晓得自己那个样子很狼狈,紧张得不得了,眼睛都不敢看,低着头。结果熊佛西院长看到我那个狼狈相,就跑过来对我说:"学生,你那么紧张干什么?我来解放你。"然后把我的手拽出来,活动活动,晃晃弄弄。我心里就想这位老人很慈祥,对青年人挺爱护,挺关注。他还说,你考戏剧学院就是要激发你一种表演的天性,你那么紧张根本就没法发挥。经过老院长那么一折腾我倒也放松了,脑子就比较活跃了。轮到我,我就上场了。

我一站起来,外面电铃响了。我说老师,刚才电铃响了,我要出去一下。老师说为什么呢?我说,我来报考戏剧学院的时候,还有一个女同学跟我一道来的,她来考戏剧学院舞美系,刚才这个铃声是舞美系同学要进考场了。老师说那你为什么要出去呢?我说那个同学的准考证在我这里,提准考证是虚构的,但是前面是真的,中学里确实有一个同学跟我一道来考,她考舞美系,我考戏剧表演。铃一响我就要出去,是因为舞美系要进考场,没有准考证不能进考场。当时我这样讲了以后包括院长、田稼老师,在场的其他老师都很关注这事。然后他就问,她的准考证怎么在你这儿呢?我说是这样的,我们大老远来,生活上相互照顾,换下来的衣服她帮我一道洗,她洗衣服的时候我在边上帮忙,她换下来的脏衣服里头有一个准考证,她手上都是皂沫,她的准考证就放在我这儿了,我进考场之前忘了把准考证先交给她。老师觉得我这个理由是能成立的,但是老师肯定要使出招数,要给我制造各种各样的困难,看我怎么克服。然后老师说:我们的考试是很严肃的,不能轻易离开考场,你自己考虑,如果你一定要离开考场,可以,算你主动放弃你自己的考试。我的天啊,这个后果严重了,老师这么严格地对我,我简直招架不住,被老师逼出眼泪了,后来我就含着眼泪离开了考场。我心里想的是不能因为我的考试,让和我一起来的同学错过考试,说完就跑出去了。胡导老师心地善良,他看我给逼得都哭出来了,就冲到门外说小同学,刚才是演戏,不会认为你放弃考试的。他是来安慰我，其实不安慰我，我也知道这是在演戏，但是在这之前，跨出门之前给逼出眼泪这一段我绝对是在这个戏里头，我自己建立的，有虚构的有真实的。

基本上这个小品就奠定了我的录取。我们考取戏剧学院的时候《解放日报》《光明日报》及上海的各大报纸都登名字的，一看，我的天，只录取十个人，当时考生不知道有多少，我要是知道只录取十个人，打死我也不会来，不会那么有信心。

采访人： 进入戏剧学院之后主要学习哪些课程？

许守钦： 有表演、台词、舞蹈、舞台形体、戏剧概论、音乐欣赏等课程。舞蹈里有芭蕾，演莎士比亚的一些戏都是需要芭蕾的一些动作，还有民族舞蹈，扇子舞、水袖。舞台形体课的内容，比如你在台上表演中了一枪，啪，你要倒下去，既要倒得像中了枪，但是又不能摔伤，这都要经过老师教的。

主课是表演课，表演系一年级就强调一件事，要接触生活。因为作为演员，个人的生活是很有限的，你只是在学校里学习或者剧团里排戏，所以平时注意观察生活是很重要的。在生活里头摸爬滚打，你自然而然就有很多灵感、很丰富的想象力，有利于你扩大视野、创造角色。你要去观察生活，去研究各色人等，对演员来讲都是很有好处的，对你塑造人物都是素材，积累在自己的人物仓库里。有时候通过一些电影、电视、书籍、文字资料，以及有关的人的采访，在你脑子里才会逐步形成你所扮演的这个人物的一个全貌。

一年级主要是做小品，当时学的是斯坦尼斯拉夫斯基体系，开始的时候还做无实物练习，演员在无实物练习当中也可以培养自己的信念。你做得多了，对重量感、质感就能把握到位，比如说拿了一把茶壶有多大的分量，你的记忆里总有这个东西，将来在台上表现的时候，如果说是一个重的东西，虽然演出时不可能真的会放那么重的东西，但是那个重量的感觉要靠演员来把握。

采访人：当时除了学习，学校生活条件如何？

许守钦：我们当时读戏剧学院的时候都是公费的，我拿到了甲级人民助学金，不需要交伙食费的，冬天发一套棉衣，夏天有一套单衣。因为我是从安徽农村过来的，跟家里基本上没有什么太多的联系，生活是很拮据的，口袋里没有什么现金。当时我们的班主任田稼老师知道我们生活很拮据，很困难，就帮助我。怎么会被老师发现的呢？我一、二年级的时候很喜欢画画，那时候搞广告还是很新鲜的事，正好上海肥皂要征求广告，我就在宿舍里头开夜车，画广告，画了一个上海大厦作为上海肥皂的广告，结果投递去了以后大概过了一段时间就被退回来，估计这个事情在同学当中传开了，汇报到班主任那儿去了。班主任一看觉得我是经济上很拮据，如果说能中标的话能有点广告费。老师知道我的情况就帮我，那时上海电影制片厂正在拍电影《聂耳》，这个电影的编剧好像是于伶同志，他就要了一份资料，是聂耳的日记，当时班主任老师就把这份日记拿到班上来，找的一个是我，还有班上另一个家境困难的同学，两个人一起抄写这个日记。大概前后一个礼拜，日记抄好就交上去，给我们发了几百块钱吧，我从来没见到过这么多钱。田稼老师对我们班上困难的同学有这么一个安排，给一点额外的任务，实际上就是勤工俭学，帮助我们解决自己生活上的困难，我真是心存感激。因为我们每个礼拜都有课时，有舞蹈课、台词课、戏剧文学或者音乐欣赏，离不开学校，晚上还有晚自修，还要思考小品，要看书。因此我们不可能离开学校到外面找工作，没这个条件，所以这一件事，我们印象很深。

采访人：您之前说到面试时田稼老师是您的主考官，后来他又是你们的班主任，请您跟我们谈谈这位广受尊敬的老师。

许守钦：跟田稼老师也是有缘分吧。我初中毕业后，趁假期父亲把我接到济南，小时候也没有出过远门，他觉得我应该到外面走走看看，就安排了公司里一个职员，带着我去看了广智院，游了大明湖和趵突泉。济南那个地方就是家家有垂柳，户户饮清泉，是一个很美的城市。他还特地带我去看歌剧《王秀鸾》，看得我有劲得不得了，演出相当精彩。我热心于舞台最初就是因为看了这个戏，正好我自己也演过这出戏。后来我考取戏剧学院后才知道这个戏的导演就是田稼老师，当时哪里想得到？后来我对田稼老师简直服帖得五体投地。

田稼老师对我也很欣赏，很喜欢我，所以现在我们同班同学有好多拿过去的老话跟我开玩笑。因为田稼老师有一次在学期终了表演课打分的时候说我是一颗珍珠，但是上面蒙上了灰尘，给了我5分，但是5-，所以很多年以后老同学见了我，还拿这话跟我开玩笑。

田稼老师是我考戏剧学院时的主考老师，入学以后又是我们的班主任，进了青年话剧团，他又当我们的团长。"文革"的时候，批斗他时要挂上我，批斗我的时候也要挂上他，说我是他的影子。田稼老师在青话人缘好，从来没有跟任何人板过脸，所以青话的造反派也没太为难他。

采访人：您参加过朱端钧教务长的《上海屋檐下》，您对这部戏有哪些印象？

许守钦：我当学生的时候曾经被借到了高一班参加他们的毕业演出，是夏衍的名作《上海屋檐下》，当时被认为是全国排得最好的一个版本。因为导演是戏剧学院的朱端钧教务长，他是很有成就、很有造诣的一位导演。他本身是老上海，所以他对上海太了解了。朱教务长在这个戏上花了很多心思，上海屋檐下就像七十二家房客一样，阁楼里、旮旯里一些小棚子都塞着一户人家。戏一开场天蒙蒙亮，没有演员，只有声音，打呼声，伸懒腰的声音，倒马桶、刷马桶的声音和马桶车喊"拎出来"的声音，渐渐加入有轨电车的叮叮当当声，就是上海整个城市一天当中最早的那些声音。开始演出之前的这些效果戏就有一刻钟到二十分钟，老上海能够体会到，那是绝对真实的，非常棒。如果你没有上海实际生活经验，给你时间做，你也做不出那么多丰富的声音效果出来。

当时我还没毕业,戏里需要一个小伙子,我的年龄比较适合,朱老师看我在业务上也很认真就选了我。参加这个组我学习到很多东西,看到我们的前辈演出非常敬业,高年级同学表演上都很有底蕴,那种体验的艺术,给我印象很深。当时他们班上有一个同学叫吴亚山,演一个老者,他个子很高,佝偻着背,身上挎着布口袋,卖报维生。他那个感觉非常好,是最底层的这么一个老人,在最贫困的生活水平上挣扎,他嘴里哼一点京戏,那个舞台形象给我感觉十分令人同情。

采访人: 大学四年,您觉得最大的收获是什么?

许守钦: 在各位老师的培养教育之下使得我对演戏从最初单纯的喜爱,觉得好玩、开心,到懂得赋予它以思想内容能给人们带来一种启发,带来一种向往美好、创造美好的心愿,真正把演戏当作一种事业。

采访人: 毕业以后您直接进了实验剧团,在团里陆续排了哪些戏?

许守钦: 先是排了老舍的《全家福》,这个故事发生在解放前的北京,一家人妻离子散,解放后人民当家作主,派出所干部又让失散的家人重新团聚。我扮演人民警察,给人民做好事。排戏的过程中老院长突然在剧组里开我们的玩笑,他说你们不要看许守钦眼睛小,但是小而有神。几十年过去了实验话剧团的老同志见了面,"小而有神,院长说的",还拿这个开玩笑。

熊院长给我们排了不少戏,比如《比翼齐飞》,是当年总工会话剧团创作的,在上海演出很轰动。我在里面演一个青年工人,他对工作认真负责,和同事一起搞创造发明,尽管没有具体的台词,但是我们在台上一个角落里研究问题,研究什么呢?我们自己出一个数学题,比方代数或者几何,认真解决这个题目,那你的状态肯定是很投入的,观众就感觉你是在用心进行创造发明,认认真真在干事。我这个戏虽然不多,但演出很认真,所以就得到了肯定。我进了戏剧学院后懂得虚假的东西是不行的,你自己没有体验的东西,绝对感动不了别人。

院长带着我们这个戏走了五个城市——郑州、西安、重庆、成都、武汉。第一站就是郑州,演出后反响很强烈,《郑州日报》就刊登对这个戏的评价,文章结尾写到我演的这个小青工特别招人喜爱,因为他工作认真,又很风趣,很喜欢逗乐,体现了青年工人的精神面貌,掌握得也很好,很能被大家所接受。

这个戏在观众当中很受欢迎,主要是由于我们青话有很多好演员。戏里演老太太的是吴娱,有一个过场,她挎着一个篮子,她是小脚,但又是解放脚,跟现代女性大步流星不一样,跟小脚老太太又不一样,她掌握得那么好,仅仅一个过场,就赢得观众的一片掌声。

采访人:您参加了熊佛西院长排的《全家福》《比翼齐飞》《渔人之家》等,能跟我们讲讲老院长排戏的特点吗?

许守钦:熊院长排戏有一个特点,死抠台词,如果连话都说不清楚,还演什么话剧呀?他特别强调这点。在剧场排戏,他会跑到剧场大门口,也就是进剧场那个地方听你讲话讲得是否清楚。他经常会有意无意出出某个同学台词不清楚的洋相,你说了个什么?再说一遍,你就再说一遍,他跟你说了一个谐音,跟你讲的意思完全两回事,把你弄得叫你下不来台。我知道院长有这个特点,但凡到我的词,我就特别把台词交代清楚,至少不让院长抠我这个台词。《渔人之家》中我演一个纳粹警察,本身台词不多,就是跑到渔人之家的家里一进门就说:"你们这里有一个共产党员叫克里木的有没有?"我晓得院长挑不出我一点毛病,我一个字一个字搞得清清楚楚,所以院长也没批评我,也没骂过我,至少他心里感觉许守钦台词还蛮清楚的。

采访人:您在契诃夫的《樱桃园》里演了一个喜剧人物,您是如何刻画这个角色的?

许守钦:为了纪念契诃夫诞辰,田稼老师到实验话剧团给我们排了他的《樱桃园》。樱桃园里面也有很有趣的事,我扮演一个管家,他身上洋相很多。他穿着一双俄罗斯人的皮靴,一走路嘎吱嘎吱,别人就很讨厌他,他自己还很不自觉,看人家实在太讨厌自己,自己慢慢就走得轻一点。这就给我们服装组提出一个难题,什么样的靴子走起来能嘎吱嘎吱,一动就响?排戏的时候信念不大好建立,也就是体会不到,感受不到。实在没办法,我就在腿上系一个小铃铛,还真能解决问题,那个小铃铛,腿一动就响起来了,响了以后人家一看,再慢慢轻轻走,慢慢建立了那种信念感。当时学院服装组有一个姓胡的老师傅,他喜欢喝老酒,也很聪明,他动出来的脑筋,不知道怎么做了一双鞋子,穿到脚上,不走路不响,一走路嘎吱嘎吱响得不得了。后来我们就问他到底是怎么做的,他说里头放松香和马尾,两头绷紧,只要靴子皮一蹭,松香和马尾在里头摩擦,那个声音响得不得了。以前有一个规矩,凡是上新戏,都要招待文艺界,上海各个剧种、院团都来看,叫文艺界招待场。当时我在儿艺有很多老朋友,姜自强、孔小石、张安娜,都是我们同一辈的人。他们来看后,送我一个外号,嘎吱嘎吱先生,所以到现在见了面他们还跟我谈起这个事。

采访人: 除了《樱桃园》,你还参加了田稼老师指导的《红色宣传员》?

许守钦: 这个戏里也来了很多上影厂的老演员,主角李善子是由张瑞芳主演的,她是一个年轻的民青盟员小组的组长,很善于做思想工作,在朝鲜战争当中有很多战争的遗孤内心都有各种各样的痛苦,她就会去做每个人的工作,鼓励人们拿出积极性投入到当前的工作中,主要是这样一个内容,所以叫红色宣传员。我演一个热血青年,脾气比较暴躁,也敢于斗争。因为这是一个朝鲜戏,所以田稼老师要求我们要会跳朝鲜舞,因此我们整个剧组专门跑到舞校去学朝鲜舞。当时舞校有一位老师是中国舞蹈学校毕业的,专门跳朝鲜舞,我们大家都去学朝鲜舞的基本动作,那个旋律,那个节奏。我还有一个特别任务,就是青年人的帽子拴了一个飘带,很长的,在头上一转之后绕,还有镟子,这个东西没练过不行呀。为了这个戏的需要我就特地跑到儿艺找我的一个老朋友孔小石，我就说我现在遇到难题，你教教我这个镲子怎么弄，他就来教我。能打一圈就能混得过去，打得好的话可以来两圈、三圈，露一手。我说不要露了，至少我要交代得过去，否则的话老师那儿交代不了，他就教我，总算过了关了。孔小石看完我们这个戏以后见了面就跟我开玩笑，许守钦，现在不得了呀。我问什么不得了？你歌舞大明星呀，里头既要跳还要唱。唱是怎么回事呢？我们排《红色宣传员》的过程中，学院里一个朝鲜族的女孩子到我们剧组里给我们做生活顾问，一招一式地教，怎么脱鞋，步态和舞蹈动作是怎样的，然后她还教了我一首歌。她是用朝鲜语教我的，我就直接用朝鲜语唱。我当时唱起来很有劲，虽然什么意思我不懂，但是唱起来很高兴，开口就来。那个戏演出的时候很过瘾，因为演出是在市委大礼堂，很大很深，装的景很考究。在装台的过程中我就跑到观众席去看，舞台上有柳树、田埂，从一个演员的主观创造上去感受，我仿佛闻到了青草的香味，沉浸在这样一个环境里，人与景完全融合在一起。我经过专业学习以后能有这种体会，融入这个环境里头去了。

《红色宣传员》里的好多前辈都很值得我们学习，比如杨华，他是上影厂的老演员。每次上场前我们会看到他面壁，一个人坐在那儿，想戏、想词。他岁数大了，仍有这样一个认真的态度，这是很值得我们学习的前辈演员。

采访人： 新中国成立十周年之际，实验话剧团排了《大雷雨》，您在剧中身兼多职，请您具体介绍一下。

许守钦： 进入实验话剧团之后没多久，上海接到的任务就是要排几台大戏来庆祝中华人民共和国建国十周年。当时排了《大雷雨》《关汉卿》《决裂》这三台大戏。我被分配在《大雷雨》剧组里，演员都是中国自有电影、戏剧以来的顶尖人物，如金焰、秦怡、张瑞芳、吴茵、白穆、冯笑等。

那会儿我刚从戏剧学院毕业，又演戏，又当剧务，还管着效果。负责效果的是解放前就有名的效果大王蒋可夫,后来他成为上海市文化局的演出处处长,我就跟着蒋老师一起干。《大雷雨》里卡杰琳娜要投河,教堂里的钟声叮叮当当,这是一个很重要的效果声音。外滩海关的钟不行,蒋老师说一定要录英国伦敦大本钟钟声,我就跟他在一起去录这个效果。他带我到翻译厂里,把相关资料找到,翻录过来用,因为懂的人一听就知道是那么回事,而且只有那个钟声才具备那种震撼人心的效果。

《大雷雨》里还有很多雷声,各种各样不同层次的雷声,有滚滚的闷雷、稍微响一点近距离的雷声、再大一点的雷声,还有霹雳,但是后台灯都关着,都是暗的,我怎么指挥大家呢?金焰说他给我出个主意,他就给了我一个手电筒,我在艺术剧场演出的时候就在边上一个小楼梯上,后面一排负责打雷,然后我用手电筒点到谁,谁给我出声。一旦要点到大霹雳,那个鼓擂得有多大力使多大力,完了以后再点到最后一个人,负责打一张大铁皮,从天桥挂到下边,你想那铁皮一抖起来是什么声音?那个雷声来了以后一个霹雳,灯光再一配合,一个闪电,效果就出来了。那时,祝希娟刚进团没多久,性格就像假小子一样,她说"许守钦,大鼓,我的"。我当时跟祝希娟开玩笑,我说《大雷雨》这个戏幕后第一主角就是你呀,擂鼓的那个人最辛苦。《大雷雨》,还有要雨声的效果,边上有一个不打鼓的人就用筛子筛豆,制造雨声的效果,还有人拿芭蕉扇,芭蕉扇一根线串一粒豆子,然后拿芭蕉扇用手一晃以后,稀里哗啦,雨大雨小,雨声雷声,就都有了。

我当时在剧里演一个无名小辈,叫沙布金,所以我就跟自己开玩笑叫"刷布景"。除了效果,还要当剧务,我每天在淮海路的美心酒家订好餐,有小笼包或者春卷,叫他们定时送到艺术剧场的后台,演出完了以后大家吃点夜宵。吃完以后我跟司机师傅把这些老演员一个个送到家,然后回来我们再洗洗涮涮,睡觉。那时候年纪也轻,精力很旺盛,大家都很喜欢我。

采访人： 当时《大雷雨》也是明星汇聚，您还记得哪些老演员？

许守钦： 《大雷雨》排演的时候，我对金焰印象蛮深的，他非常平易近人。我当剧务，就跟着剧组排戏了，在戏剧学院楼上排练厅边的走廊上，他排到了就上场，不排就在那儿候着。我当时比较穷，有一次我跷着一条腿，他突然一下把我的鞋脱了下来，我说这干吗？他说你看你的鞋都破了。那时候他经常拎一个藤条包，从包里拿出锤子、钉子，修鞋的工具全有，给我修起鞋来。他说穷学生鞋破了都没办法补，我来给你补。还有一次，我们在兰心演出《大雷雨》，演出之前我带了一包糖炒栗子进去。他说小许呀，看你吃糖炒栗子很费力，我来教你。我说好，你教我。他用大手指头一切一开口，这么一捏。我说我知道了。他说还不行，我一定要把你教会，你看啊。我说好了，我会了，再教下去栗子被你吃光了。他非常风趣。1959年时我们国家跟外界接触很少，看不到外国电影，捷克领事馆在上海有一个过路片，全套卓别林的片子。当时金焰是电影家协会主席，他知道这个信息以后就把这套片子拿到电影家协会来放，是在淮海路上。我们真是大开眼界了，以前从来没看过，只是看到一些介绍和一些剧照，但是真正卓别林的电影没看到过，《摩登时代》《大独裁者》等，作为我们搞戏剧表演的，太长见识了，知道了什么叫喜剧，什么是含泪的笑，真是太过瘾了。我们整个《大雷雨》剧组，过一段时间就会到电影家协会看片子。

采访人： 1966年"文革"开始，文艺条线普遍受到了冲击，您在"文革"期间坐了十年冤狱，后来也被平反了，这当中是怎么一回事？

许守钦： 我判决书上的罪名是什么呢？原文我都背得出来，早在大学读书期间就公开撕毁伟大领袖毛主席光辉画像，在学院的时候参加了反动的"105小集团"，在审查期间高呼反动口号，就是这三条罪状。根本的一条还是撕毛主席的像。我很喜欢画画，当年读戏剧学院的时候我的一个霍山县的老乡他参加了部队文工团，我们相遇后他送了我一个笔记本。这个笔记本对我来说是多么重要,所以我的表演、台词、戏剧概论,什么课都用这个笔记本。这是一本硬封面的厚本子,揭开以后第一页就是努力完成第一个五年计划,再一揭开就是毛主席像。我本身就很爱画画,看那图片不够清晰,我就用钢笔描清楚。这个笔记本使用率特别高,多门功课的笔记都用这个本子,日子长了弄得很脏,于是我就把它撕下来了,没想到这个时候我邻座的一个同学说我撕领袖像,我没搭理他,后来这个同学汇报到团委书记那儿。书记问我怎么回事,我就一五一十、从头到尾如实讲了。我以为这就没事了,过了两天她又叫我把这事写下来,哪里知道写下来的材料就进了我的档案,这就是我判决书上提到的早在大学读书期间就公开撕毁毛主席画像。

紧接着1954年,我还在表演系一年级,肃反运动把我作为一个对象,十八九岁的孩子从来没有经历过这样的暴风雨式的阶级斗争,每天屁股后面有人盯着你,看着你,像看犯人一样,我很痛苦。审查到最后,什么也没审出来,最后做结论的时候由当时学院的党委书记宣布,向涉及的几位老师和同学赔礼道歉,平反了,事情也就了结了。

还有参加"105小集团",又是一件滑稽事。当时我们在中央戏剧学院华东分院,吃饭就在我们横浜桥食堂里头,早饭好得有油条、馒头、稀饭。本来是一个桌子配有四条板凳的,时间久了之后那个板凳也缺胳膊断腿的,坐都没地儿坐。我们在那儿打点稀饭,抓俩馒头,弄一点酱菜,过一条马路,到对面的学生宿舍去吃,就是马路对面的一个105宿舍。105宿舍里一个同学吃了二十多年冤枉官司,他家里的亲属都到国外去了,他要求进步留在国内读书,但是有关方面把他纳入怀疑对象里,当然这个情况我们不知道。他很有学问,我们去了他就跟我们讲莎士比亚,所以大家很崇拜他,跟在他屁股后头转。上海有家的同学放学就回家了,我们上海没有家的这些同学总在学院里,就这样一到肃反的时候我们变成了"105反动小集团"。

采访人：十年青春都在牢狱里度过，当时您拿到平反的判决书时，心里有什么样的感慨？

许守钦：我33岁进监狱，整整十年，43岁出监狱。正是好年华，正是年富力强的时候，都在那里度过了。后来焦晃这些老同志劝我，你不要这样考虑，这个十年我们在外面也没有搞什么名堂，我们搞什么艺术了？莎士比亚？莫里哀？易卜生？都没有呀。这个话说得我心里不平也平了，事实上也是这么回事。

采访人：80年代可谓是话剧的第二春，您回到剧团后，参加了《再见了，巴黎》的演出，请您谈谈这部戏。

许守钦：我平反以后参加的最大的一个戏就是胡伟民导演的《再见了，巴黎》，我跟祝希娟演一对，我演一个造反派，叫司马钟。这个戏是我们团已故的编剧程浦林写的剧本，他很有才能，英年早逝。我记得在邮电俱乐部演出，还有好多同志从外地赶到上海来看这个戏。应该说剧本视野开阔，演出效果也很好。

话又说回来，那时刚刚解禁，"文革"中八个样板戏绕来绕去，没有什么新意，这时来一出新戏，大家都想来看看，反响还不错，也很能代表青年话剧团的风格。

采访人：此后您也接演了很多电影电视剧，比如，《肝胆相照》《一路顺风》《阿Q正传》等，从舞台到影视，在表演上有哪些差异，您又是如何灵活转换的？

许守钦：从舞台到影视，也有一个过渡，但是我的过渡比较快，实际上这里面要把一个道理琢磨透，你的观念一改变马上就能适应了。

当时有很多导演就提出这样一个问题，就是说我们现在舞台剧的演员讲究舞台感，所谓舞台感是什么呢？就是说你在台上即便是耳语、轻声，也要保证最后一排观众能听得到，如果你真的是耳语的话，连前排都听不到。影视有一个特点，它不像舞台上观众跟你有一定的距离，比如说一个近景或者一个特写，等于是观众已经上了舞台，站在你面前，这个时候还要像舞台上那样讲耳语，那就太做作了。这个时候需要镜头感，你把这个道理琢磨透了以后就能够适应了。无论是电影、电视和舞台，你心里头感觉到了，才会由里而外地在你的面部表情自然反映出来。我在戏剧学院学习了表演以后有一个体会，这就是你内心里边有的，你表达出来总是很感人的；如果你心里头是空的，你自己都不相信，你怎么可能去祈求观众来相信你装腔作势的东西。所以我们谈到表演艺术一个很根本的点就是由内到外，你自己心里想的，有一个体验的东西，你再表达出来，才可能会感动别人。

我们回忆前辈在电影上有所作为的，基本上都是在舞台上摸爬滚打很多年，积累了很多表演经验。另外，在影视方面达到一定阶段的时候他要回到舞台上去，就是这个道理。从表演上来讲，电影、电视剧跟舞台剧毕竟不一样，电影、电视剧一遍不行，可以重来，直到满意为止。舞台剧没有这种机会，你一步跨到台上就不是一两个镜头，而是十分钟、一刻钟，就看你的表演，有问题别人也救不了你。所以话剧导演有一句话就说导好了戏以后，导演就死在演员的身上，因为他所有的意图就靠你在台上体现，要化在你的身上。

采访人：那么在转换过程中，有没有下意识就会流露出舞台表演的痕迹？

许守钦：会流露出来，导演感觉很准确的，哎，哎，不对了，马上就会提醒，习惯成自然，毕竟我们是舞台剧演员。比如，电视剧刚刚时兴的时候福建跟广东联合拍了一部《海盗》，我演海盗的头头之一，剧中大爷、二爷和三爷，大爷是一个渔民，二爷是一个土匪，三爷是狗头军师，我演这个军师。在福建东山海边上的一艘木船的甲板上，我穿了一件长衫，突然感觉到跟演舞台剧一样，不自觉地舞台剧的东西都出来了，看镜头有一段距离，但实际上他打的是近景，导演感觉很准确说："许老师，你不对了，你现在在演舞台剧了。"这么一提醒我马上一收敛就能把这个毛病改过来。现在电影就是电影，电视剧就是电视剧，镜头感就是镜头感,不会犯那种很低级的错误。很多好的舞台剧演员,刚接触电影电视剧都会遇到这个问题,要花很大的劲才能掰过来,也就是从舞台感变成镜头感。你不适应它就没法演,有一个框框在那里,你一定要这样,即使不舒服也得服从这个规律,它是镜头上的需要。刚开始我也有不适应,我们在舞台上最反对虚假,对空气讲话,但是电影电视剧拍摄往往就有这种情况,就需要。比如说你的对手愿意跟你配一配,那么还有对象交流,如果那个对手戏演员有事不在,或者有的时候导演来给你配,或者是一两句话不要人家麻烦了,我就直接跟空气讲,你这个聚焦一定就要感觉在这个地方,假装你是在跟对手戏演员讲话,这在舞台上很少有的。所以在镜头中和舞台上是不一样的,要求不一样。

采访人:2009年青话老演员们汇聚一堂,上演了果戈理的名剧《钦差大臣》,您也应邀出演了教育局长一角,在塑造这个角色时有什么样的心得吗?为什么以这样的形式来塑造它?

许守钦:演《钦差大臣》是受我们团里一个老同志,也是老同学焦晃的邀请,这个戏他们班级里演过片段。所谓"迟到的《钦差大臣》",他一直向往着搞这些名家名作,直到今天愿望才实现。我说焦晃,我们岁数不对了,我们都是快七八十的人了,还演得动吗?他说焕发艺术青春,我看你也还好嘛。陈明正老师是导演,排戏的时候也很开心,有同学从国外回来排这个戏,也有从北京来的、从杭州来的,都是老同学,有的是老同事,有的都在一个房间里住了好多年,能和这些老同学、老同事在一起聚一聚,也是一个很开心的事情。像这样的经典作品有东西可挖掘,这是一个名著,从编剧的角度来讲就赋予它很多内涵。

最初他们分配给我的是邮政局局长这么一个角色,邮政局局长风流倜傥,市长的女儿一看到这个局长就很有好感。后来我就跟焦晃他们说,我老态龙钟了,弯腰驼背了,怎么还能引起市长女儿的兴趣?我说这个角色演得太吃力了。后来剧组调整,也照顾到我的意见,就把陈少泽叫来演邮政局局长,我去演教育局局长。这样一来我的负担就没有了,教育局局长本身就是一个年纪大的、道貌岸然、背地里贪色的人。

在演教育局局长的过程中,我在他的外部性格化上动了点脑筋,我觉得这个人道貌岸然,一副正儿八经的面孔,他有一点小缺陷,走路有点瘸腿。当时焦晃就讲不要丑化这个人物呢,当然我说我不是展现他的瘸腿,一个人有什么残疾一定会避着人家的,这个人道貌岸然,背地里还是一个色鬼,上苍给他造成一点缺陷是公平合理的,不给他弄得那么风流倜

《钦差大臣》剧照

傥,因为他岁数也很大了。后来焦晃也没再坚持他的意见,从头到尾我就这么演下来,我觉得这样演这个人物从心里来讲我觉得很解气,必须给他这么一点小不如意,赋予人物一点特色。

我们演了很多场,还到国家大剧院演出,一些戏剧专家看了以后,说这些演员同志虽然年纪都很大,但是他们用丰富的阅历来塑造角色,就比年纪轻的、没有这样阅历的演员揭示这个人物揭示得深。我们整个剧组,可以叫作千岁剧团,都是七八十岁的老人,十多个人合在一起就是一千岁了,阅历都很丰富,而且都是经过戏剧学院科班教育出来的。

在《钦差大臣》演出过程中我们也很受教育,比如焦晃很有献身精神。毕竟是演二十岁出头、三十岁不到的角色,他的形体要保持那种感觉,实际上他的形体动作还有一定难度,这个难度就在他本身的年龄。他在台上有很多年轻人的动作,带有一定的危险性,我们看了都很揪心。他向市长女儿求婚,一下子跑到窗台上,蹿到那个小桌子上,站在上面说,你要不同意,我在这儿跳楼,这些动作做得相当帅气,但年纪不

对了,毕竟是将近八十的人了。后来演出《安东尼与克莉奥佩特拉》,他有好多摔的动作,"咣"的一摔,我就跟焦晃讲,真替你担心,我再三提醒他要注意安全,当然表演时也摔得很美,看来肯定是伤不着。

采访人:接下来咱们聊聊您的退休生活。

许守钦:我们这行不存在退休的问题,需要老年角色了就来找到你,所以现在我尽管年纪这么大了还在这儿忙,但忙忙也开心,对吧?毕竟是退休在家多年的人了,老是闲着也难过,劳逸结合掌握好,适当参加演出,又是干自己的本行,那是一件很开心的事情。有好几次我们单位叫我演戏,老伴说你算了吧,你别去了,我说你不知道,老在家里头闲着也难受,脑子也停不下来,我反正是干老本行,我感觉到很自足,有空演演戏,在家里看看书,有时候写一点东西,就是这样的,平平淡淡。

采访人:您对目前话剧现状有什么样的看法?

许守钦:我曾经跟吕凉同志谈过这么一个问题,现在有好多戏商业性太强,都是自负盈亏,一个戏的上演总要吸引人,总要吸引观众,要观众自觉地踏进剧场,你拿什么来吸引他?现在看起来真正给观众带来有启发,能提高观众审美感和境界的还是要靠有思想内容、有深度、有内涵的作品。娱乐性的作品也需要,但是它必须放在适当的位置上,如果这类东西占据了主要阵地,肯定对话剧是不利的。对话剧接触不多的人一看,话剧就是这样的,就是搞搞笑,打打闹闹,显然这不是话剧本来的主旨。现在强调趣味性、娱乐性,应该是在内容的主题之下,附属于主题的,只有这样才有生命力,才可能给人带来一种奋发向上的感情,要接触到很多生活中的实际问题,跟生活有紧密联系的,才有生命力。编剧技巧再好,如果不是体现出生活中本质的东西的话,光靠编是编不出来的。话剧将来还会有繁荣的那么一天,我是不死心的,会有那么一天的。

(采访:陈　娅　整理:柴亦文)

寻求真实之路——我的艺术之路

——俞洛生口述

俞洛生，1939年出生。国家一级演员、导演。原上海人民艺术剧院副院长，上海话剧艺术中心艺术总监、副总经理。1961年毕业于上海戏剧学院表演系，同年进入上海人民艺术剧院。曾获上海文联演员奖、上海首届戏剧表演白玉兰主角奖、宝钢高雅艺术奖、全国话剧表演金狮奖、全国话剧导演金狮奖、优秀导演奖等。

主要话剧作品及饰演的角色有：《阴谋与爱情》中的斐迪南、《中锋在黎明前死去》的中锋别里特兰、《茶花女》中的阿芒、《夜店》中的杨七郎、《杜鹃山》中的李石坚、《于无声处》中的欧阳平、《假如我是真的》中的李小璋、《罗密欧与朱丽叶》中的罗密欧、《马克思秘史》中的马克思、《绝对信号》中的黑子、《爱在我们心里》中的班长、《梦迢迢》中的张学良、《马》中的戴萨医生、《驯悍记》中的皮图秋等。

导演作品有：小剧场话剧《留守女士》《陪读夫人》，广场剧《无事生非》，舞台剧《三张靶纸》《喜福会》《梧桐别墅》《尊严》《徐虎》《办公室秘闻》《日出》《周恩来在杭州》，歌舞剧《太阳鸟》，沪剧《聂耳》等。

采访人：俞老师，您小时候有哪些兴趣爱好？

俞洛生：我父亲是浙江新昌人，母亲是绍兴人，那是越剧的发源地，所以家里人特别爱看越剧。很奇怪，我从小就对越剧有点莫名的排斥，就不愿意去看。每次他们去看越剧，我就问妈妈要了钱自己去看电影，所以我从小受到电影的影响比较大。解放前看美国西部片比较多，西部片里牛仔的那种英俊、硬朗、潇洒、强悍，对我的艺术审美有一定的影响。这种艺术审美也一定会反映在我的艺术创作中，记得初入剧院时，同事们叫我"奶油小生"，后来一系列人物创造之后，舆论称我为"硬派小生"了。我相对不太喜欢越剧的哀怨优柔，大概也是这个原因。

我家里并没有人搞艺术，只是自己的兴趣。记得小学二年级的时候，我演过一个圣诞老人，又唱又演。初中的时候被老师选中担任班级合唱队的指挥，其实我并不擅长，都是老师带领大家排练好了，我才上去的，大概学得比较像那么回事吧。在上海复兴中学念高中时，我还担任复兴中学舞蹈队队长。那时，上海市学生课余艺术学习班刚刚成立，就是上海市学生课余艺术团的前身，我考取了舞蹈班。高中时我接触舞蹈比较多，学生艺术团很正规，每个星期天都要排练，还经常演出，演出过"两个小伙子摔跤""溜冰舞""南斯拉夫舞蹈寿帕舞"。"两个小伙子摔跤"是一个人演的，两只手套上一双鞋，弯腰着地，穿的长袍，背部有两个孩子，上半身抱在一起的造型，看起来就像是两个孩子扭打在一起。你来我往，脚进手退，手进脚退，不时用手勾脚摔倒在地，又用脚勾手，摔倒在地，真是生动有趣！其中有一段设计，故意扭打到台口，两个脚蹬到舞台口外，像差一点摔下台去，故意造成紧张气氛。有一次演出时重心没控制好，真的摔到台下，出了大事故，我顾不上疼痛，赶紧爬上台继续扭打，观众哄堂大笑，比任何一次演出效果都好，于是这次事故被保留了下来，成了固定情节。两年多学生课余艺术团的学习生活，艺术上的熏陶锻炼，给我留下了难忘的青春记忆，直到我进了戏剧学院。

采访人：高中毕业怎么会想到去考戏剧学院的呢？

俞洛生：我高中毕业其实是想去搞舞蹈，但是没有舞蹈团招生，舞蹈学校也没招，即使招也是招小学毕业生。这样的情况下我就报考了上海戏剧学院从事话剧了。

之所以从事艺术，我觉得可能跟我的性格有关系，我这个人很善感，看书、看戏、看电影，甚至看体育节目我都会激动得热泪盈眶。竞技体育无论胜败，我会被团队的全情投入和由衷的欢乐、痛苦所感动。我这个人属于善感型的，对于一个演员来说，如果很理性、冷漠，肯定不适合搞艺术。

采访人：考戏剧学院要经过哪些考试？

俞洛生：有朗诵、跳舞、表演，除了舞蹈以外，表演和朗诵我基本上没有接触过。实际上不是单纯地考表演水平、朗诵水平，招生老师是看一个同学的综合气质、心理素质和形象，内心能不能被激发出来，是否有当演员的潜力。

采访人：表演系有哪些具体的课程？

俞洛生：从表演元素开始，训练集中注意力、当众孤独、节奏等，然后转入到小品，从单人小品、双人小品、无言小品到有对话的小品，到小说片段、剧本片段，再到独幕剧，最后是大戏，这样一个过程。

我清楚记得学习无言单人小品时，我构思了一个小品，要解一道几何数学题。晚上，做来做去做不出来，越来越晚、越来越困，于是用冷水洗脸，洗完以后继续做，可还是做不出来。有点气馁，算了，睡觉！躺到床上后想想不对，明天交不出作业，要被老师批评，又起来再做。还是做不出来，后来就找到一个模具，比画来比画去，终于把这个题目解出来了，高兴得跳了起来！这时候拉开窗帘，天已经亮了。这个小品很受班主任张振民老师的肯定，让我在班级大课上示范表演。其实这是一个非常朴实的小品，情节、结构上没有惊人之处，都是自己学生生活中比较熟悉的场景，因此表演得比较自然、生活，很符合教学要求——真听、真看、真想、真体验、真实地生活，不是装模作样、弄虚作假。初学不久，当时我们对表演都处于一种懵懂状态，老师的肯定不仅是对自己的鼓励，而且让我逐步悟到了表演的真谛——真实。随着学习的深入和专业实践的积累，对真实会有越来越深刻的理解。我对自己一生艺术道路的总结就是"寻求真实之路"，起点就是从这儿开始的。我很感激张振民老师的启迪和引导，使我终生受益。

采访人：四年的大学生活，您觉得最大的收获是什么？

俞洛生：在戏剧学院四年的学习就是培养我们在规定情景中，真实、有机地去生活，有目的地去行动，在行动中塑造人物。每一个人生活当中都是有目的地在行动着，要在舞台上建立这样一种状态。

戏剧学院四年的学习为我们奠定了从事话剧表演的基础。我们那个时期，学院采用了苏联斯坦尼斯拉夫斯基表演体系来教学，在教学上是比较成熟的一个时期。为什么呢？因为斯坦尼斯拉夫斯基体系传到中国已有多年，从20世纪30年代就流入中国。50年代末，苏联专家直接到中戏、上戏来担任教学工作。许多老师、老演员都直接受到了苏联专家的教导，对斯坦尼体系的理解加深了。我们这一届虽然没有上到苏联专家的课，但整个戏剧学院的教学水平已到了一个比较成熟的阶段，使我们受益匪浅。

我们班还有另外一个特点，因为我们是1957年进校，之后政治运动一个接一个，三年级下学期到工厂参加技术革命，四年级时赴安徽大别山去接受革命传统教育。所以我们这个班被人家称为"运动班"。但是现在回想起来，真应该感谢我们的老师，在这么频繁的政治运动中，老师的责任感极强，坚持把我们表演课教学内容逐步地完成了，所以教学上没耽误，非常不容易。

采访人：请您谈谈毕业大戏《阴谋与爱情》。

俞洛生：这部戏的导演是德高望重的朱端钧教务长，我们从中学到了创造角色的完整过程,让我们受益匪浅。朱端钧是非常优秀的导演,他的工作很细致,把每一幕戏都分成各个段落,这些段落都有诗化的命名,这些命名能调动你对这段戏的冲突气氛、核心内容的理解。他教会我们分析,每一场戏的每个角色在做什么、怎么做、为什么做?从第一幕到最后一幕,把这些动作一个接一个串联起来,就形成了人物行动线,最后找到你这个角色的贯穿动作和贯穿任务,完成人物塑造。这是演员创造角色的根本,所以我们四年的学习在最后阶段排练经典名著中得到了提升。

我在这个戏里演男主角斐迪南,这给了我很大的锻炼。朱端钧老师曾经表扬我,说我在台上的形体很有控制力,这个跟我中学时代跳舞有关。所以戏剧是综合的艺术,演员的语言、音乐、舞蹈、文学各方面素养,都会在你创造的角色当中体现出来。

采访人:毕业以后您直接去了上海人民艺术剧院?

俞洛生:因为在毕业大戏中较好地扮演了斐南迪,所以我被上海人民艺术剧院选中。1961年9月我到上海人艺报到。那个时代一个接一个的政治运动,人们政治热情很高,我们的志愿就是到祖国需要的地方,没想留在上海的大剧院里,而是想到小地方的话剧团。为什么呢?我们觉得到那里可能实践机会多、锻炼机会多,上海人民艺术剧院这么大的剧院,大演员名演员多,我们去了又能干嘛呢?

采访人:去了以后跟你们当初预想的一样吗?

俞洛生:完全不一样。进了人艺以后,人艺这么放手、这么大胆地给了我许多实践的机会,是我没有预料到的。当时人艺在演《中锋在黎明前死去》,导演是罗毅之,中锋是乔奇演的,他是一个非常有经验有名望的演员,当然他的年龄相对比较大了。我进人艺以后就让我顶替乔奇演中锋。这个戏是阿根廷的剧作家奥古斯丁超现实主义的剧本,揭示了资本主义的资本垄断,一个大资本家不仅收藏物品,还收藏了一个芭蕾舞演员、一个科学家、一个专门演哈姆雷特的话剧演员、一个像猿人一样的人，然后他又把中锋别里特兰买去，成为他的收藏品。别里特兰是一个非常年轻的充满生命力的优秀的足球运动员，最后他无法忍受，掐死了资本家而被送上了绞架，但是他没有后悔，他说："我奋斗了，我要追求自由的生活！"这是全剧主角，一进人艺就让我顶这个角色，罗毅之导演对演员的使用上非常大胆。

虽然我还没有丰富的演剧经验，但我年轻热情的青春气息很符合这个人物。紧接着罗毅之导演又让我在《茶花女》中扮演阿芒。这些都在我进人艺的第一、第二年，我内心非常感谢罗毅之导演和上海人艺对我的培养。正因为在上海人艺这样优秀的剧院环境中，在剧院大胆地使用培养以及优秀的老艺术家潜移默化的影响下，我在演艺道路上才能健康快速成长。

采访人：改革开放以后，整个文艺界展现出一种勃勃生机，话剧也迎来创作的黄金时期，请结合您创造的角色谈谈体会。

俞洛生："文革"以后爆发出来的创造力也是前所未有的，出了许

1961年，在《中锋在黎明前死去》中饰中锋别里特兰

多戏。比较值得谈的一个戏是《假如我是真的》，知青李小璋被误认为是首长的儿子而接受了各种招待，于是他欺骗、利用有求于他的人，为自己拿到了回城介绍信，最后谎言被揭穿。在中国舞台上出现这样一个戏，以前是不可想象的。《钦差大臣》讽刺了沙皇帝国的腐朽，你怎么能讽刺我们现在的干部为了谋取私利，上当受骗？而这个所谓的骗子并不是真正的骗子，他为了生活，为了女朋友的生活，无路可走，又没有家庭背景，他是被逼的。我就演这个骗子，奚美娟演我的女朋友。这个戏的演出在当时是颇受争议的，我们就在排练厅、静安区文化馆等演了四十多场，不是正式的公开登报卖票，是内部演出，后来就不让我们演了。但是这个戏的影响遍及全国，全国各地省市一级的剧团，甚至连县一级的文工团都在演这个戏，后来北京也演了，为这个戏还专门开了座谈会。现在看这个戏一点问题也没有，不过就是非常善意地讽刺了一些干部。但在当时来说，在艺术为政治服务的紧箍咒下，出现这样的作品，确实是不可思议的。

还有一个戏我觉得值得谈的是《爱在我们心里》，也是一部受争议的戏，写的是一些青年对理想对生活的追求。背景是对越自卫还击作战，我演的这个男主角是一个班长，战场上和部队失去了联系，最后他和两个战士千难万险爬回祖国。我重点是要讲这个戏的艺术处理。这个戏是徐企平导演的，他是上海戏剧学院的教授，非常有才华的一位导演，也是我一、二年级的表演教师。他当时采用了一个非常大胆的手法，舞台布景只是一个"之"字形的斜坡伸出台口，没有任何其他布景道具。场景跳来跳去，时空非常自由。比如我在越南战场上和小战士聊天就说到自己在北京的女朋友，然后一个调度音效，灯光一变，我和女朋友就在北京饭店聊天。规定情景完全随着演员的调度、表演变化，就像中国的京剧，几句念白，转一圈就换了一个地方。

这个戏我为什么要着重谈呢？80年代演这样一个戏，充满着爱国主义的激情，而且在艺术上这么超前，非常难能可贵。所以我觉得在艺

在《爱在我们心里》中饰班长李健

术上这个戏是值得大书特书的。

北京人艺林兆华导演的《绝对信号》,当时引起戏剧界广泛关注,而我们上海人艺的《爱在我们心里》在他之前,戏剧观念更超前。

采访人:导演观念超前,对演员来说表演上是否有难度?

俞洛生:是的。这个戏给演员提出了相当高的要求,台上没有任何东西可以依靠,没有桌子、板凳、床、台阶,几乎是空台,那就要求演员有高度的信念感。剧中有这样一个情节,我们负伤了,脱离了部队,经历千难万险,决心爬也要爬回祖国,最后一个场景,我们从侧台爬上来,在斜坡的顶端往前一看,伸出舞台的那个地方有一块界碑,我们看到了祖国的界碑,这个时候我们激动万分,然后跑着、滚着、爬着扑向界碑。导演非常大胆,让我用狂奔的、类似电影的慢动作来表现。要知道这是一个斜坡,要以狂奔的、极其亢奋的、还必须像电影慢镜头一样缓慢均速地扑向界碑,确实不是一般的难度,还好我有舞蹈功底,经过训练我终于完成了这段戏。在复旦大学礼堂演出的时候,观众轰动了。整个导演的处理,包括最后用慢动作来表现回到祖国的这么一种激动的心情,这个"慢"反而极其强烈地调动了观众的激情。台下的学生轰动了,我自己演到这个地方也是控制不住自己的情感。

这个戏对我个人来说非常重要，对我的磨炼非常大。我们一直追求体验的、真实的表演，以前表演上有句行话，就是我们在舞台上要有支点，通过这个戏的排练和演出我觉得支点不是外在的，而在自己心里，演员心里有了真正的、扎实的支点，什么难度的表演都能够支撑起来。这就是演员的内心技巧。经过一系列戏剧演出实践，特别是《爱在我们心里》，我觉得自己的表演逐渐地走向成熟。我曾颇有感慨地写过一首五言绝句自勉："学艺二十载，方觉入门来，似有千里力，无际更艺海。"也深感到艺海无涯，永无止境！

采访人：整个80年代人艺在探索话剧艺术的表现形式上是超前的，这个阶段演出了大量剧目，有新的创作，有经典的剧目，有外国引进的剧目，可以说古今中外、琳琅满目。

俞洛生：这里我特别想谈的是《马》，这个戏是英国剧作家彼得·谢弗尔非常优秀的剧本，是一个现代意识很强的戏。我们请了香港的一位非职业导演来导这个戏。最值得谈的是这个戏的震撼力，我从来没有演过一个戏带给观众思索的容量如此之大。故事是这样的，有一个男孩，他把马视为神圣，非常崇拜马，喜欢马。他在一个雇主家里管马棚，有一个非常开放的小女孩，他和小女孩在马棚里表达爱情，做爱。这个男孩意识到被心爱的马看到了，他心里无法承受，陷入狂乱崩溃之中，最后竟然用刀刺瞎了马匹的眼睛，非常惨烈！整个戏就是通过精神病医生为男孩进行精神治疗的过程倒叙了整个故事，反映了现代文明社会对原始生命力的一种压抑。剧本没有给出答案，只是把这么一个不一般的故事客观地呈现给观众。我饰演的精神病医生戴萨有大段的独白，最后的独白是故事快结束的时候，我一个人走向台前，一束光打在我身上，我一边抽着烟一边思索着说出我最后的台词："这个锁链是解脱了还是重新套在我自己身上，永远不能解脱。"他自己也陷入深深的困惑之中。最后光逐渐地收掉，观众还能看到烟头上的亮光闪烁，整个戏结束，观众鸦雀无声，一片寂静，静得连一根针掉在地上都

在《马》中饰精神科医生戴萨

能听见。然后才掌声四起,但许多观众没有离座,他们被震撼了,他们还在思考着。

这个戏的演出对文化界来说是一个震动,所以当时作协、剧协都专门为这个戏开了座谈会。我认为话剧是各种剧场艺术中最接近生活的一种艺术呈现方式,除了艺术性、娱乐性外,话剧反映生活的深刻性以及哲理性是它很重要的特点。音乐、舞蹈、戏曲也许很难承担此重任,话剧能够,而且应该承担!这才是话剧。

采访人: 后来您的身份转换了,当时是怎么会去当导演的呢?

俞洛生: 转型当导演,一是因为责任,二是为了寻求。20世纪80年代,剧团陷入艰难的困境,改革开放了,计划经济向市场经济转变,而剧团的体制结构、经营模式、艺术观念还停留在计划经济年代,剧团经济拮据、创作匮乏、观众锐减、人才流失。好不容易排了一台戏,演不了几场,票子卖不出去,只能草草收场,甚至有的剧团演出,台下观众还没有台上演员多。我就是在这个时期的1986年担任剧院领导。我作为负责艺术创作的副院长,责任在肩,我日思夜想的就是如何改变现状,走出困境,创出新路。我在上海创建了黑匣子小剧场,我试图摸索排演不同于常规的剧场戏剧,探索另一种戏剧状态、观演关系和表导演境界。实际上这是我艺术人生"寻求真实之路"的一次重要实践。

采访人: 小剧场与过去的大舞台演出有什么不同,初次执导您做了哪些探索?

俞洛生: 大舞台和小剧场不只是大小的变化,小剧场打破了舞台和观众席分割的两个空间，变成了一个空间。这样观众和演员近距离接触，必然带来观演关系、观演心理、观演需求的变化，这是一种质的变化。小剧场空间没有固定的舞台和观众席，给予导演更大的创作自由，导演可以根据不同的剧本对空间进行再创造、再设计，组成新的观演组合。如果我们仅仅把小剧场搞成固定的小型演区、小型观众席实在是对小剧场开放的创作空间的一种浪费。

我请了优秀的舞美设计家崔可迪来设计小剧场，1989年就完成了把排练厅改造成黑匣子的方案，苦于没有经费也没物色到合适的剧本，迟迟没有动工。直到1991年，我看到了乐美勤的剧作《留守女士》，我很兴奋，这正是我想要的剧本。作者写的是舞台剧，有的剧团看过，认为缺乏戏剧性和舞台张力没有采用，我恰恰需要这样格调的剧本。剧本写的是留守女士和留守男士感情生活的经历和无奈，真实、质朴、细腻、入木，没有人为编造的虚假和所谓的戏剧冲突。我的直觉告诉我，这可以搞成一个我所希望的小剧场戏剧，我决定"下海"执导了。

我们的黑匣子工程也和《留守女士》的开排同时启动了。当然我们是节中又俭，灯光、音效、空调等许多设备都是修旧利旧，东拼西凑，连借带要的。我们的小剧场成本很低，但是灵活实用，它的结构一直沿用到今天话剧艺术中心现代化的戏剧沙龙。

首先我对剧本做了必要的修改，抓住戏核，砍去枝蔓，压缩场景，剧中人物从三十多个减少到七个，七场五景压缩到五场两景，以适合小剧场演出。我们把小剧场空间装饰成一个真实的咖啡茶座。正面是吧台和中心舞池，三面是观众就坐的小圆桌。在幽暗的灯光下、舒缓的音乐声中观众进场，演员扮成的服务员微笑相迎接待领座，并送上饮料。观众围坐在小圆桌旁，可以听听音乐聊聊天，喝喝饮料，也可以下舞池跳交谊舞。几个曲子之后，演员奚美娟也和观众一样进场，同样由服务员领座，送上饮料，就落座在观众身边的小圆桌旁。

观众的注意力逐渐集中到演员身上，随着灯光的变化戏就这样开始了。留守女士和留守男士，就是在茶座中相识相遇到相爱（场景的变化就依靠道具简单的迁移和灯光的处理）。最后他们不得不分手时，还是在这个茶座，还是那个小圆桌，两杯咖啡不加糖。他们无言相对，留守男士不得不去机场接从美国回来的妻子，留守女士告诉他，"我怀孕了……再陪我跳一次舞吧"，在"我想有个家"的乐曲声中，他们默默舞别。

　　观众和男女主角同坐在一个咖啡茶座里看到这一场悲欢离合，随着剧情进展观众不知不觉成为戏剧情境中的一员，他们没有一点局促紧张感，又从未失去作为观赏者的主体。这种贴近感、临场感和适度的参与感，让观众津津乐道。美学评论家戴平评论说："看剧本没有想到会是这样的演出，导演二度创作下的很大功夫，很成功。若即若离、不即不离，使精湛的演出与观众的参与和谐贴切地融为一体。"

　　试想，在这样的戏剧氛围中，在演员和观众只有一步之遥、一桌之隔的近距离接触中，演员仍像过去舞台上那样张扬吼叫、拿腔拿调、英雄模式化的表演还行吗？那是不可想象的，会产生极度的不和谐，观众会更加排斥，所以我们在排练过程中寻找真实，都在和"舞台腔""话剧腔"较劲，和一切舞台导演表演的套路、老路、习惯、捷径和程式较劲，包括舞美、灯、服、道、效、化的处理。真实与虚假在分寸之间，真理过了一分就成了谬误。我们寻求那种更生活、更真实、更随意、更接近自然状态的表演，这就是我称为的"不表演的表演"。调度上无须总是面对观众，需要时，就让她背对观众。一场两个人的谈话可以整场坐着不动，无须为避免单调而人为调度。最后在"我想有个家"的音乐声中，舞别长达几分钟，可以没有一句台词，也完全是情理之中。著名导演胡雪扬看后激动地说："戏太好了，皇家艺术！导演创造性地运用背身静态表演，演员即使背对我们没有台词，我们也完全感受到他的呼吸、心跳，感染力比电影蒙太奇还强烈。"

采访人：在90年代初留学热潮的大背景下，这部戏的上演引起了很多共鸣。

俞洛生：戏一上演就一发不可收拾，场场爆满，观众为求一张票，往往要等一月之久。每场演出结束了，沙龙还在继续，观众和导演、演员热情交谈，要求签名，观众蔺静文说："时下蹩脚的录像、舞厅、卡拉OK充斥泛滥。偌大的上海，要觅一处像你们黑匣子这样高格调高品位的去处，已属不易，你们做了件好事，为我们提供了这样的艺术净土。"观众李奇来信说："一踏进这片土地人都似乎高了许多。"观众徐广生说："戏具有浓厚的上海特色，是纯粹的海派艺术。"

上戏陈明正教授、张应湘教授对我们的探索实践给予充分理解和肯定。陈明正教授说："你们建立小剧场这样的演出环境非常有远见，对演员来讲是最好的实践场所，对演员素质的培养和表演的提高都有很大的好处，通过这种沙龙，文艺界同行可经常聚在一起切磋交流。"张应湘教授称："你们的成功不是浅表的，而是深刻的、有意义的，你们把真实带回了剧场！"

老师的理解和肯定让我感到极大的欣慰和鼓舞。戏剧的真实，不是单靠演员也不可能单靠演员表演来完成的，这关系到剧本、导演、表演、舞美以及灯光、服装、道具、效果、化妆每一个部门，演出的真实一定是个整体工程，只有在导演统帅下的整体追求才能达到这种境界。这也是我为什么转行当导演的缘由。

《留守女士》的演出从1991年7月开始长达七个月之久，因季节变化，演员从夏装到秋装又换到冬装，还是欲罢不能，最后因为演员精神实在疲劳，才决定暂停演出，首轮演出共168场。报界撰文称"留守女士"现象，"留守"因此成为社会热门名词。《留守女士》之所以产生如此热烈的效应，我认为原因在于：一是出国热潮中，这个题材受到社会普遍关注；二是我们找到的演出样式满足了观众现代审美需求，我称之为沙龙戏剧；三是演出具有较高的整体艺术水准，特别是现代观众欣赏这种不是高台教化的、没有舞台腔、话剧腔的导表演风格。学者余秋雨赞赏之余曾这样写：《留守女士》真实地触及了当代中国青年知识分子的精神痛痒处。导演找到了能与观众促膝谈心的话题和气氛，成功地处置了演出方式，奚美娟、吕凉在这出戏中的表演，可与国内外许多优秀话剧演员相比。

黑匣子小剧场的建立推动了上海人艺小剧场戏剧的实践，也是我个人艺术人生寻求真实之路的重要探索和实践。

《留守女士》在1993年北京全国小剧场戏剧节暨国际研讨会上的演出爆棚，吧台舞池里都是席地而坐的观众，挤得无法演出，最后我不得不请一部分观众先出去，我们保证加演一场满足热情观众的要求。《留守女士》在这次全国小剧场戏剧节暨国际研讨会上获得优秀演出奖、优秀导演奖、优秀演员奖。奚美娟、吕凉的表演获得了梅花奖、白玉兰奖，该剧应邀参加1994年香港艺术节、1997年韩国汉城举办的中日韩戏剧节与世界戏剧节以及1997年新加坡亚洲艺术节。

采访人：随后的《陪读夫人》同样关注留学生问题，将异国空间搬到舞台上，同样采取了小剧场形式，和《留守女士》相比，在表现形式上有哪些不同？

俞洛生：这是我根据王周生的小说《陪读夫人》改编的，写的是一对中国夫妻在美国求学生活的故事，夫妻俩住在美国一个中产阶级的家里，丈夫在外面读学位，妻子给美国夫妻带孩子做家务。一对中国夫妻与一对美国夫妻生活在同一个屋檐下，他们从生活习俗到对金钱、物质、爱情、政治以及社会的看法，产生了全方位的冲撞，后来逐渐互相理解，成为很好的朋友。根据戏的内容，我把整个排练厅布置成家庭的客厅和起居室。演出就是一场家庭派对，把观众当成来参加家庭派对的客人，一开始四个演员接待观众，请他们入座，随意聊天。客厅主人的沙发隔着茶几对面就是观众坐的沙发，其他座椅散放在客厅的三面。

稍顷,美国妻子在楼梯上突然对中国妻子大叫:"艾拉!你怎么可以让孩子仰着睡?仰着睡会窒息的!""怎么啦?我们中国孩子都是这样睡的。"戏就这样开始了。全剧以交谈方式告诉观众他们在美国的生活经历,说到哪里演到哪里,演到哪里说到哪里。甚至偶尔还和观众讨论,中国孩子小时候用"蜡烛包"包起来的,问观众,"蜡烛包"英文怎么说?有的观众就用外国语调、超长语音说"拉——猪——包",引得全场大笑。剧中,美国丈夫一度爱上了中国妻子,因为他的老婆太强悍自私,而中国丈夫又忙于学习冷落了自己的妻子,当然中国妻子是不会跨出这一步的,最后四个人成为好朋友。戏的结尾是中国妻子生日,演员和观众一起为她祝贺,唱生日歌,吃生日蛋糕。有评论认为这部戏和观众的交流达到一种极致!这是不同于《留守女士》的一个演出构想,家庭派对式的演出,观众也非常喜欢,连演连满了三个月。最后因为饰演美国丈夫的演员戴博(电视剧《北京人在纽约》中饰演戴维)合同到期而停止了演出,演美国妻子的是波兰女演员。

话剧《陪读夫人》剧照

我导演的《留守女士》和《陪读夫人》不同于一般小剧场戏剧，观众和演员的关系更密切交融，在保持观众观赏主体的同时，又有一种贴近感、临场感和适度的参与感，因此我称之为"沙龙戏剧"。

我曾想再搞一部归国题材，完成沙龙戏剧三部曲，后来因为我退休了，就没有再搞下去。

采访人：莎士比亚的《无事生非》曾多次被搬上国内舞台，您怎么会想到把这个戏搬到广场上演的？

俞洛生：我搞了小剧场以后又有一种创作的冲动，想打破封闭的剧场，到更大的空间去创造一种以天空为背景、以大地为舞台的天人合一的演出，莎士比亚的戏最合适。《无事生非》这个戏是歌颂文艺复兴时期人们突破神权的束缚，追求个性解放，追求自由、爱情、幸福生活的强烈的人文主义精神。我认为中国经过"文革"以后人们对于爱情、幸福、自由生活同样有一种冲破枷锁般的强烈追求。时代不同，精神与共。多次勘察外景后，我选了外滩陈毅广场历史纪念碑前，宽阔的台阶是天然的舞台，我们把宽宽的几十个台阶稍加分割布置，把观众席搭在纪念碑的对面，像体育看台一样。

戏一开始，在激动、欢快、热烈的音乐声中几个主角骑马飞奔而来，是真马！从纪念碑坡道一直飞奔上纪念碑的平台，再从坡道另一边飞奔，直到观众看台前，观众一下子就激动起来了，他们没有想到真马上场！随着戏剧的进展，从真马到自行车，到摩托车，一直到最后送两对新人去教堂结婚，是开了凯迪拉克的敞篷轿车。服装从一开始的英国莎士比亚时代的古典服装，逐场过渡到最后完全是中国人当代的服装。最后是上百人的群舞场面，庆祝他们的婚礼。

我这么处理就是想把四百年前英国莎士比亚时代和中国当代串联起来，因为人们对幸福、爱情、美满生活的追求是同样炙热同样强烈，心灵完全是相通的。广场戏剧也是第一次尝试，采取提前领票的办法，票子早早就被领光了。每天演出除了看台上的观众，还站了许多观众。

1995年时，作为第一台广场话剧受到观众的极大关注和兴趣。

采访人：给我们说说您导演的《喜福会》。

俞洛生：《喜福会》是1993年和美国的一个交流项目，是美国耶鲁协会牵线搭桥，我们和耶鲁大学所在地——纽黑文的长码头剧院合作的。这也是美国有历史的、比较优秀的剧院。我们共同选择了《喜福会》，《喜福会》是华裔美籍作家谭恩美写的一本畅销小说，我们决定把它改编成话剧。为了这个项目，我带了一个小组到美国，在长码头剧院生活了近两个月，我们参加他们的工作，了解他们的剧团结构、生产过程和经营方式。最后我们确定了主创人员，以上海人民艺术剧院的优秀演员为主，但是我坚持一点，一定要有美国演员参加，因为剧本写的内容就是美国华裔的第一代、第二代之间的差异、矛盾，其实是一种中西文化的冲撞。第一代更带有中国的传统习俗和思维方式，第二代在美国生长的华裔，他们和美国人结婚，他们的生活更美国化，和母亲一代产生了许多矛盾和冲突。这个戏的舞美设计请了美国相当知名的华裔舞美设计师李名觉，导演是阿文·布朗和我。

这个戏1993年在波特曼酒店的剧场首演，后来受邀参加1994年香港艺术节和1997年新加坡亚洲戏剧节，跟《留守女士》一起被邀请参加的。在中国香港、新加坡的演出更轰动，反响更强烈，为什么呢？我想这也是文化差异的问题，香港和新加坡是中西方文化交融之地，对这中西方文化差异更理解，反响更热烈。这个戏和美国剧团的合作，在剧院体制结构、经营方式、艺术理念等方面对我们剧团的改革和建设提供了有益的参考。

采访人：请您再谈谈《梧桐别墅》。

俞洛生：《梧桐别墅》是作家边震遐的作品，通过一幢别墅的变迁来反映时代的变化。梧桐别墅原来是资本家的房子，解放以后老干部住了进去，他的后代在"文革"中受到冲击下放农村，展现错综复杂的关系和人物命运。戏的构思和立意很好，但是深刻性上还欠缺一些。

后来香港话剧团很有兴趣，1997年香港回归祖国，回归之前他们很想了解一下中国内地这几十年是怎么过来的，所以他们选中这个戏，请我去给他们导演。后来《梧桐别墅》在香港的演出效果很好，满足了回归之前香港观众的一种心理和愿望。

采访人：歌舞剧《太阳鸟》是您唯一执导的歌舞剧。

俞洛生：这个戏原来搞过一稿，后来歌剧院的领导请我去重新导这个戏。现在歌剧观众群越来越多，那个时代我觉得歌剧受众面很小，过于阳春白雪，所以我的导演思路，是更把它往音乐剧上靠，在可看性、观众接受度上下功夫。

采访人：您还执导过沪剧《聂耳》。

俞洛生：沪剧《聂耳》的演出受到了很大的欢迎，相继演了一百多场。

采访人：请您谈谈话剧《日出》。

俞洛生：《日出》是上海人艺历史上演出最多的剧目。50年代演过，60年代演过，70年代、80年代也演过。导演方面，有应云卫、瞿白音、凌琯如、仝洛、庄则敬。上海人艺的知名演员，几乎都在《日出》中扮演过角色。特别是1959年国庆十周年，上海文艺界推出十大经典剧目，其中就有《日出》，白杨演陈白露，蒋超演潘经理，诸葛明演李石清，陈述演张乔治，严翔演胡四，章非演方达生，孙景璐演翠喜，吴淞演黄省三，费霞南演小东西，阵容非常强大，以白杨扮演的陈白露为最，主要角色，个个精彩。导演瞿白音是大艺术家手笔，高格调、高水平，深刻揭示了旧社会大鱼吃小鱼，小鱼吃虾米，损不足以奉有余的社会本质。这次演出是代表上海人民艺术剧院乃至上海话剧最高水平。1995年我导演复排《日出》，目的是希望该剧成为我们的保留剧目，就像北京人艺的《茶馆》一样得以传承。一个剧院必须有自己的代表性传承剧目，当然由于表导演人员的新陈代谢，演出水准不可能始终在一个制高点上，但是应该传承，这代表了一个优秀剧院的历史风格水准，遗憾的是没有人继续做下去。

采访人：《雷雨》是话剧舞台的经典之作,有过很多版本,对于这个戏,您也有自己的理解。

俞洛生：中学时代我就看过《雷雨》,是50年代上影演员演出的。舒适演周朴园,一个有身份的老爷,冯笑演周冲,年轻帅气、浪漫热情、充满阳光、通体透亮,令人印象很深。另外好像是莎莉演侍萍,狄繁演繁漪,凌之浩演周萍,四凤和鲁大海是谁演的记不清了,夏天演鲁贵,丑化这个人物,台上还有抠脚丫子的动作。全剧烦闷压抑的场面气氛,惊心动魄的故事情节,形象鲜明的八个人物和严谨缜密的戏剧结构(后来学了戏剧知道这叫三一律),都给我留下了深刻的印象。

1934年,年仅23岁的戏剧天才曹禺创作了《雷雨》,一举成名,该剧不愧为经典,从此中国话剧也站上了世界戏剧之林,八十多年来盛演不衰。遗憾的是,随着"左"的思潮的泛滥,《雷雨》的演出也逐渐变味,主要表现在对主角周朴园的人物处理上,从阶级分析、阶级斗争的角度把周朴园处理成一个资产阶级代表、伪善的暴君,推向反面极端。50年代末期,一位戏剧学院专家宣称,排演《雷雨》要为鲁贵翻案,因为鲁贵是下层劳动人民。至今全国最知名的剧院演出的《雷雨》,居然把繁漪作为正面第一主角,当然这是因为周朴园被处理成反派对立面,不能作为第一主角的原因。

我以为曹禺先生的创作之源是他的生活环境,是他的封建官僚家庭的压抑和没落。他热爱戏剧,研究易卜生、契诃夫、莎士比亚,从中吸取营养。他曾说,《雷雨》是一首叙事诗,感慨人世间这样冷酷残忍,就像陷阱一样无法逃避。他要表达的是一种人性和命运,具有浓厚宿命思想的一出家庭悲剧。当年他年轻,没有接触共产党,没有研读马克思主义,也称不上一位革命者,他不可能从阶级分析的观点写一部反映阶级斗争的社会问题剧!

我印象很深的是,剧中写的周朴园三十多年来,一直保留侍萍喜欢的家具陈设,以及不喜欢开窗的习惯,不允许随意改变,他一直怀念心中的侍萍,这应该是一种真情。对立的意见认为这正是周朴园的虚伪,是做给人看的。他作为一家之长有什么必要在家中伪装?又伪装给谁看呢?这显然是一种有罪推定论,他是资本家、暴君就必然是伪善的。近年演出的《雷雨》剧本都有各取所需的修改。为此,我从上海图书馆的藏书中找到了最早的1936年由文化生活出版社出版的《雷雨》版本,我想看个究竟。

采访人: 您看了原来的剧本,觉得跟您的想法有没有不谋而合?

俞洛生: 当然有。剧中写的周朴园家从无锡迁居北方,三十多年来,不仅保留了当年侍萍喜欢的家具陈设以及她不喜欢开窗的习惯,不让随意改变,厅柜上还一直放着侍萍年轻时的照片,不仅如此,他还专门派人去无锡寻找侍萍的下落,要为她重修墓地。应该说周朴园对侍萍是有真情的。那侍萍怎么会被赶出周家,是谁把他赶出周家的呢?我们不妨推测一下《雷雨》前传。作为一个留学德国的青年,受西方思想影响,追求自由爱情,不重门户,这完全可能。他爱侍萍,实际上已经把侍萍当作自己的妻子生活几年了,所以才会生了周萍后又生了第二个孩子。这难道是玩弄吗?但是,他的封建官僚家庭,他的父母一直无法接受,不能容忍一个女佣的女儿成为周公馆今后的大太太,所以赶走侍萍的元凶应该是周朴园的父母,或是周朴园反抗不力,或是周朴园外出工作不在家的时候,把侍萍赶出了家门。在第二幕周朴园和侍萍两人相见的戏中,侍萍说的是"你们把我赶出家门",不是说"你把我赶出家门",从中也可见端倪。最后导致侍萍投河自尽,所以周朴园才会如此怀念侍萍。奉父母之命和一位有钱人家子女的婚姻也无以为继,所以周朴园才会有和繁漪的第三次婚姻,实际上也是没有夫妻之情的夫妻。周朴园的心灵一直是孤独的,所以第二幕夜晚客厅中孤独的周朴园会莫名地询问一位不相识的女人(未认出侍萍之前),仅仅因为她有南方口音,并说曾在无锡住过。他问她知不知道三十多年前无锡的一位梅家小姐（请注意他的用词，不是说周公馆的女佣）投河自尽的事情，戏剧因之才出人意料掀起狂澜。第二幕周朴园和侍萍相遇相识的戏，是作者极其巧妙高超的戏，既不可思议又合情合理，许多用语都值得推敲，两个人的感情脉络迂回曲折，起起伏伏，极其复杂。如果侍萍只是一味地仇恨，周朴园只是一味地虚伪无情，那这戏就简单教条到如同嚼蜡了！尽管难以置信，不可思议，但当侍萍一个大活人真的站在他面前的时候，周朴园惊吓之余直觉的反应是他现有的家庭怎么办！他下意识会要维护现有的家庭，才会说出"你来干什么？""你想怎么样？"似曾有情却无情的话。毕竟三十多年过去了，双方各自都有家室，他们能怎么样又会怎么样呢？周朴园开了一张大额支票给侍萍养老，说要"弥补自己的罪过"，侍萍把它撕成了碎片。这无情的偶然，偶然的无情，最后竟然造成两个家庭家破人亡。所有演出都删掉了原剧本的序幕和尾声中，老态龙钟、步履蹒跚的周朴园到已改成医院的破落的周公馆探望他一生中最重要的两个女人——痴呆的侍萍和疯了的繁漪的段落，他还失去了两个亲生儿子。周朴园何尝不是这场悲剧的受害者呢？这就是人性，这就是人性的复杂，这就是命运的不可知，这就是曹禺先生写的旷世绝伦的家庭悲剧！我一直想排演我心中理解的《雷雨》，至今未能如愿，也许只能是永远的愿望了！

采访人：1985年您担任了上海人民艺术剧院副院长，当时剧院面临哪些困境？

俞洛生：1990年的时候我写过一篇庆祝剧院成立40周年的文章《事业艰难生命永存》，这是我对话剧事业的一种信念。生存尽管非常艰难，但是我坚信话剧艺术的生命力是永存的。我们上任以后所面临的话剧的困境，主要是随着改革开放从计划经济转向市场经济的过程中，如何适应市场经济的发展给我们提出了一个相当大的课题。我一直感叹中国话剧的生存状态和政治结合得太紧密了，这对话剧艺术的发展来说是很不利的。为什么我们上海人艺几十年来演了大量的反映现实的戏，但是时过境迁，就像过眼烟云一样消失了。人们也不再记得它，它们在艺术上也没有什么保留价值。在为政治服务的口号下，太功利，太急于求成。反映现实，也要有一点深度有一点力度，它也必须要经历时间的洗礼，我们说审美需要距离，拉开距离以后可以更清晰、更深刻地来回顾这样一段历史。所以我觉得话剧的生存状态很艰难就难在这个地方。

80年代初，计划经济往市场经济转轨，人们的思想观念、审美需求都发生了很大变化，但话剧仍然在旧轨道上运行。配合政治运动、为政治服务的戏多数都是主题鲜明的，拔高的英雄人物，政治口号式的社论性的语言，都是以教化为目的的。这样的作品观众越来越不接受，越来越排斥，甚至到了审美厌恶的地步。但随着市场经济发展，人们的欣赏渠道、娱乐渠道越来越多，电影、电视、录像、卡拉OK、舞厅、歌厅越来越多，我们的话剧如果还停留在原先的这种习惯的跑道上，我们不能怪观众不进剧场，而是要看到我们自身作为话剧工作者有没有跟上时代的脚步。

另外，话剧从政治的紧箍咒下好不容易解放，不提为政治服务的口号了，却又加上了经济的枷锁，剧院经济越来越拮据，国家的投资本来就很有限，靠话剧盈利也不可能，你没有经费怎么去制作一些高精尖的好的艺术作品呢？除了观念，经济的制约成了剧院生存发展中很大的瓶颈。经济的拮据、创作的匮乏、观众的锐减、人才人心的流失（都愿意去写去演电影电视剧，成名快挣钱多）可以概括当时话剧的生存状态。

采访人：您做了哪些尝试和努力？

俞洛生：在体制改革上，我们成立了剧目制作体，由我负责，包括舞台监督、剧务、制作、宣传营销等工作人员。剧目策划上注意题材、风格、样式多样化和市场调查。决定剧目后，从艺术室、演员俱乐部、舞美工厂等各部门选择导演、演员、舞美及灯、服、道、效、化各部门的设计人员，工作人员成立剧组。整个排练、制作、演出阶段由剧目制作体一体化运作管理。强化市场意识,加强过去薄弱的宣传营销工作,并实行剧目和制作体的经济核算,适应市场化的需要。这一改革取得了较好的效果。1995年人艺、青话合并成上海话剧艺术中心,延续了这个体制,成立人艺和青话两个制作体,我负责人艺制作体,张先衡负责青话制作体,实质就是现在的制作人制。

创建黑匣子小剧场,由一个排练厅改造而成,进行小剧场戏剧实践探索。80年代,小剧场戏剧在国内相继出现,青话的小剧场戏剧有《屋里的猫头鹰》《街上流行红裙子》,北京人艺的小剧场话剧有《绝对信号》,中国青艺的小剧场戏剧有《大神与秋女》等。上海人艺的小剧场戏剧创作演出没有走在前列,但1991年我们创建的黑匣子小剧场是全国话剧院团中最早的专门的小剧场戏剧剧场。北京人艺、中国青艺的专门小剧场都在我们之后。我们的黑匣子小剧场命名为戏剧沙龙。与创建小剧场同时排演的《留守女士》以及后来的《陪读夫人》不同于一般的小剧场戏剧,采取一种观演关系更加贴近、更加交融的(现在称之为浸入式)沙龙戏剧,获得很可喜的艺术效益、社会效益和经济效益。我们的戏剧沙龙基本结构延续至今,当然是今非昔比,今天话剧艺术中心的戏剧沙龙设施是相当现代化了。

采访人:退休后您还导了哪些戏?

俞洛生:2012年我导了一个话剧《永远的陶行知》,是面向教师、面向教育界的,演出反响还是蛮强烈的。这个戏主要是写陶行知的人格、道德和精神,他自己有一句座右铭,"捧着一颗心来,不带半根草去",他把自己的一切献给了自己的国家,献给了教育事业,献给了孩子。我看了他的材料很感动,他在美国求学,完全可以留在美国,他却要回国来搞教育。当了教授以后他觉得教育必须下农村,农民最缺少文化,他辞去了每月四五百元大洋收入的南京大学学监职务,到农村去办学校。最后自己身无分文,穿着带有破洞的皮鞋,因脑溢血去世。陶行知就是这样一个献身中国教育事业的、主张教育救国的教育家。

这样一位伟大又平凡的人物,如果我们去虚构重大的矛盾冲突和跌宕起伏的戏剧情节就太戏化这个人物了。如果作品是完全叙事性的,说他怎么办晓庄师范,怎么办育才学校,完全地叙事结构又觉得不足以表现他的人格、道德和品格。所以我们选择了他人生的三个阶段:第一个阶段,在南京创办晓庄师范;第二个阶段,在重庆古圣寺办育才学校;第三个阶段,在上海度过人生最后的三个月。在这三个阶段中用他的真实故事、片段、细节,组成了20个场景,故事是不连贯的,时间是跳跃的,用十个人物把它贯穿到底,分别是他的妻子、家人、学生、同事、朋友甚至于是他曾经的敌人,以这样一个结构方式来演"永远的陶行知"(剧名)。演出效果不错,教委、文广局看了以后,都给予很大的肯定,还专门开了座谈会。

采访人:退休以后作为演员您还接过什么戏?

俞洛生:说实话话剧中心和其他演出团体多次邀请我出演,我都没有接受,我觉得舞台应该是属于年轻人的,自己年纪大了,体力精力都不如以前。我只接了法国当代剧作家娜塔丽·萨洛特的剧作《没什么》,是民间剧社排的。看了剧本我觉得它完全颠覆了传统的戏剧观念、戏剧结构。我们过去演的话剧都是宏观世界的话剧,事件越重大越好,题材越重要越好,矛盾冲突越尖锐越好。这个戏什么事都没有,就是两个好朋友之间,可能因为不知何时的一句微不足道的话,互相之间产生了误解、分歧和疏远,完全是一种心理层面的东西。我把它称之为从"宏观戏剧"到"微观戏剧",这使我产生了很大的兴趣和创作欲望。它不是我们过去意义上的寻找戏剧冲突、人物的矛盾,你更要去琢磨人与人之间的这种非常微妙的心理变化、心理交流和互相关系,我觉得这一点很有现代意识。

几年前我看过一个法国当代剧《艺术》,很欣赏。三个好朋友,一个朋友花了大价钱买了一幅画,他欣赏得不得了,在朋友面前炫耀,另两个朋友看了认为这个画什么也没有,一张空白的画。为此,三个朋友产生了矛盾冲突、争吵,三个人物栩栩如生。这样一个戏,写得太妙了,引人入胜。一个没有重大事件的戏,能把人物的性格心理、矛盾冲突展现得淋漓尽致,让你看了还要看。《没什么》比《艺术》更进了一步,可以说这个戏里面连这样的一个事件都没有。

我之所以退休十几年不演戏而接受了这个戏,完全是这个剧本的现代意识吸引了我。我认为我的艺术观念还不陈旧,不固步自封。我很能够接受一些时代的新观念、新信息。还因为我觉得这样的戏更需要追求一种"没有表演的表演状态",一种更自然的、更接近生活的、更随意的表演,我希望达到这样一种境界。

采访人: 排这部剧的时候遇到过什么样的困难?您是怎么处理的?

俞洛生: 这个剧本是法国领事馆提供的,在法国演出的效果非常好,有许多法语当中幽默、调侃的东西,观众很喜欢。因为完全是写两个人物之间的心理变化和心理交流,所以语言至关重要。但是引进到中国,翻译过来以后就不一样。法国领事馆提供的剧本翻译是外国语大学的一个教师译的,他不是搞戏剧的。所以这个戏在排练过程中最大的困难就是语言。有时候说出来感觉不是这个意思,不是这个味道,也激不起观众的共鸣,面对中国观众,如果光从字面上翻译是不行的。这个戏翻译要意译,要根据中国人的语言习惯、语言特点和表达方式翻译,那这个戏就好看了。

因此在一个多月的时间里,有三分之二的时间是花在修改台词上,如果观众听都听不明白,很拗口,他怎么接受?我们首先得让观众明白什么意思,然后要按中国人的语言习惯说得有幽默感、有趣味,这就非常难了。好在年轻的导演懂法文,他对法国文学和戏剧有一定的了解,因此我们工作中是这样的:这句话是什么意思?法文怎么说的?我们中国人该怎么表达呢?把它换个说法换个词试试看。后来一看不行,还有十来天就要上演了,这怎么办?我和娄际成在排练之余尽快把台词记住,然后就这样上台演了。因此这个戏还远远没有达到我们追求的目标。

舞美方面,我们采取一种最简约的舞台语言,一张长条形的桌子,原木颜色,可以是餐桌,也可以是会议桌的感觉,旁边零散放了几把椅子,背景天幕用一些光色的变化,就这样用最简洁的舞台形象来表达这个戏的风格样式。

最后,导演说了一点我觉得是对的,他说这个戏对观众是有要求的,一般人觉得这个戏没有看头的,没戏!尽管这个戏的观众不多,每场的演出也没有坐满,但是也有许多观众看了以后激动地说:"这个戏好,我们太有体会了,人与人之间就是这样的,这个戏非常有味道,非常深刻。"

采访人:退休后您也接了不少影视剧作品,和舞台剧相比您有什么体会?

俞洛生:退休前因为肩上负着剧院的重任,也不能老出去拍电影电视。退休以后就没什么牵挂了,这些年拍了好多电影和电视。但感觉商业运作的气息越来越重,真正的艺术还是在剧场,在舞台上。我认为电影电视是导演的艺术,演员的角色创造要通过导演一系列后期制作才能完成。舞台是演员的艺术,导演的艺术构思处理必须通过演员的表演得以体现。

采访人:1950年上海人艺成立,马上要七十岁了,请您谈谈剧院的艺术特色。

俞洛生:上海人艺是一个有着深厚现实主义传统、非常优秀的剧院,它在全国话剧团中数一数二,和北京人艺是并驾齐驱的。北京人艺是京派的代表,皇城根艺术,更具民族化特色;上海人艺是海派的代表,兼收并蓄,比京派的话剧更贴近生活、贴近现实,更细腻,更具有江南文化风格。上海人艺这样一个优秀的剧院在中国来说是不可多得的,但我们的剧院建设有时候因为政治的原因变化过多,影响了剧院的发展和艺术建设。一会儿人艺和青话合成上海话剧团,一会儿在"文革"中又分开,后来又合并为上海话剧艺术中心。其实上海作为一个国际大都市,有一个上海人民艺术剧院,有一个青年话剧团,并不多,它还不够。而且上海人民艺术剧院有上海人民艺术剧院的传统风格,而青年话剧团更学院派一点,它和人艺不一样,没有必要一定合并。我们分分合合多次,这个对一个剧院的建设和发展有相当大的影响和干扰。苏联局势动荡直至解体,但莫斯科艺术剧院始终还是莫斯科艺术剧院,它的艺术建设是稳定的,不断地与时俱进。

采访人: 您对话剧的现状有一些什么看法?

俞洛生: 一次别人送我一张票,去看了北京某剧团来上海戏剧学院剧场的演出。先让观众摸彩、中奖、发奖,把观众情绪调动起来,才开始演出。整个演出过程中笑声不断,叫好,拍手,狂欢,热闹非凡。可从头到尾我没有笑过一次,相反,感到非常颓丧!我觉得完了,我们过去所追崇的艺术宫殿轰然坍塌了!这个戏可以说毫无戏剧结构、人物逻辑可言,怎么搞笑怎么来,怎么能让观众感觉意外怎么来。一切手段、目的就是搞笑,过去我们把这种表演叫"洒狗血",但观众却喜欢这样的戏,相反艺术经典却观众寥寥。

话剧是一种比较接近生活的艺术,艺术的娱乐功能之外,话剧的优势在于它的现实性、深刻性、哲理性和思索性。我希望能创作出这样有分量的现代作品。古今中外艺术经典作品也值得我们重视,应该更多地演出这些作品。观众需要培养,我们多演这样的作品,真正的话剧观众群也会越来越多,我盼望这样一种回归。

采访人: 回顾以往的艺术之路,您觉得话剧带给您哪些快乐?是否还有遗憾?

俞洛生: 有时候我会这样想,如果不从事话剧表导演,我能从事其他什么工作呢?我觉得我的幸运在于找到了我喜欢也最善于从事的这项工作,这是一个创造性思维的职业,这又是一个非常需要你感情投入的工作,在这里面我尝到了艺术创造的愉悦。

正当创作和精力旺盛的时候我退休了,当然我还有未尽的愿望,比如我还想排一个沙龙戏剧的第三部,继《留守女士》《陪读夫人》后,再来一个《归国……》,实现自己小剧场沙龙戏剧三部曲的愿望。我从小看《雷雨》,想根据我自己的感受,从我学生时代提出的疑问,通过排演来完善它。我导过的《无事生非》这个广场剧,我觉得非常适合于搞音乐剧,《无事生非》改成音乐剧是非常有意思的。干了一辈子话剧,心里的激情涌动也许永远不会停息……

(采访:陈　娅　整理:柴亦文)

后记：留下一扇记忆的窗户

出版社跟我商量能不能写个后记，我发呆了许久，十多年来的一幕幕如同电影画面般闪过，个中的酸甜苦辣咸五味杂陈。有太多想表达的时候，反而不知从何说起了。

2005年年底，电台资深音乐编辑毕志光来找朱践耳（1922—2017）的音乐资料。朱践耳是我国著名作曲家，也是新中国第一代留苏学习作曲的留学生，他作曲的《唱支山歌给党听》传唱了几代人。当时我负责广播节目的数字化转存工作，看到过很多民国时期的老音乐家的作品，由于他们的资料很少，普通人对他们很陌生。当时我脑子里突然闪过一个念头，为什么不把目前还健在的老艺术家用镜头记录下来，给后人留下一份鲜活的资料呢？顺便也可以把他们手中保留的作品做数字化保存。我把想法跟时任馆领导的郭克榕、刘敬东做了汇报沟通，他们很支持。我们跟朱践耳先生一说，他也很高兴，一口答应了。最后，我们用了3—4个月的时间，把对朱践耳的口述历史采访和作品数字化全部完成了。为此我们还搞了一个小型的研讨会暨成果发布会。当时朱践耳先生推荐上海音乐学院著名音乐史家戴鹏海教授（1929—2017）在会上发言，但是他自己又不便出面去邀请。我没多想，从朱践耳家告别后直接奔到复兴路上海音乐学院宿舍去找戴鹏海教授了。老人住在一个平房里，阴暗潮湿，屋子里全是书。当我说明来意，老先生一口回绝。看情形似在气头上,果不其然,因为房子问题,他窝了一肚子火。事后得知,老先生在音乐界素以秉性刚直著称。那一下午足足谈了三个小时,终于把他说动了,我感觉自己的舌头都磨秃了一截。此后,我们成了朋友,而且第一批上海音乐家口述历史的名单也是他给开的,权威性毋庸置疑。可惜,由于家人在美国,老人赴美与家人团聚,最后终老他乡,好在他做了口述采访,他的故事留下了。

之后,我们又为闻讯而来的著名二胡演奏家闵惠芬女士(1945—2014)也做了口述和作品数字化保存工作。通过尝试为两位音乐家做口述积累的经验,我觉得可以推而广之,为更多的老艺术家做口述服务。但是,如果大面积推行,经费是个问题,我们毕竟是台里的职能部门,不是生产单位,没有专项资金可以提供支持。

2006年10月的一天晚上,我在《新民晚报》的文化版看到上海文化发展基金会刊登的资助项目启事,真是上天开眼。我对照着基金会的相关条款,觉得我们的项目可以达到资助要求。那么,以什么剧种作为开局呢? 2007年正好是越剧进上海百年的大日子,以此为契机,连同戴鹏海教授开的音乐家名单,我们以《老艺术家口述历史》(越剧、音乐部分)的名义向上海文化发展基金会做了申报,没想到第一次申报就获得了通过,解了我们的燃眉之急和后顾之忧。从此,老艺术家口述历史系列项目扬帆起航了,历年来开展的项目如下:

2006年,音乐家、越剧艺术家口述历史;

2008年,老广播人口述历史;

2009年,老电视人口述历史;

2011年,音乐家、京昆艺术家口述历史;

2012年,话剧艺术家口述历史,上海科教片厂艺术家口述历史;

2013年,淮剧艺术家口述历史;

2016年,杂技艺术家口述历史;

2017年,木偶戏艺术家口述历史;

2018年,老广播人口述历史(二期),音乐家、舞蹈家口述历史(二期),沪剧艺术家口述历史,滑稽戏艺术家口述历史;

2019年,老电视人口述历史(二期),上影厂艺术家口述历史(一期)。

还有1 000余位非艺术类人士的口述采访,这里按下不表。

不知不觉间,我们已经采访了近400位老艺术家。

我们早期采访的老人,有些已经不在了。这些老人经历了岁月的风雨,在他们风华正茂的时代,以那一代人特有的吃苦耐劳、特有的聪明才智,创立了属于他们特有的辉煌。他们身上有着许多鲜为人知的故事,他们的奋斗经历对后来者、对这座城市都有着非常重要的意义。

在如今这个浮躁的年代,还是需要有人沉下心去认真做一些利在未来的事情的。这些老人的感悟和经历是时代所赋予的,在与这些老人的交谈过程中所触摸到的,则是来自于他们那个时代和当年的这座城市所独有的印记。历史需要后来者去梳理,有温度的历史真相有时并不存在于书本里,而是在人的记忆里,而人的寿命是有限的,当人逝去了,某些历史片段与细节也就消失了。历史记忆是亲历者、当事人对历史事件的回溯,口述历史在保存历史记忆方面具有其他形式文献资料无可替代的价值。

当然,口述者提供的信息也会存在误差或失真。客观而言,人的记忆会因时间久远而发生误记。原因一般可分为两类:一类是无意为之,是受个人经历、情感等影响,或因时代变迁导致后来的认识覆盖了先前的认识,从而导致口述者提供的信息失真,作为当事人不一定对此有清醒的意识;另一类则是有意为之,为了"趋利避害",在口述中着意修饰提升个人的形象,遮蔽了个人不光彩的一面。上述因素提醒我们在采访、整理、汇编口述素材时要细加辨别、谨慎对待,在定论时要多方考证确定。

人的一生,做成一件事不难,但是要把一件事做成一个事业则不容易。我们希望能将老艺术家口述历史项目打造成上海城市的文化名片，为后人留下一个鲜活的、留存着上海文化事业发展脉络的记忆库，使上海的文化历史得以延续和保存。

我不是历史学家，只能算是一个历史爱好者，机缘巧合地做了一些记录历史的活儿，既然做了，也总想把事情做好，给自己一个交代，就像阿Q先生一样给自己画一个圆圆的圆。但是，我知道人生总有遗憾，我已过了知天命之年，即将迈入六十耳顺，后续还想将其他几个剧种的老艺术家口述资料也结集出版，但是能不能实现，要看天意了。

好了，拉拉杂杂说了这些，既是坦露心迹，也是立此存照，没准若干年后让我口述这段历史时，也好有个依据。

在此郑重鸣谢李尚智先生、郭克榕女士、刘敬东先生，你们三位是上海音像资料馆口述历史工作最早的推动者；

感谢历任馆领导对口述工作的支持，感谢你们容忍我的"不务正业"；

感谢各分册的主编们，你们在日常工作之余审订几十万字的口述采访文稿，个中甘苦我深有体会；

感谢因为种种原因离开的参与者，成果中也有着你们的付出；

感谢上大社·锦珂优秀图书出版基金对这套丛书的出版提供的资助；

最后，要特别感谢上海文化发展基金会，没有你们的扶持，我们走不了这么远。

SMG上海音像资料馆口述历史工作室
李丹青
2020年5月20日